20세기 이야기

1920년대

20세기 이야기 _1920년대

국권 회복의 몸부림(國內) ┃ 대중문화 꽃피우다(國外)

1판 1쇄 발행일 2016년 1월 10일

지은이 김정형
발행인 한숙희
발행처 답다출판
출판등록 제2012-000343호(2012년 11월 1일)
주소 135-875 서울시 강남구 선릉로94길 7 현죽빌딩 7층
전화 02)733-9389 ┃ **팩스** 02)6280-9387
전자우편 dabda12@naver.com

편집디자인 오숙이
인쇄 상지사 P&B
용지 동남지류유통

ISBN 978-89-98451-02-8 04900
ISBN 978-89-98451-10-3(세트)

20세기
이야기

1920년대

국권 회복의 몸부림(國內)
대중문화 꽃피우다(國外)

답다

무한질주 20세기 발자취와
대한민국의 뚝심 추적史

　20세기는 무한질주의 시대였습니다. 과학과 기술이 비약적으로 발전하고 전혀 새로운 상품이 쏟아졌습니다. 인류는 유사 이래 처음 물질적 풍요를 경험했습니다. 불치병은 치료되고 수명은 연장되었습니다. 농업생산력은 폭발적으로 증가하고 기아가 사라졌습니다. 항공기의 발달은 세계를 지구촌으로 묶어주고 인터넷과 휴대폰의 대량 보급은 인류를 이웃으로 만들었습니다.

　문제는 인간의 무지와 탐욕, 야만과 광기였습니다. 20세기 전반기에 겪은 두 차례의 세계대전은 인류를 죽음의 구렁텅이로 몰아넣었습니다. 20세기 후반기에는 미소 냉전과 이로 인한 국지전, 민족과 종교의 이름으로 가해진 무차별적 학살, 독재자들의 만행, 악덕 자본가들의 탐욕, 환경오염으로 인한 자연파괴 등으로 인류는 혼돈의 시대를 살아야 했습니다. 이런 와중에도 생활이 나아지고 문화가 꽃을 피우고 민주주의가 확산되었습니다.

이 책은 이 모든 것을 수록한 20세기 전기록입니다. 중요하고 의미가 있는 과학, 산업, 정치, 경제, 전쟁, 문화, 예술, 스포츠, 학문, 언론 등을 망라했습니다. 요약하자면 '브레이크 없이 무한질주한 20세기 발자취와 대한민국의 뚝심 추적사'입니다.

20세기 초, 세계는 여전히 적자생존과 약육강식으로 대표되는 제국주의 시대였습니다. 약소국들은 강대국의 식민지로 전락했습니다. 우리 역시 일본 제국주의의 먹잇감이 되어 질곡에 빠졌습니다. 36년 간 고통과 희망 부재의 삶을 살아야 했던 우리 민족이 비로소 '대한민국'이라는 명패를 내걸고 존재를 인정받은 것은 1948년입니다. 하지만 곧 전 세계를 짓누른 미소 냉전의 틈바구니 속에서 또다시 민족의 비극 6·25를 경험해야 했습니다. 모든 것은 재가 되었고 우리는 참혹한 현실 앞에서 망연자실했습니다.

우리 국민은 참으로 위대했습니다. 경제적으로는 절대 가난에서 벗어나 물질적 성취를 이뤄내고 정치적으로는 민주주의를 완벽하게 정착시켰습니다. 식민지를 경험한 국가 중 '산업화'와 '민주화'를 모두 일궈낸 세계적 모범 국가로 발돋움했습니다. 이 과정에서 남북 대치와 개발 독재로 인한 인권 유린, 자본의 논리로 인한 노동자·농민의 희생이 잇따랐습니다.

우리 사회는 진보와 보수 간에 도그마, 합리화, 독선, 진영 논리 등에 매몰되어 있습니다. 압축 성장에 따른 정신적 황폐화와 상대적 박탈감, 속물 자본주의 근성도 집요하게 우리 주변을 배회하고 있습니다. 사회적 갈등과 극단적 이념대립은 심각한 수준에 이르렀습니다. 정치 성향에 따라 '상식'의 기준과 개념도 다르게 인식합니다. '사실' 조차 각각의 입맛대로 해석하거나 취사선택합니다.

그런데도 대한민국은 꿋꿋하게 버티고 있습니다. 이것은 더 나은 삶을 위한 민초들의 근면과 지도자들의 리더십이 빚어낸 결과물입니다. 무엇보다 대한민국이라는 공동체를 유지·발전시키려 한 건강한 시민의식이야말로 오늘의 대한민국을 있게 한 중심추였습니다.

이 책은 이렇게 살아온 우리의 20세기 100년 이야기입니다. 진보 보수 양쪽 모두를 긍정했습니다. 두 시각 모두 우리 사회를 지탱하는 소중한 두 축이라고 믿기 때문입니다. 그렇다고 공동체의 건강성을 해치는 일부 보수의 '부패'와 '탐욕', 일부 진보의 '경박'과 '독선'까지 수용하지는 않았습니다. 빛과 그림자는 늘 함께하는 것인데도 이런 사실을 외면한 채 어느 한쪽 면만을 지나치게 부각하려는 외눈박이에 대해서도 경계합니다.

이 책은 독창적이거나 학문적인 저술이 아닙니다. 그런 점에서 국내·외 학자, 작가, 기자들이야말로 이 책의 진정한 저자들입니다. 그들의 책, 작품, 논문, 기사를 일일이 소개하는 것이 마땅하나 책의 분량이 너무 늘어난다는 것을 핑계로 부득이 제외했습니다.

책이 나오기까지 심적·물적으로 도움을 주신 분들께 감사의 말을 전합니다. 10여년 전 '역사 속의 오늘'을 조선일보에 연재하도록 기회를 준 김태익 당시 조선일보 문화부장과 변용식 편집국장, '20세기 이야기'가 발간될 때마다 원고를 꼼꼼이 읽고 격려하는 이희용 연합뉴스 부국장, 책 출판의 물꼬를 터 준 김애숙 법무사 등이 그들입니다. 정독·종로도서관의 사서, 교보문고 직원들께도 감사의 뜻을 전합니다.

'20세기 이야기'(전 10권) 첫 권을 내며

2012년 12월 1일

김정형

차례

20세기 이야기 _1920년대
국권 회복의 몸부림(國內) ㅣ 대중문화 꽃피우다(國外)

1920년

봉오동·청산리 전투와 경신참변

일본군은 청산리 전투에서 대패하자 간도의 조선인을 보복 대상으로 삼았다.

홍범도(1868~1943)와 김좌진(1889~1930)은 우리나라 항일무장투쟁사에 우뚝 솟아 있는 두 거봉이자 영웅이다. 다만 출신과 사후 평가에서는 사뭇 대조적이다. 김좌진이 부유한 부르주아였다면 홍범도는 뼛속까지 가난했던 프롤레타리아였다.

남한에서는 김좌진을 청산리 전투의 신화적 인물로 평가하지만 북한과 연변학계에서는 홍범도를 더 높이 추앙한다. 이유는 홍범도가 소련 공산당에 입당하는 등 공산주의 운동에 참여한 반면 김좌진은 민족주의 노선을 고수하다 공산당원에게 피살되었기 때문이다. 그러다 보니 청산리 전투가 두 사람의 연합작전에 의한 승리였는데도 남한은 김좌진을 부각하고 북한은 아예 홍범도의 단독작전으로 소개한다.

두 장군이 활약을 펼칠 무렵 두만강 건너편의 북간도는 독립군들의 주 무대였다. 특히 1919년 3·1 운동 후에는 많은 독립군이 이곳을 거점으로 국내 진공작전을 펼쳐 독립군의 성지나 다름없었다. 10여 개의 독립군 단체가 북간도를 무대로 앞서거니 뒤서거니 창설되고 있을 때 홍범도 역시 1919년 5월 이곳에서 대한독립군을 창설했다.

대한독립군은 1919년 8월 압록강을 건너 함경남도 혜산진의 일본군 수비대를 습격한 것으로 이름을 떨쳤다. 3·1 운동 후 만주와 러시아령에서 편성된 독립군 부대들의 국내 진공작전 중 최초의 공격이었다. 1919년 9월에는 함경남도 갑산군에 침투, 일제의 통치기관을 급습하고 10월에는 평안북도 강계의 만포진을 거쳐 자성군까지 진출, 일본군 70여 명을 살

상하는 승전보를 알렸다. 이는 독립군 부대가 국내로 진공해 이룬 최초의 승전이었다. 이처럼 대한독립군의 기세가 하늘을 찌를 듯했으나 무기와 병참은 늘 부족했다.

홍범도는 이 문제를 타개하기 위해 1919년 겨울 대한국민회 산하 소속으로 들어갔다. 대한국민회는 북간도 일대의 조선 교민을 대표하는 단체로, 안무를 지휘관으로 하는 400여 명의 국민회군을 직속 부대로 두고 있었다. 대한독립군은 대한국민회의 지원을 받아 병력을 400여 명으로 늘리고 무기를 증강했다. 홍범도는 대한독립군과 국민회군을 연합한 전체 부대를 지휘했다. 최진동이 지휘하는 600여 명의 군무도독부와도 1920년 5월 연합해 '대한북로독군부'라는 대규모 연합부대 진용을 갖췄다. 대한북로독군부는 길림성 왕청현 봉오동을 근거지로 삼아 최진동이 총지휘를 맡고 홍범도는 군사령관을 담당했다.

봉오동 전투는 1920년대 무력 항일투쟁의 신호탄

이처럼 독립군 부대가 단일 대오로 합치는 과정 중에도 독립군의 국내 진공작전은 계속되었다. 독립군은 두만강을 건너와 낮에는 산악 지대나 밀림 지대에 잠복해 있다가 밤이 되면 일제의 주요 기관을 습격하는 방식으로 일본군을 괴롭혔다. 일본군 측 자료에 따르면 1920년 1월부터 6월 초까지 국내 진공 유격전은 총 32회에 달하고 파괴된 일제 관공서와 경찰관 주재소는 34개소나 되었다. 1920년 6월 4일 새벽, 또 다른 독립군 부대 신민단 소속 30여 명이 박승길의 지휘하에 두만강을 건너 함북 종성군 강양동에 주둔하고 있는 일본군 국경 초소를 급습한 것도 국내 진공작전 가운데 하나였다.

격분한 일본군 1개 중대가 두만강 국경을 건너 신민단의 뒤를 쫓았으나 독립군은 길림성 화룡현 삼둔자에 몸을 숨긴 뒤였다. 일본군은 독립군을 발견하지 못하자 애꿎은 양민들만 무차별 살육했다. 이 사실을 알게 된 독립군은 산기슭에 잠복해 있다가 철수하는 일본군에게 공격을 가해 치명적인 손상을 입혔다. 봉오동 전투의 서전을 장식한 '삼둔자 전투'였다.

봉오동 · 청산리 전투 지도

그러자 함북 청진시 나남에 주둔하고 있는 일본군 제19사단이 월강(越江) 추격대대를 편성, 6월 6일 밤 두만강을 건너 6월 7일 새벽 독립군의 근거지인 봉오동으로 진격해왔다. 봉오동은 두만강에서 불과 30리 거리에 있는 곳으로 고려령의 험준한 산줄기가 사방에 둘러쳐진 천혜의 요새지였다. 대한북로독군부를 주축으로 한 독립군 연합부대는 일본군이 다가오자 주민을 대피시키고 산 위 요지에 병력을 매복시켰다.

일본군이 고려령 골짜기 입구에 다다른 6월 7일 오전 6시 30분쯤, 매복해 있던 독립군은 일본군에게 사격을 가하고 뒤로 빠지는 전술을 구사했다. 고려령 길목인 안산과 고려령 입구에서도 연거푸 교전하는 체하면서 일본군을 봉오동 깊숙한 곳으로 유인했다. 이 과정에서 일본군은 큰 피해를 보았는데도 여전히 사태 파악을 못하고 독립군의 뒤를 쫓는 데만 급급했다.

일본군의 선봉이 봉오동 어귀를 통과하고 주력부대가 포위망 한가운데로 들어설 즈음인 오후 3시쯤, 700~900명의 독립군 총구에서 일제히 불이 뿜어나왔다. 3면 고지에서 가해지는 일제 사격으로 일본군은 3시간 동안 그야말로 추풍낙엽처럼 쓰러졌다. 독립군은 도주하는 일본군마저 추격해 타격을 가했다. 일본군 패잔병은 도주하면서도 미처 대피하지 못해 봉오동에 남아 있는 조선인 민간인 16명을 학살하는 만행을 또다시 저질렀다.

대한민국 임시정부에 따르면 '봉오동 전투'에서 일본군은 157명이 전사하고 300여 명이 부상했다. 독립군은 사망 4명에 중상 2명뿐인 대승이었다. 다만 사상자 통계는 자료마다 약간의 차이가 있다. 당시 중국 상해시보는 일본군 150여 명이 사살되었다고 하고 홍범도는 자신의 일지에 310명의 일본군이 사살되었다고 기록했다. 일본은 전사 1명, 부상 1명으로 축소 발표했다. 봉오동 전투는 독립군의 연합작전에 의한 승전이고 이를 계기로 무장투쟁의 열기가 더욱 고조되었다는 점에서 1920년대의 본격적인 무력 항일투쟁의 신호탄이었다.

청산리 전투는 한국 독립운동사에 기록된 최대 승전보

일본군은 봉오동 전투에서 대패하자 새로운 대책을 강구했다. 만주 군벌 장작림에게 압력을 가해 장작림 부대가 독립군을 토벌하게 하는 한편 '간도지방 불령선인 초토계획'을 세워 일본군이 직접 독립군을 공격하는 양면 작전을 병행하기로 했다.

장작림은 1920년 7월 24일 독립군을 토벌하겠다고 일본에 약속했으나 장작림 부하 중에는 장작림 부대가 독립군 토벌에 찬성하지 않는 사람도 많았다. 대한국민회가 중국 관리 맹부덕과 비밀 타협을 벌일 수 있던 것도 이런 배경 때문이었다. 타협의 요지는 장작림 부대가 일본군의 압력 때문에 부득이 독립군 수색을 위해 출동해야 하므로 독립군이 근거지에서 벗어나 일본군의 눈에 잘 띄지 않는 삼림 지대로 이동하되, 근거지 이동에 필요한 충분한 시간을 준다는 것이다.

타협에 따라 길림성의 연길현, 훈춘현, 왕청현, 화룡현의 4현에 근거지를 두고 있던 각 독립군 부대는 1920년 8월 하순 근거지 대이동을 시작했다. 홍범도의 대한독립군은 1920년 9월 21일 안도현과 접경 지대인 화룡현 이도구 어랑촌 부근에 터를 잡았다. 안무의 국민회군은 9월 말 이도구에 도착했고 최진동의 군무도독부군는 9월 말 나자구에 도착했다. 의군부, 신민단, 광복단 등 다른 독립군 부대들도 모두 근거지 이동을 단행했다. 왕청현 서대파에 근거지를 두고 있던 김좌진의 북로군정서는 9월 중순 이동을 시작해 10월 12~13일 화룡현 삼도구 청산리 부근에 터를 잡았다.

장작림의 군벌군은 1920년 8월 28일부터 9월 27일까지 1개월간 조선인 독립부대를 수색 토벌한다며 출동했다가 독립군 부대가 떠나 비어 있는 근거지를 파괴하는 것으로 일본군의 요구에 따르는 척했다. 결과적으로 중국군을 동원해 독립군을 토벌하려던 일본군의 기도는 실패로 돌아갔다.

독립군을 토벌한다며 8월에 일본군이 확정한 '간도지방 불령선인 초토계획'도 시작부터 차질이 빚어졌다. 간도가 중국의 영토였기 때문에 무작정 간도로 들어갈 수 없었기 때문이다. 따라서 일본군은 간도 침입의 구실을 만들어야 했다. 이때 조작한 것이 '훈춘 사건'으로 불리는 만주 마적단의 훈춘성 습격 사건이다. 일본군은 중국 마적단 두목 장강호를 매수했다. 장강호는 10월 2일 새벽, 훈춘을 습격해 일본영사관과 상가에 불을 지르고 숙직 경찰관을 살해한 뒤 달아났다. 400여 명의 마적 떼 공격으로 일본인과 한국인 13명이 죽고 30여 명이 부상했다.

홍범도와 김좌진은 항일무장투쟁사의 두 거봉

일제는 간도 침략의 구실을 마련하기 위해 피해 사실을 적극적이고 과장되게 발표한 뒤 10월 7일 간도 출병을 결정했다. 일제는 장작림 군벌정부의 간도 출병 불허에도 10월 14일 일본군의 간도 출병을 선언하고 10

월 17일 0시를 기해 조선독립군을 토벌하겠다고 일방적으로 통고했다. 독립군 토벌에 동원된 일본군의 규모는 엄청났다. 함북 청진시 나남의 19사단 대부분, 서울 용산의 20사단 일부, 러시아령 연해주에 주둔 중인 11, 13, 14사단 일부 등 총 2만 5,000여 명에 달했다. 이 중에서도 독립군 토벌에 가장 앞장선 부대는 19사단이었다.

일본군과 독립군 간의 첫 전투는 김좌진 부대가 진을 치고 있는 화룡현 삼도구 청산리 계곡 백운평에서 벌어졌다. 청산리는 깎아지른 듯한 절벽이 양편에 솟아 있는 길고 좁은 계곡으로 이곳을 지나려면 반드시 백운평을 거쳐야 했다. 김좌진 부대가 상대할 일본군은 중화기로 무장한 5,000여 명의 대병력이었다.

김좌진은 북로군정서군을 두 부대로 나눠 자신이 제1제대를 지휘하고 휘하의 이범석에게 제2제대를 맡겨 백운평의 유리한 고지에 매복해 있다가 일본군이 접근해 오면 포위 공격하는 작전을 짰다. 200여 명의 일본군 전위부대가 백운평에 다다른 1920년 10월 21일 오전 9시, 김좌진의 공격 개시 명령과 함께 600여 명의 독립군이 백운평을 향해 일제 사격을 가했다. 30분 동안 계속된 공격에 일본군은 제대로 저항 한 번 못하고 궤멸했다. 청산리 전투의 첫 승전이었다.

김좌진 부대는 주변에 포진하고 있는 일본군 본대를 피해 10월 22일 새벽 2시 30분께 이도구 갑산촌으로 빠르게 이동했다. 뒤늦게 달려온 일본군은 백운평 주민들에게 무차별 보복하는 것으로 분을 풀었다. 50~60 가구 300명 정도이던 주민 대부분은 잔인하게 살해되고 마을은 초토화되었다.

그 무렵 또 다른 일본군이 홍범도의 대한독립군이 은신하고 있는 이도구 어랑촌으로 접근했다. 홍범도 부대는 기민하게 산속에 숨어 있다가 10월 21일 늦은 오후부터 22일 새벽에 걸쳐 어랑촌 길목에 있는 이도구 완루구에서 적을 공격하는 게릴라 전술을 구사했다. 이 공격으로 400여 명에 달하는 일본군이 또다시 궤멸했다.

이도구 갑산촌에 도착한 김좌진 부대 역시 밤샘 행군에 몸이 파김치가 되었는데도 일본군 1개 기병대가 천수평 마을에 머물고 있다는 정보를 듣고 다시 천수평으로 달려가 22일 새벽 5시 30분경 일본군을 기습함으로써 300여 명을 섬멸하는 전과를 올렸다. 천수평 전투 때 독립군의 피해는 전사 2명과 부상 17명으로 경미했다.

고동하 전투도 항일투쟁사에 길이 빛나는 치열한 전투

김좌진은 천수평 전투 후 획득한 문서를 통해 일본군 본부가 이도구 어랑촌에 주둔하고 있는 것을 확인하고, 완루구 전투를 승리로 장식한 홍범도 부대와 합류해 어랑촌의 유리한 고지에 매복했다. 이 전투에 독립군은 2,000여 명, 일본군은 5,000여 명의 대규모 병력을 동원한 터라 사실상 청산리 전투의 최대 승부처였다. 10월 22일 아침 7시 30분부터 해가 질 때까지 계속된 어랑촌 전투에서 일본군은 1,000여 명(이범석)~1,200여 명(박은식)의 사상자를 내고 물러났다. 독립군도 100여 명이 전사하는 큰 피해를 보았으나 일본군이 워낙 막대한 손실을 입어 어랑촌 전투는 청산리 전투 가운데 가장 큰 전과를 올린 유격전으로 기록되고 있다.

어랑촌 전투는 치열했던 만큼 여러 가지 일화를 남기고 있다. 인근의 조선족 여성들이 생명의 위협을 무릅쓰고 독립군에게 음식물을 날라다 주어 독립군의 사기를 높였는가 하면 행군 도중 오발로 전우를 죽게 해 쇠로 만든 용수를 쓰고 전투에 참가한 한 병사는 죽은 전우 몫까지 대신한다며 적진 깊이 뛰어들어 전사하기도 했다. 기관총 중대장 최인걸은 기관총 사수가 전사하자 스스로 자기 몸에 기관총을 묶은 뒤 올라오는 일본군을 향해 180도 회전하며 총격을 벌이다가 기관총탄이 떨어지자 장렬하게 죽음을 맞았다.

김좌진·홍범도 연합부대는 어랑촌 전투를 끝내고 소부대로 나눠 다른 곳으로 이동하면서도 맹개골 전투, 만기구 전투, 쉬구 전투, 천보산 전투 등을 벌이며 일본군에게 타격을 가했다. 일본군의 야습을 받고 인근 절벽으로 피신했다가 적이 방심한 틈을 타 재야습을 가해 일본군의 사기를 완전히 떨어뜨린 10월 25일 밤의 고동하 전투 역시 항일투쟁사에 길이 빛나는 치열한 전투였다. 10월 26일 새벽 홍범도 부대가 고동하 골짜기 전투에서 마지막 승리를 장식함으로써 청산리 전투로 통칭되는 6일간의 크고 작은 전투도 대단원의 막을 내렸다.

일본군의 대살육으로 간도에 조선인의 피가 강물 이뤄

청산리 전투 후 일본군은 총 2,000여 명의 시체와 1,300여 명의 부상자를 실어 날랐다. 독립군도 100여 명의 사상자를 냈으나 사실상 한국 독립운동사에 기록된 승전보 중 최고·최대의 낭보였다. 북로군정서가 상해 임시정부에 제출한 보고서에는 일본군 전사자가 연대장 1명, 대대장 2명, 기타 장교 이하 사병 1,254명 등 모두 1,257명이고 부상자는 200여 명으로 기록되어 있다. 당시 중국의 요동일일신문과 박은식은 2,000여 명이 전사했다고 추산했다. 일본 영사관의 비밀보고서에는 연대장 1명, 대대장 2명, 소대장 9명, 병사 800여 명의 사상자가 났다고 되어 있다.

독립군 피해는, 직접 전투에 참가한 이범석에 따르면 전사 60여 명, 부상 90여 명, 실종 200여 명에 불과했다. 실종자는 대부분 부대로 복귀했다. 상해 임시정부는 전사자 130여 명과 부상자 220여 명 등 약 350여 명의 사상자를 낸 것으로 추산했다.

일본군은 청산리 전투에서 대패하자 간도의 조선인을 보복 대상으로 삼았다. 무장하지 않은 조선인들을 무참히 살육하고 조선인 마을은 모조리 파괴하거나 불태워 초토화했다. 1920년 10월부터 3개월에 걸친 간도 지방 조선인에 대한 대살육으로 간도에는 조선인의 피가 강물을 이뤘다. 일본군은 10월 22일에도 대한군정서의 근거지이던 왕청현 서대파와 십리평 일대에 난입, 양민 150여 명을 불령선인으로 몰아 학살했다.

10월 30일에는 용정촌 동북 25리 지점에 있는 기독교도 마을 장암동에 들어가 남자 33명을 교회에 가두고 불태워 죽였다. 3·1 운동 당시의 '수원 제암리 학살 사건'에 비견되는 '장암동 학살 사건'이었다. 일제의 야수성을 그대로 보여준 장암동 마을 학살을 직접 목격한 미국의 한 선교사는 "피에 젖은 만주 땅이 바로 저주받을 인간사의 한 페이지"라고 탄식했다. 이를 취재하던 동아일보의 장덕진 특파원도 실종되었다.

'경신참변'으로 불리는 일제의 무차별 학살 후 상해 임시정부가 간도통신원을 통해 조사한 바(독립신문 12월 18일자)에 따르면 10월 5일부터 11월 30일까지 학살당한 조선인은 3,693명이었다. 소각당한 민가도 3,288채나 되었고 학교는 41개교, 교회는 16곳, 곡물이 5만 4,045석이었다. 학살은 그 후에도 계속되어 실제 피해는 알려진 것보다 훨씬 더 많았다.

홍범도 홍범도(1868~1943)를 이해하려면 그에 대한 제3자의 기록이 없어 '홍범도 일지'에 의존할 수밖에 없다. 또 하나 문제는 홍범도가 직접 작성했다는 '친필 일지'가 남아 있지 않고 필사본만 전해지고 있어 이마저도 정확하지 않다는 것이다. '홍범도 일지' 필사본에 따르면, 홍범도는 평남 평양에서 머슴의 아들로 태어났다. 7일 만에 어머니가 죽고 8세 때 아버지마저 세상을 떠나 가난이 대물림되었다. 머슴살이, 막일꾼 등 닥치는 대로 일을 하다가 잠시 절에 들어가 간단한 한자와 한글을 깨우쳤다.

홍범도를 항일운동에 뛰어들게 한 것은 갑오동학혁명과 명성황후 시해 사건이었다. 이를 계기로 1895년 11월 강원도 회양과 김화의 경계 고개

홍범도

인 단발령에서 봉기하고 일본군 10여 명을 습격해 무기를 획득한 뒤 포수와 빈농 40여 명으로 의병 부대를 조직했다. 그 후 함경도 안변으로 이동, 북상하던 유인석 의병 부대와 연합해 일본군과 수차례 전투를 벌였으나 별다른 성과를 거두진 못했다. 이후 은신할 목적으로 산포수 생활을 하면서도 의병대 활동을 이어갔다. 1904년 가을에는 함남 북청의 일진회 사무실을 습격해 30여 명을 척살했다.

망국적 상황에서 포수들의 반일 의식을 부채질한 것은 1907년 9월 일제가 공포한 '총포 및 화약류 단속법'의 강제 시행이었다. 단속법은 총으로 먹고 살아야 하는 산포수들의 생존을 위협했다. 홍범도는 1907년 11월 산포수, 화전 농민, 광산 노동자, 해산군인 등 70여 명을 모아 항일 의병전에 나섰다. 홍범도군은 신출귀몰하는 게릴라전의 비조였다. 1907년 11월 함남 후치령을 시작으로 함경도 삼수·갑산과 운파령 등에서 일제의 군경과 수십 차례 격전을 벌여 큰 전과를 올렸다. 당시 함경도 사람들 사이에는 '홍대장 가는 길에 일월이 명랑한데 왜적 군대 가는 길엔 비가 내린다'는 내용의 '날으는 홍범도가'가 유행했다.

하지만 일제의 대대적인 토벌에 밀려 국내 활동이 어려워지자 1908년 11월 러시아령 연해주로 망명했다. 그곳에서 국내 진공작전을 펼치고 13도의군에 참여했다. 13도의군은 의병 지도자들이 연해주와 북간도 일대의 의병을 하나의 군단으로 통합하고 작전과 지휘를 단일 계통으로 통일하기 위해 1910년 6월 우수리스크 부근의 추풍에서 결성되었다. 홍범도는 함경도의 무산, 갑산, 종성 등으로 진공해 일본군과 전투를 벌였으나 동지 대부분이 체포되자 홀로 블라디보스토크로 돌아왔다. 일제는 홍범도를 체포하기 위해 아내와 큰아들을 인질로 삼았으나 홍범도가 꿈쩍도 하지 않자 부인과 아들을 살해하는 만행을 저질렀다.

홍범도군은 신출귀몰하는 게릴라전의 비조

홍범도는 연해주에서 활동하는 각종 독립단체의 간부로 활동하는 한편 노동판의 짐꾼이나 금광의 땅군으로 일하며 번 돈으로 무기를 구입하고 의병을 모집해 무장투쟁을 준비했다. 1915년 9월 북만주의 밀산 지역으로 이동해 학생들을 가르치고 청년단체를 조직하고 동포들과 연대를 다졌다. 그러던 중 1919년 3·1 운동이 일어나자 1919년 5월 '대한독립군'을 창설해 총사령관이 되었다. 1919년 10월 의병 100여 명을 이끌고 중국령으로 이동해 주로 나자구 하마탕에 주둔하다가 1920년 5월 대한독립군을 이끌고 두만강변의 국경 지대에서 최진동의 군무도독부와 연합했다.

그후 봉오동 전투와 청산리 전투를 승리로 이끈 뒤에는 일제의 토벌을 피해 1921년 1월 다른 독립군 부대와 함께 국경을 넘어 러시아령 이만에 집결했다. 독립군 연합부대원 중 홍범도와 220명의 대원은 1921년 3월 자유시(알렉세예프스크=스보보드니)로 이동한 반면 김좌진, 김규식, 이범석 부대원 380명은 자유시로 가지 않고 다시 중국령으로 돌아갔다.

홍범도는 1921년 6월 '자유시 참변'이 일어났을 때 가해자인 한인 이르쿠츠크 공산당 편을 들었다. 이 때문에 이후 민족주의자보다 공산주의자로 분류되었다. 자유시 참변 후 홍범도는 휘하 병력과 함께 이르쿠츠크 소재 소련군 제5군단 합동민족여단에 편입되어 제1대대장으로 활동했다.

1922년 1월에는 모스크바에서 개최된 제1차 극동인민대표자회의(혹은 원동인민대표자회의, 원동약소민족 대회, 극동피압박인민대회, 동방근로자대회, 원동민족혁명단체대표회의로도 불림)에 김규식, 여운형, 조봉암 등 50여 명의 독립운동가와 함께 초청받아 레닌을 접견하고 권총 1자루와 금화

100루블, 레닌이 친필서명한 조선군 대장이라는 증명서를 선물로 받고 돌아왔다. 1923년 군복을 벗은 후 연해주의 집단농장에서 일하다가 스탈린의 고려인 강제 이주 정책에 따라 1937년 11월 카자흐스탄으로 강제 이주했다.

1938년 4월 크질오르다에 정착한 후에는 밤에는 고려극장의 수위로 일하고 낮에는 정미소의 근로자로 살며 말년을 보냈다. 그런데도 기개는 잃지 않았다. 1941년 독·소 전쟁이 벌어졌을 때 일본의 동맹국 독일을 무찔러야 한다며 73살 고령임에도 '현역 징집'을 간청할 정도로 항일 투쟁에 적극적이었다. 1943년 10월 25일 75세를 일기로 카자흐스탄에서 생을 마감했다.

홍범도를 이해하려면 '홍범도 일지' 필사본에 의존해야 해

홍범도와 관련한 '일지'는 몇 종류가 있다. 첫째는 홍범도 자신이 메모 형식으로 기록한 '목필책'이다. 이 목필책은 홍범도가 중앙아시아로 강제 이주한 뒤 1938년부터 1940년 사이의 어느 때에 기록한 것으로 알려져 있는데 현재는 사라지고 없다. 크질오르다의 고려극장 희곡작가 태장춘과 그의 부인 이함덕이 이 목필책을 토대로 삼아 홍범도와 나눈 대화 내용을 정리한 것이 '태장춘판(이함덕판) 홍범도 일기'다. 태장춘은 연극 '홍범도'의 희곡을 완성해 1941년 고려극장 무대에 올렸다.

1950년대 후반 우즈베키스탄에 거주하고 있는 이인섭이 고려극장의 배우이자 당서기 김진에게 홍범도에 관한 자료를 부탁했다. 김진은 1958년 4월 '태장춘판'을 이인섭에게 보냈다. 이인섭은 난필의 태장춘판을 1958년 6월과 8월 두 차례에 걸쳐 깔끔하게 정리해 '조선 의병대장 홍범도 수기'라는 제목을 붙였다. '이인섭판 홍범도 일기'다.

1959년 여름 이인섭은 모스크바에 거주하고 있는 소설가 김세일을 찾아가 이인섭판과 태장춘판을 건네주며 홍범도의 생애를 소설로 쓸 것을 권유했다. 김세일은 이것을 참고해 1959년부터 1965년까지 소설 '홍범도'를 카자흐스탄 한글신문 '레닌기치'에 연재했다. '홍범도 일기'를 국내에 처음 소개한 사람은 핀란드 헬싱키대 출신의 언어학자 고송무였다. 그는 1989년 5월 소련을 방문했을 때 김세일의 소설 '홍범도'와, 태장춘판을 필사한 홍범도 일기(김세일판)를 김세일에게서 넘겨받았다. 고송무가 국내로 가져온 소설은 1990년 11월 김세일 저 '역사기록소설 홍범도'(전 5권)로 발간되었고 '홍범도 일기'는 부록으로 게재되었다.

오늘날 홍범도 일지 중 홍범도 자신이 쓴 목필책은 소실된 상태이고 태장춘판(복사본), 이인섭판, 김세일판만이 남아 있다. 김세일판은 이인섭판에 비해 오자와 탈자가 많고 첨삭된 부분도 있다. 이 때문에 전문가들은 이인섭판을 홍범도 일기의 원본으로 삼아야 한다고 주장한다. 1995년 정신문화연구원이 발간한 '한국독립운동사 자료집-홍범도편'은 태장춘판(복사본)을 근거로 한 것이다. 독립기념관에 소장되어 있는 것은 김세일이 소장하고 있다가 기증한 이인섭판(1958.6 필사)이다.

김좌진 김좌진(1889~1930)은 충남 홍성에서 태어나 3살 때 아버지를 여의고 편모슬하에서 자랐다. 집안은 대대로 내려오는 부호이자 명문가였으나 대체로 풍운아가 많았다. 11대조는 우의정을 지내고 병자호란 때 자살한 김상용이고, 시대의 풍운아 김옥균·김각균 형제와는 11촌 간이다.

김좌진은 타고난 장사여서 어린 시절부터 병정놀이를 즐기며 영웅을 꿈꿨다. 13세 되던 해에 형이 15촌 아저씨의 양자로 들어가 실질적인 가장으로 집안 살림을 떠맡았다. 15세 때인 1904년 집에서 부리던 노비 50명을 모아놓고 그들이 보는 앞에서 종 문서를 불사른 후 논밭을 무상으로 분

김좌진

배했다. 자신의 집도 개조해 문중과 함께 사립 학교인 호명학교를 세워 학감으로 활동했다. 학교 운영비는 가산을 정리한 자금으로 충당했다. 1907년에는 서울로 올라와 육군무관학교에서 현대식 군사 지식을 습득한 것으로 알려졌으나 이를 뒷받침하는 기록은 발견되지 않고 있다.

김좌진은 1910년 나라가 망하자 군자금을 모아 만주 서간도 지역에 독립운동 기지를 세우겠다는 결심을 했다. 먼저 서울에 위장 상점인 이창양행을 설립, 의병들과 연락하는 근거지로 삼고 부호들을 대상으로 군자금 강제 모금에 착수했다. 1910년 12월부터 1911년 2월까지 진행된 6차례의 군자금 모집에 김좌진도 4명의 동지와 함께 수차례 참여했으나 불행히도 1911년 일경에 체포되어 2년간 옥살이를 했다. 1913년 9월 출옥 후에는 고향 홍성에서 독립운동을 도모하다가 또다시 체포되어 10개월의 형을 살았다.

1915년 박상진을 중심으로 대구에서 결성한 비밀결사 조직 '대한광복회'에서 활동하다가 1917년 9월 박상진 총사령관의 명에 따라 만주에 군사학교를 설립하기 위해 만주로 건너갔다. 서간도를 거쳐 도착한 길림에서는 민족지도자 39명이 참여한, 3·1독립선언의 전주곡인 '무오독립선언서'(1919.2)에 서명했다. 1919년 3월 길림에서 무장독립운동단체인 길림군정사를 결성했으나 무장투쟁을 뒷받침해줄 대중적 기반이 취약해 대책을 강구하다가 북간도 왕청현 서대파에 본부를 둔 대종교의 대한정의단(중광단의 후신)에 가입, 군사 책임자가 되었다. 서일이 총재로 있는 대한정의단은 지역사회에 뿌리를 내리긴 했으나 무장투쟁을 지도할 독립운동가가 없었기 때문에 김좌진의 가담은 큰 힘이 되었다.

김좌진의 가담 후 대한정의단은 1919년 10월 군정부로 개칭했으나 정부라는 명칭을 사용하지 말라는 임시정부의 권고에 따라 1919년 12월 '북로군정서'로 개칭했다. 북로군정서는 독판에 서일, 군사령관에 김좌진을 추대하고 1920년 2월 독립군 간부를 배출하기 위한 사관연성소를 설치했다. 사관연성소는 1920년 9월 제1회 졸업생을 배출하고 체코군으로부터 무기를 구입, 청산리 전투를 승리로 이끌었다.

자유시 참변의 영향으로 공산주의 거부

청산리 전투 승리 후 일본군이 계속 증원되자 북로군정서는 중소 국경 부근인 밀산으로 후퇴해 1920년 12월 홍범도의 대한독립군 등 10여 개 독립군 부대와 힘을 합쳐 대한독립군단을 조직했다. 대한독립군단은 총재에 서일, 부총재에 김좌진·홍범도·조성환을 임명하고 행동 통일을 결의했다. 병력은 3,500여 명이나 되었다. 대한독립군단은 1921년 1월 일본의 추격을 피해 흑룡강을 건너 러시아령 자유시로 들어갔다가 공산 계열의 한인 독립군 부대끼리 주도권 싸움을 벌이다 무력 충돌을 벌여 수백 명이 죽는 '자유시 참변'을 겪었다. 김좌진은 다행히 자유시 참변 이전에 만주로 돌아와 화를 면했다.

대한독립군단은 1925년 3월 김혁 등이 이끄는 대한독립군정서와 힘을 결집하고 민간 조직까지 끌어들여 신민부를 조직했다. 김혁이 중앙집행위원장, 김좌진이 군사부위원장 겸 총사령관을 맡았다. 신민부는 의병 단체라기보다 재만 교포를 아우르는 지방 행정부인데도 성동사관학교를 세워 무관들을 양성했을 정도로 무장투쟁을 중시했다. 남쪽으로는 백두산 북방의 돈화·안도에서부터 북쪽으로는 러시아 국경 부근의 밀산까지 15~16현에 50만여 명의 한인을 관장했다. 그러나 신민부 결성 직후인 1925년 6월 만주 군벌 장작림이 조선총독부 경무국장 미쓰야와 '미쓰야 협약'을 맺고 독립운동가들을 체포해 조선총독부에 넘겨주면서 사정이 급격히 나빠졌다. 김혁도 1927년 3월 체포되자 12월 군정파와 민정파로 양분되었다.

김좌진은 당시 만주에서 활동 중인 3부(참의부·정의부·신민부) 통합에 관심이 많았다. 김좌진의 신민부 군정파는 1928년 9월 3부 통합회의에 대표를 파견했으나 뜻대로 되지 않자 통합 운동을 포기하고 북만주 지역으로 돌아갔다. 당시 북만주 지역에는 대종교인뿐만 아니라 다수 공산주의자도 거주했다. 지리적으로도 소련과 맞닿아 있어 재만 한인사회와 민족주의 진영에 속하는 민족운동 단체에도 공산주의 사상이 강하게 전파되었다.

김좌진 등 신민부의 대종교적 민족주의자들은 1921년 자유시 참변의 영향으로 공산주의에 거부감이 컸다. 또한 대종교는 민족주의적 색채가 강했기 때문에 계급과 국제성을 강조하는 공산주의와 거리를 두었다. 그러나 당시 재만 한인들은 신민부 군정파보다 공산주의에 더 공감했다. 군정파가 친일 한인들의 암살을 시도하고 국내 진입을 위한 공작을 벌여 불똥이 한인들에게 튈 것을 우려했기 때문이다. 게다가 농민을 괴롭히거나 살해하는 군정파 대원들까지 있어 한인들로부터 인심을 얻지 못했다. 이런 틈을 타 조선공산당 만주총국이 재만 한인사회를 파고들었다. 이런 상황에서 김좌진은 공산주의자와 대결할 수 있는 이념과 방략이 필요했으나 정치적 이념을 실현할 기반이 없다는 게 큰 약점이었다. 그래서 내린 결론이 무정부주의와의 합작이었다.

피살의 전모는 여전히 베일에 가려져 있어

김좌진은 1929년 7월 신민부와 재만조선무정부주의자연맹이 제휴한 한족총연합회를 결성, 하얼빈 근처 산시역 부근에 본부를 설치했다. 김좌진은 위원장을 맡아 재만 교포의 자립과 안정에 목표를 두고 교포들의 지위 향상에 힘을 기울였다. 중앙집권제를 폐기하고 지방자치제 실시를 명기

한 것을 두고 아나키스트들 스스로 "4,000년 조선 역사 이래 새로운 방식에 의한 농민 자체의 조직체"라고 자부할 정도로 북만주 지역에 새바람을 일으켰다.

김좌진은 1930년 1월 24일, 한족총연합회가 운영하는 산시역 근처의 도정공장으로 갔다. 오후 4시쯤 기계를 살피고 있는 김좌진의 등 뒤에서 누군가 총격을 가했다. 김좌진은 현장에서 즉사했다. 100일 뒤 거행된 장례식에는 국내·외 각지에서 1,000여 명의 조문객이 몰려와 애도했다. 시신은 가매장되었다가 1934년 방물장수로 가장한 김좌진의 부인이 유해를 파서 고국으로 가지고 와 충남 홍성에 밀장했다. 1957년 부인이 타계한 뒤에는 아들 김두한이 유해를 충남 보령에 있는 한산 이씨 종산에 합장했다.

현장에서 도주했다가 나중에 붙잡힌 범인은 조선공산당 소속 박상실이었다. 1931년 만주 경찰에 체포되어 사형 판결을 받았으나 그해 9월에 터진 9·18 만주사변의 어수선한 틈을 타 도주했다. 이 때문에 오늘날까지도 범행 동기 등 어느 것 하나 속 시원히 밝혀지지 않고 있다. 가장 유력한 설은 "김좌진이 일제와 결탁했다"는 거짓 보고를 상부에 올려 이를 사실로 받아들인 조선공산당 만주총국이 암살을 결정·지시했다는 것이다.

박상실을 사주한 것으로 알려진 김봉환은 체포되어 사살당했다. 신용하 교수는 "김좌진이 한국독립군단, 신민부, 한족총연합회 등을 창설해 독립운동을 벌이면서 '적화방지단'이라는 비밀조직을 결성해 공산 조직의 침투를 막으려 하자 공산단체 적기단이 비밀단원 박상실을 시켜 암살한 뒤 '김좌진이 친일파로 변절해 처단했다'는 소문을 퍼뜨린 것"이라고 주장했다.

이강훈 전 광복회 회장은 자서전 '민족해방운동과 나'에서 "(일제하 진보적 여류 문인) 강경애와 (그의 동거남) 김봉환이 하얼빈영사관 경찰부 소속 일본 형사의 회유로 변절, 공산계 급진주의자인 박상실을 사주해 김좌진을 암살했다"고 적고 있다. 이강훈은 김좌진을 따라 신민부와 한족총연합회에도 가담하고 동북만주에서도 활약하다가 1933년 일본 경찰에 체포되어 15년형을 받은 인물로 누구보다 김좌진의 주변 정황에 정통한 인물이다. 범인이 박상실이 아니라 공도진이라는 주장도 있으나 사건의 전모는 여전히 베일에 가려져 있다.

조선일보·동아일보 창간
두 신문사 폐간 때까지 20년 동안 조선일보·동아일보에 각각 4차례 정간 조치를 내렸다.

　　　　　1919년의 3·1 운동은 제2대 조선 총독 하세가와 요시미치를 총독 자리에서 끌어내렸다. 그의 퇴장과 함께 일제의 무단정치도 잠시 뒷자리로 물러서는 모양새를 취했다. 후임 총독 사이토 마코토는 부임 이튿날인 1919년 9월 3일 문화정치를 표방하는 4개항의 훈시를 발표했다. 본질과 노림수에 있어서는 무단정치와 별반 차이가 없었으나 형식상으로는 일부 변화가 있었다. 종전의 헌병 경찰 제도를 보통 경찰로 바꾸고 조선인의 관리 임용과 처우를 개선했으며 교육기관의 설립 요건을 완화했다. 금지해온 민간지의 발행 허용도 문화정치의 일환이었다.

　그동안 일제는 1907년 7월 공포한 '광무신문지법'을 전가의 보도로 삼아 신규 신문 발행 자체를 원천적으로 봉쇄해 왔다. 이 때문에 일제의 기관지 '매일신보'만이 발행되었을 뿐 순수 민간지는 없었다. 한국 언론으로서는 암흑기였다. 일제가 민간지 창간을 허용한다는 사실이 발표되자 전국 곳곳에서 신문 발행 신청이 쇄도했다. 이 가운데 총독부가 발행을 허가한 곳은 지방신문 10여 종과 서울의 조선일보, 동아일보, 시사신문 세 신문이었다.

　일제는 1920년 1월 6일 민간 경제 단체인 대정실업친목회 간사 예종석에게 조선일보, 매일신보 사회부장 출신의 이상협에게 동아일보, 일본과 조선이 합쳐 신일본이 되어야 한다고 주장한 민원식에게 시사신문 발행을 허가했다. 동아일보는 이상협을 내세 웠지만 실제 대주주는 김성수였다.

서울의 3개 민간지 가운데 가장 먼 저 창간호를 발행한 곳은 조선일보 였다. 1920년 3월 5일 선보인 조선일 보의 발기인은 양정의숙 설립자 엄 주익, 두산그룹 창업자 박승직, 변 호사 유문환 등 실업인, 금융인, 변 호사, 의사 등 39명으로 구성되었다.

조선일보 창간기념호(1920.3.9)

이 중 대정실업친목회와 관계된 인사는 11명이었다. 대정실업친목회는 일본인 유력자와 조선인 부호들이 만든 민간 사교 친목단체로 1916년 11 월 대정친목회로 발기했다. 하지만 대정실업친목회 회원들이 기대했던 것만큼 자금을 출자하지 않아 20만 원으로 목표했던 자본금은 5만 원밖 에 모이지 않았다. 이 결과는 두고두고 조선일보를 재정적으로 압박하는 요소로 작용했다.

조선일보는 당초 3·1 운동 1주년이 되는 3월 1일 창간호를 발행할 계획 이었으나 조선총독부가 "조선 민중을 선동할 우려가 있다"며 반려해 연기 되었다. 창간 작업에 참여한 60여 명은 당시 경성부 관철동 249번지에서 밤낮없이 창간 준비에 혼신의 힘을 다해 마침내 데드라인인 3월 5일에 창 간호를 낼 수 있었다. 이로써 일본에 나라를 빼앗긴 지 10년 만에 조선인 들은 우리가 만든 우리 신문을 다시 읽을 수 있게 되었다. 초대 사장에는 주요 자금원이자 발기인 39명 중 11명이 속해 있던 대정실업친목회 부회장 조진태가 취임했다.

문화정치 표방 후 가장 먼저 창간호를 발행한 곳은 조선일보

석간으로 발행된 창간호는 지금의 신문과 같은 크기로 16면이 발행되었다. 창간호 발행은 활기가 넘쳤고 희망에 부풀었다. 조선일보가 창간된 3월 5일 해질 무렵, 서울 시내 곳곳에서는 때아닌 방울 소리가 요란하게 울렸다. 신문 배달원들의 저고리 앞뒤에 달린 4개의 방울에서 울려나오는 소리였다. 당시 배달원들은 마치 애국 투사가 된 기분으로 신문을 배달했다고 한다.

그러나 불행히도 3월 5일자 창간호와 3월 7일자 2호는 지금까지 발견되지 않고 3월 9일자 3호만이 전해지고 있다. 다행히 창간호 3·4면과 13·14면은 2010년 발견되었다. 조선일보는 재정난으로 창간호부터 3호까지 격일로 발행한 뒤 휴간에 들어갔다가 4호를 53일 만인 4월 28일 발행했다.

조선일보는 1920년 8월 12일자에서 창간 발기인이면서도 재정적으로는 별다른 도움을 주지 않은 대정실업친목회와 결별한다는 사고를 실었다. 1921년 4월 6일 창간을 1년 갓 넘긴 상태에서 조선일보는 고질적인 자금난에 봉착, 또다시 휴간에 들어갔다. 총독부는 매국노 송병준을 앞세워 조선일보 인수 공작을 펼쳤다. 4월 8일 조선일보 판권을 인수한 송병준은 반일적인 편집국 분위기를 의식한 때문인지 자신이 사장에 취임하지 않고 황성신문 사장 등을 지내며 열렬한 반일 투사로 이름을 날렸던 남궁훈을 3대 사장으로 영입했다.

송병준의 계산은 노쇠한 남궁훈을 '얼굴마담'으로 내세우고 실질적인 경영은 자신의 아들 송종헌에게, 편집은 매일신보 출신인 친일 언론인 선우일에게 맡긴다는 구상이었다. 그러나 남궁훈이 4월 11일 신문 복간 후

신문 제작에 적극 참여하면서 송병준의 계산은 빗나갔다. 남궁훈 사장 하에서 조선일보 기자들의 반일 저항 의식은 더욱 강화되었다.

송병준은 결국 기자들의 항일 기개를 꺾지 못하고 심각한 경영난도 이기지 못해 인수 3년 만인 1924년 9월 13일 독립운동가 신석우에게 회사 판권을 넘겼다. 신석우는 상해임시정부 교통총장을 지내고 '대한'이라는 국호를 처음 제안한 독립운동가였다. 그런 점에서 1924년은 소유 구조로나 기사 내용으로나 조선일보가 민족지로 재탄생한 출발점이었다. 신석우는 부친으로부터 물려받은 전답과 재물을 판 돈 8만 5,000원으로 조선일보 경영권을 손에 쥐었다. 쌀 4,300가마를 살 수 있는 거금이었다.

신석우는 '조선 민중의 신문'이라는 기치 아래 당시 우리 민족의 사표로 추앙받고 있는 이상재를 사장으로 추대하고 자신은 부사장에 취임하는 등 경영진의 면모를 일신했다. 또한 동아일보의 창간 주역이자 '신문의 귀재'로 불리던 이상협을 편집고문으로 초빙하고 안재홍을 주필로 포진시키는 등 편집진도 새롭게 정비했다. 그러나 신석우도 재정난을 어쩌지 못해 1931년 5월 물러날 수밖에 없었다. 안재홍과 조만식이 과도기 사장으로 있으면서 차기 소유주로 주목한 인물이 '광산왕' 방응모였다.

방응모는 갖고 있는 광산을 모두 팔아 마련한 자금으로 1933년 3월 조선일보를 인수했다. 방응모는 국내 언론사상 첫 혁신호 100만 부(12면)를 1933년 4월 26일자로 발행하며 조선일보의 부흥을 전국에 알렸다. 이광수와 서춘을 동아일보에서 스카우트해 각각 부사장과 주필로 기용하는 등 새 진용을 짠 뒤 1933년 7월 19일 조선일보 제9대 사장으로 취임했다. 이후 조선일보는 면모를 일신하고 성장의 질주를 시작했다.

첫 압수 신문은 동아일보의 지령 13호

동아일보 창간은 김성수가 주도했다. 총독부가 민간지 발행을 허용하자

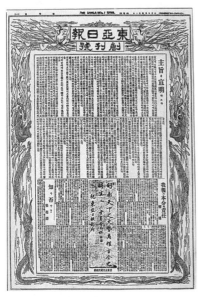
동아일보 창간호(1920.4.1)

'평양매일신문'의 한글판 주간을 지낸 장덕준, '매일신문'의 편집장을 지내다 사표를 낸 이상협, 아사히신문 기자를 지낸 진학문 등이 김성수를 찾아가 민족 신문 창간의 당위성을 피력했다. 당시 중앙학교 교장이던 최두선도 "애국 진영, 민족 진영에서 (민간신문을) 하나 해야 되지 않겠느냐"고 권했다. 황성신문 사장을 지낸 신문계의 원로 유근도 합류했다.

김성수는 1919년 10월 9일 이상협을 발행인 겸 편집인으로 내세워 신문 발행 신청서를 제출한 뒤 서울 북촌의 화동에 위치한 구중앙학교 교사를 빌려 '동아일보 창립사무소' 현판을 내걸었다. 김성수는 '민족의 자긍심을 북돋는 독립운동'임을 강조하며 전국의 유지들을 설득했고 전국에서 78명이 주식을 인수했다. 1월 14일 동아일보 발기인 총회를 열어 사장에 박영효, 편집감독에 유근·양기탁 등 주요 인선을 결정했다.

창간 주역들은 당초 3·1 운동 1주년인 3월 1일자로 첫 호를 낼 예정이었으나 당초 목표했던 자본금이 채워지지 않아 결국 창간 마감일인 3월 5일을 넘기고 말았다. 발행 연기 신청서를 다시 내 1920년 4월 1일 창간호를 발행했다. 타블로이드 배대판인 전지판 8쪽이었다. 이후 7년 동안 구중앙학교 교사에서 신문을 발간하다가 1926년 광화문의 신축 건물로 사옥을 옮겨 현재에 이르고 있다.

총독부는 조선일보·동아일보에 신문 발간을 허락하고서도 곳곳에 촘촘

한 그물망을 쳐놓아 행여라도 논조가 눈에 거슬리면 사사건건 탄압을 가했다. 특히 일본 황실의 존엄을 손상하거나 사회주의 사상을 전파할 우려가 있는 기사에 대해서는 예민한 반응을 보였다. 탄압에는 다양한 수단이 동원되었다. 신문 발행 전에는 간담, 주의, 경고 등으로 주눅 들게 하고 신문 발행 후에는 삭제, 압수, 정간, 폐간 등으로 옭아맸다.

탄압 과정은 이렇다. 신문 인쇄 즉시 총독부 경무국 도서과로 신문이 납본되면 도서과는 지체 없이 신문을 검열해 문제 기사에 대해 1차로 삭제 명령을 내린다. 신문이 인쇄된 뒤라도 문제 기사가 보일 경우 즉시 관할 경찰서로 전화를 걸어 압수를 통보하면 경찰은 득달같이 달려가 해당 신문을 압수해 신문 배달을 원천 봉쇄한다. 이렇게 두 신문이 1940년 강제 폐간될 때까지 압수당한 기사건수만 조선일보 471건, 동아일보 437건에 달했다.

일제, 논조 눈에 거슬리면 사사건건 탄압 가해

첫 압수 신문은 동아일보의 지령 13호였다. 1920년 4월 15일자 '평양에서 만세 소요'라는 제목으로 평양에서 일어난 만세 시위를 상세히 전했다가 창간 2주 만에 배포 금지 처분을 받은 것이다. 조선일보는 4월 28일자 제4호에 실린 '어약혼 있었던 민낭자, 지금부터의 각오'라는 기사로 첫 압수 처분을 받았다. 영친왕 이은과 혼약을 했으나 일본의 정략결혼 정책에 희생되어 파혼된 박석고개 민규수 댁의 탐방기사가 문제가 된 것이다.

1회성에 그친 압수보다 더 강한 언론 탄압책이 정간이다. 먼저 정간을 당한 것은 조선일보였다. 1920년 8월 27일자에 실린 '자연의 화(化)'라는 사설로 민간신문 최초의 정간을 당한 것이다. 미국 국회의원 시찰단이 경성을 방문했을 때 벌어진 시민들의 만세 시위는 자연적인 것이라고 옹호하며 이를 폭력적으로 진압한 일본 경찰의 대응을 꾸짖는 내용의 사설이었다.

1차 정간은 1주일 만인 9월 3일 풀렸으나 조선일보는 사흘 후 9월 5일자 제116호에서 '우열(愚劣)한 총독부 당국은 하고(何故)로 우리 일보(日報)를 정간시켰나뇨'라는 사설로 또 정간을 당했다. 1차 정간을 정면으로 비판한 탓에 이번에는 무기정간이었다. 오기라면 오기였고 기개라면 기개였다. 정간은 1920년 11월 24일 해제되었으나 조선일보는 경영난으로 신문을 발행하지 못하다가 12월 2일 겨우 속간호를 낼 수 있었다.

　1925년 9월 8일자 '조선과 露國(러시아)과의 정치적 관계'라는 사설이 또다시 문제가 되어 일어난 3차 정간 때는 기자가 구속되고 윤전기가 압수되는 등 피해가 컸다. 박헌영 등 사회주의적 성향을 가진 언론인 17명도 이 사건으로 해직되었다. 4차 정간은 1928년 5월에 있었다. 중국 제남에서 발생한 중국과 일본간의 군사 충돌로 일본군이 산동 지방에 출병한 것을 반대한 사설 '제남 사건의 벽상관(壁上觀) : 다나카 내각의 대모험'이 문제가 된 것이다.

　동아일보는 1920년 9월 25일자 '제사(祭祀) 문제를 재론하노라'라는 제목의 사설로 1차 무기정간을 당했다. 총독부는 이 사설이 일본 황실의 상징인 거울, 곡옥, 칼 등 3종의 신기(神器)를 비판했다는 트집을 잡았다. 2차 정간은 1926년 3월 6일자에 실린, 당시 소련에 있는 국제농민본부가 3·1 운동 7주년을 기념해 보내온 메시지가 빌미를 제공했다. 3차 정간은 1930년 4월 16일 미국 네이션지 빌라즈 주필의 창간 10주년 기념사 게재로 일어났고, 4차 정간은 1936년 8월 25일자에 실린 그 유명한 일장기 말소 사건이 원인이 되었다. 결국 동아일보는 8월 27일자부터 자그마치 279일간이나 신문을 발행하지 못했다.

　이처럼 일제는 두 신문사 폐간 때까지 20년 동안 조선일보·동아일보에 각각 4차례 정간 조치를 내렸다. 기간으로는 동아일보가 569일, 조선일보가 240일이었다.

김성수 김성수(1891~1955)는 한국 현대사에 빛나고 다양한 업적을 남긴 기업인 이자 교육자였으며 언론인이자 정치인이었다. 그 는 전북 고창에서 만석꾼 집안의 맏아들로 태어 나 2살 때 큰아버지의 양자로 입적되어 친부와 양부 양쪽의 유산 상속자가 되었다. 이런 가계 구 도 덕분에 막대한 자금이 들어가는 기업, 학교, 언론 등 다양한 근대화 사업을 벌일 수 있었다.

김성수

김성수는 1906년 장인이 전남 담양에 세운 창흥의숙에서 평생 절친한 친구가 될 송진우를 만나 1908년 함께 일본으로 유학을 떠났다. 1910년 4월 입학한 와세다대에서도 훗날 그의 동지이자 친구가 될 여러 조선인 유학생과 교류했다. 장덕수, 현상윤, 김준연, 양원모, 최두선, 이강현 등이 그때 만난 친구로, 이들은 훗날 김성수가 학교, 신문사, 방직공장 등의 근대화 사업을 펼칠 때 큰 도움을 주었다. 김성수는 와세다대 정경학부를 졸업하고 1914년 7월 귀국했다.

한동안 진로를 모색하다가 1915년 4월 24세 나이로 당시 재정난에 시달리고 있던 중앙학교(현 중앙고)를 인수해 교육자로서의 입지를 굳혔다. 1932년에는 보성전문(현 고려대)도 인수했다. 김성수는 중앙학교 인수 후 당시 조선이 일본의 의류, 직물, 섬유 생산품의 시장으로 전락하고 있는 현실을 직시했다. 중앙학교 학생들에게 국산 무명옷을 교복으로 입도록 하고 한국의 직물을 발전시킬 방안을 찾는 데 골몰했다. 1917년 인수한 '경성직뉴'와 1919년 10월 설립한 '경성방직'은 그 결과물이었다. 오늘날 경성방직은 순수 한국인 자본에 의해 세워진 최초의 대규모 기업으로 평가받고 있다. 경성방직은 1922년 김성수의 아우 김연수가 경영을 맡고부터 근대적 기업으로 변모했으며 오늘날까지도 굳건히 유지되고 있다.

경성방직 설립으로 정신없이 바쁘게 보내던 1919년 어느 날 최남선의 동생 최두선이 김성수를 찾아와 총독부의 민간지 허가 사실을 전해주면서 신문을 창간할 것을 제안했다. 매일신보에서 5년 7개월간 근무한 경력이 있어 신문 제작에 관한 한 최고의 안목을 갖고 있던 이상협도 같은 제안을 했다. 김성수는 제안을 받아들여 총독부에 동아일보 창간을 신청했다.

한국 현대사에 빛나는 기업인, 교육자, 언론인, 정치인

김성수는 일제 하에서 교육, 언론, 산업의 세 방면을 통해 민족운동을 이끌었기에 해방 후 그에 대한 이미지는 정치와는 멀었다. 그 역시 정치에는 큰 관심이 없었다. 그랬기에 1945년 9월 한국민주당이 창당했을 때 김성수는 정신적·이념적으로는 당을 지원하면서도 당원 명단에는 이름을 올리지 않았다. 그러나 한민당의 수석총무이던 송진우가 1945년 12월 30일 암살되고 한민당의 거듭된 요청에 따라 1946년 1월 한민당의 수석총무가 되었다.

김성수는 남한만의 단독정부를 세우지 않으면 소련과 북한에 의해 공산화되고 말 것이라는 이승만의 건국 노선을 지지했다. 김성수와 한민당의 이런 지지가 있었기에 이승만의 대한민국 건국 작업은 우여곡절을 겪으면서도 앞으로 나아갈 수 있었다. 따라서 1948년 5월의 초대 총선 후 초대 대통령에는 이승만, 초대 국무총리에는 김성수가 유력하게 거론되었다. 한민당의 영향력과 이승만이 대통령이 되는 데 한민당이 기여한 사실을 감안하면 김성수는 국무총리로 충분한 자격을 갖추고 있었다.

그러나 이승만은 김성수를 재무장관으로 임명하고 한민당 의원들을 각료 구성에서 배제했다. 이를 모욕으로 받아들인 김성수는 한민당과 논의한 끝에 재무장관직을 거절하고 제1야당의 당수로 이승만의 독주를 견제하기로 했다. 이승만의 권력이 1948년 8월 대한민국 출범 후 더욱 강화되자 김성수는 이승만의 전횡을 견제하고 당의 지지 기반을 넓히기 위해 자신의 한민당, 신익희의 대한국민당, 지청천의 대동청년단을 합쳐 1949년 2월 거대 야당인 '민주국민당(민국당)'을 창당했다.

그러나 민국당은 이승만의 상대가 되지 못했고 이승만의 독선과 독단은 6·25 전쟁 후 더욱 기승을 부렸다. 이시영 부통령이 대통령 측근의 부정 사건에 격분해 사임하자 김성수를 부통령으로 추대하자는 움직임이 있었다. 김성수는 거절했으나 동료들의 끈질긴 간청에 1951년 5월 부통령직을 허락했다. 그러나 이승만의 부산정치파동에 격분, 1952년 5월 사임했다. 이후에도 이승만의 독단적인 통치에 맞서 반 이승만파를 규합하려는 노력을 계속했으나 1955년 2월 18일 운명하는 바람에 결실은 보지 못했다.

영친왕 정략결혼
고국에서 7년여 병상 생활을 하다가 1970년 5월 한 많은 생을 마쳤다.

고종에게는 9남 4녀의 자녀가 있었다. 이 가운데 성인이 될 때까지 살아남은 자녀는 3남 1녀였다. 아들은 순종(1874~1926), 의친왕 이강(1877~1955), 영친왕 이은(1897~1979) 3명이고 딸은 덕혜옹주(1912~1989)가 유일했다. 순종은 명성황후, 의친왕은 상궁 덕수 장씨, 영친왕은 후궁 순빈 엄씨, 덕혜옹주는 궁녀 양귀인에게서 태어났기 때문에 이들 4명은 이복남매들이다.

조선조의 적통인 순종은 슬하에 자녀가 없었다. 그래서 1907년 즉위할 때 이은이 황태제로 책봉되었다. 20살이나 나이가 많은 의친왕 이강을 제치고 이은이 황태제가 된 것은 명성황후가 죽고 없는 상황에서 이은의 생모인 엄비가 최고 서열인 데다 눈치가 빠르고 처신에 능했기 때문이다. 더구나 이강의 생모 장상궁은 이미 죽고 없었다.

엄비는 1895년 명성황후가 시해되고 2년 후 이은을 낳아 명성황후로부터 직접적인 박해를 받지 않았다. 반면 장 상궁은 명성황후가 살아 있을 때 순종보다 불과 세 살 어린 이강을 낳아 잠재적인 경쟁자로 여긴 명성황후에게서 모진 박해를 받았다. 장 상궁은 아들과 함께 궁 밖으로 쫓겨나 10여 년을 앓다가 세상을 떠났다. 이강은 명성황후 사후에도 이은을 낳은 엄비의 눈총을 받아 미국으로 건너가 고독한 젊은 날을 보냈다.

이은은 1900년 영친왕에 봉해지고 1907년 순종의 즉위에 맞춰 황태제로 책봉된 후 같은 해 이토 히로부미의 강요로 10살의 어린 나이에 일본으로 보내졌다. 고종은 영친왕의 일본행을 반대했으나 이토는 '태제에게 신문물을 접하게 하고 신식 교육을 받게 해야 한다'는 명분을 앞세워 일본 유학을 강행했다. 물론 일제의 목적은 식민지의 태제를 볼모로 끌고 가 억류하는 한편 일본의 군사교육을 받게 하고, 일본의 문명·문화·풍습 등에 젖게 하는 것, 즉 조선 태제의 일본인화였다.

영친왕이 일본에 있던 1910년 8월 대한제국은 일제의 강제 합병으로 역사 무대에서 사라졌다. 일본은 '이왕가'에 명목상으로 일본 황족의 일원이라는 특별 자격을 부여했다. 고종 황제에게는 '덕수궁 이태왕'이라는 칭호를 부여하고 순종은 폐위해 '창덕궁 이왕'으로 격하했다. 영친왕 역시 황태제에서 '왕세제 영친왕'으로 격하한 후 일본인으로 만들기 위한 프로젝트를 가동했다. 일본 황족학교인 가쿠슈인과 일본 육사에서 교육해 1917년 육군 소위로 임관시켰다.

일본인 여성을 영친왕의 배우자로 삼아 내선 융합 정책 관철해

다음 단계는 일본인 여성을 영친왕의 배우자로 삼아 양국 간 잡혼을 통한 내선 융합 정책을 관철하는 것이었다. 일본 정부가 영친왕의 배필로 선택한 인물은 나시모토 마사코, 즉 이방자(1901~1989)였다. 이방자는 일본 황족 나시모토 노미야의 장녀로 태어나 가쿠슈인 초·중등과를 졸업하고 장차 천황이 될 히로히토의 배우자 후보로까지 올랐다가 간택되지 못하고 영친왕의 배필로 정해졌다.

영친왕과 이방자

문제는 천황과 천황 일족을 법률적으로 규정하는 '황실 전범'이었다. '황실 전범'에 따르면 황실 딸의 결혼 상대는 황족이나 그 아래 계급인 화족의 남성에게만 자격이 있었다. 그런데 당시 영친왕은 명목상으로만 황족이었을 뿐 실제로는 화족 아래의 왕공족에 속했다. 따라서 이은과 이방자의 결혼을 성사시키려면 '황실 전범'을 개정해야 했다. 결국 일본은 단 한 건의 결혼을 성사시키기 위해 황족의 딸이라도 왕공족의 남성과 결혼할 수 있도록 1918년 11월 '황실 전범'을 개정했다.

두 사람의 결혼은 1919년 1월 25일 치러지는 것으로 발표되었다. 하지만 식을 거행하기 4일 전인 1월 21일 고종의 급사로 결혼식이 연기되어 1920년 4월 28일 도쿄에서 치러졌다. 하지만 결혼을 반대하는 저항이 적지 않았다. 편지가 일본으로 수없이 날아들고 당시 메이지대 학생 서상한이 결혼식을 저지하기 위해 식장에 수제 폭탄을 가지고 들어가려던 계획이 사전에 탄로나기도 했다. 혼례 날에는 비록 불발로 그쳤지만 식장에 도착한 이방자의 마차에 누군가 소형 폭탄을 던지는 사고도 있었다.

영친왕이 이렇게 일본에서 결혼식을 올리고 있을 때, 서울에서는 한 여인이 눈물을 흘리고 있었다. 그는 1907년 영친왕의 비로 간택되어 11년째 결혼할 날만을 기다리던 민갑완(1897~1968)이라는 여인이었다. 민갑완은 고종의 특명전권공사로 임명되어 영국·미국·벨기에 공사로 일했던 구한말 외교관 민영돈의 딸이었다. 민갑완과 영친왕은 생년월일이 1897년 10

월 20일로 같았다.

일제는 영친왕과 이방자의 결혼이 확정되자 1918년 벽두에 민갑완에게서 혼약의 징표인 금반지를 회수하고 일방적으로 파혼시켰다. 민갑완의 부친에게는 "신의 여식을 금년 내로 타문에 출가시키지 않으면 부녀가 중죄를 받아도 좋다"는 것을 맹세한다는 서약서를 강제로 받아냈다. 결국 민영돈은 1919년 1월 속절없이 죽고 만다.

당시만 해도 황태제의 약혼자였다는 것 자체가 일종의 사회적 신분 요소로 작용했기 때문에 민갑완에게는 파혼 후에도 고관 집안에서 결혼을 희망하는 요청이 많았다. 그중에는 박영효의 아들도 있었다. 그러나 그는 누구의 청혼도 사양하고 홀로 살았다. 일제가 계속 다른 남자와의 결혼을 강요하자 1923년 남동생과 함께 중국 상해로 망명해 살다가 해방 이듬해인 1946년 5월 동생 부부와 함께 귀국했다. 이후 서울에 거처를 구했다가 1950년 6·25 후 부산에 정착해 동생 부부와 살다가 1968년 일생을 마쳤다.

일본 천황가의 배려와 도움으로 최고 지위 유지하며 살아

영친왕의 정략결혼은 1920년 3월 창간 직후의 조선일보에도 불똥이 튀었다. 결혼식 당일 조선일보는 영친왕의 결혼 소식과 함께 민 씨의 강제 파혼 전말을 소개했는데 이 기사가 조선총독부 눈에 거슬려 압수된 것이다. 창간 50여 일 만에 이뤄진, 일제 치하 조선일보 최초의 압수 기사였다.

영친왕은 1926년 순종의 승하 후 형식상으로 왕위를 계승해 이왕으로 불렸다. 일본의 반대로 귀국하지는 못했으나 일본 천황가의 배려와 도움으로 일본에서 최고 지위를 유지하며 살았다. 감시를 받아야 하는 허울 좋은 황족의 신분이긴 했으나 생활은 풍족했다. 군 계급도 계속 높아져 근위보병 제2여단장(1939), 제51사단장(1941)을 거쳐 1943년에는 육군 제1항공군 사령관에까지 올랐다.

일제의 패망 후 영친왕은 조선의 왕 자리를 당연히 자기 몫으로 생각하고 귀국을 서둘렀다. 그러나 이방자 여사는 조선의 정세가 불안하다는 이유로 귀국을 망설였다. 영친왕의 복벽(復辟·퇴위한 왕이 다시 왕위에 오르는 것)과 이복형 의친왕의 옹립을 둘러싼 음모와 알력도 발목을 잡았다. 더욱이 연합군 총사령부가 일본 황족의 모든 경제적 특권을 박탈해 황족에 속했던 영친왕 역시 경제적 어려움이 가중되었다.

당시 영친왕은 도쿄 저택, 4곳의 별장, 목장을 갖고 있었으나 '커튼을 뜯어 블라우스를 만들 정도'로 생활고를 겪어 부동산을 팔아야 했다. 특히 대지 2만 평에 건평이 500평이나 되는 도쿄 저택은 요지 중의 요지였다. 일본 정부를 비롯해 여러 곳에서 저택을 팔라고 했으나 영친왕은 주일 한국대표부의 구매 요청을 받아들였다. 그러나 한국 정부가 돈을 마련하지 못해 거래가 무산되면서 도쿄 저택은 당시 중의원 의장이자 일본 세이부 그룹 회장에 팔렸다. 시가는 1억 수천만 엔이나 되었으나 사기꾼의 농간으로 4,000만 엔만 손에 쥐었다. 1947년 5월에는 공식적으로 일본 황족의 신분을 박탈당하고 일본 국적도 상실했다.

1950년 2월 영친왕은 맥아더의 초청으로 일본에 온 이승만 대통령을 만났다. 귀국 여부를 결정하지 못하고 고민할 때라 영친왕은 종친인 이승만 대통령이 왕인 자신에게 상당한 예를 다할 것이고 어떤 형식이든 본국 귀환에 대해 언질이 있을 것으로 기대했다. 당시 우리 국민도 영친왕에 대해 동정적이었다. 그러나 이승만에게서 들은 얘기는 "귀국하고 싶으면 돌아오라"는 차가운 대답뿐이었다. 낙담한 영친왕은 귀국을 단념했다.

1956년에는 6년 전 미국으로 유학을 떠난 아들의 MIT대 졸업식에 참석하고 싶었으나 여권이 문제가 되었다. 주일 한국대표부가 이승만 대통령을 의식해 한국인 자격의 여권 발급에 냉담한 반응을 보이자 영친왕은 더이상 참지 못하고 일본 정부에 여권 발급을 요청했다. 이것은 조선의 왕손이 정식으로 일본인이 된다는 것을 의미했다. 결국 영친왕은 일본인 신분으로 미국을 방문했고 실망한 국민들은 그에게서 동정심을 거두었다. 영친왕은 1959년 뇌혈전으로 쓰러져 반신불수가 되었다.

1960년 4월 이 대통령이 하야한 뒤 귀국을 바라는 편지들이 국내에서 답지했으나 영친왕과 이방자는 자칫 정치적으로 이용당할 것을 우려해 귀국을 보류하며 사태를 주시했다. 그러다가 5·16 쿠데타 직후, 한국 대표부로부터 "박정희 의장이 용태를 걱정하고 있다"는 전화가 걸려오자 용기를 내 1963년 11월 22일 조상이 묻혀 있는 대한민국으로 귀국했다. 하지만 병이 깊어져 활동하지는 못하고 7년여 병상 생활을 하다가 1970년 5월 1일 한 많은 생을 마쳤다.

영친왕 사후 이방자는 고국으로 돌아가려면 얼마든지 돌아갈 수 있었다. 하지만 그렇게 하지 않았다. 홀로 창덕궁 낙선재를 지키며 장애자 봉사 활동에 전념하다가 1989년 4월 30일 88세로 병사했다. 1931년 도쿄 저택에서 태어난 영친왕의 유일한 핏줄 이구는 1950년 미국으로 유학을 떠나 그곳에서 만난 우크라이나 태생의 미국 여성 줄리아와 결혼했다. 이후 자녀 없이 살다가 과거 아버지의 도쿄 저택 자리에 지어진 아카사카 프린스 호텔에서 2005년 5월 홀로 숨졌다. 이구의 죽음과 함께 조선 왕실의 적통도 끊어졌다.

나혜석의 결혼과 파혼

나혜석은 이렇게 사무쳤던 원한을 가슴에 묻은 채 무덤 없는 고혼(孤魂)의 전설이 되었다.

날카로운 총기, 들끓는 예술혼, 사랑을 향한 뜨거운 열정을 모두 지닌 나혜석(1896 ~1948)의 비극은 시대를 너무 앞질러 여성으로 태

어났다는 것이다. 1913년 3월 진명여고를 최우
등으로 졸업한 사실이 매일신보(1913.4.1)에 사
진과 함께 실릴 정도로 나혜석은 고교 때부터
두각을 나타낸 하이틴 스타였다. 나혜석은 경
기도 수원에서 태어나 17세 때인 1913년 도쿄
여자미술전문학교 서양학과에 입학했다. 이로
써 고희동, 김관호, 김찬영에 이어 국내 4번째
서양화가가 될 자격을 갖췄다.

나혜석

　일본 유학은 나혜석에게 서양미술뿐만 아니라 신여성운동의 이론도 가
르쳐주었다. 특히 스웨덴의 여성 사상가 엘렌 케이의 자유연애와 자유 이
혼론에서 많은 영향을 받았다. 나혜석은 1914년 가을 도쿄의 조선인 유학
생 잡지 '학지광' 3호에 실린 '이상적 부인' 제목의 글에서 "현모양처론은
여자를 노예로 만들려는 것"이라고 비판함으로써 페미니스트로서의 삶을
예고했다. 일본에서 만난 나혜석의 첫사랑은 게이오대 학생 최승구였다.
당시 최승구는 조혼으로 고향에 아내가 있었지만 나혜석과의 관계를 공
개적으로 드러냈다. 두 사람은 화가와 시인으로 서로의 예술 세계를 이해
하고 공명했다.

　그러나 둘의 관계는 지속되지 못했다. 나혜석의 아버지가 얼굴조차 알
지 못하는 남성과의 결혼을 나혜석에게 강요하고 최승구의 집안이 나혜
석을 첩으로 들이는 것은 상관없지만 이혼만은 절대로 안 된다고 반대했
기 때문이다. 그러던 중 최승구가 폐병에 걸려 요양을 위해 고향인 전남
고흥으로 돌아가자 나혜석은 1916년 4월 최승구를 병문안했다. 그러나
나혜석이 최승구와 헤어진 다음날, 최승구가 세상을 떠나 나혜석의 가슴
에 큰 상처를 남기고 극도의 신경쇠약에 빠뜨렸다.

　고통의 날들을 보내고 있던 어느 날 오빠 나경석의 친구이자 교토제대

에서 법학을 공부하는 김우영이 다가왔다. 김우영은 나혜석보다 나이가 10살이 많았고 상처한 지도 얼마 되지 않았다. 사별한 부인과의 사이에 딸도 있었다. 김우영이 애정 공세를 펼쳤으나 나혜석은 마음을 열지 않았다. 당시 나혜석은 이광수와 가깝게 지냈다. 이광수는 나혜석의 친구인 허영숙과 이미 사랑하는 관계이면서도 나혜석도 놓치기 싫어 두 여자와 삼각관계를 유지했다. 더구나 이광수는 조선에 조혼한 부인까지 있었다. 결국 허영숙과 나혜석 중 한 명을 선택해야 하는 상황에서 이광수는 허영숙을 선택했다.

시대를 너무 앞질러 여성으로 태어났다는 게 비극

김우영의 애정 공세가 여전한 가운데 나혜석은 1918년 3월 미술학교를 졸업하고 귀국했다. 미술학교를 졸업하기 전, 도쿄에 유학 중인 조선 여학생들의 동인지 '여자계' 창간에 동참하고 여자계 2호와 3호에 뚜렷한 여성 의식을 보여주는 단편소설 '경희'와 '회생한 손녀'를 발표함으로써 한국 최초의 여류 소설가로 문학사에 이름을 올렸다.

나혜석은 정신여학교 미술 교사로 활동하면서 1918년 6월 창립한 우리나라 최초의 미술 단체인 '서화협회' 회원으로 참여했다. 1919년에는 3·1운동에 참가해 5개월간 옥고를 치른 후 나와 그를 변호해준 김우영의 청혼을 받아들였다. 결혼 조건은 나혜석다웠다. ▲일생을 두고 지금처럼 나를 사랑해주시오 ▲그림 그리는 것을 방해하지 마시오 ▲시어머니와 전실 딸과는 별거하게 해주시오.

두 사람은 이렇게 결혼 서약을 한 뒤 1920년 4월 10일 서울 정동교회에서 결혼식을 올리고 신혼여행을 떠났다. 말이 신혼여행이었지 전남 고흥에 있는 최승구의 무덤에 비석을 세워주기 위한 여행이었다. 김우영은 내키지 않았지만 아직 남아 있는 첫사랑과의 추억과 애정을 묻어버리고 이후 자신에게 충실할 것을 맹세한다는 데 마냥 반대할 수만은 없었다. 나혜석은 최승구와 주고받았던 편지와 사진을 모두 태워 비석 밑에 묻으며 첫사랑과의 이별 의식을 치렀다.

나혜석은 1921년 3월 19~20일 첫 여성 개인전람회를 경성일보 전시장인 내청각에서 열어 마침내 한국 최초의 여류 서양화가 겸 한국의 4번째 서양화가로 이름을 올렸다. 전시회는 매일신보가 "인산인해를 이루도록 대성황이었으며… 제2일에는 3시까지의 관람자가 무려 4,000~5,000명에 달하였더라…"라고 보도할 만큼 성황을 이뤘다. 한국 미술사에 기록된 한국 최초의 서양화 개인전은 도쿄 미술학교 출신의 김관호가 1916년 12월 연 전시회이지만 장소가 평양이라는 점에서 나혜석의 개인전은 서울 최초였다.

나혜석은 1921년 7월 '신가정' 창간호에 단편소설 '규원'을 발표하는 등 소설가로도 활동의 폭을 넓히다가 1921년 9월, 만주 안동현 부영사로 부임하는 김우영을 따라 만주로 이주했다. 그의 인생에서 가장 행복했던 그곳에서 나혜석은 여자 야학을 세워 교육 사업을 하고 독립운동가를 도우며 인생의 황금기를 보냈다. 매우 위험한 일이었으나 친일파로 낙인찍힌 남편을 위해서도 훌륭한 모험이요 내조였다. 그림 그리는 것도 게을리하지 않아 1922년 6월 첫 조선미술전람회(선전)에서 입선을 하고 이후 수년간 '선전'에서 특선과 입선을 반복하며 화가로서의 입지를 굳혀 나갔다.

세상을 역류해야 하는 고통은 고스란히 나혜석의 몫

김우영은 6년간의 부영사 생활을 끝내고 벽지 근무자에게 베푸는 특전을 얻어 1927년 6월 나혜석과 함께 구미를 일주했다. 두 사람은 신의주, 하얼빈을 거쳐 시베리아 횡단 열차를 타고 한 달 만인 7월 19일 프랑스 파리에 도착했다. 스위스에서는 당시 그곳을 유람하고 있던 영친왕을 만나고 파리에서는 3·1 운동 당시 민족 대표의 한 사람인 최린을 만났다. 그러나 김우영이 나혜석을 돌봐줄 것을 최린에게 부탁한 뒤 법률 공부를 위해 독일 베를린으로 떠나면서 나혜석의 삶은 풍랑에 휩쓸리기 시작했다.

나혜석은 자유와 낭만의 도시 파리에서 최린과 급속히 친밀해졌다. '정신적 코르셋'을 벗어버리고 여성의 당당한 실존을 주장하는 그에게 그것은 크게 문제될 것이 없었으나 세상을 역류해야 하는 고통은 고스란히 나혜석의 몫이었다. 파리 유학생들이 나혜석을 가리켜 "최린의 작은댁"이라고 할 정도로 둘의 애정 행각에 관한 소문이 파다했다.

소문을 들은 김우영이 다시는 최린을 만나지 말 것을 요구하고, 나혜석이 그러겠노라고 답함으로써 애정 행각은 조용히 마무리되었다. 부부는 미국을 거쳐 1929년 3월, 1년 8개월 만에 귀국했으나 나혜석이 남편과의 약속을 어기고 최린에게 편지를 보내면서 둘의 관계는 회복할 수 없는 단계로 치달았다. 대공황기에 남편의 수입이 변변치 않자 경제적 도움을 요청하며 다시 사귀기를 바란다는 나혜석의 편지 내용을 최린이 발설하고, 이 사실이 김우영의 귀에 들어갔을 때 김우영은 배신감과 분노에 몸을 떨었다.

이혼 고백서, 격렬한 비난 불러

김우영은 결국 나혜석에게 이혼을 요구했다. 거부하면 간통죄로 고소하겠다고 위협했다. 나혜석은 어떻게든 이혼만은 피하고 싶어 사정도 해보고 떼도 써봤으나 김우영의 생각이 완고한 것을 알고 1930년 11월 이혼장에 도장을 찍었다. "2년 후 재결합할 수 있다"는 서약서를 받아내긴 했지만 김우영의 마음은 이미 나혜석을 떠나 있었다. 김우영은 1931년 3월 재혼함으로써 나혜석과 완전히 결별했다.

홀로 된 나혜석은 생활의 타개책으로 1933년 2월 여자미술학사를 열었으나 뜻대로 되지 않아 문을 닫았다. 아이들을 만나고 싶어도 김우영이 가로막아 만나지 못했다. 급기야 대중잡지 '삼천리' 1934년 8월, 9월호에 '이혼 고백장-김우영 씨에게'를 발표함으로써 세상을 또 한 번 떠들썩하게 했다.

나혜석은 원고지 150여 장에 달하는 이혼 고백장에서 11년간의 결혼 생활, 최린과의 관계, 이를 알게 된 남편의 협박과 강압으로 인한 이혼 과정 등을 솔직히 고백했다. 또한 여성에게는 정조를 요구하면서 정작 자신은 정조 관념이 없는 남성과 제도를 신랄하게 비판했다. 그것은 나혜석 자신으로는 모든 것의 포기였고 어느 의미에서는 사회에 대한 자학적 고백이었다.

예상대로 이혼 고백서는 부정을 저지르고 이혼을 당한 마당에 무슨 면목으로 그런 것을 써내느냐는 등 격렬한 비난을 불러왔다. 이런 비난에도 굴하지 않고 나혜석은 1934년 9월 최린을 상대로 '정조 유린에 대한 위자료 청구 소송'을 냈다. 파리에서 강제로 정조를 빼앗고 김우영과 이혼할 때 생활 일체를 돌봐주겠다는 약속을 지키지 않았다며 거금을 청구하는 소송이었다. 중추원 참의로 본격적인 친일의 길을 걷고 있던 최린이 소취하 조건으로 거금을 건네고 나혜석은 돈을 받았다. 하지만 돈을 받는 순간 나혜석은 사회적 신망을 받던 조선의 신여성에서 하루아침에 비난과 멸시를 당하는 일개 '화냥년'으로 전락했다.

1939년 3번째 연 개인전이 성황을 이루긴 했으나 그것은 나혜석의 마지막 불꽃이었다. 이후 나혜석은 방황과 유랑을 거듭했다. 정신착란 증세가 생기고 몸은 마비 현상을 일으켰다. 말조차 제대로 하지 못하고 발을 질질 끌고 다녔다. 1946년 12월 거리에 쓰러져 있다가 행인에게 발견되어 시립 자제원(현재의 서울시립남부병원)으로 옮겨졌다. 그리고 1949년 1월 3일 발행된 관보를 통해 행려 사망자로 처리되었다. 무덤도 알려지지 않고 죽은 날짜도 1948년 12월 10일 하오 8시 30분으로만 기록되었을 뿐 확인할 길 없는 황망한 죽음이었다. 나혜석은 이렇게 사무쳤던 원한을 가슴에 묻은 채 무덤 없는 고혼(孤魂)의 전설이 되었다.

홍난파 바이올린곡 '애수' 작곡

그의 이름을 지우고는 20세기 한국 음악사를 온전히 기술할 수 없다는 점에서 친일은 아쉬운 점이 많다.

난파 홍영후(1898~1941)는 작곡가, 바이올리니스트, 음악평론가, 교육자로 한국 음악사에 굵은 족적을 남긴 초기 한국 양악계의 팔방미인이었다. 소설도 여러 편을 써 문필에도 재능이 있었다. 홍난파는 경기도 화성에서 태어나 서울 정동에서 어린 시절을 보냈다. 그를 음악 세계로 이끈 것은 10살 무렵 집 앞의 이화학당에서 울려 나오는 피아노와 노래 소리였다. 13살 때인 1911년 그의 손에 쥐어진 바이올린과 교습서는 음악 인생의 디딤돌이었다. 홍난파는 그해 9월부터 당시 조선정악전습소 교사로 있던 김인식에게 바이올린을 배우고 3개월 만인 12월 23일 밤 세브란스의전 강당에서 열린 성탄 축하 음악회에서 첫 바이올린 독주를 함으로써 음악의 신동으로 유명해졌다.

1912년 YMCA 중학부와 1915년 조선정악전습소 양악부를 졸업하고 전습소 교사로 3년 동안 후진을 양성하다가 1918년 일본 도쿄음악학교(우에노음악학교)로 유학을 떠났다. 당시 도쿄음악학교에는 한국 최초의 피아니스트 김영환과 최초의 소프라노 윤심덕이 있었다. 홍난파의 음악 공부는 1919년 3·1 운동이 일어났을 때 도쿄에서 독립선언서를 만들어 뿌리는 등 독립 만세 운동을 하다가 일본 경찰의 추적을 피해 국내로 귀국하면서 중단되었다.

국내에서 홍난파는 음악보다 문학에 심취했다. 1919년 9월부터 매일신보에 소설 '허영'을 60회 연재하고, 1921년 6편의 단편소설로 구성된 창작소설집 '처녀혼'을 출간했다. '처녀혼'의 첫 장에

홍난파가 도미 송별 음악회에서 연주하고 있다.(1931.6)

는 홍난파가 바이올린곡으로 작곡한 '애수' 악보가 게재되었는데 악보 밑에 '1920년 4월 28일 작'이라고 적혀있어 '애수'의 작곡 시기를 분명하게 알려주고 있다. '애수' 이전의 우리나라 음악계는 권학가, 운동가, 망국가 등 단순하고 유치한 창가 시대에 머물러 있었다. 그런 점에서 '애수'는 우리나라 음악계에 일대 전환점을 마련해준 최초의 예술가곡으로 평가받고 있다. 그러나 '애수'는 가사가 없어 한민족의 한과 설움까지 담아내지는 못했다.

'애수' 선율에 1925년 '봉선화'라는 시를 붙여 우리 민족의 영원한 애창곡이 되도록 한 이는 당시 정신학교 음악 교사 김형준이었다. 노래 제목이 '봉선화'가 된 데는 온갖 설이 분분하지만 김형준이 자기 집 뜰에 피어있는 봉선화를 보고 "우리 신세가 저 봉선화와 같다"며 시를 지었다는 설이 유력하다. 홍난파는 1921년 자신의 소설 '최후의 악수'를 각색해 연극 무대에 올렸다.

문학과 음악, 두 분야를 무섭게 질주하던 홍난파에게 제동을 건 이는 소설가 변영로였다. 1925년 구정 때 변영로가 "음악이나 하면 했지 주제 넘게 소설은 다 무엇이냐? 개천지 통만고(開天地 通萬古)해서 두 가지 예술에 대성한 천재가 누구란 말이냐?"라고 질책한 것이다. 홍난파는 이후

문학 활동을 중단하고 음악 활동에만 전념했다. 1925년 4월 음악과 문학을 아우른 우리나라 최초의 음악 전문지 '음악계'를 창간, 한동안 음악평론가로 활동하고 같은 해 '코리아 재즈 밴드'에 바이올리니스트로 참여했으며 1926년 종로 YMCA 강당에서 한국 최초로 재즈 공연을 열었다. 음악 전문지 '음악계'는 유럽과 미국의 음악계 흐름과 음악가를 주로 다루고 틈틈이 서양음악 악보를 제공해 연주자들에게 큰 영향을 미쳤으나 1926년 2월 제4호를 끝으로 폐간되었다.

초기 한국 양악계의 팔방미인

홍난파는 1926년 다시 일본으로 건너가 도쿄고등음악학원에 다니면서 도쿄관현악단과 도쿄신교향악단(NHK교향악단의 전신)에서 제1바이올린 연주자로 활동했다. 1929년 귀국 후에는 '조선 동요 100곡선' 상권을 내고 1931년 7월 꿈에 그리던 미국 유학의 장도에 올랐다. 시카고의 셔우드 음악학교에서 1년 6개월간의 과정을 마치고 1933년 2월 귀국해서도 놀라운 창작열을 보여주어 3개월 뒤 '조선 동요 100곡선' 하권을 발간했다. 1933년 9월 15일 제1바이올린 홍난파, 제2바이올린 홍성유, 제3바이올린 이영세로 구성된 우리나라 최초의 실내악단 '난파트리오'의 첫 공연을 정동 모리스홀에서 펼쳤다. 홍성유는 홍난파의 큰형 석후의 셋째 아들이자 '봉선화'의 작사자 김형준의 사위다.

홍난파는 작곡가로도 가곡, 동요, 대중가요를 넘나들었다. '고향 생각', '옛 동산에 올라', '성불사의 밤', '장안사' 등 나라 잃은 민족의 설움과 애수가 짙게 배어 있는 가곡 10여 곡을 작곡하고 '달 마중', '낮에 나온 반달', '퐁당퐁당' 같은 동요 117곡을 발표했으며 '나소운'이라는 예명으로 '백마강의 추억', '순정의 꽃장사' 같은 대중가요도 10여 편 작곡했다. 1937년 6월에는 수양동우회 사건으로 검거되었다가 늑막염이 재발해 72

일 만에 풀려났다.

이 다재다능한 음악가도 일제가 던져놓은 올가미와 깔아놓은 덫을 피하지는 못했다. 1937년 4월 조선총독부 주도로 결성한 '조선문예회'에 가입하고 그해 11월 소설가 전영택, 성악가 현제명 등과 함께 사상 전향서를 썼으며 1938년 6월 친일 단체인 '대동민우회'에 가입했다. 1937년 12월 경성방송관현악단 지휘자로 취임한 것은 사상 전향을 한 그에 대한 일제의 배려였다. 그 무렵 중일전쟁을 미화한 '정의의 개가'와 '공군의 노래', 대동아공영권을 찬양한 '희망의 아침' 등 친일 노래도 다수 작곡했다. 홍난파 같은 전천후 음악가가 지금까지 나오지 않고 홍난파의 이름을 지우고는 20세기 한국 음악사를 온전히 기술할 수 없다는 점에서 그의 친일은 아쉬운 점이 많다.

홍난파는 1939년 6월 한국 최초로 관현악곡 2곡을 발표했다. '관현악 조곡'과 '나그네의 마음'이다. 1940년 늑막염이 악화해 사실상 음악 활동을 중단한 채 병원을 전전하다가 1941년 8월 30일 "내가 죽거든 연미복을 입혀 화장해 달라"는 유언을 남기고 눈을 감았다.

'봉선화'가 비로소 전 국민의 가요가 된 것은 홍난파 사후 일본 유학생 소프라노 김천애를 통해서였다. 1942년 도쿄 히비야공회당에서 열린 전일본 신인음악회에서 김천애가 흰색 저고리 차림으로 봉선화를 불러 동포 청중을 눈물바다로 만들고 이로 인해 김천애가 일본 경찰에 연행되었다는 사실이 조국에 알려지면서 '봉선화'는 암울했던 식민지 시대에 조선인의 애창곡이자 한민족의 대표곡이 되었다.

일제는 김천애가 1942년 가을, 서울과 평양 등지에서 개최한 귀국 공연 때도 '봉선화'를 불러 조선인의 심성을 자극하자 '봉선화'를 금지곡으로 묶고 김천애의 음반까지 판매하지 못하도록 했다. 그러나 '봉선화'는 이미 조선 민족의 마음에서 마음으로 이어지고 있었다.

국제연맹 창설과 미국의 불참

윌슨은 상원을 압도할 대중의 지지를 끌어내기 위해 국민에게 직접 지지를 호소했다.

1920년 1월 10일은 1차대전 패전국에 전쟁 책임을 물은 '베르사유 조약'의 발효일이다. 조약에 '국제연맹 창설'이 명시되어 있어 1월 10일은 별도의 창립식 없이 자동적으로 국제연맹의 창설일이 되었다. 1920년 11월 15일 스위스 제네바에서 열린 국제연맹 첫 총회에는 42개 승전국과 중립국이 참석했으나 패전국 독일과 1918년 3월 독일과의 '브레스트 리토프스크 조약'으로 전쟁에서 발을 뺀 러시아는 가입이 허락되지 않아 참석하지 못했다. 독일과 러시아 후신인 소련은 1926년과 1934년 각각 가입했다.

그러나 첫 총회는 국제연맹을 창설하는 데 주도적 역할을 한 우드로 윌슨 대통령의 미국이 대표를 파견하지 않아 활기가 없었다. 윌슨은 1918년 1월 8일 발표한 '14개조'를 통해 국제연맹 창설을 제창하고 1919년 6월 조인된 '베르사유 조약'에 국제연맹 창설 조항을 삽입하도록 해 사실상 '국제연맹의 산파'나 다름없었다. 그런데도 미국이 국제연맹에 가입하지 않은 것은 당시 미국 내의 복잡한 정치 구도 때문이었다.

윌슨은 '베르사유 조약'(1919.6. 조인)을 도출한 파리 강화회의 개막식(1919.1.18)에 참석해 각국의 대표단이 국제연맹 창설 조항을 조약에 넣도록 하는 데 성공했다. 문제는 파리 강화회의 전인 1918년 11월에 치러진 미국의 중간선거에서 야당인 공화당이 상하 양원에서 과반수를 차지하고 미국을 국제연맹에 가입시키려는 윌슨의 외교를 반대한다는 사실이었다. 일반 미국인 사이에서도 국제연맹 참가에 반대하는 목소리가 높아지자 윌슨은 여론을 바꾸기 위해 1919년 3월 파리 강화회의 도중 일시 귀국했다. 그러나 국제연맹 참가에 대한 냉담한 여론을 바꾸지는 못했다.

월슨이 다시 파리를 향해 뉴욕항을 떠나기 전날, 상원의 3분의 1을 넘는 38명의 의원이 국제연맹에 반대하는 선언서에 서명했다. 수개월 후 파리 강화회의에서 조인하게 될 '베르사유 조약'을

스위스 제네바에서 개막한 국제연맹 제1회 총회 모습(1920.11.15)

비준하려면 상원의원 중 3분의 2 이상의 찬성이 필요하다는 점에서 큰 타격이 아닐 수 없었다. 반대 의원 중 일부가 입장을 바꾸지 않으면 베르사유 조약이 비준되지 못할 처지에 놓이게 된 것이다.

1919년 6월 월슨이 파리 강화회의에서 베르사유 조약에 조인하고 미국으로 돌아왔을 때 그를 기다리고 있는 것은 여전한 국제연맹 가입 반대였다. 유럽 출신의 미국인들은 조약안이 저마다 자신의 조국에 불리하다며 반대했고, 미국 내 자유주의자들은 '14개조'의 이상이 조약에 반영되지 않았다는 이유를 들어 부정적인 반응을 보였다.

미국이 국제연맹에 가입하지 않은 것은 복잡한 국내 정치 구도 때문

더 큰 문제는 여전히 미국의 국제연맹 가입을 반대하고 있는 공화당의 상원의원들이었다. 집단안전보장을 골자로 하는 국제연맹에 가입하면 미국이 가맹국의 내전에 간섭할 가능성이 높다는 게 비준 동의를 거부한 주요 이유였지만 한편으로는 월슨이 주도한 조약 협상단에 공화당 의원이 단 1명도 포함되지 않은 것에 대한 이른바 '꾀심죄'도 작용했다. 실제로 월슨은 파리 회의 대표단에 전통적 관례와 달리 상원 외교위 의원이나 야당인 공화당 의원을 한 명도 포함시키지 않고 자신의 주변 인사들을 중심

으로 대표단을 구성해 파견했다.

윌슨은 베르사유 조약에 대한 비준동의를 얻기 위해 1919년 7월 10일 상원에 조약안을 제출했다. 예상대로 공화당이 지배하는 상원에서는 국제연맹의 규약 중 "가맹국은 각 가맹국의 영토 보전 및 정치적 독립을 존중하고 나아가서 타국의 침략에 대해 이를 수호한다"(10조)는 조항이 먼로주의라는 전통적인 미국의 외교노선과 배치될 뿐 아니라 다른 나라의 내전에 미국이 개입할 위험이 있다는 이유를 들어 규약 조항의 부분적인 유보를 요구했다. 그러나 윌슨은 이 10조가 있어야 국제연맹이 현실적 힘을 가질 수 있다고 굳게 믿었다. 더구나 자신들이 참석하지 못했다고 인류 평화를 위한 국제연맹안에 딴죽을 거는 상원의원들과 타협하기 싫어 글자 한 자 바꾸지 않았다.

윌슨은 대신 상원을 압도할 대중의 지지를 끌어내기 위해 전국을 돌아다니며 국민에게 직접 지지를 호소했다. 30여 차례의 연설과 수십 번의 인터뷰, 행진, 객차 승강구 연설회를 했다. 하지만 이런 무리한 일정에 파리 회의 때 쌓인 긴장감까지 더해져 1919년 9월 25일 뇌졸중으로 쓰러졌다. 목숨은 건졌지만 반신이 마비되고 왼쪽 눈의 시력을 잃었다.

결국 1919년 11월 19일 상원의 베르사유 조약 비준동의안 부결로 미국은 국제연맹에 가입하지 못했다. 그뿐만 아니라 베르사유 조약 비준동의안 부결로 미국과 독일은 법적으로는 여전히 적국 상태로 있어야 했다. 양국은 1921년 7월 미국의 상하 양원 합동회의에서 전쟁 종결을 선언하고서야 우호국으로 발전했다.

국제연맹은 가맹국 수가 많을 때는 63개국까지 늘어났으나 이 중에는 에티오피아, 이라크, 아프가니스탄, 이집트, 인도 등 당시 열강의 자치령 등도 다수 포함되었다. 1920년대의 국제연맹은 국가 간의 사소한 갈등에 대해서는 나름대로 성과를 거두었으나 파시즘이 대두한 1930년대에 들어서는 무기력하기 이를 데 없었다.

1931년 만주사변을 일으킨 일본에 만주 철수를 요구했으나 일본이 철수하기는커녕 되레 연맹을 탈퇴(1933)하는 바람에 국제적인 망신을 샀는가 하면 독일과 이탈리아로부터도 1933년과 1937년에 각각 탈퇴 통보를 받는 수모를 당했다. 소련에 대해서만은 핀란드를 침범했다는 이유를 들어 축출(1939)하는 용기를 보였지만 이미 연맹의 권위는 땅에 떨어질 대로 떨어진 뒤였다. 공식적으로는 1946년 4월 18일 해산되었다.

미국의 금주법 발효
와스프(WASP)는 자신들의 문화와 너무 이질적인 집단의 등장에 긴장했다.

미국의 금주운동은 오랜 역사를 갖고 있다. 전통적으로 금욕과 절제를 강조하는 청교도의 윤리가 강한 데다 보수적인 교회의 영향을 받아 술이 순박하고 도덕적인 미국 사회를 타락시켜 범죄로 들끓는 방탕한 도시를 만든다고 믿는 사람이 많았기 때문이다.

조직적인 금주운동은 1826년 결성된 '미국금주동우회'가 시작이다. 동우회는 한때 회원이 150만 명이나 될 정도로 규모가 컸다. 메인주는 1851년 주 전체를 금주 지역으로 지정해 주류의 생산과 판매를 금지했다가 1856년 철회했다. 남북전쟁(1861~1865)이 발발한 후에는 금주운동이 지지부진했으나 1870년대 들어 여성단체들이 '여성기독교 절제조합'을 결성하고 1881년 캔자스주에서 금주를 법으로 정하면서 다시 활발해졌다.

1893년 결성된 '반술집연대(ASL)'는 20세기 금주운동의 견인차였다. ASL을 비롯한 금주법 지지 단체들의 활약으로 지방선거 및 주선거에서 금주법을 옹호하는 후보가 다수 선출되고 이들이 주정부 차원에서 금

금주법 폐지를 요구하는 시민들

주법 시행을 촉진한 결과 1919년까지 30개 주가 금주법 시행에 동의했다. ASL은 한 발 더 나아가 헌법 개정을 통한 연방 차원의 금주법 제정을 시도했다. 이런 움직임에 이민자 배척 운동까지 활발해져 금주운동의 영향력이 더욱 커졌다. 금주법 제정 추진론자들이 "금주법의 목적은 주로 이민 노동자의 폭음 습관을 단속하는 것에 있다"고 공공연히 말할 정도로 이민자에 대한 거부감과 적대감이 컸다.

19세기 말부터 시작된 이민자 배척 운동의 1차 표적은 아일랜드인이었다. 아일랜드인은 19세기 중반 대기근 후 미국으로 대거 몰려왔다. 마땅한 직업이 없던 이들에게 범죄는 일상이었다. 더욱이 아일랜드 출신은 거의 대부분 가톨릭이었다. 술에 관대한 문화 탓에 이들 중엔 알코올 중독자가 많았다. 이들의 술주정과 행패 탓에 주변 지역은 엉망으로 변했다. 엄격한 생활윤리를 강조하는 프로테스탄트들이 건설한 미국의 원래 모습과는 달라도 너무 달랐다. 19세기 말부터는 동유럽과 남유럽 사람들이 자유와 부를 찾아 미국으로 몰려들었다. 이들 역시 대부분 가톨릭 신자였다. 엄격한 생활윤리보다 사람들 사이의 끈끈한 정과 와인이 없으면 안 되는 이들이었다.

와스프(WASP·앵글로 색슨계 백인 신교도)는 자신들의 문화와 너무 이질적인 집단의 등장에 긴장했다. 결국 금욕과 절제를 강조하는 청교도 정신에 따라 술은 악의 원천으로 간주되었고 금주법을 제정하자는 주장이 터져 나왔다. 이런 상황에서도 주류업계를 장악하고 있는 독일계만은 금주운동을 적극적으로 반대했다. 그러나 독일계는 1914년 1차대전이 일어나고 1917년 미국이 1차대전에 참전해 독일과 전쟁을 벌이자 기가 꺾여 잠잠해졌다.

결과적으로 금주법은 미국 대형 범죄의 온상이자 근원

금주법은 1917년 12월 18일 미 의회가 금주 관련 내용을 명시한 수정헌법 제18조를 통과시키면서 개별 주의 문제가 아니라 미 전역의 문제로 확대되었다. 당시는 1차 대전이 한창일 때였기 때문에 식량으로 사용할 곡물을 아끼기 위해 한시적으로 '전시금주법'이 발효 중이었다. 제18조는 '본 조의 비준으로부터 1년을 경과한 후에는 미국 내와 그 관할에 속하는 모든 영역 내에서 음용할 목적으로 주류를 제조·판매·유통하거나 미국에서 이를 수입 또는 수출하는 것을 금지한다'라고 명시했다.

미국은 수정헌법이 확정되려면 전체 주의 4분의 3의 비준이 필요한데 당시 전체 주는 48개주였으므로 36개주가 비준해야 했다. 1918년 1월 8일 미시시피주의 비준을 시작으로 1919년 1월 16일 네브라스카주가 36번째로 비준하고 1월 29일 미 국무장관이 이를 공식적으로 확인함으로써 수정헌법 제18조는 시행에 들어갔다. 우드로 윌슨 대통령이 거부권을 행사했지만 의회가 이를 기각해 수정헌법 제18조는 1920년 1월 17일 0시부로 발효되었다. 금주법의 공식 명칭은 '국가금주법'이지만 앤드루 볼스테드 의원이 초안을 만들었다고 해서 일명 '볼스테드법'으로도 불렸다.

금주법에 따라 0.5% 이상의 알코올을 함유한 음료, 즉 술의 제조·판매·유통이 금지되었다. 다만 음주 자체는 금지하지 않아 금주법의 성공적인 안착을 방해하는 요소로 작용했다. 발효를 앞둔 1월 16일 밤, 가능하면 많은 술을 집으로 가져가려는 차들로 도로란 도로는 가득 메워졌고 술집마다 술과의 작별을 아쉬워하는 술꾼들로 북새통을 이뤘다. 맨해튼의 한 클럽에서는 쇼팽의 '장송행진곡'이 흘러나오고, 앞날을 비관해 자살하는 양조업자도 있었다. 예상대로 수정헌법 18조 발효 후 전국적으로 수백 개의 위스키공장과 양조장이 문을 닫았다. 17만여 개의 술집도 폐쇄되어 전반적으로 출발은 순조로웠다. 범죄 발생률도 현저히 낮아졌다.

그러나 금주법의 상대는 수천 년 동안 인류와 함께해 온 '술'이었다. 무엇보다 단속 인력과 예산이 턱없이 부족한 게 문제였다. 미국의 해안선과 국경이 자그마치 1만 8,700 마일이나 되어 인접 국가들로부터 술이 밀수입되어도 속수무책이었다. 위스키는 캐나다, 데킬라는 멕시코에서 국경을 넘어 와 흘러넘쳤다. 공해에 정박한 유럽 선박에서는 밤을 틈타 술들이 작은 배로 옮겨지고 럼주 통들은 통통배에 실려 카리브해를 건너왔다. 독주를 빨리, 말없이 마시는 나쁜 습관도 확산되었고, 단속을 피하기 위해 칵테일이 속속 개발되었다. 핑크레이디, 블러드메리, 위스키사워 등의 칵테일이 이때 만들어졌다.

음주 자체는 금지하지 않아 금주법의 성공적인 안착을 방해

금주법이 실패한 이유는 또 있었다. 개인적으로 술을 갖고 있거나 마시는 것을 금지하지 않고 종교적이거나 치료 목적 등으로 술을 합법적으로 구입해 마실 수 있는 예외가 많았기 때문이다. 집에서 만드는 와인이나 맥주 등에 대해서도 별다른 제재를 가하지 않았다. 헌법이 개정되고 발효되기까지 1년의 유예기간을 둔 것도 금주법의 실효성을 떨어뜨린 요소였다. 그 1년 동안 사람들은 두고두고 소비할 수 있는 충분한 양의 술을 비축해 놓아 계속 술에 취해 살 수 있었다.

밀주업자들은 금주법 시행 1년도 되지 않아 금주법이 유명무실해진 틈을 이용해 깊은 숲 속이나 한적한 곳에 밀주 공장을 마구 세웠다. 마피아 갱들은 밀주와 밀수를 통해 밤을 지배했고 이 과정에서 조직 간에 엽기적인 총격전과 살인 사건이 잇따랐다. 갱단들은 술의 생산, 판매, 소비를 그들의 총구 아래 통제하는 '유총유주 무총무주'의 시대를 구가했다. 금주법으로 조성된 막대한 '검은돈'은 부패한 정치인과 경찰의 호주머니를 채워주었고 다른 범죄에 재투자되어 도박과 매춘, 향락 산업까지 활황을 이뤘다. 결과적으로 금주법은 미국 대형 범죄의 온상이자 근원이었다.

갱들의 활약으로 금주법 시행 전 술집이 18만여 곳이었으나 금주법 시행 10년 만에 오히려 무허가 술집이 3배 이상으로 급증하고 미국인의 1인당 술 소비량도 되레 늘어나는 기현상이 벌어졌다. 금주법으로 늘어난 것은 술의 소비량만이 아니었다. 전과자도 늘어나 금주법 초기 4,000명이던 재소자는 13년 뒤 금주법이 폐지될 때 2만 6,000명으로 늘어나 법치 정신이 강한 미국은 온데간데없이 사라지고 범법자들이 득실거리는 나라가되었다. 사정이 이렇다 보니 금주법 시행 2년 뒤인 1922년 한 언론기관에서 실시한 여론조사 결과 응답자의 61.4%가 금주법 폐지를 원했다.

하지만 금주법은 계속 유지되었다. 그러던 중 1929년 10월 미국이 대공황에 빠져들었다. 경제가 급격하게 침체하자 금주법을 폐지해 주류 산업활성화로 조세 수입을 늘리고 고용을 증대해야 한다는 목소리가 고개를 들었다. 급기야 1932년 대통령 선거를 앞두고 시행한 여론조사에서는 응답자의 74%가 금주법 폐지에 찬성했다. 금주법 폐지를 주장하는 단체들은 프랭클린 루스벨트 민주당 대선 후보가 금주법 폐지를 수용한다는 조건 아래 지지 선언을 했다. 민주당은 전당대회를 열어 금주법 폐지를 당정강으로 채택했다. 공화당은 금주법 유지와 폐지 사이에서 확실한 의견을 나타내지 않으면서 양쪽을 다 끌어안으려 했다.

결과적으로 민주당의 루스벨트가 대통령에 당선되면서 금주법 폐지는시간문제가 되었다. 루스벨트가 금주법 폐지안을 1933년 2월 2일 발의하고 같은 해 12월 5일 미국의 유타주가 금주법의 근거가 되는 수정헌법 제

18조를 무효화하는 수정헌법 제21조를 36번째로 비준함으로써 역사상 유례가 없던 미국의 '금주 시대'가 막을 내렸다.

미 여성 투표권 획득과 수전 앤서니
"시민으로서의 내 권리를 부정한다면 당신들을 고발하겠다"며 으름장을 놓았다.

1872년 11월 1일, 미국 뉴욕주 로체스터 선거사무소 앞이 요란했다. 수전 앤서니(1820~1906)가 3명의 여자 형제와 밧줄로 서로를 묶고 나타나 선거 유권자 등록을 요구하면서 주변이 시끄러웠던 것이다. 담당 공무원이 "여성에겐 투표권이 없다"고 설명해도 막무가내였다. 앤서니가 1868년 7월 발효된 수정헌법 제14조 제1항을 근거로 제시했으나 공무원은 계속 등록을 거부했다. 수정헌법 제14조 제1항은 '어떤 주도 합중국 시민의 특권과 면책권을 박탈하는 법률을 제정하거나 실시할 수 없다… 어떤 사람에 대해서도 법률에 의한 평등한 보호를 거부하지 못한다.'고 규정하고 있었다.

앤서니는 "시민으로서의 내 권리를 부정한다면 당신들을 고발하겠다"며 으름장을 놓았다. 실제로 당시는 시민권에 대해 부당한 거부를 하면 처벌을 받았다. 그렇다고 위법한 투표를 허가해도 역시 처벌의 대상이었다.

그렇다면 앤서니의 유권자 등록이 왜 위법한 것일까. 그것은 수정헌법 제14조가 미국 헌법 사상 최초로 '남성'이라는 단어를 사용했기 때문이다. 이는 오직 남성들만 시민이 될 수 있다는 뜻을 의미했다. 또한 그때까지 여성들의 투표권 문제는 연방이 아닌 주의 문제였다. 연방 헌법이 아닌 각 주의 헌법에서 투표권을 남성들에게만 부여하고 있었던 것이다. 공무원은 훗날 이렇게 말했다. "페스트냐 콜레라냐를 선택하라는 것이었습니다. 어떤 결정을 해도 고발당하게 되어있습니다." 공무원은 격렬한 논쟁 끝에 할 수 없이 앤서니를 유권자로 등록시켰다.

수전 앤서니

앤서니와 여동생들은 나흘 뒤인 11월 5일 연방선거 투표장으로 가 투표용지를 투표함에 넣었다. 그러자 "여자가 투표했다"는 소문이 삽시간에 퍼졌다. 흥분한 한 남성이 미 합중국의 헌법을 위반한 불법 선거라며 고발장을 냈다. 앤서니와 선거관리 직원들은 체포되었으나 보석금을 내고 석방되었다. 재판 날짜가 1873년 5월로 잡힌 가운데 앤서니는 남성들로만 구성된 배심원들을 상대로 자신을 변호할 기회가 주어졌다며 내심 미소를 지었다.

미국 화폐에 등장한 최초 여성

앤서니는 미국 매사추세츠주의 퀘이커교 집안에서 태어났다. 퀘이커교는 남녀가 평등하다고 가르치고 성별에 관계없이 모든 어린이에게 동등한 교육의 기회를 주었다. 앤서니 역시 여학교에 입학했으나 아버지가 운영하는 직물공장이 문을 닫는 바람에 중퇴했다. 그 후 학생들을 가르치다가 30대가 된 1850년대부터 노예해방운동과 여성운동에 헌신했다.

1852년에는 일생을 두고 우정을 나눌 엘리자베스 케이디 스탠턴을 만났다. 스탠턴은 1848년 7월 19일 미국 뉴욕주 세니커폴스에서 최초의 여성권리 집회를 여는 데 핵심적인 역할을 한 사회운동가로 초창기 여성권리운동의 선구자였다. 미국의 역사가들은 세니커폴스 집회와 앤서니의 재판을 미국 여성의 참정권 획득을 촉발한 가장 중요한 사건으로 꼽는다. 두 사람은 여성 참정권 운동을 벌이고 노예제 반대, 금주운동 등에서도 뛰어난 활약을 펼쳤다. 그러던 중 수정헌법 제14조가 1868년 7월 28일 비준되었다.

앤서니는 여성의 유권자 등록과 선거가 불법이냐 아니냐를 따지는 재판이 열릴 때까지 자신을 변호하는 대중연설을 30차례 했다. 법정에서도 수정헌법 제14조를 근거로 시민의 특권인 투표권을 여성들에게 부여하라고 요구했다. 그러나 법원은 "14조는 여성의 선거권에 대한 내용을 포함하고 있지 않다"며 "생명, 자유, 재산 그리고 공정한 재판의 권리와 행복을 추구할 권리만을 인정한 것"이라고 거부했다.

그러자 앤서니는 '합중국이나 각 주는 합중국 시민의 투표권을 인종, 피부색 또는 과거의 신분을 이유로 거부하거나 제한하지 못한다'는 수정헌법 제15조 제1항(1870.3. 비준)을 내세워 참정권을 요구했다. 그런데도 법정은 "여성의 투표를 거부하거나 제한하지 못한다는 조항이 없으므로 투표권을 내줄 수 없다"며 100달러의 벌금형을 선고했다. 그러면서 벌금을 내지 않더라도 구속하지는 않겠다고 판결해 사실상 강제집행력이 없는 상징적인 선고임을 인정했다. 3명의 공무원은 각각 25달러의 벌금형을 선고받았으나 벌금을 내지 않아 구속되었다가 대통령 사면으로 석방되었다. 판결 이튿날 한 신문은 "승리자는 앤서니다. 그는 선거를 했고 미국 헌법은 충격을 받았다"고 썼다. 앤서니는 벌금을 내지 않았고 아무도 벌금을 강요하지 않았다.

'미국 시민의 투표권은 성별을 이유로 거부되거나 제한되지 아니한다'

당시 남성들에게 여성은 인간이고 흑인은 노예에 불과한데도 남성들은 흑인에게까지 주어진 투표권을 여성에게 허용하지 않았다. 물론 흑인의 투표권도 명목상에 불과했다. 남성들은 "여성이 비논리적이고 변덕스러우며 투표에 따르는 무거운 책임을 지기에는 너무 연약하다"고 주장했다.

남성들이 이런 사고에 빠져 있는 한 여성이 할 것이라곤 지속적인 헌법 개정 투쟁뿐이었다. 당시 세계적으로는 뉴질랜드(1893), 호주(1902), 핀란드(1906) 등에서만 여성에게 투표권을 주었을 뿐 미국과 영국은 물론 프랑스, 이탈리아, 스위스 등에서도 투표권은 요원했다. 프랑스와 이탈리아에서는 1940년대 중반에서야 여성의 투표권이 실현되었고 스위스에서는 1971년에서야 여성이 소중한 한 표를 행사할 수 있었다.

앤서니의 참정권 요구가 받아들여지지 않자 여성들은 피켓 시위와 단식투쟁을 벌였다. 그러자 여성 참정권을 인정한 헌법 개정안이 몇 차례 의회에 제출되었다. 결과는 남성들의 완고한 벽에 막혀 늘 실패로 끝났다. 그 사이 앤서니는 노환으로 1906년 5월 숨을 거뒀다.

그러나 역사는 조금씩 진보했다. 1890년 와이오밍주를 시작으로 1918년까지 콜로라도, 유타 등 15개주가 여성의 선거권을 인정했다. 1912년 시어도어 루스벨트 전 미국 대통령이 창당한 진보당은 미국 역사상 여성 참정권을 처음 표방해 여성 참정권 운동자들을 고무했다. 고집불통이던 남성 의원들의 인식에도 점차 변화가 생겼다. 1차대전 때 전시노동에 동원된 여성들의 역할을 인정해야 하는 데다 1918년 가을선거 때 여성들이 여성 참정권을 인정하지 않는 남성 의원들에 대해 집단적으로 반대 시위를 벌인 것이 부담스러웠기 때문이다.

'미국 시민의 투표권은 성별을 이유로 거부되거나 제한되지 아니한다'는 수정헌법 제19조는 하원(1919.5.21)과 상원(6.4)을 통과해 각 주의 비준을 기다렸다. 1920년 8월 18일 마침내 테네시 주의회가 수정헌법 개정에 필요한 36번째 주로 수정헌법을 비준함으로써 여성들의 지난했던 투쟁도 막을 내렸다.

8월 26일 베인브리지 콜비 국무장관이 제19조에 서명하고 연방헌법 조항으로 공포한 것은 요식행위에 불과했다. 한 기자는 제19조를 '수전 앤서니 수정헌법'이라고 칭했다. 100년이 지난 1979년, 미 정부는 앤서니의 초상을 1달러짜리 동전에 넣어 평생 여성 참정권 쟁취를 위해 싸워온 그의 업적을 기렸다. 이로써 앤서니는 미국 화폐에 등장한 최초의 여성이라는 영예도 안았다.

피터르 몬드리안 '구성' 시리즈 시작
작품을 통해 사물의 본질을 드러내 보여주는 것이 화가의 임무라고 생각했다.

　　　　　　20세기 추상화의 두 축은 피터르 몬드리안의 '차가운 추상'과 바실리 칸딘스키의 '뜨거운 추상'이다. 몬드리안이 엄격하고 질서 정연한 구도 위에 절제된 색의 사용으로 이지적인 추상을 추구했다면 칸딘스키는 특별한 형식에 구애받지 않고 자유롭게 화면을 구성했다. 이들 말고 1명의 추상화가를 더 꼽으라면 '절대주의 추상'으로 유명한 카지미르 말레비치가 있다.

　　몬드리안(1872~1944)은 네덜란드에서 태어났다. 칼뱅파 초등학교 교장인 아버지가 종교적 환상에 매달려 가족을 돌보지 않은 탓에 집안은 가난을 면치 못했다. 경제적 어려움과 교육 부족, 그리고 절제된 금욕주의적 성장 배경은 어린 몬드리안을 자기만의 세계로 이끌었다.

　　몬드리안의 그림은 30대 중반이던 1907년 큰 변화를 겪었다. 형태보다 원색을 대담하게 사용하는 후기인상파 화가들의 작품을 네덜란드 암스테르담에서 접한 것이 계기가 되었다. 1909년 가입한 '신지학 협회'도 화풍에 중대한 변화를 가져왔다. 신지학은 신의 심오한 본질이나 행위에 관한 지식을 신비적 체험이나 특별한 계시에 의해 알아가고자 하는 종교철학이다.

몬드리안은 신지학의 영향을 받아 모든 사물 속에는 그것을 관통하는 보편적인 본질이 내재해 있으며, 그 본질은 궁극적으로 조화로운 상태를 이루고 있다고 믿었다. 따라서 그는 사람들이 쉽게 알아볼 수 없는 사물의 본질을 작품을 통해 드러내 보여주는 것이 화가의 임무라고 생각했다.

피터르 몬드리안

몬드리안은 1911년 프랑스 파리로 활동지를 옮겨 그곳에서 새로운 조형의 가능성을 발견했다. 비구상적 경향의 '나무' 연작은 그 첫 시도였다. 몬드리안의 화폭에 등장하는 나무들은 서서히 형체가 사라지고 미로와 같은 선들로 구성되었다. '꽃피는 사과나무'(1912)는 몬드리안의 그림이 조용하면서도 단순한 추상적 표현으로 들어선 출발점이었다. 몬드리안에게 자연은 불쾌하고 무질서한 것이라는 사실을 알려준 것은 1차대전이었다. 몬드리안은 전쟁의 혼란기에 절실히 요구되는 조화와 질서를 예술 속에서 구현하고자 했다.

부단히 변화하는 형태들 속에 감춰진 불변의 실재를 포착

몬드리안이 '신조형주의'를 추구하기 시작한 것은 1917년이었다. 이것을 반영해 같은 생각을 가진 네덜란드 동료들과 결성한 그룹이 '데 스틸'(스타일이라는 뜻)이다. '신조형'은 실제의 자연에는 없는 정확하고 기계적인 질서 창조를 지향점으로 삼았다. 몬드리안이 1920년 발간한 저서 '신조형주의'는 그 이론적 해명이다. 신조형주의에 따라 몬드리안이 눈에 보이는 대상의 재현을 사실상 거부하기 시작한 것은 1920년이었다. 화면의 기본적 구조는 수직과 수평의 선으로 구획하고 분할된 면은 3원색(빨강, 노랑, 파랑)과 3비색(흰색, 검은색, 회색)으로 채웠다.

몬드리안은 남성적이고 역동적인 의지를 나타내는 수직선과 여성적이고 평온함을 나타내는 수평선이 적절한 위치에서 서로 교차할 때 '역동적인 평온함'에 도달할 수 있다고 믿었다. 수직과 수평은 '구성 요소 상호 간의 순수한 관계만이 순수한 미를 낳는다'는 자신의 이념을 표현한 것이다. 몬드리안은 특수한 대상이 아니라 보편적인 조형 원리를 추출하는 데도 관심이 많았다. 부단히 변화하는 형태들 속에 감춰진 불변의 실재를 포착하는 게 목적이었다.

몬드리안의 그림에서 또 하나 눈여겨보아야 할 것은 비대칭성의 균형과 조화다. 중심축을 기준으로 서로 대칭으로 배치할 때 균형이 이뤄진다고 생각한 다른 화가들과 달리 몬드리안은 비대칭 속에서 조화와 균형을 찾았다. 이 비대칭의 균형은 수백 년 동안 군림해온 대칭 개념으로부터의 독립을 의미했다. 이는 회화뿐 아니라 1920년대 건축, 인쇄, 응용미술 전반에 새로운 이정표가 되었다.

오늘날 몬드리안을 대표하고 상징하는 격자형 그림은 1920년에 처음 발표된 '검정, 빨강, 회색, 노랑, 파랑의 구성'을 필두로 해서 '빨강, 파랑, 노랑의 구성'(1930)까지 다양하다. '구성' 연작은 물체가 지닌 일체의 대상성과 구상성을 철저히 배제하고, 수평선과 수직선만으로 화면을 분할해 크고 작은 정사각형과 직사각형을 공간에 배치하는 그림이다.

소음으로 가득 찬 뉴욕의 거리는 소음이 아니라 삶의 활기

몬드리안의 예술 세계가 또다시 변화를 맞은 것은 2차대전을 피해 미국으로 건너간 1940년이었다. 뉴욕은 몬드리안을 경악케 했다. 자신의 그림처럼 수평(가로)과 수직(세로)의 선으로 반듯하게 구획 정리된 맨해튼 시가지, 꺼지지 않는 네온 불빛이 휘황찬란하게 빛나는 건물들, '옐로 캡'으로 불리는 노란 택시들이 지나다니는 거리는 밝고 활기에 넘쳤다. 전통에 지배당하고 있는 유럽의 곡선 건축과 녹색의 공원에서 염증을 느꼈던 몬드리안에게 기하학적 질서로 가득 찬 뉴욕은 신조형주의의 이상향이자 마음의 안식처였다.

하지만 몬드리안은 자신의 그림과 맨해튼이 다르다는 것을 곧 깨달았다. 즉 소리가 없는 그의 그림과 달리 자동차 소리 등 온갖 소음이 뉴욕의 바둑판 같은 거리를 가득 메우고 있었던 것이다. 소음으로 가득 찬 뉴욕의 거리는 나치를 피해 온 그에게 소음이 아니라 삶의 활기로 느껴졌다. 그때 그의 눈과 귀에 들어온 것이 재즈 음악 '부기우기'였다.

몬드리안은 1930년대 후반부터 1940년대 초반에 걸쳐 미국에서 대중화된 부기 음악의 경쾌함과 즉흥성에 감흥을 받았다. 부기우기 음악을 접한 후 극도로 색채에 예민하고 수직과 수평에 대해서 엄격했던 몬드리안의 작품에 새로운 변화가 생겨났다. 빠르고 짧은 리듬이 자유롭게 변주되는 재즈처럼 그의 그림에도 예전에 없던 길게 이어지는 색띠 속에 작고 빠르게 반복되는 색점들이 등장하기 시작했다.

몬드리안은 그동안 추구해온 검정색의 수직선과 수평선을 과감히 지워버리고 무수한 노란색 직사각형과 정사각형, 그리고 소수의 회색 정사각형과 직사각형으로 정사각형의 화면을 분할해 그림을 그렸다. 그 대표작이 '브로드웨이의 부기우기'(1942~1943)다. 그림을 흰색과 교차하도록 함으로써 마치 명멸하는 거리의 불빛 같은 느낌을 준 부기우기 그림은 뉴욕에 대한 몬드리안의 찬가였다. 몬드리안은 이 작품을 완성한 후 급하게 다시 한 점을 더 그리다가 1944년 2월 1일 숨을 거뒀다. 이 미완성작이 마름모의 캔버스 위에 검정색의 수직선과 수평선 대신 정사각형과 직사각형의 조각들을 사용해 승리의 기쁨과 축제의 분위기를 나타낸 '빅토리 부기우기'다.

몬드리안 사후에도 그의 작품은 미학적 공간 연출을 위한 가구 디자인에서부터 건축, 그래픽디자인, 전자 제품, 의류, 영화, 음악 등 대중문화까지 파고들었다. 이브 생로랑은 1965년 '몬드리안 룩'을 발표해 화제를 불러일으켰고 2011년 프라다, 2012년 셀린까지 현대 패션의 흐름에도 적지 않은 영향을 끼쳤다.

1921년

자유시 참변
NEP(신경제정책)와 크론시타트 반란
루트비히 비트겐슈타인 '논리철학논고' 출간
노신 소설 '아Q정전' 발표
이사도라 덩컨, 러시아로 이주
루돌프 발렌티노 첫 영화 주연

자유시 참변

조국의 해방을 위해 헌신하겠다고 자원한 수백 명의 독립군 전사가 이국 땅에서 참혹하게 죽어갔다.

1917년의 러시아혁명 후 시작된 러시아 적군과 백군 간의 내전은 1920년 무렵 사실상 적군의 승리로 끝나고 있었다. 따라서 러시아 혁명이 안착하는 것을 방해하기 위해 러시아에 발을 들여놓은 열강의 군대도 1920년 여름까지 대부분 러시아에서 철수해 시베리아 지역은 그럭저럭 안정을 찾아가고 있었다. 그러나 일본만은 극동 연해주 블라디보스토크 지역에 그대로 눌러앉아 있어 볼셰비키 혁명 세력에게는 여전히 골칫거리였다. 분통이 터졌지만 힘이 열세였던 탓에 일본이 스스로 물러나 주기만을 기다리며 전략상 완충지대 역할을 해줄 '원동공화국(극동공화국)'을 1920년 4월 수립했다. 그 무렵 러시아의 극동 지역에는 수십 개의 크고 작은 한인 독립군 부대가 있었다. 이들은 레닌의 볼셰비키 정권이 그동안 피압박 민족의 해방운동에 지지와 성원을 보내온 터라 러시아 적군 편에 가담해 백군과 일본군에 맞서 싸웠다.

한인 무장부대 중 대표적인 부대는 한인보병자유대대와 니항(尼港)부대였다. 한인보병자유대대는 원동공화국 정규 부대 소속으로 편성되었다가 1920년 9월 독립하긴 했지만 사실상 러시아 적군의 정규군이나 다름없었다. 부대 지휘자 오하묵은 러시아 사관학교를 졸업하고 1차대전에도 러시아군으로 참전했던 귀화 러시아인이었다. 이와 달리 니항부대는 순수 항일 빨치산 부대였다.

그 무렵 러시아 적군은 원동공화국 내 아무르 주의 알렉세예프스크를 함락하고 도시 이름을 자유를 뜻하는 스보보드니(자유시)로 바꾸어 해방구

를 선포해 놓고 있었다. 니항부대가 연해주에서 일본군에 쫓겨 자유시로 들어오자 이미 그곳에 터를 잡고 있던 오하묵이 일방적으로 한인보병자유대대에 편입시켰다.

그러던 중 1921년 1월 두 부대의 지위가 역전되는 일이 벌어졌다. 원동공화국 정부가 이동휘 등 상해파 고려공산당의 요청을 받아들여 니항부대를 사할린의용대로 확대 개편하고 한인보병자유대대 등 자

자유시는 1912년 알렉세예프스크 이름으로 처음 건설되었다가 러시아혁명 후 '자유'를 뜻하는 스보보드니로 개명되었다.

유시에 집결한 모든 한인 부대들을 사할린의용대의 지휘를 받도록 한 것이다. 당시 러시아 극동 지역에서는 상해파 고려공산당과 이르쿠츠크파 고려공산당이 각각 한인 사회주의 정당의 대표성을 주장하며 각축전을 벌이고 있었는데 한인보병자유대대는 이르쿠츠크파, 사할린의용대는 이동휘의 상해파와 보조를 맞추고 있었다.

만주 북간도에서 활동하던 우리 독립군 부대가 국경을 건너 러시아 땅에 도착한 것은 그 무렵이었다. 1920년의 '봉오동 전투'와 '청산리 전투'로 일본군에 치명적인 패배를 안겨주었으나 일본군의 대대적인 토벌 작전에 밀려 1921년 1월 흑룡강을 넘어 러시아령 이만으로 들어온 것이다. 홍범도의 대한독립군, 김좌진의 북로군정서군, 안무의 국민회군, 최진동의 군무도독부군 등 북간도에서 활동하던 우리 독립군이 국경을 넘을 수 있었던 것은 이동휘와 원동공화국 정부 사이에 이뤄진 사전 교섭의 결과였다.

원동공화국 정부는 이들 독립군 부대를 이만에서 자유시로 이동하도록 했다. 이 조치에 의심을 품고 북만주로 되돌아간 김좌진 부대 등 일부를

제외하고 대부분의 독립군 부대는 자유시로 이동했다. 이미 자유시에는 동시베리아에서 활동하던 김표돌의 이만부대, 최니콜라이의 다반부대 등 한인 빨치산 부대들도 집결해 있어 1921년 3월경 한인 부대의 총병력은 3,000여 명을 헤아렸다.

독립군의 항일 의지 꺾어놓고 볼셰비키 이미지 바꿔놓아

원동공화국의 지원 덕에 자유시에서 주도권을 쥔 사할린의용대는 북간도 독립군 부대와 시베리아 빨치산 부대를 포함한 모든 조선인 부대를 자유시로부터 서북쪽 70마일에 위치한 마사노프로 이동시켰다. 그러나 한인보병자유대대만은 이를 거부하며 시간을 끌었다.

그러는 사이 사할린의용대와 한인보병자유대대의 지위가 또다시 역전되는 일이 벌어졌다. 코민테른 결정에 따라 원동공화국 내 이르쿠츠크에 설치(1921.1)한 동양비서부의 슈미야츠키 부장이 만주 독립군 부대들과 한인 빨치산 부대들을 통합해 이르쿠츠크파 고려공산당의 군대인 고려혁명군정의회를 창설하기로 하고 그 전 단계로 1921년 4월 러시아인 갈란다라시윌린을 임시고려혁명군정의회 의장으로, 오하묵을 부사령관으로 임명한 것이다.

오하묵은 1921년 4월 코민테른 동양비서부의 결정을 사할린의용대에 전달하면서 모든 한인부대들은 임시고려혁명군정의회의 지휘를 받아야 한다고 지시했다. 그러자 이번에는 사할린의용대가 따르지 않았다. 1921년 5월 고려혁명군정의회가 정식으로 설립되자 갈란다라시윌린 의장과 오하묵 부사령관이 600여 명의 고려혁명군정의회 군대를 이끌고 6월 6일 자유시에 도착했다. 이 역전 현상에 홍범도의 한국독립군과 안무의 국민회군은 자유시로 이동해 고려혁명군정의회 소속으로 들어갔다. 반면 김표돌의 이만부대, 최진동의 군무도독부 등은 고려혁명군정의회에 합류하

지 않고 사할린의용대와 함께 행동했다. 그러자 갈란다라시윌린과 오하
묵은 사할린의용대 등을 무장해제하기로 결정하고 1921년 6월 28일 총공
격을 감행했다. 공격 지점은 자유시 중심부에서 3㎞ 떨어진, 시베리아 횡
단철도가 통과하는 수라세프카역 부근이었다. 당시 고려혁명군정의회 소
속 군대는 정규 군사훈련을 받은 정규군이었기 때문에 승패는 사실상 정
해져 있었다. 고려혁명군정의회에 가담한 우리 독립군 부대는 이 공격에
가담하지 않았지만 사할린의용대 등은 '자유시 참변'(혹은 흑하 사변)으로
불리는 이 참극으로 엄청난 피해를 보았다. 사할린의용대는 뒤편으로 퇴
각해 제야강을 건너 도망치는 과정에서 또 다시 많은 익사자를 냈다.

이 사건은 경위도 복잡하고 피해 상황에 대한 보고도 일치하지 않아 정
확한 실상은 베일에 가려져 있다. 가해자 측인 고려혁명군정의회 측에서
는 사망 36명, 행방불명 59명, 포로 864명이라고 주장한 반면 만주의 항
일단체들이 연명한 성토문에는 사망 272명, 익사 31명, 행방불명 250여
명, 포로 917명으로 기록되어 있다.

조선인들끼리 벌인 군권 쟁탈전으로 조국의 해방을 위해 헌신하겠다고
자원한 수백 명의 독립군 전사들이 이국땅에서 참혹하게 죽어간 '자유시
참변'은 독립군의 항일 의지를 무참히 꺾어놓았고 독립군의 지원 세력으
로 알고 있던 소비에트 러시아에 대한 이미지를 근본적으로 바꿔놓았다.

NEP(신경제정책)와 크론시타트 반란

전시 공산주의 방식으로는 안 된다는 것을 경고라도 하듯 농민, 노동자, 군인들이 들고 일어섰다.

러시아혁명이 성공한 후 1918년 프롤레타리아 독재를 추구
하는 헌법이 제정되자 레닌이 이른바 '전시 공산주의 체제'를 선언했다. 주

요 내용은 모든 기업의 국유화, 사적 상업의 금지, 농산물 강제 징발, 생산물의 배급제 실시, 화폐경제 정지 등이었다. 하지만 혁명에 반대하는 차르 측의 백군과 볼셰비키 적군 간에 내전이 벌어지고 혁명을 방해하는 열강들의 무력 간섭이 시작되면서 누구도 혁명의 성공을 자신하지 못했다.

그 와중에 혁명으로 인한 혼란, 내전에 따른 황폐화, 생전 처음 경험하는 체제 변화 등에 대한 노동자·농민의 불만이 쌓여갔다. 결국 내전이 막바지에 다다른 1921년의 공업 생산은 1차대전이 발발하기 전인 1914년에 비해 20% 이하에 머물렀고 농업 생산은 40% 수준에 불과했다. 이런 상황에서 볼셰비키 지도자들은 "어떻게든 혁명을 성공시켜야 한다"는 절박한 심정으로 '전시 공산주의 체제'를 더욱 강압적으로 밀어붙였다.

하지만 전시 공산주의 방식으로는 안 된다는 것을 경고라도 하듯 농민, 노동자, 군인들이 연이어 들고 일어났다. 농민들은 내전 때는 어쩔 수 없이 곡물 징발에 응했지만 더 이상은 참을 수 없다며 봉기하고 노동자들은 내전이 사실상 끝났는데도 여전히 생존을 위협하는 고물가와 부족한 식량 배급에 반발했다. 그중에서도 볼셰비키 정권에 치명타를 날린 것은 크론시타트 수병 반란이었다.

크론시타트는 상트페테르부르크 서쪽 30km 지점에 위치한 코틀린 섬의 작은 도시로, 러시아 발트함대의 주력 해군기지가 있어 볼셰비키로서는 군사 요충지였다. 그런데 이곳에서 1921년 2월 28일 1만 6,000여 명의 수병이 '볼셰비키 없는 소비에트 건설'이라는 슬로건을 내걸고 자유선거 보장, 언론출판 자유, 정치범 석방, 재산 소유권 보장, 농민의 토지 처분권 등을 요구하며 봉기했다.

그들은 공산당 독재를 막기 위해 새로운 소비에트 선거와 멘셰비키·무정부주의자 등 모든 좌파 정당들의 연립정부를 요구했다. 이것은 전시 공산주의 체제에 대한 전면적인 부정이었고 볼셰비키 정부에 대한 명백한

크론시타트 지도

도전이었다. 무엇보다 러시아혁명의 자랑이자 영광이던 크론시타트 수병들이 "소비에트 YES, 볼셰비키 NO"를 외치는 반혁명의 선봉으로 돌변한 것은 충격이었다.

볼셰비키 정권은 수병들의 반란을 반혁명 책동으로 규정, 3월 8일 반란군과 시민을 향해 대대적인 공격을 시작했다. 그리고 3월 17일 소비에트 적군이 눈과 얼음을 피로 물들인 총공세를 펼친 끝에 3월 18일 반란군을 진압했다. 이 과정에서 크론시타트 수병과 시민 520여 명이 죽고 4,100여 명이 다쳤다. 8,000여 명은 얼음 바다를 건너 핀란드로 도주하고 500여 명은 진압 직후 처형되었다. 진압군 측에서도 수천 명이 죽거나 다쳤다.

이후 볼셰비키 정권은 반대 정당 결성은 물론 볼셰비키 내 반대 그룹의 결성을 금지했다. 정치적으로는 이렇게 강압책을 구사하면서도 경제적으로는 '숨 쉴 틈'을 제공했다. 레닌은 진압 작전이 시작된 1921년 3월 8일 러시아공산당 제10차 당대회를 열어 "우리는 너무 앞질러 전진했다"며 대책 마련을 암시했다. 그리고 당대회가 끝난 뒤인 3월 21일 '전시 공산주의'를 폐지하고 'NEP(신경제정책)'를 도입하겠다고 선언했다.

NEP에 따라 완전 국유제는 부분적인 사유제로 전환했다. 중공업·운송업·은행업·외국 무역 등은 여전히 국유화로 묶어놓았지만 중소 상공업은 개인 경영을 허용했다. 곡물 강제 징발은 현물세로 대체하고 농민들이 잉여농산물을 판매할 수 있게 했다. 사적 거래와 자유가격을 도입하고 벌목과 천연자원 개발을 외국에 개방했다. 이에 대해 당내 좌파들이 "NEP

는 사회주의 실패를 인정하는 것이고 자본주의로의 후퇴를 가져온다"며 반발했으나 레닌은 "사회주의로 이행하기 위한 대공세를 펼치기 전에 거쳐야 하는 '농민 브레스트 리토프스크 조약'이자 '2보 전진을 위한 1보 후퇴'"라며 그들을 설득했다.

　NEP는 부분적이고 일시적인 후퇴를 통해 황폐한 경제를 일부 회복시켰다. 하지만 혁명이 추구한 사회주의 이행에는 아무런 도움이 되지 못했다. 그런 와중에 NEP가 시작되고 3년 만인 1924년 1월 레닌이 사망했다. 볼셰비키는 새로운 경제정책 방향을 둘러싸고 양분되었다. NEP를 계승해 쿨라크(부농)의 생산을 증대하고 잉여농산물의 수출을 통해 공업 발전의 터전을 마련하자는 그룹과, 대대적인 계획화를 통한 공업 생산의 증대를 우선하고 그 테두리 안에서 농업 생산의 향상을 꾀하자는 그룹으로 대립했다.

'농민 브레스트 리토프스크 조약'이자 '2보 전진을 위한 1보 후퇴'

　레닌 사후 NEP는 권력 내부의 치열한 정쟁과 음모로 추진력을 잃었으나 이미 궤도에 오른 상태라 1926년에는 공업과 농업 부문의 생산력이 1차대전 이전 수준을 넘어서고 도시 노동자 생활이 전보다 나아졌다. 다만 식량이 농촌에서 도시로 충분히 공급되지 않은 탓에 도시의 식량 부족 현상이 만성화되어 1928~1929년 곡물 파동으로 발전했다.

　레닌 사후 정권을 장악한 스탈린은 1928년 NEP를 폐기한 뒤 농업 국가를 근대적 공업 국가로 급격하게 탈바꿈시키는 제1차 5개년 계획을 1929년 시작했다. NEP에서 허용된 사유재산제가 폐지되고 집단농장, 강제노동, 중공업 우선의 계획경제가 도입되면서 소련은 또다시 혼란에 빠져들었다.

　농업 집단화와 강제노동에 가장 반발한 것은 NEP 시절 잉여농산물 증산에 기여한 쿨라크였다. 그들은 공출을 피하기 위해 필요 이상의 생산을 중단하고 가축을 도살했다. 더러는 집단농장 건물에 불을 지르기도 했다. 1929년에서 1932년 사이 소련의 곡물 생산이 줄어들고 우마(牛馬)가 격감했다는 통계는 쿨라크를 비롯한 농민들의 농업 집단화에 대한 반발의 결과였다.

스탈린의 보복 조치는 단호하고 무자비했다. 농업 집단화에 반대하는 수십만 명의 쿨라크와 수백만 명의 농민을 농촌에서 추방하거나 처형하고 강제노동 수용소에 가뒀다. 서방에서는 그때 희생된 농민의 수를 1,000만 명으로 추정하지만 정확한 통계는 없다. 스탈린은 이런 공포정치를 통해 1933년까지 농토의 60%를 집단화했다.

이 과정에서 인민들은 고통에 신음했지만 스탈린은 소기의 성과를 얻었다. 농장의 규모가 커져 트랙터 등을 동원한 기계화가 가능했고 이를 통해 남는 노동력은 도시 공장으로 흡수할 수 있었던 것이다. 1926년에서 1939년 사이 무려 2,000만 명이 도시로 이동했다. 덕분에 공업 부문은 급성장해 스탈린의 지도력을 강화시켰다. 1928년부터 연간 성장률이 14~20%에 달하는 고성장 가도를 달려 대공황에 빠진 미국·유럽과는 다른 모습을 보여주었다. 광업 생산도 급성장해 5개년 계획이 끝났을 때 석탄은 세계 4위, 철광은 3위, 석유는 2위로 껑충 뛰어올랐다. 스탈린은 공업 부문의 성장에 힘입어 대숙청을 단행함으로써 소련 전역을 동토의 나라로 만들었다.

루트비히 비트겐슈타인 '논리철학논고' 출간

철학이라는 질병을 완치했다고 생각한 그는 전 재산을 포기하고 철학계를 떠났다.

17세기 이래 서양철학을 지배하던 '의식의 문제'가 '언어의 문제'에 자리를 내준 것은 20세기 들어서였다. '의식의 철학'이 '언어의 철학'으로 전환한 것인데 그 중심에 선 인물이 루트비히 비트겐슈타인(1889~1951)이다. 그를 "20세기가 낳은 가장 독창적인 철학자"라고 부르는 이유도 현대철학의 특징인 언어 전환을 주도했기 때문이다.

비트겐슈타인은 생전에 100쪽이 안 되는 '논리철학논고'라는 단 1권의 저작만을 출간했다. 오랜 사색과 연구에도 불구하고 저작이 1권뿐인 것은 자신의 생각을 끊임없이 수정하고 교정하다가 결말을 뒤로 미루는 완벽주의자였기 때문이다. 그런데도 그는 논리실증주의를 표방하는 '빈학파' 철학자들과 20세기 영미 철학자들에게 지대한 영향을 미쳤다.

비트겐슈타인은 오스트리아 빈의 대부호 집안에서 태어났다. 아버지는 "오스트리아의 카네기"로 불렸던 오스트리아 철강 산업의 대부였다. 유대인이면서도 개신교를 믿었고 미술과 음악을 사랑했다. 아버지의 후원을 받은 클라라, 슈만, 말러, 브람스 등 유명 음악가들은 어린 비트겐슈타인에게 익숙한 얼굴들이었다. 집안의 예술적 분위기는 비트겐슈타인 형제들에게 깊은 영향을 주어 형제들 모두 음악에 탁월한 재능을 보였다. 비트겐슈타인도 클라리넷을 곧잘 연주하고 한동안은 지휘자가 될 꿈을 꾸기도 했다.

그러나 4명의 형 가운데 3명이 자살해 집안 분위기는 어두웠다. 음악 신동으로 불리던 큰형은 사업가의 길을 강요하는 아버지와의 불화 끝에 1902년 미국에서 자살하고 둘째 형 역시 1904년 5월 독일 베를린에서 스스로 목숨을 끊었다. 셋째 형은 1918년 1차대전의 와중에 전선에서 권총으로 자살하고 직업 연주가로 활동했던 바로 위 형은 1차대전 중 오른팔을 잃었다. 모리스 라벨의 '왼손을 위한 피아노 협주곡'은 이 넷째 형을 위해 지은 곡이다. 평생을 독신으로 지낸 비트겐슈타인도 훗날 자신의 젊은 시절이 극심한 고독과 자살의 충동으로 점철된 불행한 삶이었다고 고백했다.

비트겐슈타인은 다른 형제들과 달리 기계에 관심과 재능이 많았다. 결국 재능을 살려 오스트리아 린츠의 기술고등학교와 독일 베를린의 기술전문대를 졸업하고 1908년 영국으로 건너가 맨체스터대에서 항공공학을 전공했다.

그러던 중 수학자이자 철학자인 버트런드 러셀의 '수학 원리'를 우연히 읽고 논리학, 수학, 철학 쪽으로 마음을 굳혔다. 비트겐슈타인은 1911년 가을 맨체스터대를 떠나 러셀이 있는 케임브리지대로 옮겨 수학, 논리학, 철학을 본격적으로 탐구했다. 훗날 러셀은 "비트겐슈타인을 알게 된 것은 내 인생에서 가장 충격적인 정신적 체험 가운데 하나였다"며 "그는 천재의 완벽한 전형"이라고 극찬했다.

20세기가 낳은 가장 독창적인 철학자

비트겐슈타인은 1913년 1월 부친이 사망한 뒤 노르웨이로 건너가 1년 동안 오두막에 칩거하며 논리학과 철학을 연구했다. 1914년 1차대전이 일어났을 때는 탈장 때문에 징집이 면제되었는데도 죽음에 직면하는 것이 어떤 것인지를 경험하겠다며 오스트리아군에 자원입대했다. 처음에는 사병으로 2년 뒤에는 장교로 복무하며 생사를 넘나드는 전투를 체험하면서도 참호 속에서 틈틈이 철학적 사색을 발전시켰다. 그 결과물이 1918년 8월 완성된 '논리철학논고' 원고다.

전쟁이 끝난 1918년 11월 이탈리아에서 전쟁 포로가 되어 9개월간 갇혀 있게 되자 원고를 가다듬어 러셀에게 보냈다. 러셀은 자신의 서문을 붙여 1921년 독일어로 된 '논리철학논고'를 출간했다. 러셀은 서문에서 "이 책이 궁극적인 진리를 주는 것으로 증명되든 증명되지 않든 그 폭과 범위와 심원성에서 철학계의 중요한 사건"이라고 평했다. 비트겐슈타인은 서론에서 "철학의 모든 문제에 대한 근본적 해결 방법을 제시했다"는 철학사상 가장 오만한 선언을 했다.

루트비히 비트겐슈타인

1922년 11월 영문으로도 출간된 '논리철학논고'는 1.'세계는 일어나는 일의 총체다'로 시작해 1.1, 1.11, 1.12…2, 2.01, 2.011 식으로 이어지다가 7.'말할 수 없는 것에 관해서는 우리는 침묵하지 않으면 안 된다'로 끝을 맺는다. 내용이 난해하고 문체가 독특했는데도 발간 즉시 학계의 주목을 받으며 새로운 철학적 사조로 자리매김했다.

비트겐슈타인은 소크라테스 이래 철학상의 모든 오해와 혼란은 '말할 수 없는 것을 말하려 한 데'서 비롯된 것이라고 보았다. 그는 '말할 수 없는 것에 관해서는 우리들은 침묵해야 한다'는 유명한 문장으로 끝을 맺었다. 그러면서 "이 책의 말들도 무의미하며 사다리일 뿐이므로 사다리를 오른 사람은 이를 차버리라"고 권고했다.

비트겐슈타인은 '말할 수 있는 것'과 '말할 수 없는 것'의 한계를 그었다. '말할 수 없는 것'이란 과학적 명제로 표현할 수 없는 것을 가리키는데, 윤리·종교·미학의 영역이 이에 속했다.

그에 따르면 형이상학적 논제들은 애초부터 답을 낼 수 없는 잘못된 질문이므로 답이 없다고 했다. 이후 비트겐슈타인은 강력한 형이상학 파괴자로 인식되고 20세기 철학계에 불어닥친 탈형이상학 바람의 진원지 중 한 곳이 되었다.

"철학의 모든 문제에 대한 근본적 해결 방법을 제시했다"

1919년 8월 포로 생활을 끝내고 집에 돌아왔을 때 그를 맞은 것은 아버지 사후 엄청나게 불어난 토지와 재산이었다. 그는 은행을 찾아가 자신이 돈과는 아무런 관계가 없기를 바란다며 돈을 즉각 처분해 달라고 요청했다. 그의 희망에 따라 대부분의 재산은 자신의 형제들에게 배분되었다. 자신은 저택을 떠나 하숙집을 전전하며 사범대 4학년으로 등록했다.

이후 1920년 9월 오스트리아의 외딴 산촌의 초등학교 교사로 부임했고 6년 동안 교사로 일하며 구도자적인 생활을 했다. 그러던 중 그의 과도한 학생 체벌과 이를 악용한 일부 학생의 거짓 진술이 문제가 되어 가학적인 체벌 혐의로 1926년 고발되었다. 비트겐슈타인은 무죄 판결을 받았지만 1926년 4월 교사직을 사임하고 떠났다. 그 후 몇 달 동안 빈 근처 수도원의 보조 정원사로 일하던 중 과거 자신의 결론이 결정적이지 않다는 의혹에 부닥치자 자신의 '논고'를 자기비판하고 새로운 철학을 모색했다.

1929년 1월 케임브리지대로 돌아와 그해 6월 '논리철학논고'로 박사학위를 받고 1930년 12월 트리니티 칼리지의 연구원으로 채용되었다. 대학에서 강의를 하는 동안에도 검소한 생활은 여전했다. 방에는 침대, 책상, 의자 등 기본적인 가구만 달랑 있었다. 1935년에는 소련 집단농장의 노동자가 되기 위해 소련을 방문했으나 스탈린 정권에 환멸을 느껴 다시 케임브리지대로 돌아왔다.

이후 그는 '말할 수 있는 것'과 '말할 수 없는 것'의 구분을 폐기하고 언어를 삶의 흐름 속에 놓인 도구로 이해하는 방식을 취했다. 언어관이 변화하니 철학관도 변모했다. 결국 윤리와 종교도 문법만 다를 뿐 '말할 수 있는 것'이 되었다. 이런 생각은 그의 사후에 발간된 '철학적 탐구'(1953)에 반영되었다. '논리철학논고'가 논리실증주의에 영향을 주었다면 '철학적 탐구'는 영어권 국가에서 약 25년간 번성한 분석철학에 영향을 미쳤다. 무엇보다 그의 논리적 언어 분석이 20세기 영미 분석철학의 세계를 열어젖혔다는 점에서 그의 저술들은 오늘날 영미 분석철학의 기념비적인 저작물로 평가받고 있다.

비트겐슈타인은 1939년 케임브리지대 철학과 교수로 임용되었으나 그해 2차대전이 일어나자 자발적으로 병원의 환자 수송 요원과 실험실 조수로 근무했다. 종전 후인 1944년 가을 다시 케임브리지대로 돌아가 학생들을 가르치다가 '철학적 탐구'를 완성할 생각으로 1947년 말 교수직을 사임하고 아일랜드 해안가의 농장에 머물렀다. 1951년 4월 29일 "멋진 삶을 살았다고 전해주시오"라는 말을 남기고 세상을 떠났다. 1999년 '타임'지가 '20세기 가장 영향력 있는 100명'을 선정할 때 철학자로는 유일하게 비트겐슈타인을 꼽아 생전에 그가 철학계에 남긴 공적을 인정했다.

노신 소설 '아Q정전' 발표

민중의 각성이야말로 중국이 변화할 수 있는 최대 관건이라고 생각했다.

노신(1881~1936)은 비판적 지식인의 길을 오롯이 걸어간 선각자다. 그는 어떤 이데올로기와 사상에도 얽매이지 않고 어떤 대세와도 타협하지 않으며 언제나 자유롭게 회의하고 성역 없이 비판했다. 지식인은 물론 권력자나 지배자도 비판했으며 민중도 거침없는 비판의 대상으로 삼았다. 공산당이라고 예외를 두지 않고 1920년대 이래 중국을 휩쓴 민중주의에 대해서도 펜 끝을 겨눴다.

노신은 중국 절강성 소흥의 부잣집에서 태어나 행복한 유년 시절을 보냈다. 그러나 할아버지가 모종의 사건으로 투옥되어 가문이 몰락하고 아버지마저 일찌감치 병사하면서 고생스러운 청소년기를 보내야 했다. 그 과정에서 그가 깨우친 것은 떵떵거리며 살던 가문이 쇠락의 길로 들어서는 순간 친절하던 주변 사람들의 태도가 돌변한다는 사실이었다. 노신은 어려운 상황이 닥쳤을 때야말로 세상 사람들의 진면목을 볼 수 있다고 생

노신

각했다. 청소년기에 이미 가족제도를 지탱하고 있는 낡은 유교의 뒷면에 도사린 추악한 인간 관계를 어렴풋하게나마 간파한 것이다.

노신은 1898년 고향을 떠나 남경에서 신식 교육을 받고 1902년 3월 국비 장학생으로 뽑혀 일본으로 유학을 떠났다. 일본어 습득 과정을 거쳐 1904년 9월 센다이 의학전문학교에 입학한 것은 서구 열강의 신학문인 의학을 익혀 중국 근대화의 일익을 담당하고자 했던 포부 때문이었다.

이런 그를 의사 지망생에서 문학가로 방향을 돌리게 한 것은 이른바 환등기 사건이었다. 당시 세균학을 가르치는 일본인 교수는 학생들에게 수업 시간 사이사이 러일전쟁 관련 필름을 보여주곤 했다. 그중에는 한 중국인이 러시아군의 스파이 노릇을 했다는 죄목으로 일본군에게 끌려와 총구 앞에서 처형을 기다리는 장면도 있었다. 그때 노신의 눈에 들어온 것은 주위의 무표정한 중국인 구경꾼들의 모습이었다.

노신은 "중국인 몇 명의 육체를 고치는 것보다 정신 개혁이 훨씬 중요하다"며 "정신 개혁에는 문예가 가장 좋은 방법"이라고 생각했다. 의사 지망생에서 문학가로 인생 방향을 돌리기로 결정한 그날 밤, 노신은 온 산을 헤매고 다니며 고래고래 소리를 지르듯 노래를 불렀다. 결국 그는 국민의 의식이 깨이지 않는 한 의학 지식만으로는 한계가 있다는 생각이 들어 메스 대신 펜을 들었다.

1906년 3월 센다이 전문학교를 그만두고 도쿄로 돌아가 독일어 학교에 적을 두었다. 문예평론과 구미 문학을 섭렵하고 틈나는 대로 러시아와 동유럽의 혁명 문학작품들을 번역해 중국 독자들에게 소개했다. 문학을 무기로 조국의 독립과 민중의 자유를 위해 싸우는 삶이 시작된 것이다.

비판적 지식인의 길을 오롯이 걸어간 선각자

노신은 유학 생활 7년 만인 1909년 8월 귀국해 고향에서 교편을 잡았다. 1911년 신해혁명 무렵에는 고향의 사범학당 교장에까지 올랐으나 혁명적 분위기가 점차 가시고 정권의 반동적 성격이 점차 뚜렷해지자 사직서를 제출하고 북경으로 올라갔다. 그 무렵 중국은 제국주의와 봉건 잔재, 그리고 국내 파시즘의 발톱에 할퀴여 만신창이가 되고 있었다.

이런 상황에서 노신의 일관된 관심사는 민중(농민)의 계몽과 지식인의 역할이었다. 그는 민중의 각성이야말로 중국이 변화할 수 있는 최대 관건이라고 생각했다. 그러려면 지식인이 어떤 식으로든 일정한 역할을 해야 한다고 생각했지만 그렇다고 지식인을 성역으로 두지는 않았다. 지식인을 냉소하고 그들의 허위의식을 가차 없이 폭로했다. 민중의 가능성에 대해서는 애와 증을 동시에 품고 있었다.

문학을 통한 노신의 투쟁은 다양한 문학 장르로 나타났다. 그중에서도 무기의 성격을 지닌 것은 짧은 에세이 형식의 잡문이었다. 간결하면서도 날카롭게 정곡을 찌르는 그의 글은 적들에게는 눈엣가시였지만 동지들에게는 위로와 힘이 되었다.

노신은 1918년 5월 '주수인'이라는 본명 대신 '노신'이라는 필명으로 잡지 '신청년'에 단편소설 '광인일기'를 발표했다. '광인일기'에서 그는 유교로 엮인 중국의 봉건사회를 준엄하게 비판하며 중국인들에게 눈을 뜰 것을 촉구했다. '광인일기'는 구어체로 쓴 중국 최초의 근대 창작소설로, 근현대 중국의 혁명적 현실주의 문학의 초석을 놓았다는 평가를 듣고 있다.

노신은 1921년 '파인'이라는 필명으로 중편소설 '아Q정전(阿Q正傳)'을 발표했다. '아Q정전'은 1921년 12월 4일부터 1922년 2월 12일까지 주 1회 또는 격주로 '신보 부간'지에 연재되었다. 노신은 '아Q정전'을 통해 신해혁명의 허구성을 폭로하고 고발했다. 그는 신해혁명이 정치적으로는 공화제를 가져다주었지만 인민들의 의식에는 아무런 변화를 주지 못했다고 판단했다.

아Q는 현실을 똑바로 보지 못하는 당시 중국인들의 모습

주인공 '아Q'는 신해혁명 시기 중국 어느 농촌의 날품팔이 인생으로, 중국 민중의 전형적 유형이었다. 자신의 현실을 똑바로 보지 못한 채 항상 스스로를 속이며 현실을 호도하는 아Q의 모습은 당시 중국인들의 모습이기도 했다. 타인의 불행을 동정하지 않고 오히려 그것을 자양분 삼아 살아가는 중국인, 그가 바로 아Q였다.

아Q는 자존심이 강했으나 강자 앞에서는 무력해 약자를 욕망의 배출구로 삼았다. 강자에게 모욕을 당해도 저항할 줄 모르는 아Q는 바로 서세동점의 와중에서 자존심만 비대했던 청과 중국 민족을 가리켰다. 노신이 일본 유학 시절 환등기를 통해 보았던 구경꾼들, 즉 처형을 앞둔 동족을 무표정하게 보고만 있던 사람들이기도 했다.

노신은 이름도 성도 뚜렷한 직업도 없는 날품팔이 노동자 아Q를 주인공으로 내세워 현실을 바로 보지 못하고 자기만족에 젖어 있는 중국인들을 끝없이 힐책했다. '아Q정전'은 관료와 지식인들에게 큰 충격을 안겨 주었다. 소설은 혁명적 민중상이 아니라 비굴한 민중의 얼굴을 그렸지만 그 인물의 비극적 생애가 곧 중국 민중의 보편적 현실을 반영했다는 평가를 받았다.

'광인일기'와 '아Q정전'에서 보듯 노신은 세상에 초연한 문필가가 아니었다. 문인이기에 앞서 '싸움닭'이었고 '전사'였다. 그가 글 속에서 드러내놓고 욕을 퍼부은 사람만 100명이 넘는다. 1930년대 중국좌익작가연맹에 참여한 노신은 당시 국민당 정권을 비판하고 항일 문예운동에 앞장섰지만 연맹 내부의 독선도 그냥 지나치지 않았다. 노신의 작품은 모택동식 혁명에서도 필수적이었으나 역으로 모택동의 혁명을 부정하고 극복하는

데도 유용하게 적용되었다. 노신은 위협 때문에 신문·잡지에 글을 발표할 때마다 이름을 바꿨다. 그렇게 등장한 필명이 140개를 넘었다.

노신은 어설픈 관용과 화해를 원치 않고 끝까지 비판적 자유인으로 살다가 1936년 10월 10일 지병으로 일찍 세상을 떴다. 유언장에는 이렇게 썼다. "나의 적은 상당히 많다…. 멋대로 원망하도록 하라. 나 역시 한 사람도 용서하지 않겠다." 노신은 조선 지식인들에게도 큰 영향을 미쳤다. 노신이 타계했다는 소식을 들은 시인 이육사는 1936년 10월 조선일보 학예면에 장장 닷새에 걸쳐 '노신 추도문'을 연재했다.

노신은 사후 민족주의자로 인식되고 모택동의 공산당 정권이 수립된 후에는 사회주의자로 받들어졌다. 문화대혁명 시기에는 비판을 받은 공자와 달리 선양되었다. 그러나 그는 특정한 이데올로기에 복무한 적이 없고 교조주의적 혁명문학에 반대했던 사람이다. 영원한 비판자, 영원한 회의자, 영원한 자유인 그것이 노신의 참모습이었다.

이사도라 덩컨, 러시아로 이주

고전발레를 과감히 거부한 현대무용의 선구자이자 결혼 제도에 반기를 든 여성해방운동가였다.

이사도라 덩컨(1877~1927)은 고전발레를 과감히 거부한 현대무용의 선구자였다. 무용 밖에서는 결혼 제도에 정면으로 반기를 든 여성해방운동가였다. 미국 샌프란시스코에서 태어난 그에게 예술가의 피를 물려준 것은 아버지였다. 아버지는 사회적 인습이나 편견과는 거리가 먼 사람이었다. 다방면의 사업을 하면서도 시인, 예술가, 모험가로 활동하고 여러 종의 신문과 잡지를 발간했다. 하지만 아버지의 사업 실패와 부모의 이혼으로 덩컨은 어린 시절을 궁핍하게 보냈다. 끼니를 굶는 것이 다반사

이사도라 덩컨

였고 잠잘 곳을 걱정해야 하는 고단함의 연속이었다.

그런 생활 속에서도 어머니는 4명의 남매에게 피아노를 쳐주고 시와 철학 책을 읽어주었다. 물질적으로는 헐벗었으나 정신적으로는 풍요로웠던 어린 시절이었다. 덩컨은 10살 때 학교를 그만두고 음악과 도서관의 책들을 친구이자 스승으로 삼았다. 틈틈이 인적이 없는 숲 속과 해변에서 춤을 추었다. 이렇게 홀로 무용에 심취한 덩컨이 생계를 위해 시카고의 싸구려 뮤직홀 무대에 오른 것은 21살 때였다. 그러나 정식 무용이 아니라 음악이나 시에 맞춰 즉흥적으로 춤을 추는 풋내기 신인의 춤은 일시적인 흥미만 불러일으켰을 뿐 기성 무용계로부터 인정을 받지 못했다. 뉴욕에서도 마찬가지였다.

빈털터리나 다름없는 덩컨 가족은 1899년 가축 수송선을 타고 영국 런던으로 건너갔다. 덩컨은 유럽을 무대로 새로운 무용 세계를 펼쳐 보였다. 200년 가까이 무용계를 지배해온 튀튀(여성 발레복)와 토슈즈는 여성의 몸을 왜곡한다며 벗어버리고 그리스풍의 느슨한 튜닉을 걸친 채 맨발로 춤을 췄다. 엄격한 격식에 따른 전통 발레에 익숙해 있던 유럽인들에게 그의 춤은 파격이고 충격이었다. 강렬한 정서를 표현해내는 '맨발의 이사도라'에 런던, 파리, 베를린의 무용계가 열광했다. 관중이 몰렸고 찬사가 쏟아졌다.

덩컨은 춤의 영감을 그리스 예술에서 찾았다. 그때까지 무용이 대상으로 삼지 않았던 음악과 철학도 무용에 도입했다. 베토벤과 쇼팽의 음악, 니체의 철학에서도 영감을 얻어 무용을 만들었다. 단순한 기교가 아니라 영혼이 살아 있는 동작에 의해서만 진실한 감동을 줄 수 있다는 것이 그의 춤 철학이었다. 그는 발레의 인위적인 기교를 거부했다. 영국 로열발레단 안무가에게서 고전발레의 테크닉을 체계적으로 배우긴 했으나 규격화된 춤사위를 거부하고 맨발로 무대에서 춤을 추는 자기만의 스타일을 추구했다.

그의 고집은 기존의 틀을 엎었다는 점에서 당대에는 환호와 찬사를 받았다. 하지만 덩컨 하면 떠올라야 할 '덩컨 스타일'의 꽃을 피우지 못해 후세에는 무용가라기보다 여성해방운동가로 더 강하게 인식되었다. 파괴만하고 창조하지 못했다는 것이다. 덩컨의 춤에 대해서도 찬사만 있지 않다. 전설적인 무용수 바츨라프 니진스키는 덩컨의 춤을 조롱했다.

"미국이여 안녕. 다시는 너를 찾지 않으리!"

1905년 1월 23일 새벽, 러시아 첫 공연을 위해 페테르부르크에 도착한 그의 눈에 긴 장례 행렬이 눈에 들어왔다. 하루 전 차르(황제)에게 청원서를 들고 동궁으로 가다 무차별 사격과 칼부림에 죽어간 수백 명 노동자들의 장례 행렬이었다. 이 '피의 일요일' 사건은 덩컨의 삶을 송두리째 흔들어놓았다. 그녀는 "압제당하는 모든 사람을 위해 신명을 바치겠노라"고 맹세했다.

전통이나 관습에 개의치 않는 덩컨의 태도는 사생활에서도 마찬가지였다. 결혼이 당연시되던 그 시기에 덩컨은 결혼하지 않고도 아이를 가질 수 있다고 주장했다. 그녀에게 결혼 제도란 어리석고 노예적인 제도였다. 그러면서도 사랑에는 물불을 가리지 않아 1906년에는 무대 디자이너 사이에서 첫딸을 낳았고 1910년에는 미국의 대부호 사이에서 아들을 낳았다. 그러나 1913년 두 아이 모두 자동차에 탄 채 센강에서 익사해 덩컨의 가슴에 지울 수 없는 상처를 남겼다. 1차대전 발발로 미국으로 돌아갔으나 또다시 세 번째 아이를 사산하는 아픔을 겪었다. 덩컨은 점점 금전적으로 쪼들렸다. 허영심으로 가득한 생활과 낭비벽에다가 유럽에 설립한 무용학교가 실패했기 때문이다.

1917년 메트로폴리탄 오페라하우스에서 다시 갈채를 받았지만 그의 오랜 소망인 무용학교의 꿈은 좀처럼 이뤄지지 않았다. 그러던 중 1921년 러시아 정부로부터 한 통의 전보가 날아들었다. "러시아로 오십시오. 당신의 무용학교를 만들어 드리겠습니다." 덩컨은 1921년 7월, 러시아로 건너갔으나 공산주의 관료 체제의 비효율성으로 인해 학교 운영은 사실상 불가능했다.

대신 그는 그곳에서 생애 마지막 사랑의 불꽃을 태웠다. 러시아 천재 시인 중 한 사람인 18세 연하의 젊은 시인 세르게이 예세닌과 처음이자 마지막으로 결혼한 것이다. 예세닌에 대한 사랑은 헌신과 이해로 일관했으나 행복과는 거리가 멀었다. 예세닌이 편집광적이고 술에 찌든 삶을 살았기 때문이다. 예세닌은 덩컨을 폭행하고 심지어 죽이려까지 했으며 그의 물건을 부서뜨렸다.

1922년 덩컨은 무용학교 운영비를 모금하고 예세닌의 재능도 홍보할 겸 예세닌과 함께 미국 순회여행길에 나섰다. '슬라브 행진곡'을 공연하지 않고 전 세계에서 노동운동의 애국가처럼 불리는 '인터내셔널가'를 부르지 않는다는 조건으로 어렵게 허용된 입국이었다.

그러나 조국은 이미 소련 사람이 되어버린 그를 냉대했다. 언론은 춤보다 예세닌 부부의 스캔들을 뒤지는데 열심이었다. '소련의 동조자', '볼세비키의 화냥년'이라는 비난 속에서도 덩컨은 무대 위에서 혁명적 열변을 토해내고 "나체는 진실"이라며 때로는 가슴을 드러내기도 했다. 하지만 결국에는 시민권을 박탈당해 도망치듯 유럽으로 돌아와야 했다. "미국이여 안녕. 다시는 너를 찾지 않으리!" 떠나면서 남긴 말처럼 그는 다시는 미국을 찾지 않았다.

결혼 생활은 예세닌이 심한 정신착란 증세에 빠지면서 더 이상 지속되지 못했다. 예세닌은 덩컨과 이혼한 뒤 동맥을 끊고 자살했다. 덩컨은 1927년 9월 14일 프랑스에서 그녀를 숭배하는 젊은 청년의 스포츠카에 탔다가 목에 건 붉은 비단 숄이 자동차 바퀴에 끼어 감기는 바람에 목이 졸리고 목뼈가 부러져 즉사했다.

루돌프 발렌티노 첫 영화 주연
여성 팬들 사이에 집단 히스테리 현상이 발생했다.

이탈리아의 카스텔라네타에서 태어난 로돌프 구글리엘미(1895~1926)가 미국의 뉴욕으로 건너간 것은 18세 때인 1913년이었다. 미국에 처음 발을 내디뎠을 때 그가 가진 것이라곤 방랑의 10대를 보내며 파리에서 배운 난폭한 스타일의 아파치 댄스와 4,000달러가 전부였다. 돈이 떨어져 노숙자, 정원사, 접시닦이 등을 전전했으나 춤에는 자신이 있어 카페에서 '택시 댄서' 생활을 했다. '택시 댄서'는 돈을 받고 유한마담들과 춤을 추는 직업으로 우리 식으로 말하면 제비족 같은 것이다.

그의 무기는 잘생긴 외모와 뛰어난 탱고춤 솜씨였다. 어떻게 해야 여성들이 즐거워하는지를 터득하게 되자 이름을 루돌프 발렌티노로 바꾸고 외모 관리에 더욱 치중했다. 몸매가 날렵해 보이도록 셔츠 속에 코르셋을 입고 여성들만 차는 것으로 여겨온 손목시계도 착용했다. 고급 레스토랑에서 탱고춤으로 여성들의 혼을 빼놓던 그가 스타를 꿈꾸며 할리우드로 떠난 것은 20대 초반인 1917년이었다. 초기 몇 년간은 첫 출연 영화 '이혼수당'(1917)을 비롯해 20여 편의 영화에 단역으로 출연했다. 그러다가 제작자이자 극작가인 준 마티스의 눈에 들어 1921년 영화 '묵시록의 네 기

루돌프 발렌티노

사'에 주연으로 캐스팅되었다. 마티스는 발렌티노의 극 중 인물 비중을 높이기 위해 원작에도 없는 술집 탱고 신을 넣어 발렌티노를 돋보이게 했다.

1921년 3월 6일 개봉된 '묵시록의 네 기사'에서 발렌티노는 탱고를 선보이며 자신의 매력을 한껏 발휘했다. 발동작은 경쾌하고 가벼웠으며 행동에는 절제가 배어 있었다. 여성 관객들은 극 중에서 젊은 여성을 춤으로 유혹하는 그의 춤동작에 숨을 죽이고 극 중 한 여성의 손을 자신의 입술로 가져가는 장면에서는 눈을 감았다. 지금까지도 최고의 흥행 수익을 올린 무성영화로 평가받고 있는 '묵시록의 네 기사'가 개봉된 후 미국 사회에는 탱고 열풍이 불었다.

발렌티노가 등장하기 전까지 할리우드에서는 건장한 몸을 가진 거친 태도의 백인 남성이 '스크린의 영웅'으로 대접받았다. 하지만 발렌티노는 강렬한 눈동자와 넘쳐나는 관능으로 여성들을 열광시켰다. 또한 남성성과 여성성이 결합된 '양면적 섹슈얼리티'가 대중을 사로잡는다는 것을 알려준 최초의 스타가 되었다.

발렌티노는 1921년 '족장(Sheik)'에서 새로운 타입의 정열적인 영웅을 탄생시켰다. 이 영화를 계기로 그는 '최초의 섹스 심벌', '문화적 신드롬의 주인공'으로 영화사의 한 페이지를 장식했다. 아랍계 족장으로 분한 영화에서 그가 백인 여성을 치명적 매력으로 유혹하자 이후 영화 제목 '셰이크'는 미남자, 호색한이라는 의미로 불리며 발렌티노의 별칭이 되었다.

발렌티노는 수많은 여성 관객의 마음을 뜨겁게 달구었으면서도 정작 자신의 결혼 생활은 순탄하지 않았다. 1919년 여배우 진 애커와 결혼했으나 그가 레즈비언인 것을 알고 6시간 만에 헤어졌고 1921년 의상감독이자 미술감독인 나타샤 람보바와 연인 관계가 되었으나 법적으로 전처인 진 애커와 이혼하지 않은 것 때문에 간통 혐의로 감옥에 들어갔다가 1만 달러의 벌금을 내고 풀려났다. 진 애커와 법적으로 이혼한 후 람보바와 정식으로 결혼했지만 람보바도 레즈비언인 데다 아이 낳는 것을 거부해 3년 만에 또다시 이혼했다. 이로 인해 발렌티노는 한동안 실의에 빠져 자살을 기도하고 여배우들과 스캔들을 일으켰다. 발렌티노는 '혈과 사'(1922) 이후 한동안 영화에 출연하지 않고 시집 '백일몽'(1923)을 내거나 잡지에 개인사를 연재하면서 생계를 유지했다.

잠시 영화계를 떠나 있었지만 인기는 여전해 '더 이글'(1925)과 '족장'의 속편인 '족장의 아들'(1926)에 출연했다. 그러나 '족장의 아들'을 모두 촬영하고 개봉을 기다리고 있던 1926년 8월 15일 궤양 악화로 쓰러져 수술을 받았다가 2차 감염에 의한 패혈증으로 8월 23일 눈을 감았다. 결국 9월 3일 개봉된 영화는 유작이 되었다.

할리우드 역사에서 가장 강한 신드롬 일으킨 스타

발렌티노가 죽자 여성 팬들 사이에 집단 히스테리 현상이 벌어졌다. 그의 죽음에 상심한 여성 팬들의 자살 보도가 잇따르고 수십 명의 여성이 그의 아이를 가졌다는 등 대소동이 벌어졌다. 여름비가 내리는 가운데 치러진 장례식에는 3만여 명이 참석했고 뉴욕 시내의 연도에는 10만 명이 운집해 그와의 작별을 슬퍼했다. 이후 수십 년 동안 한 해도 거르지 않고 상복 차림으로 그의 묘지를 찾는 여성도 있었다. 발렌티노가 죽기 하루 전인 8월 22일 하버드대에서 40년간 총장으로 재직하며 이 대학을 세계적인 대학으로 끌어올린 찰스 엘리엇이 타계했으나 애석하게도 그의 죽음은 발렌티노 애도 열기에 묻혀 거의 주목받지 못했다.

발렌티노는 배우로서는 크게 인정을 받지 못했다. 비평가들로부터도

"소질 없는 배우", "화장한 호모"라는 혹평이 쏟아졌다. 하지만 100년이 넘는 할리우드 역사에서 발렌티노처럼 강한 신드롬을 일으켰던 스타는 일찍이 없었다. 그는 여성 관객들의 영혼을 훔친 최초의 아이돌이었으며 댄디(여성적 남성)의 표상이었다. 죽음으로 대중의 광란을 몰고 온 할리우드 최초의 아이콘이었다.

1922년

이광수 '민족개조론' 발표
 _ 허영숙
제1회 조선미술전람회 개최
  _ 서화협회
허백련, 제1회 선전에서 1등 없는 2등 수상
  _ 운림산방·허련·허건

제임스 조이스 '율리시즈' 출판
아일랜드 자유국 선포
 _ 헨리 8세와 엘리자베스 1세
베니토 무솔리니 무혈 쿠데타 성공
프레더릭 밴팅, 당뇨병 치료 세계 최초 성공
토머스 엘리엇 '황무지' 발표
 _ 에즈라 파운드
야나기 무네요시, 광화문 철거 반대 글 발표

이광수 '민족개조론' 발표

낙인처럼 따라다니는 비난의 키워드는 '민족 반역자'요 '친일파'다.

　　이광수(1892~1950)에게 낙인처럼 따라다니는 비난의 키워드는 '민족 반역자'요 '친일파'다. 하지만 문학계 일부에서는 이광수의 친일 활동은 인정하면서도 "다면성을 외면하고 친일파라는 족쇄만 채운다면 우리 문학사에 남겨진 이광수의 족적이 형해조차 없어진다"며 안타까워하는 목소리도 있다. 문학평론가 김현은 "이광수는 만지면 만질수록 그 증세가 덧나는 그런 상처와도 같다. 조선 현대문학사에 지울 수 없는 흔적을 남겼지만 그의 친일로 조선 정신사에 감출 수 없는 흠집을 만든 사람이 이광수"라며 답답함을 토로했다.

　　이광수는 평북 정주에서 태어나 어려서부터 천재성을 보였다. 그러나 10살 되던 1902년 8월 부모가 콜레라에 걸려 9일 간격을 두고 세상을 떠나 정규 교육은 고사하고 친척 집을 전전하는 떠돌이 생활을 해야 했다. 2명의 누이동생 중 한 명도 이듬해 죽어 슬픔이 가중되었다. 이광수는 11살 때 입도한 동학에서 서기로 활동하다가 1905년 서울로 상경했다. 13살의 소년인데도 친일단체 일진회가 세운 강습소에서 일본어를 가르치다가 1905년 8월 일진회가 주관한 유학생에 뽑혀 일본으로 유학을 떠났다.

　　이광수는 일본에서 다이세이중학을 거쳐 1907년 9월 메이지학원 중학부 3학년에 입학했다. 재학 중 도쿄에 들른 안창호의 강연에 감동하고 톨스토이와 바이런 등의 작품을 읽으며 서구의 문예사조에 심취했다. 1909년 12월 메이지학원 동창회보 '백금학보'에 일본어로 쓴 단편소설 '사랑인가'를 발표해 유학생들 사이에 이름이 널리 알려졌다. '사랑인가'는 11

살 때 고아가 된 조선인 유학생이 고독과 번민 속에서 사랑을 찾다가 일본인 소년에게서 사랑의 감정을 느끼지만 만족할 만한 애정을 얻지 못한 채 괴로워한다는 내용 때문에 오늘날까지 친일문학의 시빗거리가 되고 있다.

이광수는 1910년 3월 메이지학원을 졸업하고 그해 4월 정주의 오산학교 교사로 부임했다. 7월에는 중매결혼을 했는데 훗날 "경솔한 혼인이었다"고 후회했다. 1911년 1월 105인 사건으로 오산학교 설립자 이승훈이 투옥되어 대신 학감으로 근무하다가 1913년 11월 오산학교를 사직하고 중국 상해로 떠났다.

1914년 1월 미국 샌프란시스코의 한인단체가 발행하는 '신한민보'의 주필로 가기 위해 상해를 떠나 러시아의 블라디보스토크와 북만주 등지를 거쳐 바이칼호 주변의 치타에 도착했다. 당시 모스크바행 열차를 타고 시베리아의 설원과 광막한 흥안령을 넘으면서 느낀 대자연의 신비와 경탄은 후일 소설 '유정'에 묘사되었다. 1914년 6월 치타에서 교민들이 발행하는 '대한인정교보'지의 주필로 잠시 활동했으나 7월 1차대전의 발발로 미국행을 포기하고 9월 오산학교로 돌아와 교편을 다시 잡았다. 그러다가 1915년 9월 와세다대 고등예과 문학과에 편입하고 1917년 3월 와세다대 철학과에 입학했다.

"만지면 만질수록 그 증세가 덧나는 상처와도 같은 존재"

재학 중이던 1916년 12월 총독부 기관지 '매일신보'에서 원고 청탁이 들어왔다. 이광수는 이미 써두었던 원고를 다듬어 서울로 보냈다. 이것이 1917년 1월 1일부터 매일신보에 연재된 '무정'이다. 6월 14일까지 126회로 연재가 끝난 후 1918년 7월 단행본으로 간행된 '무정'은 오늘날 '한국 최초의 근대 장편소설', '한국 현대문학의 효시'로 꼽힌다. 대부분 순우리말로 쓰이고 여주인공을 'she'와 'he'의 구별 없이 '그'라고 표현한 것도 당시로서는 파격적이었지만 무엇보다 식민지 시대에 신소설의 통속화 경향을 극복하고 근대소설의 서사적 속성을 성공적으로 구현했다는 점에서 문학사적 의미가 크다.

이광수

그럼에도 불구하고 봉건적인 보수주의가 지배하던 때라 "조선 고래의 도덕률을 파괴한다"는 비난이 쇄도하고 여학생들로부터는 "박영채를 너무 불쌍하게 만든다"는 항의가 쏟아졌다. '무정'은 당시의 얕은 독서층에도 불구하고 1만 부 이상 팔려 베스트셀러가 되었다.

이광수가 허영숙을 처음 알게 된 것은 이처럼 '무정'이 인기리에 연재되고 덕분에 전국적 유명 인사로 떠오른 1917년 3월이었다. 당시 허영숙은 도쿄여자의과전문학교에 재학 중이었다. 어느 날 이광수가 폐병으로 각혈하다 허영숙의 헌신적인 간호를 받고 위기를 넘기면서 둘 간의 사랑이 시작되었다.

두 사람은 도쿄에서 수백 통의 편지를 주고받으며 사랑을 키워갔으나 허영숙이 1918년 7월 도쿄여자의학전문학교를 졸업하고 귀국하면서 이별의 아쉬움을 달래야 했다. 하지만 이광수도 곧 귀국, 1918년 9월 첫 부인과 이혼하고 다음 달 허영숙에게 청혼했다. 그러나 허영숙의 부모는 이혼 경력에 4살 된 아들까지 있는 이광수와의 결혼을 적극 반대했다. 결국 두 사람은 1918년 10월 16일 허영숙이 총독부가 시행한 의사 검정시험에 합격한 뒤 북경으로 사랑의 도피를 감행, 조선 사회를 떠들썩하게 했다.

1차대전 종전 후 우드로 윌슨의 민족자결 14개 원칙에 따라 파리에서 평화회의가 열린다는 소식이 들려왔다. 이광수는 1918년 12월 홀로 북경에서 도쿄로 건너가 백관수·김도연·서춘·김철수 등 재일 유학생 등과 함께 조선청년독립단을 결성했다. 뒤이어 1919년 1월 31일 자신이 기초한 조선청년독립단 선언문을 본국에 전하게 한 뒤 자신은 본인이 영역한 영문 선언문을 해외에 전파하기 위해 2월 5일 중국 상해로 건너갔다. 도쿄에서는 2월 8일 오후 2시 400여 명의 유학생이 도쿄 YMCA 건물에 모여 이광수가 기초한 독립선언서를 발표하며 독립선언식을 거행했다.

'민족개조론' 집필 전까지의 희망은 실력 양성과 독립 기회 추구

이광수는 1919년 8월 21일 상해에서 창간된 임시정부 기관지 '독립신문'의 초대 사장 겸 주필이 되었다. 안창호가 이끄는 흥사단에도 가입, 안창호와 평생에 걸친 긴밀한 사제적·동지적 관계를 맺었다. 이렇게 상해에서 독립운동 관련 일에 매진하고 있을 때 1921년 2월 허영숙이 상해에 도착함으로써 상해의 독립운동가들 사이에 큰 파문이 일어났다.

임시정부가 "허영숙은 일제 앞잡이"라며 체포령을 내리고 안창호도 이광수의 귀국을 만류했으나 이광수는 1921년 2월 먼저 허영숙을 돌려 보내고 3월 말 홀로 귀국하다가 중국 심양에서 체포되어 서울로 압송되었다. 그런데도 재판도 받지 않고 불기소 석방되어 모종의 거래가 있었음을 짐작케 했다. 소설가 박종화는 일기에서 총독부의 신변 보장을 언질 받은 허영숙의 설득 때문에 이광수가 귀순했다고 썼다.

하지만 허영숙이 상해에 당도하기 전부터 이광수는 이미 흔들리고 있었다. 임시정부에서 2년을 지냈지만 자신이 기대했던 국내 상황에 아무런 변화가 없었기 때문이다. 당시 조국의 민심은 3·1 운동 때와 달리 가라앉아 있었고 임시정부는 미주에서 보내오던 자금이 끊겨 재정적으로 곤란한 처지에 놓여 있었다. 이는 독립신문의 운영난으로 이어졌다. 임시정부의 극심한 내분으로 1920년 6월과 7월 이동휘와 안창호가 잇달아 상해를 떠난 것도 이광수를 절망하게 했다.

이광수는 1921년 5월 서울에서 병원 개업의사로 일하고 있는 허영숙과 결혼했다. 이광수에 대한 억측과 비난이 빗발치듯 일어나자 이광수는 묵묵히 집안에 들어앉아 병을 치료하며 '민족개조론'을 집필했다. 1922년 2월에는 흥사단의 국내 지부격인 수양동맹회(1926.1. 수양동우회로 개칭)를 결성, 궁극적으로 민족의 힘을 기르는 것을 목표로 한 부르주아 민족운동을 펼쳤다.

'민족개조론'을 집필하기 전까지 이광수의 희망은 조선인의 실력 양성과 독립의 기회 추구였다. 실력양성론은 일본 제국주의의 침략을 물리치기에는 우리의 실력이 현저하게 모자란다는 뼈아픈 현실 인식에서 출발했다. 이광수는 실력이 모자라는데도 무모하게 일본과 맞서 싸우는 것은 지도자들의 편협한 자기 만족이자 경거망동에 지나지 않는다고 보았다. 국권을 빼앗긴 민족이 실력을 양성한다고 해서 독립의 기회가 빠른 시일 내에 도래할 수 있을 것이라고도 보지 않았다.

그는 교육과 식산흥업을 통해 힘을 기르고 있으면 국제 정세가 조선에 호의적일 때 비로소 독립을 쟁취할 수 있다고 보았다. 조선 자체의 실력은 아직 강대하지 않지만 국제적인 힘에 편승하면 약소한 실력으로도 독립을 얻을 수 있다고 전망한 것이다.

윌슨의 민족주의에 희망을 걸고 상해에서 독립운동에 매진해온 이광수에게 1919년 6월 파리강화회의가 조선 독립의 문제를 다루지 않고 종결된 것은 큰 충격이었다. 이런 상황에서 조선이 독립을 얻으려면 자체 실력을 더욱 배양해야 하는데 그가 보기에 상해 임시정부는 통일적인 조직을 형성하지 못하고 있었다. 더구나 러시아와 중국 지역의 독립운동 단체 사이에서는 실력 양성을 통한 독립운동 준비보다는 당장 일본과 맞서 싸우자는 급진적 독립전쟁론이 우세했다. 이렇듯 상해에서 겪은 임시정부의 극심한 내분과 미국·중국·러시아 등지의 독립운동이 단결하지 못하고 분열하는 모습에서 심한 환멸을 느꼈다.

조선인을 일본인화 해야 차별이 사라진다고 생각

이런 상황에서 귀국한 이광수는 외부의 힘을 빌려 실현되길 희망했던 조선의 독립 꿈을 접고 예의 실력양성론으로 귀의했다. 하지만 과거의 실력양성론과는 달랐다. 독립을 준비하는 과거의 실력양성운동이 아니라 민족 개조 과정이 전제되어 있는, 단기적이 아니라 장기적 전망으로서의 실력양성론이었다. 이광수는 3·1 운동도 결국 민족적 역량이 성숙하지 못한 상태에서 이뤄졌기 때문에 독립과 국민국가 쟁취에 실패했다고 보았다. 따라서 그에게는 민족 개조를 통한 실력 양성이 급선무였다. 그는 어떻게든 민족성을 개조해야만 조선의 독립이 국제적 승인 하에서 자연스럽게 이뤄진다고 보았다.

그는 이러한 자신의 생각을 1922년 5월 '개벽'지에 발표한 '민족개조론'을 통해 세상에 알렸다. 조선이 쇠퇴한 이유는 민족성이 타락했기 때문이라며 허위·비사회적 이기심·무신(無信)·겁나(怯懦·비겁함)·나타(懶惰·게으름)·사회성 결여 등의 민족성을 개조해야 조선인이 살아날 수 있다고 주장했다. "민족성 개조에 얼마의 시간이 필요하냐"고 자문하면서 "50년, 100년, 200년의 영구한 사업"이라고 답해 쉽게 개조할 수 있는 민족성이 아니라는 점을 부각했다. 우리 민족의 치부를 생생하고도 남김없이 들춰낸 '민족개조론'에 대한 반응은 일파만파로 컸다. 이광수의 집에 칼을 든 청년들이 난입하는가 하면 개벽사의 기물을 파괴하는 사람들도 있었다.

오늘날에도 1930년대 후반부터 본격화한 이광수의 친일 행적과 결부지어 '민족개조론'을 친일 활동의 배경 논리로 간주해 비판하지만 '민족개조론'을 다르게 보는 시각도 있다. 논문이 발표된 1922년경의 이광수는 조선의 패망을 슬퍼하고 한민족의 자주독립을 열망했던 갓 서른의 젊은이였다며 '민족개조론'은 우리 민족의 잘못된 점을 반성하고 앞날을 걱정하는 마음에서 우러나온 순수와 충정이라는 것이다.

'민족개조론'을 발표한 후 온갖 비난을 받고 있는 이광수를 사회로 끌어낸 것은 동아일보였다. 이광수는 1923년 5월 동아일보에 입사하고 1924년 8월 김동인·김소월·김안서·전영택·주요한 등과 함께 '영대' 동인으로 참여했다. 1926년 6월에는 영문학을 공부하기 위해 34세의 나이에도 경성제대 법문학부에 입학했으나 좀처럼 낫지 않는 폐병 때문에 네 차례나 휴학을 하다 1930년 1월 제적되었다.

언론인으로는 1926년 11월 동아일보 편집국장에 취임했다가 1927년 9월 사임하고 1933년 8월 고향 어른 방응모가 인수한 조선일보 부사장으로 자리를 옮겼다. 그사이 '마의태자'(1927), '단종애사'(1929), '이순신'(1931), '흙'(1933), '유정'(1933) 등의 소설을 연이어 발표하며 '대문호'로서의 명성을 이어갔다. 1934년, 이광수에게 좋지 않은 일이 잇따라 일어났다. 정신적 스승 안창호가 일제 감옥에 갇히고 장남이 7살의 어린 나이에 죽은 것이다. 장남의 죽음에 충격을 받은 허영숙은 이듬해 의학공부를 더 하겠다며 세 아이를 데리고 일본으로 건너갔다.

"나는 민족을 위해 친일을 했다"

이광수의 친일 행적은 1937년 6월 '수양동우회' 사건에 연루되어 6개월간 옥중 생활을 하다가 병보석으로 풀려난 뒤 더욱 노골화되었다. 독립의 희망을 상실한 이광수가 선택한 것은 조선인의 일본화였다. 그는 독립의 가능성이 사실상 무망한 상태에서 조선의 독립을 외치는 것은 조선인을 차별 상태에 영원히 방치하는 잘못된 태도로 보았다. 그는 조선이 독립을 할 수 없는데도 일본 제국의 신민이 되지 않는다면 영원히 노예나 2등 국민으로 살며 차별을 받을 것이라고 단정하고 내선일체를 완벽하게 관철하는 것만이 이를 극복하는 길이라고 믿었다.

이에 대한 실천의 일환으로 수양동우회 사건 보석 출소자들의 사상전향회의(1938.11)를 소집해 회원 전체 이름으로 전향서를 발표하고 남산의 조선신궁을 참배했다. 황궁 요배, 일본 국가 제창, 황군 전몰장병을 위한 묵념에도 거리낌 없이 참가했다. 중국에 출정한 일본군 위문단 결성식(1939.5)의 사회를 맡고 총독부가 주관한 조선문인협회 회장으로 추대(1939.12)되는 등 적극적으로 친일 활동을 펼쳤다. 이 같은 이광수의 친일 행적은 동료 문인들은 물론 전 조선인에게 실망과 분노, 배신감을 안겨주었다.

친일 활동은 '가야마 미쓰로(香山光郎)'로 창씨개명하면서 더욱 확고해졌다. 다른 조선인에게도 창씨개명을 권유하고 젊은이들에게는 지원병 참가를 독려했다. 그 덕분인지는 몰라도 1941년 11월 수양동우회 사건 최종심에서 무죄 판결을 받았다. 1944년 3월에는 경기 양주군 사릉리로 이사해 살다가 해방을 그곳에서 맞았다.

해방 후에는 친일 활동을 반성하기보다는 저서 '나의 고백', '돌베개' 등을 통해 "나는 민족을 위하여 살고 민족을 위하다가 죽은 이광수가 되기에 부끄러움이 없습니다"라며 자신을 변호하고 합리화했다. 가족과 지인이 피신을 권고할 때는 "소가 10필이 와서 끌어도 이 자리를 떠나지 않을 것이다. 나의 목을 베어 종로 네거리에 매달아 정말 친일파가 없어진다면 나의 할 일은 다한 것"이라며 친일 활동을 정당화했다.

1949년 1월 12일 반민특위에 체포되었을 때는 "나는 민족을 위해 친일을 했다. 내가 걸은 길이 정경대로는 아니오마는 그런 길을 걸어 민족을 위하는 일도 있다는 것을 알아주시오"라며 자신의 친일이 소신이었음을 자신했다. 그런데도 이광수는 반민특위에 체포된 지 한 달 만에 병보석으로 풀려나고 6개월 뒤 불기소처분을 받았다. 6·25 발발 후인 1950년 7월 12일 납북되어 북으로 끌려갔다가 10월 25일 지병인 폐결핵이 악화해 자강도 만포군 고개리 중턱에서 차에 탄 채 숨졌다.

허영숙 허영숙(1897~1975)은 국내 여성 최초로 병원을 개원한 의사로, 병든 남편을 지키는 아내로, 네 아이의 어머니로, 일제하 여기자로 다중의 삶을 산 신여성이었다. 분야마다 그보다 뛰어난 여성이 더러 있긴 했지만 이 넷이 중첩되는 영역에서는 독보적이었다. '대문호' 이광수의 아내라서 세간의 주목을 더 받은 것은 사실이지만 이광수의 그늘에 묻혀 있기에는 그가 남긴 궤적이 굵고 선명했다.

허영숙은 서울에서 부유한 상인의 딸로 태어나 진명보통학교(1911)와 경기여고의 전신인 경성여자고등보통학교(1914)를 졸업했다. 1914년 4월에는 일본의 도쿄여자의과전문학교(도쿄여의전)에 입학했는데 의학을 전공하기 위해 해외로 유학한 여성 중에는 김점동에 이어 두 번째였고 일본 유학은 그가 최초였다.

허영숙이 유학을 떠난 1914년 국내에서는 조선총독부 의원양성소(1916년 경성의학전문학교로 승격)에서도 청강생 제도를 신설해 안수경·김해지·김영흥 3명의 여학생을 입학시켰다. 이들 3명은 1918년 3월 경성의학전문학교 졸업과 동시에 의사 면허를 취득했다.

참고로 우리나라 최초의 여의사는 김점동이다. 서양의 선교사들은 그를 남편 박씨 성을 따라 박에스더라 불렀다. 그는 자신이 통역해주던 미국인 여의사 로제타 홀의 의술을 지켜보면서 여의사를 꿈꾸다가 1895년 로제타가 미국으로 귀국할 때 그를 따라 남편 박유산과 함께 미국으로 유학을 떠났다. 1900년 볼티모어 여자의학교를 졸업하고 바로 귀국해 선교

병원에서 환자를 돌보았으나 폐결핵에 걸려 1910년 33세의 짧은 나이에 삶을 마감했다.

허영숙은 1918년 7월 도쿄여의전을 졸업하고 10월 16일 조선총독부가 시행한 의사 검정시험에 합격했다. 당시 국내에는 경성의학전문학교를 졸업한 3명의 여성이 이미 의사로 활동하고 있었다.

허영숙은 1년간 임상 수련을 거친 뒤 자기 집을 개조해 산부인과와 소아과를 전문으로 하는, 여성이 개원한 조선 최초의 병원을 1920년 5월 1일 개원했다. 병원 이름은 허영숙에서 '영'을, 광혜원에서 '혜'를 따 '영혜의원'이라 지었다.

이광수에게 허영숙은 아내·누이·어머니

허영숙은 1921년 5월 이광수와 결혼했으나 더 수준 높은 의학 공부를 하겠다며 1922년 3월 다시 도쿄로 떠났다. 하지만 도쿄제국대 입학이 여의치 않자 4개월 만에 서울로 돌아왔다. 귀국 후에는 폐결핵으로 기자 일을 할 수 없게 된 이광수를 대신해 1924년 말 동아일보의 부인 기자로 입사했다. 전공을 살려 가정 위생과 건강관리에 관한 글을 써 1925년 12월에는 학예부장으로 승진했다. 그러다가 첫아들 봉근을 임신하게 되자 1927년 3월 신문사를 그만두었다. 이광수에게는 전 부인이 낳은 아들이 있었지만 허영숙에게는 첫아들이었다. 2년 후 영근, 다시 4년 후 정란, 다시 2년 후 정화가 태어났다.

그러던 중 1934년 2월 장남 봉근이 패혈증으로 숨져 인생의 허무를 느끼게 되었다. 삶의 의욕을 상실한 허영숙은 1935년 11월 병든 남편과 자식 셋을 서울에 남겨두고 선진 의학을 배우기 위해 홀로 도쿄로 건너갔다. 의학에서 손을 놓은 지 15년이나 지나고 새로 공부한다는 게 엄두가 나지 않을 37살 때였다.

허영숙이 구상한 병원은 해산을 전문으로 하
는 산원이었다. 처음에는 일본의 적십자병원
산원 연구생으로 들어갔다가 3년 예정의 조수
로 채용되었다. 그러자 마음을 굳게 먹고 서울
의 아이들을 도쿄로 불러들였다. 아이들을 곁
에 두고 밤늦게까지 공부하며 박사 논문을 준
비했으나 1937년 6월 이광수가 수양동우회 사
건으로 감옥에 갇히게 되자 공부를 중단하고 1

허영숙

년 반 만에 귀국했다. 그리고 1938년 6월 서울 효자동에 국내 최초의 산
원인 '허영숙 산원'을 개원했다.

어머니로, 기자로, 의사로 정신없는 날들을 보내면서도 이광수에 대한
그의 사랑은 헌신적이었다. 이광수에게 허영숙은 아내이자 누이였고 어
머니였다. 1938년 이광수가 발표한 소설 '사랑'은 허영숙의 헌신적 사랑에
대해 이광수가 바치는 헌정 소설이었다. 하지만 소설 속 사랑과 현실 사
이에는 엄청난 괴리가 있었다. 이광수는 문인이었고 허영숙은 의사였다.
따라서 한쪽이 감성적 인간이라면 한쪽은 이성적 인간이었다. 허영숙은
생활력이 '빵점'이고 무욕의 삶을 사는 남편을 향해 "세상 살아갈 줄 모른
다"며 바가지를 긁어댔다. 그러면서도 폐병에 걸린 이광수의 주치의이자
간병인이었고, 후견인이자 매니저였다.

해방 후 이광수가 반민특위에 회부될 때는 가정의 재산을 지키기 위해
남편과 합의이혼하는 끈질긴 생활인의 모습을 보였다. 이광수의 납북으
로 생이별을 한 뒤에는 세 자녀를 미국으로 유학 보내 각각 물리학 박사,
영문학자, 생화학자로 키워냈다. 자신은 홀로 서울에 남아 출판사를 운영
하며 1963년 남편의 원고를 모두 모아 '춘원전집'을 완간하고 말년에 미국
으로 건너가 1975년 세상을 떠났다.

제1회 조선미술전람회 개최

선전의 운영 규정은 1944년 23회로 막을 내릴 때까지 6차례의 부분적인 개정이 있었다.

       조선총독부가 주관한 '조선미술전람회(선전)'는 3·1 운동 후 시작된 일제 문화정치의 산물이지만 우리나라 최초의 근대적 미술단체 '서화협회'가 1921년 4월 개최한 제1회 '서화협회전(협전)'도 선전의 출범을 자극한 요인이었다.

   조선총독부가 '선전' 개최를 구체화하기 위해 조선과 일본의 관련 인사들을 총독부로 초청한 것은 1921년 12월 26일이었다. 조선인 중에는 박영효(후작)·민병석(자작) 등 친일파 인사들과 김돈희·정대유·이도영·김규진 등 서화협회 중심의 서화계 인사들, 일본인 중에는 조선에 살던 일본인 서예가와 화가들이 초청되었다. 참석자들은 총독부 정무총감이 제시한 선전 개최에 만장일치로 찬성했다.

   조선총독부가 1922년 1월 고시한 '조선미술전람회 규정'과 '조선미술심사위원회 규정'에 따르면 명칭은 '조선미술전람회'로 하고 운영 방식은 일본의 '제국미술원전(제전)'의 체제를 본따는 것으로 했다. 출품 자격은 조선인 미술가와 조선에 체류하는 일본인 미술가로 한정하고 시상은 입선과 특선을 두되 특선은 1,2,3,4등급으로 구분했다. 공모 부문은 제1부 동양화, 제2부 서양화·조각, 제3부 서(書)의 3개로 구분하고 감사를 통과(입선)한 작품만 전시하되 심사위원장이 인정한 것과 1년 전 선전에서 1등한 것은 무감사(無監査) 통과로 했다.

   논란이 된 것은 '동양화'라는 명칭이었다. 당시 일본에는 '동양화'라는 명칭이 없고 '일본화'로 불렸기 때문에 '조선화'라고 해야 사리에 맞는 명칭이었지만 총독부는 일본인도 응모할 수 있는 자격 제한을 이유로 '동양화'로 명칭을 정했다. 동양화라는 명칭은 해방 후 시작된 '대한민국미술대

전(국전)'에서도 그대로 사용되다가 1982년 '한국화'로 대체되었다.

제1회 조선미술전람회는 1922년 6월 1일 서울 영락정(지금의 저동)에 위치한 조선총독부 상품진열관에서 개최되어 3주 동안 계

제1회 조선미술전람회를 관람하는 학생들

속되었다. 291명이 출품한 403점 중 입선작 215점(171명)과 무감사 24점 등 239점이 전시되고 총 2만 8,000여 명이 관람했다. 조선인 입선자는 모두 61명이었다. 동양화부와 서부에는 조선인 입선자가 많았으나 서양화부에는 아직 서양화가 보편화되기 전이라 고희동, 정규익, 나혜석 세 사람만 입선했다.

입선작 중 1등부터 4등까지의 특선작은 모두 34점이었다. 1등은 없고 4명(동양화 2명, 서양화 1명, 서 1명)이 2등으로 발표되었는데 조선인 중에는 동양화부의 허백련이 일본인과 공동 2등, 서부의 오세창이 단독 2등에 뽑혔다. 동양화부에서는 심인섭·이한복이 3등상, 김은호·김용진·이용우가 4등상을 수상하고 서부에서는 김영진·현채가 3등, 김용진·안종원·이한복이 4등의 영예를 각각 안았다.

문제는 상장이었다. 당시 입상자에게 주는 상장에는 심사위원의 이름을 연기(連記)하는 게 관례였다. 그런데 조선인에게 주는 상장에는 일본인 심사위원의 이름을 연기하면서도 일본인에게 주는 상장에는 조선인 심사위원의 이름을 연기하지 않은 것이다. 그러자 2회 선전 심사위원으로 위촉된 조선인이 1923년 4월 문제를 제기하며 위촉을 거부하는 일이 벌어졌다. 그 심사위원은 개선하겠다는 개최 측의 의견을 듣고 나서 위촉을

받아들였다.

조선인은 제1회 선전 서양화부에서 단 1명의 특선작도 내지 못했으나 1923년 5월 11일 개최한 제2회 선전에서는 나혜석과 김창섭이 특선 4등에 올랐다. 허백련과 노수현은 동양화부에서 3등상, 이한복은 서부에서 3등상을 수상했다. 1924년 6월 1일 열린 제3회 선전에서는 동양화부에서 이한복이 1등 없는 2등, 김은호가 3등, 변관식이 4등에 입상했다. 서양화부에서는 이종우와 김창섭이 조선인으로는 처음으로 3등상, 고희동과 나혜석이 4등상을 수상했다.

1925년 6월의 제4회 선전에서는 조각에서 김복진이 처음 3등에 뽑혔다. 4회 선전 동양화부에서 처음 3등상을 수상한 이상범은 1934년까지 내리 10회 연속 특선이라는 기록을 세워 당대 최고 화가로 인정받았다.

일제 문화정치의 산물이지만 의미도 적지 않아

선전의 운영 규정은 1944년 23회로 막을 내릴 때까지 6차례의 부분적인 개정이 있었다. 첫 개정은 제1부의 동양화부에 속해 있던 사군자를 제3부인 서예부로 옮긴 1924년의 제3회 때 이뤄졌다. 1926년(5회) 선전 때는 1등에서 4등까지 구분한 시상 제도를 '특선'으로 통일하고 특선자의 무감사 폭을 넓혔다.

1928년(7회) 선전 때는 조선에 본적이 있는 자 또는 전람회 개회 때까지 6개월 이상 거주한 자로 출품 자격을 제한했으며 1932년(11회) 선전 때는 서예 부분을 없애고 사군자를 동양화부로 통합함으로써 전통서화 부문을 축소했다. 대신 공예부를 신설했다. 1935년(14회) 선전에서는 추천작가 제도를 도입해 동양화의 이상범과 이영일, 서양화의 김종태를 추천작가로 추대했다. 1937년(16회) 선전부터는 심사위원격인 참여작가 제도가 도입되어 김은호가 조선인으로는 가장 먼저 참여작가로 선정되었다.

1940년대에 접어들어 선전은 전시 체제의 영향을 받아 창작 본래의 색채가 퇴색하고 시국적인 내용이 강조되는 쪽으로 변질되었다. 순수한 풍경이나 인물 대신 전쟁을 독려하는 '반도의 학도 소집', '필승 기원', '학병의 어머니', '전사의 아들' 등으로 채워졌다. 1944년 23회를 끝으로 중단된 조선미술전람회는 이처럼 탄생부터 종말에 이르기까지 식민정책의 일환인 것은 분명하지만 그럼에도 불구하고 조선미술전람회를 통해 성장한 작가들이 해방 후 우리나라 미술계의 지도적 인물이 되었다는 점에서 의미가 적지 않다.

서화협회 '서화협회'는 우리나라 최초의 근대적 미술단체다. 우리나라 최초로 일본에서 서양화를 전공하고 1915년 귀국한 고희동이 휘문, 보성, 중동 등의 학교에서 서양화를 가르치면서 미술단체의 필요성을 절감한 것이 결성의 계기가 되었다. 조선 말기부터 활동해 온 서화가들의 도피적 안일주의와 고루한 전통주의 종식이 설립의 주요 목적이었다.

서화협회는 1918년 5월 19일 조석진, 오세창, 김규진, 정대유 등 13명이 발기하고 같은 해 6월 16일 18명이 창립총회에 참석함으로써 조선 미술계를 대표하는 단체로 자리매김했다. 창립총회에서는 안중식이 초대 회장, 고희동이 실무격인 총무로 선출되었다. 창립 취지는 신구 서화계의 발전, 동서 미술의 연구, 후진 교육 등으로 설정되었다.

창립 당시 서화협회를 구성한 두 축은 서화연구회와 서화미술회의 교수진이었다. 서화연구회는 1915년 7월 김규진이 만든 것으로 3년 교육 과정의 서과와 화과를 두고 학생을 지도했다. 1918년 첫 졸업생을 냈다. 1911년 창립된 서화미술회의 초대 회장은 이완용이었고 조진석·안중식·정대유 등이 교수진으로 참가했다. 김은호·이상범·노수현 등 장차 우리

미술의 대들보가 될 쟁쟁한 제자를 다수 배출했다. 그 무렵 서울에는 일본인들이 결성한 조선미술협회(1915.4 조직)와 조선양화동지회(1918.7) 등 미술단체도 있었다.

서화협회 회원들은 1918년 7월 21일 서울 태화정에서 제1회 '서화휘호회'를 개최한 뒤 1919년 봄에도 전시회를 열 계획이었으나 3·1 운동의 발발로 2회 전시회는 연기되었다. 더구나 1919년 11월 제1대 회장 안중식이 타계하고 조석진이 2대 회장으로 추대되는 과정에서 1919년 12월 서화연구회 출신 7명이 탈퇴함으로써 규모가 축소되었다. 조석진 마저 1920년 5월 작고해 공백기가 더욱 길어졌다.

그러다가 1921년 2월 정대유를 3대 회장으로 선출한 뒤 조직을 재정비해 1921년 4월 1일부터 3일간 중앙중학교 강당에서 제1회 서화협회전(협전)을 열었다. 모두 100여 점이 전시된 제1회 협전은 우리나라 최초의 근대적인 종합 미술전 답게 성황을 이뤘다. 서화협회는 1921년 10월에 기관지이자 우리나라 최초의 미술잡지인 '서화협회보'도 발행했다. 두께는 얇았지만 미술가 열전, 기법, 미술사 등 미술 전반에 걸친 교양서 성격의 글을 실었다. 그러나 잡지는 1922년 3월 제2호를 끝으로 더 이상 발간되지 않았다.

협전은 1922년 3월 말에도 3일간 개최되었으나 3개월 뒤 조선총독부가 주관하는 조선미술전람회(선전)가 개최된 후 약화되었다. 특히 서화협회 회원 대부분이 조선미술전람회에 참여해 세는 더욱 위축되고 성격은 불분명해졌다. 그럼에도 계속 명맥을 이어가다가 1936년 11월 8~15일 휘문고보 강당에서 개최한 제15회 서화협회전을 끝으로 활동이 중단되었다.

허백련, 제1회 선전에서 1등 없는 2등 수상

그의 죽음과 함께 조선조 말부터 화려하게 꽃피운 남종산수화의 전성기도 내리막길을 걸었다.

동양화는 북종화와 남종화로 대별된다. 뿌리는 둘 다 중국이다. 북종화는 아름다운 색채와 사실적인 표현을 중시하는 화풍으로 초상화와 동물화가 주종을 이룬다. 주로 직업적인 화가들이 계승했다. 이에 비해 남종화는 주로 현실 참여 기회를 박탈당한 선비들이 무위자연을 그리면서 시작했다. 자신에 대한 자조이면서 자위 수단이었기 때문에 남종화는 유예(遊藝)일 뿐 생활의 수단이 아니었다. 그러다 보니 추상적이고 주관적인 화가의 내면 세계를 표현하는 수묵산수화가 주종을 이룬다. 시·서·화(詩·書·畵)에 정통한 문인들이 즐겨 그려 '남종문인화'로 불리기도 한다. 중국의 대표적인 남종화 화가로는 원말 4대가로 불린 황공망, 예찬, 오진, 왕몽 등이 있다. 일본 난가(南畵)의 뿌리도 남종화다.

우리나라에서 남종화는 허련, 북종화는 장승업을 양대 기둥으로 삼아 발전했다. 장승업 등 조선조 도화서 출신 화원(畵員)들은 숙달된 직업적 기법에 충실했다. 그림은 객관적이고 실증적이고 사실적이었으나 규율에 얽매여 개성을 과시하지 못했다.

반면 정부에 속하지 않은 지방의 화가들은 규율에 얽매일 이유가 없었다. 일정 수준의 화법만 익히면 누구나 자유로웠다. 대부분 생업이 따로 있었기 때문에 그림은 선비의 멋으로 치부되었고 그림에 사상이나 이념을 담았다. 대표적인 인물이 조선 말의 소치 허련이다. 조정은 정쟁으로 영일이 없고 새로운 서구 사조가 물밀 듯 밀어닥칠 때였다. 결국 꿈을 실현할 수 없었던 소외 계층이나 궁벽한 시골 선비들이 자신의 존재를 합리화하기 위해 남종화를 받아들였다. 북종화는 북종화 나름대로 전통을 계승했다. 일제의 침략 속에서 비록 왕실이 문을 닫았을망정 조진석, 안중식 계열의 북종화는 새끼를 쳐 김은호와 그 제자들로 이어졌다.

1920~1930년대 우리나라의 동양화 화법은 크게 세 흐름으로 나뉜다. 첫째는 관념 산수를 지향한 허백련·박승무와 한동안 현실 소재를 추구하다가 다시 관념 산수에 경도된 노수현이다. 둘째는 실경을 중심으로 새로운 화풍을 모색한 이상범·변관식·이용우 등이고 셋째는 채색을 주로 하면서 현실적 모티프에 치중한 김은호·김경원·이한복 등이다.

고집스럽게 남종화의 정도 걸어

이 가운데 허백련(1891~1977)은 사군자, 화조(花鳥), 산수 등 다양한 소재를 다루면서도 특히 산수화에서 뛰어난 기량을 보인 한국 남종화의 대가다. 그는 남종화의 정도를 고집스럽게 지키며 정신적·기술적 양면에서 단 한 발짝도 그 테두리를 벗어나지 않았다. 대부분의 남종화가들이 남농 허건의 신남화로 변신하는 속에서도 정통 남화의 길을 고독하게 걸어갔다. 그림에 짙은 채색이 없고 화사하지 않아 서민적이고도 토착적이며 은은한 분위기를 풍긴다는 평을 듣는다.

허백련은 전남 진도에서 태어났다. 8세 무렵부터 당시 진도에 유배 중이던 대학자 정만조에게서 한학을 익히고 10세 때부터 집안의 증조부뻘 되는 허형에게서 묵화와 서법을 배웠다. 당시 허형은 자신의 부친 허련이 1857년 진도에 마련한 운림산방을 지키며 화업에 열중하고 있었다. 허백련에게 '의재'라는 호를 지어준 정만조가 12년 만에 귀양이 풀려 1908년 상경하자 허백련도 1910년 서울로 올라가 정만조의 집에 기거하며 기호학교(중앙학교의 전신)에 들어갔다.

1912년에는 비상을 꿈꾸며 일본 교토 법정대학(현 리쓰메이칸대)에 입학하고 1년 뒤 도쿄의 메이지대 법과 청강생으로 적을 두었으나 곧 생활고 때문에 포기했다. 그 무렵 일본에서 만난 인물이 허백련의 인생과 예술

에 힘을 불어넣어 준 김성수와 송진우다. 도쿄
생활은 경제적으로 고난의 연속이었다. 신문과
우유를 배달해도 사정이 나아지지 않아 먹고
자는 것이 보장된 유치장을 스스로 찾아갈 때
도 있었다.

허백련

1915년 자신의 남종화적인 취향과 비슷한 일
본 난가의 대가 고무로 스이운의 문하로 들어
갔으나 여전히 먹고사는 게 해결되지 않자 스
승의 화실을 나와 전국을 부유하는 떠돌이 화가가 되었다. 그 과정에서
일본 각지의 미술관과 화랑의 그림을 베끼며 자신의 재능을 갈고 닦았
다. 그의 그림을 알아본 어느 시골에서는 그림을 십시일반으로 사 주기
도 했다. 그러다가 1918년 어느 날 부친이 위독하다는 전보를 받고 고향
으로 돌아갔다.

귀국 후에는 1920년 목포에서 귀국전을 열고 1922년 서울의 김성수 집
에 머물면서 그림을 그렸다. 1922년 6월 1일 개회한 제1회 조선미술전람
회(선전) 동양화부에서 다른 1명의 일본인과 함께 1등상 없는 2등상을 그
에게 안겨준 그림이 김성수 집에 기숙하면서 그린 담채화 '추경산수'다.
함께 출품한 '하경산수'는 입선했다. 당시 서울 화단에서 두각을 나타내던
김은호가 4등상에 그쳤는데도 이름이 알려지지 않은 허백련이 최고상을
받자 서울 화단의 큰 화젯거리가 되었다.

서민적이고도 토착적이며 은은한 분위기 풍겨

허백련은 김성수의 주선과 동아일보의 후원으로 1922년 9월 보성고보
에서 대망의 전시회를 열었다. 전시작품 대부분이 매진된 것에 고무되어
1923년 다시 일본으로 건너갔으나 그해 9월 관동대지진이 일어나 결국

계획을 포기하고 10월 귀국했다. 1924년에는 신혼살림을 차린 광주에 정착했다.

허백련은 선전에 계속 그림을 출품했다. 1923년 5월 제2회 때는 3등상, 1927년 제6회 때는 특선을 차지했다. 그러나 1928년부터는 선전에 더 이상 출품하지 않고 전시회를 열거나 후학을 가르치는 것으로 화업을 이어 갔다. 1932년 7월 김은호와 함께 서울 미쓰코시 백화점(지금의 신세계백화점)에서 2인전을 열고 1940년 5월 서울의 부민관 강당에서 열린 10 명가(名家) 산수화전에 동참했다. 10 명가전에는 허백련을 비롯해 고희동·김은호·노수현·박승무·변관식·이상범·이용우·이한복·최우석이 참여했다.

허백련은 후학을 지도하기 위해 1936년 2월 동양화가 김은호, 서양화가 박광진, 조각가 김복진과 함께 조선미술원을 창립했으나 결국에는 운영난을 견디지 못해 3년 만에 문을 닫았다. 이후 허백련은 호남 서화계의 후진을 양성하고 서화 교양의 도량으로 활용할 '연진회'를 1938년 광주에 개설했다.

허백련은 1945년 일제가 패망하자 농촌 근대화가 우선임을 절감했다. 광주의 무등산 기슭 증심사 입구에 농촌 지도자 교육을 위한 삼애학원을 설립한 것도 그래서였다. 삼애학원은 1946년 광주농업고등기술학교로 승격해 교육기관으로서의 면모를 갖췄다. 이후 그에게 그림을 배우려면 누구든 농업기술학교에서 일을 해야 했다. 허백련은 또한 일본인에게서 구입한 무등산다원을 삼애다원으로 바꿔 춘설차를 보급했다. 1956년 이곳에 지은 화실 겸 살롱이 광주 지방문화재 5호인 '춘설헌'이다.

그러면서도 미술계 활동은 멈추지 않았다. 1955년 국전 4회 때 심사위원으로 위촉되어 1961년 10회까지 7회에 걸쳐 심사위원을 지냈다. 1974년 12월 단군의 홍익인간 사상으로 민족정신을 함양하기 위해 무등산에 단군신전 '개천궁' 건립을 위한 기공식을 열었으나 완공을 보지 못하고

1977년 2월 15일 눈을 감았다. 그의 죽음과 함께 단군신전 계획은 무산되었고 조선조 말부터 화려하게 꽃피운 남종산수화의 전성기도 내리막길을 걸었다.

운림산방·허련·허건

전남 진도의 '운림산방'은 호남 지방 양천 허씨 대화가들의 산실이다. "진도의 양천 허씨들은 빗자락 몽둥이만 들어도 명필이 나온다"는 말도 운림산방에서 비롯된 얘기다. 운림산방이 낳은 대표적 화가로는 설립자 소치 허련(1808~1893)과 그의 아들 미산 허형(1862~1938), 그리고 손자 남농 허건(1908~1987)이 있다. 의재 허백련(1891~1977)은 이들과 같은 집안으로, 혈연으로 따지면 허련의 고손뻘이 되고 법연으로는 허형의 제자다.

양천 허씨는 경기도에 살다가 허대(1586~1662) 때 진도에 처음 입도했다. 허대는 임해군의 처조카로, 광해군 즉위 후 역모로 몰려 진도로 유배된 임해군을 따라 진도로 들어왔다가 임해군이 사사된 후 그대로 눌러앉았다. 허대의 장남 득생은 진도에서 용, 순, 방 세 아들을 두었다. 허련, 허형, 허건은 둘째 아들 순의 후손이고 허백련은 막내 방의 후손이다.

이 가운데 양천 허씨 집안을 진도의 명문가로 일군 인물이 어려서부터 그림 그리기를 좋아한 허련이다. 오늘날 '근현대 호남 화단의 실질적 종조(宗祖)'로 일컬어지는 허련은 좋은 화첩이 있다는 소문을 들으면 그곳이 어디든 찾아가 베꼈다. 전남 해남에 위치한 윤선도의 고택 '녹우당'도 그런 곳 중 하나였다. 허련이 남종화풍을 접한 곳도 녹우당이었다. 허련은 녹우당 인근 대둔사의 고승 초의선사도 찾아가 인연을 맺었다. 또한 초의선사를 통해 소개받은 추사 김정희의 서울 집도 찾아가 그곳에 머무르며 그림을 배웠다.

김정희는 허련에게 '소치'라는 호를 지어주었다. 남종화에 정통한 원말 4대가 중의 한 사람인 황공망의 호가 '대치'인 것에 착안해 대치에 비할 만한 인물이 되라는 의미에서 소치라고 호를 지었던 것이다. 허련 역시 원말 4대가 중의 한 사람인 예찬을 좋아해 예찬의 호인 '운림'을 따다가 자신의 거처인 '운림산방'의 당호로 사용했다.

허련은 김정희 집에 1년 정도 머물다가 김정희가 제주도로 유배를 떠나자 당시로서는 위험하기 짝이 없는 제주도 바닷길을 세 번이나 왕복했다. 또한 김정희의 가르침대로 붓 하나 들고 산하를 주유하다가 고향에 정착, 49세 때인 1857년 진도에 '운림산방'을 완성했다. 그 후 85세로 세상을 뜰 때까지 대부분의 시간을 운림산방에 머무르며 그림을 그렸다. 김정희는 이런 제자를 가리켜 "압록강 동쪽에는 소치를 따를 자가 없다"고 극찬했다.

"진도의 양천 허씨들은 빗자락 몽둥이만 들어도 명필이 나온다"

운림산방을 대표하는 2대 화가는 허련의 아들 허형이다. 허형은 50대 초반까지 진도에서 살았으나 생활고를 벗어나기 위해 상업의 중심지인 강진 병영으로 이주(1912)했다가 1921년 호남 상업의 중심지로 부상한 목포로 다시 이사했다. 허형은 이처럼 어느 한곳에 정착하지 못하고 가난에서도 벗어나지 못해 독창적인 작품 세계를 개척하지 못했다. 그러다 보니 화업도 아버지에 미치지 못했다. 다만 아들 허건과 제자 허백련을 키워내고 이들이 각각 목포 유달산과 광주 무등산을 중심으로 활동한 덕에 남도 지방을 오늘날 '예향'으로 불리게 만든 일등 공로자로 꼽힌다.

허건 역시 운림산방에서 태어나 어려서 아버지를 따라 강진 병영을 거쳐 목포에 정착한 후 평생을 목포에서 지냈다. 허건과 허백련은 22촌간이다. 허건이 비록 허백련보다 16살 손아래이지만 항렬로 따지자면 할아버지뻘이다. 허건은 1930년 제9회 선전에서 첫 입선을 따낸 후 1931년부터 1944년 마지막 선전까지 거의 한 해도 거르지 않고 연 13회 입선하는 등

작가로서의 기량과 재능이 뛰어났다. 1944년의 마지막 선전에서 '목포일우'로 조선총독상을 거머쥐는 영예를 안았으나 경제적으로는 늘 쪼들렸다. 결국 그 무렵 걸린 동상을 치료하지 못해 1945년 왼쪽 무릎 아래를 절단하는 아픔을 겪었다.

허련

1945년 해방이 되자 허건은 일본화를 극복하기 위한 방법으로 현대 감각이 물씬 나는 채색화 기법을 버리고 수묵이 강조된 산수에 집중했다. 금강산을 12번이나 다녀오는 등 전국을 여행하며 점묘법, 갈필법 등으로 실경산수를 담아내는 데 힘을 쏟으며 한국화의 토착화에 몰두했다. 그림과 어울리는 글을 함께 적어 풍경의 정취를 강하게 전달했기에 시서화에도 능했다.

그러다 보니 남종화 계열의 허백련 화풍과는 전혀 다른 새로운 조형 세계가 드러났다. 이런 화풍에 신남화라는 이름이 붙었다. 신남화란 남종화의 관념 철학에서 벗어나 실체를 바탕으로 주변의 자연을 사실적으로 담아내는 양식을 의미한다. 형식이나 기교를 앞세우지 않고 우리의 정서가 물씬한 소박한 정경들을 담묵담채(淡墨淡彩)로 그려냈다.

허건은 1946년 목포에 남화연구원을 개설하고 1958년 목포문화협회 창립 회장에 추대되어 목포가 신남화의 중심지가 되고 남도 지방이 예향으로 인정받을 수 있게끔 기반을 다지는 중추 역할을 했다. 그가 목포에서 활동하는 동안 그의 그림으로 줄잡아 200명이 먹고 산다는 말이 있을 정도로 그는 사실상 목포 전통미술 동양화의 대부이자 아이콘이었다. 말년에는 일생 동안 수집한 수석 2,000여 점과 선대부터 내려온 서화 골동을 국가에 헌납함으로써 예술의 사회적 환원을 실천했다.

제임스 조이스 '율리시즈' 출판

매년 6월 16일이 되면 세계의 조이스 문학 팬들은 더블린으로 달려간다.

제임스 조이스(1882~1941)는 "셰익스피어 이후 가장 뛰어난 작가", "세계 모더니즘 문학의 새로운 지평을 연 인물"이라는 최고 찬사를 듣는 20세기의 대표적인 소설가다. 그의 소설은 더블린 사람들의 내밀한 삶을 구체적으로 묘사해 이른바 '더블린 3부작'으로 불리는 '더블린 사람들', '젊은 예술가의 초상', '율리시즈' 3편과 '피네간의 경야'를 포함해 모두 4편뿐이다. 그런데도 그의 이름이 세계 문학사에 길이 빛나는 것은 소설에서 보여준 미증유의 대담한 실험 때문이다.

움베르토 에코는 일찍이 '닫힌 텍스트'와 '열린 텍스트'를 구분하면서 조이스 작품을 '열린 텍스트'의 으뜸으로 꼽았다. 에코가 말하는 '열린 텍스트'는 의미를 포착하기 어려워 독자들 간 해석상의 일치를 기대하기 어려운 작품을 의미한다. 독자에게 나를 따르라는 식의 고압적인 자세가 아니라 독자와 동반자적인 태도를 취하는 것이다.

조이스는 '열린 문학'을 실현하기 위해 획기적인 몇 가지 기법을 소설에서 구현했다. 자유간접담론 기법, 틈(생략)의 기법, 현현(顯現·epiphany) 기법, 열린 결말, 의식의 흐름 기법 등이 그것이다. 그의 문학이 난해하다는 말을 듣는 것은 이 전대미문의 서사 전략 때문이다.

'자유간접담론 기법'은 작가 입장에서 서술하는 것이 아니라 등장인물의 관점과 수준에서 서술하는 기법이다. 등장인물의 지적 수준에 따라 문체를 달리하기 때문에 동일한 스토리라고 하더라도 문체가 일정하지 않다. '틈(생략)의 기법'에서 틈은 문맥상 있어야 할 곳에 무언가가 빠져 있거나 비어 있는 상태를 말한다. 텍스트상의 이런 공백은 독자의 관심을 끌어 독자가 그것을 채우게 하려는 데 목적이 있다.

'현현 기법'에서 '현현'은 동방박사들이 예수가 태어났다는 소식을 듣고 경배하기 위해 베들레헴으로 찾아갔을 때 아기 예수가 그들에게 처음으로 뚜렷하게 모습을 드러낸 데서 유래한다. 독자에게 소설 속 인물의 사소한 말투나 행위를 통해 요긴한 의미를 별안간 깨닫게 하거나 소설 속 인물이 무심코 지나쳐버린 의미를 결정적인 순간에 돌발적으로 깨우치게 하는 기

제임스 조이스

법이다. '열린 결말'은 의미가 명쾌하게 잡히지 않도록 결론을 흐리멍덩하게 끝내 텍스트를 끝까지 읽어도 다 읽었다는 느낌은커녕 읽다만 느낌을 주는 기법이다.

조이스 문학은 이런 실험적인 기법 덕분에 각종 문학비평 이론의 기름진 터전 역할을 했다. 특히 1970-1980년대에 맹위를 떨친 프랑스의 해체주의 이론가들은 하나같이 조이스 학자들이었다. 해체주의 이론의 대표자 격인 자크 데리다는 "조이스가 없었다면 나의 해체주의는 불가능했을 것"이라고 실토했다.

세계 문학사에 길이 빛나는 이유는 미증유의 대담한 실험 때문

조이스는 아일랜드의 더블린 근교에서 태어났다. 예수회 소속 학교에서 고교 과정을 마치고 1898년 예수회 계통의 로열대(현재의 더블린 유니버시티 칼리지)에 입학했다. 그가 대학에 재학 중일 때 아일랜드에는 민족주의 운동의 성격을 띤 문예부흥 운동이 한참 펼쳐지고 있었다. 하지만 조이스는 이 운동에 관심이 없었다. 미래를 내다보지 않고 과거만 뒤돌아보는 이 복고적인 운동이 시대착오적으로 비쳤기 때문이다. 대신 그가 꿈꾼 것은 이탈리아어, 프랑스어, 독일어, 라틴어 등 외국어를 폭넓게 공부

한 뒤 유럽 대륙을 무대로 새로운 문학을 개척하는 코스모폴리탄이었다.

조이스는 1902년 10월 대학을 졸업하고 의사가 되기 위해 프랑스 파리로 건너갔다. 그러나 학비 마련도 문제거니와 적성에도 맞지 않아 의사의 꿈을 접고 1903년 4월 귀국했다. 1904년 1월 자서전적인 에세이 '예술가의 초상'을 완성해 잡지사에 기고했으나 거절당하자 제목을 '스티븐 히어로'로 고쳐 잡고 리라이팅에 착수했다. '스티븐 히어로'는 10년 후 '젊은 예술가의 초상'이란 제목의 단행본 소설로 출간되었다.

1904년 6월 10일 곧 그의 부인이 될 노라 바너클을 길거리에서 만나고 6월 16일 첫 데이트를 했는데 6월 16일은 훗날 소설 '율리시즈'에서 전개되는 하루로 등장한다. 조이스는 1904년 10월 노라와 함께 더블린을 떠나 영국의 런던. 스위스의 취리히, 오스트리아의 트리에스테(지금은 이탈리아령)를 전전하면서 영어를 가르치는 걸로 생계를 꾸렸다. 1905년 12월부터 1906년 7월까지 단편소설집 '더블린 사람들'의 원고를 런던의 출판사에 보냈으나 수정 또는 삭제를 요구하는 출판사의 요청을 받아들이지 않아 출판이 좌절되었다.

1914년은 조이스에게 각별한 해였다. 2월 2일 '젊은 예술가의 초상'이 런던의 '에고이스트'지에 연재되고, 3월 '율리시즈' 집필을 시작했으며 6월 15일 '더블린 사람들'이 8년 만에 단행본으로 런던에서 출판되었기 때문이다.

'더블린 사람들'은 15편의 단편을 모은 소설집으로 더블린 중산층의 삶을 통해 더블린 전역에 퍼져 있는 정신적·문화적·사회적 병폐를 적나라하게 보여준다. 더블린 사람들이 감추고 싶어하는 내밀한 치부까지 구체적으로 기록하다 보니 연재하는 내내 연재 중단과 소송 위협을 받았다. 나라를 빼앗겼는데도 빼앗긴 줄도 모르고 사는 더블린 사람들에게 거울을 들이밀고 싶었던 조이스와, 자신의 치부를 들킨 것 같아 화끈 달아오른 얼굴을 숨기고 싶었던 더블린 사람들 간의 불협화음이 결국 조이스에게 협박을 가하고 삭제·중단 요구로까지 발전한 것이다.

조이스는 '에고이스트'지에 연재한 '젊은 예술가의 초상'에서도 더블린 중산층의 왜곡되고 비뚤어진, 그래서 감추고 싶은 추악한 내면을 그대로 드러냈다. 그러자 아일랜드의 한 잡지가 "제 정신을 가진 사람이라면 이 책을 아내나 자식들의 손이 미치는 곳에 놓아 두지 않을 것"이라고 비난했다. 이렇게 소설이 외설 시비에 휘말리자 조이스는 1915년 9월호를 마지막으로 연재를 중단하고 아일랜드를 떠나 죽는 날까지 조국을 찾지 않았다. '젊은 예술가의 초상'은 미국(1916.12)과 런던(1917.2)에서 단행본으로 출간되었다.

'열린 문학'을 실현하기 위해 획기적인 기법 구현

'율리시즈'는 미국의 전위 잡지 '리틀 리뷰'지 1918년 3월호부터 연재되었으나 연재 중 1919년 1월호와 5월호, 1920년 1월호와 7·8월호가 미국 우정국에 압수되어 소각되는 등 온갖 우여곡절을 겪었다. 1920년 9월 20일에는 뉴욕의 사회정화협회가 소설이 외설적이라는 이유로 '리틀 리뷰'지를 고발해 결국 1920년 12월호를 마지막으로 23회 만에 연재가 중단되었다. 그러자 조이스는 소설의 뒷부분을 모두 완성해 자신의 40번째 생일인 1922년 2월 2일 파리에서 출판했다.

예상대로 찬사와 비난이 교차했다. 시인 T.S. 엘리엇은 "현대에서 찾아낸 가장 의미심장한 표현 기법"이라고 격찬하고 어니스트 헤밍웨이는 "신의 저주를 받을 정도로 놀라운 책"이라고 상찬했다. 반면 작가 버나드 쇼는 "문명의 추악한 측면에 대한 구역질 나는 기록"이라며 비난하고 올더스 헉슬리는 "지식의 잡동사니"라고 혹평했다. 이후에도 한동안 "영어로 쓰인 20세기의 가장 위대한 소설"이라는 찬사와 함께 "현대 소설 중 가장 심오하고 혁신적이며 난잡한 소설"이라는 상반된 평가를 받았다.

미국에서는 반입이 금지된 가운데 1933년 '율리시즈'를 둘러싸고 중요한 재판이 열렸다. 1933년 봄, 파리에서 뉴욕의 랜덤하우스출판사로 우송된 '율리시즈' 원고를 뉴욕 세관이 "외설스럽다"며 압수한 것이 발단이 되었다. 재판은 검열 제도를 지지하는 측과 표현의 자유를 옹호하는 측과의 격렬한 논쟁 속에서 진행되었다. 결론은 1933년 12월 6일 "외설 혐의가 없다"는 판결이었다. 판결에 따라 '율리시즈'는 1934년 1월 25일 뉴욕의 랜덤하우스에서 미국 최초로 출판되었다. 그동안 판금에 묶여 있던 다른 소설가의 문학작품도 같은 해 출판됨으로써 스스로 책을 선택해 읽을 수 있는 개인의 권리가 폭넓게 인정되었다. 영국에서는 1936년 출판이 허용되었다.

'율리시즈'는 호메로스의 '오디세이아'가 모델이다. 조이스는 오디세우스(영어명 율리시즈)의 19년 방랑을 아일랜드의 더블린을 걷는 주인공의 하루로 압축·묘사했다. 1904년 6월 16일(목요일) 아침 8시부터 이튿날 새벽 2시까지 더블린의 도시적 일상을 담고 있는 '율리시즈'에는 여러 상징과 신화, 내면 의식의 세계가 다양하게 펼쳐진다. 단 하루 동안의 모든 일상사가 이른바 '의식의 흐름' 기법으로 유대계 광고 세일즈맨인 레오폴드 블룸과 그의 처 몰리, 또 다른 주인공 스티븐 디딜러스의 머릿속을 쫓아다닌다.

'율리시즈'는 호메로스의 '오디세이아'가 모델

'의식의 흐름' 기법은 단순히 등장인물의 생각이나 행동을 전달하는 데 그치지 않고 이들의 가장 깊숙한 내면의 감정 속으로 파고들어가 독자들에게 자신이 블룸이나 스티븐이나 몰리가 된 듯한 느낌을 주려는 의도에서 고안해 낸 혁신적인 표현 기법이다. 조이스는 '율리시즈'의 마지막 부분을 모두 몰리에게 할애하고 잠든 남편 옆에 누워 있는 몰리의 머릿속에 떠오르는 상념을 거침없이 묘사했다. 이 부분에 대해 영국 소설가 이넉 베넷은 "나는 이것을 능가할 만한 글을 결코 본 적이 없을뿐더러 이에 비견할 만한 글도 읽어보지 못했다"고 격찬했다.

'율리시즈'는 지금까지도 조이스 전문가들에 의해 원문 표현들이 바뀌어 출판되는 수난을 겪고 있다. 프랑스에서 초판본이 인쇄될 때 인쇄소 직원들이 영어를 전혀 몰랐던 탓에 다수의 오식이 생긴 탓도 있지만 '율리시즈'에서 시도된 수많은 언어 실험과 정교한 상징성, 그리고 복잡한 기교가 다양한 해석과 논쟁을 불러일으켰기 때문이다.

프랑스 초판본 출판 때 녹내장으로 고통받고 있던 조이스는 직접 초판본의 교정을 보지 못했다. 이런 이유로 '율리시즈' 초판본은 저자의 의도에 맞게 출판되지 못했다. 그러다 보니 현재 영미 문학계에서 가장 정본에 가깝다고 평가받고 있는 1984년 가블러판(조이스 전문가 한스 가블러 교수의 이름)에서는 초판본의 5,000개 단어가 교정되었다. 하지만 가블러판도 8,000개의 틀린 단어가 있다는 지적을 받았다. 최근에는 단어만이 아니라 문장 자체를 바꿔 출판하는 경우도 있어 논란이 되고 있다.

매년 6월 16일이 되면 세계의 조이스 문학 팬들은 더블린으로 달려간다. 주인공의 이름을 딴 '블룸즈데이' 문학축제가 열리기 때문이다. 파리, 취리히, 트리에스테 등 조이스가 거주했던 도시들에서도 조이스 축제가 열리는 등 '조이스 산업'은 '율리시즈'를 다양한 형식으로 소비하고 있다.

'율리시즈' 출간 후 조이스는 1923년부터 '피네간의 경야'에 쏟아부었다. '피네간의 경야'는 에밀 졸라 부부가 창간한 실험잡지 '트랑지시옹'에 1927년 4월부터 1938년 5월까지 17회 연재되고 1939년 5월 뉴욕과 런던에서 동시에 출판되었다. 독자들에게는 여전히 외면당하고 평단에서도 난해하다는 평가를 받았다. 조이스는 2차대전으로 파리가 함락된 1940년 가족과 함께 스위스로 이사했다가 1941년 1월 13일 숨을 거뒀다.

아일랜드 자유국 선포

4,000여 명의 아일랜드 주민을 살해한 사건은 아일랜드인의 가슴에 지워지지 않는 상처를 남겼다.

영국이 아일랜드에 군대를 상륙시킨 것은 1170년 헨리 2세 때였다. 그 후 16세기 초 헨리 8세가 아일랜드를 재침공해 영국 국교회(성공회)를 강요하고 아일랜드 귀족들의 영지를 몰수하는 방식으로 아일랜드 지배를 강화했다. 아일랜드 대부분이 영국의 통치령이 된 것은 헨리 8세의 뒤를 이어 즉위한 엘리자베스 1세 재임(1558~1603) 때였다. 그때 복속되지 않은 북부의 얼스터(현재의 북아일랜드) 지방은 제임스 1세 재임(1603~1625) 때 영국에 무릎을 꿇었다.

제임스 1세는 잉글랜드, 스코틀랜드, 웨일스 주민들에게 "얼스터 지방에 정착하면 좋은 조건으로 넓은 땅을 주겠다"며 대대적으로 식민정책을 펼쳤다. 그 결과 얼스터 지방은 구교(가톨릭)를 믿는 아일랜드의 다른 지역과 달리 영국 국교회(신교)가 지배하는 지역이 되었다. 20세기 내내 테러로 얼룩진 '북아일랜드 사태'는 바로 여기서 연유한다.

1649년 9월 영국의 올리버 크롬웰이 아일랜드의 수도인 더블린 북쪽 드로이다를 점령하는 과정에서 4,000여 명의 아일랜드 주민을 살해한 사건은 아일랜드인의 가슴에 지워지지 않는 상처를 남겼다. 게다가 크롬웰이 아일랜드 전체 토지의 50% 이상을 몰수해 영국인 부재지주에게 분배하는 바람에 상당수 아일랜드인은 토지를 잃고 소작농으로 전락하는 신세가 되었다. 1703년에는 전체 토지의 5%만 가톨릭을 믿는 아일랜드 원주민의 소유로 남았고 나머지는 신교도 영국인의 차지가 되었다. 게다가 구교도들은 선거권과 피선거권을 박탈당하고 일체의 공직에서도 배제되었다.

영국이 아일랜드를 공식 합병한 뒤 국가명을 '영국·아일랜드 연합왕국'

으로 개칭한 것은 1801년이었다. 이로
써 아일랜드는 공식적으로 연합법(Act
of Union)에 따라 '영국의 일부'가 되
었다. 1845년에는 비극적인 대기근이
아일랜드 전역을 강타했다. 1845년 9
월 감자마름병으로 주식인 감자가 바
닥나고 이후 5년 연속 감자 농사가 흉
작을 거듭했다. 결국 그 기간 820만
명 중 100만 명이 굶어죽고 이후 50년

잉글랜드, 스코틀랜드, 아일랜드, 북아일랜드, 웨일스

동안 300만 명이 미국 등지로 떠났다. 존 F. 케네디 대통령의 집안도 그
때 미국으로 건너갔다.

하지만 당시 영국은 아무런 지원도 하지 않고 수수방관했다. 심지어 아
일랜드의 비극을 돈벌이 기회로 삼아 곡물을 비싼 가격에 파는 데 몰두했
다. 영국의 이러한 야속한 처사는 아일랜드인들에게 또다시 씻을 수 없는
상처와 분노를 남겼다. 영국 정부는 150년 후인 1997년 6월 대기근을 방
치한 과거를 비로소 공식 사과했다.

'부활절 봉기'는 아일랜드 독립운동사에서 가장 중요한 사건

아일랜드 민족운동은 의회를 통한 자치권 획득 투쟁, 소작료 인하, 토
지 소유권 회복 등에 집중되었다. 당시 토지 투쟁에서 가장 유명한 것이
일명 '보이콧 전술'이다. 영국계 지주 이름에서 유래된 '보이콧'이란 지주
측 가족과의 접촉을 단절하는 투쟁 방식이다. 이후 토지 문제는 영국 자
유당 정부의 전향적인 자세로 해결되는 듯했으나 자치권과 독립 문제만
은 영국 보수당과 얼스터 지방에서 다수를 차지하는 신교도 주민들의 극
심한 반대에 부닥쳐 해결을 보지 못했다.

그런 가운데 1905년 무력 투쟁을 불사하는 강경파 정당인 '신페인당'이 결성되었다. 저널리스트이자 정치가인 아서 그리피스가 조직한 신페인당은 사회주의적 이상을 지향한 까닭에 출범 당시만 해도 아일랜드 일반 국민들 정서와는 다소 거리가 있었다. 이런 신페인당이 아일랜드를 대표하는 정당으로 부상한 것은 1916년 아일랜드 더블린의 '부활절 봉기'를 주도한 뒤였다.

봉기는 부활절인 1916년 4월 24일, 아일랜드 민족주의자들이 더블린의 중앙우체국을 점령한 뒤 '아일랜드 공화국'을 선포한 것을 신호탄으로 무장 게릴라들이 더블린의 주요 건물들을 점령하면서 시작되었다. 그러나 봉기는 영국군의 진압으로 1주일 만에 끝이 났다. 봉기와 진압 과정에서 450여 명이 죽고 2,600여 명이 다쳤다.

당시 영국은 정규군을 1차대전에 대거 투입한 터라 죄수들을 주축으로 구성한 임시군을 아일랜드에 파견했다. 문제는 이들의 무자비한 보복과 잔인한 진압이었다. 당초 봉기에 동조하지 않았던 시민들이 봉기 후 신페인당을 지지하게 된 것도 이들의 과잉 진압에 대한 반작용이었다. 결과적으로 '부활절 봉기'는 실패했지만 아일랜드 독립운동사에서는 가장 중요한 사건으로 기록되었다.

신페인당은 1918년 영국 총선에서 아일랜드에 할당된 총 105석 중 73석을 차지해 아일랜드에서 가장 유력한 정당으로 부상했다. 이들은 영국 의회의 한 귀퉁이에 자리 잡는 걸 거부하고 독자적인 의회를 구성해 1919년 1월 21일 제1회 아일랜드 국민의회를 개최했다. 국민의회는 독립을 선포하고 마이클 콜린스를 수장으로 하는 신페인당 산하의 무장투쟁 조직 'IRA(아일랜드 공화국군)'를 정식 승인했다. 신페인당의 이 같은 도발에 영국은 탄압의 강도를 높여 나갔다.

아일랜드 절반에 해당하는 지역에 계엄령이 선포되었고 IRA 등 독립

투쟁 세력의 거점들은 불을 질러 없애버렸다. 많은 시민과 독립 투쟁가들은 고문을 받고 살해되었다.

IRA는 게릴라 전술로 영국군에 맞섰다. 요인 암살과 영국군에 대한 철저한 보복이 원칙이었다. 투쟁 과정에서 주목을 끈 사람은 IRA 결성의 주역 마이클 콜린스였다. 그는 20대 중반까지 런던에서 공무원 생활을 한 평범한 사람이었다. 그러다가 1916년 '부활절 봉기'에 참여하고 이후 두 차례에 걸쳐 투옥되는 등 고난을 통해 심신을 단련하면서 투사로 변모했다. 그는 신페인당 정부의 장관직을 수행하면서도 무기 밀반입을 주도하고 암살을 지휘했다.

IRA가 이처럼 무력 독립 투쟁을 선동하고 정면 대결로 맞서자 영국은 아일랜드를 남북으로 분리하고 아일랜드에 제한적인 자치권을 부여하는 방안을 모색했다. 예상대로 남북 분리안은 신교도가 60%인 북아일랜드를 제외한 아일랜드 전역에서 격렬한 반대에 부닥쳤다. IRA가 북아일랜드의 분리 반대를 외치며 각종 테러를 감행하자 영국 정부는 아일랜드에 계엄령을 선포했다.

20세기 내내 유혈 사태 멈추지 않아

이 같은 혼란 속에서 1920년 12월 영국 의회는 아일랜드를 남북으로 분리해 각각의 자치 의회를 보장하는 '아일랜드 자치법'을 통과시키고 아일랜드와 독립 협상 테이블을 마련했다. 영국에서는 데이비드 로이드 조지 총리와 전쟁장관 윈스턴 처칠이, 아일랜드에서는 아서 그리피스와 마이클 콜린스가 협상에 나섰다. 그 결과 1921년 12월 6일 '영국·아일랜드 조약'이 체결되고 1922년 1월 아일랜드 국민의회가 근소한 차로 조약 비준에 동의함으로써 아일랜드 남부 26주를 중심으로 한 '아일랜드 자유국'이 탄생했다.

신교도가 다수인 북아일랜드 6개주는 영국에 잔류했다. 그러자 아일랜드 민족 내부에서 또다시 큰 분열이 생겨 아일랜드는 내전(1922~1923)에 휩싸였다. 내전은 조약을 수용하자는 측과 북아일랜드까지 포함한 완전한 독립을 요구하는 반대파 간의 대립이었다.

마이클 콜린스는 조약의 당사자였기 때문에 당연히 조약을 수용하자는 세력이었다. 그는 분단 독립이 완벽한 승리는 아니지만 테러와 전쟁을 피하는 유일한 길이라고 생각했다. 하지만 아일랜드의 분리 독립을 치욕으로 여긴 반대파들은 마이클 콜린스를 격렬히 비난했다. 두 개의 분파로 분열된 신페인당과 IRA의 내전 과정에서 수천 명의 아일랜드인이 사망했다. 마이클 콜린스도 1922년 8월 20일 자신의 호위병에게 암살당했다. 영국군과의 지루한 전쟁에서도 살아남았던 그가 결국 동족에게 살해된 것이다.

이후 마이클 콜린스는 아이랜드계 사람들로부터 비열한 협잡꾼이거나 무능한 정치 모리배 취급을 받았다. 그의 이름은 아일랜드 교과서나 신페인당의 공식 문서에서 삭제되었다. 마이클 콜린스는 결국 닐 조던 감독의 영화 '마이클 콜린스'(1995)를 통해 사후 73년 만에 세계적 지명도를 얻은 것에 만족해야 했다.

아일랜드 자유국 정부는 1937년 헌법을 제정하고 국명을 에이레로 바꾼 뒤 독립을 선포했다. 1949년 4월에는 국명을 아일랜드로 바꾸고 1926년 이래 가맹해 있던 영국 연방에서도 탈퇴해 명실상부한 독립 국가가 되어 1955년 유엔의 구성원이 되었다. 하지만 북아일랜드 사태는 좀처럼 해결책을 찾지 못했다. 1921년 '영국·아일랜드 조약' 후 신교도의 얼스터연합당이 경찰·교육·사회복지 부문 등에서 자치권을 행사하고, 신교도 경찰이 북아일랜드 내 구교도들을 감시하는 과정에서 테러와 보복이 빈발했다. 20세기 내내 북아일랜드에서는 이렇게 유혈 사태가 그치지 않았다.

헨리 8세와 엘리자베스 1세

헨리 8세(1491~1547)는 멋지고 당당하고 다혈질이었다. 주요 관심사는 대포와 신학과 여성이었다. 해군부를 창설해 영국을 해양 대국으로 발전시키고 교황이 인정할 정도로 신학에 해박했으며 호색한답게 왕비를 6명이나 갈아 치웠다. 형이 죽어 형수 캐서린과 결혼한 '형사취수'의 첫 결혼 생활은 그런대로 순탄했다. 그러나 왕위를 물려받을 아들이 좀처럼 태어나지 않자 이혼을 결심하고 명분을 찾았다.

헨리 8세

그때 눈에 들어온 것이 형제 아내와의 결혼을 금한 성경 구절 레위기 20장 21절이었다. 이 구절을 근거로 교황 클레멘스 7세에게 이혼을 요청했지만 교황이 허락하지 않았다. 캐서린이 당시 교황을 사실상 지배하고 있는 스페인 카를로스 1세(신성로마제국의 카를 5세)의 조카였기 때문이다. 당시 스페인은 유럽 대륙의 최강국이었다.

헨리 8세는 결국 영국 의회에서 해결책을 찾기로 했다. 의회는 1532년 영국 교회를 로마 교황으로부터 독립시켜 영국 국교를 설립하고 왕을 교회의 수장으로 인정하는 법을 통과시켰다. 종교개혁의 여파가 영국에까지 미친 결과이기도 했지만 어쨌든 '성공회'는 첫발을 이렇게 내디뎠다. 결국 헨리 8세가 임명한 성공회 대주교가 그의 결혼을 무효화하고 이를 근거로 헨리 8세가 다른 여자와 결혼함으로써 자신의 뜻을 관철하는 데 성공했다. 교황이 1533년 7월 헨리 8세를 파문했지만 별 효과가 없었다.

헨리 8세가 영국 역사에 남긴 것은 성공회만이 아니었다. 대영제국의 기틀을 다진 엘리자베스 1세(1533~1603) 역시 헨리 8세의 산물이었다. 헨리 8세는 첫 번째 아내 캐서린에게서 메리 1세를 낳았다. 엘리자베스 1세는 두 번째 아내 앤 불린이 낳았다. 앤 불린은 엘리자베스가 3살 때 간통과 반역죄로 참수당했다. 이로 인해 엘리자베스는 사생아로 지목받아 런던탑에 유폐되는 등 순탄치 않은 성장기를 보냈다. 그러는 사이 1547년 10살이던 이복 남동생 에드워드 6세(1537~1553)가 왕위에 올랐으나 16살로 요절했다. 뒤를 이어 이복 언니 메리 1세(1516~1558)가 1553년 왕위에 올랐다.

엘리자베스 1세는 단호한 결단력, 과감한 추진력의 소유자

메리 1세는 종교개혁을 통해 영국 국교회를 세운 아버지와 달리 어머니의 나라 스페인의 혈통답게 구교를 신봉하고 신교도를 잔인하게 처형했다. 그래서 붙은 별명이 '피에 젖은 메리'다. 메리는 가톨릭 수호국인 스페인 황제 펠리페 2세와 결혼했지만 재위 5년 만에 후사를 남기지 못하고 죽었다.

뒤를 이어 1558년 왕위에 오른 엘리자베스 1세를 기다리고 있는 것은 극심한 종교 분쟁, 침체된 경제, 약화된 왕권이었다. 스페인과 프랑스 등 인접 국가들과의 적대적인 관계도 간단치 않았다. 하지만 엘리자베스 1세는 위협에 당당히 맞서는 용기, 단호한 결단력, 과감한 추진력의 소유자였다. 먼저 국왕을 영국 교회의 '유일 최고의 수장'으로 내세워 교황의 주권을 부인하는 '수장령'을 부활시키고 가톨릭과 청교도를 억압해 종교 통일을 꾀했다. 분노한 교황이 파문하고 살해를 사주하지만 엘리자베스는 오히려 자신의 왕위 후계자이자 가톨릭 교도인 스코틀랜드의 메리 스튜어트 여왕의 참수(1587)를 묵인하며 왕권을 안정시켰다.

잉글랜드를 호시탐탐 노리던 펠리페 2세는 1588년 메리의 처형과 정치적 이유를 빌미로 공격을 감행했다. 스페인 무적함대는 130척의 함선에 3,000여 명의 병사와 2,500여 문의 대포를 싣고 영국으로 접근했다. 이에

비하면 영국의 함대는 초라했다. 객관적으로는
상대가 안 되는 전쟁이었다. 엘리자베스는 직접
갑옷을 차려입고 전선을 시찰하며 군인들을 독
려했다. "나는 전장의 한복판에서 너희와 함께
살고 죽겠다. 비록 연약한 여자이지만 내게는
잉글랜드 왕의 심장과 용기가 있다." 결국 영국
함대는 턱없는 열세를 딛고 대승을 거뒀다. 스
페인은 이 전투로 100여 척의 전함을 잃고 쇠퇴

엘리자베스 1세

의 길에 들어섰다. 자신감을 얻은 영국은 해양 강국으로 발돋움했다.

평생을 독신으로 살던 엘리자베스 1세의 말년은 오만한 청년 에섹스 백
작과의 스캔들로 얼룩졌다. 엘리자베스 1세가 후손을 남기지 않았기 때
문에 영국(잉글랜드)의 통치권은 먼 친척인 스코틀랜드의 스튜어트 왕가
로 넘어갔다. 그리고 1707년 잉글랜드와 스코틀랜드가 공식적으로 하나
가 되어 마침내 대영제국이 탄생했다. 미혼의 여왕이 후손을 남기지 않아
역설적으로 대영제국 탄생의 근거를 만든 셈이었다. 1999년 뉴욕타임스
는 '지난 1000년간의 최고 지도자'로 엘리자베스 1세를 꼽았다.

베니토 무솔리니 무혈 쿠데타 성공

경제가 안정되고 지난날의 영광을 되찾을 수만 있다면 기꺼이 독재정치에 복종하겠다는 태도였다.

"정권을 넘겨주지 않으면 로마로 쳐들어가겠다." 1922년 10
월 23일 베니토 무솔리니(1883~1945)가 이탈리아 나폴리에서 열린 파시
스트 대회에서 이렇게 외쳤다. 곧이어 검은 셔츠를 입은 수천 명의 추종
자가 "로마로!"라며 일제히 화답했다. 그리고 5일 뒤인 10월 28일 저녁, 4

베니토 무솔리니

만여 명의 무솔리니 추종자가 억수 같은 비를 맞으며 로마 교외에 도착했다.

그 전에 정부는 "무솔리니의 쿠데타군을 진압하도록 계엄령을 승인해 달라"고 비토리오 에마누엘레 3세 국왕에게 요청했으나 국왕은 파시스트 병력에 대한 과장된 보고로 겁을 먹었는지 정부군의 동원을 승인하지 않았다. 그 시각, 무솔리니는 로마 진격이 실패할 경우 스위스로 망명할 생각으로 로마에서 멀리 떨어져 있는 밀라노에서 사태를 관망했다. 그런데 자신의 우려와는 달리 국왕 측으로부터 총리직을 맡아 달라는 전화가 걸려왔다. 무솔리니는 회심의 미소를 지었다. 10월 30일 무솔리니는 당당하게 로마에 입성하고 이튿날 이탈리아 역대 최연소(39세) 총리에 올랐다. 이 어처구니없는 무혈 쿠데타 성공에 이탈리아 국민이 치러야 할 대가는 혹독했다.

무솔리니는 이탈리아 북동부의 소도시 프레다피오에서 태어났다. 어머니는 초등학교 교사였고 아버지는 사회주의자 대장장이였다. 아버지는 장남 이름 '베니토 아밀카레 안드레아 무솔리니'에 자기 신념을 새겼다. 베니토는 멕시코 혁명가 베니토 후아레스에서 따왔고, 아밀카레와 안드레아는 이탈리아의 사회주의자였다.

무솔리니는 1901년 7월 사범학교를 나와 초등학교 교사가 되었으나 몇 개월 만에 그만두고 1902년 스위스 로잔으로 갔다. 그곳에서 사회주의자들과 친분을 쌓고 사회주의 신문에 글을 썼다. 당당한 풍모와 타고난 대중 연설 솜씨까지 더해져 청년 혁명가로 명성을 얻었다. 1904년 귀국 후에는 이탈리아 사회주의 운동에 투신했다. 이후 체포와 투옥이 반복되어 전국적으로 명성을 얻었다.

1913년에는 사회당 기관지 '아반티(전진)'의 편집장이 되어 지면을 대중의 문체로 바꾸고 선동적 기사로 쟁점을 선점했다. 수시로 이탈리아의 1차대전 참전을 경고하고 당 관료들의 개량주의와 소극성을 비난해 젊은 이들의 숭배와 지지를 얻었다. 하지만 1914년 7월 발발한 1차대전에 이탈리아가 연합국 편에 서서 참전하자 갑자기 태도를 바꾸어 참전을 지지했다. 사회당은 배신자 무솔리니의 당적을 박탈하고 출당했다.

무솔리니는 1914년 10월 '일 포폴로 디탈리아' 신문을 창간해 전쟁 개입을 옹호하는 논설과 연설문을 쏟아냈다. 32살의 나이에도 1915년 9월 자원입대해 1차대전에 참전했다. 험준한 줄리안 알프스 전선에 배치되어 전투를 벌였으나 수류탄 폭발 사고로 중상을 당해 1917년 6월 고향으로 돌아왔다.

1차대전은 1918년 11월 끝이 났다. 하지만 사회 분위기는 암울했다. 250만 명의 제대 군인이 쏟아져 나와 실업은 확산되었고 물가는 폭등했다. 파업도 속출했다. 무엇보다 1차대전에서 수십만 명이 전사하고 부상당해 당연히 있어야 할 참전 대가를 원했는데도 연합국이 이를 묵살해 국민의 불만이 팽배했다. 무솔리니는 이런 분위기를 틈타 파시스트가 지배하는 정부를 차근차근 준비했다.

현란한 선전 선동으로 이탈리아인들의 상실감과 허무감 달래줘

이런 사회 분위기를 먼저 이용한 쪽은 1919년 1월 총선에서 제1당이 된 사회당이었다. 여러 자유주의 정당이 연대해 정권은 사회당으로 넘어가진 않았지만 자본가와 보수주의자들은 사회당의 기세에 공포감을 느꼈다. 난국을 타개하고 공산화의 악몽을 막아줄 새로운 정치 세력을 애타게 찾고 있을 때 무솔리니가 대안으로 부상했다.

무솔리니는 1919년 3월 23일 퇴역 군인, 언론인, 지식인 등을 밀라노에 모아놓고 대사회주의 전쟁을 선포했다. 자신의 조직은 '파시 디 콤바티멘토', 즉 '전투파쇼단'으로 명명했다. 파시즘이라는 용어는 이 '파시(단결)'에서 연유한 것이다. 무솔리니의 현란한 선전 선동술은 이탈리아인들의 상실감과 허무감을 달래주었다. 과장된 연설은 생동감이 넘쳤고 열정적인 제스처는 군중을 열광시켰다.

폭력주의는 파시스트의 정치 강령이었다. 1919년 4월 무솔리니는 자신이 한때 몸담았던 '아반티' 신문사를 습격하는 것을 비롯해 사회주의자 집회와 본부를 빈번하게 공격했다. 자본가들이 뒷돈을 댄 덕분에 파시스트 세력은 급속히 늘어났다. 1921년의 총선에서는 보수당(139석)이 제1당이 되고 사회당(127석)은 제2당이 되었다. 인민당과 기독교민주당이 뒤를 이은 가운데 국가 파시스트당은 35석을 얻었다.

1922년 여름, 마침내 무솔리니의 야망을 충족해 줄 호기가 찾아왔다. 자본가와 우파 국민이 그토록 우려하던 사회당의 총파업이 시작된 것이다. 정부가 곧 무너질 것 같은 상황에서 1922년 10월 23일 무솔리니가 "정권을 넘겨주지 않으면 로마로 쳐들어갈 것"이라고 호언했다.

총리에 취임한 무솔리니의 초기 행보는 파시스트당의 기반이 아직은 취약하다는 판단에 따라 신중하고 민주적이었다. 장관직은 다른 정당과 분배하고 국민에게는 민주주의를 약속했다. 그러면서 다른 한편으로는 의회를 위협해 법률을 하나둘 개정했다. "선거 결과 가장 많이 득표한 정당이 의석의 3분의 2를 차지한다"는 내용의 선거법을 1923년 통과시켜 영구 집권의 토대를 마련했다. 결과는 폭력과 협박, 살인을 동원한 1924년의 총선에서 압도적인 승리로 나타났다. 이후 무솔리니는 파시스트당 소속이 아닌 장관들은 해임하고 반대당은 해산했다. 언론은 정부의 선전 기관으로 만들었다.

끊임없는 파업과 소요에 시달려온 국민은 파시즘의 현란한 선전 선동에 속아 속절없이 무솔리니를 지지했다. 경제가 안정 궤도에 오르고 지난

날의 영광을 되찾을 수만 있다면 기꺼이 독재정치에 복종하겠다는 태도였다. 국민의 기대대로 무솔리니는 분열과 혼란에 휩싸인 이탈리아에 새로운 활력을 불어넣었다. 자본가와 지주들의 반발을 초래하지 않는 범위 내에서 일련의 사회 개혁과 공공사업 계획도 성공적으로 추진해 국민의 신뢰를 한 몸에 받았다. 대규모 인프라 건설, 말라리아 퇴치, 열차·우편 서비스 개선의 성과를 내고 실업률은 크게 낮아졌다. 시칠리아 마피아 척결은 인기 메뉴였다.

1929년 2월에는 로마 교황청과 '라테란 조약'을 체결, 59년에 걸친 교회와 정부 간의 분쟁에 종지부를 찍었다. 1932년에는 베니스 영화제를 창설해 '무솔리니상'(현 황금사자상)을 최고상으로 삼았다. 외국 언론들은 무솔리니를 천재나 초인으로 격찬했다. 영국 총리 처칠은 "로마의 천재"라고 하고 인도의 간디는 그의 진정성에 감탄했다. 파시즘은 공산주의와 자유주의와는 제3의 길로 비춰졌다.

용서받기에는 인류에 끼친 악행이 너무 커

1933년 1월 히틀러가 독일의 총리로 취임했다. 하지만 무솔리니는 여전히 지적 우월감에 빠져 히틀러를 무시하는 태도를 보였다. 대학 구경도 못한 부사관 출신의 히틀러와 달리 자신은 엄연한 박사요 유명 논객이었다. 무솔리니는 1924년 마키아벨리를 주제로 한 논문으로 법학박사 학위를 받았다. 사실 히틀러의 나치즘도 무솔리니의 파시즘과 비슷했다. 히틀러는 복장·표식 등 다양한 체제 상징을 파시즘에서 모방했다. 고대 로마 제국에서 따온 오른손을 높게 뻗는 경례 방식도 흉내냈다. 히틀러의 퓌러(총통) 칭호는 무솔리니를 칭하는 두체(수령)에서 원용했다.

1935년 히틀러가 재군비 선언을 했을 때도 무솔리니는 영국·프랑스와 결속해 히틀러를 견제했다. 나치의 인종 정책도 비난했다. 이런 무솔리니의 태도에 변화가 생긴 것은 1935년 10월 에티오피아를 침공한 후였다. 국제 여론과 국제연맹의 항의에 대처하기 위해 히틀러에게 도움을 요청하면서 히틀러와는 동반자이자 후원자 관계가 되었다. 이후 무솔리니는 히틀러와 함께 1936년 스페인 내전에 개입하고, 1939년 5월 히틀러와 '강철동맹'을 맺었다. 파시스트 정권의 유대인 정책도 나치의 뉘른베르크 법을 따라 악랄한 차별로 바꿨다.

1939년 9월 발발한 2차대전에 참전하는 것도 한동안 주저하다가 1940년 6월 히틀러의 요청을 받아들여 연합국에 선전포고를 했다. 하지만 군사력이 허약해 1940년 10월 그리스를 침공했다가 참담하게 실패했다. 이집트를 침공할 때는 독일군의 힘을 빌려야 했다. 그런데도 소련 전선에 병력을 보내라는 히틀러의 요구를 거절하지 못해 10만 명의 이탈리아군을 사지로 보내 화를 자초했다.

결국 1943년 7월 연합군이 이탈리아 시칠리아 섬에 상륙하자 7월 24일 파시스트당의 측근과 사위 등에 의해 파시스트 당수에서 끌어내려지고 국왕에 의해 총리에서도 해임되어 알프스 산장에 갇히는 신세가 되었다. 히틀러 특공대의 도움으로 구출되어 약 20개월 정도 북이탈리아의 살로에서 '살로 공화국'을 다스렸으나 그것은 허울뿐인 괴뢰정부로 사실상 모든 결정은 독일이 내렸다. 그 무렵 그의 곁을 지킨 인물은 애인 클라라 페타치뿐이었다.

1945년 4월 독일군의 패배가 사실상 확정되자 무솔리니는 클라라와 함께 스위스로 탈출하려다 이탈리아 북부 코모 호수 근처에서 파르티잔에게 체포되었다. "살려만 주면 제국을 주겠다"며 목숨을 구걸했으나 용서받기에는 그가 인류에 끼친 악행이 너무 컸다. 4월 27일 약식재판을 거쳐 총살형에 처해졌고 시체는 다음날 밀라노의 로레타 광장에 거꾸로 매달려 군중에게 공개되었다.

프레더릭 밴팅, 당뇨병 치료 세계 최초 성공

"만일 췌장관을 묶어 트립신의 분비를 막는다면 인슐린을 추출할 수 있을지 모른다"고 추론했다.

인슐린은 췌장의 랑게르한스섬에서 분비되는 물질로 인체 세포의 3분의 2가량을 차지하는 지방세포와 근육세포가 포도당을 흡수하도록 도움을 준다. 따라서 랑게르한스섬에 문제가 생겨 인슐린을 제대로 분비하지 못하게 되면 세포는 정상적으로 포도당을 섭취하지 못해 포도당이 혈중에 남아 혈당 농도를 높이게 된다. 이렇게 되면 콩팥이 혈중에 있는 과량의 포도당을 걸러내지 못해 포도당이 소변에 섞여 나온다. 그래서 붙은 병명이 당뇨병이다.

랑게르한스섬은 1869년 독일의 파울 랑게르한스가 췌장에서 섬[島]처럼 보이는 특수한 세포 집단을 발견한 것을 다른 과학자가 그 공로를 인정해 명명한 내분비 조직이다. 당시 랑게르한스는 이 조직이 인슐린을 분비한다는 사실은 알지 못했다. 1889년 독일의 폰 메링과 오스카 민코프스키는 개의 췌장을 떼어낸 후 소변 성분을 검사해 보니 다량의 당이 포함된 것을 발견했다.

이를 통해 췌장을 제거하면 당뇨가 나온다는 사실을 알게 되었다. 1905년 영국의 에드워드 샤피셰이퍼는 랑게르한스섬에 어떤 변화가 생기면 당뇨병이 생긴다는 사실을 확인한 후 췌장에 존재하면서 당 대사를 조절하는 물질이 있을 것이라는 가설을 세웠다. 샤피셰이퍼는 1916년 이 가상의 물질을 섬이란 뜻의 라틴어 '인슐라(insular)'에서 따 '인슐린(insuline)'으로 명명했다.

1906년 독일의 내과 의사 게오르크 주엘처는 췌장을 떼어낸 개에게 췌장 추출물을 주사하면 개의 소변에서 배출되는 당의 양이 감소하지만 췌장 추출물 주입을 중지하면 당이 다시 처음 수준으로 상승한다는 사실을 알게 되었다. 주엘처는 이에 고무되어 당뇨병 환자들을 대상으로 임상실험을 실시했으나 부작용이 심해 더 이상 진행하지는 못했다. 췌장에는 혈당을 줄이는 물질인 '인슐린'뿐만 아니라 혈당을 증가시키는 물질인 '글루카곤'도 포함되어 있어 부작용이 생긴 것인데 당시 주엘처는 이 사실을 알지 못했다.

그 무렵 루마니아의 니콜라스 파울레스코는 췌장 추출물이 당뇨병에 효과가 있다는 것을 발견하고 1916년 수용성 분말로 된 소량의 췌장 추출물을 얻는 데 성공했다. 그는 1921년 훗날 인슐린과 같은 물질로 확인된 '판크레인'을 분리하는 데 성공했다. 뒤이어 한층 순수한 췌장 추출물을 분리하는 데도 성공했다. 그러나 캐나다의 프레더릭 밴팅(1891~1941)이 파울레스코보다 먼저 인슐린을 발견하고 임상실험에 성공해 안타깝게도 '최초' 주인공 자리를 밴팅에게 내주고 말았다.

소의 췌장 추출물로 만든 인슐린으로 임상실험 시작

밴팅은 캐나다 온타리오주의 작은 마을에서 태어나 1910년 신학을 공부하기 위해 토론토의 빅토리아 칼리지에 입학했다. 하지만 의사가 되기 위해 1912년 토론토대 의과대에 재입학해 1916년 12월 졸업했다. 당시 캐나다는 1차대전에 참전 중이라 밴팅은 졸업 다음날 군에 입대해 프랑스 전선에서 군의관으로 복무했다. 종전 후 캐나다로 돌아와 1920년 봄 병원을 개업했으나 환자가 없어 무료한 날들을 보내야했다.

그러던 중 1920년 10월 31일 '외과학, 산부인과학' 잡지 11월호에 실린, 췌장의 랑게르한스섬에서 분비되는 물질이 당뇨병과 관계가 있다는 연구논문을 읽게 되었다. 밴팅은 이후 몇 편의 관련 논문을 더 읽고난 뒤 췌장관을 묶어 트립신(췌장에서 단백질을 분해하는 효소)의 분비를 막는다면 그 물질을 추출할 수 있을지 모른다고 추론했다.

췌장에서는 여러 종류의 소화효소가 분비되고 있어 췌장에서 당뇨병과 관련된 물질을 분리하려면 그 물질이 소화효소에 의해 파괴되지 않게 하는 것이 중요하다. 따라서 췌장에서 분비되는 소화효소를 제거할 수 있느냐 없느냐에 따라 물질 추출의 성패가 결정된다. 이를 위해 밴팅은 췌장관을 결찰(잡아매기)하고 적당한 시간 동안 방치했다가 소화효소를 분비하는 세포

프레더릭 밴팅

가 모두 퇴화한 후에 그 물질을 추출하면 성공할지 모르겠다고 생각했다.

밴팅은 1920년 11월 당시 당뇨병 권위자였던 토론토대의 존 매클라우드 교수를 찾아가 자문과 도움을 요청했다. 매클라우드는 밴팅의 생각이 새롭지 않고 그때까지 당뇨병에 대한 자신의 주장과도 맞지 않아 요청을 거절했다. 하지만 밴팅이 집요하게 물고 늘어져 밴팅을 돕기로 했다. 매클라우드는 1921년 5월 여름휴가를 떠나기에 앞서 췌장을 끄집어내 당뇨병 개를 만드는 방법과 췌장관을 결찰하는 방법을 밴팅에게 가르쳐 준 후 실험실 사용을 허락하고 실험에 사용할 개 10마리를 제공했다. 대학원생이던 찰스 베스트도 실험 조교로 붙여주었다.

밴팅은 개의 췌장관을 결찰한 후 방치해 두었다가 소화효소를 분비하는 조직을 수축시킨 뒤 췌장 조직에서 원하는 물질을 추출할 계획을 세웠다. 그러나 그의 가설은 맞지 않았다. 췌장관을 잡아맨 지 수주가 지나도 조직의 수축이 일어나지 않은 것이다. 두 사람은 실험을 계속했으나 별다른 결과를 얻지 못했다.

그러던 중 1921년 7월 30일의 실험에서 개 췌장이 수축하는 현상을 목격했다. 두 사람은 개에서 췌장을 제거해 당뇨병 개를 만든 뒤 췌장을 갈아 만든 췌장 추출물을 주사해 혈당이 저하되는 것을 확인했다. 추출한

물질은 '아일레틴'이라고 명명했다. 매클라우드는 1921년 9월 휴가에서 돌아와 밴팅의 인슐린 연구에 본격적으로 참여하고 실험기술을 가르쳐주었다.

문제는 장기 치료에 필요한 인슐린을 충분히 확보할 수 없다는 데 있었다. 그들은 소와 돼지의 췌장에서도 인슐린을 추출해 더 많은 양의 인슐린을 확보했다. 그리고 밴팅과 베스트는 서로에게 아일레틴을 주사해 독성을 검사했다. 다행히 독성이 있다는 증거는 나타나지 않았다. 매클라우드는 아일레틴의 이름을 1916년 샤피셰이퍼가 명명한 '인슐린(insuline)'에서 'e'를 제거하고 '인슐린(insulin)'이라고 개명했다.

"공로의 80%는 밴팅, 10%는 베스트, 5%는 매클라우드"

밴팅과 베스트는 그때까지 인슐린을 정제하지는 못했지만 1921년 11월 세미나에서 자신들의 연구 결과를 발표하고 매클라우드의 도움을 받아 관련 논문을 작성했다. 매클라우드는 직접 초록을 작성하고 자신의 이름을 대표저자로 올린 뒤 밴팅과 함께 1921년 12월 미국 생리학회 모임에 참석해 논문을 발표했다. 그런데 청중 앞에서 제대로 발표를 못한 밴팅과 달리 매클라우드는 각종 질문 공세에 직접 대답함으로써 자신이 인슐린을 발견했다는 보도가 줄을 잇도록 했다.

밴팅과 베스트가 소의 췌장 추출물로 만든 인슐린으로 임상실험에 들어간 것은 1922년 1월 11일이었다. 환자는 2년 전 당뇨병 진단을 받은 13세 소년 레너드 톰슨이었다. 소의 췌장 추출액을 약하게 희석한 첫 번째 주사를 소년에게 놓자 소년의 혈당이 감소했다. 그러나 인슐린이 아직은 불순해 지속적으로 주사하지는 못했다. 좀 더 순수한 췌장 추출물의 분리는 매클라우드의 요청을 받아들인 제임스 콜립 교수가 성공시켰다.

1월 23일 연구진은 정제한 추출물을 다시 소년에게 주사하기 시작했고 소년의 소변에서 검출되는 포도당의 양이 감소했다. 이로써 인류 역사 이래 불치병으로 여겨온 당뇨병을 치료하는 길이 열렸다. 소년은 당뇨 합병증인 폐렴으로 죽기 전까지 13년을 더 살았다. 이후 1922년 2월까지 6명의 환자가 같은 치료를 받았고 결과는 모두 비슷했다.

안타까운 것은 이 위대한 발견을 둘러싼 밴팅과 매클라우드 간의 갈등이었다. 밴팅은 인슐린 발견 과정에서 매클라우드의 역할이 아주 미미하다고 생각한 반면 매클라우드는 밴팅이 자신과의 공동연구 덕에 새로운 방법을 찾아 연구에 성공했다고 주장했다. 토론토대는 매클라우드의 손을 들어주어 밴팅을 의대 직원으로 인정하지 않았다. 이 때문에 밴팅은 자신이 발견한 약품으로 환자를 치료하는 과정을 지켜볼 수밖에 없었다.

베스트는 콜립이 정제한 추출물보다 더 많은 양과 순도를 가진 추출물을 제조하는 데 성공했다. 그 덕에 토론토대는 1922년 8월 대량생산을 시작하고 미국의 제약회사에 미국 내 판매를 허용했다. 미국에서 판매할 인슐린은 베스트와 콜립의 이름으로 특허를 받았다. 밴팅은 히포크라테스 선서에 어긋난다며 특허권자에 이름을 올리지 않았다.

밴팅과 매클라우드는 1923년 10월 노벨 생리의학상 수상자로 선정되었다. 이로써 밴팅은 노벨 생리의학상 역사상 최연소 수상이자 연구 착수 후 가장 빨리 인정받은 업적이라는 두 가지 기록을 세웠다. 하지만 밴팅은 베스트가 수상자로 선정되지 않은 것에 분개했다. 베스트 누락이 노벨 위원회가 저지른 최악의 실수 가운데 하나라고 주장하는 사람도 있다. 훗날 콜립은 인슐린 개발의 공로에 대해 "80%는 밴팅에게, 10%는 베스트에게, 자신과 매클라우드는 각각 5%씩 있을 것"이라고 평가했다.

토머스 엘리엇 '황무지' 발표

8년간의 작업 끝에 완성한 '4개의 4중주'를 엘리엇의 대표작으로 꼽는 평자도 많다.

　　　　　토머스 엘리엇(1888~1965)의 시 '황무지'는 제임스 조이스의 소설 '율리시즈'와 더불어 20세기 모더니즘 문학의 한 획을 그었다는 극찬을 받고 있다. 다양한 인용과 다채로운 어법 등을 통해 그때까지 보지 못했던 혁신적인 기법의 시 세계를 선보였다는 점에서 '시의 대명사'로도 불린다.

　엘리엇은 미국 미주리주 세인트루이스의 명문가에서 태어나 할아버지가 설립한 고교를 거쳐 1910년 하버드대를 3년 만에 졸업했다. 할아버지는 1853년 세인트루이스 소재 워싱턴대를 설립한 교육자이자 사업가였다. 엘리엇은 고교 시절부터 영어, 라틴어, 그리스어, 프랑스어로 쓰인 책을 폭넓게 읽고 내용을 기억할 정도로 머리가 비상했다. 대학 시절에는 미국의 예술이 낙후되고 빈약하다고 생각해 유럽을 동경했다. 미국에 팽배한 상업주의와 천박성 그리고 지성의 결여 등도 체질에 맞지 않았다. 그가 보기에 프랑스와 영국에는 매력적인 그 무언가가 있었다.

　엘리엇은 대학 졸업 후 프랑스로 건너가 소르본대에서 베르그송의 철학 강의를 듣고 상징주의 시를 접했다. 하지만 프랑스도 미국보다 나아 보이지 않아 1911년 하버드대로 돌아가 철학박사 과정을 밟았다. 학위 논문 준비차 독일에 머무르고 있던 1914년 8월 1차대전이 발발하자 영국 런던으로 건너가 그곳에 눌러앉았다. 엘리엇이 자신을 수시로 '이방인'이라고 부른 데서 알 수 있듯 그의 유럽행은 '경계인'으로 살겠다는 다짐의 실천이었다.

　영국에서 그는 철학에 흥미를 잃고 문학으로 진로를 바꿨다. 당시 영국의 문학계는 비영국계 작가들이 지배했다. 제임스 조이스, 윌리엄 버틀러

예이츠, 조지 버나드 쇼는 아일랜드에서, 조지
프 콘래드는 폴란드에서, 에즈라 파운드는 미국
에서 건너왔다.

특히 파운드는 1914년 9월 엘리엇을 만나 금
방 호감을 보였다. 엘리엇은 훗날 "1914년 파
운드를 만난 일은 내 삶을 바꿔놓았다. 그는 내
시에 열광적인 반응을 보였고, 칭찬과 격려를
아끼지 않았다"고 술회했다. 기질은 달랐어도

토머스 엘리엇

출신 배경이 같았던 두 사람은 급속히 친해졌다. 파운드는 영국과 미국의
다양한 사람들에게 엘리엇을 알리고 작품을 소개했다. 엘리엇이 1915년
6월 'J. 앨프리드 프루프록의 연가'를 발표했을 때도 "미국인이 쓴 시 중에
서 최고"라고 치켜세웠다. 오늘날 '프루프록의 연가'는 영국 문학의 현대
화에 중대한 공헌을 했다는 평가를 받고 있다. 이후에도 엘리엇은 첫 시
집 '프루프록과 그 밖의 관찰'(1917)로 주목을 끌었고, 첫 평론집 '신성한
숲'(1920)으로 비평가의 입지를 확립했다.

유럽행은 '경계인'으로 살겠다는 다짐의 실천

엘리엇은 런던에서 무용수 아가씨와 사랑에 빠져 1915년 결혼했다. 그
러나 이 결혼은 그에게 재앙이었다. 엘리엇의 초기 시에서 드러나듯 이미
그에게는 상당한 성적 갈등이 존재했는데 결혼이 그러한 갈등을 해소해
준 것이 아니라 오히려 증폭시켰기 때문이다. 결혼 생활은 결벽증이 있고
강박적인 성격의 그에게는 무덤과 같은 것이었다. 더구나 아내는 결혼하
고 얼마 지나지 않아 질병에 시달려 신경성 불안 증세와 히스테리성 질환
을 앓았다. 아내는 버트런드 러셀과 가벼운 불륜 관계를 맺기도 했다. 결
혼 생활은 엘리엇의 삶에서 가장 고통스럽고 온갖 환멸과 스트레스로 가

득했다.

생계를 위해 중학교 교사를 해야 하는 것도 고통스러웠다. 결국 1917년 교사직을 포기하고 로이드은행에 들어가 8년간 근무했다. 다행히 숫자 놀음과 판에 박힌 업무가 적성에 맞았다. 예술과 전혀 상관없는 직업을 자기가 좋아한다는 사실도 놀라웠다. 파운드는 이런 엘리엇을 은행에서 빼내려고 무던히 애를 썼다. 재능 있는 시인이 하루 8시간씩 시간을 허비하는 일이 문학에 대한 일종의 범죄 행위라고 느꼈기 때문이다. 그러나 엘리엇은 아내의 치료비와 생활비를 벌어야 했다.

결국 그 시기는 엘리엇에게 낭비의 시기였다. 엘리엇은 시간 낭비, 불필요한 성생활로 인한 정력 낭비, 재능 낭비 등으로 점철된 자신의 절망적 삶을 황무지로 상징화해 시를 쓰기 시작했다. 그리고 1921년 말 완성한 '황무지' 초고를 파운드에게 보여 주었다. 파운드는 3,000행이나 되는 시를 보고 "세계에서 가장 중요한 영어 시가 나왔다"고 극찬하면서도 초고의 절반가량을 가차 없이 잘라냈다. 지나치게 막연하고 장황하며 단조롭다는 이유에서였다. 결과적으로 훨씬 날카롭고 간결하고 힘찬 시가 탄생했다. 다만 파운드의 과감한 삭제 탓에 원래부터 난해했던 시는 더욱 난해해졌다.

이렇게 완성된 '황무지' 시는 1922년 10월 엘리엇이 펴낸 문화평론지 '크라이테리언' 창간호에 실렸다. '황무지'는 '죽은 자의 매장'(1부), '체스 게임'(2부), '불의 설교'(3부), '익사'(4부), '천둥이 남긴 말'(5부) 등 5부로 이뤄져 있다. 1부는 그 유명한 '4월은 가장 잔인한 달 / 죽은 땅에서 라일락을 키워내고 / 추억과 욕정을 뒤섞고 / 죽은 뿌리를 봄비로 깨운다…'로 시작한다.

엘리엇은 '황무지'를 상상력으로만 쓰지 않았다. '그리스 신화', '성경', '우파니샤드', 단테의 '신곡', 셰익스피어의 '템페스트', 보들레르의 '악의 꽃' 등 고전들을 풍부하게 인용하거나 기묘하게 변형했다. 단테, 성 어거스틴, 석가, 헤세, 바그너, 헉슬리 등 종교적 신비주의자, 금욕주의자, 지성적이고 성스러운 인물들도 많이 인용했다. 엘리엇은 '황무지'에서 아름다운 터전이 어쩌다가 불모의 땅이 되었는지, 또 어떻게 해야 구원받을 수 있는지를 풀기 위해 동서양과 인류의 과거·현재의 모든 신화와 지식을 넘나들면서 간절하게 지혜를 구했다.

20세기 모더니즘 문학의 한 획을 그은 작품

'황무지'는 1차대전에 시달렸던 당시 유럽인의 정서에 정확히 들어맞았다. 전쟁을 겪은 유럽의 젊은이와 지식인들 사이에는 문명의 힘찬 진보란 아무 가망 없는 가냘픈 꿈에 불과하다는 생각이 만연해 있었다. 종교는 힘을 잃었고 부도덕한 방종과 타락이 넘쳤다. 그들은 황폐하고 절망적인 분위기를 표현한 예술작품을 열망했다. 바로 이런 시기에 '황무지'가 나온 것이다.

그러나 '황무지'에 대한 해석은 구구했다. 1차대전 후의 시대적 환멸과 허무를 노래한 시라는 설명이 주조를 이루긴 하지만 "현대 문명의 불모성을 노래한 시"라고 보는 사람들도 있기 때문이다. 심지어 불교시라는 주장까지 있다. 그러나 엘리엇 자신은 이 같은 해석을 모두 거부하며 "단지 개인적이고 전적으로 무의미한 인생에 대해 불평하고 그것에 리듬을 붙여본 작품일 뿐"이라고 설명했다.

독자들은 무수히 인용되는 그리스어, 라틴어, 산스크리트어 고전 때문에 시를 쉽게 이해하지 못했다. 논리적으로도 앞뒤가 맞지 않고 일관성도 없어 더욱 그랬다. 그런데도 평가는 "모든 세대를 고양시키는 작품", "20세기의 가장 중요한 시", "위대한 시로 평가받기에 부족함이 없다" 등 전반적으로 긍정적이었다.

엘리엇은 1927년 개신교에서 성공회로 개종하고 영국인으로 귀화했다. 시도 꾸준히 써 '텅 빈 사람들'(1925), '성회 수요일'(1930)을 출간하고 1939년에는 뮤지컬 '캣츠'로 유명해진 시집 '노련한 고양이에 관한 늙은 주머니쥐의 책'을 출간했다.

엘리엇을 유명하게 만든 것은 '황무지'이지만 8년간의 작업 끝에 완성한 '4개의 4중주'를 대표작으로 꼽는 평자도 많다. 초기 시의 난해성을 극복하고 통일된 구조와 안정된 세계관을 보여주는 원숙한 작품이라는 이유에서다. 전 887행으로 된 '4개의 사중주'는 4편의 장시, 즉 '번트 노튼'(1936), '이스트 코커'(1940), '드라이 샐비지즈'(1941), '리틀 기딩'(1942)으로 구성되어 있다. 1943년 단행본으로 발간되었다.

1933년 사실상 결별한 아내는 결국 정신병원에서 오랜 투병 끝에 1947년 죽었다. 그해 엘리엇은 모교인 하버드대에서 명예박사 학위를 받고 이듬해 노벨 문학상을 수상했다. 말년의 엘리엇은 오랫동안 그를 위해 헌신한 비서와 재혼함으로써 새로운 삶의 행복을 만끽했다.

에즈라 파운드

에즈라 파운드(1885~1972)를 20세기의 주요 작가군으로 분류하기에는 뭔가 미흡하다. 그런데도 그의 존재는 결코 가볍지 않다. '이미지즘'을 비롯한 신문학 운동을 주도하고 신예 작가들을 발굴·격려·지원해 20세기 초반 유럽 문학사를 풍성하게 만든 인물이기 때문이다. 그는 T.S. 엘리엇, 제임스 조이스, 어니스트 헤밍웨이 등이 문명을 떨치는 데 도움을 주고 로버트 프로스트와 D.H. 로런스 등 신진 작가들을 발굴·소개했다. 이탈리아어로 된 시를 영어로 옮기고 중국 이백의 시와 일본의 하이쿠를 영역하는 등 번역에도 일가견이 있었다.

파운드는 미국에서 태어나 펜실베이니아대와 대학원을 마치고 23살이던 1908년 유럽으로 건너갔다. 그 해 이탈리아에서 첫 시집 '꺼진 빛으로'

를 출간하고 영국 런던으로 이주했다. 그가 모든 구습과 감상을 벗어버리고 새롭고 강한 이미지를 추구하는 '이미지즘'의 깃발을 올린 것은 1912년이었다. 이미지즘은 영국의 사상가 토머스 흄이 처음 제창했지만 그것을 신문학 운동으로 발전시킨 것은 파운드였다.

에즈라 파운드

파운드를 비롯해 일군의 예술가들은 이미니즘을 이렇게 정의한다. ▲일상어를 사용하고 습관화된 표현을 피한다 ▲옛 리듬을 흉내내지 말고 새로운 리듬을 창조한다 ▲제재를 자유롭게 선택한다 ▲윤곽이 흐리거나 불명확한 일반론과 추상론은 배제하고 구체적인 이미지를 준다 ▲완전한 진술이나 설명보다는 간략히 암시한다.

파운드가 예술적 천재들을 본격적으로 돕기 시작한 것은 1920년 파리로 거처를 옮긴 뒤였다. 작가들을 잡지사에 소개하고 돈을 빌려주고 그림을 팔아주고 연주회를 알선했다. 병원 비용을 대고 감옥에서 끌어내는 등 도움 방식은 다양했다. 시인들에게는 "시는 리얼리틱하고 현대적이고 이미지로 넘쳐야 하며 시인들은 서구 문명을 부의 신으로부터 구출해내 이해심과 예술로 이루어진 삶으로 이끌어야 한다"는 복음을 전파했다. 엘리엇의 시 '황무지' 초고를 가차 없이 반으로 쳐내 '황무지'가 20세기 최고 시로 우뚝 서게 하는 데도 그의 역할이 컸다.

20세기 초반 유럽 문학사를 풍성하게 만든 인물

파운드가 단테의 '신곡'을 모방한 현대의 '신곡'을 쓰기로 결심하고 연작 장편시 '캔토스'를 본격적으로 쓰기 시작한 것은 1921년이었다. 그는 장차 미국 문학에 크게 공헌할 '캔토스'를 통해 중국, 그리스, 로마, 중세 유립, 그리고 초기 르네상스의 문명과 문화를 찾아 방랑하면서도 산업 부르주아 체제를 타락으로 격하하고 개척기 시대 영웅적인 정신으로의 복귀를 외쳤다. 2만 3,000행이나 되는 이 대하 서사시는 1925년 제1권(1~16편)이 파리에서 출간된 것을 시작으로 1928년, 1930년, 1934년 등 수년마다 1권씩 파리와 뉴욕에서 추가로 발간되다가 1968년 발간을 끝으로 완성을 보지 못하고 중단되었다.

파운드는 1924년 10월 파리를 떠나 이탈리아 라팔로로 거처를 옮겼다. 그 이주는 생의 전환점이 되었다. 파운드는 이탈리아에서 잡지와 수필 등을 통해 미국과 영국은 구제할 길이 없을 정도로 패망한 나라라고 공격을 퍼부었다. 반면 이탈리아의 파시스트 무솔리니에 대해서는 사회·경제적 질서를 정력적으로 복구한 사람이라며 칭송을 아끼지 않았다. 1936년 '제퍼슨이냐 무솔리니냐'라는 제목의 저서에서는 무솔리니에게 "정신적이든 물질적이든 일종의 다이너마이트와 같은 형태로 충전된 천재"라며 찬사를 보냈다. 1941년 1월부터는 파시즘을 옹호하고 반유대주의를 주장하는 방송을 시작했다.

이런 파운드에 대해 그의 조국 미국은 입국 불허로 대응하고 컬럼비아 지방법원은 반역죄로 기소(1943.7)했다. 결국 1945년 5월 이탈리아를 점령한 미군에 체포된 뒤 그해 11월 미국으로 이송되어 재판을 받았다. 그러나 "재판을 받기에는 정신적으로 비정상적"이라는 판정을 받아 감옥 대신 정신병원에 수감되었다. 그 와중에도 '캔토스' 작업은 계속되어 1948년 '캔토스' 중 최고 걸작으로 칭송받는 '피산 캔토스'를 발간했다.

12년 동안 갇혀 있다가 프로스트, 엘리엇, 헤밍웨이 등의 탄원 덕분에 1958년 4월 석방되었다. 이탈리아로 돌아가서도 "미국은 온통 정신병 요양원"이라며 예의 독설을 멈추지 않았다. 이처럼 미국을 등진 그였지만 1960년대 후반 미 대학생들 사이에 파운드 붐이 일어난 덕분에 1969년 6

월 환영을 받으며 모교 졸업식에 참가할 수 있었다. 1972년 11월 1일 이탈리아 베네치아에서 숨졌다.

야나기 무네요시, 광화문 철거 반대 글 발표
1984년 5월 대한민국 정부는 보관문화훈장을 추서했다.

야나기 무네요시(1889~1961)는 민족마다 갖고 있는 문화적 독자성의 중요성을 인식하고 문화 다원적인 국제사회의 실현을 목표로 한 사상가이자 실천가였다. 일상생활의 미를 존중하는 민예운동을 싹틔우고 오키나와·아이누·타이완 등 일본 주변에 위치한 각 문화의 독자성을 옹호하고 존중하는 관점을 제시했다.

야나기의 이런 사상과 실천은 조선 문제에서 가장 잘 발휘되었다. 일제 하에서 조선의 민족 예술을 발굴·승화시키고 일제의 광화문 철거 계획을 비난하는 글을 발표했으며 조선민족미술관을 건립하는 데 혼신의 노력을 기울였다. 조선시대 민중이 사용하던 도자기, 칠기, 목공품 등을 '민예', 민중의 생활상을 묘사한 그림을 '민화'로 지칭하고 이를 학술적으로 체계화한 점에서도 공로가 크다. 이런 이유로 "한국 미술의 조형미를 알아본 심미안의 소유자", "조선인보다 더 조선을 사랑한 사람"이라는 수식어가 따라다녔다.

야나기는 도쿄에서 해군 장성의 아들로 태어났다. 일본의 왕실·귀족이 다니는 가쿠슈인에서 초·중·고 과정을 마치고 도쿄제국대(1910.9~1913.7) 철학과를 졸업했다. 1914년은 그에게 인생의 분기점이었다. 근대 일본의 대표적 성악가인 야나기 가네코와 결혼(2월)한 것은 물론 일본 최초의 본격적인 블레이크 연구서 '윌리엄 블레이크'를 출간(11월)하고, 조선 도자기의 진수를 처음 접한 게 1914년이기 때문이다.

야나기는 1914년 9월 로댕의 조각품을 보기 위해 자신의 집을 방문한 아사카와 노리타카라는 조선 도자기 전문가로부터 조선백자 항아리를 선물로 받았다. '청화백자추초문각호'라는 이름의 직경 10.9cm, 높이 13.5cm의 작은 백자였지만 백자의 아름다움에 한껏 매료되었다.

1916년 9월에는 그동안 한 번도 가보지 못한 백자의 나라를 방문해 경주 불국사와 석굴암, 경성을 둘러보았다. 훗날 그는 조선을 방문하게 된 계기를 이렇게 말했다. "나는 학생 때부터 조선에 관심을 품었다. 누님은 러일전쟁 당시 재한 인천 총영사와 결혼했고 누이동생은 나중에 조선총독부 내무국장이 될 사람과 결혼했다. 그런 인연도 있었지만 무엇보다도 조선을 알게 된 계기는 아사카와 노리타카 형제를 알고 난 이후였다. 한때는 조선에 영주할 결심을 한 적도 있었다."

한국 미술의 조형미를 알아본 심미안의 소유자

1919년 3·1 운동이 일어났을 때는 요미우리신문에 '조선인을 생각한다'라는 기고문을 게재(1919.5.20~24)해 한국인의 심정에 공감하고 식민 통치의 가혹함을 비판했다. 이 기고문은 동아일보에 번역 게재(1920.4.12~18)되었다. 야나기는 1920년 5월 3일 아내의 독창회를 위해 다시 경성으로 왔다. 5월 4일 저녁, 종로의 YMCA 회관에서 열린 독창회는 1,500여 명의 관객이 몰려들어 대성황을 이뤘다. 아내는 이후에도 야나기와 함께 수차례 조선을 방문, 독창회를 이어갔다.

야나기는 1920년 겨울, 아사카와 노리타카의 동생 다쿠미와 조선민족미술관 건립에 뜻을 모았다. 야나기가 지성과 머리로 조선을 사랑했다면 다쿠미는 마음과 생활로 조선을 사랑했다. 야나기는 자신이 동인으로 참여하고 있는 일본의 문학예술잡지 '시라카바(白樺)'지 1921년 1월호에 '조선민족미술관의 건립에 대하여'란 호소문을 발표해 미술관 건립의 필요성을 역설했다. 호소문이 발표되자 기부금이 답지했다. 야나기의 친구들은 물론 도쿄에 유학하고 있는 백남훈, 김준연, 백관수 등도 기부금을 보내왔다. 아내도 음악회로 벌어들인 수입을 기부했다.

야나기 무네요시

1922년 1월 잡지 '신초'지에 '조선의 미술'이라는 논문을 발표하고 1922년 5월 '조선과 그 예술'이라는 저서를 발간해 조선 공예의 미학을 널리 알렸다. '조선과 그 예술'은 해방 후 한국에서 각기 다른 번역본이 8권이나 출간될 정도로 우리 미술계에 큰 영향을 미쳤다. 그 무렵 일제가 조선총독부 신축을 위해 광화문을 철거하려 한다는 사실을 알고 '장차 잃게 된 조선의 한 건축 광화문을 위하야'라는 제목의 반박 평론을 '개조'지 1922년 9월호에 게재해 큰 반향을 불러일으켰다. 이 글은 동아일보에도 게재(1922.8.24.~28)되었다.

"광화문이여, 광화문이여, 너의 목숨이 석양길을 더듬고 있구나. 네가 이 세상에 있었다는 기억이 차가운 망각 속에 묻히려 하고 있다. 어떻게 해야 좋겠느냐"로 시작하는 이 기고문 덕에 광화문이 철거되지 않았다는 주장이 일각에서 제기되고 있으나 사실은 아니다. 야나기가 글을 발표하기 1년 전에 이미 동아일보(1921.5.24)에서 이 문제를 다뤘기 때문이다. 기사에는 "총독부 철거는 공연한 헛소문이며 해체 후 이전을 검토하고 있다"는 대목이 등장한다. 광화문은 1927년 해체되어 경복궁 동편(현재의 국립민속박물관)으로 옮겨졌다.

그가 생각하는 조선의 미는 '비애의 미'와 '선(線)의 미'

야나기는 도자기, 고미술, 민예품 등을 전시하는 아시아 최초의 공예미술관인 '조선민족미술관' 건립에 더욱 힘을 쏟아부었다. 야나기가 장소 확보와 자금 조달을 맡고 아사카와 다쿠미가 전시품의 수집·관리 등의 실무를 맡아 건립된 조선민족미술관은 1924년 4월 9일 경복궁 안에 있는 집경당에 개관했다.

야나기는 도쿄에서도 1936년 이조 도자기전람회와 이조 미술전람회를 개최하고 일본 최초의 일본민예관을 설립했다. 1929년 8월 유럽을 유랑하고 그해 10월부터 1년간 하버드대에서 민예를 강의했다. 1940년 10월 18번째이자 마지막으로 조선을 방문하고 1944년 4월, 1918년부터 계속해온 교수직을 사임했다.

야나기가 생각하는 조선의 미는 '비애의 미'와 '선(線)의 미'로 요약된다. 참혹하고 처참했던 조선의 역사가 '비애의 미'를, 아름답고 여운을 남기는 조선인의 심성이 '선의 미'를 잉태했다고 해석했다. 한국미의 특징을 '무기교의 기교', '소박미', '인공적이지 않은 자연주의'라고 함축하는 당대의 인식도 야나기로부터 유래했다. 이런 미학관은 1941년 발표한 '조선 고대 미술의 특색과 그 전승 문제'라는 논문에서 시작되었다.

야나기의 이런 한국미론은 1970년대 초 미술사학자 고유섭과 시인 최하림 등에게서 "편협한 역사인식과 식민사관에서 비롯된 편견"이라는 비판을 받았다. 최하림은 1974년 6월 발표한 글에서 "야나기는 (조선과 조선 공예품에) 애정은 있었지만 그 애정을 올바르게 활용한 사상이 없었다"고 지적했다.

일각에서는 제국주의 침략과 이에 항거하는 독립 항쟁을 모두 비판하는 야나기의 양비론적 주장을 문제 삼기도 했다. 게다가 "3·1 운동을 계기로 일제의 식민통치술을 무단통치에서 이른바 문화통치로 바꾸는 데 일조한 제국주의 공범", "일제의 무력 진압에 상처받은 한민족의 마음을 달래려 한 심리요법사", "식민지 조선통치 훈수꾼"이라는 혹평까지 있었다.

하지만 야나기는 "서로를 사랑하며 국가와 국가는 평화로운 관계를 맺어야 한다"는 인도주의적 이상주의자였다. 이런 야나기에게 왜 반일적 입장을 취하지 않느냐고 요구하는 것은 무리가 있다는 반론도 있다. 1984년 5월 대한민국 정부는 그에게 보관문화훈장을 추서했다.

1923년

상해 임시정부의 분열과 통합
김상옥 열사, 종로경찰서 폭탄 투척과 자결
박열 열사, 천황 암살 모의 혐의로 구속
후세 다쓰지 변호사 첫 서울 방문
백정 신분 철폐 위한 '조선 형평사' 창립
조선물산장려회 창립
_ 조만식
민립대학 설립 운동
방정환 '어린이' 잡지 창간
한국 최초 극영화 '월하의 맹서' 개봉과 윤백남
박승희와 토월회 제1회 공연
관동대지진과 조선인 학살
무스타파 케말, 터키 초대 대통령 취임
게오르크 루카치 '역사와 계급의식' 출판

상해 임시정부의 분열과 통합

국민대표회의 실패 후, 상해 임시의정원은 이승만을 탄핵하고 박은식을 2대 대통령으로 선출했다.

미국에 체류 중인 이승만이 1919년 9월 통합 임시정부 대통령에 선출되었지만 이승만이 중국 상해로 오지 않아 임정 요인들의 불만이 고조되었다. 여기에 이승만이 미국에서 대통령령을 남발하고 세계 열강의 동정과 후원으로 조국의 독립을 쟁취하려는 비폭력 외교 노선을 고수해 무장투쟁 노선을 요구하는 임정 요인들과 엇박자를 낸 것도 갈등을 증폭시켰다.

이승만은 이런 상황에서 더 이상 미국에만 머무를 수 없다고 판단했다. 대통령 선출 1년 3개월 만인 1920년 11월 16일 하와이를 출발해 20일간의 항해 끝에 상해 황포강 어귀에 도착하고 12월 5일 대통령에 취임했다. 상해 입성은 극적이었다. 일제의 추적을 따돌리려고 상해 직항 배편을 이용한 이승만을 위해 하와이의 미국인 친구는 중국인 시신이 든 관들 사이에 이승만이 숨을 수 있도록 도와 주었다.

이승만은 상해에 있던 6개월 동안 당시 경무국장 김구가 지휘하는 경호원들의 호위를 받았다. 김구는 훗날 '백범일지'에서 이승만이 상해에 있던 때를 임시정부가 가장 활발히 활동했던 시기로 회고했다. "한때 상해 우리 독립운동자의 수가 1,000여 명이었던 것이 차차 줄어 수십 명에 불과했다. 이승만 대통령이 취임 시무할 때에는 중국 인사는 물론이고 영국·프랑스·미국 친구들이 임시정부를 방문했다. 그런데 이제 임정에 서양인이라고는 프랑스 경찰이 왜놈을 대동하고 사람을 잡으러 오는 이 외에는 없다." 이승만이 상해에서 대통령 직무를 수행해도 임시정부 분파들 간의

임시정부 초대 대통령 이승만을 환영하는 행사가 1920년 12월 28일 중국 상해에서 열렸다. 이승만(가운데) 옆에 국무총리 이동휘(왼쪽)와 내무부장 안창호(오른쪽)가 서 있다.

반목과 불화는 그치질 않았다. 1921년 1월 국무총리 이동휘가 사임하고 김규식, 노백린, 안창호 등이 잇따라 물러나는 등 임정은 계속 갈팡질팡했다.

그러자 임정을 새롭게 정비·강화해야 한다는 목소리가 임정 밖에서 터져 나왔다. 먼저 박은식·원세훈 등 14인이 1921년 2월 "임정을 개조하자"며 국민대표회 소집을 요구했다. 이들은 독립운동의 침체와 분열의 원인이 정부 수립 당시 민족 대표성의 결여, 현실과 괴리된 정부 조직에 있다고 인식했다. 뒤이어 북경과 만주 등지에서도 국민대표회 소집을 요구했다.

임정 수립 초기부터 이승만의 외교 독립론에 반대하며 반임정 세력을 형성했던 북경의 박용만·신채호 등 무장투쟁파들은 한 걸음 더 나아가 1921년 4월 군사통일회의를 열어 이승만의 임시정부와 임시의정원 불신임안을 가결했다. 1921년 5월에는 만주의 독립운동 단체들도 위임통치를 청원한 이승만의 퇴진과 임정 개조를 요구하는 결의서를 채택했다. 상해의 안창호와 여운형도 국민대표회 소집을 지지했다.

이들 주체 간에는 입장에 다소의 차이가 있지만 3가지 점에서는 인식을 공유했다. 첫째는 상해 임정을 조직할 때 각 방면의 여론을 구하지 않고 소수가 멋대로 정부를 수립해 민족적 대표성이 결여되었다는 것이고 둘째는 정부 제도와 구성이 독립운동계의 현실과 맞지 않게 조직되어 불필요한 내부 분열을 낳았다는 것이다. 셋째는 위임통치를 청원해 독립의 명분과 정부의 위상을 크게 훼손한 이승만을 임시 대통령으로 인정할 수 없다는 것이다.

국민대표회 소집론이 봇물터지듯 쏟아져 사태가 불리하게 전개되자 이승만은 취임 5개월 만인 1921년 5월 법무총장 신규식을 국무총리 대리로 임명한 뒤 미국으로 돌아갔다. 그러면서도 임시 대통령 직에서 물러날 뜻이 없음은 분명히 했다.

임정 분파들 간의 반목과 불화 그치질 않아

이승만이 상해를 떠난 뒤 상해와 북경 대표들이 1921년 8월 국민대표회 주비위원회를 구성했으나 경비 조달의 어려움과 그해 11월 미국 워싱턴에서 열릴 예정인 군축회의의 결과를 반영하기 위해 본회의는 계속 연기되었다. 워싱턴 군축회의는 1차대전으로 세계와 동아시아 정세가 크게 달라지고 미국과 일본 간에 군함 건조 경쟁 등이 벌어지면서 군축회의가 필요하다는 판단에 따라 개최되었다.

미국이 제안하고 영국, 프랑스, 중국, 일본 등 8개국이 화답해 이뤄진 군축회의는 1921년 11월부터 1922년 2월까지 3개월간 열렸다. 회의는 군비축소뿐만 아니라 동아시아 열강들 간의 질서 재편 등도 논의했다. 회의에 따라 독일은 산동반도의 권익을 중국에 반환하고, 일본은 시베리아에서 철군하기로 했다.

워싱턴 회의는 1919년 파리강화회의에 이어 또다시 독립의 환상을 임정에 심어주었다. 상해의 관심이 워싱턴 회의에 쏠리면서 국민대표회 개최 움직임은 자연히 휴식 상태에 들어갔다. 이승만은 이런 분위기를 이용해 워싱턴 회의에 대한 기대를 잔뜩 부풀리는 한편 국민대표회 소집론을 임정을 파괴하려는 소수 불평분자들의 소행으로 왜곡함으로써 국민대표회를 무산시키려 했다.

그러나 기대를 걸었던 워싱턴 회의는 1922년 2월 아무런 성과 없이 끝나 임정과 국내외 동포들에게 큰 실망을 안겨주었다. 뿐만 아니라 임정의 외교 독립론이 갖는 한계도 분명히 깨우쳐 주었다. 결국 외교 실패의 책임을 지고 신규식 국무총리 대리와 모든 국무위원이 사직하면서 임정은 사실상 무정부 상태에 빠졌다.

그러던 중 1922년 1월 21일부터 2월 2일까지 모스크바에서 열린 극동인민대표회의에 참석했던 대표들이 상해로 돌아오면서 1922년 4월 이후 국민대표회 소집 운동이 다시 활기를 띠었다. 그래도 자금 문제, 각지 대표들의 도착 지연, 국민대표회를 둘러싼 임시의정원 의원들 간의 정쟁이 멈추지 않아 바로 소집되지는 않았다.

다행히 모스크바에서 가져온 20만 루블로 자금 문제가 해결되고 각지 대표들이 속속 상해에 도착하면서 국민대표회 정식회의가 1923년 1월 3일 상해에서 개최되었다. 회의에는 국내외, 좌우익을 망라해 전 세계 135개 지역 및 단체에서 125명의 대표가 참가했다.

가장 심각한 문제는 개조파와 창조파의 논쟁과 대립

대회 기간 중 가장 심각한 문제는 개조파와 창조파 간의 대립이었다. 개조파는 상해 임시정부를 인정하고 정부를 개조하자는 주장인 반면 창조파는 임정을 완전히 부정하고 새로운 임시정부를 창조하자는 주장이다. 개조파에는 안창호를 비롯한 서북파와 기호파 일부, 여운형 등 신한청년당, 고려공산당의 상해파 일부, 김동삼 등 서간도 독립군단체 대표들이 포진했고 창조파에는 고려공산당 이르쿠츠크파, 박용만·원세훈 등 북경의 독립운동가, 신채호와 김규식 등이 동조했다. 이와 별개로 임정의 현상 유지를 주장하는 정부옹호파도 개조파와 창조파에 맞서 나름의 논리를 가지고 대응했다.

대표적인 충돌은 시국 문제에서 일어났다. 시국 문제란 국민대표회 소집 단계에서는 국민대표회의 적법성 문제였고 회의 단계에서는 임정의 존폐 문제였다. 국민대표회 소집 단계에서 정부옹호파는 13도를 대표하는 임시의정원이 있는데 별도의 국민대표회를 연다는 것은 비법이므로 절대 반대한다는 입장을 견지했다. 이에 대해 개조파와 창조파는 법리상으로 국민대표회와 의정원이 중복되지 않는다고 반박하면서 독립이 목표이지 임시 헌법이 신성불가침의 대상이 아니라고 주장했다.

임정의 존폐 문제에서는 개조파와 창조파가 팽팽히 맞섰고 이후 두 실세 간의 분열과 대립이 끊이지 않았다. 그러자 이에 실망한 만주 대표들이 1923년 5월 15일 대회장을 떠났다. 이튿날에는 개조파 대표 57명도 창조파의 의도대로 국호와 연호를 새로 정하면 1개 민족에 2개 국가를 형성하게 된다며 국민대표회의를 집단 탈퇴했다.

창조파는 대안으로 임정과 국민대표회를 통합한다는 복안을 가지고 정부옹호파와 협상했으나 별 성과를 거두지 못했다. 결국 창조파는 자신들만의 국민대표회를 열어 독자적으로 새 헌법을 제정하고 새 국호와 연호를 결정했다. 입법부인 국민위원회와 행정부인 국무위원회를 새롭게 조직하고 김규식을 정부수반으로 선출한 뒤 1923년 6월 7일 국민대표회를 폐막했다.

이렇게 신정부를 구성한 창조파 일행은 1923년 8월 러시아 블라디보스토크로 가 그곳에서 소련의 지원을 받아 활동을 강화하려 했지만 소련의 반대에 부닥쳤다. 창조파만의 국민위원회가 민족통일당 형태를 원했던 코민테른의 요구와 달랐기 때문이다.

그 무렵 일본군의 시베리아 철병이라는 새로운 정세 변화도 영향을 미쳤다. 소련은 조선의 임시정부를 자국 땅에 허용할 경우 일본이 군사적 도발을 다시 할지 모른다는 우려에서 한인의 독립운동을 적극 지원할 형편이 아니었다. 결국 국민위원회는 소련에서 추방되어 북경으로 돌아오면서 사실상 와해되었다. 창조파의 이런 움직임과 별개로 상해에서도 개조파와 정부옹호파 사이에 내부 통합을 위한 마지막 노력이 시도되었으나 이것 역시 양측의 주장이 팽팽히 맞서 무위로 끝나고 말았다.

임정은 사실상 무정부 상태

국민대표회가 결렬되긴 했어도 임정은 독립운동의 최고기관으로서의 위상에 회복할 수 없는 타격을 입었다. 국민대표회를 통해 이승만을 제거하고 임정을 강화하려 한 개조파도 큰 정치적 타격을 받았다. 개조파가 얻어낸 성과라면 1924년 3월 임시의정원을 장악한 정도였다. 임시의정원은 1924년 9월 10일자로 대통령 유고를 이승만에게 알리고 대통령 직무대리로 정부옹호파인 이동녕을 선출했다. 하지만 이동녕 내각이 3개월 만에 인책 사직하고 내각도 총사직하자 12월 17일 박은식을 국무총리로 하는 개조파 내각을 구성했다.

개조파가 장악한 임시의정원은 한 걸음 더 나아갔다. 1925년 3월 23일 이승만 탄핵안을 의결하고 박은식을 임시 대통령으로 선출했다. 3월 30일에는 대통령을 수반으로 하는 대통령제 대신 국무령이 행정 수반인 의원내각제를 근간으로 한 헌법 개정안을 통과시켰다. 1919년 8월 1차 헌법 개정이 이승만을 대통령으로 선출하기 위한 것이었다면 2차 헌법 개정은 대통령제와 대통령으로 인한 폐단을 시정하기 위한 것이었다.

개정된 임시 헌법에 따라 1925년 7월 첫 국무령에 이상룡을 선출함으로써 임정은 대통령제를 마감하고 새로운 국무령 시대를 열었다. 하지만 이상룡도 정부 구성에 실패하고 12월 북경으로 가 버려 3개월의 단명으로 끝났다. 뒤이어 양기탁(1926.2)과 안창호(1926.5)가 국무령으로 선출되었으나 두 사람 모두 취임을 거부했다. 홍진(1926.9~1926.12)의 재임 기간도 3개월에 불과해 임정은 1925년 7월 이후 사실상 무정부 상태나 다름없었다.

이런 상황에서 김구가 국무령으로 선출된 것은 1926년 12월 14일이었다. 8년 전 "임시정부의 문지기가 되겠다"며 임정 문을 노크했던 김구가 마침내 임시정부의 핵심 인사로 부상한 것이다. 그러나 김구도 1927년 3월 국무령을 없애고 국무위원 집단지도체제를 채택하는 제3차 개헌에 따라 국무령에서 물러났다. 집단 국무위원제는 1940년까지 14년간 계속되었다.

김상옥 열사, 종로경찰서 폭탄 투척과 자결

양손에 권총을 들고 지붕을 넘나들며 수백 명의 일경과 신출귀몰한 접전을 벌였다.

일제하 서울의 종로경찰서는 일제 경찰력의 심장부이자 조선인을 고문하고 탄압한 강압 통치의 상징이었다. 1920년대 당시 종로경찰서는 종로2가 서울YMCA 건물 바로 옆에 있던 서양식 2층 건물을 사용했다. 미국인 콜브란이 1898년 한성전기회사를 설립할 때 지은 사옥으로 지금은 사라지고 없다.

이 악명 높은 종로경찰서 서편 담벼락에서 원인을 알 수 없는 폭발물이 터진 것은 1923년 1월 12일 저녁 8시 10분경이었다. 폭발로 건물의 일부 유리창이 산산조각 나고 경찰서 게시판과 벽 일부가 무너졌다. 다친 사람은 애꿎게도 모두 민간인이었다. 부근을 지나가던 매일신보 직원 5명은 파편을 맞아 병원으로 실려가고 기생 1명과 하인 신분의 소녀 1명은 부상이 경미해 간단한 치료 후 귀가했다.

퇴근 후 일어난 일이라 피해가 이 정도에서 그쳤지만 일제에는 그냥 지나칠 수 없는 중대한 사건이었다. 총독부와 경찰 당국은 경성 시내 한복판에서, 그것도 총독부의 대표적 통치 기구인 경찰서가 폭탄 공격을 받았다는 사실에 당혹감을 감추지 못했다. 그런데도 폭탄을 던진 사람을 목격했다는 사람이 나타나지 않아 수사에 애를 먹었다. 그러던 중 3년 전 암살단 사건으로 경성을 뒤집어 놓은 뒤 중국으로 탈출한 김상옥 (1890~1923)의 가족이 매우 불안해 하고 있다는 첩보가 입수되었다.

김상옥은 서울에서 태어나 가난한 집안 탓에 8세 때부터 직공 등으로 생계를 꾸리며 성장했다. 16세 되던 해에 동대문교회 부설 야학교에서 배움의 갈증을 달래고 민족의식에 눈을 떴다. 주경야독하는 고단한 일상 속에서도 악착같이 돈을 모아 19세에 대장간을 차리고 22세에 철물점을 세웠다.

경제적으로는 먹고살 만했지만 일제의 국권 침탈과 강압적 통치에 대한 분노 때문에 마음은 늘 편치 않았다. 1918년 일본 상권에 맞서 조선물산장려운동에 앞장서고 1919년 3·1 운동 때 파고다공원에서 독립 만세를 외쳤다. 1919년 4월에는 동대문교회 청년부 학생들과 함께 항일운동 조직인 '혁신단'을 결성하고 사재를 털어 지하신문 '혁신공보'를 간행·배포했다. 결국 1919년 8월 체포되어 종로경찰서에서 고초를 겪었으나 증거 불충분으로 40여 일 만에 풀려났다.

김상옥은 더 적극적인 투쟁 방법을 모색했다. 1920년 1월 혁신단의 여성단원 이혜수의 종로구 효제동 집에 동지들과 비밀리에 모여 총독, 고관, 친일파를 처단하기로 뜻을 모으고 암살단을 조직했다. 당시 북만주 일대에서 항일 투쟁을 벌이고 있던 김좌진의 북로군정서로부터 권총 3정과 탄환 300발을 지원받아 북한산 깊숙한 곳에서 사격술도 연마했다.

이처럼 많은 경찰이 출동해 총격전을 벌인 것은 3·1 운동 후 처음

그러던 중 미국 상하원 의원단과 가족 등 40여 명이 중국을 거쳐 1920년 8월 24일 경성을 방문한다는 소식을 전해 들었다. 김상옥은 입국에 맞춰 행사장에 나올 사이토 마코토 총독을 비롯해 일제 고관들을 처단함으로

써 일제의 침탈을 세계에 알리고자 했다. 일경
은 혹시 있을지 모르는 불상사에 대비해 예비검
속을 실시했다. 시위를 주도할 것으로 예상되
는 주요 인사들을 사전에 잡아들여 감금하는 등
온갖 수단을 동원했다. 김상옥도 혁신단 사건
이후 경찰의 요시찰자 명부에 오른 터라 예비검
속 대상자였다.

김상옥

일경이 김상옥의 집에 들이닥친 것은 1920년
8월 23일 오전이었다. 당시 김상옥은 집과 붙어 있는 철물점 2층에서 무
기를 가져올 한훈 대원을 기다리고 있었다. 2층에서 일경의 태도를 살펴
보니 무슨 단서를 잡고 찾아온 것 같지는 않았다. 그래도 예비검속에 응
했다가 거사가 수포로 돌아갈 것이 우려되어 옆집 지붕을 타고 탈출했다.

일경은 김상옥이 보이지 않자 집을 샅샅이 뒤져 암살단 취지문, 경고
문, 암살단 가입서와 명부, 암살 대상자 목록 등 각종 기밀 서류를 찾아냈
다. 한훈은 이 사실을 모른 채 권총 3자루와 실탄 300발을 소지하고 김상
옥의 집에 갔다가 일경에 체포되었다. 이후 10여 명의 다른 대원들이 체
포되고 일부는 수배되었다. 일제는 서울시내 전역의 경계를 강화하고 8월
24일 경성역에서 예정된 미 의원단 환영 행사를 취소했다. 김상옥은 경찰
의 수사망을 피해 있다가 1920년 10월 상해로 망명해 김원봉의 의열단에
가입했다.

김상옥이 권총 3자루와 실탄 수백 발을 숨겨 조국으로 잠입한 것은
1922년 12월 1일이었다. 총독과 고관을 암살하고 관공서와 주요 시설을
폭파하는 게 임무였다. 1923년 1월 12일 종로경찰서에 폭탄을 투척한 것
도 임무의 일환이었다. 김상옥은 은신처에 숨어 있으면서도 1월 17일 오
전 남대문역에서 열차를 타고 부산으로 내려가는 사이토 마코토 총독을

저격할 계획 짜기에 골몰했다.

일경은 김상옥의 가족이 불안해한다는 첩보를 토대로 탐문 수사를 벌인 끝에 김상옥이 매부인 고봉근의 삼판통(지금의 후암동) 집에 은신하고 있다는 사실을 1월 16일 확인했다. 그리고 1월 17일 새벽 5시 경, 눈보라가 몰아치는 가운데 20여 명의 경찰이 삼판통 집을 급습했다. 김상옥은 일경과 격투 끝에 현장을 빠져나왔다. 그사이 김상옥의 총에 맞아 일경 1명이 즉사하고 2명이 중상을 입었다.

의열 투쟁 가운데 가장 장렬하고 대표적인 '항일 시가전'

김상옥은 서빙고, 한강리, 장충단 고개를 거쳐 왕십리 안장사에서 승려로 변장한 뒤 시내로 내려갔다. 너무 정신없이 도피하는 바람에 장충단 부근에서 권총 2자루를, 남산 소나무 숲에서 편지 봉투 한 장을 잃어버렸다. 김상옥은 왕십리, 마장동, 청량리를 거쳐 미아리 근처 이모집에서 유숙한 뒤 1월 18일 과거 암살단을 함께 조직했던 이혜수 동지의 효제동 집으로 은신처를 옮겼다. 이혜수는 김상옥의 부탁을 받고 김상옥이 분실했다는 곳에서 2자루의 권총 중 모제르 7연발 권총만 찾아왔다.

이 권총에는 김상옥의 슬픈 사연이 담겨 있다. 1920년 8월 김상옥의 암살단 사건이 실패로 끝났을 때 김상옥의 가족과 동지들은 모진 고문을 당했다. 김상옥과 연인 사이인 24살의 장규동도 혹독한 고문을 받고 한 달만에 풀려났다. 몸은 고문 후유증으로 만신창이가 되었다. 김상옥은 1921년 7월 군자금을 모금하기 위해 국내에 잠입했다가 장규동을 데리고 상해로 갔다. 그러나 장규동은 건강이 좀처럼 회복되지 않아 1922년 5월 10일 상해에서 생을 마감했다. 김상옥은 상해의 독립운동가들이 건넨 장례비로 사라는 관은 사지 않고 모제르 7연발 권총을 구입했다. 이처럼 모제르 권총은 김상옥에게 호신용 무기 이상의 의미가 있었다.

문제는 김상옥이 분실한 편지 봉투였다. 일경은 편지 봉투를 찾아 분석하고 김상옥의 혁신단 동지를 고문한 끝에 김상옥이 이혜수 집에 은신하고 있다는 사실을 밝혀냈다. 1,000여 명의 일경이 이혜수의 집을 포위한 것은 1월 22일 새벽이었다. 특공대가 지붕을 타고 마당으로 내려와 일제사격을 가하면서 효제동 일대는 시가전을 방불케 하는 총성으로 뒤덮였다. 이렇게 많은 무장경찰이 출동해 총격전을 벌인 것은 3·1 운동 후 처음이었다.

김상옥은 인근 가옥의 지붕을 타고 넘나들며 일경과 신출귀몰한 접전을 벌였다. 총구는 쉴 새 없이 불을 뿜었고 일경은 속수무책이었다. 김상옥이 항복하지 않고 인근 집에서 계속 대치하자 일제사격이 시작되었다. 이 과정에서 집주인이 유탄에 맞아 죽고 김상옥은 온 몸 수십 군데에 총상을 입었다. 일경은 3시간에 걸친 총격전으로 15명이 죽거나 다쳤는데도 계속 포위망을 좁혀 들어갔다.

김상옥으로서는 중과부적이었고 탄환도 다했다. 결국 자신의 머리를 향해 모제르 권총 방아쇠를 힘껏 당겼다. 일제하 국내외에서 전개된 의열 투쟁 가운데 가장 장렬하고 대표적인 '항일 시가전'은 이렇게 끝을 맺었다. 가족이 시신을 수습하면서 확인한 총상이 11군데나 되고 눈을 감는 최후의 순간까지도 손에서 권총을 놓지 않을 정도로 김상옥의 저항은 초인적이었다.

박열 열사, 천황 암살 모의 혐의로 구속

박열은 천황을 폭살하기 위해 폭탄을 구입하려 했다고 당당히 밝히며 판사에게 4가지 조건을 요구했다.

박열(1902~1974)이 일본으로 건너간 것은 17살이던 1919년 10월이었다. 경성고보(현 경기고) 사범과에 재학 중 3·1 운동에 가담했다가 퇴학을 당하자 과학적이고 선진적인 반제국주의 이론을 배워 항일 투쟁을 좀 더 철저하게 펼칠 각오로 식민 종주국인 일본행을 선택한 것이다. 도쿄에서 박열은 신문 배달, 날품팔이, 인력거꾼 등 하층 생활을 하면서 세이소쿠 영어학교를 다녔다. 저명한 사회주의자들과도 교류하면서 아나키스트로 변신했다.

조선인보다 조선을 더 사랑한 평생의 동지이자 아내가 될 가네코 후미코(1903~1926)를 만난 것은 1922년 2월이었다. 가네코는 그 어떤 통속소설보다 기구한 삶을 살았다. 가난도 가난이었지만 무엇보다 그를 괴롭힌 것은 불화로 점철된 가족사였다.

부모의 부부 관계가 일찍 파탄에 이르자 부모 사이를 오가는 떠돌이 생활을 하거나 친척집을 전전하는 천덕꾸러기 신세가 되어 냉대와 멸시, 학대와 방치 속에서 자랐다. 9살 때인 1912년에는 할머니 손에 이끌려 충북 청원군에 살고 있는 고모 댁에 양녀로 갔다. 이런 그녀를 기다리고 있는 것은 고된 집안일이었다.

다시 일본으로 돌아오기까지 7년 동안 하녀와 다름없는 생활을 하다 보니 일본의 식민 지배를 받으며 이중 삼중으로 고통을 겪고 있는 조선인들에게 동질감과 연민을 느꼈다. 가네코는 16살이던 1919년 도쿄로 돌아와 차별과 빈곤의 벽에 부닥치는 생활 속에서도 사회주의자, 아나키스트, 조선인 유학생들과 교유하며 자신의 사상을 형성해 나갔다. 그러던 어느 날 일본 유학생들이 펴낸 '조선청년'이라는 잡지(1922년 2월호)에 실린 박열의 시 '개새끼'를 읽고 감동을 받았다. 불합리한 모순에 정면으로 맞서 싸우려는 박열의 열정적인 모습에 사랑과 연대감을 느껴 1922년 4월 동거에 들어갔다.

박열은 1921년 10월 김약수, 조봉암 등 재일 유학생들과 함께 '흑도회'를 결성했다. 하지만 아나키즘과 볼셰비즘 간의 노선 투쟁이 벌어져 2개

월 뒤 박열과 정태성 등 아나키즘 계열은 흑우
회로, 김약수 등 공산주의 계열은 북성회로 갈
라섰다. 1923년 4월에는 흑우회와 별도의 '불
령사'를 결성하고 기관지 '불령선인'을 발간하
며 본격적으로 의열 투쟁을 준비했다. 그 전에
1922년 9월 니가타현 수력발전소 공사장의 조
선인 노동자 학살 사건을 조사하기 위해 서울
로 왔을 때는 의열단과 연계된 사람을 만나 폭

박열

탄을 구해줄 것을 요청했다. 1923년 11월로 예정된 황세자 히로히토의 결
혼식을 염두에 둔 것이다.

박열은 천황을 암살하기 위해 궁성 우편배달부로 위장 취업했다. 궁
성을 매일 출입하면서 천황의 동정과 출행 경로 등을 살폈다. 그러던 중
1923년 9월 1일 관동대지진이 일어나 도쿄가 아비규환의 생지옥으로 변
했다. 일제는 조선인이 일본인을 습격하고 샘물에 독약을 풀고 다닌다는
등 온갖 루머를 빌미 삼아 9월 3일부터 조선인과 아나키스트, 사회주의자
들을 집중 검속했다.

22년 2개월 간 차가운 감옥에 갇혀

박열과 가네코, 불령사 회원들도 9월 3일 검속되었다. 취조 도중 폭탄
구입 계획 사실이 드러나자 일제는 불령사를 대지진을 틈타 폭동과 천황
암살을 꾀한 비밀결사로 구체화해 10월 20일 박열 등 불령사 회원 16명을
비밀결사 조직 혐의로 기소했다. 박열 부부에게는 황세자 결혼식 때 천황
등을 암살하려 했다며 1924년 1월 '대역 사건'으로 발표했다. 대역죄(형법
제73조)는 천황, 황후, 황태자 등에게 위해를 가하거나 가하려 한 자를 사
형에 처하는 것으로 1심에서 재판이 끝나는 무서운 법이었다.

박열은 천황을 폭살하기 위해 폭탄을 구입하려 했다고 당당히 밝히며 판사에게 4가지 조건을 제시했다. 첫째, 조선 민족을 대표하는 입장이니 왕관과 왕의 착용을 허락할 것, 둘째, 법정에 서는 취지를 선언토록 할 것, 셋째 조선말을 사용할 테니 통역을 준비할 것, 넷째, 피고의 좌석을 판사의 좌석과 동등한 높이로 만들 것 등이었다. 가네코는 한국 이름 '금자문자'로 불러줄 것을 요구했다. 판사는 첫째와 둘째 조건은 들어주고 셋째는 의사소통에 방해가 된다며 거부했다. 넷째는 판사의 요청을 받아들여 박열이 철회했다.

첫째와 둘째 요구 조건이 받아들여지자 박열은 후세 다쓰지 일본인 변호사가 서울에서 구해온 조선 시대의 관복을 갖추고 법정에 섰다. 일본인 판사의 질문에는 무시하는 답변으로 일관했다. 이름이 뭐냐는 물음에는 '바가야로'라는 일본말의 욕설과 비슷한 '바쿠야루(박열)'라고 답했고 나이를 묻는 질문에는 "누구도 자기가 태어난 날을 아는 사람은 없다"고 태연스럽게 말했다. 직업을 물으면 '불령업'이라고 답하고 판사에게는 "그대"라고 불렀다. 실로 일본 재판 사상 전무후무한 일이 벌어진 것이다.

가네코는 박열의 천황 암살 계획을 사전에 모르는 상태에서 구속되었기 때문에 거사에 대해 박열과 다른 입장을 취했다. 박열이 재판에서 "하고 싶은 일을 했다는 기쁨 하나만으로도 나의 모든 손실을 보상받았다고 생각한다. 나는 너희들과 싸워 승리를 거둔 것이다"라고 말한 것과 달리 가네코는 "나는 내가 실패한 일에 대해 후회하지는 않는다. 다만 그 실패가 나 자신의 의지에 근거한 실패가 아니었다는 점을 수치스럽게 생각한다"고 토로했다. 박열은 '승리'라고 표현하고 가네코는 '실패'라고 표현한 것이다.

박열은 감옥에서 자신의 사상을 함축한 '일본의 권력자에게 줌'을 비롯해 '나의 선언'과 '음모론' 등의 글을 썼다. 가네코도 원고지 3,000장에 달하는 자서전 '무엇이 나를 이렇게 만들었는가'를 쓰고 200여 편에 이르는 단가(短歌)를 남겼다.

"내 육체야 자네들 맘대로 죽이지만, 내 정신이야 어찌하겠는가"

1926년 3월 25일 사형으로 최종 판결이 내려지자 박열이 1924년 옥중에서 쓴 '나의 선언'을 외쳤다. "멸하라! 모든 것을 멸하라! 불을 붙여라! 폭탄을 날려라! 독을 퍼뜨려라! 기요틴을 설치하라! 정부에, 의회에, 감옥에, 공장에, 인간 시장에, 사원에, 교회에, 학교에, 마을에, 거리에. 모든 것을 멸할 것이다. 붉은 피로써 가장 추악하고 어리석은 인류에 의해 더럽혀진 세계를 깨끗이 씻을 것이다."

재판정은 일순 찬물을 끼얹은 듯 정적에 잠겼다. 그러나 박열은 태연한 얼굴에 오히려 웃음까지 머금은 채 재판장을 바라보며 "재판장, 수고했네. 내 육체야 자네들 맘대로 죽이지만, 내 정신이야 어찌하겠는가"라고 일갈했다. 가네코는 박열이 자신을 바라보자 두 손을 번쩍 머리 위로 추켜올리며 "조선 독립 만세!"를 외쳐 재판정을 아수라장으로 만들었다. 박열과 가네코는 4월 5일 무기로 감형되어 각기 다른 형무소에 수감되었다.

두 사람은 사형 선고가 있기 전인 3월 1일 혼인서를 제출함으로써 삶과 죽음을 함께하기로 했다. 그런데 1926년 7월 23일 가네코가 갑자기 창살에 목을 매고 자살했다는 급보가 박열에게 전달되었다. 사체는 교도소 측에 의해 서둘러 가매장되었고 유골은 후세 변호사가 흑우회 동지들과 함께 화장한 뒤 박열의 친형에게 전달되어 1926년 8월 박열의 고향인 경북 문경 팔령산에 묻혔다.

가네코가 죽은 후, 과거 감옥에서 가네코가 박열의 무릎에 앉아 태평스럽게 책을 읽고 있는 모습의 사진이 1926년 8월 공개되어 "사법 사상 전례가 없는 옥중 결혼"이라며 일본 정국을 뒤흔드는 사건이 일어났다. 사진은 두 사람이 좀처럼 자백을 하지 않자 두 사람을 회유할 목적으로 판사가 1925년 2월 두 사람을 만나게 한 것인데 야당인 정우회가 사진을 정계, 재계, 군부, 신문사 등에 뿌리며 집권당인 헌정회를 비난하는 바람에 헌정회 내각은 총사퇴하고 판사도 옷을 벗었다.

박열은 22년 2개월을 차가운 감옥에서 갇혀 지내다 일본의 패망 후인 1945년 10월 27일 석방되었다. 이는 제2차 세계대전 이전 일본에서 단일 사건으로는 최장의 수감 기록이다. 박열은 바로 귀국하지 않았다. 1946년 5월 백범 김구의 부탁을 받고 항일 의열 투쟁의 선봉에 섰다가 일본의 형무소 뒷자리에 쓸쓸히 버려진 윤봉길, 이봉창, 백정기 의사 등 세 열사들의 유해를 국내로 송환하는 데 힘을 쏟고 1946년 10월 재일본조선인거류민단의 초대 단장으로 활약했다.

1947년 일본의 국제신문 기자 장의숙과 결혼하고 1949년 5월 영구 귀국했으나 1950년 6·25 때 납북되어 박열의 가족은 다시 일본으로 건너가야 했다. 박열의 아들은 일본에서 고교를 마치고 한국의 육사를 졸업해 준장으로 예편했다. 박열은 1974년 1월 17일 북한에서 서거한 뒤 평양 애국열사릉에 묻혔다. 한국 정부는 1989년 3월 대한민국 건국훈장 국민장을 추서했다.

후세 다쓰지 변호사 첫 서울 방문
"평생을 탄압받고 힘없는 사람들 편에 서겠다"는 굳은 의지의 표명이었다.

후세 다쓰지(1880~1953) 변호사가 서울 경성역에 처음 내린 것은 1923년 8월 1일 새벽이었다. 진작부터 오고 싶었으나 이런저런 사정으로 차일피일 미루다 마침내 서울 땅을 밟은 것이다. 후세는 자신이 조선에서 해야 할 3가지 임무를 곰곰이 되뇌었다. 의열단원 김시현을 변호하고 형평사 운동에 힘을 실어주며 재일 조선인 유학생들의 사상단체 '북성회'가 주최하는 순회강연에서 연설하는 것이었다.

후세 다쓰지

오랜 여정에 몸이 파김치였으나 도착 당일 밤 서울 경운동 천도교당에서 열린 북성회 강연회에 참석해 '인간 생활의 개조 운동과 조선 민족의 사명'이라는 제목의 연설로 일제를 비판했다. 연설 도중 단상에 앉아 있는 일본 고등계 형사가 수차례 경고를 보냈지만 개의치 않고 연설을 계속 이어갔다.

후세는 지방 순회 연설을 하면서도 8월 7일 시작된 의열단원 김시현 재판의 변호를 맡았다. 김시현은 김지섭 등 의열단원 등과 함께 총독부, 경찰서, 동양척식회사 등 주요 건물을 1923년 3월 15일 일제히 폭파하기 위해 준비하다가 의열단 내부로 파고든 밀정의 밀고로 체포되어 재판을 받고 있었다. "흉계로 포박함은 정치 도덕에 위반하는 것"이라는 후세의 변론에도 김시현은 1923년 8월 21일 징역 10년형을 선고받아 투옥되었다가 5년 5개월 만인 1929년 1월 석방되었다. 후세는 전국적으로 맹렬히 전개되고 있는 형평사 운동 관련자들도 만나 지지·격려한 뒤 1923년 8월 말 착잡한 마음으로 조선을 떠났다.

후세의 조선인 변호는 이번이 처음은 아니었다. 1919년 2월 도쿄의 조선기독교청년회관에서 거행된 2·8 독립선언으로 체포된 조선청년독립단의 변호도 맡았다. 그 전에 일제는 최팔용·백관수·서춘 등 9명을 출판법위반 혐의로 기소하고 2·8 독립선언 1주일 뒤 최팔용·서춘에게 금고 1년을 선고했다. 조선 청년들은 형량의 경중을 떠나 변호사의 태도가 불만

스러워 후세 변호사를 찾아갔다. 후세는 비굴하게 재판관의 선처를 구하지 않았다. 그는 검사에게 "일본은 체코슬로바키아의 독립을 원조한다"며 "시베리아에 출병까지 했으면서 어째서 조선의 독립운동을 원조하지 않는가"라고 따졌다. 그러면서 "조선 청년들의 독립선언은 정당하다"는 변론을 폈다. 변호사 수임료는 한 푼도 받지 않았다. 후세의 활약으로 1심에서 금고 1년이던 형량은 항소심과 상고심을 거쳐 9개월로 줄어들었다.

이처럼 조선인을 위해 무료 변론을 마다하지 않았던 후세 다쓰지는 과연 어떤 사람이었을까? 후세는 일본 미야기현 이시노마키시에서 태어났다. 그가 어렴풋하게나마 조선의 존재를 의식하게 된 것은 동학농민운동 후였다. 당시 동학농민운동을 진압하러 갔다가 고향으로 돌아온 귀향 군인들이 "일본도를 한번 날리니까 조선인 두 놈의 목이 떨어졌다"고 늘어놓는 '무용담'을 들으며 조선인에 대해 동정과 연민을 느꼈다.

후세는 1902년 도쿄의 메이지법률학교(메이지 법대의 전신)를 졸업하고 판검사 등용 시험에 합격해 검사 시보로 임용되었으나 생활고로 자녀와 동반 자살을 기도한 여성을 살인미수죄로 기소하라는 명령을 거부한 뒤 1903년 변호사가 되었다. 이후 각종 소요 사건과 파업 등을 통해 차츰 인권 변호사로 이름이 널리 알려졌다. 조선에 대한 후세 변호사의 관심이 구체적으로 표출된 것은 1911년 '조선독립운동에 경의를 표한다'라는 제목의 논문이었다. 이 논문으로 후세 변호사는 일본 검찰의 밤샘 조사를 받았다.

후세가 마침내 자신이 가야 할 길을 결심하고 이를 대외에 공표한 것은 마흔 살이던 1920년이었다. 5월 15일 지인들과 언론에 배포한 '자기 혁명의 고백'은 "평생을 탄압받고 힘없는 사람들 편에 서겠다"는 굳은 의지의 표명이었다. 후세는 '고백'에서 "앞으로 주요 활동 장소를 법정에서 사회로 옮기겠다"고 선언했다. 구체적으로는 '자본가와 부호의 횡포에 시달리는 사건', '인간 차별에 맞서 투쟁하는 사건' 등 자신이 맡아야 할 변호 활동의 기준을 마련했다. '조선인과 대만인의 이익을 위한 투쟁 사건'도 그 기준 속에 있었다.

'살아서 민중과 함께, 죽음도 민중을 위해서'

1923년 8월 한 달 동안 조선에서의 연설과 변호와 격려를 마치고 일본으로 돌아온 후세를 기다리고 있는 것은 9월 1일에 일어난 관동대지진이었다. 일본 전체가 공포와 혼란에 휩싸였다. "조선인이 우물에 독을 탔다", "조선인들이 시내 곳곳에 불을 질렀다"는 유언비어로 조선인에 대한 악감정은 극에 달했다. 일본도와 죽창으로 무장한 일본인들은 조선인이 발견되면 칼과 창을 휘둘렀다. 군인·경찰들도 일본 정부의 '불령조선인 (不逞朝鮮人) 단속 공문'을 빌미 삼아 폭력에 가세했다.

후세는 겁에 질린 100여 명의 조선인에게 숙식을 제공하는 한편 유언비어를 날조한 계엄 당국과 경찰서를 항의 방문해 그들의 야만적 행위를 따져 물으며 일본 정부에 진상 조사와 책임자 처벌을 촉구했다. 대지진 이듬해인 1924년 9월에는 독자적인 조사를 통해 보고서를 발표했다. 보고서에서 후세는 "조선인이 살해당한 상황은 말과 글로 차마 담을 수 없을 정도로 잔혹하다"며 "쇠갈고리·죽창·철사·권총·일본도 등을 사용한 방법에 몸서리가 쳐진다"고 밝혔다. 후세는 스스로 조선인 학살에 대한 사죄문을 써서 조선 언론사에 보내기도 했다.

관동대지진을 계기로 인연을 맺은 인물 중에는 박열도 있다. 박열은 9월 3일 검속되어 애인 가네코 후미코와 함께 1924년 1월 '대역죄'로 기소되었다. 후세는 법정에서 "조선인 학살이라는 범죄 행위를 감추기 위해 조선인의 범죄를 조작해낸 것"이라며 무죄를 주장했으나 박열과 가네코는 1926년 3월 25일 사형을 선고받고 4월 5일 무기형으로 감형되었다.

사형 선고가 있기 전인 3월 1일, 후세는 박열과 가네코가 옥중 결혼을 하는 데 도움을 주었다. 하지만 가네코는 1926년 7월 23일 창살에 목을 매어 자살했다. 후세는 박열의 동지들과 함께 야밤에 가네코가 묻혀 있는 곳을 찾아가 시신을 발굴·화장해 유골을 자기 집에 안치했다가 박열의 친형에게 전해주었다. 유골은 1926년 8월 박열의 고향인 경북 문경 팔령산에 묻혔다.

후세는 1924년 1월 5일 황궁과 가까운 '니주바시(二重橋)'에 폭탄을 투척한 후 체포된 김지섭도 변호했다. 김지섭은 무기징역을 선고받아 복역 중 단식투쟁으로 일제에 항거하다 1928년 2월 20일 일본 땅에서 순국했다. 후세는 1925년 7월 조선에서 을축대홍수가 일어났을 때도 '조선 수재민 구호 운동, 구호 금품 전달 운동'을 대대적으로 펼치며 조선인을 돕는 데 앞장섰다.

후세가 다시 조선을 방문한 것은 1926년 3월이었다. 동양척식회사의 토지 수탈에 항의하는 전남 나주군 궁삼면 농민들이 직접 일본으로 찾아와 혈서와 소송의뢰서를 건네며 도와줄 것을 부탁한 게 방문의 계기가 되었다. 당시 궁삼면에 "왔소! 왔소! 후세 씨 우릴 살리러 또 왔소!"라는 환영 벽보가 붙을 정도로 후세에 대한 기대가 컸다. 후세는 토지 수탈 현장을 정밀 조사했으나 총독부 고등계 형사들의 방해로 큰 성과를 보지 못했다. 하지만 조사 후 "동양척식회사의 합법적 사기 사건"이라고 거세게 항의해 총독부와의 협상을 끌어냈다.

"왔소! 왔소! 후세 씨 우릴 살리러 또 왔소!"

후세는 제2차 조선공산당 사건을 변론하기 위해 1927년 10월과 12월 두 차례 더 조선을 방문했다. 그의 변론에도 1928년 2월 13일 김재봉과 강달영은 6년형을 선고받았다. 수십 명의 다른 동지도 징역형을 선고받았다. 후세는 1927년 12월의 방한을 마지막으로 더 이상 조선 땅을 밟지 않았다. 대신 전시 체제로 전환된 1930년대 일본에서 일본 정부에 맞서다 변호사 자격을 세 차례 박탈당하고 1933년과 1939년 각각 3개월, 400일씩 두 차례 옥고를 치렀다.

1944년 2월 후세가 깊은 슬픔에 빠졌다. 교토대학생이던 셋째 아들이 전쟁에 반대하다 치안유지법에 걸려 교토형무소에서 옥사한 것이다. 평소 아버지의 활동을 반대하던 장남이 "동생까지 죽이고?"라며 아버지를 원망해 이중으로 피눈물을 흘려야 했다. 그래도 그는 "내 아들이 전쟁터에서 죽은 것보다 전쟁을 반대하면서 감옥에서 죽은 것이 장한 일이라고 생각한다"고 떳떳이 말했다.

해방 후인 1949년 4월에는 한국으로 돌아가는 박열 등에게 자신이 작성한 '조선건국헌법초안사고(私考)'를 선물로 건네주며 대한민국이 자유민주주의 국가로 발전하도록 기원했다. 1949년 11월 12일 메이지대 대강당에서 '후세 다쓰지 탄생 70년 축하 인권 옹호 선언대회'가 열렸다. 3,000여 명의 청중 가운데 재일 한국인은 800여 명이나 되었다. 한국인과 후세는 이미 정서적으로 하나였다. 1953년 9월 13일 타계한 그의 도쿄 이케부쿠로 상재사 묘비에는 '살아서 민중과 함께, 죽음도 민중을 위해서'라는 생전의 좌우명이 새겨졌다.

해방 후 오랫동안 '후세 다쓰지'라는 이름은 우리나라 일반 대중의 '상식'이 아니고 특정 전문가의 '지식'에 머물렀다. 이에 대해 학자들은 "해방 후 좌파 변호사라는 이념적 굴레와 국민의 반일감정이 상승작용해 조명 기회가 없었기 때문"이라고 설명한다. 하지만 오늘날 그에 대한 평가는 "톨스토이에 심취한 인도주의자로서 사람마다 인격적으로 평등하듯이 국가 또한 평등하다고 생각한 사람"이라는 게 일반적이다.

실제로 그는 공산주의자가 아니었다. '조선건국헌법초안사고'가 자유민주주의에 입각한 대통령중심제와 양원제를 골자로 했다는 사실 하나만으로도 그가 공산주의자가 아니라는 사실을 쉽게 알 수 있다. 후세 자신도 한 법정에서 '나는 약한 자를 변호하는 해방운동가이지 결코 마르크스나 레닌을 표방하는 공산주의자가 아니다"라고 못을 박았다. 이런 점이 인정되어 후세는 2004년 10월 우리 정부로부터 건국훈장 애족장에 추서되었다. 그때까지 건국훈장을 받은 40여 명의 외국인 독립유공자 중 첫 일본인이었다.

백정 신분 철폐 위한 '조선 형평사' 창립

갑오경장의 신분제 철폐 후 백정들이 가장 관심을 보인 것은 자식들의 교육이었다.

예로부터 도살과 육류 판매 등에 종사해온 백정은 기녀나 머슴들로부터도 천대와 멸시를 받을 정도로 천민층 대접을 받았다. 그들은 경제적 능력이 있어도 일반인과 혼인하거나 같은 마을에 살지 못했다. 기와집에 살아서도 비단옷을 입어서도 안 되었으며 갓을 쓰거나 도포를 입는 것도 금지되었다. 1894년 갑오경장의 신분제 철폐에 따라 법적으로 해방되긴 했지만 오랫동안 지속되어온 차별 의식은 쉽게 사라지지 않았다.

신분제 철폐 후 백정들에게 가장 시급한 것은 자식들의 교육이었다. 그것은 자식들에게만은 차별 없는 세상을 물려줘야 한다는 절박함이었다. 그러나 일제시대가 되어도 백정의 호적부에 표시된, 도살업자를 의미하는 '도한'이나 붉은 점이 사라지지 않아 백정의 자식들은 여전히 교육에 접근하지 못했다.

1920년대 경남 진주의 백정 이학찬도 그랬다. 자산가였던 그는 현금 100원을 기부하고 아들을 진주의 제3야학교에 입학시켰으나 백정의 아들이라는 이유로 퇴학을 당했다. 1923년 진주에 일신고등보통학교가 설립

될 때도 자식을 학교에 보낼 수 있겠다는 기대를 갖고 70여 명의 다른 백정과 함께 학교 공사를 도왔으나 입학을 거부당했다.

분개한 이학찬은 당시 조선일보의 진주지국장으로 있는 신현수, 진보적인 사상을 갖고 있는 강상호 등을 찾아가 억울함을 호소했다. 신현수와 강상호 등은 백정이 아닌데도 이학찬과 함께 백정 신분 철폐운동에 나서기로 했다. 동참자 중에는 경남 의령 출신의 장지필도 있었다. 그는 백정 출신이었으나 메이지대

형평사 제6회 전선(全鮮) 정기대회
포스터(1928. 4)

법대에서 3년간 수학한 엘리트였다. 장지필은 귀국 후 총독부에 취직하려고 서류를 작성하던 중 자신의 호적등본에 '도한'이 기록되어 있는 것을 알고 취직을 포기했다. 당시 진주에는 350여 명의 백정이 특수부락을 형성해 살고 있었다.

백정들의 신분 철폐운동을 주도할 '조선 형평사'가 80여 명이 참석한 가운데 경남 진주 청년회관에서 창립된 것은 1923년 4월 25일이었다. '형평(衡平)'에서 '형'은 백정들이 고기를 달아서 팔 때 사용하는 저울대를 뜻하고 '평'은 사회 신분을 평등케 한다는 뜻이다. 총회 결과 강상호가 형평사 사장으로, 강상호·신현수·천석구·장지필·이학찬 등이 중앙집행위원으로 선출되었다. 형평사는 창립 취지문에서 전국의 백정 수가 40만 명이라고 밝혔으나 당시 조선총독부 자료에는 백정의 수가 3만 3,700여 명으로 기록되어 있는 것으로 미루어 과장된 숫자로 보인다.

문제는 백정들의 수가 많고 적음이 아니었다. 구습을 타파하려는 형평사 운동에 지역 농민들이 반발한 게 1차 걸림돌이었다. 형평사가 창립되고 1개월 만인 1923년 5월 24일, 2,000여 명의 농민이 군중대회를 열어

조직적으로 반대에 나섰다. 그들은 우육불매운동을 벌이고 형평사를 돕는 사회단체원들은 '신백정'이라고 낙인찍었다. 형평사 창립 장소인 청년회관은 도살장이라고 목소리를 높였다. 형평사 사장 강상호도 구타했다. 1923년 8월 1일 경남 김해에 형평사 지사가 설립되었을 때도 1만여 명의 농민이 나타나 3일 동안 형평사를 지지한 청년회 등의 건물을 파괴하고 난동을 부렸다.

진보적인 사회단체의 후원을 받아 무섭게 확산돼

이처럼 각종 멸시와 냉대 속에서도 형평사의 세는 진보적인 사회단체의 후원을 받아 무섭게 확산되었다. 1년 만에 전국적으로 12개 지사와 67개 분사를 가진 대규모 조직으로 발전했다. 그러나 굳게 단결해온 운동은 1924년 2월 10일 300여 명이 참석한 부산의 임시총회를 계기로 노선 차이와 분열을 드러냈다. 강상호·신현수 등의 보수파와 장지필 등의 혁신파로 나뉜 것이다. 보수파는 형평운동의 노선을 인권 옹호에 무게를 두고 형평사 본부를 부산(후에 진주)에 둘 것을 주장한 반면 혁신파는 운동 노선을 신분해방에 두고 서울 본부를 중심으로 다른 사회운동단체와 연계해 더욱 혁신적인 운동을 전개할 것을 주장했다.

혁신파는 1924년 4월 25일 서울에서 형평운동 1주년 기념 '형평사 전조선대회'를 열어 형평사혁신동맹 총본부를 발족시키고 '형평사'지 발간, 피혁공장 설립 등을 결정했다. 보수파 역시 4월 24일 진주에서 형평사 창립 1주년 기념 '형평사 전조선대회'를 개최함으로써 양파는 결별의 위기에 놓였다. 그러나 양파는 1924년 8월 15일 전국 31개 형평사 대표 51명이 참석한 가운데 대전에서 '형평사 통일대회'를 열어 '조선형평사 중앙총본부'를 출범시키고 총본부를 서울에 두기로 합의함으로써 분열을 피할 수 있었다.

1925년 4월의 제3회 정기총회에서는 형평청년회, 형평학우운동, 형평

여자동맹 등을 조직해 세력을 확대했으나 형평운동에 대한 일반인의 반발은 계속되었다. 1924년 7월 충남 천안군 입장면에서 반형평운동이 일어나고 1925년 8월 경북 예천에서 형평사와 지방민들 사이에 충돌이 발생하는 등 반형평운동이 전국에서 산발적으로 일어났다. 그럼에도 형평운동의 결속력은 더욱 강해지고 노동운동 및 농민운동 등 다른 사회운동 단체와의 연대가 강화되었다.

문제는 여전한 조선형평사 총본부의 분열이었다. 1929년 4월 제7회 정기총회 때 급진파가 총본부 간부들을 개량주의적이라고 비판하고 더욱 혁명적 투쟁을 요구한 것을 시작으로 온건파와 급진파 사이의 대립이 더욱 격화했다. 1931년 4월 제9회 정기총회에서는 비록 부결되었으나 급진파가 조선형평사 총본부 해소(해산) 건의안을 제출하는 등 양측의 대립 갈등은 더욱 증폭되었다.

그러던 중 일제가 1933년 1월 갑자기 형평사 안에 비밀결사 형평청년전위동맹이 조직되었다면서 100여 명을 조사한 후 14명을 구속하고 51명을 불구속 기소하는 사건이 일어났다. 총본부는 1933년 4월 정기총회에서 합법적 온건 노선을 공식적으로 채택했으나 이미 기울기 시작한 기세는 다시 살아나지 못해 점차 소멸의 길을 걸었다.

조선물산장려회 창립
요원의 불길처럼 전국으로 번져나가자 관망하던 일제는 탄압으로 방향을 선회했다.

1919년 3·1 운동 후 민족운동은 크게 세 방향으로 전개되었다. 첫째는 서구 지식을 배우려는 교육의 보급이고 둘째는 전근대적 폐습을 타파하는 반봉건 운동이며 셋째는 민족의 경제적 자립 운동이다. 이

조선물산장려회 선전활동 모습

가운데 경제적 자립 운동을 뒷받침한 것이 조선물장려운동이다.

조선물산장려운동은 3·1 운동 후 민족경제의 자립을 추구하는 민족적 대각성과 회사령 철폐 요구가 계기가 되었다. 일제는 1911년 1월 시행한 회사령을 통해 조선 내에서의 기업 설립은 물론 일본 등 해외 소재 회사가 조선에 본점 또는 지점을 설치할 때 조선 총독의 허가를 받도록 했다. 이는 조선의 자본과 기업의 성장을 억제하고 조선을 일본의 상품 시장으로 개편하려 한 식민지 정책에서 나온 것이다. 그러나 3·1 운동이 폭발하면서 회사령의 억압 체제는 변화가 불가피했다.

일제가 1920년 4월 1일부로 회사령을 폐지한 것은 분명 반가운 일이긴 하나 예상치 못한 문제가 발생했다. 우리 기업이 일본 기업에 비해 자본과 기술이 크게 떨어지는 상황에서 일본 기업과 경쟁을 하면 불을 보듯 뻔한 결과가 예상되었기 때문이다. 따라서 물산장려운동은 민족적 지원 없이는 민족자본이 성장할 수 없다는 위기의식에서 비롯되었다.

마침 인도에서는 간디가 제창한 비폭력적 자급자족 운동인 '스와데시' 운동이 펼쳐지고 있었다. 간디는 '스와데시'를 대대적으로 전개하면서 악마적인 영국 정부의 모든 것을 거부하자고 호소했다. 영국 상품 불매, 공립학교 불취학, 세금 납부 거부 등을 촉구했다. 최종 목표는 영국인을 내쫓고 인도인 스스로 인도를 통치하는 것이었다. 국내 상공인과 지식인들도 스와데시 운동의 영향을 받아 조선물산장려운동을 전개했으나 스와데시에 비해 소극적이고 온건했다.

회사령 폐지 후 가장 먼저 구체적 움직임을 보인 것은 평양이었다. 70여 명의 평양 유지가 모여 조선물산장려회를 발기하고 조선 물산의 장려를 위한 자급자족 운동을 펼칠 것을 제창한 것은 1920년 7월 30일이었다. 그러나 이 운동을 일본 상품 불매동맹으로 인식한 일제의 설립 방해로 2년 가까이 창립하지 못했다. 그러다가 1922년 5월 다시 발기인대회를 개최하고 6월 20일 평양 장대현교회 내 청년회관에서 창립총회를 열어 조만식을 회장으로 추대했다. 그런 가운데 조선총독부와 일본 대장성이 일본과 조선 사이의 관세를 철폐하기로 했다는 사실이 1922년 7월부터 국내 언론에 속속 보도되면서 물산장려운동이 전국적으로 확산되는 계기를 맞았다.

　서울의 조선청년연합회도 물산장려운동에 뛰어들었다. 조선청년연합회는 본격적인 운동에 앞서 1922년 12월 먼저 '제 것으로 먹고 입고 쓰자'는 취지의 표어를 모집했다. 조선 최초의 표어 현상 모집에 1,200여 점이 응모했다. 그 중 '내 살림은 내 것으로', '조선 사람 조선 것으로' 표어가 1등 없는 2등으로 선정되고 '우리는 우리 것으로 살자', '우리 것으로만 살기'가 3등으로 뽑혔다.

'내 살림은 내 것으로', '조선 사람 조선 것으로'

　서울의 조선물산장려회는 1923년 1월 9일 준비위 모임을 열고 서울 낙원동 협성학교에서 전국 규모의 발기총회(1.20)와 창립총회(1.23)를 열었다. 특히 창립총회에서는 다가오는 음력 정월 초하루 즉 2월 16일부터 ▲조선 무명으로 염색해 남자는 두루마기, 여자는 치마를 입을 것 ▲음식은 소금·설탕·과일 등을 빼고는 모두 조선 물산을 사용할 것 ▲일용품에 대해서는 가급적 토산을 사용하되 부득이하게 외국품을 사용할 때는 경제적 실용품으로 가급적 절약할 것 3개항의 행동 지침을 결의했다.

2월 3일에는 2,000여 명의 청중이 모인 첫 강연회를 성황리에 개최함으로써 물산장려운동의 열기를 고조시켰다.

서울에서 조선물산장려회가 조직되자 전국 각지에서 물산장려회, 자조회, 토산장려회 등의 이름으로 관련 단체들이 속속 조직되었다. 이처럼 평양·대구·부산·광주·함흥 등 대도시는 물론 전국의 지방 소읍에서까지 광범위한 호응이 일어나자 주최 측은 음력 설날(2월 16일)에 조선팔도의 특산 포목으로 만든 깃발을 앞세워 남자는 목면 두루마기를, 여자는 목면 치마를 입고 "내 살림 내 것으로", "조선 사람 조선 것으로" 구호를 외치면서 시가행진을 한다는 계획을 세웠다.

1907년 국채보상운동 이후 두 번째로 일어난 범민족적 경제 살리기 운동의 열기가 이처럼 요원의 불길처럼 전국으로 번져나가자 관망하던 일제가 탄압으로 방향을 선회했다. 일제는 2월 14일 물산장려회 간부들을 불러들여 2월 16일(구정)의 시가행진을 중지하도록 압력을 가하면서 강행할 경우 무력으로 진압하겠다고 위협했다. 결국 구정 당일 시가행진은 중단되었다. 대신 수천 명 시민의 열렬한 호응 속에서 '민족기업 육성'과 '국산품 애용'을 선전·계몽·결의하는 대강연회가 천도교회관과 YMCA 건물에서 성대하게 개최되었다. 그래도 평양에서만은 일제 경찰의 압력에도 불구하고 시가행진을 강행했다.

물산장려운동은 각 지역의 청년회, 부인회, 소년단까지 호응, 단시일에 전국적인 민족운동으로 발전했다. 사립학교에서는 국산 포목으로 만든 교복을 착용하자는 운동이 벌어졌고 전국 각지의 기생들은 토산장려기생 동맹을 결성했다. 기생들은 자체 권번 총회를 열어 '조선 물산을 쓰고 먹고 입자'며 '만일 조선 물산 이외의 다른 것으로 옷을 해 입으면 범칙금 1원씩을 받아 가난한 사람들의 구제기금으로 쓰자'고 결의했다. 물산장려회는 창립 초기부터 운동 기반을 강화하고 참여 세력의 확대를 위해 회원

모집에 주력했다. 그 결과 운동이 번성했던 1923년 초반 회원 수는 3,000여 명에 달했다.

물산장려운동은 이처럼 성과를 보는 듯했으나 1923년 하반기가 되면서 열기가 급격히 식더니 1924년 4월 열린 제2회 정기총회 이후에는 사실상 정체 상태에 들어갔다. 일제의 탄압, 공산주의 단체의 비판과 공격, 물산장려회 간부들의 무력감과 체념 등이 주요 이유였다. 특히 공산주의 그룹은 상해파를 제외하고는 모두 물산장려운동을 공격했다.

당시 상해파는 혁명의 기운이 무르익지 않았으므로 물산장려운동이나 민립대학 설립 운동 등 문화운동을 통해 민중을 계몽하고 생산력을 향상시키면서 사회혁명의 주객관적 조건을 준비해야 한다고 주장했다. 반면 상해파를 제외한 다른 공산주의 그룹은 무산계급이 먼저 권력을 획득해야 신사회에 조응하는 경제와 문화를 발전시킬 수 있다고 보고 물산 장려를 통한 산업진흥론에 동조하지 않았다.

이후 물산장려운동은 명맥만 유지하다가 1929년 건축가 정세권의 적극적 재정 지원으로 잠시 활성화되는 듯했으나 일제가 1934년 정세권에게 재정 지원을 중단하도록 압력을 가함으로써 사실상 문을 닫고 1940년 8월 그나마 남은 간판마저 내려야 했다.

조만식　조만식(1883~1950)은 평남 강서에서 태어나 1905년 22세의 만학으로 평양 숭실학교에 입학했다. 1908년 일본으로 건너가 세이소쿠 영어학교를 거쳐 1913년 메이지대 법학부를 졸업했다. 당시 유학생들이 출신 지역으로 갈라져 아웅다웅할 때 조만식이 "고향을 묻지 말자"며 유학생들에게 일침을 놓은 일화는 유명하다.

1913년 귀국 후 이승훈의 부름을 받아 민족교육의 요람인 오산학교 교사로 부임하고 1915년 교장이 되었다. 당시 조만식에게 배운 김소월은

조만식

'JMS'라는 조만식의 이니셜을 쓴 '고당 송가'라는 시를 남겼다. "평양서 나신 인격의 그 당신님 JMS / 덕없는 나를 미워하시고 /재조있던 나를 사랑하셨다 /오산 계시던 JMS….."

조만식은 1919년 3·1 운동이 일어나자 교장직을 사퇴하고 만세 시위를 주도한 뒤 상해로 망명하려다가 체포되어 1년간 옥고를 치렀다. 1921년 평양 YMCA 총무와 평양의 산정현교회 장로가 되었고 1922년 6월 평양 조선물산장려운동의 회장으로 추대되어 국산품 애용 운동을 벌였다. 1923년 민립대학 설립 운동에도 적극 참가하고 1927년 창립한 신간회 중앙위원 겸 평양지회장으로도 열성을 다했다.

조만식은 1932년 11월 조선일보 사장에 취임했다. 당시 조선일보는 경영난을 겪으며 고리대금업자의 손으로 넘어갈 것인가, 민족진영의 신문으로 남을 것인가의 갈림길에 있었다. 그 절체절명의 시기에 조선일보 사장으로 추대된 조만식은 내분을 마무리하고 조선일보를 살려내는 데 온갖 노력을 다했다. 평북 정주의 '광산왕' 방응모에게 조선일보 인수를 권유한 것도 조만식이었다. 방응모가 1933년 3월 조선일보를 인수한 뒤에는 고문으로 물러났다. 1937년 수양동우회 사건에 연루되어 또다시 옥고를 치른 후에는 고향에 은거하며 농사꾼으로 세월을 보내다 해방을 맞았다.

해방 정국에서는 어느 한 정파의 지도자가 아니라 38선 이북 지역을 대표하는 민족 지도자로 추앙받았다. 미국을 배경으로 활동한 이승만, 중국을 무대로 활동한 김구 등과 비교하면 철저히 국내 민중과 생사고락을 함께한 토종 민족 지도자였다. 1913년 오산학교 교사로 부임한 이래 단 한 번도 조선 땅을 벗어나지 않고 국내에서만 민족운동을 이끌었다는 점에서 독립운동의 방식과 표준이 해외를 무대로 활동한 독립운동가들과는 달랐다.

해방 후 38선 이북 지역을 대표하는 민족 지도자로 추앙받아

조만식은 광복 후인 1945년 8월 17일 평양에서 조선 건국 평남준비위원회를 결성해 위원장으로 추대되었다. 이 준비위원회는 평양에 진주한 소련군의 권고에 따라 8월 26일 '평남 인민정치위원회'로 확대·개편되었다. 소련군의 개입으로 정치위원회 내 좌우 간의 균형은 역전되었지만 위원장은 여전히 조만식이었다.

소련은 북한에 바로 소비에트 정권을 수립하기 보다는 반일적 민주주의 정당 및 사회단체와의 광범한 동맹에 기초한 부르주아 민주주의 정권 수립을 바람직한 것으로 판단했다. 조만식은 겉으로 드러난 소련군의 방침을 곧이곧대로 믿고 일단 소련 군정과 함께 일한다는 노선을 정했다.

김일성은 이런 조만식을 깍듯이 대했다. 9월 30일에는 조만식에게 큰절을 올렸다. 김일성의 아버지 김형직이 조만식의 숭실학교 5년 후배이고 기독교를 믿는 김일성의 외가가 조만식과 맺어온 인연 때문이었다. 10월 14일 조만식이 '김일성 장군 환영 평양시민대회' 준비위원장을 맡은 것도 이런 인연의 연장선에 있었다. 조만식은 시민대회에서 "조선을 해방시켜준 소련군에 감사하다"며 "민주 조선을 위해 투쟁하겠다"고 말했다.

조만식은 11월 3일 민족 민주 계열의 정당인 '조선민주당'을 창당하고 당수가 되었다. 조선민주당은 소련의 기획과 협조하에 공산당의 우당으로 창당되었다. 핵심 공산당원인 최용건이 부당수에 임명된 것이 이런 사실을 뒷받침한다. 부르주아 계급과 민족주의 세력을 대표했던 조만식은 소련의 부르주아 민주주의 정권 수립과 민족통일전선 정책 덕분에 소련 점령 당국과 협력적인 관계를 유지했다.

조만식은 조선민주당 창립대회에서 "붉은 군대만이 우리가 자유롭게 회합하여 오랫동안 갈망해온 정당을 조직할 수 있는 자유를 우리에게 주었다"고 언급했다. 이렇게 조만식의 당시 입장은 "조선의 해방을 가져온 붉은 군대 및 소련 인민들에게 감사하며 친선을 맹세한다"는 것이었다.

조선민주당은 단기간에 당세가 크게 신장했다. 창당한 지 1개월도 안 되어 공산당보다 더 많은 당원을 확보했고 3개월도 지나지 않아 당원 수는 수만 명으로 증가했다. 그러던 중 1945년 12월 말에 발표된 모스크바 3상회의 결과는 조만식의 정치적 운명을 바꿔놓았다. 소련군과 김일성은 조만식에게 인민정치위원장으로서 모스크바 3상회의를 수용하는 안건을 회의에 부칠 것을 종용했으나 조만식이 이를 거부하면서 시련이 닥친 것이다.

조만식은 연금되었고 그 후 공개적인 장소에서는 모습이 보이지 않았다. 지인들이 월남을 권했으나 "북한의 일천만 동포와 운명을 같이하기로 이미 굳게 결심했다"며 거부했다. 1950년 5월 북한이 남쪽에서 활동 중 체포된 김삼룡·이주하와 조만식을 교환할 것을 제의했으나 성사되지 못했다. 그리고 6·25 전쟁이 발발했고 그 포연 속에서 북한의 민초들과 함께 생을 마쳤다.

사망 원인은 분분하나 1950년 10월 18일 퇴각 중이던 북한 지도부의 결정에 따라 대동강변 내무성 정보처에서 학살되었다는 것이 정설이다. 서울 국립묘지에는 두발만 안장된 조만식의 묘가 마련되어 있다. 북한에 연금되었을 때 최후를 예감하고 부인에게 건네준 두발이 45년 만인 1991년 이곳에 묻힌 것이다.

민립대학 설립 운동
더 이상 일제의 시책을 기다릴 것이 아니라 조선인들의 힘으로 대학을 설치하자

　　　　3·1 운동 후 일제가 문화정치를 표방하자 실력양성론에 근거한 학교 설립 운동이 본격적으로 논의되었다. 1920년 6월 20일 서울 안국동 윤치소 집에서 발기한 조선교육회는 그 일환이었다. 한규설·이상재·유인식·최규동·조동식 등 90여 명이 발기인으로 이름을 올린 조선교육회는 우리 사회의 근본적 개조를 위해서는 인재 양성이 근본 방책임을 표방했다.

　조선교육회는 6월 26일 창립총회를 열어 이상재를 회장으로 추대하고 다음달 조선교육회 설립 인가원을 조선총독부에 제출했다. 하지만 조선총독부는 이런저런 구실을 붙여 인가하지 않았다. 조선교육회의 설립 목적이 일제의 통제에서 벗어나 교육에 관한 조사·연구, 잡지 발행, 교육공로자 표창, 도서관 경영 등인 것도 거슬렸지만 무엇보다 내선일체에 입각한 동화정책에서 벗어났다고 판단했기 때문이다.

　그렇다고 무작정 반대할 수만은 없어 '조선교육령'(1911.8 공포) 개정 작업을 별도로 진행했다. 조선교육회는 결국 합법적인 활동 공간을 얻기 위해 총독부에 정치성 배제를 약속하고 명칭을 '조선교육협회'로 개칭한 뒤 다시 인가 신청을 해 1922년 1월 24일 인가를 받았다.

　조선교육협회의 가장 시급한 과제는 높은 교육열을 따라가지 못하는 학교 부족이었다. 초등교육기관은 물론 중등교육기관도 만성적인 입학난에 시달렸다. 입학난은 이른바 '삼재팔난(三災八難)'에 속한다는 말이 나올 만큼 심각했다. '삼재(三災)'는 일본인의 증가로 인한 인재(人災), 일본인 지주로 인한 지재(地災), 조선총독부 관료주의로 인한 관재(官災)였고 '팔난(八難)'은 생활난·취직난·입학난·어학난·여행난·언론난·기업난·금융난

으로 구분되었다.

1922년 현재 공사립보통학교는 2~3개면에 1개교에 불과했다. 고등보통학교도 전국적으로 관립 12개교, 사립 8개교뿐이었다. 입학난을 타개하기 위해 전국적으로 사립고등보통학교를 설립하기 위한 기성회가 설립되었으나 각종 구실을 붙인 총독부의 반대로 성공하지 못했다. 이런 가운데 1922년 2월 4일 일제가 조선교육령을 개정했다.

2차 조선교육령에 따라 보통학교의 수업 연한은 일본의 학제에 맞춰 6년으로, 고등보통학교는 5년, 여자고등보통학교는 4년으로 연장되었다. 그전까지는 조선인 학생이 공부하는 학교에만 '보통'이란 이름을 붙여 수업 연한을 짧게 했었다. 대학 교육은 규정조차 없이 농·상·공업 분야의 하급 직업인을 만들기 위한 실업교육과 기술을 가르치는 전문교육에 한정했다. 다행히 2차 조선교육령에서는 전문학교와 대학 설치의 길을 터놓았다.

이에 따라 조선교육협회도 '민립대학(民立大學)'을 설립하는 데 힘을 모았다. 1923년 현재 국내에 대학은 하나도 없고 전문학교만 8개뿐이었다. 관립전문학교로는 법학전문학교·의학전문학교·고등상업학교·고등공업학교·고등농림학교가 있었고, 사립전문학교로는 세브란스의학전문학교·연희전문학교·보성전문학교가 있었다.

이들 전문학교는 고등교육기관이라기보다는 전문 기술인력 양성소였다. 따라서 고등교육을 원하는 학생들은 일본 등지로 유학을 떠나야 했다. 1921년 기준 일본에 유학 중인 학생은 중등학교 유학을 포함해 1,200여 명에 달했다. 국내에 '민립대학'을 설립하자는 논의에는 이런 배경도 작용했다.

"한민족 1,000만 명이 한 사람 1원씩"

조선교육협회는 1922년 11월 23일 이상재·이승훈·김성수·윤치호 등 47

명이 참석한 가운데 민립대
학기성준비회를 발족시켜
계획을 구체화했다. 일제가
내지인(일본인) 교육시설은
완비하고도 조선인 교육은
등한히 해 우민정책을 쓰므
로 더 이상 일제의 시책을
기다릴 것이 아니라 조선인

민립대학 기성회 발기 총회(1923. 3. 29. 서울 YMCA)

의 힘으로 대학을 설치하자는 게 기성회를 설립한 목적이었다. 조선교육
협회는 평양, 서울, 대구에 각각 대학을 설립하기로 의견을 모았다.

　민립대학기성회 발기총회는 발기인 1,170명 중 462명이 참석한 가운데
1923년 3월 29일부터 3일간 서울 YMCA 회관에서 개최되었다. 기성회는
총회에서 민립대학 설립기금 1,000만 원을 3년간 모금하되 제1차 연도 목
표액을 400만 원으로 결정했다. 이상재, 이승훈 등 30여 명으로 중앙위원
회를 구성하고 "한민족 1,000만 명이 한 사람 1원씩"이라는 구호 하에 모
금 운동을 벌였으나 1차 연도의 목표액 400만 원 가운데 100만 원도 모금
되지 않아 주최 측을 실망시켰다.

　이런 결과에 대해 당시 유행하던 '외상 독립'이라는 말이 심리적으로 작
용한 결과라는 해석이 있다. 즉 3·1 운동 후 애국심을 타고 각종 사회운
동이 난무하고 그럴싸한 명분을 내세워 모금 운동이 벌어졌는데 그렇게
모금한 돈의 행방이 석연치 않았던 사례가 빈번하게 발생하자 국민들 사
이에 "먼저 독립만 쟁취하라, 그러면 후에 돈을 내겠다. 선금은 낼 수 없
다"는 풍조가 생겨났다는 것이다.

　모금이 더디게 진행되는 상황에서 조선총독부는 민립대학기성회의 선
전 내용이 불온하다거나 유언비어로 대중을 선동할 염려가 있다는 등 온

갖 구실을 붙여 집회를 중단하거나 청중을 강제로 해산시키는 등 방해 공작을 일삼았다. 심지어 설립기금 의연자나 기부자를 직접 호출하는 등 공포 분위기도 조성했다. 1923년 9월 일어난 관동대지진도 모금 활동을 더 이상 계속하기 어렵게 만들었다.

여기에 "대다수 문맹 인구를 계몽하는 것이 급선무이지 소수의 인텔리 양성이 급하지 않다"며 공산주의 그룹이 설립을 반대한 것도 영향을 미쳤다. 결국 민립대학 설립 운동은 1924년 여름 이후 중단상태에 빠졌다. 1926년 잠시 부활하는 듯했으나 1924~1925년 천재와 흉년으로 농촌이 피폐되었기 때문에 민심은 결국 이 운동을 떠나기 시작했다.

총독부는 민립대학 설립을 견제하기 위해 1923년 11월 관립대학 창설준비위원회를 발족시키고 1924년 1월 입시 요강을 발표하는 등 관립대학 설립에 박차를 가했다. 그리고 마침내 경성제국대 예과가 1924년 6월 개교하고 본과에 해당하는 3년제 법문학부와 4년제 의학부가 1926년 5월 정식 수업을 시작함으로써 경성제국대 시대를 열었다. 하지만 1926년 본과 개교 당시 조선인 교수는 전체 57명 중 5명, 학생은 150명 중 47명에 불과했다. 조선인의 독립 의식을 고양할 수 있는 정치·경제·이공 등의 학부는 설치하지 않고, 일제의 식민 통치에 효과적으로 이용할 수 있는 법문학부와 의학부만 설치해 그들의 의도가 어디에 있는지를 노골적으로 드러냈다.

방정환 '어린이' 잡지 창간

'어린이'지는 우리나라 동요 운동의 산실 역할을 했다.

방정환(1899~1931)에게 어린이는 숙명이었으나 선린상고를 중퇴할 정도로 집안이 가난해 한동안 뜻을 펼치지 못했다. 그런 그에게 새로운 인생을 열어준 것은 천도교 교주 손병희의 딸 손용화와의 결혼(1917)이었다.

방정환

이후 방정환은 보성전문학교를 거쳐 1920년 3월 일본의 도요대에 입학, 아동예술과 아동심리학을 공부하고 돌아와 1921년 5월 '천도교 소년회'를 조직한 뒤 어린이운동에 본격적으로 뛰어들었다. '천도교 소년회'는 1922년 5월 1일 창립 1주년 기념일에 맞춰 '십년 후 조선을 려(慮)하라'라는 전단을 시내에 배포하고 '어린이날' 취지를 가두에서 선전했다.

'어린이'라는 순우리말을 처음 창안한 것은 최남선이었다. 그는 1914년 10월 '청춘' 창간호에 시 '어린이의 꿈'을 게재함으로써 늙은이, 젊은이와 대비되는 '어린이' 용어를 처음 등장시켰다. 그 전까지 어린이는 동몽, 아동, 소년 등으로 불렸다. 1920년 8월 25일자 '개벽'지 3호에 게재된 방정환의 번역동시 '어린이 노래-불 켜는 아이'는 평생 어린이를 위해 살겠다는 방정환의 다짐이었다.

'어린이'라는 말이 세상에 널리 알려지기 시작한 것은 방정환이 1923년 3월 20일 국내 최초의 순수 아동잡지 '어린이'를 창간하면서였다. 개벽사에서 발간한 '어린이'는 일제하 한국 근대 아동문학의 요람이었다. 아동문학에 대한 인식조차 없던 시절에, '어린이'는 아동문학을 문학의 한 장르로 격상시키고 고한승, 마해송, 윤극영, 이원수와 같은 1세대 아동문학가들을 배출했다.

'어린이'는 어린이들이 접할 수 있는 노래가 학교에서 배우는 일본 노래와 어른들이 부르는 민요밖에 없던 시절 우리나라 동요 운동의 산실 역할을 했다. 1970~80년대까지 초등학생이 학교에서 배운 동요 대부분은 '어린이'를 통해 탄생했다. '오빠 생각'은 11세의 최순애, '고향의 봄'은 15세의 이원수가 응모해 뽑힌 것이다. '까치까치 설날'(윤극영), '반달'(윤극영), '고드름'(유지영), '따오기'(한정동), '오뚜기'(윤석중) 등도 모두 '어린이'를 통해 세상에 나와 지금껏 애창되고 있다.

'어린이'는 아동잡지였는데도 일제의 검열에 걸려 번번이 기사가 삭제되었다. 그때마다 방정환은 경찰서를 드나들었다. '어린이'는 1934년 7월 자진 폐간했다가 광복 후 1948년 5월 속간되었지만 1949년 12월 통권 137호를 끝으로 완전히 문을 닫았다. 방정환은 '어린이' 외에도 '학생', '신여성', '혜성', '개벽', '별건곤' 등의 잡지에 집·간접적으로 관여해 출판인으로도 능력을 인정받았다.

첫 어린이날 기념식은 1923년 5월 1일 열렸다. 그에 앞서 4월 17일 개벽사 주필 김기전 등이 한국 최초의 소년단체 통합기구인 '조선소년운동협회'를 조직하면서 5월 1일을 어린이날로 정하고 그날 행사를 벌이기로했다. 방정환이 아동문학가 윤극영, 마해송과 함께 최초의 어린이 문화운동단체인 '색동회'를 창립한 것도 5월 1일이었다.

'어린이' 용어 처음 만들어

조선소년운동협회는 제1회 '어린이날'인 5월 1일 서울 천도교당에 모인 1,000여 명의 어린이와 함께 어린이날 축하식을 열었다. 뒤이어 200여 명의 소년 회원이 12만 장의 전단을 가가호호 돌리며 어린이에 대한 관심을 환기했다. 전단지에는 '어른에게 드리는 글', '어린 동무들에게 주는 말', '어린이날의 약속'이란 제목의 글이 실렸다. '어른에게 드리는 글'에는 '어린이를 내려다보지 마시고 쳐다보아 주시오', '어린이에게 경어를 쓰되 늘보드랍게 하여 주시오' 등의 글이, '어린 동무들에게'에는 '돋는 해와 지는해를 반드시 보기로 합시다', '서로 존대하기로 합시다' 등의 글이 열거되어 있었다.

초기의 어린이날 노래는 방정환이 가사를 쓰고 미국 남북전쟁 때의 행진곡 '조지아를 넘어서' 곡에 맞춰 불렸다. 현재 불리는 '날아라 새들아…'로 시작하는 '어린이날 노래'는 해방 후 첫 어린이날인 1946년 5월 5일에 맞춰 윤석중 작사, 안기영 작곡으로 새로 만들어졌다가 곡이 어렵고 작곡가가 월북해 1947년 윤극영이 작곡한 곡으로 바뀌어 현재에 이르고 있다.

'어린이날' 행사는 매년 열리다가 1927년 5월 조선소년운동협회의 주축인 천도교 측과 오월회의 분열로 각기 다르게 거행되었다. 그러다가 그해 10월 양측의 화해로 어린이날을 5월 첫째 일요일로 결의함으로써 어린이날을 계속 이어갈 수 있었다. 어린이날이 5월 5일로 변경된 것은 해방 후인 1946년 5월 첫째 일요일인 5월 5일에 어린이날을 기념하면서부터다.

방정환은 아동교육 사상가였다. 그의 아동교육철학이 이론으로 집대성되지는 못했지만 1920년대에 이미 아동 중심의 교육철학을 정립하고 그것을 실천에 옮겼다. 한 집에 시부모, 시동서, 삼촌 부부 등 여러 부부가 살게 되면 어른들 충돌에 애매한 어린이가 매를 맞는다며 핵가족 사회를 주창하기도 했다.

방정환은 가부장적 구습에 억압받고 있는 여성의 지위 향상에도 관심이 많았다. "여성도 스스로 일거리를 가져야 한다"고 하고, "조선 여인들은 한평생 빨래만 하다 죽는다"며 "흰옷이 아닌 염색옷을 입자"고 주장했다. 방정환의 재능은 청중을 사로잡는 구연동화에서도 발휘되었다. 동화구연을 할 때마다 가득 찬 청중석을 눈물바다로 만들었으며 이야기를 듣지 못할까봐 도중에 자리를 뜨지 못한 어린이가 고무신에 오줌을 누었다는 등 에피소드가 무궁무진하다.

방정환은 사회주의 사상에 공감한 진보적 청년이기도 했다. 방정환의 개벽사에서 발행된 '개벽' 잡지는 1920년대 신경향파 문학 운동의 중요한

베이스캠프였다. 그가 '개벽'에 연재한 풍자기 '은파리' 시리즈에는 자본
주의가 태생적으로 품고 있는 모순과 불평등 구조를 비판하는 대목이 많
다. 도쿄 유학 시절 가장 가깝게 지낸 인물도 사회주의 청년이었으며 사
회주의 평론가 김기진도 그의 문학적 동지였다.

이처럼 강연, 잡지 간행, 행사 기획 등으로 바쁘게 살다 보니 건강을 잃
었고 결국 고혈압에 의한 신장염으로 1931년 7월 23일 32세의 짧은 나이
에 눈을 감았다.

한국 최초 극영화 '월하의 맹서' 개봉과 윤백남
'월하의 맹서' 각본·감독으로도 영화사에 길이 남을 업적을 남겼다.

한국 최초의 극영화는 '월하의 맹서'다. 신문기자와 관계자
100여 명이 지켜보는 가운데 영화 시사회가 서울 경성호텔에서 열린 것
은 1923년 4월 9일이었다. 조선총독부 체신국이 저축을 장려할 목적으
로 제작한 계몽 영화이다 보니 비장미 넘치는 제목과는 달리 스토리는 단
순했다. 서울에서 공부를 마치고 고향에 내려온 약혼자 영득(권일청 분)이
주색잡기에 빠져 가산을 탕진한 뒤 노름방에서 몰매를 맞고 사경을 헤맸
다. 그러자 약혼녀 정순(이월화 분)이 정성스럽게 간호하고 자신이 저축한
돈으로 약혼자의 빚을 대신 갚아준 뒤 혼인을 앞둔 어느 달 밝은 밤에 미
래를 다짐하며 저축을 맹세한다는 내용이다.

러닝타임 30분짜리 영화는 흥행용으로 만든 것이 아니었기 때문에 일
반 극장에서는 개봉하지 않고 전국의 학교 운동장, 공회당, 강당 등에
서 무료로 상영되었다. 시사 영화를 본 당시 동아일보는 "내용이 매우 잘
되어 크게 갈채를 받았다"며 호평했다. 영화 시나리오를 직접 쓰고 감

독한 사람은 언론인 출신의 연극인 윤백남 (1888~1954)이었다. 그가 창단한 민중극단 단원들이 출연하고 촬영과 편집은 일본인이 맡았다. '한국 최초 극영화'이다 보니 윤백남은 한국 최초의 시나리오 작가로도 영화사에 이름을 올렸다.

윤백남

'월하의 맹서'가 거둔 또 하나의 영화사적 성과가 있다면 그것은 최초의 여배우 이월화가 출연했다는 것이다. 당시는 여자가 대중에게 얼굴이 알려지면 혀를 차고 눈을 흘길 때였다. 따라서 무대에는 아예 여장 남배우가 등장하고 그런 역만 전담하는 배우가 인기를 끌었다. 그런 상황에서 윤백남은 민중극단 단원이던 이월화를 과감히 여주인공으로 출연시켜 세상을 놀라게 했다. 이월화는 이 영화 한 편으로 스타덤에 오르고 이후 '해의 비곡', '뿔 빠진 황소' 등에 출연해 성가를 높였으나 말년은 비참했다. 짝사랑의 아픔을 겪고 기생이 되었다가 일본으로 건너가 그곳에서 음독자살한 것으로 알려졌다.

윤백남은 '월하의 맹서' 각본·감독으로도 영화사에 길이 남을 업적을 남겼지만 무엇보다 우리가 그를 기억해야 하는 이유는 20세기 초반 신문화의 개척자이자 전파자였다는 점이다. 신문, 연극, 영화, 소설, 방송에 이르기까지 '최초' 타이틀마다 그의 이름이 빠지지 않을 정도로 우리의 신문화를 정착시키는 데 크게 기여했다.

윤백남은 충남 공주에서 태어나 서울의 경성학당 중학부를 졸업하고 1903년 4월 일본으로 유학을 떠났다. 와세다대 정치과에 입학했으나 정치학을 공부하면 대한제국의 관비 유학생이 될 수 없다는 일제의 압력에 밀려 1906년 도쿄고등상업학교로 옮겼다. 자신의 뜻과는 달리 상학을 공부하게 되었지만 그가 지속적으로 관심을 가진 분야는 문학과 연극과 영화였다.

1910년 도쿄고상을 졸업한 윤백남이 귀국 후 가진 첫 직업은 산업은행의 전신인 한성수협조합 이사대리 자리였다. 이후 매일신보 기자를 거쳐 신파극 극단 '문수성'을 조직하고 1912년 3월 첫 작품 '불여귀'를 무대에 올려 연극인으로서 첫발을 내디뎠다. 이때부터 1954년까지 40여 년간 윤백남의 활동은 연극, 영화, 문학 등에서 화려하게 펼쳐졌다.

1916년 신극단 '예성좌'를 결성하고 최초의 연예지 '예원'을 창간했다. 1920년 4월 동아일보 창간 기자로 입사해 1920년 5월 우리나라 최초의 본격 연극론으로 평가받는 '연극과 사회'라는 장문의 논문을 10여 일간 동아일보에 발표했다. 논문에서 그는 연쇄극이 신파극을 망친다고 일갈하며 진정한 연극 작품을 만들어야 한다고 주장했다.

윤백남은 신문화의 개척자이자 전파자

1922년 1월 윤백남이 '민중극단'을 창단하고 총독부 체신국이 그에게 극영화 제작을 의뢰하면서 탄생한 영화가 '월하의 맹서'다. 영화가 성공하자 부산의 일본인 실업가들이 설립(1924.6)한 '조선키네마'가 윤백남을 감독 겸 시나리오 작가로 스카우트했다. 윤백남은 자신이 감독하고 각본을 쓴 '운영전'을 입사 첫 작품으로 제작해 1925년 1월 17일 개봉했다. 그러나 큰 적자가 나고 이 때문에 영화사와 갈등을 빚게 되자 조선키네마의 조감독 이경손과 자신의 연구생 나운규 등을 데리고 서울에서 한국 최초의 독립 영화사인 '백남 프로덕션'을 설립했다.

첫 작품은 '심청전'이었다. 자신은 제작만 맡고 이경손이 연출·각색한 '심청전'은 1925년 3월 28일 조선극장에서 개봉되었다. 이 영화 역시 흥행에 실패해 윤백남은 거액의 빚을 떠안게 되었다. '운영전'에서 엑스트라가마꾼으로 처음 얼굴을 내민 나운규는 '심청전'에서는 심봉사 역을 맡아 일약 주연급으로 부상했다. 윤백남은 1930년 11월 개봉된 이광수 원작의 '정의는 이긴다'의 각색·감독을 끝으로 영화계 일선에서 완전히 물러났다.

대신 윤백남의 재능은 신문 연재소설에서 꽃을 피웠다. 1930년 1월부터 1931년 7월까지 전편과 후편으로 나눠 동아일보에 연재한 한국 최초의 역사소설 '대도전'이 큰 인기를 끌어 인기 작가 반열에 올랐다. 이후에도 동아일보에 '해조곡'(1932), '봉화'(1933), '흑두건'(1934), '미수'(1935) 등을 연재했고 조선중앙일보와 매일신보에도 각각 '항우'(1933)와 '사변전후'(1937)를 연재했다. 1937년까지 쓴 장편소설만 11편이나 되었다. 1933년에는 경성방송국의 초대 조선어과장으로 취임, 방송작가·연출자·프로그램 제작자·성우에 이르기까지 새로운 분야를 창안하고 개척했다.

해방 후에는 영화인 조직과 문인 단체 등에 이름을 올리는 한편 여러 편의 소설을 발표했다. 6·25 전쟁 때는 63세의 나이로 전사(戰史)를 편찬하고 1953년 서라벌예술대 초대 학장에 취임했으나 1년 만인 1954년 9월 29일 심장병으로 사망했다. '한국 신문화의 아버지'가 이 땅에 신문화를 파종하고 뿌리를 내린 뒤 마침내 세상과 작별한 것이다.

박승희와 토월회 제1회 공연

토월회의 공연마다 그의 손때가 묻지 않은 곳이 없을 정도로 토월회는 박승희의 분신이자 전부였다.

박승희(1901~1964)는 우리 근대 연극의 초석을 쌓은 대표적인 인물이다. 구한말 왕족 다음 가는 명문가 자제로 태어나고 일본에까지 유학해 장래가 보장되었는데도 오직 근대 연극의 불씨를 지피기 위해 가산까지 탕진했으니 조선의 연극계로서는 그야말로 구세주 같은 존

박승희

재였다. 박승희 연극의 기반은 극단 '토월회'였다. 연기, 연출, 희곡 창작, 기획, 번역·번안 등 토월회 공연마다 그의 손때가 묻어나지 않은 곳이 없을 정도로 토월회는 박승희의 분신이자 전부였다.

박승희는 구한말 총리대신과 초대 주미공사를 역임한 박정양의 아들로 서울에서 태어났다. 1919년 3·1 운동 직후 중앙고보를 졸업하고 이 듬해 일본으로 건너가 1921년 메이지학원 영문과에 입학했다. 그 무렵 박승희, 이서구, 이제창, 연학년, 박승목 등 재일 유학생들의 아지트는 김기진·김복진 형제와 김을한이 하숙하고 있는 도쿄 간다구 니시키마치 3정목 18번지였다. 그들은 1922년 5월부터 매주 토요일에 만나는 독서회 형태의 '토월회'를 조직했다. 1923년에는 계몽운동의 일환으로 고국에서 연극 공연을 하자는 데 의견이 일치해 박승희의 창작 희곡 '길식'과 버나드 쇼의 '그 여자가 그 남편에게 뭐라고 거짓말했나', 안톤 체호프의 '곰' 등 4편의 단막극을 준비했다.

1923년 7월 4일부터 8일까지 조선극장에서 열린 토월회의 제1회 공연은 흥행에 실패했으나 2회 공연(9.18~24)작으로 무대에 올려진 마이어 푀르스터 작 '알트 하이델베르크', 레프 톨스토이 원작의 '부활', 버나드 쇼의 '오로라' 등은 다행히 호평을 받았다. 박승희는 고무되어 토월회를 전문 극단으로 바꾸려고 했으나 연극보다 문학에 관심이 많았던 나머지 멤버들은 생각이 달랐다. 결국 김기진·김복진 형제와 연학년 등 주요 인물이 떠나고 박승희와 몇 사람만이 남았다.

박승희는 토월회를 전문 직업극단으로 재정비했다. 무용과 음악을 도입하고 자신이 대본을 쓴 무용가극 '사랑과 죽음' 등을 1924년 1월 YMCA 강당 무대에 올렸다. 이후 토월회 무대에는 플루트, 바이올린, 피아노 등으로 구성된 극단 전속의 오케스트라와 춤이 등장했다. 춤과 음악이 연극의 통속화를 불러왔다는 비판이 없지 않았으나 연극을 재미있게 만들려는 의지를 보여주었다는 점에서는 획기적이었다. 박승희는 배우를 공개 모집하고 여배우에 한정되긴 했지만 전속 배우들에게 월급제를 실시했다.

조선의 연극계로는 구세주 같은 존재

박승희는 1925년 당시 조선인이 유일하게 운영하는 '광무대' 극장을 1년간 전속 극장으로 계약해 1925년 4월부터 1926년 4월까지 연중무휴 공연을 꾸몄다. 그러나 전문 극작가가 없어 레퍼토리가 없는 게 늘 문제였다. 박승희는 극장 운영에 정신이 없는 중에도 직접 희곡을 쓰고 외국 작품을 번안해 무대에 올렸다. 그는 대중이 좋아하는 것이면 그것이 무엇이든 무대에 올렸다. 기생들을 초청해 창과 민속춤을 선보이기도 했다.

그러자 젊은 배우들이 "순수한 신극 정신을 저버린 채 오직 영리만을 추구한다"며 출연 거부 소동을 벌였다. 그래도 박승희가 고집을 꺾지 않자 일부 단원이 토월회를 떠났다. 핵심 멤버였던 김을한, 이백수 등도 탈퇴했다. 설상가상으로 재정난과 작품난까지 겹쳐 토월회는 결국 1926년 2월 제56회 공연을 끝으로 막을 내렸다.

박승희는 2년 후인 1928년 10월 흩어졌던 옛 단원들과 토월회 재건에 나서 제57회 작품으로 자신의 창작극 '이 대감 망할 대감', 윤심덕의 정사(情死)를 다룬 '사의 찬미' 등을 무대에 올렸다. 재기 공연 역시 실패했으나 1929년 박승희 작, 박진 연출의 '아리랑 고개'가 20여 일 동안 초만원을 이뤄 잠시 옛 명성을 되찾는 듯했다. 하지만 다른 작품들은 여전히 흥행 실패의 연속이었다. 1931년 토월회는 완전히 해산했다. 박승희가 유산으로 물려받은 300석지기 땅도 토월회와 함께 사라졌다.

그런데도 박승희는 1년 후 '태양극장'이라는 새로운 간판을 내걸고 1932년 2월 10일 자신과 박진이 쓴 '과도기의 애화', '울며 겨자 먹기' 등으로 힘찬 재건 공연을 꾸몄다. 태양극장은 전국 방방곡곡을 누비고 일본과 만주까지 순회공연을 다니는 처절한 유랑극단 생활로 연극의 맥을 이어갔다. 그러나 박승희도 더 이상은 버틸 수 없어 1940년경 연극계를 떠나 은둔 생활에 들어갔다.

광복 후에는 왕년의 토월회 단원들을 다시 그러모아 1945년 12월 14일 수도극장에서 박승희 원작 '사십 년'을 공연하고 이듬해 '아느냐 우리들의 피를', '모반의 혈', '의사 윤봉길' 등을 무대에 올렸으나 흥행에서는 여전히 참패를 면치 못했다. 결국 재건 토월회도 1년을 버티지 못하고 연극계에서 영원히 사라졌다. 박승희 역시 연극계를 완전히 떠났다.

박승희의 회고에 따르면 180여 회 신작 공연을 하고 200여 편의 희곡을 썼다. 물론 이 중에는 각색과 번안·번역물이 포함되었기 때문에 순수 창작극은 수십 편 정도다. 그나마 창작물이 희곡집이나 잡지 등에 발표되지 않고 그때그때 즉흥적으로 무대의 대본 형태로 쓰여 대본이 남아 있는 작품은 '혈육'(1929.6), '홀아비 형제'(1928.5), '이 대감 망할 대감'(1928), '고향'(1933) 등 4편뿐이다. 1964년 7월 15일 63세로 세상을 떠났다.

관동대지진과 조선인 학살

일본도와 죽창으로 무장한 3,600여 개의 자경단이 조직되어 거리를 활보하며 학살을 자행했다.

1923년 9월 1일 오전 11시 58분 44초, 일본이 일찍이 경험하지 못한 대재앙이 도쿄와 요코하마가 포함된 관동 지방 전역을 강타했다. 매그니튜드 7.9로 기록된 '관동대지진'이었다. 점심을 준비하던 사람들은 거리로 뛰쳐나왔고 도시는 불길에 휩싸였다. 한순간의 대지진으로 도쿄의 60%, 요코하마의 80%가 잿더미가 되었다.

일본 기상청 발표에 따르면 9만 9,300여 명이 사망하고, 4만 3,400여

관동대지진 후 폐허가 된 시가지 모습

명이 행방불명되었으며, 10만 3,700여 명이 부상했다. 사망자 중에는 불에 타 죽은 사람만 3만 8,000여 명이나 되었다. 가옥은 25만 4,400여 채가 파괴되고 44만 7,100여 채가 불에 타 사라졌다. 도쿄 앞바다에는 해저가 융기해 10m 높이의 해일까지 몰려왔다.

여기까지는 누가 뭐래도 '천재(天災)'였다. 문제는 그 다음이었다. '천재'가 '인재(人災)'로 둔갑해 관동 지방 전역에서 조선인을 상대로 한 대참살이 벌어진 것이다. 참살을 주도한 것은 국민의 불만을 다른 곳으로 돌리려는 일본 정부였다. 경찰은 지진 발생 직후 통신이 두절되고 민심이 흉흉해지자 지진 당일 저녁부터 "조선인이 살인·방화를 하고 있다"는 유언비어를 유포했다. 소문은 이튿날 더욱 빠르게 퍼졌다. "후지산이 폭발했다", "오가사와라 제도가 바닷속에 잠겼다"는 등 불안감을 자극하는 온갖 소문에 일본인들은 이리저리 휩쓸렸다. 공포와 혼란에 휩싸인 그들을 가장 흥분시킨 것은 "조선인이 우물에 독을 탔다", "조선인들이 시내 곳곳에 불을 질렀다"는 괴소문이었다.

곧 일본도와 죽창으로 무장한 3,600여 개의 자경단이 조직되어 거리를 확보하며 학살을 자행했다. 그들은 각지에서 통행인을 검문하며 조선인이 발음하는데 서투른 '주고엔 고짓센(15엔 50전)', '파피푸페포(ぱぴぷぺ

ぼ)'를 발음하게 하거나 "에도 시대 노래를 불러 보라"고 요구했다. 발음이 조금이라도 이상하다 싶으면 "센징(鮮人·조선인)이다"라는 외침과 함께 폭행과 살인이 자행되었다.

일본 정부는 9월 2일 6시부로 계엄령을 선포하며 "조선인이 각지에서 방화하고 있으며, 폭탄을 소지하고 석유를 뿌리는 자가 있으니 엄밀하게 단속하라"는 전문을 전국에 발송했다. 이에 따라 일본의 군부와 경찰이 "불령선인들을 수색하고 선량한 조선인들을 보호한다"는 명분으로 조선인을 검속했다. 이렇게 검속된 조선인만 모두 6,200여 명이나 되었다.

신문들도 계엄사령부가 제공하는 유언비어를 그대로 퍼나르는 데 혈안이었다. 도쿄일일신문(9.3)은 "불령선인 각소에 방화, 제도(帝都)에 계엄령 선포"라고 제목을 달고 도요하시일일신문(9.5)은 "대화재의 원인은 지진도 있지만 일면에는 불령선인 수천 명이 폭탄을 투하하고 시중에 방화한 데 있다"고 보도했다.

이 때문에 주로 조선인이 희생되었지만 일본의 저명한 아나키스트 부부와 노동조합 간부들도 살해되었다. 경찰은 자경단이 조선인을 죽이거나 학살해도 말리지 않고 방조했다.

참살을 주도한 것은 일본 정부

학살의 실상은 끔찍했다. 일본의 시민단체 '조선인 유골을 발굴해 추도하는 모임'이 2013년 발간한 3권의 증언 자료집에 따르면 "손에 쥔 죽창과 칼로 조선인의 몸 이곳저곳을 찔렀는데 신음과 고성이 섞인 처참한 광경이었다", "10명이 피투성이가 된 조선인을 철사로 묶고 한 되나 되는 석유병을 부어 불을 붙였다. 몸부림치며 뒹굴자 이번엔 부지깽이로 짓눌렀다", "10명씩 조선인을 묶어 세워 군대가 기관총으로 쏴 죽였다. 아직 죽지 않은 사람은 선로 위에 늘어놓고 석유를 부어 태웠다"는 등 차마 인간이 한 일이라고 믿기지 않을 만큼 잔인한 일이 곳곳에서 자행되었다.

그런데도 이 소식은 조선총독부의 철저한 통제에 가로막혀 한국 언론에는 한 줄도 보도되지 않았다. 조선총독부 경무국이 1923년 9월 1일부터 11월 1일까지 게재 금지 조치를 한 조선일보·동아일보의 관동대학살 관련 기사는 모두 602건이었고 압류 조치는 18회였다.

당시 몇 명의 조선인이 학살되었는지는 일본 정부의 진상 은폐로 정확히 드러나지 않고 있다. 희생자 수를 가장 축소한 발표가 233명(일본 사법성), 850명(조선총독부)이었다. 상해 임시정부의 독립신문은 1923년 12월 5일자에서 조선인 희생자가 6,661명이라고 보도했다. 이 숫자는 그 해 10월 조선인 유학생 등이 '재일본 간토 지방 이재동포 위문반'이라는 이름으로 간토 일원의 학살 현장 등을 은밀히 조사해 살아남은 조선인들로부터 들은 이야기 등을 토대로 집계한 것이다.

일본의 한 교수가 당시 일본 사법성의 '진재 후에 있어서 형사범 및 이에 관한 사항 조사서'를 분석한 결과에 따르면 방화·살인·강도·강간 등을 저질렀다고 기록된 조선인 '범인' 120명 중 115명은 '성명 불명(不明)'이었고 나머지는 '소재 불명'이거나 '도망' 혹은 '사망'이었다. 소문의 실체가 없었음이 확인된 것이다.

일본에서 간행된 당시 판결 자료집에 따르면, 1심 판결문 중 조선인 학살 관련 피고인은 모두 102명이었다. 이 중 81명은 집행유예, 5명은 무죄를 선고받았다. 실형을 선고받은 사람은 고작 16명이었다. 상고심에서 조선인 학살자의 최고 실형은 징역 2년 미만이었다.

무스타파 케말, 터키 초대 대통령 취임

오늘날 터키의 모든 화폐에는 오직 케말의 얼굴만 그려져 있다.

19세기에 점화된 발칸반도 국가들의 독립 열풍은 600년 역사를 자랑하는 오스만튀르크 제국의 안정적 기반을 뿌리째 흔들어놓았다. 1877~1878년에는 러시아와의 전쟁에서 참패해 아시아에서는 캅카스를, 유럽에서는 불가리아·루마니아·세르비아·몬테네그로를 잃는 등 광활하던 영토가 하나둘 잘려 나갔다.

그러다보니 부패하고 무능한 술탄(황제) 체제에 대한 비판이 고조되었고 국가를 현대화해야 한다는 각성의 목소리가 확산되었다. 1889년 개혁을 추구하는 대학생과 젊은 군인들의 모임인 '연합진보회'(청년튀르크당의 전신)가 비밀리에 결성된 것도 그런 시대정신의 반영이었다. 술탄이 개혁주의자들을 국외로 추방하고 감금했으나 이들은 서서히 세력을 키워 1908년 6월 수도인 이스탄불을 점령, 술탄이 폐기한 헌법을 부활하고 전국적인 총선을 실시해 의회를 구성했다. 1909년에는 기존의 술탄을 폐위하고 새 술탄을 앉혔다.

이처럼 국내가 혼란스럽던 1912년 러시아의 주도로 세르비아·불가리아·그리스·몬테네그로 등 발칸의 신생 독립국들이 '발칸 동맹'을 결성함으로써 대 오스만 공동전선을 구축했다. 발칸 동맹은 1912년 10월 오스만을 상대로 제1차 발칸 전쟁을 감행했다. 터키는 패전을 거듭한 끝에 1913년 5월 이스탄불을 제외한 유럽의 영토 대부분을 잃었다.

무엇보다 오스만의 쇠락을 가속화한 것은 1914년 발발한 1차대전이었다. 독일 측의 동맹국에 가담했다가 독일의 패전과 함께 연합국의 먹잇감으로 전락했기 때문이다. 결국 지난 시절의 영화는 고사하고 오랜 세월 터키인들이 터 잡고 살아온 땅마저 연합국에 빼앗길 위기에 놓였다. 그

누란의 위기 상황을 타개한 이가 '터키의 국부' 무스타파 케말 아타튀르크(1881~1938)다.

무스타파 케말 아타튀르크

무스타파는 당시는 오스만 제국의 영토였으나 지금은 그리스 땅인 테살로니카에서 태어났다. 군사학교 시절 무스타파와 같은 이름의 선생이 '완벽'을 뜻하는 케말이라는 이름을 부여해 이후 무스타파 케말로 불렸다. 케말은 1905년 사관학교를 졸업한 후 청년 장교들의 비밀 조직과 청년튀르크당에서 활동했다. 1908년 청년튀르크당의 군대가 이스탄불로 진격하고 이듬해 술탄을 갈아치울 때 진공 작전을 지휘했다. 하지만 새 정부의 실력자와 사이가 틀어져 변방 부대로 밀려났다.

무스타파가 주목을 받기 시작한 것은 1차대전 때였다. 그는 오스만이 1차대전에 참전하는 것을 원치 않았지만 조국의 승리를 위해 혼신의 노력을 다했다. 1915년 4월 연합군과의 갈리폴리 전투에서도 뛰어난 작전을 펼쳐 연전연승을 거듭했다. 갈리폴리 전투는 서구 열강에 패배하기만 하던 오스만에 실로 오랜만에 값진 승리를 안겨주었다. 케말은 곧 장군으로 진급했고 그 후 사람들은 그를 파샤(장군)로 불렀다. 케말은 이후에도 각종 전투에서 혁혁한 공을 세워 이름을 날렸다.

그러나 오스만은 1차대전의 패전으로 온갖 불이익을 당해야 했다. 500여 년 동안 오스만의 지배를 받아오다 1832년 독립한 그리스까지 오스만의 교역 도시 이즈미르를 점령(1919.5)할 정도로 오스만은 무력한 존재로 전락했다.

케말은 그런 상황을 지켜볼 수 없어 1919년 5월 흑해 연안 삼순항을 거쳐 아나톨리아(소아시아)로 잠입한 뒤 전국적인 독립 저항 세력 대표자 회의를 소집해 범국민적인 투쟁을 준비했다. 케말은 사방으로 흩어져 있는 오스만의 병사들을 아나톨리아로 그러모아 민병대를 조직한 뒤 전국적인 총선 실시를 요구했다.

케말은 '완벽', 아타튀르크는 '국부'의 뜻

패전 후 우왕좌왕하던 정부는 케말의 압력에 굴복, 1920년 1월 총선을 실시했다. 새 의회는 그 무렵 연합국끼리 논의하고 있는 대 오스만 조약이 불평등하다며 종전(1918.10) 당시의 영토 범위 내에서 독립한다는 국민헌장을 통과시켰다. 그러자 연합국의 무력 개입이 시작되었다. 이스탄불을 점령하고 의원들을 체포·구금하고 의회를 해산했다. 케말은 아랑곳하지 않고 1920년 4월 23일 아나톨리아 내륙의 앙고라(나중에 앙카라로 개명)에서 '터키 국민의회'를 구성해 연합국의 무력 개입에 저항했다.

연합국은 사실상 종이호랑이로 전락한 오스만 정부의 의견을 묵살한 채 1920년 8월 10일 '세브르 조약'을 체결함으로써 오스만의 영토 문제를 일단락 지으려 했다. 세브르 조약에 따르면 오스만은 이스탄불과 트라키아(유럽 대륙에 위치한 발칸반도의 남부 지역) 일부 지역에서만 제한된 영유권을 행사할 뿐 아랍 지역은 모두 내놓아야 했다. 아나톨리아의 광범위한 지역은 신생 아르메니아에, 아나톨리아를 둘러싸고 있는 에게해 섬들과 이즈미르는 그리스에 양도해야 했다. 보스포루스 해협은 국제화되었고 오스만에는 엄격한 금융 통제가 실시되었다.

그런 와중에 케말의 터키 국민의회는 1921년 1월 20일 기본법을 제정해 주권은 술탄에게 있는 것이 아니라 국민에게 있고, 국민의회가 국민의 유일한 대표 기구임을 선언했다. 국명은 '튀르키예(영어로 Turkey)'로 정하고 국가 운영의 실권은 케말이 주도하는 집행위가 장악했다. 케말의 관심은 과거 오스만 제국의 광활했던 영토가 아니라 터키 민족만의 독립된 영토였다.

그런데도 연합국이 이 땅마저 분할하려 하자 케말은 독립 전쟁을 피할 수 없다고 판단해 터키 내에 주둔하고 있는 외세를 상대로 전투를 시작했다. 전쟁 결과 동쪽 영토는 아르메니아와 그루지아(현 조지아)로부터 빼앗고, 남쪽의 프랑스군은 시리아로 쫓아냈다. 영국을 믿고 영토를 확대하려 한 그리스군도 1년에 걸친 전쟁 끝에 터키 땅에서 몰아냈다. 연합국은 결국 케말을 터키 대표로 인정하고 모두 철수했다.

케말의 국민의회는 1922년 11월 1일 술탄(황제)과 칼리프(이슬람교 최고 지도자)를 분리하고 술탄제 폐지를 의결했다. 이로써 술탄 메흐메트 6세가 축출되어 623년 역사의 오스만 튀르크 제국이 문을 닫았다. 1299년 창건되어 전성기 때는 서아시아·북아프리카·발칸반도·흑해 북부·캅서스 남부까지 아우르고, 1453년에는 콘스탄티노플(이스탄불)의 동로마를 함락해 유럽인들의 자존심을 여지없이 짓밟았던 대제국이 마침내 과거의 영화를 뒤로 한 채 역사 속으로 사라진 것이다. 칼리프 제도는 1924년 3월 3일 폐지되었다.

사실상 독재정치로 터키를 탈종교화·현대화해

연합국은 터키의 실체를 인정해 1923년 7월 24일, 3년 전 체결한 세브르 조약을 로잔 조약으로 대체했다. 조약에 따라 터키는 터키 영토의 보존과 독립을 국제적으로 승인받았다. 주민들도 새롭게 획정된 국경에 따라 강제로 이주시켰다. 130만 명의 그리스인이 터키를 떠나고 40만 명의 그리스 내 터키인이 고국으로 귀환했다. 로잔 조약은 애꿎게도 쿠르드족에게는 죽음의 조약으로 작용했다. 세브르 조약에서 영국과 프랑스로부터 약속받은 쿠르드 독립 조항이 로잔 조약에서는 오스만의 반대로 삭제되어 지금까지 나라 없이 떠돌고 있기 때문이다.

터키 국민의회는 1923년 10월 29일 터키 공화국을 선포하고 케말을 초대 대통령으로 선출했다. 500년간 수도였던 이스탄불을 버리고 아나톨리아 반도 중심의 앙카라를 새 수도로 선정했다. 케말 대통령은 강압적인 수단으로 개혁을 추진했다. 구체제·반정부 인사들을 감시하고 숙청했다. 정당은 집권당인 공화인민당만 인정하고 정적은 투옥했다. 언론은 검열하고 반정부 언론은 가차 없이 폐간했다. 이런 강제적인 수단을 동원해 1924년 4월 공화정 헌법을 제정·공포하고 1925년 여성의 차도르 강제 착용을 금지했으며 1926년 일부다처제를 폐지했다. 1930년 선거권과 피선거권을 여성에게도 주어 남녀평등을 실현했다.

1928년에는 이슬람을 국교의 지위에서 격하하고 문자 개혁을 단행했다. 아랍어로 표기하는 터키어가 너무 어렵다며 아랍식 터키어를 폐지하고 로마자 알파벳으로 터키어를 표기하는 새로운 터키어를 만든 문자 개혁은 대변혁을 몰고 왔다. 훗날 컴퓨터 시대가 도래했을 때 터키인들은 그의 탁견에 또 한 번 탄복해야 했다. 1931년에는 도량형 개혁을 통해 미터법을 정착시키고 이슬람 역법 대신 서기 역법을 도입했다.

1934년에는 모든 국민이 성을 만들도록 하는 강제 규정을 신설했다. 터키 의회는 1934년 11월 성씨법을 제정하면서 케말에게는 '국부'를 뜻하는 아타튀르크를 부여했다. 이후 터키에서는 아타튀르크를 모욕하는 발언이나 행동은 불법으로 처벌받았다. 케말의 이런 노력이 없었다면 터키는 아직도 이슬람교 율법에 얽매인 낙후한 중동의 한 군주국가로 남았거나 세계 열강의 식민지로 온갖 수탈을 당했을 가능성이 높다는 게 일반적인 평가다. 케말은 사실상 독재정치로 터키를 탈종교화·현대화해 놓고 1938년 11월 10일 눈을 감았다.

오늘날 터키의 모든 화폐에는 오직 케말의 얼굴만 그려져 있다. 어떤 도시를 가더라도 그의 동상이나 이름을 딴 도로가 없는 곳이 없다. 공공기관, 학교, 기업체 모두 그의 초상을 사무실에 내걸고 있고, 큰 도로에

접해 있는 벽면에는 활동상을 찍은 사진이나 초상화가 걸려 있는 경우가 많다. 그래서 회자되는 얘기가 터키 여성들은 남편보다 케말의 얼굴을 더 자주 본다는 것이다.

게오르크 루카치 '역사와 계급의식' 출판
비판적 태도를 견지하면서도 마르크스와 공산주의에 대한 애정은 죽을 때까지 포기하지 않았다.

게오르크 루카치(1885~1971)는 카를 마르크스 이래 마르크스주의 이론을 가장 정교하고 성숙하게 발전시킨 이론가로 꼽힌다. 마르크스가 주로 경제학, 정치학, 사회학을 중심으로 자신의 이론을 전개했다면 루카치는 미학, 철학, 정치사상, 문학이론 등 인문학을 중심으로 마르크스주의의 이론적 틀을 발전시켰다. 마르크스 사후 레닌과 모택동이 마르크스주의를 현실 정치에 실현하는 것으로 역사에 이름을 올렸다면 루카치는 이론적·학문적 분야에서 마르크스 이념을 발전시켰다. 이런 영광과 찬사를 받은 그였지만 인생은 굴욕과 수난으로 점철되었다.

루카치는 헝가리 부다페스트의 부유한 유대인 집안에서 태어나 부다페스트대 법학부를 졸업했다. 그 후 독일의 베를린대에서는 철학자 게오르크 지멜에게서, 하이델베르크대에서는 철학자 막스 베버에게서 철학을 배웠다. 그의 철학적 변신을 자극한 것은 1차대전 중 일어난 러시아혁명이었다. "도대체 누가 우리를 서구 문명으로부터 지켜줄 것인가"라며 답을 찾지 못하고 있을 때 1917년 일어난 러시아혁명에서 희망의 빛을 본 것이다.

루카치는 자신의 해묵은 관념론을 폐기 처분하고 마르크스주의자로 전향했다. 1918년 12월 헝가리 공산당에 가입하고 1919년 3월 무장봉기로

게오르크 루카치

수립한 헝가리 소비에트 공화국에서 교육문화 인민위원과 정치위원으로 현실 정치에 참여했다. 그러나 불과 133일 만에 소비에트 공화국이 무너져 오스트리아 빈으로 망명하는 처지가 되었다.

루카치가 자신의 주저 '역사와 계급의식'을 망명지 베를린에서 출판한 것은 1923년이었다. 1919년부터 틈틈이 써온 이 8개의 논문 모음집에서 가장 주목을 끈 논문은 '사물화와 프롤레타리아의 의식'이었다. 루카치가 20세기에 남긴 주요한 학술어 중 하나인 '사물화' 개념은, 마르크스가 '자본론'에서 이미 물신주의를 거론하고 막스 베버가 사물화, 관료화, 합리화를 이야기했다는 점에서 그의 독창 개념이라고 할 수는 없지만 마르크스가 상품 구조로 사물화의 체계를 파악한 것과 달리 루카치의 사물화는 의식과 관련지어졌다는 점에서 돋보이는 발상이었다.

사물화 개념에는 인간 특유의 활동과 노동이 인간으로부터 독립되어 인간에게 낯선 자기법칙성을 통해 인간을 지배한다는 생각이 담겨 있다. 루카치는 사물화의 극복과 혁명의 동인을, 심각하고 철저하게 비인간화를 겪는 프롤레타리아 계급의식의 성숙에서 찾았다. 또한 이미 굳어버린 이데올로기는 물론 혁명을 위한 수단으로 전락한 공산주의 사상과 갈등하는 '비판 정신'도 강조했다.

그러나 루카치가 왕성하게 활동하던 시기는 마르크스주의가 더 이상 비판의 사상이 아니라 체제 이데올로기로 굳어지던 때였다. 따라서 '역사와 계급의식'은 이런 시대 흐름에서 본다면 역류의 사상이나 다름없었다. 이 때문에 '관념적 냄새가 짙은' 루카치의 이론은 공산 혁명가들에게 부정되었다. 결국 루카치는 책을 출간하자마자 수정주의적이고 관념적으로 몰려 머지않아 스스로 책의 가치를 부정해야 했다.

마르크스주의 이론을 가장 정교하고 성숙하게 발전시킨 이론가

1928년 루카치가 발표한 논문 '블룸 테제'도 또 한 번 논란에 휩싸였다. 헝가리에서는 소비에트 공화국으로 곧장 전환하는 것이 불가능하기 때문에 당은 프롤레타리아 독재가 아니라 노동자·농민의 민주주의적 독재를 당면 목표로 삼아야 한다고 주장하는 그의 논문에 기회주의라는 비난이 쏟아진 것이다. 루카치는 이런 비판에도 불구하고 자기의 관점이 정당하다고 믿었다. 하지만 당에서 쫓겨나면 파시즘과 효과적으로 싸울 수 없다는 생각에 자아비판을 받아들였다.

한동안 베를린에 있다가 1933년 나치의 집권 후 소련으로 피신했으나 소련도 스탈린 주도 아래 '사회주의적 사실주의' 강령이 지배하고 있어 주로 19세기의 비판적 사실주의에 경도되어 있던 루카치로서는 소련에서조차 마음이 편치 않았다. 루카치는 정치적 현실과 학문적 신념 사이의 괴리 속에서 자신의 말대로 "일종의 빨치산 투쟁" 방식으로 위기를 모면했다. 그것은 자신의 자아비판 글에 스탈린의 말을 인용은 하되 지엽적인 것으로 국한해 형식적으로는 검열자를 만족시키면서도 본질적으로는 스탈린과 다른 자신의 입장을 견지하는 소극적 방식이었다.

이에 대해 훗날 루카치는 "나는 스탈린주의가 일종의 이성 파괴라는 것을 한 번도 의심하지 않았고 또 늘 그렇게 주장해왔다"면서 "다만 당시의 가장 중요한 문제는 히틀러의 멸망이었고 그를 대적할 수 있는 집단은 스탈린의 소련뿐이었기 때문에 그렇게밖에 할 수 없었다"고 자신을 변호했다.

루카치는 1944년 11월 부다페스트로 돌아와 현실 정치와 거리를 유지하면서 연구와 집필에만 몰두했다. 종전 후에는 '청년 헤겔'(1948)과 '이성의 붕괴'(1954)를 출간했다. 1956년 민중봉기를 거쳐 너지 임레를 수반으로 하는 개혁 정부가 들어섰을 때 잠시 문교부 장관으로 활동했으나 소련의 탄압으로 너지의 봉기가 실패로 돌아가 '수정주의자'로 몰려 루마니아로 추방되었다. 1957년 4월 부다페스트로 돌아와서는 연구실에 칩거하면서 '미학'과 '존재론' 등 말년의 대작업에 몰두했다.

그러던 중 1968년 바르샤바 조약군 탱크가 체코의 프라하로 진격한 사태는 현실 사회주의에 대한 그의 신념을 또다시 흔들어놓았다. 사석에서 "1917년에 시작했던 실험 전체가 실패였던 것 같다"고 토로하고 스탈린주의와 현존 사회주의에 대해 비판적 태도를 견지하긴 했으나 마르크스와 공산주의에 대한 애정과 신념은 죽을 때까지 포기하지 않았다.

죽기 2년 전인 1969년 "최악의 사회주의조차 최선의 자본주의보다 항상 더 낫다고 생각해왔다"고 밝혔으며 숨을 거두기 직전인 1971년 1월 작성한 자서전 초안의 말미에서는 "점증하는 세계 위기의 유일한 돌파구는 진정한 마르크스주의이며 사회주의 국가들의 개혁 역시 마르크스 이데올로기에 입각해야 한다"는 점을 분명히 했다.

1924년

윤극영 동요 '반달' 작곡
 _ 일제하 한국 동요
노수현, 신문만화 '멍텅구리' 조선일보 연재
 _ 이상범
경성제국대학 개교
진로소주 출시
 _ 삼학소주
박정현과 영화 '장화홍련전' 개봉
암태도 소작 쟁의
레닌의 죽음과 스탈린의 권력 장악
중국 제1차 국공합작
 _ 중국공산당 창당
 _ 코민테른
에드거 후버 FBI 국장 부임
앙드레 브르통, 초현실주의 선언
조지 거슈윈 '랩소디 인 블루' 작곡·발표
토마스 왓슨 IBM 창립
레이먼드 다트, '타웅 아이' 화석 발견
 _ 네안데르탈인 논쟁
파블로 네루다 시집 '스무 편의 사랑…' 출판

윤극영 동요 '반달' 작곡

한국에서 태어난 30대 이상 치고 윤극영의 동요를 모르는 사람은 없다.

우리나라 동요 90년사에 기록된 인물 가운데 오직 한 명의 동요 작곡가를 꼽으라면 단연 윤극영(1903-1988)이다. 한국에서 태어난 40대 이상 치고 윤극영의 동요를 모르는 사람은 없다. 물론 그들 대부분은 자신이 알고 있는 동요가 윤극영의 곡이라는 사실을 모른 채 듣고 부른다. 윤극영이 작곡한 대표적인 동요는 '반달'이다. '고드름', '설날', '기찻길 옆', '따오기', '꼬부랑 할머니', '나란히 나란히' 등도 윤극영이 작곡했다.

윤극영은 서울에서 태어나 교동보통학교를 졸업하고 1917년 경성고보에 입학했다. '상록수'를 쓴 심훈과 천황을 폭살하려다 실패한 박열 열사가 경성고보 동기다. 윤극영은 음악을 하고 싶었지만 부모의 강권으로 경성법학전문학교에 입학했다. 음악에 대한 미련을 버리지 못하고 있을 때 친척인 윤치호가 윤극영의 부모를 설득하고 일본으로 유학을 갈수 있도록 학비를 대주었다.

윤극영은 1921년 경성법학전문학교를 중퇴하고 일본으로 유학을 떠났다. 도쿄음악학교와 도요음악학교에서 성악과 바이올린을 전공하던 1923년 3월 어느 날 윤극영의 하숙집에 초면인 방정환이 찾아왔다. 4살이 많은 방정환은 윤극영에게 "나는 창작 동화에 힘쓸 테니 윤 형은 이 땅의 어린이를 위해 동요 작곡에 힘써 달라"며 "함께 어린이 문화사업을 하자"고 권했다. 윤극영이 훗날 "그날 밤 내 운명이 바뀌었다"고 술회했듯 그 순간은 윤극영의 인생 행로에 분기점이 되었다.

윤극영은 1923년 5월 1일 조재호, 진장섭, 손진태, 정순철, 고한승 등과 함께 방정환이 우리나라 최초로 구상한 어린이 문화단체 '색동회'를 도쿄에서 발족시켰다. 1923년 9월 도쿄대지진의 난리를 겪고 귀국한 뒤에는 부친이 뒤뜰에 마련해준 '일성당'이라는 별채를 자신의 음악 산실로 삼았다. 그곳에 피아노를 들여놓고 소년소녀합창단 '다알리아회'라는 노래 모임을 만들어 동요 보급 운동을 펼쳤다.

동요 작곡에도 힘을 쏟아 1926년까지 2년 남짓한 기간 '반달', '설날', '따오기', '고드름' 등 주옥같은 동요들을 세상에 내놓았다. 이 가운데 "푸른 하늘 은하수 하얀 쪽배엔 계수나무 한 나무 토끼 한 마리…"로 시작하는 '반달'은 한국 음악사에 길이 남을 기념비적인 동요로 평가받고 있다.

윤극영은 자신이 작사·작곡한 '반달'을 통해 15세나 나이 차가 나는 누이에 대한 사무친 그리움을 표현했다. 자신이 어릴 때 경기도 가평으로 시집간 누이가 시집에서 고생을 하다가 1924년 9월 죽었다는 소식을 듣고 슬픔에 쌓여 만든 노래가 '반달'이다. 누이의 죽음 소식에 가슴이 미어지던 그날, 하늘을 보니 대낮인데도 반달이 떠 있었다. 윤극영은 낮에 뜬 외로운 반달을 보면서 죽은 누이와 우리 민족이 처한 슬픔이 떠올라 '반달'을 만들었다. 노래는 등사판으로 만들어져 사발통문으로 퍼졌다. 불과 1년 만에 전국 어느 동네를 가도 '반달'이 들렸다. 그것은 동요가 아니라 전 조선인의 국민가요였다.

방정환과의 만남은 인생 행로의 분기점

윤극영은 1926년 동요곡집 '반달'을 음반으로 발표했다. 우리나라 최초의 동요 레코드로 기록되고 있는 동요곡집에는 '설날'(윤극영 작사), '꾀꼬리'(윤극영 작사), '귀뚜라미'(방정환 작사), '두루미'(한정동 작사), '꼬부랑 할머니'(최영애 작사), '고드름'(유지영 작사), '흐르는 시내'(윤석중 작사), '소금쟁이'(한정동 작사) 등 모두 17곡이 수록되었다. 윤극영의 창작 동요는 동요가 음악의 한 장르로 자리잡는 데 중요한 역할을 했다. 윤극영의 동요가 등장하면서 그전까지 신식 노래를 통칭하던 '창가'는 동요, 가곡, 유행가 세 분야로 분화되었다.

윤극영

윤극영은 23세이던 1926년 1월 북간도 용정으로 떠난 사랑의 도피로도 화제를 뿌렸다. 윤극영은 어려서 할아버지가 정해준 규수와 16세에 결혼을 했는데 마음에 없는 결혼이다 보니 도무지 정이 들지 않았다. 할아버지 사후 윤극영의 눈에 들어온 여인이 '다알리아회' 반주를 맡고 있던 이화여전 출신의 오인경이었다. 윤극영은 '반달' 동요곡집을 취입하기로 한 레코드사로부터 받은 500원의 거금을 '사랑의 도피' 자금으로 썼다.

이후 윤극영은 잠시 서울에 다녀간 것 말고는 해방 후 귀국할 때까지 동흥중학을 비롯해 광명중학, 용정제2고등학교 등에서 음악 교사로 활동하며 북간도를 떠나지 않았다. 정일권 전 국무총리와 '북간도'의 소설가 안수길이 당시 그의 제자였다.

윤극영은 북간도 시절이던 1942년 친일 단체인 '오족협화회'에 가입했다. 이 때문에 해방 후 곤경에 처했다. 일본의 패망 후 북간도를 점령한 중국공산당의 팔로군에게 잡혀 3년형을 선고받아 수감되었고, 1988년 죽는 날까지 친일 인사라는 논란에 휩싸여 적지 않은 마음고생을 해야 했다. 윤극영은 제자의 도움으로 겨우 풀려나 1947년 가을 서울 땅을 밟았다.

살아서 돌아온 윤극영은 동요작가 윤석중의 집에서 노래 동무회를 만들어 활동을 재개했다. 1948년 5월부터 불리기 시작한 '어린이날 노래'를 비롯해 '나란히 나란히', '기찻길 옆' 등 새로운 동요도 작곡했다. 일제 때부터 펼쳐온 동요 보급 운동의 공로를 인정받아 1968년 창경원(현 창경궁)

에 '반달' 노래비가 세워졌고 노래비는 1984년 어린이대공원으로 옮겨져 지금에 이르고 있다. 1988년 11월 15일 85세를 일기로 눈을 감을 때까지 윤극영이 작곡한 동요는 100여 곡에 이른다.

일제하 한국 동요   우리의 동요가 태동한 것은 1920년대였다. 그 전까지는 국적을 불문하고 신식 노래를 모두 '창가'라고 통칭했다. 한국인이 작곡한 창가 제1호는 1905년 김인식이 작곡·작사한 '학도가'이다. 김인식은 1907년 황성기독청년회(YMCA의 전신)가 설립한 상동청년학원 중학부에서 우리나라 최초로 음악 교사를 했던 인물이다.

1920년대 들어 창가는 동요, 가곡, 대중가요로 분화했다. 가곡의 효시는 1920년 홍난파가 작곡한 '애수'에 1925년 김형준이 가사를 붙인 '봉선화'이다. 창작 대중가요 제1호는 1927년 김서정이 영화 주제가로 작사·작곡한 '낙화유수'다. 초기 창작 동요는 1920년 박태준이 작곡한 '가을밤'(이태선 작사) 등이지만 본격적인 창작 동요는 1923년 5월 방정환을 중심으로 결성된 '색동회' 출범 후 등장했다. 방정환이 1923년 창작하고 정순철이 곡을 붙인 '형제별'이 한국 창작 동요의 효시로 꼽힌다. '형제별'은 당시 우리 민족의 감정과 시대적 정서에 융합되어 어른들까지도 즐겨 불렀다.

이처럼 많은 동요가 세상에 나왔지만 전문가들은 1924년 윤극영이 작사·작곡한 '반달'을 진정한 창작 동요의 효시로 꼽는다. 윤극영은 1926년 우리나라 최초의 동요곡집인 '반달'도 취입했다. "뜸북 뜸북 뜸북새 논에서 울고…"로 시작하는 '오빠 생각'(윤석중 작사), "아버지는 나귀 타고 장에 가시고…"라는 도입부의 '맴맴'(윤석중 작사) 등을 박태준이 작곡한 것도 그 무렵이었다.

1920년대에 동요를 가장 많이 작곡한 이는 홍난파였다. 그는 각각 50편의 동요가 수록된 '조선동요 100곡집' 상권(1929)과 하권(1933)을 펴냄으로써 동요에 대한 관심과 애정을 보였다. 1929년에는 정순철이 '갈잎피리'라는 창작 동요집을 출간했는데 여기에 수록된 곡이 "엄마 앞에서 짝짜궁…"으로 시작하는 '우리 아기 행진곡'(윤석중 작사)과 '까치야'(김기진 작사) 등 10편의 창작 동요다. 안기영 역시 '그리운 강남'(김석송 작사), '조선의 꽃'(이은상 작사) 등이 수록된 '안기영 작곡집' 제1집을 1929년 발표했다. 이처럼 우리나라의 창작 동요는 1920년대에 윤극영을 비롯해 박태준, 정순철, 홍난파, 안기영 등에 의해 개척되고 발전했다.

1930년대는 동요 창작과 보급의 전성기였다. 1931년 박태준의 두 번째 창작 동요집 '양양범버궁'과 1932년 '현제명 작곡집' 제1집이 출판되었다. '현제명 작곡집'에는 "가을이라 가을바람 솔솔 불어오니…"로 시작하는 '가을', "해는 저서 어두운데…"로 시작하는 '고향 생각' 등이 수록되었다. 강신명은 1932년 '강신명 동요 99곡'을 발표했고 이흥렬은 1933년 "나비 나비 흰나비…"로 시작하는 '나비노래' 등이 수록된 '꽃동산' 동요 작곡집을 발표했으며 같은 해 홍난파의 '조선동요 100곡집' 하권이 나왔다. 강신명은 1936년 '아동가요곡선 300곡집'을 발간함으로써 그때까지 창작된 한국 동요를 집대성했다.

이 밖에 1930년대에 활약한 주요 동요 작곡가들로는 권태호, 김대현, 김성도, 박태현 등이 있다. 권태호는 "나리 나리 개나리…"로 시작하는 '봄나들이'(윤석중 작사)와 "하얀 눈 하얀 눈 어째서 하얀가…"로 시작하는 '눈꽃새'(모기윤 작사), 김대현은 "따르릉 따르릉 비켜나세요…"라는 노랫말의 '자전거'(목일신 작사), 김성도는 "따따따 따따따 주먹손으로…"로 시작하는 '어린 음악대'(김성도 작사)를 작곡했다. 박태현은 "넓고 넓은 밤하늘에 누가 누가 잠자나…"로 시작하는 '누가 누가 잠자나'(목일신 작사)와

"산 위에서 부는 바람 서늘한 바람…"이란 가사의 '산바람 강바람'(윤석중 작사) 등 주옥같은 명작 동요들을 발표했다.

한국의 동요는 그러나 1940년대 들어 일제의 문화 말살 정책에 눌려 수난기를 맞는다. 사회 전반에 걸쳐 전시 가요와 군가 등 전쟁과 관련된 노래들이 강요되면서 새로운 동요는 더 이상 창작되지 못하고 기존의 동요도 부를 수 없게 되었다. 일제하 '동요의 암흑기'는 해방과 더불어 사라지고 다시 '노래의 고향' 역할을 하면서 꽃을 피웠다.

노수현, 신문만화 '멍텅구리' 조선일보 연재
그것은 일본풍의 잔재를 몰아내고 전통에 귀의하는 것이었다.

흔히 한국 신문만화의 효시를 말할 때 1909년 6월 2일자 '대한민보' 창간호 1면에 실린 이도영 화백의 한 컷 만화를 꼽는다. 형식은 오늘날의 만평에 가깝지만 한국 만화계는 이 만평을 우리나라 신문만화의 출발점으로 삼는다. 대한민보는 1910년 6월 5일부터 신문 연재소설에 삽화까지 실어 초기 한국 신문의 비주얼화를 선도했다.

초기의 신문만화는 주로 '그림 이야기'로 불리다가 1913년 발간된 '붉은 저고리' 잡지에 "다음 그림 칸을 보아야 무슨 내용인지 알 수 있다"는 뜻의 순수 우리말 '다음엇지'가 등장하고부터 한동안 '다음엇지'로 불렸다. 그러다가 1920년대 들어 일본의 영향을 받아 스토리를 담은 연속적인 그림을 만화로 일컬었다.

한국 신문에 네 컷짜리 연재만화가 처음 시도된 것은 1924년 10월 13일자 조선일보였다. '멍텅구리─헛물켜기'라는 제목의 만화였는데 멍청한 키다리 재산가 '최멍텅'과 그를 농락하는 재미로 사는 듯한 땅딸보 친구 '윤

바람'이 기생 '신옥매'를 사이에 두고 벌이는 우스꽝스런 이야기를 다뤘다. 첫 회는 주인공 최멍텅이 전차길 부근을 걸어가다가 기생 신옥매의 자태에 홀려 한눈팔다가 전차에 부딪히는 내용이고, 2회는 최멍텅이 옥매 집까지 갔으나 갑자기 튀어나온 개를 피하려다 개천에 빠진다는 내용이다.

노수현

'멍텅구리'를 세상에 처음 내놓은 주인공은 전통 화가이자 조선일보 학예부 기자이던 노수현(1899~1978)이다. 그는 황해도 곡산에서 태어났다. 어려서 양친을 잃어 애국지사 조부 밑에서 자랐다. 3·1 운동 때 민족대표 48인 중 한 사람인 노헌용이 조부다. 노수현은 1914년 보성중학에 입학했으나 1년 과정을 마친 뒤 전문 화가가 되기 위해 우리나라 최초의 근대 미술학교인 서화미술회 강습소에 입학했다.

서화미술회는 조선왕조의 붕괴로 화원 제도가 폐지되고 이 때문에 서화 전통을 계승하는 길이 막히자 미술교육기관의 필요성을 절감한 문인화가 윤영기가 1911년 3월 설립한 경성서화미술원이 뿌리다. 하지만 경성서화미술원은 발족 단계에서 재정적으로 후원한 이완용이 서화미술회라는 실질적 운영체를 만들면서 주체가 이완용에게 사실상 넘어갔고 이완용이 서화미술회 초대 회장이 되었다.

이후 서화미술회는 이왕가의 후원을 받아 1912년 강습소를 설치하고 조선 도화서 출신의 조석진, 안중식, 정대유 등을 교사진으로 확보해 각각 3년 과정의 서과와 화과 학생을 모집했다. 그래서 입학한 학생 중에는 오일영·이용우(1기생), 김은호(2기생), 박승무(3기생) 등이 두각을 나타냈고 노수현은 이상범과 함께 4기생으로 입학했다.

산수를 단아하고 엄격한 조형 감각으로 짜임새 있고 깔끔하게 표현

노수현과 이상범은 도제식으로 전통 화법을 수학했다. 1918년 4월 졸업한 후에도 1919년 10월 스승 안중식이 작고할 때까지 스승의 사저에 있는 경묵당에서 스승의 작품을 대필하며 그림을 배웠다. 안중식은 두 제자를 총애해 자신의 아호 '심전'에서 첫 글자를 떼어 노수현에게는 '심산'이란 호를 주고 뒷 글자인 '전'자는 노수현과 서화미술회 동기생인 창전 이상범에게 부여했다.

두 제자는 1920년 창덕궁 내전 벽화 화가로도 함께 선정되어 참여했다. '서화협회'가 1921년 시작한 '서화협회전'에도 1936년 제15회로 끝날 때까지 한 해도 빠지지 않고 출품했다. 서화협회는 안중식이 초대 회장, 고희동이 총무를 맡고 당시 서화계의 대가들이던 조석진·오세창·김규진·정대유 등 13명이 발기인으로 나서 1918년 6월 창립된 근대적 미술단체다. 조선 말기 서화가들의 도피적 안일주의와 고루한 전통주의의 종식을 목표로 삼았다.

두 제자는 1922년 시작된 조선미술전람회에도 해마다 출품했으나 노수현은 1923년 제2회 선전에서 3등상을 받고 1926년 제5회 선전에서 특선에 뽑혔을 뿐 이상범에 비해 큰 성과를 거두지 못했다. 다만 1925년 제4회 선전에 출품한 '일난'은 비록 입상하지는 못했지만 피폐한 식민지 하의 농촌 현실을 사실적으로 그렸다는 평가를 받았다.

1923년 3월에는 고루한 형식 위주의 전통 회화에서 벗어나 새로운 회화연구를 목적으로 서화미술회 동문인 이용우·이상범·변관식 등과 함께 우리나라 최초의 한국화 동인회인 '동연사'를 결성했다. 동연사는 동인전 개최에 필요한 경비 마련을 위해 1923년 11월 4일 이상범·노수현의 2인전을 보성학교에서 열었다. 그래도 재정 문제가 해결되지 않아 결국 전시회를 열지 못하고 해산되었다.

전통 화법을 추구하던 노수현이 신문사와 인연을 맺은 것은 고희동이 노수현을 동아일보에 추천하면서였다. 노수현은 1923년 6월 동아일보 학예부 기자로 입사해 막 연재를 시작한 이희철의 소설 '읍혈조'의 삽화를 그렸다. 이미 1920년에 창간한 '개벽'지에 삽화를 그린 경험이 있어 삽화가 낯설지는 않았다. 그 후에도 동아일보의 다른 소설 삽화를 그리다가 편집국장 이상협이 1924년 9월 조선일보사로 옮길 때 따라갔다.

노수현이 조선일보에서 최초로 연재만화를 시도한 것도 이상협의 권유 때문이었다. 이상협은 당시 미국 뉴욕타임스에 연재되고 있는 만화 '매기와 지그스'가 일본의 오사카 아사히신문에 번역·연재되어 큰 인기를 끄는 것에 힌트를 얻어 노수현에게 작업을 맡겼다. 그래서 시작된 '멍텅구리…'는 별다른 오락거리가 없던 그 시절 독자들로부터 폭발적인 인기를 끌었다. 웃음과 해학 속에 깔린 세태 풍자가 큰 공감을 자아냈기 때문이다.

'멍텅구리'는 한국 최초의 신문 연재만화

'멍텅구리-헛물켜기'는 11월 30일 48회까지 연재되다가 '멍텅구리-련애 생활'로 제목을 바꾸어 이듬해 6월 13일까지 189회 연재되었다. 이후 '가뎡생활', '세계 일주', '껏덕재기', '가난사리', '사회사업', '학창 시절' 등의 시리즈로 2년 5개월 동안 총 501회 연재되다 1927년 3월 11일 대단원의 막을 내렸다.

'멍텅구리'는 영화로도 만들어져 1926년 1월 10일부터 조선극장과 우미관에서 상영되었다. 흥행에는 실패했으나 신문 연재만화가 영화로 만들어진 것은 처음이었다. '멍텅구리'가 인기를 끌자 신문사마다 유사 만화를 내보냈다. 동아일보는 '허풍쟁이'와 '엉터리'를, 시대일보는 '멍석바지'와 '구리 귀신' 등을 등장시켰다.

'멍텅구리' 연재는 1926년 노수현에서 이상범으로 바뀌었다. 노수현이

멍텅구리 첫 회

연재 중 이상협을 따라 중외일보로 옮겼기 때문이다. 노수현은 중외일보에서 '연애 경쟁'이라는 만화를 연재하다가 3년 뒤 그만두고 1929년 9월부터 프리랜서로 동아일보의 신문소설 삽화를 그렸다.

그러다가 1937년 10월 동아일보에 재입사했다. 1927년 10월 조선일보를 떠나 동아일보 학예부 기자로 근무하던 이상범이 1936년 일장기 말소 사건으로 동아일보를 떠났기 때문이다. 이렇게 노수현과 이상범은 주고니 받거니 하면서 조선일보와 동아일보를 넘나들었다. 노수현은 동아일보에서 현진건의 소설 '무영탑'과 '흑치상지'(1939.10~1940.1) 등의 삽화를 그렸다. 생활을 위해 삽화를 그리면서도 노수현은 늘 화폭과 붓을 가까이했다.

노수현의 이른바 '심산 양식'이 본격적으로 드러난 시기는 1930~1940년대였다. 그것은 일본풍의 잔재를 몰아내고 전통에 귀의하는 것이었다. 또한 전통적인 화격(畵格)을 재창조해 새로운 회화로 변모하는 과정을 보여주었는데, 노수현이 표현한 산은 실제의 산이라기보다 머릿속에 새롭게 만들어진 관념의 산이었다. 바위는 의인화하고 혼이 담긴 생명체로 보았다. 1950년대 들어서는 관념산수를 짙게 보여주다가 1950년대 후반부터는 암산(巖山)을 주축으로 한 골격미를 풍부하게 전개한 작품을 내놓았다.

전통적 소재인 산수를 특유의 단아하고 엄격한 조형 감각으로 짜임새 있고 깔끔하게 표현했다. 잔붓터치로 비 내리듯 점처럼 묘사하는 '우점

준법'과, 바위를 그릴 때 강하게 나타나는 '몰골 준법'으로 우리 산하를 사실감 넘치면서도 고아하게 그려냈다는 평가를 듣고 있다. 해방 후에는 1948년 서울대 미술학부 강사로 채용되어 1961년 정년 때까지 교수로 재직하고 1949년 개설된 국전 심사위원으로 첫 회부터 거의 매년 참여했다. 마지막까지 산수화폭에 싸여 살다가 1978년 9월 6일 제주도에서 숨을 거뒀다.

이상범 이상범(1897~1972)은 충남 공주에서 태어나 9살 때 가족과 함께 서울로 올라왔다. 초등학교는 졸업했으나 가정 형편상 상급학교에 진학할 수 없게 되자 학비가 없는 서화미술회 강습소에 동기생인 노수현과 함께 1914년 입학했다. 1918년 졸업한 후 두 사람은 1921년 4월 제1회 서화협회전(협전)에 출품하고 1923년 3월 서화미술회 출신의 신진 작가들이 '동연사'를 결성할 때 함께 참여했다.

이상범은 1922년 6월 제1회 조선미술전람회(선전) 동양화부에 출품, 노수현과 나란히 입선했다. 2회와 3회 때도 연속 입선하고 1925년의 제4회 선전에서는 특선에 해당하는 3등상을 차지했다. 당시 선전은 1등부터 4등까지를 특선으로 분류했다. 이후에도 1934년 제13회 선전까지 10년 연속 내리 특선에 입상, 선전 10회 연속 특선이라는 전무후무한 기록을 남겼다.

1929년 제8회 선전에서는 최고상인 창덕궁상의 영예를 안았고, 1935년 제14회 선전에서는 이영일(동양화), 김종태(서양화)와 함께 그해 처음 도입된 무심사(無審査) 추천작가로 선정되었다. 1938년 제17회 선전 때는 심사위원 격인 참여작가로 선정되어 일약 근대 화단의 대표 스타로 부상했다.

이상범은 초기에는 스승 안중식의 영향을 받아 세심한 필선을 중심으로 한 관념적인 산수를 그렸으나 점차 미점(米點)을 반복적으로 사용해 부드럽고 평온한 풍경의 화풍으로 바꿔나갔다. 미점은 수목이나 산수 따위를 그릴 때 가로로 찍는 작은 점이다. 중국의 남화에서 가장 중요시하는 선을 구사하지 않고 토막진 작은 점을 반복 사용하면서 형상을 만들고 그러다 보면 전체 구성이 완성되는 방식이다.

신문소설 삽화는 노수현이 그랬듯 이상범이 그림을 계속 그릴 수 있도록 도와준 주요 수입원이었다. 첫 신문 삽화는 1925년 1월 시대일보에 연재된 나빈의 소설 '어머니'였다. 본격적으로 신문 삽화를 그린 것은 1926년 조선일보 학예부 기자로 입사하고서였다. 삽화와 더불어 만화도 그렸는데 1924년 10월부터 조선일보에 한국 최초의 네 컷짜리 만화 '멍텅구리'를 그리던 노수현이 1926년 중외일보로 이직하자 그 뒤를 이어받아 1927년 3월 연재가 끝날 때까지 '멍텅구리'를 그렸다.

신문소설 삽화는 그림을 계속 그릴 수 있도록 도와준 주요 수입원

삽화 그리기는 1927년 10월 동아일보 학예부 미술기자로 입사해서도 계속되었다. 동아일보에 연재된 이광수의 소설 '단종애사'와 '흙'을 비롯해 김동인의 '젊은 그들', 현진건의 '적도', 심훈의 '상록수' 등의 삽화가 그의 손을 거쳤다. 동아일보가 1932년 충무공 유적 보존운동을 벌여 아산 현충사를 중수할 때는 2점의 이충무공 영정을 그려 초상화에서도 일가를 이뤘다.

이 초상화들은 현재 현충사에 있지 않고 해군사관학교 박물관과 경남 통영 충렬사에 보관되어 있다. 1936년 동아일보의 '일장기 말살 사건'도 그의 붓끝에서 이뤄졌다. 결국 이상범은 경찰서에서 40일 동안 고초를 당한 끝에 풀려나 1937년 5월 동아일보를 퇴사했다.

이후 해방 때까지 사실상 칩거하면서 화풍의 변화를 시도했다. 금강산을 직접 유람하고 돌아와 화폭 위에 옮기는 과정을 통해 수묵의 다양한 방법들을 실험했다. 이를 통해 필묵의 다양한 표정과 생동감을 다루는 새로운 표현력을 터득했다. 하지만 친일 미술단체에 이름을 올리고 친일 미술전인 '반도총후미술전'과 '결전미술전' 등에 그림을 출품한 것이 해방 후 문제가 되었다. 여기에 일제의 관전인 '조선미술전람회'에서 10회 연속 특선하고 심사위원 격인 참여작가로 선정된 것까지 더해져 친일 작가 논란에 휩싸였다.

이상범

결국 해방 후 전체 미술가를 대상으로 결성된 '조선미술건설본부'의 회원 입회를 거부당하고 1949년 창설된 대한민국미술전람회 심사위원에서 탈락하는 등 좌절을 겪었다. 더구나 화가이던 큰아들이 6·25 때 월북하고 전쟁 직후 두 번째 부인마저 세상을 떠나 심적 고통이 컸다. 다행히 홍익대 미술과 교수로 부임한 것을 계기로 대한민국미술전람회 심사위원과 예술원 회원 등으로 추대되어 미술계의 지도급 중진으로 위상을 공고히 했다.

이렇게 제2의 황금기를 맞으면서 화풍은 더욱 분명해졌다. 우리나라 산천의 평범한 야산과 둔덕, 완만하게 경사진 언덕과 들판, 맑은 하천과 정감 어린 수목들을 무대로 순박하게 살아가는 촌부의 모습을 표현함으로써 향수를 자극하는 향토색 짙은 산천을 그려냈다. 이는 친일 논의에서 벗어나기 위한 의지의 산물이기도 했다. 그러다 보니 그림이 "천편일률적이다", "변화가 없다", "구성이 기계적이다"는 등의 부정적 평가를 들어야 했으나 바로 이런 점이 이상범 양식의 요체라는 반론도 있다.

이상범은 평생 전시회다운 개인전을 한 번도 열지 못하고 1972년 5월 세상을 떠났다. 1952년 대구 피란 시절에 조촐한 전시회만 한 번 열었을 뿐 제대로 된 전시장에서 개최하는 개인전은 열지 못했다. 지인이 개인전을 권해도 "그럴 만한 재주도 준비도 되어 있지 않다"며 손을 내저었다.

경성제국대학 개교

조선인 학생과 일본인 학생의 학력을 비교할 수 있는 사실상 첫 기회였다.

　　　　　3·1 운동 후 이른바 '문화정치'의 일환으로 개정된 제2차 조선교육령(1922.2)은 조선에 사범학교를 설치하게 하고 대학에 관한 규정을 만들어 조선에서도 대학을 설립할 수 있게 했다. 이에 따라 우리의 민족지도자들이 민립대학 설립 운동을 거국적으로 펼치자 일제는 이를 불허하는 구실찾기에 골몰하는 한편 독자적으로 '조선제국대학' 설립을 준비했다.

　일제가 대학을 설립하려 한 이유는 조선인의 고등교육을 위해서가 아니라 식민지 경영에 필요한 관료 육성이었다. 또 다른 이유는 조선에 거주하는 일본인의 불만을 무마하는 것이었다. 1923년 11월 조선총독부 조사에 따르면 조선인 인구는 1,762만 명이고 조선에 거주하는 일본인의 수는 38만 명이었다. 그런데도 일본인들은 아이들을 가르칠 대학이 없다 보니 대학에 진학하려면 일본까지 가야 해 여간 불편한 게 아니었다.

　일제는 1923년 11월 총독부 정무총감을 위원장으로 한 조선제국대학 창설위원회를 발족하고 1924년 1월 입시 요강을 발표했다. 입학 정원은 법학을 전공할 문과A 40명, 문학을 전공할 문과B 40명, 의학을 전공할 이과 80명, 이렇게 160명이었다. 입학 자격은 중학교 또는 고등보통학교 졸업자였다. 당시 일본인은 소학교→중학교를, 조선인은 보통학교→고등보통학교 코스를 거쳤다. 조선제국대학 입학생들은 먼저 예과 2년을 수료한 뒤 법문학부는 3년, 의학부는 4년 과정의 본과를 다니도록 했다.

　그동안 조선에는 대학이 없고 고등학교도 서로 달라 조선인 학생과 일본인 학생의 실력을 비교할 기회가 없었다. 따라서 조선제국대학의 예과 시험은 두 나라 학생의 학력을 비교할 수 있는 사실상의 첫 기회였다. 예과 원서를 마감한 결과 조선인 241명, 일본인 406명 등 총 647명이 지원했다. 문과는 293명(조선인 141명), 이과는 354 명(조선인 100명)이었

서울 청량리에 있던 경성제국대 예과 건물

다. 전체 모집 인원이 160명이었기 때문에 전체 경쟁률은 4대1이 넘었다.

시험 요강은 조선인 학생에게 절대적으로 불리했다. 모든 시험이 일본어로 출제되고 일본어로 서술해야 하는 것도 문제였지만 더 큰 문제는 국문 해석과 외국어 해석이었다. 고대 일본어로 쓰인 문학작품을 현대 일본어로 해석하는 국문 해석과, 외국어 문장을 완벽하게 이해해 다시 일본어로 서술해야 하는 외국어 해석이 여간 까다롭지 않았던 것이다. 게다가 조선인 수험생들은 전과 유무, 사상 경향, 3·1 운동 관련 여부 등에 관한 신분 조사를 받은 후 이상이 없어야 시험을 치를 수 있었다.

시험은 1924년 3월 18일부터 나흘간 실시되었다. 합격자는 당초 예정 인원보다 문과·이과 10명씩 늘어난 180명으로 발표되었다. 조선인은 241 명의 지원자 중 문과A 10명, 문과B 19명, 이과 16명 등 모두 45명이 합격했다. 출신교별 숫자는 경성제1고보 10명, 평양고보 6명, 대구고보 5명, 휘문고보 3명 등이었다. 합격률로 따지면 일본인보다 떨어졌지만 합격자의 질은 일본인보다 우수했다. 유진오를 비롯해 조선인 학생 대부분이 전체 석차 3분의 1 안에 들었기 때문이다.

당초 일정대로라면 조선제국대학은 1924년 4월 1일에 개교해야 했다. 그런데 조선제국대학을 제국대학령에 따라 운영할 것인지 조선교육령을 적용할 것인지를 두고 갑론을박하다가 개교가 연기되었다. 결국 제국대학령

에 의거해 대학을 세우되 조선 총독이 관할하는 것으로 타협점을 찾았다.

대학 명칭도 논란거리가 되었다. '조선제국대학'이 자칫 '조선 제국대학'이 아니라 '조선제국 대학' 곧 '조선제국의 대학'으로 인식될 수 있다는 점이 문제가 된 것이다. 일제는 '조선제국' 하면 조선이 식민지가 아닌 일본 제국과 상응한 하나의 독립 제국임을 인정해주는 꼴이 된다고 판단했다. 결국 '조선제국대학' 명칭은 1924년 4월 일본 내각의 심의 과정에서 '경성제국대학'으로 바뀌었다. 경성제대는 일본 본토의 도쿄제대, 교토제대, 규슈제대, 도호쿠제대, 홋카이도제대에 이어 일본의 6번째 제국대학이었다. 7번째 제국대학은 1928년 설립된 대만의 타이베이제대다.

대학 설립 목적은 식민지 경영에 필요한 관료 육성

제국대학 출신들은 배타적인 특혜를 받았다. 법학부 졸업자는 고등문관시험 1차를 면제받아 고급 관료로 진출할 수 있었고, 문학부 졸업자들은 초등학교에서 대학까지 어느 곳에서든 교원이 될 수 있는 자격증을 얻었다. 민간 기업에서는 사립대학 출신자들보다 더 많은 봉급을 받았다.

경성제국대 예과가 서울 청량리 캠퍼스에서 첫 수업을 시작한 것은 1924년 5월 12일이었다. 개교식 겸 입학식은 6월 12일 열렸다. 본과에 해당하는 3년제 법문학부와 4년제 의학부는 1926년 4월 개설되어 5월 1일 정식 수업을 시작했다. 법과, 철학과, 사학과, 문과의 4개 학과를 갖춘 법문학부는 1929년 4월 첫 졸업생 90명(조선인 22명)을 배출했다. 의학부 55명(조선인 12명)은 1930년 졸업했다.

일제가 이공학부를 두지 않은 것은 조선인에게 과학과 고등기술에 관한 이론적인 교육을 실시하는 것이 식민정책에 방해가 된다고 판단했기 때문이다. 그러나 1937년 중일전쟁이 일어나 이공 분야의 인력이 필요해지자 1938년 어쩔 수 없이 이공학부를 신설했다. 경성제국대의 마지막 졸업식은 해방 후인 1945년 9월 10일에 치러졌다.

일제하에서 경성제국대학은 법문학부 18회, 의학부 17회, 이공학부 3회 졸업생을 배출했다. 이 가운데 조선인은 모두 810명이었다. 9월 19일 대학의 행정 사무가 미 군정으로 이양된 후 경성대학으로 교명이 바뀌었다가 1946년 9월 국립서울대가 발족된 후 서울대학교로 통합되었다.

진로소주 출시
진로가 성공 브랜드(참이슬)를 통해 위기를 기회로 반전시킨 예는 경영학 강의의 단골 메뉴가 되었다.

'진로소주'는 한국인이 국내 최초로 세운 소주 회사다. 창립 후 서민들과 희로애락을 함께한 대한민국 소주의 대명사다. 진로소주의 역사는 1924년 10월 3일 장학엽이 평남 용강군 진지동에 세운 '진천 양조상회'가 시작이다. 창립과 함께 출시된 '진로(眞露)'라는 제품명은 생산지인 진지(眞池)의 '진(眞)'자와 소주를 증류할 때 술방울이 이슬처럼 맺힌다고 해서 '로(露)'자를 합친 이름이다.

진로소주보다 먼저 대량생산 체제를 갖춘 국내 최초의 소주 회사는 1919년 6월 15일 일본인이 평양에 세운 '조선소주'이고, 남한에서 최초로 소주를 대량생산한 일본인 회사는 1919년 10월 12일 인천 선화동에 설립된 '조일양조'다.

진로소주는 6·25 전쟁 후 부산에서 '금련'이란 이름으로 생산되다가 1952년 '낙동강'으로 이름이 바뀌어 출시되었다. 1954년 서울로 올라와 신길동에 '서광주조'로 문을 연 뒤 다시 '진로'로 돌아왔다. 상표 그림을 원숭이에서 두꺼비로 바꾼 것은 1954년 6월이었다. 그 전까지 진로의 상표 그림은 원숭이였다. 서북 지방에서는 원숭이가 '복'을 상징하는 영특한 동물이었기 때문이다. 그러나 남쪽에서는 원숭이의 부정적 이미지가 강해 '복'을 상징하는 두꺼비로 바꿔 출시한 것이다.

회사명은 1966년 제품명을 따 진로주조로 바꾸었다가 1975년 현재의 진로로 바꾸었다. 1959년 말에는 국내 최초의 CM송이자 그 시절 최대 히트곡인 "야야야 야야야 차차차…"로 시작하는 '진로 파라다이스' 광고를 통해 '진로'라는 브랜드를 애주가들 머릿속에 각인시켰다. 첫 출시 때 35도였던 알코올 도수는 세월이 흐르면서 서서히 떨어졌다. 30도(1965), 25도(1973), 23도(1998)를 거쳐 2015년 현재 17.8도(참이슬)까지 내려갔다.

1954년 0.3%에 불과하던 진로의 시장점유율은 10년 만인 1964년 10.1%로 확대되었다. 그러나 1965년 정부가 식량 부족을 해소하기 위해 양곡을 증류해 빚는 증류식 소주 제조를 금지하는 '양곡관리법'을 시행하면서 시련을 맞았다. 진로는 알코올 도수가 99%인 주정에 물을 타 희석해서 만드는 희석식 소주로 제조 방식을 바꿔야 했다. 양곡관리법은 전통적인 증류식 소주가 지금의 희석식 소주로 바뀌는 전환점이었다. 그해 소주 도수는 35도에서 30도로 내렸다. 희석식 소주(稀釋式 燒酎)의 주(酎)자는 '세 번 빚은 술'이라는 의미이기 때문에 '세 번 이상 증류한 뒤 희석한 술'이라는 뜻이다.

서민들과 희로애락을 함께한 대한민국 소주의 대명사

진로는 증류식에서 희석식으로 제조 방식을 바꿨기 때문에 그동안 희석식 소주 시장을 선점하고 있던 삼학과의 소주 전쟁이 불가피했다. 초기에 3대 7의 비율로 밀리던 점유율은 1970년 16.2%를 기록하며 삼학을 제치고 간발의 차이로 1위 자리에 올랐다. 1971년 삼학이 '삼학양조 납세증지 위조사건'에 연루되어 1973년 부도 처리된 후에는 소주 도수를 25도로 낮추고 독주 체제를 굳혔다. 이때부터 '소주=25도' 등식이 정착되었다.

소주의 원료인 주정을
국가에서 배분하는 '주
정 배정제'(1974)와 지방
산업 보호 명분 아래 해
당 시도에 속해 있는 주
류 도매상들이 전체 구
매량의 50%를 지역 내

진로소주의 시대별 변천사

제조사 소주로 사들이게 하는 '자도주(自道酒) 구입 제도'(1976)는 진로에
시련이자 기회였다. 이 제도가 성장을 가로막긴 했어도 1960년대 500여
개에 달했던 소주 업체가 1970년대 10여 개로 정리되면서 영역을 넓힐 기
회가 그만큼 넓어진 것이다.

1도 1사 시절이 시작되면서 각 지역을 대표하는 소주 업체가 등장했다.
진로는 서울·경기·인천 등 수도권 지역, 대선과 무학은 부산과 경남, 보
해는 광주·전남, 보배는 전북, 금복주는 대구·경북, 경월은 강원, 선양은
대전·충남, 충북합동양조장은 충북, 한일은 제주도를 기반으로 삼았다.
이들 업체 중 경월은 두산경월을 거쳐 롯데주류로 인수되었고 한일과 충
북합동양조장은 한라산과 충북으로 이름이 바뀌었다.

자도주 보호 규정은 1989년 40%로 완화되었다가 1992년 완전히 폐지
되었다. 1995년 다시 부활했으나 1996년 시장의 자유를 침해한다는 이유
로 위헌 결정이 나면서 완전히 사라졌다. 이로써 지역에서 안정적인 기반
을 닦던 지역 소주업체들은 먹고 먹히는 무한경쟁 시대에 다시 던져졌다.

주류시장은 1970년대까지만 해도 탁주(약주 포함)의 비중이 78.9%에 달
했다. 하지만 1980년대 들어 탁주 소비량이 급격히 줄고, 소주 소비량이
치고 올라와 소주는 동네 슈퍼마켓에서 쉽게 사먹을 수 있을 만큼 대중화
되었다. '소주=25도'라는 등식이 깨진 건 19년이 지난 1992년이다. 전남

을 기반으로 한 보해양조가 젊은층과 여성층을 겨냥해 알코올 도수 15도 짜리 소주인 '보해라이트'를 내놓았다. 그러나 출시 초기에만 반짝 인기를 얻었을 뿐 '물 탄 맛이다'라는 반응에 시장 안착엔 실패했다.

'두꺼비 소주'를 외국 자본에 빼앗길 수 없다는 공감대 형성

진로는 1990년대에 절체절명의 위기를 맞았다. 두산이 강원도의 경월 소주를 인수하며 내놓은 그린소주가 시장점유율을 16%까지 늘리며 추격해오고 지방 업체들도 자체 브랜드를 강화하는 상황에서 무리하게 사업을 확장하다가 1997년 9월 부도가 난 것이다. 진로를 살아나게 한 건 '참이슬' 소주였다. 회사 임직원들은 1998년 10월 세상에 처음 선보인 '참이슬'을 들고 무조건 거리로 나갔다. 알코올 도수를 23도로 낮춘 것도 인기몰이에 한몫을 했지만 무엇보다 진로가 해외 자본에 헐값에 팔릴지도 모른다는 위기감으로 국민들이 진로를 찾게 된 것이 회생의 발판이 되었다.

2003년 5월부터 2005년 9월까지 법정관리라는 암흑기를 보내면서도 애주가들이 일부러 진로소주를 사 마신 덕에 진로의 시장점유율은 늘 50% 이상을 유지했다. 당시 애주가들 사이에는 그동안 희로애락을 함께한 '두꺼비 소주'를 외국 자본에 빼앗길 수 없다는 오기 같은 공감대가 있었다. 주류업계에는 순한 술도 잘 팔린다는 인식을 심어주었다. 이후 소주의 저도주화가 또 이어졌다. 경쟁 업체들이 주거니받거니 1도씩 낮추더니 2004년에 참이슬이 21도까지 알코올 도수를 내렸다. 참이슬의 독주를 막아선 건 절치부심하던 두산주류였다. 2006년에 20도 '처음처럼'으로 여심을 파고들었다. 맛이 순해진 처음처럼은 출시 다섯 달 만에 판매량 1억 병을 돌파하면서 무서운 성장세를 보였다.

이에 질세라 2005년 진로를 인수한 하이트진로는 2007년 업계의 마지노선이라는 20도를 깨고 19.5도 '참이슬 후레쉬'와 18.5도 '진로제이'를 선보였다. 2014년에는 19도에서 17도로 더 순한 소주가 등장했다. 하지만 현재 업계에선 소주의 맛을 지키는 마지노선을 17도라고 본다. 17도보다 내려가면 소주 본연의 맛을 유지하기 어렵다고 보고 있다.

법정관리 중 창사 이래 최고의 시장점유율(55.4%)을 기록하는 등 선전한 덕에 진로는 2005년 9월 법정관리를 끝내고 살아났다. 진로를 인수한 하이트맥주는 이후 사명을 하이트진로로 바꿔 소주의 진로와 맥주의 하이트를 양대 축으로 삼아 한국의 주류업계를 선도하고 있다. 진로가 하나의 성공 브랜드(참이슬)를 통해 위기를 기회로 반전시킨 예는 이후 경영학 강의의 단골 메뉴가 되었다.

삼학소주　　광주·전남 지역을 고향으로 둔 60대 이상의 애주가들은 맛이 일품이었던 '삼학소주'를 지금도 잊지 못한다. 전남 목포 지역을 배경으로 한 1970년대의 수필이나 소설, 시 등에 어김없이 삼학소주를 한 잔 기울이는 장면이 나오는 것도 이 지역 사람들의 삼학 사랑과 연관이 깊다.

목포 삼학도에서 이름을 딴 삼학소주는 1947년 목포 유지 차남진(극작가 차범석의 부친), 김철진(윤심덕과 현해탄에 투신한 김우진의 형), 김문옥(가수 남진의 부친) 등이 목포를 기반으로 설립한 삼학양조의 브랜드명이다. 삼학양조는 김문옥의 동서 김상두가 인수한 뒤 전성기를 누렸다. 삼학양조는 원래 주정과 청주만을 생산하던 곳으로 '대왕표 청주'가 주력 상품이었다. 당시만 해도 소주는 증류주여서 생산량이 적었고 영세 업체들이 난립해 경쟁이 치열했다.

하지만 그런 상황은 정부가 '양곡관리법'을 시행한 1965년 급변했다. 쌀로 술을 만들 수 없게 되자 자연히 소주 제조법은 기존의 증류식이 아닌 희석식으로 바뀌어 대량생산이 가능해졌다. 이후 전국 시장을 상대로 하는 대규모 소주 기업이 생겨났다. 삼학도 대열에 뛰어들어 3~4년 만에 업계 1위를 차지했다.

삼학의 단맛 소주와 진로의 쓴맛 소주가 한때 경쟁을 벌이기는 했지만 삼학은 진로와 비교할 수 없는 독보적인 존재였다. 삼학의 매출 규모는 법인세 납부 실적으로도 추정할 수 있다. 삼학은 1967년 4억 1,200만 원, 1968년 8억 2,500만 원의 법인세를 냈다. 1969년에는 진로가 5억 9,000만 원의 법인세를 낼 때 삼학은 11억 원의 법인세를 납부했다.

문제는 당시 삼학과 진로, 백화가 벌인 3파전 출혈경쟁이었다. 여기에 자금난까지 겹치면서 삼학은 1970년 6월 부도를 맞아 은행에서 특혜 융자를 받아 연명하는 신세가 되었다. 1971년 들어 삼학의 경영난이 더욱 악화한 가운데 1971년 11월 검찰이 '삼학양조 납세증지 위조사건'을 발표하면서 삼학의 사세는 급격히 기울었다. 발표에 따르면, 주류 시장 점유율 1위였던 삼학이 술병에 붙이는 납세증지를 위조해 2년 동안 수억 원대의 세금을 포탈했다는 것이다. 이로 인해 김상두 사장을 비롯해 9명이 특가법, 주세법 위반 등의 혐의로 구속되었다.

김상두는 1972년 5월 1심에서 징역 4년, 추징금 3억 원을 선고받았으나 1973년 3월의 2심에서는 양조업을 경영하면서 다년간 거액의 세금을 낸 점이 참작되어 징역 3년, 집행유예 5년으로 감형되어 대법원의 확정판결을 받았다. 삼학양조는 추징당한 3억 2,000만 원의 탈세액 중 1억 4,000여만 원의 세금을 체납해 1973년 9월 최종 부도 처리되었다. 광주의 삼원물산이 삼학의 명맥을 이어 소량이나마 삼학소주를 생산했으나 1980년 제조 면허가 취소되어 맥이 끊겼다.

호남인들은 삼학이 탈세하고 이로 인해 결과적으로 부도가 났다는 검찰 발표를 곧이곧대로 받아들이지 않았다. 삼학소주가 세무조사의 표적이 된 것은 삼학의 목포 연고가 김대중 당시 대통령 후보와 같아 정권의 미움을 샀기 때문이라는 것이다. 즉 1971년 4월의 7대 대선에서 박정희 대통령이 40대 기수론을 들고 나온 김대중 후보에게 아슬아슬하게 이기자 불안감을 느껴 김대중의 숨통을 조이기 시작했고 이 과정에서 주세 납부 1위의 삼학이 김대중에게 돈을 댔다는 이유로 세무조사를 받아 무너졌다는 것이다.

이후 삼학 부도는 김대중 지원의 결과라는 의혹이 세간에서 정설처럼 굳어졌다. 그러나 정치자금 지원설의 당사자인 김대중의 아들(김홍일)과 측근(권노갑) 등은 삼학으로부터 자금을 받은 적이 없고, 김상두 사장의 아들은 '괘씸죄 운운'은 시중에서 지어낸 이야기에 불과하다고 일축했다.

박정현과 영화 '장화홍련전' 개봉

박정현은 일본인 영사기사 밑에서 체계적으로 기술을 배워 우리나라 최초의 영사기사가 되었다.

박승필(1875~1932)이 단성사 소유주 다무라 미네로부터 임차해 단성사를 활동사진관으로 전용한 것은 1918년이었다. 박승필은 단성사 건물을 신축하고 확장해 1918년 12월 활동사진관과 신극 전용관으로 재개관했다. 박승필은 창극과 판소리 등 구극 분야에서는 흥행사였으나 신극에는 운영 경험이 없었다. 그래서 스카우트한 인물이 우미관의 영사기사 박정현(1886~1939)과 인기 변사 서상호였다. 우미관의 중요한 두 축이 빠져 우미관은 큰 타격을 받은 반면 단성사는 전성기를 구가했다.

박정현은 서울에서 태어나 3살 때 아버지를 여의어 교육을 받지 못했다. 담배 장수, 은방 심부름꾼, 약국 점원 등을 전전하며 유년기를 보낸 후 20대 때 경성고등연예관의 영사기사 조수로 입사했다. 경성고등연예관은 1910년 우리나라 최초로 개관한 본격 활동사진 전용관이었다. 박정현은 일본인 영사기사 밑에서 체계적으로 영사 기술을 배워 우리나라 최초의 영사기사가 되었다. 경성고등연예관이 문을 닫고 1915년 그 후신으로 우미관이 종로구 관철동에 세워지자 박정현도 우미관 영사기사 주임으로 활동하며 우미관의 전성기를 이끌었다. 그러다가 서상호와 함께 단성사에 합류해 활동사진관 운영을 실질적으로 책임졌다.

박정현은 미국과 일본의 우수 활동사진 필름을 들여와 상영했다. 김도산의 신극좌와 임성구의 혁신단을 단성사 전속 극단으로 끌어들여 1919년 10월 27일 최초의 연쇄극 '의리적 구토'를 상영했다. 1922년 최첨단 시설을 갖춘 조선극장이 종로에 문을 열었지만 조선인이 자주 찾는 극장은 여전히 단성사였다.

박승필은 1923년 단성사에 촬영부를 신설, 극영화 '장화홍련전' 제작을 준비했다. 박정현은 연출은 물론 제작을 책임지는 프로듀서 역할까지 맡아 이구영과 김영환이 쓴 시나리오를 토대로 영화를 제작했다. 촬영과 편집은 우미관 시절 박정현의 조수를 거쳐 일본에서 촬영기사로 활동하다 1923년 9월 관동대지진 후 귀국한 이필우가 맡았다. 자타가 공인하는 우리나라 영화 기술의 개척자 이필우가 일본에서 배워온 것은 커트백, 오버랩, 클로즈업 등 당시로서는 첨단 촬영기술이었다. 이필우는 구하기 힘든 윌리엄슨 카메라를 일본인 촬영기사에게서 빌려와 촬영에 사용했다.

단성사 전속 변사인 최병룡과 우정식은 장쇠와 사또 역을, 광무대 소속 단원 김옥희와 김설자는 장화와 홍련 역을 맡아 연기했다. 촬영은 지금의 고려대 근처 개운사의 한 귀퉁이를 세내어 삼복 더위 속에서 3주 만에 끝냈다. 이렇게 완성한 필름은 총 8권 분량으로 영사 시간만 2시간가량이나 되었다. '장화홍련전' 개봉에 즈음해 매일신보는 1924년 8월 19일자에서 '약 두 시간에 걸쳐 상영 중 모두 입을 모아 감탄했다. 약간의 험질이 없는 바 아니오 비록 영화 스케일이 웅대하지는 못하였으나 사진 전편을 통하여 조금도 무리가 없더라'라는 기사를 실었다.

조선에 활동사진이 생긴 이래 초유의 성황

영화는 1924년 9월 5일 단성사에서 개봉되었다. 평소 10전 하던 관람료를 50전으로 올렸는데도 밀려드는 관객으로 인해 이례적으로 평일 2회 상영에 13일까지 9일간 장기 상영했다. 매일신보는 1924년 9월 13일자에서 '조선에 활동사진이 생긴 이래 초유의 성황'이라는 제목으로 당시 상황을 보도했다.

영화는 대구·부산·마산·통영·목포 등 전국에서도 상영되었다. '장화홍련전'은 "여름옷에 겨울 침구를 사용한 의상의 부주의", "인형같이 무감각해 보이는 배우들의 표정" 등 비판이 없지는 않았으나 조선인이 만든 첫 작품치고는 괜찮았다는 게 영화 전문가들의 평이다. 무엇보다 일본인의 도움 없이 순수 우리 자본과 기술, 인력에 의해 제작된 최초의 조선 영화라는 데 각별한 의미가 있었다.

'장화홍련전'의 성공을 기화로 박승필은 영화 제작에 본격적으로 자금을 투입하고 박정현에게 영화 제작의 책임을 맡겼다. 1926년 단성사는 영화 카메라를 구입한 것을 계기로 단성사 직속 영화부인 '금강키네마'를 설치했다. 금강키네마 역시 박정현이 책임자였고 단성사 선전부에 입사한 이구영이 연출자로 힘을 보탰다. 금강키네마 1회작으로 제작된 영화가 김영환 각본, 이구영 감독의 무성영화 '낙화유수'(1927)다.

이에 앞서 '아리랑'(1926)이 단성사에서 개봉되어 큰 인기를 끌자 박승필과 박정현은 나운규에게 일본인 밑에서 영화 제작을 하지 말고 단성사에서 자금을 지원할 테니 독립하라고 권유했다. 그래서 만들어진 것이 '나운규프로덕션'으로, 대표 격인 총간사는 박정현이 맡았다.

1932년 1월 단성사 운영자 박승필이 사망하자 단성사 소유주 다무라 미네는 박정현을 중심으로 한 단성사 종업원 측에 단성사 운영권을 넘겨주었다. 그러나 경영은 날로 악화되었다. 대내외적인 상황이 호의적이지 않은 데다 시설이 낡은 것도 문제였다. 1918년 지어진 단성사 건물은 신축된 다른 영화관에 상대가 되지 않았다.

1934년 12월 박정현은 무성영화 상영에 알맞은 모습으로 단성사를 신축 개관했으나 좌석 수가 600여 석에 불과해 1,000석 이상의 약초좌, 명치좌 등 일본인이 주로 찾는 남촌의 극장에 비해 협소했다. 일본의 메이저 영화사들과 직영 혹은 공영 형태로 운영되던 남촌의 영화관은 단성사에 비해 수준 높은 영화들을 공급받아 상영작에서도 눈에 띄는 차이가 났다. 결국 단성사는 2류 영화관으로 전락했다.

손실이 눈덩이처럼 불어나자 박정현은 충격으로 몸져누웠다. 이 사이 단성사 운영권을 두고 3차례에 걸친 경영권 분쟁이 발생해 결국 박정현은 단성사의 운영권을 빼앗기고 엄청난 빚더미를 떠안게 되어 1939년 8월 22일 쓸쓸히 죽음을 맞았다. 단성사 운영권은 1939년 6월 명치좌를 운영하는 이시바시 료스케에게 넘어가 1939년 9월 일제의 대륙 침략을 기념하는 의미의 '대륙극장'이라는 새로운 이름으로 재탄생했다.

암태도 소작 쟁의
암태도 소작쟁의를 이끈 서태석은 불행한 말년을 보냈다.

암태도는 전라남도 신안군(일제 때는 무안군) 암태면에 속한 섬으로 목포에서 서쪽으로 28km 정도 떨어져 있다. 이곳이 유명해진 것은 소작 농민들이 지주의 가혹한 소작료와 그를 비호하는 일제에 1년간

처절하게 투쟁한 소작쟁
의 때문이다. 1920년대
암태도에는 몇몇 대지주
가 있었으나 그중 최대 지
주는 문재철이었다. 그의
집안은 18세기 초 암태도
에 처음 정착한 이래 간척
지가 넓게 발달한 이곳에
서 소금 제조로 재산을 증

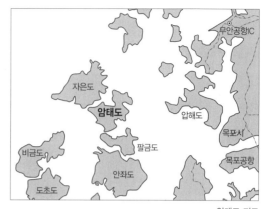

암태도 지도

식하고 땅을 넓혔다. 1897년 목포 개항과 더불어 집안이 암태도에서 목포
로 이주한 것도 부를 축적하는 데 도움이 되었다.

　문재철은 재산 증식에 천부적인 재주가 있었다. 그의 토지 집적은 1910
년 한일합방 후 비약적으로 확대되었다. 토지조사 사업, 일본 자본주의의
성장, 제1차 세계대전으로 인한 쌀 가격 등귀 현상은 문재철이 선대 때보
다 수십배나 되는 넓은 땅을 소유하게 되는 바탕이 되었다. 문재철은 암
태도 말고도 자은도 등의 도서지역을 비롯해 전남 일대와 전북 고창 등지
에 대규모 땅을 소유했다. 목포에 크고 작은 회사까지 설립해 근대적인
호남 기업가 중의 한 사람으로 올라섰다.

　그러던 중 1920년대 들어 일제의 저미가 정책으로 수익이 감소하자 소
작료를 5할에서 7~8할로 인상했다. 암태도 출신의 서태석(1885~1943)이
수년간 육지에서 생활하다가 암태도로 들어온 것은 그 무렵이었다. 서태
석은 자작농 집안에서 태어나 한학을 공부한 후 20대 후반인 1913년부터
암태면장을 지냈다. 7년간 면장을 지내면서 그의 눈에 들어온 고향의 모
습은 지주와 마름의 횡포로 인한 소작인들의 신음이었다.

　1920년 3·1 운동 1주기 때 '대한독립 1주년 경고문'을 목포에서 배포하

다 체포되어 1년간 수감 생활을 했다. 출감 후에는 1922년 소련 블라디보스토크에서 사회주의 사상을 접하고 서울로 돌아와 활동하다가 1923년 귀향했다. 그 무렵 암태도에서는 소작농들이 추수기를 앞둔 1923년 8월 소작료를 4할로 인하할 것을 요구하고 있었다. 예상대로 문재철이 거절하자 소작농들은 추수를 거부했다. 11월에는 소작료 불납동맹을 결성해 본격적인 쟁의에 들어갔다.

서태석은 박복영 암태청년회 회장과 함께 1923년 12월 암태소작인회를 결성, 소작농 조직화에 박차를 가했다. 암태소작인회는 소작인대회를 열어 소작료를 논 4할, 밭 3할로 할 것, 소작료 인하에 응하지 않으면 소작료를 납부하지 말 것 등을 결의하고 이를 문재철에게 통보했다. 문재철 측은 암태소작인회의 요구를 거부하는 한편 개별적으로 소작료 강제 징수에 나섰다.

그러자 암태소작인회는 1924년 3월 27일 면민대회를 열어 소작료를 인하하지 않으면 암태도에 있는 문재철 부친의 송덕비를 파괴하기로 결의했다. 그러자 이 소식을 들은 문재철 집안 사람 수십 명이 서태석 등을 습격했다. 소작인회는 경찰에 폭행자를 고발하는 한편 언론 사회단체에 도움을 요청했다. 이후 각 신문이 암태도 소작쟁의를 연일 보도하면서 전국적인 관심사로 부상했다.

지주의 테러와 회유책 속에서 이뤄낸 힘찬 승전보

소작인회는 1924년 4월 22일 문재철 부친의 송덕비를 파괴하고 지주 측이 동원한 청년들과 난투극을 벌였다. 목포경찰서는 50여 명의 소작인을 체포해 서태석 등 주도 인물 13명을 구속했다. 소작회인은 6월 2일 재차 면민대회를 열어 일제 경찰의 편파적인 처사에 항의하고 소작인회 간부 석방을 요구했다. 그리고 6월 4일 400여 명의 소작민이 배를 타고 목포로 건너가 목포경찰서와 법원 앞에서 철야 농성을 벌였다. 그들은 구속된 13명을 석방한다는 경찰서의 말을 믿고 6월 8일 섬으로 돌아왔으나 소작회 간부들은 풀려나지 않았다.

그러자 7월 8일 600여 명의 소작 농민이 아사 동맹을 맺고 다시 목포로 진출, 법원 앞에서 단식투쟁을 벌였다. 7월 11일에는 목포의 문재철 집으로 몰려가 시위를 하다가 26명이 체포되었다. 그러자 김병로를 위시한 조선인 변호사들이 다투어 무료 변호를 자청했다. 전국 각지에서는 '아사동맹 동정단'을 결성하고 성금을 보냈다. 특히 서태석이 간부로 있는 조선노농총동맹은 서울에서 연설회를 개최해 사건의 진상을 폭로하고 암태도 소작쟁의를 지원하도록 전국의 노농단체에 전달했다.

이렇게 암태도 소작쟁의가 사회문제로 비화하고 전국적으로 관심을 끌자 일제는 쟁의가 확산되는 것을 막기 위해 중재에 나섰다. 그 결과 8월 30일 목포경찰서장실에서 문재철과 박복영 회장이 타협안을 타결지었다. ▲소작료 4할 약정 ▲1923년 미납 소작료는 향후 3년간 무이자로 분할 상환 ▲구속 중인 상대편 인사에 대해서는 서로 공판정 취소 ▲파괴된 송덕비는 소작인의 부담으로 복구 등의 내용이었다. 결국 1년간 지속된 암태도 소작쟁의는 이렇게 소작인 측의 승리로 일단락되었다. 지주의 집요한 테러와 회유책 속에서 이뤄낸 소작 농민들의 힘찬 승전보였다. 암태도 소작쟁의 성공은 이후 전남 해안 도서 지방의 소작 농민들을 자극해 도초도(1925), 자은도(1926), 지도(1927) 소작쟁의를 촉발했다.

다만 암태도 소작쟁의를 이끈 서태석의 말년은 불행했다. 소작쟁의 후 서울로 올라와 조선공산당 선전부장과 전남도책으로 활동하다가 투옥되었고, 출옥 후에도 1931년 하의도 농지반환 사건에 연루되어 3년간 또 옥살이를 했다. 광주학생운동의 주역 박기옥을 며느리로 맞았으나 감옥에서 얻은 후유증으로 1930년대 이후에는 정신분열증에 시달리며 힘든 나날을 보냈다.

그러다가 심신 모두가 피폐해지자 암태도의 젊은이들에게 자신의 초췌한 모습을 보여주기 싫다며 누이동생이 사는 인근의 압해도로 거처를 옮겼다가 1943년 6월 12일 논두렁에서 시체로 발견되었다. 서태석은 조선공산당 행적 때문에 해방 후에도 수십 년 동안 어둠 속에 묻혀지냈다. 그러다가 노무현 정부가 들어선 지난 2003년 독립유공자 애국장이 수여되었다.

흥미로운 것은 문재철 지주의 변신이다. 그는 박복영을 통해 1930년대에 임시정부에 독립 자금을 제공하고 1941년 목포에 문태학원(현재의 문태고등학교)을 설립하는 등 민족적인 모습을 보였다. 2009년 민족문제연구소가 친일인명사전에 수록하기 위해 정리한 친일인명사전 수록 예정자 명단 중 지역 유력자 분야에 등재되었으나 민족을 위한 교육사업, 임시정부의 자금 조달 등의 공로를 인정받아 친일 명단에서는 제외되었다.

레닌의 죽음과 스탈린의 권력 장악
1934년부터 대숙청을 벌여 20세기 최대 살육전을 펼쳤다.

1924년 1월 21일, 인류 역사상 최초로 공산주의 국가를 탄생시킨 블라디미르 레닌(1870~1924)이 모스크바 근교 고리키 별장에서 4번째 발작을 일으키며 54세로 눈을 감았다. 뇌졸중이 공식 사인으로 발표되었지만 '철의 장막'이 늘 그렇듯 죽음을 둘러싼 음모론이 무성했다. 스탈린의 지시로 독약을 장기간 소량씩 투약했다는 독살설의 진원지는 스탈린과의 정치 투쟁에서 패한 레온 트로츠키였다. 최근에는 망명 때 걸린 매독에 의한 정신착란설이라는 주장이 제기되었다.

소문이 무엇이든 죽기 전 레닌의 몸은 망가질
대로 망가져 있었다. 극도로 긴장해야 하는 오
랜 혁명 활동과 그에 따른 과로는 1921년 중반
부터 격심한 두통을 불러왔다. 정치적 반대자
가 쏜 총탄을 몸에 지니고 있다가 4년 후 제거
한 것도 생명을 갉아먹었다. 레닌은 건강을 위
해 집무실을 벗어나 고리키 별장에 머물 때가
많았으나 건강은 더욱 악화했다. 첫 발작이 일

이오시프 스탈린

어난 것은 1922년 5월이었다. 정상적 활동이 불가능할 정도로 고통스러
웠지만 공산주의가 뿌리내릴 때까지 일에서 손을 뗄 수 없었다. 1923년 3
월 발병한 3번째 정신착란은 레닌을 사실상 식물인간으로 만들었다.

레닌의 시신은 미망인의 반대에도 불구하고 이오시프 스탈린
(1879~1953)의 지시에 따라 방부 처리되어 모스크바 붉은광장 지하 영묘
에 안치되었다. 레닌을 신격화할수록 자신의 위치도 탄탄해질 것이라는
스탈린의 계산이었다. 레닌이 죽기 전, 유력한 후계자는 레닌의 신임을
받아온 트로츠키였다. 그러나 트로츠키가 자신의 입지를 과신한 나머지
당내 기반을 다지는 데 소홀히 해 결국 권력은 동갑내기 스탈린의 수중으
로 넘어갔다.

스탈린은 러시아 남쪽 변방 그루지야(현재는 조지아)에서 태어났다. 부모
가 지어준 이름은 이오시프 비사리오노비치 주가시빌리. 당시 그루지야는
제정 러시아 땅이었기 때문에 이를테면 식민지 백성으로 태어난 것이다.
작은 구둣방을 운영하던 아버지는 심한 술주정에 난폭하기까지 해 아내와
아들을 습관적으로 구타했다. 스탈린은 세상이 폭력으로 가득 찼다고 믿
게 되었고 이런 심리 상태는 분노조절 장애, 복수욕으로 발전했다.

어머니는 아들을 교회 성직자로 키우려 했다. 당시 성직자는 가난한 집

안에서 성공하는 지름길 중 하나였다. 스탈린은 어머니의 교육 방침에 따라 1894년 트빌리시 신학교에 입학해 문학과 역사에 심취하고 민족주의 시를 썼다. 당시는 제정 러시아 말기였고 체제 비판 소설은 학교에서 금서였다. 하지만 스탈린은 금서들을 읽었고 그중 카를 마르크스의 '공산당 선언'은 피를 끓게 했다.

강철 같은 기질로 과업을 추진하고 레닌의 신임 받아

스탈린은 1899년 마지막 시험을 남겨두고 학교를 떠났다. 잠시 물리관측소 보조원으로 일을 하긴 했지만 안정적인 직업 없이 트빌리시의 마르크스주의자 집단에 가담했다. 당시 그를 지도한 사람은 훗날 스탈린에게 처형된 레프 카메네프였다. 스탈린은 1901년 러시아 사회혁명당에 입당하고 1903년 사회혁명당이 볼셰비키와 멘셰키비로 갈라설 때 소수파인 볼셰비키 쪽에 가담하면서 레닌 쪽 사람이 되었다. 레닌은 1905년 12월 핀란드에서 처음 만났다.

레닌이 해외에서 망명 생활(1903~1913)을 하는 동안 스탈린은 국내에서 볼셰비키 세력을 키워 나갔다. 이 과정에서 1917년 '10월 혁명'이 일어날 때까지 체포 7회, 유형 6회를 기록하고 탈옥 6회라는 놀라운 투쟁 경력을 과시했다. 그것이 석방이든 탈출이든 너무 잦다 보니 한때는 제정 러시아 비밀경찰의 밀정이라는 의심을 샀다. 1907년에는 34만 루블(340만 달러 추산)의 기금이 든 현금 수송 마차를 볼셰비키 조직이 강탈하는 '트빌리시 은행강도 사건'을 배후에서 주도해 레닌을 기쁘게 했다. 그래도 그는 여전히 지방의 일개 혁명가였다.

그러던 중 1912년 볼셰비키 당중앙위원으로 선출되고 볼셰비키 기관지 '프라우다'의 초대 편집장이 되면서 비로소 중앙으로 진출했다. 그때부터 '강철'이라는 뜻의 스탈린을 필명으로 사용하고 프라우다에 논문과 글을 발표하는 등 이론적 기반을 다지면서 명성을 더욱 높여나갔다. 하지만 1913년 다시 체포되고 저 멀리 북극권에 가까운 시베리아의 오지에서 유배 생활을 시작하면서 존재감이 흐릿해졌다. 결국 1917년 '2월 혁명'으로 차르 체제가 무너져 풀려날 때까지 오지에서 지낸 4년간의 유형 생활은 정치적으로 큰 공백이었다.

1917년 3월 당중앙위원으로 복귀했으나 그를 기억하는 대의원은 별로 없었다. 10월 혁명에서도 별 활약상을 보여주지 못했다. 그러나 혁명 후 강철 같은 기질로 주어진 과업을 추진하고 레닌의 신임을 받으면서 빠르게 당중앙의 한가운데로 진입했다. 1918년 혁명에 반대하는 차르 측의 백군과 볼셰비키 적군 간에 내전이 벌어졌을 때는 식량의 강제 징발을 담당했다.

레닌은 스탈린의 충성심을 믿고 1922년 4월 제11차 당대회에서 장차 권력 장악의 발판이 될 당 서기장을 맡겼다. 하지만 스탈린이 서기장을 무기로 권력을 과도하게 행사하자 평가를 달리했다. 그러던 중 1922년 5월 25일 첫 뇌출혈을 일으켜 집무를 수행할 수 없게 되자 당 지도자들에 대한 비밀 평가를 측근에게 받아적게 했다. 이른바 '레닌의 유서'였다. 유언장에는 "트로츠키는 유능하지만 너무 자만하다"고 하고 "스탈린은 동지들을 무례하고 냉담하게 다루니 서기장 직에서 축출하라"고 씌어있었다. 그러나 당시 레닌의 병은 스탈린을 제어할 수 없을 정도로 깊어 있었다.

"스탈린을 서기장 직에서 축출하라"

레닌은 1923년 3월 말 개최할 당대회에서 유언장을 공개하려 했으나 대회 3주 전인 3월 10일 세 번째 발작이 일어나 중단되었다. 그 무렵 스탈린이 장악하고 있는 비밀경찰인 게페우(체카의 후신)의 정세 분석에 따르면 여론은 포스트 레닌으로 트로츠키, 지노비예프, 카메네프, 부하린 등을 꼽고 있었다. 스탈린은 그 뒷전이었다. 따라서 지노비예프와 카메네프 등 주요 정치국원들이 가장 우려한 상대는 스탈린이 아니라 트로츠키였다.

이런 상황을 모를 리 없는 스탈린은 레닌그라드와 모스크바 소비에트를 각각 이끌고 있는 지노비예프, 카메네프와 3두 체제를 결성해 만일에 대비했다. 그러던 중 1924년 1월 21일 레닌이 사망했다. 그러나 트로츠키는 레닌의 장례식에 참석하지 못했다. 멀리 흑해 연안의 휴양도시에 있던 자신에게 스탈린이 장례일을 알려주지 않았기 때문이라고 해명하고 실제로도 그런 면이 없지는 않았지만 진실이 무엇이든 사람들은 믿질 않았다.

내막을 알 리 없는 당과 인민이 트로츠키의 결례와 무관심을 질타하는 동안 스탈린은 장례를 준비하며 홀로 각광을 받았다. "레닌 동지! 우리는 당신의 지령을 훌륭히 완수할 것을 맹세합니다"라는 스탈린의 맹세 연설까지 신문에 실려 입지를 강화해주었다. 문제는 레닌의 유언장이었다. 결국 1924년 5월 제13차 당대회에서 레닌의 유언장이 공개되자 스탈린은 비참함과 초라함을 느꼈다. 그러나 지노비예프와 카메네프가 스탈린을 변호하고, 스탈린 자신도 짐짓 태연한 척 레닌 숭배를 강조함으로써 위기를 모면할 수 있었다.

스탈린은 지노비예프, 카메네프와 함께 트로츠키를 공격했다. 트로츠키의 반레닌주의 증거로 혁명 전 레닌의 볼셰비키당 강령에 반대했던 트로츠키의 성명을 공개했다. 레닌의 숭배가 절대적이던 시기에 반레닌주의로 낙인찍힌다는 것은 트로츠키의 명성을 심각하게 손상하는 것이었다. 트로츠키는 1925년 1월 결국 실각했다. 이 과정에서 스탈린은 자신의 충복들을 요직에 앉혀 권력 기반을 강화했다.

스탈린의 다음 표적은 3두 체제의 두 축인 지노비예프와 카메네프였다. 공격의 빌미로 삼은 것은 '일국 사회주의'였다. 이는 레닌이 추구해온 '세계혁명론'에 반하는 일이었다. 10월 혁명 이래 레닌은 제3인터내셔널(코민테른)을 통해 세계 혁명을 꿈꿔 왔고 카메네프와 지노비예프는 세계혁명론의 신봉자였다.

하지만 스탈린은 두 사람을 제거하기 위해 세계혁명론을 부정하고 일국 사회주의를 제기했다. 결국 1925년 12월 제14차 당대회에서 스탈린의 일국 사회주의론이 대의원의 지지를 받아 지노비예프와 카메네프는 이듬해 사실상 권력에서 밀려났다. 두 사람은 노선 싸움에서 불리하게 되자 거세당한 트로츠키와 연대해 1927년 10월 볼셰비키 10주년 기념식에서 대대적인 반스탈린 시위를 계획했지만 곧 진압되어 1927년 11월 당중앙위에서 축출되었다.

바야흐로 스탈린의 권위에 도전할 자는 아무도 없었다

경쟁자들을 모두 쫓아낸 스탈린이 추진한 것은 급진적인 농업의 집단농장화와 공업화였다. 이것은 집단농장화를 반대해온 부하린 등 당내 우파를 공격하기 위한 또 다른 전술의 일환이었다. 스탈린은 1918년 추진되다가 저항에 가로막혀 폐기된 '전시 공산주의'를 다시 꺼내 곡물 비축자를 체포했다. 레닌이 NEP(신경제정책)를 추진하면서 철폐한 곡물 징발도 다시 채택하자 쿨라크(부농)들이 반발했다. 위협을 느낀 부하린은 1928년 7월, 실각한 카메네프에게 스탈린을 상대로 한 공동전선을 펼 것을 제의했으나 결과는 몰락을 재촉할 뿐이었다.

1928년 11월 우익의 견해를 비난하고 공업화 드라이브의 가속화를 촉구한 당중앙위의 결정 역시 스탈린에게 힘을 실어주었다. 결국 부하린 등은 현직에서 쫓겨나 공개 석상에서 자아비판을 강요당했다. 바야흐로 스탈린의 권위에 도전할 자는 아무도 없었다. 스탈린은 전시 공산주의로 불리는 강력한 동원 체제를 가동하면서 1934년부터 대숙청을 벌여 20세기 최대 살육전을 펼쳤다.

스탈린의 사생활은 불운했다. 첫 부인은 첫아들을 낳은 뒤 결혼 1년 만에 결핵으로 숨지고 두 번째 부인은 부부 싸움 뒤 권총으로 자살했다. 세 자녀 모두 비운의 삶을 살았다. 첫아들은 2차대전에 참전, 포로가 되었으나 스탈린이 "항복과 포로는 반역"이라며 독일군의 포로 교환 제의를 거부하는 바람에 1943년 36세로 포로수용소에서 숨졌다. 둘째 아들은 젊은 공군 장군이었으나 알코올 중독자로 살다가 41살 때 생을 마감했다. 외동딸 스베틀라나는 미국 망명, 귀국, 영국 거주를 거쳐 마지막엔 미국에서 숨졌다.

중국 제1차 국공합작

소련 입장에서는 대폭적인 양보였으나 공산혁명으로 가는 2보 전진을 위한 1보 후퇴였다.

1916년 6월 중화민국의 대총통 원세개가 죽자 북쪽에서는 군벌들의 군웅할거 시대가 전개되었고 남쪽에서는 손문을 중심으로 세력이 재편되었다. 손문은 5년 전 일본에서 발족한 중화혁명당을 1919년 중국국민당으로 개편하고 중화민국 정부를 새롭게 정비해 1920년 비상대총통이 되었다. 군사적으로도 진용을 갖춰 전국통일을 위한 북벌(北伐)을 추진했다. 마침 북방의 군벌 끼리 내분이 일어나 북벌에는 더없이 좋은 기회였다.

손문이 북벌을 시작한 것은 1920년 6월이었다. 손문은 북벌을 진행하면서 강력한 직할군의 필요성을 통감했고 그럴수록 소련의 재정 지원을 아쉬워했다. 그 무렵 모스크바의 코민테른은 1921년 7월 창당한 중국공산당의 세력을 확대하려면 중국국민당의 협조가 절대적으로 필요하다고 판단했다. 양측의 입장이 맞아떨어지자 손문과 코민테른이 국공합작을 모색했다.

소련은 국민당에 양
보하는 형태를 취하면
서 국민당과의 연합전
선을 통해 중국공산당
의 취약한 조직적 기반

중국 광주에서 열린 중국국민당 제1차 전국대표대회(1924. 1)

을 강화하고 중국 내에서 소련의 영향력을 증대할 수 있다고 계산했다.
코민테른은 손문이 중국공산당과 손을 잡는다면 재정적으로 지원할 의사
가 있음을 내비쳤다. 손문은 국제적으로는 소련의 재정 지원을 받고 국내
적으로는 진보적인 지식인과 다수 노동자·농민의 지지를 받을 수 있다고
판단했다.

양측의 협상이 어느 정도 진척되자 1922년 3월 말, 코민테른의 주중국
대표 헨드리퀴스 마링이 중국공산당원들에게 국공합작의 운을 떼면서 공
산당원의 국민당 개별 입당을 제안했다. 하지만 중국공산당 지도부는 "국
공합작에는 찬성하나 공산당원의 국민당 개별 입당에는 반대한다"는 입
장을 취했다. 그래도 코민테른 집행위가 1922년 7월 공산당 지도부에 국
공합작을 지시하자 공산당 총서기 진독수 등은 어쩔 수 없이 1922년 여름
손문을 만나 "공산당원이 개인 자격으로 국민당에 입당하겠다"는 입장을
밝혔다.

연소(聯蘇)·용공(容共)·농공부조(農工扶助) 강령으로 채택

손문은 1922년 9월 진독수를 국민당의 개혁안 기초위원으로 기용, 사
실상 공산주의자에게 문호를 개방했다. 1923년 1월에는 소련의 특명전권
대사 아돌프 이오페가 손문과 회담하고 4개항의 '손문·이오페 공동선언'
을 발표했다. 선언은 중국에서는 공산주의를 실현할 수 없고 소련의 국민

당 원조는 중화민국의 통일과 국가의 독립을 위한 것이라는 점을 분명히 했다. 소련 입장에서는 대폭적인 양보였으나 공산혁명으로 가는 2보 전진을 위한 1보 후퇴였다.

손문은 코민테른의 도움을 받아 1923년 2월 광주에 광동정부를 수립했다. 중국공산당은 1923년 6월 광주에서 열린 전국대표대회에서 전 당원이 개인 명의로 국민당에 입당할 것을 의결했다. 손문은 1923년 8월 소련의 군사·정치를 파악하기 위해 장개석을 소련에 파견했다. 소련도 그해 9월 수십 명의 군사고문단을 중국에 파견, 국민당의 군사력 강화를 도와주었다.

손문은 1923년 11월 정식으로 국민당 개조를 발표하고 1924년 1월 20일부터 30일까지 광주에서 국민당 제1차 전국대표대회를 개최했다. 손문은 대회에서 소련과의 연합, 공산당과의 합작, 농민·노동자와의 상부상조를 의미하는 연소(聯蘇), 용공(容共), 농공부조(農工扶助)를 강령으로 채택하고 공산당이 기초한 반제·반봉건 선언을 통과시켰다. 이로써 제1차 국공합작이 정식으로 성립되었다.

공산당원의 국민당 입당 허용에 따라 이대교 등 3명의 공산당원이 24명의 국민당 중앙집행위원으로 선출되고, 모택동 등 7명의 공산당원이 16명의 집행위원 후보로 이름을 올렸다. 이로써 명실상부한 국공합작 정부가 광동에서 출범했다. 1924년 6월 16일 장개석을 교장으로 하는 육군군관학교도 황포에서 문을 열면서 손문은 자신의 군사력을 더욱 강화할 수 있게 되었다.

손문은 1924년 9월 다시 북벌을 단행했다. 당시 북방에서는 장작림과 오패부 등 사이에 제2차 봉직전쟁(봉천파와 직례파의 싸움)이 전개되고 있었다. 손문은 군벌 정부의 협상 요청을 받고 1924년 12월 31일 북경에 도착했으나 병이 악화해 1925년 3월 12일 북경에서 눈을 감았다.

장개석이 공산당에 결정적 일격을 가한 것은 상해 반공 쿠데타

손문의 죽음 후 국민당과 공산당 간의 불화와 대립이 심화된 가운데 먼저 기선을 잡은 것은 국민당 내 좌파였다. 국민당은 1925년 7월 광동에서 전체회의를 열어 새로운 정부를 구성했다. 정부 주석에 왕조명(왕정위), 재정부장에 요중개가 차지함으로써 손문의 유지를 관철하려는 좌파가 우위를 차지했다. 그러나 그해 8월 요중개가 우파에게 암살당해 좌우파 간의 대립과 결별은 피할 수 없게 되었다.

국민당 우파가 반격에 나선 것은 1925년 11월이었다. 북경 교외에서 중앙위 전체회의를 열고 공산당원의 국민당원 자격 박탈, 공산당적을 가진 중앙위원 9명의 제명을 의결했다. 그러자 광동의 국민당 좌파는 그 회의의 모든 의결이 무효라며 1926년 1월 국민당 전체대회를 별도로 열어 좌파인 이대소를 중앙위원, 모택동을 중앙위원 후보로 선출함으로써 좌파 우위를 유지했다. 아직 좌파와 등을 지지 않고 있던 장개석은 이 대회에서 중앙위원에 선출되었다.

하지만 장개석은 곧 '중산함 사건'을 일으켜 공산당을 공격했다. 중산함 사건은 1926년 3월 공산당 소속의 중산함 함장 이지룡이 상부의 명령 없이 군함을 광동에서 황포로 회항한 것을 장개석이 반란 음모로 규정, 이지룡을 체포·취조해 공산당원의 음모를 밝혀낸 사건이다. 장개석이 일으킨 이 최초의 반공 쿠데타로 주은래를 포함해 수십 명의 국민당 좌파와 공산당원이 체포되었다. 이지룡이 장개석을 붙잡아 중산함에 싣고 소련의 블라디보스토크로 끌고가 억류시킬 계획이었다는 게 유력한 설이지만 장개석이 의도적으로 일으켰다는 설도 있어 진위가 분명치 않다. 국민당 내에서 이뤄진 이 최초의 반공 쿠데타 후 국민당 좌파를 대표하는 왕조명(왕정위) 주석이 외유를 떠나면서 장개석은 국민당 내에 자신의 정치적 기반을 확고히 할 수 있게 되었다.

이후 공산당과의 완전 결별을 노리고 있던 장개석이 결정적인 일격을 가한 것은 1년 뒤였다. 1927년 3월 파업과 무장봉기를 일으켜 상해를 공산당 천지로 만든 노동자들을 향해 4월 12일 기관총을 난사하는 이른바 '상해 반공 쿠데타'를 일으킨 것이다. 소련의 코민테른 고문관들은 모스크바로 도주했고 목숨을 건진 공산주의자들은 농촌의 외진 은신처로 도피했다.

상해 쿠데타를 계기로 장개석은 명실상부한 국민당 내 최고 지도자로 부상했다. 이후 무한에서도 공산당에 대한 장개석의 테러가 자행되고 호남성에서는 군벌이 좌익을 향해 총부리를 겨눴다. 결국 위태롭게 이어가던 제1차 국공합작은 완전히 와해되었다.

중국공산당 창당 1917년의 러시아혁명은 중국에서도 혁명을 성공시킬 수 있다는 희망과 용기를 중국 지식인들에게 불어 넣어 주었다. 공산혁명 수출을 목적으로 1919년 3월 창립된 코민테른도 중국에서의 공산당 결성을 촉진했다. 이런 상황에서 1919년의 5·4 운동을 전후로 공산주의 이론이 지식인들 속으로 파고들면서 공산주의를 연구하는 소조 모임이 각지에서 자연발생적으로 일어났다.

그러던 중 1920년 3월 레닌이 코민테른 설립 1주년을 기념하는 자리에서 "공산주의 혁명은 유럽보다 동방의 피압박 민족 해방운동에서 이루어질 가능성이 높다"고 정책 전환을 제시했다. 코민테른은 1920년 4월 코민테른 원동국 서기 보이틴스키를 북경에 파견해 중국공산당의 결성을 도왔다. 보이틴스키는 북경대 교수 이대교를 만나 공산당 창당에 대한 의견을 나누고 그의 소개로 5·4 운동 때 북경대 교수직에서 쫓겨나 상해에서 문필 활동을 하고 있는 진독수를 만나 논의를 진척시켰다. 둘의 만남은 중국 대륙에 공산당의 씨를 뿌리는 파종 같은 것이었다.

진독수는 보이틴스키의 권유로 1920년 8월 공산당 창립 발기인대회를 열었다. 참석자는 7명에 불과했으나 이를 계기로 창당 작업이 본궤도에 올라 북경, 상해, 제남, 광주 등 곳곳에서 공산주의 소조가 태동했다. 1921년 3월 코민테른 주중국 대표로 임명된 마링과 코민테른 극동서기처 대표 니콜스키가 중국으로 부임하면서 창당 작업은 급물살을 탔다.

1921년 7월 23일 일군의 청년이 상해 프랑스 조계 패륵로 수덕리 3호(나중에 망지로 106호로 개칭)에 살고 있는 공산당 상해 대표의 집으로 모여들었다. 동필무(무한), 모택동(장사), 장국도(북경), 이한준(상해), 주불해(일본) 등 각 지역을 대표하는 13명과 코민테른을 대표하는 마링과 니콜스키가 참석했다. 7개 지역 지방당 조직과 57명의 전국 공산당원을 대표한 중국공산당이 마침내 창당의 깃발을 올린 것이다.

역사상 가장 긴 혁명을 통해 중국 대륙을 탈바꿈시키는 출발점

대회에는 두 노선이 등장했다. 하나는 도시 노동자를 조직해 자본가를 쓰러뜨린 후 프롤레타리아 독재를 수립하고 손문의 국민당에는 협조하지 말라는 코민테른의 노선으로 다수가 지지했다. 다른 하나는 대중을 교육하는 기간이 필요하고 중국의 도시 노동자들은 아직 수가 미미해 자본가를 쓰러뜨릴 정도가 안 되며 손문과의 협조는 반제국주의적·반군벌적 문제에서는 가능하다는 노선으로 소수의 지지를 받았다. 결국 코민테른 노선이 채택되었다.

하지만 회의 도중 경찰에 비밀 회합 장소가 발각되는 바람에 대표들은 4일째 날에 서류를 싸들고 황급하게 대회 장소를 옮겨야 했다. 대회는 7월 30일 상해 외곽 절강성 가흥의 남호에 떠 있는 배 위에서 재개되고 폐회되었다. 대표들은 중국공산당을 정식으로 발족시키고 코민테른에 가입하며 모스크바에 있는 본부에 매달 보고서를 제출한다는 결의안을 의결했다. 또한 최고 지도자격인 총서기에는 사정상 대회에 참석하지 못한 진독수를 선출했다.

　당원이래야 고작 57명의 초미니 정당이었으나 장차 세계 최대 규모의 공산당으로 성장하고 역사상 가장 긴 혁명을 통해 중국 대륙을 탈바꿈시키는 출발점이었다. 창당 참석자들의 이후 행로는 크게 엇갈렸다. 13명 중 평생 공산당원으로 남은 사람은 모택동과 중화인민공화국 부주석이 될 동필무 등 4명에 불과했다.

　진독수는 1927년 제1차 국공합작이 실패로 끝나자 책임을 지고 총서기 직에서 물러났다가 2년 후 당에서 추방되었다. 장국도는 1935년 모택동과의 당권 투쟁에서 패한 후 중국국민당으로 전향했다가 1949년 대륙이 공산화되자 홍콩으로 달아났다. 모택동은 대장정을 겪으며 당권을 장악해 최후 승자가 되었으나 대약진운동, 문화대혁명 등으로 중국 인민을 고통 속으로 몰아넣었다.

　7월 23일이 창당일임에도 중국은 매년 7월 1일을 공식 창당일로 기념하고 있다. 이는 8월 1일 인민해방군 창군일, 10월 1일 국경절처럼 매달 1일에 범국가적 기념일이 많기 때문이기도 하지만 1938년 연안으로 쫓겨나 있던 모택동 등이 "창당대회를 연 날이 정확히 기억나지 않지만 7월에 한 것은 분명하니 7월 1일을 창당기념일로 하자"고 말한 것도 창당기념일을 바꾸는 데 영향을 미쳤다.

코민테른　코민테른은 '코뮤니스트(공산주의) 인터내셔널'의 약칭이다. 코민테른 이전의 다른 인터내셔널 단체와 구분하기 위해 '제3인터내셔널'로도 불린다. 노동자들의 첫 국제적 조직인 제1인터내셔널은 1864년 영국 런던에서 창립되었다. 당시는 어느 나라에도 노동자 정당이 없었기 때문에 마르크스와 엥겔스의 이론을 바탕으로 유럽과 미국의 노동조합과 협동조합, 교육단체 등을 중심으로 결성했다가 1876년 해산되었다.

제2인터내셔널은 1889년 프랑스혁명 100주년을 기념해 파리에서 결성되었다. 이미 마르크스주의가 세계 노동운동의 주류를 점하고 있었기 때문에 제2인터내셔널은 10여 년 동안 노동운동 확대에 주도적인 역할을 했다. 그러나 각국의 사회주의 정당과 노동조합 등이 완만한 연합체로 결성되고 명확한 강령이나 지도기관이 없어 결속력이 약했다. 더구나 20세기 들어 독점자본주의가 도래하면서 각국 지도부가 개량주의 경향을 띠고 1차대전 때 제2인터내셔널에 속한 정당들이 제국주의 전쟁을 지지하고 교전국들의 노동자를 전쟁 속으로 몰아넣으면서 유명무실한 기관으로 전락했다.

제3인터내셔널은 1차대전이 계속되는 동안 레닌 등에 의해 제국주의 전쟁에 반대하는 혁명적 인터내셔널의 부활이 활발하게 기도되고 1917년 러시아혁명 후 전쟁 반대와 소비에트 정부 수립을 주장하는 급진 노동계급의 등장으로 독일, 폴란드, 오스트리아 등지에서 공산당이 결성되면서 새롭게 추진되었다.

이같이 고조되는 정세에 부응해 1919년 3월 2일부터 6일까지 21개국의 35개 조직을 대표한 52명이 모스크바 크렘린궁에 모여 결성한 것이 제3인터내셔널 즉 코민테른이다. 여기에는 한인사회당에서 파견한 박진순, 박애, 이한영 등 한인 공산주의자도 참석했다.

코민테른의 이론적 지도자는 레닌이었고 지도적 정당은 맹주인 러시아 공산당이었으며 본부는 모스크바에 두었다. 1920년 코민테른 제2차 대회에서 인도 출신의 멕시코 공산당 대표가 민족문제를 둘러싸고 레닌과 논쟁했던 것처럼 초기에는 러시아 공산당과 각국 공산당 간의 관계가 상하관계는 아니었다. 그러나 스탈린이 집권한 1924년 무렵부터 러시아 공산당의 하부 기관으로 사실상 전락했다.

과거의 인터내셔널이 서구에 국한된 조직이었는 데 반해 코민테른은 세계적인 정당을 지향했다. 1935년 제7회 대회에는 76개국 공산당이 참가할 정도로 세계적 규모를 갖췄으나 2차대전 중인 1943년 6월 해산되었다. 제4인터내셔널은 1938년 트로츠키즘에 의한 국제공산주의운동 추진을 위한 국제조직으로 결성되었다. 미국·영국·독일·프랑스·이탈리아 등의 트로츠키스트들이 결집해 창립되었다가 1940년 8월 트로츠키의 피살과 함께 활동이 중단되었다.

에드거 후버 FBI 국장 부임
"역대 대통령들을 FBI 요원처럼 부렸다"는 농담의 주인공으로 회자될 만큼 막강한 권력을 누렸다.

에드거 후버(1895~ 1972)는 살아생전 불가침의 성역이었다. FBI 국장으로 48년 동안 보필한 8명의 대통령 누구도 그를 통제하지 못해 "역대 대통령들을 FBI 요원처럼 부렸다"는 농담의 주인공으로 회자될 만큼 막강한 권력을 누렸다. 후버는 대학 시절부터 "강한 자만이 살아남으며 약한 자는 멸망하고 적자들만 생존한다"는 글귀를 즐겨 인용하며 '강한 것'을 신봉했다. 그에게 강하다는 것은 풍부한 지식이었고, 지식이란 교과서적 지식이 아니라 상대방의 덜미를 잡고도 남을 만한 강력한 정보를 의미했다.

후버를 48년 동안 지탱해준 무기는 비밀 파일이었다. 워싱턴 정가에서 후버의 비밀 파일은 전설이었고 후버를 지켜주는 보호막이자 힘이었다. 역대 대통령들은 저명 인사들의 약점과 배경을 낱낱이 꿰고 있는 후버의 막강한 정보 수집 능력을 잘 알고 있어 감히 어떻게 해 볼 엄두를 내지 못했다. 후버는 대통령의 비리는 물론 대통령 선대의 부정과 부패, 부인의 스캔들에 이르기까지 엄청난 정보력을 무기로
때로는 신화를 만들고 때로는 깨며 성역을 구
축했다.

후버는 워싱턴에서 태어나 어려운 집안 형편
때문에 주경야독하며 야간대학에 다녔다. 조지
워싱턴대에서 법학석사를 취득하고 변호사 자
격을 얻어 1919년 FBI의 전신인 법무부 수사국
에 들어갔다. 그가 1924년 5월 수사국장으로 임

에드거 후버

명되었을 때 미국의 사정은 혼란스러웠다. 무정부주의자들의 선전 선동
과 폭력이 난무하고, 각종 파괴활동이 횡행했다. 공산주의자들의 사주에
의한 태업 등으로 공포와 불안도 끊이지 않았다. 그런데도 수사국은 폭력
과 부정과 음모에 대항할 힘이 없었고 내부적으로는 정실주의와 패거리
문화에 휘둘렸다.

수사국장이 된 후버의 첫 표적은 갱단과 강도들이었다. 갱단은 금주법
의 허점을 이용해 한창 세력을 키우고 있었다. 보니와 클라이드 부부 강
도나 존 델린저 같은 탈옥수 강도로 대표되는 무장 강도들은 1930년대 대
공황기를 틈타 활개를 쳤다. 후버가 벌인 '범죄와의 전쟁'으로 주요 갱단
두목들은 체포되었고 조무래기 강도들은 사살되었다. 후버는 범죄와 싸
우는 영웅의 대명사가 되었다. 반면 후버 자신은 불우한 가족사에 정서
불안, 평생 독신에 동성애 편력이 있는 그늘진 삶에서 벗어나지 못했다.

후버의 비밀 파일은 전설이었고 후버를 지켜주는 보호막이자 힘

후버의 입지가 확고해진 것은 프랭클린 루스벨트 대통령 때였다. 루스
벨트는 1935년 수사국을 FBI(미 연방수사국)로 확대 개편하고 후버에게 막
강한 권한을 부여했다. 후버가 일반 시민을 상대로 정보 수집 활동을 벌

이기 시작한 것도 루스벨트가 대통령으로 재임하고 있던 2차대전 발발 전이었다. 독일에서 나치가 위세를 떨치기 시작하고 미국에서도 나치를 추종하는 극우파들이 세력을 키울 조짐을 보이자 루스벨트가 후버에게 정보 수집을 지시한 것이다. 2차대전 발발 후에는 FBI가 미국 내의 모든 정보 활동을 총괄했다.

FBI는 위험 인물로 간주되는 외국인들을 검거하고, 루스벨트의 묵인아래 도청과 침입 등의 불법행위를 자행했다. 루스벨트의 정적에 대해서도 안보를 이유로 정보를 수집해 비밀 파일을 만들었다. 이렇게 작성된 FBI의 보고서는 루스벨트에게 수시로 전달되었다. 루스벨트는 백악관 주변의 정보 업무까지 후버에게 맡겨 자신의 아성을 굳건히 하는 수단으로 삼았다. 하지만 종국에는 후버의 비밀 파일이 루스벨트를 겨냥하면서 루스벨트는 자신이 키운 개에게 물린 꼴이 되고 말았다.

후버의 입지는 1950년대의 냉전기를 거치며 더욱 강화되었다. 조지프 매카시 상원의원에게 공산주의자 명단을 제공해 '매카시 선풍'의 단초를 제공하고 루스벨트의 부인 엘리너 루스벨트, 알베르트 아인슈타인, 찰리 채플린, 마틴 루터 킹의 뒤를 집요하게 캤다. 캐서린 헵번, 험프리 보가트 등 할리우드의 스타들은 물론 작가 펄 벅, 어니스트 헤밍웨이 등도 감시했다.

후버는 아인슈타인도 공산주의자라고 간주해 22년 동안이나 전화 도청과 우편물 검열을 하는가 하면 심지어 쓰레기통까지 뒤졌다. 엘리너 루스벨트까지 공산주의자들과 연관이 있다며 감시하고 조사를 벌이자 엘리너는 "FBI가 독일 나치의 첩보 기관인 게슈타포와 다른 게 뭐냐"고 반발했다. 마틴 루터 킹도 후버의 도청에 약점이 잡혀 집요하게 괴롭힘을 당했다.

사후 해임이었으니 후버 자신이 임명권자였던 셈

후버는 자신의 활동을 과장하거나 포장하는 데 탁월했다. 후버의 표적이 되면 시시껄렁한 깡패라도 무시무시한 범죄자로 둔갑했다. 후버는 어떤 시기에 어떤 범죄자를 체포해야 국민이 환호한다는 사실을 본능적으로 알고 있었다. 미국인들은 후버가 국가를 대신해 적색분자, 깡패, 나치 동조자, 체제 파괴자를 단죄하는 것이라고 생각했다. 모든 불의에 대항하는 미국 공권력의 상징으로 여겼으며 후버가 없었다면 국가 안보는 엉망이 되었을 것이라고 믿었다. 기자들도 후버의 영웅담을 열심히 전해주었고 의회 역시 후버가 신청한 예산이라면 그대로 통과시켜 후버의 아성을 강화해주었다.

후버는 FBI 조직 내에서도 인기가 높았다. 중요 사건이 터지면 후버 자신이 이틀이고 사흘이고 잠도 자지 않은 채 일에 매달리는 데다 수시로 전국에 흩어져 있는 비밀 요원들에게 가정과 부인의 안부를 묻는 다정다감한 모습을 보였기 때문이다. 엄한 규율과 후한 대우도 요원들에게 자긍심을 심어주었다. 대통령들은 후버가 제공하는 정보에 길들여지면서도 동시에 자신들의 약점을 쥐고 흔드는 후버를 제거하지 못해 안달이었다. 결과적으로는 누구도 토사구팽을 성공시키지 못했다.

역대 대통령 가운데 후버를 가장 껄끄러워한 인물은 존 F. 케네디 대통령이었다. 여자 문제에 대해 거의 무방비 상태라고 해도 좋을 만큼 자유분방했던 케네디는 후버에게 약점이 잡혀 사실상 '을'의 처지에 놓여 있었다. 케네디 형제는 나란히 대통령과 법무장관을 지낼 만큼 위세가 당당했지만 후버 앞에서는 한낱 허세에 불과했다.

린던 존슨 대통령도 자신에 대해 너무 많은 것을 알고 있는 후버를 어찌하지 못했다. 1964년이 후버의 의무 은퇴 연령인 70세였는데도 FBI 국장 자리를 계속 유지하도록 임기를 연장해주었다. 닉슨 대통령 역시 후버를 두려워했으나 어느덧 국민이 이미 노쇠한 후버의 퇴진을 바라고 있었다는 점이 다행이라면 다행이었다.

1971년의 갤럽 조사에서 국민의 51%가 후버의 은퇴를 희망하고 41%가 반대했다. 그러나 이것은 노쇠한 후버의 은퇴를 원한 것이지 후버 개인에 대한 불신은 아니었다. 후버의 업적을 평가하라는 설문에는 81%가 긍정적인 태도를 취하고 FBI를 어떻게 생각하느냐는 질문에는 90%가 지지한다고 답했기 때문이다. 리처드 닉슨 대통령이 이 뜨거운 감자를 놓고 고민에 빠졌으나 다행히 후버가 1972년 5월 2일 77세로 눈을 감아주어 고민은 자연스럽게 해결되었다. 사후 해임이었으니 후버 자신이 임명권자였던 셈이다.

앙드레 브르통, 초현실주의 선언
이성과 논리의 울타리 너머에 존재하는 무의식의 세계에 주목했다.

'다다이즘'이 유럽 전역에서 맹위를 떨친 것은 1차대전이 발발(1914)한 후였다. 그러나 1920년대 들어 다다이즘 자체에 내포된 부정과 현실 전복의 성격에 따라 스스로를 부정하면서 붕괴의 운명을 걸었다. 유럽에서 활동하는 일군의 작가와 화가들이 쇠락하는 다다이즘의 강력한 에너지와 창의성을 살려 초현실주의를 구체화한 것은 그 무렵이었다.

초현실주의자들은 인습을 경멸하고 전 세계가 미쳤다고 확신했다는 점에서는 다다이스트와 입장이 같았으나 해결 방안을 제시했다는 점에서는 다다이즘과 달랐다. 그들의 해결 방안은 천진난만한 어린 시절의 환상과 무의식의 세계로 돌아감으로써 새로운 실재를 이룰 수 있다는 것이었다.

1924년 10월, 프랑스 시인 앙드레 브르통(1892~1966)을 비롯해 그와 뜻을 같이하는 젊은 문화예술가들이 파리에서 발간되는 '초현실주의자 혁명'지를 통해 향후 20여 년 간 대대적으로 반향을 불러일으킬 초현실주의 선언을 발표했다. 브르통은 선언에서 초현실주의를 "이성에 의한 하등의 통제 없이, 미학적·윤리적인 일체의 선입관을 배제한 채 마음의 참된 작용만을 말과 글로 표현하고자 하는 심적 오토마티슴(자동기술법)"이라고 정의했다.

앙드레 브르통

'초현실주의자 혁명'지는 브르통을 비롯해 프랑스의 루이 아라공(시인), 폴 엘뤼아르(시인), 앙드레 마송(화가), 조르조 드 키리코(이탈리아 화가), 막스 에른스트(독일 화가) 등이 참여한 가운데 1929년까지 파리에서 간행되다가 1930년 정치·사회적 입장을 분명히 한 새로운 기관지 '혁명에 봉사하는 초현실주의'로 제호를 바꿔 1933년까지 파리에서 출간되었다.

초현실주의 용어를 처음 창안한 것은 프랑스 시인 기욤 아폴리네르였다. 그는 혁신적인 예술 작품을 설명하기 위해 이 말을 사용했다. 장 콕토의 무용극 '퍼레이드'(1917)에 대해 "예술적 진실은 리얼리즘을 초월한 초현실주의(sur-realism)"라고 작품 해설을 했고, 자신의 전위예술 작품인 '테레시아스의 유방'(1918)에 '초현실주의 연극'이라는 부제를 달았다.

초현실주의들이 자신들의 세계관과 이념을 공공연히, 그것도 공격적인 방식으로 선언한 것은 미래주의와 다다이즘이 그랬듯 아방가르드(전위예술) 예술운동의 핵심적 특징이었다. 전통 예술은 도제적 학습 방식을 통해 기술적 비밀이나 작업 방식을 배타적으로 공유하고 이를 후배에게 물려주는 방식으로 계승되지만 아방가르드 예술은 선언문을 통해 이전까지의 시대와 문화를 비판하면서 기존 질서와의 단절을 드러내고 새 시대를 향한 의지를 표명했다. 아방가르드를 이해하려면 그들의 선언문을 읽어야 한다는 점에서 브르통의 선언문 역시 초현실주의의 핵심이다.

브르통은 초현실주의 운동의 정초자이자 교주

초현실주의자들은 1925년 11월 파리에서 첫 초현실주의 그룹전을 열었다. 브르통은 전시회 카탈로그 서문에서 기존의 정치·사회제도를 전복시키지 않고서는 목표를 성취할 수 없다고 주장했다. 비록 상업적 성공을 거두진 못했으나 막스 에른스트, 앙드레 마송, 조르조 드 키리코, 파블로 피카소, 호안 미로(스페인 화가), 장 아르프(독일 조각가·화가) 등이 참여한 대규모 전시라는 점에서 현대미술사에 중요한 사건으로 기록되고 있다.

브르통은 초현실주의 운동의 정초자였고 절대적 힘을 갖고 있는 신흥 종교의 교주와도 같은 존재였다. 그는 종래의 이성과 논리의 허구성을 직시하고 이성과 논리의 울타리 너머에 존재하는 무의식의 세계에 주목했다. 따라서 그에게 영향을 준 것은 무의식의 세계를 처음 학문적 연구 대상으로 받아들인 프로이트의 정신분석학이었다.

그래서 프로이트의 이론에서 자신의 예술 이론을 끄집어냈으나 막상 프로이트는 초현실주의 예술가들이 무의식의 세계를 형상화한다며 정신분석학을 의도적으로 이용하는 것에 대해 "무의식의 효과를 '의식적'으로 고안한 어떤 시도도 그 전제에 대한 부정"이라며 불쾌감을 표시했다. 사실 자신을 완전히 외부 세계와 분리하려면 무의식 상태에서만 가능하기 때문에 완전한 무의식 상태에서 무엇을 쓰거나 그림을 그리는 것이 가능한지에 대한 논쟁이 있었다. 그러나 초현실주의자들은 아랑곳하지 않고 정신분석학의 개념과 어휘를 적극 활용해 유럽 예술계의 막강한 문화 권력으로 떠올랐다.

브르통이 선언문에서 언급한 심적 자동기술법(오토마티슴)은 1차대전 때이던 1915~1916년 의무병으로 근무했던 자신의 경험을 바탕으로 한 기법으로 노이로제 환자들의 독백과 같은 의식의 자유로운 흐름을 가능한 빠르게 받아 적는 기술법이다. 즉 이성의 통제로 사고를 체계화하고 정리해서 표출하는 방식이 아니라 머리에서 떠오르는 그대로를 흐르는 물처럼 받아쓰는 것을 말한다. 브르통은 또한 의식에 방해받지 않는 자유로운 상상력을 강조했다.

선언문은 아방가르드 예술운동의 핵심적 특징

초현실주의 시인들은 꿈과 무의식의 내면 세계에서 들려오는 이미지를 그대로 기술하는 자동기술법 방식으로 글을 썼다. 화가들은 이성의 지배를 받지 않는 공상·환상의 세계, 즉 인간의 무의식 혹은 잠재의식에 의한 상상의 세계를 그려내기 위한 다양한 기법을 개발했다.

르네 마그리트는 사물을 일상적인 질서나 배경, 분위기에서 떼어내 그 사물의 속성과는 전혀 연관성이 없는 엉뚱한 장소에 놓음으로써 보는 이들에게 심리적인 충격을 일으키게 하는 데페이즈망 기법을 즐겨 사용했다. 달리는 하나의 대상을 2중 3중의 다른 이미지로 보는 병적인 착각을 이용해 말이 여인의 나체로 보인다거나 하나의 풍경이 사람의 얼굴로 보인다거나 하는 중복상을 교묘하게 표현했다. 또한 극사실적 묘사에 의한 정신병자의 편집광적 심리가 나타나는 회화도 탄생시켰다.

미로는 놀이하듯 자유롭게 미끄러지는 검은 선과 강렬한 원색의 추상적인 그림을 그렸다. 별, 여자, 새, 달 등을 상형문자처럼 단순한 형태로 화면을 구성해 어린아이 낙서와 같은 천진함과 자유분방함을 드러냈다. 에른스트는 자신이 개발한 프로타주 기법으로 주목을 받았다. 프로타주 기법은 백지 밑에 요철이 있는 물체를 놓고 연필이나 목탄 등으로 표면을 긁듯이 문지르면 밑에 있던 사물의 모습이 서서히 드러나는 기법으로 화가의 의식과 활동을 최대한 배제하면서 자동적인 반응을 표현한다.

조각에서는 알베르토 자코메티와 장 아르프, 사진에서는 만 레이가 초현실주의 작품 활동을 하고 영화에서는 루이스 부뉴엘이 살바도르 달리와 함께 제작한 최초의 초현실주의 영화 '안달루시아의 개'를 1929년 10월 상영했다.

브르통은 1929년 12월 '제2의 초현실주의 선언'을 발표하면서 "이제 예술은 작품 제작이나 미의 자각이 중요한 것이 아니라 자각되지 못한 것과 예술의 미개척 분야를 밝히고 정치·사회적 혁명 사상을 추구해야 한다"고 선언했다. 그래서 한때는 공산주의자들을 열성적으로 후원하기도 했으나 통일된 정치 강령을 내놓지는 못했다. 개인주의적인 성향이 너무 강해 공산주의의 엄격한 신조를 신봉할 수 없고 무산계급과도 거리가 먼 지식인들이었기 때문이다.

초현실주의는 1929년 이후 파리, 런던, 뉴욕, 브뤼셀, 도쿄 등 다른 국제도시들로 급속하게 확산되었으나 점차 유럽에 파시즘과 나치즘이 발호하면서 앞날이 불투명해졌다. 유럽에 몰아친 광기는 1938년 1월 파리에서 개막된 대규모 초현실주의 국제전에 그대로 반영되었다.

이 국제전은 마치 초현실주의 미술의 종언을 예고하듯 기존의 미술과 전혀 다른 무질서와 몽상적 환상의 축제로 이뤄졌다. 14개국 화가 70명이 출품한 전시회는 흔히 화랑에서 보아온 장식이 하나도 눈에 띄지 않았지만 성공을 거뒀다.

1만 2,000여 개의 석탄 자루를 천정에 늘어뜨리고 또 전시장 안의 조명을 희미하게 해서 동굴 속 같은 분위기를 냈으며 객석에 흙탕물을 튀겨도 관람객들이 재미있어 했다. 애초에 사람들을 화나게 하려는 의도에서 생겨난 초현실주의가 하나의 멋이 되어버린 것은 역설이었다. 결국 이 전시회는 초현실주의 운동의 찬란한 절정이었으나 동시에 마지막 몸부림이기도 했다.

초현실주의가 전환점을 맞은 곳은 2차대전을 피해 미국으로 이주(1941)한 에른스트가 붓을 사용하지 않고 물감을 화면에 떨어뜨리거나 흘리는 드리핑 기법을 선보이고, 초현실주의 잡지가 창간(1942)된 1940년대의 미국이었다. 하지만 전쟁이 장기화하면서 서서히 힘을 잃다가 1966년 브르통의 죽음과 함께 사실상 막을 내렸다.

조지 거슈윈 '랩소디 인 블루' 작곡·발표

청중들은 완전히 새로운 음악의 출현에 놀라움을 금치 못했다.

1920년대 초반까지 미국에는 미국에서 태어나고 자란 세계적인 클래식 음악가가 사실상 전무했다. 클래식 음악의 지휘자나 오케스트라는 유럽 작곡가들의 음악을 대중에게 소개하는 것 외에 다른 일은 하지 않았다. 그러다 보니 미국적인 정서와 정체성을 보여줄 수 있는 음악의 부재를 아쉬워하는 미국인이 많았다. 미국인의 이런 아쉬움을 달래준 첫 번째 인물이 조지 거슈윈(1898~1937)이다.

거슈윈은 독학으로 피아노를 배웠는데도 20세기 전반기 미국의 대표 작곡가로 이름을 떨친 천재형 작곡가였고 "100년 동안이나 쓸 수 있을 만큼 충분한 선율을 갖고 있다"고 자신한 천부적인 '멜로디 메이커'였다. 거슈윈이 가장 미국적인 작곡가로 성장한 것을 두고 정식으로 클래식 음악 교육을 받지 않았기 때문이라는 분석도 있다. 유럽 음악의 전통에 완전히 무지했기 때문에 자기가 태어나고 자란 문화의 정수를 보여주는 음악을 작곡할 수 있었다는 것이다.

거슈윈은 러시아계 유대인 이민자의 아들로 미국 뉴욕에서 태어났다. 늦은 나이인 12살에 피아노를 배웠는데도 15살이던 1913년 호텔의 보조

피아니스트로 활동할 만큼 음악에 재능이 있었다. 1914년에는 고교를 중퇴하고 맨해튼의 유명 악보 출판사인 제롬레믹출판사에 취업했다. 음반이 보편화되지 않았던 그 시절, 거슈윈이 한 일은 고객에게 악보에 나온 노래를 직접 피아노로 쳐주며 악보를 선전하는 일이었다. 그러면서 작곡도 해 1915년 첫 자작곡인 '당신을 잃은 뒤'를 발표했다

거슈윈이 19살이던 1917년에 출판사를 떠나 본격적으로 브로드웨이 음악을 작곡한 것은 제롬 컨이 작곡한 뮤지컬 '유타에서 온 아가씨'(1914)에서 받은 감동 때문이었다. 거슈윈을 유명 작곡가로 만들어준 곡은 '스와니'(1919)였다. '스와니'는 당대의 대스타 알 졸슨이 코미디극 '신밧드'(1919)에서 노래를 부른 덕에 더욱 유명해져 악보가 100만 부나 팔려나갔다. 비슷한 시기에 작곡한 코미디 뮤지컬곡 '라 라 루실'의 인기까지 더해져 브로드웨이의 차세대 작곡가로 각광받았다.

하지만 그때까지만 해도 그저 돈을 잘 버는 대중음악 작곡가에 불과했다. 이런 그가 클래식 음악계와 대중음악계 양쪽 모두에서 주목을 받게 된 것은 1924년이었다. 그해 2월 12일은 거슈윈의 이름이 당대에 그치지 않고 후세까지 널리 알려지게 된 역사적인 날이었다. 뉴욕의 에올리언 홀에서 열린, 유명 밴드 지휘자 폴 화이트먼이 주최한 '현대음악의 실험'이라는 음악회에서 거슈윈의 신곡이 청중들로부터 환호와 갈채를 받았기 때문이다.

"미국인의 미국인에 의한 미국인을 위한 최초의 작품이 태어났다"

공연이 열리기 수주 전, 거슈윈은 화이트먼으로부터 협주곡 형식의 재즈곡을 작곡해 달라는 제안을 받았다. 거슈윈은 작곡을 시작해 단 3주 만에 완성했으나 관현악법에 미숙했던 탓에 2대의 피아노를 위한 스케치곡으로 작곡했다. 곡명은 형 아이라 거슈윈의 제안에 따라 '랩소디 인 블랙'

으로 정해졌다. 곡은 폴 화이트먼 악단의 편곡
자 퍼디 그로페에게 넘겨져 재즈 밴드를 위한
곡으로 완성되었다.

음악회는 스트라빈스키, 라흐마니노프, 크라
이슬러, 하이페츠 등 당대의 유명 음악인들이
에올리언홀을 메운 가운데 2월 12일 개막했다.
그러나 거창한 타이틀에 어울리지 않게 팝송의
밴드곡 편곡이나 행진곡 등이 주로 연주되어

조지 거슈윈

청중을 실망시켰다. 연주곡이 2곡만 남았을 때 청중은 거의 인내심을 잃
은 상태였다.

바로 그때 '랩소디 인 블루'의 도입부인 글리산도(높이가 다른 두 음 사이
를 미끄러지듯이 연주하는 방법)로 연주하는 클라리넷 선율이 들려왔다. 뒤
이어 거슈윈의 피아노 연주가 시작되자 청중은 완전히 새로운 음악의 출
현에 놀라움을 금치 못했다. 재즈와 클래식이 혼합된 신선한 감각에다 인
상적인 선율과 뛰어난 피아노 솜씨까지 더해진 불후의 명곡이 탄생한 것
이다.

연주 전 거슈윈은 1페이지가량을 비운 채 진행하기로 화이트먼과 합의
하고 공연에 들어갔다. 편곡자의 총보에도 '(피아니스트가) 고개를 끄덕이
면 그때 악단이 연주를 한다'라고 적혀 있었다. 거슈윈은 이 공백 부분을
악보 없이 즉흥적으로 연주했다. 그러다 보니 초연 당시 '랩소디 인 블루'
가 어떻게 연주되었는지는 알려지지 않고 있다.

그렇더라도 사이렌처럼 상승하는 클라리넷의 음이 서두를 장식하며 놀
라운 효과를 만들어내다가 곧이어 화산이 폭발하는 것처럼 강렬한 선율
을 뿜어내는 '랩소디 인 블루' 덕분에 거슈윈은 "재즈 클래식의 원조", "미
국인의 미국인에 의한 미국인을 위한 최초의 작품이 태어났다"라는 찬사

를 들으며 작곡가로서의 명성과 부를 거머쥐게 되었다.

재즈가 지닌 야성적인 활력과 리듬의 참신한 매력을 현대음악과 의식적으로 결부한 '랩소디 인 블루'를 통해 거슈윈은 재즈와 클래식 양쪽에 큰 영향을 미쳤다. 흑인음악이라는 이유로 재즈를 무시했던 백인들도 거리낌 없이 이 멋진 음악에 동화되었고 클래식계는 '랩소디'를 통해 비로소 재즈를 하나의 현대음악으로 인정하기 시작했다.

"100년 동안 쓸 수 있을 만큼 충분한 선율을 갖고 있다"

거슈윈은 이 작품의 성공으로 미국 출신 작곡가로서는 최초로 '타임'지 표지 인물(1925)이 되는 영예를 안았고 미국 음악을 대표하는 작곡가로 부상했다. '랩소디 인 블루'는 노영심이 작사 작곡하고 변진섭이 노래한 '희망사항'(1989), 일본의 유명 드라마 '노다메 칸타빌레'(2006), 디즈니의 명작 애니메이션 '판타지아 2000'(1999)에도 등장해 우리에게도 친숙하다.

거슈윈은 이후에도 '피아노 협주곡 F장조'(1925), '파리의 아메리카인'(1928) 등을 잇달아 발표하며 재즈와 클래식을 넘나드는 작곡가로서의 위상을 확고히 했다. '피아노 협주곡 F장조' 역시 2010년 밴쿠버 동계올림픽 때 김연아 선수가 배경음악으로 사용해 우리와 친숙하다. 1931년에는 441회나 롱런한 뮤지컬 '그대를 위해 노래하리'를 작곡해, 작사자인 형 아이라 거슈윈과 함께 뮤지컬로는 처음으로 드라마 부문 퓰리처상을 수상하는 영예를 안았다.

거슈윈의 이름이 또다시 널리 알려지게 된 것은 1935년 초연된 오페라곡 '포기와 베스'였다. 이 곡은 대공황의 한파가 엄습한 1930년대 미국 남부의 흑인 빈민가에서 힘겹게 만나 사랑을 나누는 흑인 남녀의 이야기를 오페라로 만든 것으로, 뒤보스 헤이워드의 소설 '포기'(1925)가 원작이다. '포기와 베스' 작곡을 위해 거슈윈은 소설의 무대가 되는 미국 남부의 흑인 마을에 수개월간 머물며 '서머 타임', '아이 러브 유 포기' 등 명곡을 작곡했다. 거슈윈 스스로 '흑인 민속 오페라'라고 평했던 '포기와 베스'는 명랑하되 우수가 깃들어 있었고 무겁되 희망적이었다.

1935년 10월 10일 브로드웨이 알빈극장에서 처음 무대에 오른 '포기와 베스'는 초연 때부터 여느 오페라와는 다른 파격적인 형식과 인물 구성으로 화제를 모았다. 획기적이라는 평가가 쏟아졌지만 흥행에 성공하지는 못했다. 전통 오페라곡과는 달리 재즈 요소가 가미된 데다 대부분의 등장인물이 흑인이었던 것이 부진의 원인이었다. 그러나 거슈윈의 뛰어난 예술성과 아이라 거슈윈의 아름다운 가사에 힘입어 '포기와 베스'는 지금까지도 세계 곳곳에서 활발하게 공연되고 각광을 받고 있는 대표적인 오페라로 평가받고 있다.

이처럼 젊은 나이에 명성과 부를 거머쥔 거슈윈이었지만 더 이상의 재능 발휘를 허락하지 않은 운명에 의해 1937년 7월 11일, 39세의 이른 나이에 모든 명성을 뒤로 한 채 이승을 떠났다. 사인은 뇌종양이었다.

토머스 왓슨 IBM 창립

당시엔 IBM이 컴퓨터였고 컴퓨터가 IBM이었다.

지금은 마이크로소프트(MS)사와 인텔사가 컴퓨터 산업의 대명사로 각광받고 있지만 1980년대 중반까지만 해도 IBM이 사실상 컴퓨터와 동격으로 취급되었다. 당시엔 IBM이 컴퓨터였고 컴퓨터가 IBM이었다. IBM의 전신인 CTR사는 1911년 6월 15일 창립되었다. 시계, 저울, 계산기 등을 주로 생산했으나 회사는 늘 적자에 허덕였다. CTR사에 변화의 바람이 불기 시작한 것은 '세일즈의 귀재' 토머스 왓슨(1874~1956)

토머스 왓슨

을 영입하고부터였다.

왓슨은 미국 뉴욕주의 한 시골 마을에서 태어나 1년 과정의 상업학교를 마치고 1892년 상점 경리사원으로 사회생활을 시작했다. 이후 외판원, 정육점 운영, 회사 채권 판매 등을 두루 경험하며 사업 감각을 익혔다. 그의 재능이 발휘된 것은 1895년 사무용품을 파는 NCR사의 영업사원으로 입사하고서였다. 1899년 로체스터 사무소 소장으로 승진하고 1910년 영업 총책임자가 되는 등 승승장구했으나 이 과정에서 불공정거래를 한 혐의로 기소되고 회사 내 최고경영자와 마찰을 빚어 1914년 4월 NCR사에서 해고되었다. 그때 왓슨이 선택한 회사가 CTR사였다.

왓슨은 일반 관리자로 입사해 1년 만인 1915년 사장으로 승진했다. 그는 영업사원 출신이면서도 기술 개발의 중요성을 잘 알고 있었다. 매출의 10%를 개발에 쏟아붓고 엔지니어들을 우대했다. 조직을 이끄는 방식도 선구적이었다. "노동력은 비용이 아니라 자원"이라는 사실을 좌우명처럼 여겼고, 사무실마다 'Think'라는 슬로건을 내걸었다.

오늘날 직장 남성의 전형인 진한 양복 정장에 깔끔한 흰 셔츠를 입는 전통을 도입하고 "우리는 IBM의 동료, 모두 한 가족"이라는 사가를 부른 뒤 업무를 시작하게 해 일체감을 심어주었다. 해고 없는 종신 고용제도 정착시켰다. 이렇게 왓슨의 관심사는 고객의 이익, 종업원의 이익, 주주의 이익뿐이었다.

왓슨은 1924년 최고경영자로 승진하자 그해 2월 14일 회사 이름을 IBM으로 바꿨다. 컴퓨터 왕국의 역사가 비로소 막을 올린 것이다. 그러나 1929년 미 대륙에 대공황이 몰아치면서 시련이 찾아왔다. 시장은 차갑게 얼어붙었고 주력 상품들은 창고에 쌓였다. 그런데도 왓슨은 종업원을 해고하지 않았다. 도리어 직원들의 생명보험, 위험수당, 유급휴가 등을 도입하고 근무 조건을 개선하는 독특한 경영전략을 펼쳤다.

대공황 때 축적된 많은 재고는 결과적으로 전화위복이 되었다. 루스벨트 정부가 뉴딜 정책의 일환으로 사회보장 계획을 위한 막대한 통계기를 주문했을 때 IBM만이 재고 덕에 주문에 응할 수 있었기 때문이다. 이 덕분에 미국인들에게는 '암흑의 10년'이었던 기간이 왓슨과 IBM에는 '영광의 10년'이 되었다.

왓슨의 관심사는 고객·종업원·주주의 이익뿐

왓슨은 기존 장비의 속도가 느리다는 것을 알고 1937년 하버드대 교수 하워드 에이킨에게 좀 더 빠른 계산기를 개발하도록 주문했다. 1939년 2차대전과 1941년 태평양전쟁이 발발했을 때 IBM은 전쟁 수행에 필요한 많은 계산기를 만들어 군에 납품했다. IBM 기계는 1942년 미드웨이 해전에 앞서 일본 암호문을 풀었고 1944년의 노르망디 상륙작전 직전 영국 해협의 날씨예보에도 이용되었다. 원자폭탄을 개발하는 '맨해튼 프로젝트'에도 IBM 펀치카드기가 중요 역할을 했다.

IBM은 2차대전을 치르면서 크게 성장했다. 과거 하워드 에이킨 하버드대 교수팀과 시작한 공동 프로젝트는 1944년 완성된 자동연속계산기 '마크1'로 결실을 보았다. 천공카드로 정보를 받아들이고 타자기로 출력하는 '마크1'은 가로 15m, 높이 2.5m에 76만개의 부품과 900km의 전선을 쓰는 등 체육관 하나를 차지할 만큼 덩치가 컸으나 그만큼 빠른 속도를 자랑했다.

왓슨은 한동안 '기계식 계산기가 IBM의 미래'라는 생각에 갇혀 IBM을 본격적인 컴퓨터 회사로 탈바꿈시키는 데 소극적이었다. 그러나 1946년 세계 최초 컴퓨터 '에니악'이 모습을 드러내자 'IBM603'(1946)과 '604'

(1947)를 선보이며 컴퓨터 시장에 발을 들여놓았다.

IBM이 본격적으로 컴퓨터에 관심을 보인 것은 왓슨의 아들 토머스 왓슨 2세(1914~1993)가 아버지로부터 경영권을 승계한 1952년부터였다. 당시는 한국전쟁이 한창일 때였다. IBM은 미군에 방위계산기를 납품했고 이 계산기는 1952년 12월 '701'이란 이름으로 시판되었다. IBM 최초의 상업용 컴퓨터였던 '701'은 IBM이 1948년 1월에 출시한 계산기 'SSEC'의 4분의 1 크기인데도 속도는 25배나 빨랐다. 이후 702, 704, 709 등 '700 시리즈'가 큰 인기를 끌면서 IBM은 컴퓨터 업계의 최강자로 입지를 굳혔다.

왓슨 2세가 경영을 맡은 후 IBM은 1957년 계산기용 언어인 '포트란'을 개발하고 1958년 트랜지스터를 사용한 2세대 컴퓨터 '7000 시리즈'와 'IBM 401'을 발표해 시장을 넓혀 나갔다. 1964년 4월 7일에는 제3세대 컴퓨터 '시스템/360'을 발표하고 1970년 대용량과 고성능의 가능성을 보여준 '370'을 내놓았다. 1981년에는 개인용 컴퓨터의 모델인 IBM PC를 선보여 컴퓨터 명가의 자존심을 이어 나갔다. 이후에도 1980년대 중반까지 전성기를 누렸으나 PC 시대의 흐름을 읽지 못한 오판으로 점차 컴퓨터 부문에서는 연명하는 신세가 되었다.

레이먼드 다트, '타웅 아이' 화석 발견
'이달투' 화석은 현생인류의 아프리카 기원설을 입증하는 결정적 증거로 간주되고 있다.

20세기 초반까지 인류의 진화설은 '아프리카 기원설'과 '대륙 동시 발생설'로 양분되었다. 대륙 동시 발생설은 인류가 각 대륙에서 각자 발생했다는 것이고, 아프리카 기원설은 인류가 아프리카에서 태어나고 진화해 각 대륙으로 퍼졌다는 주장이다. 그러나 오늘날은 1924년

'오스트랄로피테쿠스 아프리카누스' 즉 '타웅 아이'가 발견되고 이를 입증하는 유전학과 고고인류학 등의 발달로 아프리카 기원설이 정설로 받아들여지고 있다.

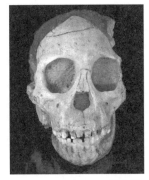

타웅 아이

아프리카 기원설을 처음 제기한 사람은 찰스 다윈이다. 1871년 '인간의 유래와 성에 관한 선택'이라는 저서에서 "아프리카의 침팬지와 고릴라는 인간과 가장 가까운 대형 유인원이며 인간은 영장류목에 속하기 때문에 인류는 아프리카에서 유래했을 것"이라고 추정한 게 아프리카 기원설의 출발점이다. 그러나 다윈의 가설은 아무런 화석 증거도 없이 단지 침팬지나 고릴라의 고향이 아프리카라는 사실을 근거로 세워졌기 때문에 누구도 확신할 수 없었다.

다윈이 '종의 기원'(1859)을 발표하기 전, 인류의 화석으로 알려진 것은 1856년 발견된 독일의 네안데르탈인(人) 화석뿐이었다. 다윈의 진화설이 발표된 후에는 네덜란드의 인류학자이자 해부학자 외젠 뒤부아(1858~1940)가 1891년 '자바원인'을 발견했다. 그는 최초 인류가 지금의 유인원과 비슷한 곳에 살았을 것이라는 추정하에 화석도 유인원이 사는 울창한 숲에서 나올 것이라고 예상했다. 그래서 1887년 찾아간 곳이 네덜란드령 인도네시아 수마트라였다. 당시 그곳에서는 약 180만 년 전부터 1만 년 전까지의 지질 시대를 말하는 플라이스토세(홍적세) 초기 포유동물의 화석들이 발견되고 있었다.

수년 간의 발굴 작업 끝에 뒤부아가 마침내 인류 화석인 자바원인을 발견한 것은 1891년 8월이었다. 뒤부아의 탐사대는 인간보다는 작고 납작하지만 침팬지보다는 큰 머리뼈, 인간과 거의 똑같이 생긴 넓적다리뼈를 발견했다. 이것은 자바원인이 현생인류에 비해 지능은 떨어지지만 직립보행을 했다는 것을 의미했다.

뒤부아는 자신이 발견한 화석의 학명을 '똑바로 서서 걸은 유인원'이라는 뜻의 '피테칸트로푸스 에렉투스'(직립원인)라고 명명했으나 훗날 고인류학자들은 '호모 에렉투스'로 분류했다. 연구 결과 자바원인은 80만~120만 년 전에 등장해 25만 년 전 사라진 것으로 판명되었다.

뒤부아는 1893년 자바원인의 발견을 공표하면서 내심 명예와 과학적 인정을 기대했다. 그러나 돌아온 것은 회의적 반응과 악의에 찬 비방뿐이었다. 똑똑함을 자랑하는 인류의 조상이 머리보다 다리가 먼저 발달했다는 사실에 많은 사람이 거부감을 품었기 때문이다. 자바원인의 존재는 훗날 과학적으로 입증되어 뒤부아는 인류 진화의 '잃어버린 고리'를 찾은 화석 사냥꾼들의 선구자로 불렸지만 생전에는 인정을 받지 못한 채 1940년 생을 마감했다.

뒤부아는 '잃어버린 고리' 찾은 화석 사냥꾼들의 선구자

20세기 들어 인류 화석이 새로 발견될 때마다 앞서 발견된 화석은 '최고(最古) 화석'에서 밀려나기를 거듭하며 인류 기원에 대한 학술적 작업이 더욱 확장되고 두터워졌다. 1924년에는 현생인류의 직접적인 조상은 아니지만 인간의 특징을 많이 갖고 있는 수백만 년 전의 초기 원인(猿人)을 뜻하는 호미니드가 발견됨으로써 인류의 조상을 추적하는 화석 탐사가 새로운 전기를 맞았다.

화석을 발견한 주인공은 호주의 해부학자이자 고고학자인 레이먼드 다트(1893~1988)였다. 그는 1922년 남아프리카공화국의 비트워터스랜드대 의과대 교수로 부임한 후 대학에 연구용 뼈들이 없는 것을 알고 흥미로운 뼈를 가져오도록 학생 간에 경쟁을 부추겼다. 어느날 한 학생이 친구의 집에서 머리뼈 화석을 보았다고 알려오자 다트는 화석을 직접 눈으로 확인한 뒤 화석이 발견된 채석장 관리자를 만나 다른 화석이 나오면 자신에게 알려 달라고 당부했다.

그의 요청대로 1924년 여름 채석장 관리자가 새로 발견한 화석 돌덩어리를 다트의 집에 보내왔다. 다트가 수 주일 동안 화석을 조심스럽게 쪼개고 다듬자 1924년 12월 마침내 머리뼈의 윤곽이 드러났다. 젖니가 모두 있고 첫 번째 어금니가 한창 나오는 중인 것으로 미루어 6세쯤 되는 아이의 머리임을 알 수 있었다. 척추신경과 두뇌를 연결하는 구멍들은 직립보행의 가능성을 확인시켜 주었다. 다트는 100만~200만 년 전 존재했던 것으로 추정되는, 원숭이류와 인류의 중간 단계일 것으로 결론을 내리고 '아프리카 남쪽의 유인원'이라는 뜻의 '오스트랄로피테쿠스 아프리카누스'로 학명을 지었다. 다만 복잡한 이름의 학명보다 주로 '타웅 아이'라는 쉬운 별명으로 불렀다.

그러나 당시의 주류 학계는 타웅 아이의 존재를 인정하지 않았다. 1912년 영국에서 발표된 필트다운인(人) 때문이다. 필트다운인은 수십년 후 최대의 과학 사기 사건으로 판명되었으나 당시만 해도 현생인류와 초기 원인 사이의 중간 단계를 설명해줄 인류의 '잃어버린 고리'를 찾은 최대 발견으로 학계의 인정을 받고 있었다. 따라서 학자들은 필트다운인과 정반대의 모습을 띠고 있는 타웅 아이를 현생인류의 직접적인 조상을 의미하는 호미니드로 인정하지 않았다. 필트다운인은 두뇌가 크고 턱이 원시적인 반면 타웅 아이는 두뇌가 상대적으로 작고 이빨이 현대적이었다.

인간과 유인원의 뇌가 어린아이 때 비슷하다는 이유를 들어 다트의 발견을 인정할 수 없다는 학자도 있었지만 사실 타웅 아이가 인정받지 못한 진짜 이유는 따로 있었다. 미개한 아프리카가 인류의 고향이라는 사실을 백인들이 받아들이지 않았기 때문이다. 당시 과학자들은 인류 최초의 탄생지를 유럽이나 아시아로 믿고 있었다. 그도 그럴 것이 네안데르탈인

(1856), 크로마뇽인(1868), 자바원인(1891) 등이 유럽과 아시아에서 발견되고 아프리카에서는 단 한 번도 호미니드 화석이 발견되지 않았기 때문이다.

'타웅 아이', 첫 발견 후 12년이 지나 인류의 먼 조상으로 인정받아

다트는 호미니드 화석임을 인정받기 위해 1931년 영국으로 건너갔다. 그러나 당시 영국 학계는 그 무렵 새로 발견된 다른 화석에 모든 관심을 쏟고 있어 타웅 아이에 무관심했다. 다른 화석이란 1929년 캐나다 의사 데이비드슨 블랙이 중국 북경 근처의 한 동굴에서 발견한 '북경원인'이다.

북경원인은 타웅 아이의 두뇌 용량의 2배에 이를 만큼 머리가 컸고 20만~50만 년 전 것으로 추정되었다. 블랙은 '북경에서 나온 중국인'이란 뜻의 '시난트로푸스 페키넨시스'라는 학명을 북경 화석에 부여했으나 고인류학자들은 나중에 북경원인과 자바원인이 같은 종임을 확인하고 1940년대에 학명을 '호모 에렉투스'로 통일했다.

이처럼 북경원인에 관심이 쏠려 있는 영국에서 자신이 발견한 화석이 자바원인과 네안데르탈인 사이에 존재했던 호미니드라고 주장했으니 관심을 끌지 못한 것은 어쩌면 당연한 결과였다. 결국 다트는 상심한 채 남아공으로 돌아갔고 이후 다른 화석은 아예 들여다보지도 않았다. 더불어 타웅 아이도 서서히 잊혀갔다.

그러다가 1936년 이후 오스트랄로피테쿠스 아프리카누스 류의 화석이 아프리카 각지에서 잇따라 발견되면서 타웅 아이는 비로소 인류의 먼 조상으로 인정받게 되었다. 현생인류 이전 인류 발생을 뒷받침해 줄 호미니드의 발견은, 타웅 아이와 북경원인 발견 후 호모 하빌리스(1962년, 180만년 전) → 오스트랄로피테쿠스 아파렌시스(1974년, 330만 년, 별명 루시) → 아르디피테쿠스 라미두스(1992년, 440만 년, 별명 아르디) → 오로린 투게넨시스(2000년, 600만 년, 별명 밀레니엄맨) → 사헬란트로푸스 차덴시스(2002

년, 600만~700만 년, 별명 투마이) 등의 순서로 진행되었다.

현재까지 발견된 가장 오래된 현생 인류 화석은 1997년 미국의 팀 화이트 교수 등이 에티오피아 아파르 지역 강가에서 발견한 16만년 전 화석 '호모 사피엔스 이달투'다. 이 화석은 현생 인류의 아프리카 기원설을 입증하는 결정적 증거로 간주되고 있다.

네안데르탈人 논쟁

1856년 여름, 독일 뒤셀도르프 부근 네안데르 계곡의 한 동굴에서 사람의 뼈로 추정되는 두개골, 넓적다리뼈, 갈비뼈, 팔뼈, 어깨뼈, 엉덩이뼈 등이 완벽한 모습으로 발견되었다. 이른바 '네안데르탈인'이었다. 그 지역의 아마추어 박물학자 카를 풀로트는 그것이 원시 인류의 뼈일지 모른다는 생각에 독일 본대의 해부학자 허만 샤프하우젠 박사에게 조언을 구했다. 그리고 두 사람은 1857년 네안데르탈인이 게르만족과 켈트족의 조상일 것이라는 가설을 발표했다.

그러나 학계의 반응은 차가웠다. 당시는 고고인류학이라는 학문이 없던 때라 사람과 비슷한 화석이 발견되면 그것은 당연히 고릴라나 침팬지의 화석이지 인간의 화석이라고 생각하지 않았기 때문이다. 진화론에 불을 붙인 다윈의 '종의 기원'이 발표(1859)되기 2년 전이었으니 하등 이상할 것도 없었다.

그러다가 가설 발표 후 2년이 지나 다윈의 진화론이 발표되면서 가설은 더 이상 가설에만 머물러 있지 않았다. 영국의 해부학자 윌리엄 킹은 이것을 인류의 두개골로 인정하고 1864년 '호모 사피엔스 네안데르탈렌시스'로 명명했다. '호모 사피엔스'는 '지혜가 있는 사람'이라는 뜻으로, 현생 인류와 같은 종(種)으로 분류된다.

네안데르탈인은 이후 벨기에(1866), 유고슬라비아(1895), 프랑스(1908) 등에서 잇따라 발견되었고 점차 원시 인류 화석의 첫 번째 발견으로 인류고고학사에 기록되었다. 이후 크로마뇽인(1868), 자바원인(1891), 북경원인(1929) 등의 화석이 발견되었다. 시기적으로는 자바원인(80만~120만년), 북경원인(20만~50만 년), 네안데르탈인(30만 년~3만 년), 크로마뇽인(4만~1만 년)의 순서로 구분된다. 1868년 프랑스 크로마뇽에서 발견된 크로마뇽인은 '호모 사피엔스 사피엔스'로 분류되는데 이것은 '호모 사피엔스' 즉 현생인류로 분류되는 사람종의 아종(亞種)이다.

뼈를 통해 확인된 네안데르탈인은 작은 키에 단단한 체격을 갖고 있었다. 손발이 크고 팔다리가 두터운 편이었으며 두발로 걷고 주로 동굴에서 살았다. 불을 사용하고 도구를 사용하고 사람이 죽으면 묻는 매장 풍습도 있었다.

이처럼 인간과 별반 차이가 없어 오랫동안 '호모 사피엔스'로 분류되었으나 언젠가부터 사람과 종이 다르다는 연구결과가 속속 발표되었다. 20세기 후반부터 본격화된 DNA 유전자 분석에 따르면 네안데르탈인은 인간과는 별개의 종이며 인간 진화에 전혀 관여하지 않았다는 것이다. 즉 네안데르탈인의 골격과 유전자는 현생인류나 원시인류와 크게 달라 같은 종으로 볼 수 없고 네안데르탈인과 인류는 마치 현대의 원숭이와 인류처럼 별개의 종족이라는 것이다. 심지어 침팬지나 고릴라가 네안데르탈인보다 더 인간에 가까운 종이라는 주장까지 나왔다.

네안데르탈인은 30만~3만 년 전쯤 유럽 대부분과 지중해 연안 지역에 퍼져 살았는데, 현생 인류가 5만 년 전 이곳으로 진출하면서 2만 년 동안 두 종이 공존하다가 3만 년 전 멸종한 것으로 연구 결과 드러나고 있다. 멸종 원인은 기후 적응에 실패하고 인류의 조상인 호모 사피엔스와의 경쟁에서 졌기 때문으로 추정되고 있다. 인간이 그들을 사냥해서 먹었기 때문이라는 연구 결과도 있다. 이는 북경원인 → 네안데르탈인 → 크로마뇽인으로 이어지는 인간 계보에 결정적인 흠집이 생긴 것이다.

최근에는 인류의 직계 조상인 호모 사피엔스와 네안데르탈인의 이종간 교배 흔적이 있다는 또 다른 주장이 제기되어 관련 학계를 혼란케 하고 있다. 이는 네안데르탈인의 자연도태설에 정면으로 배치될 뿐 아니라 네안데르탈인이 인간의 직계조상임을 뒷받침하는 증거가 된다. 무엇이 정답인지는 좀 더 시간이 필요해 보인다.

파블로 네루다 시집 '스무 편의 사랑…' 출판

세 번의 결혼, 정치적 성공, 문학적 성취까지 겹쳐 네루다의 삶은 누구보다 화려했다.

파블로 네루다(1904~1973)는 열렬한 사랑을 갈구하는 격정적인 연애 시인이면서도 파시즘의 폭압에 대한 항거와 투쟁을 노래한 민중 시인이었다. 또한 모더니즘의 형식성을 극복하고 감각적인 언어를 구사하는 초현실주의 시인이었으며 20세기에 가장 많이 읽힌 시인 중 한 사람이기도 했다. 그는 서재가 아닌 거리와 전장에서 40여 권의 시집과 3,500여 편의 시를 불꽃처럼 터뜨리며 스페인어권 시문학계의 최고봉에 올랐다. 그를 가리켜 콜롬비아 작가 가르시아 마르케스는 "모든 언어권을 통틀어 20세기 가장 위대한 시인"이라고 칭송했으며 멕시코의 소설가 카를로스 푸엔테스는 "손을 대면 모든 것이 시가 되는 언어의 미다스 왕"이라고 예찬했다.

네루다는 칠레 중부 파랄 지방에서 태어났다. 어머니가 네루다를 낳고 2개월 뒤 숨을 거둬 철도 노동자인 아버지는 네루다를 데리고 칠레 최남단 테무코로 이사해 재혼했다. 11살이던 1915년 6월 생애 첫 시를 쓰고 이후 잡지와 신문에 시를 투고하며 시인을 꿈꿨으나 아버지가 반대하자 아버지의 눈을 속이기 위해 여러 필명을 사용했다. 체코 시인 얀 네루다의 이름에서 따 1920년 10월부터 사용한 '파블로 네루다' 역시 필명으로, 1946년 법원 결정을 거쳐 이 필명을 아예 본명으로 삼았다.

네루다는 1921년 칠레대에 입학해 창작 활동을 본격적으로 펼치고 1923년 8월 첫 시집 '황혼 일기'를 간행했다. '황혼 일기'에 대한 반응도 뜨거웠지만 무엇보다 네루다가 시인임을 널리 알린 것은 20살이던 1924년 출간한 연애 시집 '스무 편의 사랑의 시와 한 편의 절망의 노래'다. 고뇌에 찬 청년 시절의 정열과 칠레 남부 지방의 거친 자연이 혼합되어 있는 이 시집은 네루다 자신이 가장 아끼는 시집이면서 대중에게는 대표 시집으로 인식되었다. 시집은 20세기에 탄생한 가장 아름다운 연애시집 중의 하나로 꼽히고 전 세계에서 가장 많이 읽힌 스페인어 시집으로 기록되었다.

네루다는, 젊은 문인들을 외교관으로 내보내는 당시 중남미 국가들의 전통에 따라 24살이던 1927년 버마(현 미얀마)의 명예영사로 파견되었다. 이후에도 실론(현 스리랑카)의 콜롬보, 인도네시아 자바의 바타비아(현 자카르타), 싱가포르 등의 명예 영사로 5년간 활동하며 아시아에 대한 견문을 넓히고 제3세계 민중들의 곤고한 삶에 눈을 떴다. 자바에서는 네덜란드 출신의 여성과 결혼을 했다.

"손을 대면 모든 것이 시가 되는 언어의 미다스 왕"

1933년 아르헨티나 주재 영사로 파견되었을 때 그곳을 방문 중이던 스페인 시인 가르시아 로르카를 만나 친구가 되었다. 1934년 스페인의 바르셀로나와 마드리드 주재 영사로 파견되었을 때는 1936년 첫 부인과 이혼하고 철두철미한 공산주의자인 20살 연상의 여성과 재혼했다. 그 무렵 발간한 시집 '지상의 거처'는 오늘날 서구 언어로 쓰인 가장 위대한 초현실주의 시로 꼽는다.

스페인내전은 그의 스페인 친구 가르시아 로르카의 죽음으로 다가왔다. 로르카를 만나기로 했던 1936년 7월 19일 밤 로르카가 파시스트들에게 피살된 것이다. 스페인내전 당시 네루다는 칠레가 공화파의 인민정부 편임을 천명했으나 사실 그 발표는 칠레 정부의 입장과는 무관했다. 결국 네루다는 영사직에서 쫓겨났다.

파블로 네루다

스페인내전 후 네루다의 시는 역사와 세계로 방향을 틀었고 그는 민중 시인으로 변모했다. 1938년 공산·사회·급진 정당들의 지지를 받은 페드로 아기레 세르다가 칠레 대통령에 당선되었을 때는 프랑스 파리 주재 특별영사를 거쳐 멕시코 주재 영사(1940~1943)로 활동했다. 1945년 3월에는 북부 탄광 지역에서 상원의원에 당선되고 그해 7월 공산당에 입당했다. 그러다가 급진당·사회당·공산당의 지지를 받아 1946년 대통령에 당선된 곤살레스 비델라가 취임 후 공산당에 대해 불법화 정책을 펴자 대통령을 격렬하게 비판하며 지하로 잠적했다. 1948년 1월 의회에서 한 연설이 '나는 고발한다'라는 제목으로 출판된 후에는 상원의원 면책특권이 박탈되고 국가원수 모독죄로 체포 영장이 발급되었다.

네루다는 1948년 2월 말 안데스 산맥을 넘어 아르헨티나로 탈출해 세계 곳곳을 전전했다. 1952년 이탈리아 카프리 섬에 있을 때 새로 구성된 칠레 정부가 네루다의 체포 영장을 철회했다는 소식이 들려왔다. 네루다는 1970년 대통령선거에 공산당 후보로 나섰으나 곧 좌파 인민연합 단일후보 살바도르 아옌데의 지지를 선언하고 사퇴했다. 아옌데의 당선 후 1971년 프랑스 대사로 부임하고 그곳에서 그해 노벨상 수상자로 선정되었다는 소식을 들었다. 영광도 잠시뿐, 1973년 9월 11일 군사 쿠데타로 아옌데가 대통령궁에서 살해되었다는 소식에 충격을 받아 10여 일 뒤인 9월

23일 지병 악화로 눈을 감았다.

네루다는 흔히 정치적으로 핍박을 받아 객지를 유랑한 고난에 찬 민중 시인으로 그려지지만 사실 그는 외교관으로 시인으로 각종 호사를 누린 사람이다. 게다가 그는 모순투성이였다. 열렬한 스탈린주의자였으면서도 스탈린의 적수들은 물론 보수파, 독실한 기독교 신자까지 다양한 사람들과 친분을 쌓았다. 칠레산 포도주와 여자들로 대표되는 생의 감각적 축복에 기꺼이 몸을 맡긴 사생활도 혁명시를 쓰는 시인의 이미지와는 부합하지 않았다. 사적으로는 세 번의 결혼과 숱한 연애, 공적으로는 영사·상원의원·대사 등의 정치적 성공, 여기에 문학적 성취까지 겹쳐 네루다의 삶은 누구보다 화려했다.

1925년

김소월 시집 '진달래꽃' 발간
조선공산당 창당
만주 독립운동, 참의부·정의부·신민부 정립
세르게이 에이젠슈타인과 '전함 포템킨호' 개봉
반진화론법 논쟁 '스콥스 원숭이 재판'
존 베어드 발명 TV, 세계 최초 공개
스콧 피츠제럴드 '위대한 개츠비' 출간
KKK단 첫 전국대회

김소월 시집 '진달래꽃' 발간

문학과 삶에 대한 일체의 애착을 놓아버리고 술에 기대 세월을 보냈다.

김소월(1902~1934)은 우리나라 역대 시인 중 가장 큰 사랑을 받고 있는 '국민시인'이요 '한국 현대시의 대명사'다. 대표 시인을 꼽는 각종 조사에서 늘 부동의 1위 자리를 차지하고 있는 김소월에 대해 문학평론가 유종호는 "당대의 누구보다도 시인"이라고 했고, 김용직은 "우리 현대시사의 한 표준이요 역사"라고 했다. 김소월의 시가 이렇게 높은 평가를 받는 것에 대해 문학평론가 오세영은 전통적인 한의 정서 표상, 여성적 정조의 표현, 민요적 율조와 민중적 정감의 내포, 민족의식의 형상화를 꼽는다.

본명이 김정식인 김소월은 평북 구성의 외가에서 태어나 백일 후 고향인 평북 정주로 돌아와 비교적 부유한 환경에서 유아기를 보냈다. 그러나 2살 때이던 1904년, 부친이 처가 나들이를 하다가 사소한 시비 끝에 철도 공사장의 일본인들에게 집단 폭행를 당하고 그 일로 정신질환을 앓는 폐인이 되면서 소월의 집안 분위기는 늘 어두웠다. 어머니는 지극정성으로 소월을 키웠으나 문맹인 탓에 소월의 탐구욕을 채워주지 못했다.

어머니 대신 소월의 지식욕을 채워준 것은 같은 집에 살던 첫째 숙모 계희영이었다. 숙모가 틈틈이 이야기해준 고대소설과 설화들은 소년의 상상력을 자극하고 문학 세계 형성에 깊은 영향을 주었다. 훗날 숙모는 소월의 시 '접동새', '물마름' 등이 자신이 들려준 설화를 소재로 해 쓰인 것이라고 말했다.

김소월의 생애에 큰 전기가 된 것은 1915년 4월의 오산학교 진학이었

김소월

다. 소월은 오산학교 교육을 통해 향토 생활에 머물러 있던 시야를 민족과 국가 차원으로 넓히게 되었고 오산학교 교장·교사였던 이승훈과 조만식에게서 많은 영향을 받았다. 무엇보다 일생 동안 스승으로 모시게 될 김억을 만난 덕에 자신의 인간적이고 민족적인 한을 문학으로 승화시킬 수 있었다.

　　김소월은 오산학교 2학년에 재학 중이던 1916년 조부의 강권으로 결혼을 했다. 아내의 외모가 실망스러웠으나 심성이 착하고 도덕적 규범이 엄격해 비교적 무난하게 결혼 생활을 유지했다. 오산학교 생활은 1919년 3·1 운동 발발 후 일제가 오산학교를 폐교함으로써 졸업을 1년 앞두고 끝이 났다. 김소월은 3년여를 집에서 지내다 1922년 서울의 배재학교 5학년으로 편입해 1923년 졸업했다. 그해 도쿄 상과대학에 입학했으나 9월에 일어난 관동대지진으로 짧은 유학 생활을 마치고 귀향했다.

　　"우리 현대시사의 한 표준이요 역사"

　　김소월은 비사교적이고 비사회적인 성격 탓에 친구나 문우를 거의 사귀지 못했다. 집안에서도 숙모를 제외하곤 대화를 나눌 사람이 거의 없어 외롭고 적막했다. 식민지 지식인의 이상과 꿈이 식민지 현실에 짓밟힌 것도 한 이유였지만 무엇보다 자신의 성격과 가정환경이 더 크게 작용했다.

　　정신이상자 아버지, 세속적인 기대에만 연연하는 문맹 어머니, 시대적 이념을 외면한 채 전통적 규범에만 얽어매려 하는 조부, 원치 않는 결혼에도 불구하고 도덕적으로 책임져야 하는 아내, 기울기 시작한 가산과 궁핍, 무능한 자신에게 떠맡겨진 장손으로서의 책임 등에 내성적 성격까지 더해져 모든 게 감당하기가 버거웠다. 김소월이 1924년 처가인 평북 구성을 생활의 터전으로 삼아 농사일을 돌보며 시를 쓴 것도 이러한 중압감에서 해방되고 싶었기 때문인 것으로 풀이되고 있다.

김소월이 문학을 선택하게 된 것도 가정환경과 내성적 성격에서 연유된 것이라는 분석이 있다. 어려서 신동으로 불릴 만큼 총명하고 유난히 이야기를 좋아했던 아이, 풍부한 상상력과 여성처럼 섬세한 감수성을 지녔던 아이가 답답한 가정환경에서 벗어나 시에 탐닉한 것은 자연스러운 귀결이라는 것이다. 김소월을 시로 안내한 사람은 오산학교 스승 김억이었다. '창조'지 동인이던 김억은 김소월의 '그리워', '낭인의 봄', '야의 우적', '오과의 읍', '춘강' 등 5편의 시를 추천해 1920년 3월 '창조' 5호에 게재케 함으로써 문단에 데뷔시켰다. 김소월은 같은 해 7월 '학생계'에 '거친 풀 허트러진 모래동으로'를 발표하고 1년여의 공백기를 보낸 후 1922년에서 1924년 사이에 왕성하게 작품 활동을 했다.

특히 1922년은 시작 활동이 만개한 해로, '개벽'지 1922년 1월호에 '금잔디', '엄마야 누나야' 등을 발표하고 '개벽'지 1922년 7월호에 우리 민족의 애송시 '진달래꽃'을 싣는 등 1922년에만 50여 편의 시를 선보였다. 1924년에는 '창조'의 후신으로 김동인이 발족한 '영대'의 동인이 되어 '영대' 3호에 '산유화' 등을 발표하고 1925년 12월 26일에는 '못잊어', '엄마야 누나야', '예전엔 미처 몰랐어요' 등 127편의 시가 수록된 자신의 처음이자 유일한 시집인 '진달래꽃'을 매문사에서 발간했다. '진달래꽃'은 2011년 2월 근대 문학작품으로는 처음으로 근대문화재로 지정되고, 2015년 12월 시집 경매가로는 최고가인 1억 3,500만 원에 낙찰되었다.

김소월은 1926년 들어 사실상 모든 창작 활동을 중단하고 생활 전선에 뛰어들었다. 1926년 8월부터 1927년 3월까지 동아일보 지국을 경영하다가 파산하고 마지막 생존 방편으로 고리대금업에 손을 댔으나 이마저도 실패해 경제적으로 어려움을 겪었다. 설상가상으로 요시찰 대상으로 지목되어 일본 경찰에게 수시로 수모와 모욕을 당했다. 심지어 작품마저 일경에 빼앗기는 일이 벌어지자 문학과 삶에 대한 일체의 애착을 놓아버리고 술에 기대 세월을 보냈다.

시집 '진달래꽃', 문학작품 최초의 근대문화재

김소월의 아내에게서 전해 들었다는 숙모 계희영의 증언에 따르면, 김소월은 1934년 12월 23일 장에 다녀온 뒤 아내와 둘이서 술을 마신 후 밤늦게 잠자리에 들었다. 술에 취해 곯아떨어졌던 아내는 새벽 잠결에 김소월이 무엇인가 자신의 입에 넣어 주기에 깜짝 놀라 정신을 차리고 보니 이미 싸늘하게 시체로 변해 있었다는 것이다. 이런 식의 전언만이 전해질뿐 사인이나 그 후의 자세한 이야기가 세상에 나돌지 않은 것은 문중에서 '부끄럽고 끔찍하다'며 함구했기 때문이다.

김소월의 돌연사 원인에 대해 학계가 제기한 유력한 추정은 '다량의 아편을 먹고 자살했다'는 것이다. 하지만 그가 왜 중독성이 강한 아편을 시작했는지에 대해서는 알려진 바가 없다. 다만 "김소월이 생전에 심한 관절염에 시달리고 있었고 고통이 극심해질 때면 통증을 잊고자 아편을 조금씩 복용했다"는 증언이 있어 관절염 때문에 아편을 먹은 것으로 추정되고 있다.

오늘날 김소월의 시는 다양한 노래로 바뀌어 시대를 뛰어넘는 전 국민의 애창곡으로 불리고 있다. 동요 '엄마야 누나야'(원제:엄마야 누나야 강변 살자)를 비롯해 정미조의 '개여울'(당신은 무슨 일로 그리합니까), 홍민의 '부모'(낙엽이 우수수 떨어질 때), 장은숙의 '못잊어'(못 잊어 생각이 나겠지요), 건아들의 '예전엔 미처 몰랐어요'(봄 가을 없이 밤마다 돋는 달도), 활주로의 '나는 세상 모르고 살았노라'(가고 오지 못한다는 말을), 마야의 '진달래꽃'

(나 보기가 역겨워 가실 때에는), 인순이의 '실버들'('실버들을 천만사 늘어놓고) 등이 모두 김소월의 시로 만들어진 노래들이다.

조선공산당 창당

코민테른은 1928년 12월 조선공산당의 해체와 당 재건을 지시하는 '12월 테제'를 공식 채택했다.

　　　　조선공산당이 1925년 창당하기 전까지 초기 공산주의 활동은 주로 해외파가 주도했다. 출발점은 1918년 2월 러시아의 아무르강(흑룡강) 강변에 위치한 하바롭스크에서 한국인 최초의 사회주의 정당으로 결성된 '한인사회당'이다. 그 뒤를 이어 고려공산당의 이르쿠츠크파와 상해파가 1921년 5월 각각 러시아의 이르쿠츠크와 중국 상해에서 창당했다. 고려공산당의 양파는 주도권 장악과 정통성 확보를 둘러싸고 사사건건 마찰을 빚었다. 1921년 6월 28일 일어난 '자유시 참변' 후에는 감정적 대립으로까지 번져 사실상 화합이 불가능했다.

　코민테른의 중재하에 양파를 대표하는 120여 명이 1922년 10월 러시아의 베르흐네우딘스크에 모여 고려공산당의 통합을 모색했으나 여전히 접점을 찾지 못했다. 결국 코민테른이 1922년 12월 모든 조선인 공산주의 단체의 해체를 명하고 대신 코민테른 극동부 산하에 '꼬르뷰로(고려국)'를 발족시켜 조선의 공산주의 운동을 직접 지휘하도록 했다. 꼬르뷰로는 상해파 이동휘와 이르쿠츠크파의 김만겸·장건상을 집행위원, 알렉산드로 보이틴스키를 의장, 정재달을 고문으로 선임해 화학적 결합을 유도했다.

　일본에서 활동한 첫 사회주의 단체는 1920년 1월 도쿄에서 재일 한인 유학생들이 결성한 조선고학생동우회(동우회)다. 김약수·정태성·박열·김사국 등이 발기인으로 이름을 올렸는데 이들은 이후 한국 사회주의 운동에서 핵심적인 역할을 한 것은 물론 국내 사회주의 운동의 중요한 수원지가 되었다.

당시는 사회주의 사상이 아나키즘과 코뮤니즘으로 분화되기 전이었다. 그러다 보니 동우회 내부에서 아나키즘과 코뮤니즘 사이에서 노선 투쟁이 벌어져 1921년 10월 아나키즘 계열이 독자적인 '흑도회'를 결성했다. 흑도회도 곧 노선 갈등을 겪어 2개월 만에 해체되고 '흑우회'로 재탄생했다.

사상 서클 중 '북성회'는 1923년 1월 도쿄에서 김약수 등 재일 유학생 60여 명이 결성했다. 북성회는 1923년 7월과 8월, 서울을 필두로 평양·개성·대구·진주·김해·부산 등지에서 강연회를 개최하는 것으로 존재를 과시했다. 북성회는 1924년 11월 국내 지부 격인 북풍회를 서울에 설립했다.

창당의 두 주역은 화요회와 북풍회

해외에서 이런 움직임이 있는 동안 국내에서는 다양한 청년 지식인들이 사회주의를 지향하는 사상 서클을 만들어 경쟁적으로 활동했다. 서울청년회(1921.1), 무산자동맹회(1922.3), 토요회(1923.5), 꼬르뷰로 국내부(1923.6), 이르쿠츠크파 신사상연구회(1923.7), 조선노동당(1924.8), 북풍회(1924.11) 등이 대표적인 서클들이었는데 이들은 헤게모니 장악을 위해 치열한 경쟁을 벌였다. 이들 서클 대부분은 코민테른과 일본 유학생 그룹에 뿌리를 두었다.

1921년 1월 결성된 '서울청년회'는 출범 당시 사회주의 그룹과 민족주의 그룹의 혼합이었으나 곧 사회주의 그룹이 민족주의 그룹을 축출하고 사회주의 운동의 주도권을 장악하면서 국내 사회주의 운동의 중심 세력으로 부상했다. 서울청년회는 코민테른 조선지부로 가입하는 것을 목표로 삼았다. 그러나 코민테른은 서울청년회와 생각이 달랐다. 국내에 확고한 기반을 가진 서울청년회보다 자신들이 직접 파견한 청년들이 공산당

을 건설하기를 바랐기 때
문이다. 결국 서울청년회
는 코민테른의 파견원들과
경쟁을 벌여야 했다.

코민테른 꼬르뷰로(고려
국)도 1923년 신철·김재봉
(4월)과 정재달(6월)을 연이
어 조선에 파견했지만 당

조선공산당 창당 대회가 열린 중국 음식점 아서원의 당시 모습

창건이 쉽지 않았다. 국내 사회주의 인사들이 코민테른 밀사들에게 우호
적이지 않았기 때문이다. 국내 사회주의 인사들은 조선공산당이 국내에
서 활동하는 자신들을 중심으로 결성해야 한다는 생각에 사로잡혀 있었
다. 그중에서도 국내파 사회주의 세력인 서울청년회의 반발이 가장 거셌
다. 결국 정재달은 임무 완수에 실패하고 1923년 10월 블라디보스토크로
귀환했다.

반면 신철과 김재봉 등은 임무를 드러내지 않고 조용히 활동하면서
1923년 6월 재일 유학생들이 주축인 북풍회와 연합해 꼬르뷰로 국내부를
결성했다. 꼬르뷰로 국내부가 비밀 조직이라면 1923년 7월 홍명희·김찬
등을 중심으로 결성한 꼬르뷰로 '신사상연구회'는 공개 조직이었다. 신사
상연구회는 1924년 11월 마르크스의 생일이 화요일인 데 착안해 이름을
'화요회'로 개칭하고 조선공산당 결성에 힘을 쏟았다. 그리고 마침내 최대
사회주의 운동 세력인 서울청년회를 배제한 채 북풍회·조선노동당 등과
연합해 조선공산당을 창당하는 데 성공했다.

창당대회는 1925년 4월 17일 오후 1시 서울 황금정(을지로) 중국음식점
아서원 2층에서 열렸다. 4월 17일을 창당일로 선택한 데는 나름의 이유
가 있었다. 전조선기자대회(4.15~17)와 전조선민중운동자대회(4.20~21)

가 연속적으로 서울에서 개최되어 일본 경찰의 감시가 그곳으로 집중되는 틈을 노린 것이다.

20여 명의 참석자는 김재봉을 책임비서로 선출했다. 참석자들 가운에 김재봉·김찬·조봉암 등은 코민테른 파견원이 주축인 화요회에 속하고 김약수·송봉우 등은 일본 유학생들이 주축인 북풍회 소속이었다. 조선공산당의 청년 전위조직인 고려공산청년회는 4월 18일 박헌영, 김단야, 권오설, 조봉암 등이 참석한 가운데 박헌영의 집에서 창립되어 박헌영을 책임비서로 선출했다.

코민테른의 '12월 테제'로 1928년 활동 중단

조선공산당은 1925년 6월 코민테른으로부터 공산당 조직으로 승인을 받았다. 그러나 곧 '신의주사건'에 휘말리면서 창당 7개월 만에 와해되었다. 신의주사건이란 1925년 11월 22일 신의주의 한 식당에서 식사를 하던 신의주청년회 간부와 회원들이 친일 변호사, 일본 경찰과 패싸움을 벌여 일본 경찰의 조사를 받던 중 신의주청년회 간부 집에서 박헌영이 상해의 조봉암에게 보내는 비밀 서신이 발각되면서 불거진 사건이다. 이 때문에 다수 조직원이 검거되거나 해외로 도망가면서 제1차 조선공산당은 와해되었다.

제2차 조선공산당은 1925년 12월 은신 중이던 책임비서 김재봉이 강달영에게 당을 인계하고 1926년 2월 후계당이 출범한 후 활동을 시작했다. 그러나 조선공산당의 산하조직인 고려공산청년회 책임비서 권오설 등이 1926년 6·10 만세운동을 배후에서 준비하다가 발각되고 이 때문에 강달영 책임비서를 포함해 전국적으로 100여 명의 관련자가 체포되면서 7개월 만에 붕괴되었다.

제3차 조선공산당은 검거를 면하고 도피 중이던 선전부 책임자 김철수에 의해 재건되었다. 1926년 9월 3일 재건회의에서 결성된 통칭 ML당으로 불린 제3차 공산당은 제2차 조선공산당대회(1926.12)를 개최하고 신간회를 결성(1927.2)하는 등 활발하게 움직였으나 1928년 2월 검거 선풍이 불어닥치는 데다 마지막 책임비서 김세연 등이 가혹한 고문에 조직을 자백함으로써 붕괴되었다. 3차 조선공산당은 김철수·안광천·김준연·김세연 등으로 책임비서가 자주 교체되어 지휘부가 불안정하긴 했지만 당원과 지지 세력은 꾸준히 증가했다.

제4차 조선공산당은 당 재건을 준비하던 중 핵심 인사들이 검거되어 앞날이 불투명했으나 이들이 감옥에서 은밀히 선정한 조선공산당의 중앙 간부와 후보 위원들의 노력으로 1928년 3월 노동자 출신의 차금봉을 책임비서로 내세워 조직을 재건했다. 그러나 4차 조선공산당 역시 1928년 7월부터 3개월간 진행된 일제의 검거에 와해되었다.

조선공산당 사건으로 국내 공산당원들은 1차 66명을 비롯해 2차 135명, 3차 50여 명, 4차 163명이 체포·투옥되었다. 이들은 조사 과정에서 가혹한 고문을 받았다. 이 때문에 4차 책임비서 차금봉을 비롯해 다수 당원들이 고문으로 치사했고 목숨을 구한 경우에도 옥중에서 병사했으며 출옥한 사람 대부분도 불구자가 되었다. 이처럼 조선공산당이 좀처럼 뿌리를 내리지 못하자 코민테른은 1928년 8월 조선공산당의 승인을 취소하고 1928년 12월 조선공산당의 해체와 당 재건을 지시하는 이른바 '12월 테제'를 공식 채택했다. 이로써 조선공산당은 1928년 12월 7일자로 문을 닫았다.

이후 조선공산당은 활동 무대를 활동이 비교적 자유로운 만주 지역으로 옮겼다. 각 파벌들은 만주에 총국을 두었으나 '12월 테제'와 '일국일당주의' 원칙으로 총국마저 해산되고 중국공산당에 가입해야 하는 운명에 처했다. 이 때문에 만주 땅에서 벌인 한인들의 개별적 공산주의 운동도 중단되었다.

조선공산당이 재건된 것은 해방 후였다. 일제 치하에서 지하에 있던 서울청년회계, ML계, 화요회계 일부가 1945년 8월 16일 종로 장안빌딩에서 세칭 장안파공산당을 결성했다가 9월 12일 박헌영을 중심으로 발족한 조선공산당에 흡수되었다. 그러나 조선공산당 역시 북한의 북조선노동당(북로당) 결성 후 1946년 11월 23일 조선인민당, 남조선신민당과 합당해 남조선노동당(남로당)으로 개편되면서 한국의 공산주의사에서 영원히 사라지게 되었다.

만주 독립운동, 참의부·정의부·신민부 정립

독립군의 국내 진공작전이 빈번해지자 일제는 만주 군벌 정부와 미쓰야 협정을 체결했다

만주는 압록강 건너편의 서간도(남만주), 두만강 건너편의 북간도, 그리고 서간도와 북간도의 북쪽에 위치한 동간도(북만주)로 나뉜다. 이 만주에 각각의 독립운동 단체들이 터를 잡은 것은 망국 후인 1910년대부터다.

서간도에 먼저 설립된 독립운동 단체는 1910년 서울의 이회영 일가와 이상룡·김창환 등 양반 사대부들이 망명해 1911년 4월 요령성 유하현 삼원보에 설립한 자치조직 '경학사'다. 그러나 경학사는 1911년 가을 대흉작에 중국인의 배척이 겹치면서 활동 불능 상태에 빠졌다. 그후 1912년 이상룡 등이 독립운동 기지 건설을 위한 자치기관으로 '부민단'을 결성, 경학사를 계승했다. 본부는 길림성 통화현 합니하에 두었다.

1919년 3·1 운동 후에는 유하·통화·흥경·환인·집안현 등지의 민족지도자들이 요령성 유하현 삼원보에 모여 통일된 조직을 결성하기로 결의

했다. 그 결과물이 1919
년 4월 부민단에 자신계·
교육회 등을 통합한 '한족
회'다. 한족회는 산하 무
장 단체로 '군정부'를 설치
했다가 상해 임시정부가
존재하는 상황에서 하나
의 민족이 두 개의 정부를
가질 수 없다며 곧 군정부

참의부·정의부·신민부 관할 영역

명칭을 포기하고 1919년 5월 '서로군정서'로 확대·개편했다. 당시 서간도
에는 국내에서 의병전쟁을 일으켰다가 일제의 대토벌에 쫓겨 망명한 의
병과 유림 세력들도 있었다. 이들은 1919년 4월 유하현 삼원보에서 '대한
독립단'을 결성했다.

독립운동가들의 활동은 북간도에서도 활발했다. 북간도의 대표적인 단
체는 1911년 서일 등 대종교 세력이 길림성 왕청현에서 결성한 '중광단'이
다. 중광단은 1919년 3·1 운동 후 적극적인 항일 무장투쟁을 위해 '대한
정의단'으로 개칭하고 군사 부문의 약점을 보완하기 위해 김좌진·조성환
등 한말 육군무관학교 출신들이 1919년 3월 결성한 '길림군정사'와 1919
년 10월 '군정부'로 통합했다. 북간도의 군정부 역시 정부라는 명칭을 사
용하지 말라는 임시정부의 권고에 따라 1919년 12월 '북로군정서'로 개칭
했다. 북로군정서는 독판에 서일, 군사령관에 김좌진을 추대하고 무관을
배출하기 위한 사관연성소를 운영했다.

북간도에서는 기독교 장로교도의 주도로 1919년 3월 '대한국민회'가 조
직되었다. 대한국민회는 안무가 지휘하는 대한국민군을 산하 조직으로
두었는데 대한국민군은 홍범도의 대한독립군, 최진동의 군무도독부와 통

합해 1920년 5월 '대한북로독군부'를 결성했다. 이 부대는 김좌진의 북로군정서와 함께 봉오동 전투와 청산리 전투를 승리로 이끌었다.

청산리 전투 승리 후인 1920년 12월 김좌진의 북로군정서, 홍범도의 대한독립군 등 10여 개 독립군 부대는 중소 국경 부근인 밀산에서 '대한독립군단'으로 통합했다. 총병력이 3,500명이나 되는 대한독립군단의 총재에는 서일, 부총재에는 김좌진·홍범도·조성환, 총사령에는 김규식이 임명되었다.

독립군 부대, '자유시 참변' 후 한동안 침체에 빠져

독립군 부대는 1921년 6월 같은 한인끼리 총부리를 겨눠 많은 독립군의 목숨을 잃게 한 '자유시 참변'을 겪은 후 침체에 빠졌다. 그러다가 분위기를 일신하기 위해 1922년 8월 길림성 환인현 마권자에서 서로군정서, 대한독립단, 광복군총영 등 8단, 9회, 17개 단체 대표가 모여 연합적인 성격의 '대한통의부'를 결성했다. 대한통의부는 산하 무장 단체로 '통의부 의용군'을 설치했다. 이들은 수시로 국내 진공 작전을 전개했으나 얼마 가지 않아 내부 분열이 생겨 1923년 2월 일부 세력이 통의부를 탈퇴한 뒤 '의군부'를 설립했다.

1923년 8월에도 파쟁이 생겨 통의부 의용군에서 탈퇴한 세력이 '참의부'를 결성했다. 참의부는 집안·장백·안도·무송·통화현 등 압록강 연안 지역의 한인 사회를 기반으로 국내 침투 작전에 주력했다. 1924년 5월 19일 압록강을 순시 중이던 조선 총독 사이토 마코토 일행이 탄 배에 만주 쪽 압록강변에서 총격을 가해 사이토 일행을 혼비백산케 한 것을 비롯해 지속적으로 국내 진공작전을 펼쳤으나 1925년 3월 16일 참의부 최대 비극인 '고마령 참변'을 겪기도 했다. 길림성 집안현 고마령 아지트에서 국내 진공작전 계획을 논의하다가 이를 알아챈 일경의 급습으로 29명이 전사한 것이다.

대한통의부는 의군부와 참의부가 떨어져나가 세력이 약화되자 남만주 일대의 다른 독립운동단체와 연합해 1924년 11월 '정의부'를 결성했다. 주요 간부로는 이탁·오동진·김동삼·이상룡 등을 들 수 있다. 참의부가 군사적인 성격이 뚜렷한 조직체라면 정의부는 행정과 군사 병행 체제였다. 정의부는 하얼빈 이남에 거주하는 조선인들의 대표 기관을 자임하면서 입법·사법·행정의 3권이 분리된 민주공화제를 지향했다. 산하에 정의부 의용군을 두어 1925년 3월 평북 초산군과 벽동군의 일제 경찰관 주재소를 공격하는 등 수 차례 국내 진공작전을 펼쳤다.

그 무렵 북만주에서는 김좌진의 대한독립군단과 김혁·조성환 등이 이끄는 대한독립군정서 등을 주축으로 한 독립운동 단체들이 연합해 1925년 3월 흑룡강성 영안현에 '신민부'를 결성했다. 신민부는 대종교적 민족주의를 표방했다. 따라서 민족보다는 계급을 강조하는 공산주의에 동조할 수 없었다. 더구나 1921년 6월의 자유시 참변을 겪은 터라 공산주의자들에 대해 증오심을 품고 있었다. 신민부도 정의부처럼 행정부, 의회, 사법부를 두어 삼권분립 체제를 갖췄다. 중앙집행위원장은 김혁, 군사부 위원장은 김좌진, 참의원 의장은 이범윤이 맡고 성동사관학교를 열어 다수 장교를 양성했다.

이로써 1925년 무렵 만주 한인 사회에는 참의부(서간도), 정의부(하얼빈 이남 흥경·통화현), 신민부(북만주 영안·동빈·주하·목릉현)가 활동함으로써 3부 시대가 정립되었다. 이 가운데 참의부와 정의부는 국내 진공작전을 펼쳤으나 신민부는 조선과 지리적으로 멀어 국내 진공작전을 펼치지는 못했다. 당시 만주에는 좌파 독립운동 단체도 있었다. 1924년 12월 길림성 반석현에서 결성된 한족노동당과 1926년 5월 조직된 조선공산당 만주총국과 고려공산청년회 만주총국이다.

국민부는 민족주의 계열 독립운동 단체들의 통합 단체

이처럼 독립군의 무장투쟁이 만주에서 계속 전개되고 국내 진공작전도 빈번해지자 조선총독부가 재만 한인 독립운동을 탄압하기 위해 1925년 6월 만주 군벌 정부와 '미쓰야(三矢) 협정'을 체결했다. ▲한국인의 무기 휴대와 한국 내 침입을 엄금하고 위반자는 검거해 일본 경찰에 인도한다 ▲ 재만 한인 단체를 해산하고 무장을 해제하며 무기와 탄약을 몰수한다 ▲ 일제가 지명하는 독립운동 지도자를 체포해 일본 경찰에 인도한다 등으로 된 '미쓰야 조약'으로 독립군 부대는 큰 타격을 입었다. 이에 따라 1924년 560여 건에 달하던 독립군의 국내 진공 횟수는 1925년 270건으로 반감하고 1926년 69건으로 급감했다.

이처럼 독립운동의 조건이 악화하자 만주 지역 독립운동 단체들 사이에 좌우를 망라한 통합 운동이 대두되었다. 계속적인 논의 끝에 좌우를 망라한 18개 단체 대표가 1928년 5월 전민족유일당촉성회를 조직하는 데까지 발전했으나 이견이 있는 대표들이 전민족유일당협의회를 따로 조직하는 등 분열되어 결국 만주 지역 민족유일당 운동은 실패로 끝나고 말았다.

그러자 민족주의 계열인 정의부, 참의부, 신민부끼리의 3부 통합 운동이 전개되었다. 1928년 9월 길림성 영길현 은가촌에서 3부 통일회의를 극비리에 개최해 1929년 4월 1일 민정 자치기관 '국민부'를 출범했다. 반면 정의부 탈퇴파인 김동삼 계열과 김좌진의 신민부 군정파, 참의부의 주류인 김승학 등은 국민부에 참여하지 않고 1928년 12월 잠정적인 조직으로 '혁신의회'를 결성했다. 그러다가 김좌진이 주도하는 신민부 군정파는 혁신의회를 발전적으로 해체하고 1929년 7월 '재만 조선무정부주의자연맹'과 연합해 '한족총연합회'를 설립했다. 한족총연합회는 김좌진을 주석으로 선임하고 본부를 흑룡강성 영안현 산시역 부근에 설치했다.

국민부는 1929년 5월 본거지를 길림성에서 봉천성 흥경현(요령성 신빈현)

으로 옮겼다. 국민부는 성립 초기에 흥경·환인·유하·통화·집안·관전 등 10개 현에 지방집행위원회를 설치하고 지방의회를 설립해 자치를 실행했다. 당시 국민부에는 부설기관으로 '민족유일당조직동맹'이 있었는데 이 동맹은 1929년 12월 국민부에서 독립해 조선혁명당으로 개명·개편했다가 나중에는 국민부의 정책과 노선을 지도 결정하는 중심기관 역할을 했다.

국민부 산하 혁명군도 조선혁명군으로 명칭이 바뀌어 조선혁명당의 지도를 받는 당군으로 개편되었다. 하지만 조선혁명당은 1930년 8월 내부 분열을 일으켰다. 민족주의 노선을 고수하고 국민부를 그대로 유지 존속하자는 측과 국민부를 해체하고 사회주의 노선으로 전환하자는 세력 사이에 일어난 노선 투쟁이었다. 양파가 무력 충돌까지 벌이자 조선혁명군은 1930년 10월 민족주의 독립군으로 재정비했다. 사회주의 노선 주장자들은 조선혁명당에서 탈당했다.

조선혁명군은 민족주의 독립군으로 재정비되어 중국 의용군과 연대해 항일무장투쟁을 전개했다. 일제가 1931년 9월 만주사변을 일으키고 항일운동에 대대적으로 탄압을 가하자 사회주의 계열의 항일 단체들은 대부분 중국공산당으로 편입되었다. 조선혁명군은 1937년 일제가 중일전쟁을 일으켜 만주 지역을 장악할 때까지 활동하다가 1938년 해체되었다.

세르게이 에이젠슈타인과 '전함 포템킨호' 개봉

'몽타주'는 빠른 컷과 서로 다른 샷(장면)을 엇물려 편집해 완전히 새로운 제3의 의미를 만드는 기법이다.

1905년 당시, 러시아 최고의 전함은 흑해함대 소속의 '포템킨호'였다. 115m의 길이에 승선 인원은 최대 730명이나 되었다. 이 전함에서 선상 반란이 일어난 것은 1905년 6월 27일(러시아력 6월 14일)이었

세르게이 에이젠슈타인

다. 1905년 1월에 일어난 '피의 일요일 사건'의 여파가 아직 채 가시지 않고 있을 때, 구더기가 득실거리는 부실한 식사에 항의하는 과정에서 수병 1명이 장교가 쏜 총에 맞아 죽은 것이 발단이었다.

수병들은 반란을 일으켰다. 함장과 장교들 중 일부는 사살하고 일부는 포박해 전함을 장악했다. 죽은 동료의 장례를 치르기 위해 흑해의 오데사항으로 다가가자 시민들이 입항을 환영하며 부두로 몰려나왔다. 그때 차르 체제의 코사크 기병대가 무차별적으로 총기를 난사해 오데사를 피로 물들게 했다. 차르 군대는 다른 흑해함대를 동원해 포템킨호의 반란을 진압하려 했으나 진압 함대에서도 수병들이 선상 반란을 일으켜 진압에 실패했다.

포템킨호는 육상으로부터 지원이 끊기고 수병들의 의지가 급격히 떨어져 7월 8일 루마니아의 콘스탄차 군항으로 향했다. 수병 중 상당수는 루마니아 정부의 도움을 받아 루마니아 땅에 정착하거나 캐나다·미국·브라질 등으로 이주했다. 러시아로 돌아간 수병들은 사형되거나 강제노동에 처해졌다. 포템킨호 봉기는 봉기 자체보다 세르게이 에이젠슈타인(1898~1948)이 감독한 영화 '전함 포템킨'으로 더 많이 알려졌다. 역사상 가장 위대한 영화 중 하나로 꼽히는 이 흑백 무성영화는 영화가 무기가 될 수 있고 뛰어난 선동 수단이라는 것을 확인시켜 주었다.

에이젠슈타인은 러시아의 통치를 받는 라트비아 리가의 독일계 유대인 가문에서 태어났다. 1915년 토목학교에 입학하고 1917년 군대에 징집되어 기술자로 복무하던 그의 마음을 빼앗은 것은 장차 그의 스승이 될 프세볼로트 메이예르홀트가 연출한 '가면무도회'(1917) 연극이었다. 에이젠슈타인은 곧 메이예르홀트의 국립고등 연극실험실에 들어가 연극의 기초를 닦고 러시아 전위예술가 집단의 영향을 폭넓게 받아들이면서 내공을 쌓았다.

1920년 10월 프롤레타리아 문화혁명 극단에 입단한 그는 자신이 연출한 '현인', '가스 마스크' 등의 연극에 자신이 개발한 '어트랙션 몽타주' 이론을 도입해 주목을 받았다. 프랑스어로 '조립', '맞춤'이란 뜻의 '몽타주'는 빠른 컷과 서로 다른 샷(장면)을 엇물려 편집해 이미지들을 충돌케 함으로써 완전히 새로운 제3의 의미를 만드는 기법이다. 즉 영화는 촬영된 다기보다 조립되고 짜 맞추는 것이라는 발상이 몽타주 기법의 핵심이다.

"모든 영화학도가 모사하면서 배워야 할 영화예술의 전형"

에이젠슈타인은 영화 데뷔작 '파업'(1924.4 개봉)에서도 몽타주 기법을 유감없이 발휘했다. '파업'의 성공으로 일약 스타덤에 오르자 소비에트 정부가 1925년 러시아혁명 20주년을 기념하는 영화 '1905년' 제작을 의뢰했다. 그래서 완성된 '전함 포템킨'은 1925년 12월 21일 모스크바 볼쇼이극장에서 개봉되었다.

에이젠슈타인은 '전함 포템킨'에서도 몽타주 기법을 적극 활용해 관객을 영화에 몰입하게 했다. 다가오는 진압군과 도망가는 군중, 군대의 직선적 행진과 군중의 무질서한 움직임, 치켜든 칼과 깨진 안경, 피 흘리는 여인의 얼굴 등을 이어 붙이는 몽타주 편집을 이용해 정치적 메시지를 극대화했다. 특히 공포에 질린 시민들의 얼굴과 차르 군대의 장화가 클로즈업되면서 겹쳐지는 유명한 오데사 계단 학살 장면은 몽타주 기법의 교과서적 장면으로 영화사에 기록되어 있다. 코사크 기병대가 휘두른 칼을 맞고 쓰러진 엄마의 손을 떠난 유모차가 아기의 울부짖음 속에 계단을 구르는 장면은 브라이언 드팔마 감독의 영화 '언터쳐블'(1987)을 비롯해 숱한 영화와 광고에서 재현되었다.

영화는 1926년 베를린 공개를 시작으로 세계 각지에서 상영되어 온갖 찬사를 받았다. 나치 독일의 선전상 요제프 괴벨스는 독일 영화인들에게 "우리의 '포템킨'을 만들라"고 독촉하고 찰리 채플린은 "세계에서 가장 훌륭한 영화"라고 극찬했다. 미국의 영화제작자 데이비드 셀즈닉은 "모든 영화학도가 배워야 할 영화예술의 전형"이라고 칭송했다.

에이젠슈타인이 새로운 영화를 준비하고 있던 1926년, 이번에는 10월 혁명 10주년을 기념할 영화를 만들라는 명령이 떨어졌다. 에이젠슈타인은 수천 명의 엑스트라를 동원해 영화 '10월'을 완성했으나 영화는 10월 혁명 기념일인 1927년 11월 7일(러시아력) 시사회를 열지 못했다. 시사회가 예정된 그날 스탈린이 불쑥 편집실로 들어와 영화에 등장하는 트로츠키를 삭제하라고 지시를 내려 재편집해야 했기 때문이다. 결국 '10월'은 1928년 1월 20일 상영되었으나 '전함 포템킨'과 달리 호평을 받지 못했다.

에이젠슈타인의 다음 작품은 농촌의 집단농장화를 그린 '전선'이었다. 스탈린은 이번에도 1929년 4월 영화를 보고 강한 불만을 표시했다. 결국 영화는 재편집되었고 제목은 '낡은 것과 새로운 것'으로 바뀌었다. 영화도 눈길을 끌지 못했다. 그러던 중 1929년 소비에트 예술의 빙하기가 시작되었다. 특히 영화는 엄격한 통제를 받았다. 이런 시기에 서구의 선진 영화 기술을 배우고 돌아오라며 정부로부터 외국 여행을 허가받은 것은 행운이었다.

'전함 포템킨호', 영화가 무기가 될 수 있다는 것을 확인시켜줘

에이젠슈타인은 유럽의 베를린·취리히·암스테르담·파리·런던을 거쳐 1930년 미국 패러마운트사와 계약을 체결한 후 할리우드로 건너갔다. 하지만 "볼셰비키의 붉은 개"라고 비난하는 미국 보수 언론의 공세로 1930년 10월 계약이 파기되고 비자가 연장되지 않아 미국을 떠나야 했다.

그때 미국의 사회주의 소설가인 업턴 싱클레어가 자금을 대겠다고 해 멕시코로 건너가 1930년 12월 영화 촬영을 시작했다. 하지만 제작비가 감당할 수 없이 늘어나 싱클레어가 제작을 포기하는 바람에 에이젠슈타인은 영화를 완성하지 못한 채 1932년 5월 미국을 거쳐 소련으로 돌아갔다. 다만 에이젠슈타인이 촬영한 8만m의 필름은 그의 뜻과는 전혀 상관없이 싱클레어에 의해 2편의 단편영화, 5편의 교육영화로 만들어졌다.

싱클레어가 뉴욕현대미술관에 기증한 나머지 필름은 1970년대 중반 소련으로 보내졌다. 러시아 영화감독 그리고리 알렉산드로프는 이 필름을 가지고 에이젠슈타인의 의도에 따라 편집한 '멕시코 만세'를 1979년 11월 공개했다. 결과적으로 '멕시코 만세'는 아무런 제약이 가해지지 않은 에이젠슈타인의 유일한 영화가 되었다.

1934년 소련에서는 사회주의 리얼리즘이 당의 공식적인 예술 노선으로 공표되었다. 프롤레타리아 작가연맹은 에이젠슈타인을 형식주의자로 비난하고 감시했다. 이 때문에 에이젠슈타인은 우울증에 걸려 한동안 요양소에 칩거했다. 다행히 에이젠슈타인의 첫 유성영화 '알렉산드르 넵스키'(1938.11 개봉)를 본 스탈린이 "당신은 정말 훌륭한 볼셰비키야"라고 칭찬하면서 기사회생했다.

그 무렵 그의 동료들이 잇달아 체포되어 사형선고를 받았다. 그의 스승 메이예르홀트도 1939년 6월에 체포되어 사라졌고 스승의 부인은 집에서 살해되었다. 그는 동료·스승의 죽음을 괴로워하면서도 살아남은 자의 두려움에 빠졌다. 결국 당에 충성하는 영화를 칭찬하는 비평을 써야 했다. 그 덕에 1939년 레닌 훈장을 받고 모스필름 예술분과위원장까지 올라 권력자들의 총아가 되었다.

그가 영화 '이반 그로즈니(폭군 이반)' 제안을 받은 것은 1943년이었다. 러시아 제국의 최초 황제인 이반 4세가 러시아 통일전쟁에서 승리한다는 이야기를 다룬 3부작 영화였다. 그는 1943년 4월 촬영을 시작해 1부, 2부, 3부까지 모두 촬영한 뒤 1945년 1월 1부를 개봉했다. 영화는 극찬을 받았고 에이젠슈타인은 1946년 스탈린상을 받았다.

하지만 1946년 2월 심근경색으로 쓰러져 2년간 요양하다가 1948년 2월 11일 모스크바에서 숨을 거뒀다. '이반 그로즈니' 2부는 개봉에 앞서 1946년 8월 볼셰비키 정부가 역사 해석에 문제가 있다며 신랄하게 비난하는 바람에 상영 금지되고 3부 필름은 모두 불태워졌다. 2부는 스탈린이 죽고 5년 뒤인 1958년에 비로소 공개되었다.

반진화론법 논쟁 '스콥스 원숭이 재판'

인구 1,800명의 시골 마을 데이턴은 기독교 원리주의자와 다원주의자 간의 격전지로 변했다.

진화론의 창시자 찰스 다윈이 '종의 기원'(1859)을 발간한 지 60년도 더 지났지만 1920년대 미국의 남부에서는 여전히 성경을 원론적으로 해석하려는 경향이 강했다. 20세기 초 서유럽과 미국의 과학자들이 인류 기원에 대한 다윈의 시각에 힘을 실어주는 일련의 증거를 쏟아낸 것도 보수 기독교인들에게는 문화적 위기로 다가왔다

화석까지 잇따라 발견되어 반진화론자들의 위기감이 가속화되는 상황에서 반진화론자와 원리주의자들은 "성경을 글자 그대로 인정하지 않으면 과거의 가치가 무너지고 사회를 황폐하게 만든다"며 진화론의 미국 땅 안착을 방해했다. 그 중 선구자는 1925년 존 워싱턴 버틀러 테네시주 의원이 주도하고 개신교 근본주의자들이 장악하고 있는 테네시 주의회가

통과시킨 '버틀러법' 이었다. "정부의 재정 지원을 받는 공립 학교에서는 인간의 진화를 가르쳐서는 안 된다"는 반진화론이 골자였다. 테네시주 하원(1.28)과

스콥스 변호인 클래런스 대로(왼쪽)와 검찰 측 변호인 윌리엄 브라이언

상원(3.13)의 통과로 법이 제정된 가운데 남부의 20여 개 주도 이와 유사한 법률 제정을 논의했다.

그러자 자유주의 단체인 '미국시민자유연맹'이 테네시주 사법부에 버틀러법의 정당성을 묻기로 했다. 연맹은 법을 법정으로 끌고 가면 언론과 대중이 관심을 보일 것이고 그러면 법의 비합리성을 폭로할 수 있다는 계산 하에 자원자를 물색했다. 그때 자원자로 나선 사람이 고교 생물교사인 존 스콥스였다. 스콥스는 1925년 4월 24일 수업 시간에 금지된 진화론을 가르치다 체포되었고 예상대로 5월 5일 기소되었다.

스콥스를 기소한 검사 측의 선봉으로는 기독교 원리주의자로 과거 대통령 후보에 세 차례나 지명된 바 있고 국무장관을 역임한 윌리엄 브라이언이 나섰다. 이에 맞설 피고의 변호사도 클래런스 대로, 더들리 말론, 아서 헤이스 등 거물 일색이었다. 이 가운데 최고 공격수는 형사법 전문 변호사로 명성이 자자한 클래런스 대로였다.

1925년 7월 10일 재판이 시작되자 미국 테네시주 동부 산기슭에 자리한 인구 1,800명의 시골 마을 데이턴은 기독교 원리주의자와 다윈주의자 간의 격전지로 변했다. 마을에는 미국 전역에서 온 취재기자 200여 명과 재판 결과를 보기 위해 전국에서 몰려온 3,000여 명의 사람으로 북적거렸

다. 상인들은 기회를 놓칠세라 침팬지 모형을 팔았다. 법정 밖에는 "성경을 읽으라"는 표어가 나부끼고, 법정 안은 기자·방청객의 웅성거림과 원리주의자들이 외치는 "아멘" 소리로 소란스러웠다.

재판은 '시카고 트리뷴'의 라디오 방송국인 WGN을 통해 방송되었다. 웨스턴유니온사가 파견한 전신기사들도 새로 깔린 대서양 횡단 전신망을 이용해 매일 기사를 전송했다. 덕분에 스위스, 이탈리아, 독일, 러시아, 중국, 일본 등 세계 각국에서도 재판 진행 상황을 알 수 있었다. '아메리칸 머큐리'지의 편집자이자 독설가로 유명한 H. L. 맹켄은 이 재판에 '세기의 원숭이 재판'이라는 조롱조의 이름을 붙였다.

브라이언 검사는 "1차대전도 다윈의 무신주의에 대한 형벌이었다"며 "진화론자들은 인간을 코끼리를 비롯해 3,499마리 다른 동물과 같은 부류인 포유동물이라고 자녀들에게 가르치고 있다"고 목소리를 높였다. 방청석에서 환호성이 터져 나왔다. 대로 변호사는 "스콥스가 아니라 문명이 법정에 소환된 것"이라며 "우리는 지금 인간 정신에 지성과 계몽을 불러오고자 했던 용감한 사람들을 불태워 죽이려고 장작 더미에 불을 붙이는 편협한 자들의 세상, 16세기로 후퇴하고 있다"고 맞받아쳤다.

그러면서 과학자를 증인으로 내세웠으나 브라이언 검사 측의 반대로 과학자의 증인 출석이 무산되자 대신 브라이언을 증인으로 요청했다. 성경을 문자 그대로 해석하는 브라이언 검사를 자기 모순에 빠뜨리려는 계획이었다. 재판은 자존심이 강한 브라이언이 증인 출석에 응하면서 절정에 달했다.

원리주의, 재판에서는 승소했으나 회복하기 어려운 치명상 입어

7월 21일 마지막 재판은 날씨가 워낙 더운 데다 5,000명이나 되는 많은 인원이 몰려 법원 건물 앞 잔디에서 진행되었다. 대로 변호사는 교묘한 유도신문으로 상대방이 스스로 자백하게 만드는 반대신문 기법으로 유명한 변호사답게 브라이언 검사를 몰아붙였다. 대로는 이브가 정말 아담의 갈비뼈에서 나왔는지, 카인은 어떻게 아내를 얻었는지, 뱀이 이브를 유혹했는지 등을 집요하게 물었다. 브라이언은 성경을 원뜻 그대로 해석해야 한다고 맞섰다. 그러나 그 와중에 브라이언이 심각한 자기모순을 드러냈다.

천지창조가 단 6일 만에 이루어졌다는 성경 말씀을 그대로 믿어야 하느냐는 대로의 신문에 브라이언은 "성경에서의 하루는 24시간이 아니라 수백만 년일 수도 있다"고 답함으로써 그 자신도 성경을 있는 그대로 믿지 않는다는 자가당착에 빠지고 말았다. 뉴욕타임스는 "전설적인 인물 브라이언이 이날 증언을 통해 완전히 파괴되었다"고 보도했다. 이 때문인지는 몰라도 브라이언은 이날 재판이 있고 5일 후인 7월 26일 일요일 오후 낮잠을 자다가 세상을 떠났다.

두 사람의 설전 후, 착실한 신도들로 구성된 배심원단은 스콥스에게 유죄판결을 내리며 100달러의 벌금형을 선고해 원리주의의 손을 들어주었다. 하지만 원리주의는 재판 과정의 보도를 통해 전국적으로 비웃음을 사고 회복하기 어려운 치명상을 입었다. 테네시 고등법원은 1928년 "판사가 아니라 배심원이 형을 결정했다"며 절차상의 이유를 들어 1심 선고를 무효화했다.

이후 재판은 스콥스가 학교를 그만두고 관련 인물들이 이 사건을 그만 다루고 싶어해 더 이상 열리지 않았다. 따라서 반진화론법은 그대로 효력을 유지했다. 그러다가 세월이 흘러 1948년을 기점으로 미국 대법원은 연이은 판결에서 수업 시간에 종교를 가르치는 행위, 학교가 후원하는 기도 시간, 성경 읽기 의무화를 폐지했다.

반진화론법이 다시 변화의 계기를 마련한 것은 1950년대 후반이었다. 1957년 10월 소련이 세계 최초의 인공위성인 스푸트니크를 발사하자 미국 사회가 미국의 과학 교육을 문제삼기 시작한 것이다. 이후 새로 개정된 과학 교과서는 진화론을 단순히 추가한 것에 그치지 않고 생물학계의 통일된 주장으로 중요하게 다뤘다.

테네시주 반진화론법은 그대로 효력을 유지하다가 1967년 조용히 폐기되었다. 이듬해에는 연방대법원이 "비슷한 내용의 아칸소법이 수정헌법 1조(언론 자유 규정)를 위반했다"며 위헌판결을 내려 반진화론법은 미국 땅에서 자취를 감췄다. 브라이언은 죽어서도 불명예의 주인공으로 남았다. 1955년 연극 '바람을 물려받다', 1960년 영화 '신의 법정', 그리고 이후 여러 차례 제작된 영화 등에서 매우 부정적인 인물로 묘사되었기 때문이다.

존 베어드 발명 TV, 세계 최초 공개
수많은 물리학자와 공학자가 공동 연구할 만큼 어려운 작업을 혼자의 노력으로 해냈다

TV가 세상에 모습을 드러내기까지에는 1884년 독일의 파울 고틀리프 닙코가 발명한 닙코원판과 1897년 독일의 카를 페르디난트 브라운이 발명한 음극선관(CRT)의 역할이 결정적이다. 닙코원판은 전기신호를 영상으로 바꾸는 기능을 하고 음극선관은 TV 수신기의 기초가 된다. 이후 이 기술을 토대로 TV 발명에 경쟁적으로 뛰어든 사람이 많아졌고 그중에는 스코틀랜드 출신의 존 베어드(1888~1946)도 있었다.

베어드는 TV에 관한 독창적인 이론이나 특허를 하나도 갖고 있지 않은데도 오늘날 'TV의 아버지'로 불린다. 이유는 1924년 물체의 윤곽을 전달할 수 있는 TV 시스템을 세계 최초로 개발했기 때문이다. 베어드는 이 시스템을 '텔레바이저'로 명명했다. 24개의 작은 구멍이 뚫린 원판을 1분

에 600번 회전시켜 이를 통과한 빛을 전기적인 신호로 바꿔 영상을 만드는 원리였다. 비록 주사선이 30개밖에 안 되는 보잘것없는 것이지만 인류의 삶에 미친 영향은 그 어느 것에 못지않았다.

존 베어드

1925년 TV 개발 소식을 전해들은 영국의 셀프리지 백화점이 그 마술상자를 백화점에 전시해줄 것을 요청했고 베어드는 1925년 3월 25일 부터 3주 동안 백화점에서 마술상자를 일반에 공개했다. 백화점에 설치된 TV는 화면이 작고 어두워서 영상이 겨우 보일 정도였다. 하지만 1초에 10번씩 번쩍이면서 화면에 사람의 얼굴을 보여주자 이 신기한 물건을 보기 위해 사람들이 백화점으로 몰려들었다. 베어드는 1925년 10월 2일 '빌'이라는 인형과 자신의 조수가 움직이는 이미지를 전송하기도 했다.

그 무렵 미국에서도 TV 발명이 한창이었다. 대표적인 두 발명가는 블라디미르 즈보리킨과 필로 판즈워스였다. 즈보리킨은 1923년, 판즈워스는 1927년 자신의 발명품에 대한 특허를 신청했으나 두 특허 모두 허가를 받지 못했다. 다만 성능은 판즈워스의 TV가 즈보리킨의 TV보다 더 우수했다. 그런데도 오늘날 즈보리킨의 이름만 유명할 뿐 판즈워스의 이름이 거의 보이지 않는 것은 즈보리킨이 미국 최대 가전제품 회사인 RCA에 소속되어 회사의 전폭적인 지원을 받은 반면 판즈워스는 단독 플레이를 해 영향력이 없었기 때문이다.

베어드, 독창적 이론이나 특허가 없지만 'TV의 아버지'로 불려

판즈워스는 베어드의 기계식과 달리 전자식 TV 개발에 몰두했다. 그리고 마침내 1927년 한 장소에서 다른 장소로 전송되는 최초의 전자식 TV

영상을 확인했다. 판즈워스는 1927년 2월 특허를 신청했으나 "제대로 작동하는지를 입증할 때까지 특허권을 유보한다"는 특허청의 통고를 받고 다시 개발에 몰두했다. 즈보리킨도 판즈워스보다 2년 늦은 1929년, 새로운 전자식 TV 수신기를 개발했다. 성능은 여전히 판즈워스가 개발한 TV에 미치지 못했다.

판즈워스는 1933년 미키 마우스 만화영화를 전송하는 데 성공했다. 그런데 그 무렵 RCA 측이 즈보리킨의 전자식 TV를 시연해 보인 후 "즈보리킨이 1923년 특허 출원한 것과 동일한 원리로 개발한 것"이라며 최초의 전자식 TV 발명가는 즈보리킨이라고 주장했다. 그 후 치열한 법적 논쟁 끝에 특허청이 손을 들어준 쪽은 판즈워스였다. RCA는 소송을 질질 끌다가 결국 판즈워스에게 로열티를 지급하기로 했다.

하지만 공룡기업 RCA와의 싸움은 판즈워스에게 악몽이었다. 소송으로 인해 금전적인 손실은 물론 건강마저 나빠졌기 때문이다. 결국 자신이 설립한 회사를 다른 사람에게 팔았으나 그 회사마저 RCA에 밀려 사업을 포기하는 바람에 판즈워스 손에 쥐어진 노력의 대가는 사실상 전무했다. 반면 RCA 측은 대자본의 이점을 충분히 활용했다. 2차대전이 끝날 무렵 판즈워스의 핵심 특허권이 소멸되자 마음껏 TV를 생산하기 시작해 1950년대 중반 무렵에는 수백만 대의 TV 수상기를 판매해 미국 시장의 80% 이상을 점유했다.

미국에서 이런 움직임이 있는 동안 영국과 유럽은 베어드의 독무대였다. 베어드는 1926년 1월 26일 영국왕립협회에서 50여 명의 과학자가 지켜보는 가운데 TV를 시연해 보이고, 1927년 런던~글래스고 간 700km를, 1928년 런던~뉴욕 간 최초로 화상을 전송함으로써 미국보다 앞서 나갔다. 1929년 9월 30일 영국 BBC 방송을 통해 세계 최초로 실험방송을 시작하고 1931년 경마를 생중계해 세상을 놀라게 했다.

미국은 유럽보다 개화가 늦긴 했지만 꽃은 더 화려했다

그러나 운명의 여신은 베어드를 끝까지 지켜주지 않았다. 1936년의 정규 방송을 앞두고 BBC가 베어드의 기계식 TV를 외면하고 즈보리킨과 RCA가 개발한 전자식 TV를 채택한 것이다. 이로써 베어드는 TV 역사의 중심 무대에서 밀려났다. 주사선이 240개에 불과한 기계식 TV에 비해 전자식 TV는 주사선이 400여 개나 되고 선명도도 기계식에 비해 2배가량 앞섰기 때문에 BBC로서도 어쩔 수 없는 선택이었다.

BBC가 하루 2시간씩 내보내는 세계 최초의 정규 TV 방송을 시작한 것은 1936년 11월 2일이었다. 덕분에 1937년 조지 6세 대관식 실황 보도를 5만여 명이 시청했다. 1939년엔 TV 수상기를 가진 인구가 2만여 명에 달했다. 이처럼 기계식 TV 시대는 가고 전자식 TV 시대가 도래했지만 베어드는 그 사실을 인정할 수 없었다. 기계식 TV가 더 우수하다는 사실을 입증하기 위해 전 재산을 모아 스튜디오와 송출 시스템을 설치했으나 1936년 12월 화재로 자신의 꿈을 송두리째 날려 버렸다.

독일에서 첫 방송이 이뤄진 것은 BBC보다 1년 앞선 1935년 3월이었다. 독일이 빨랐던 것은 히틀러의 선전상 괴벨스의 판단이 작용했다. TV의 선전 효과를 재빨리 간파하고 히틀러의 얼굴을 독일 전역에 선전하기 위해 TV 방송을 서둘러 개국한 것이다. 1936년의 베를린 올림픽도 TV로 중계되어 선풍적인 인기를 끌었다.

미국은 BBC보다는 개화가 늦긴 했지만 꽃은 더 화려하게 피웠다. 미국에서 TV 방송이 처음 선보인 곳은 1939년 4월 30일 뉴욕에서 열린 세계박람회장이었다. 이날 NBC가 모회사인 RCA 후원 아래 일부 개막식 모습을 TV로 방송한 것이 미 최초의 정규 TV 방송이었다. 박람회장의 RCA 전시장을 찾은 사람들은 그곳에 설치된 가로 12인치, 세로 9인치의 스크린에서 TV 영상을 지켜보는 진기한 경험을 했다. 며칠 후에는 맨해튼 백화점 안에 설치된 TV를 통해 NBC의 한 시간짜리 버라이어티쇼를 구경했다.

베어드는 이처럼 초기 TV 개발사에서 빼놓을 수 없는 인물이었으나 결국에는 전자식 TV에 그 명성을 넘기고 부도 명예도 얻지 못한 채 병마와 싸우다 1946년 불귀의 객이 되었다. TV 개발사에서 베어드의 업적을 어떻게 평가할 수 있을까? 이에 대해서는 1928년 2월 11일자 뉴욕타임스가 해답을 주고 있다. "베어드의 업적은 더욱 빛나고 극적인 것이다. 왜냐하면 대기업의 수많은 물리학자와 공학자가 공동 연구할 만큼 어려운 작업을 베어드는 혼자의 노력으로 해냈기 때문이다. 따라서 미래의 텔레비전이 어떤 형태이든 TV 개발의 초기를 이끈 사람은 바로 베어드다."

스콧 피츠제럴드 '위대한 개츠비' 출간
'재즈 시대'는 1차대전의 참혹한 경험 탓에 삶에 대한 환멸과 정신적 공허감이 공존했다.

1920년대의 미국은 1차대전의 전쟁 특수에 따른 경제 호황으로 역사상 유례가 없는 물질적 풍요를 누리며 온 나라가 흥청거렸다. 금주법이 시행되었지만 밀주가 넘쳐나고 흥겨운 재즈의 선율이 흘렀으며 도시는 밤마다 파티의 화려한 불빛들로 넘쳐났다. 그 시대를 가리켜 스콧 피츠제럴드(1896~1940)는 '재즈 시대'라 부르며 자신이 그 시대를 대표하는 작가이고자 했다.

하지만 '재즈 시대'는 1차대전의 참혹한 경험 탓에 삶에 대한 환멸과 정신적 공허감이 공존하고 전통적인 가치관이 붕괴된 시대이기도 했다. 이처럼 정신적으로 표류하는 이른바 '로스트 제너레이션(잃어버린 세대)'을 대변하며 현대 미국 문학의 지평을 연 대표 작가가 피츠제럴드다.

피츠제럴드는 미국 미네소타주 세인트폴의 신흥 계층에서 태어났다. 하지만 아버지의 잇따른 사업 실패로 집안은 늘 쪼들려 가난 속에서 성장했다. 그런 환경 속에서도 어머니는 아들의 야망을 부채질하며 어떻게든 아들을 상류사회로 밀어넣으려 했다. 피츠제럴드는 우월감을 가르쳐준 어머니의 영향을 받아 어딜 가나 잘난 척했다. 이 때문에 또래들과는 잘 지내지 못했

스콧 피츠제럴드

으나 여학생들에게는 인기가 많아 사춘기 시절부터 연애에 통달했다.

피츠제럴드는 명문 세인트폴 아카데미를 거쳐 동부의 뉴먼 스쿨을 다니면서 교내 잡지에 단편소설, 시, 희곡 등을 발표하고 연극과 보드빌쇼를 즐겨 보았다. 1913년 9월 프린스턴대에 진학해서도 공부는 딴전이었고 문학과 연극 활동에 열심이었다. 1914년 부유한 은행가 딸과 사귀었으나 가난하다는 이유로 2년 만에 헤어지는 아픈 경험을 겪고서는 돈과 성공에 집착했다.

1917년 10월 육군 소위로 임관한 뒤 미국에서 1차대전 참전을 기다리며 소설을 쓰기 시작해 3개월 만인 1918년 2월 첫 장편소설을 탈고했다. '낭만적 에고이스트'라는 제목을 붙여 출판사에 보냈지만 연거푸 퇴짜를 맞았다. 그러던 중 1918년 7월 한 무도회에서 자신보다 3살 어린 18살의 젤다 세이어를 만났다. 세이어는 대법관의 딸이자 상원의원과 주지사의 손녀라는 화려한 배경에, 미모까지 뛰어났다.

두 사람은 신분의 격차가 컸으나 쌍둥이처럼 닮아 있는 서로를 알아보고 금방 사랑에 빠졌다. 피츠제럴드는 유럽에 파견되기도 전에 전쟁이 끝나 1919년 2월 광고회사에 취직하고 4월 세이어와 약혼했다. 그러나 세이어는 피츠제럴드의 월급이 변변치 않고 미래가 불확실하다는 이유로 2개

월만에 약혼을 파기했다.

낙심한 피츠제럴드는 '낭만적 에고이스트'를 개작해 '낙원의 이쪽'이라는 제목으로 다시 출판사에 보냈다. 1920년 3월 출판된 '낙원의 이쪽'은 평론가들의 호평을 받아 6개월 만에 4만 부나 팔려 나갔다. 단번에 미국 문단의 총아가 된 덕분에 피츠제럴드는 세이어와 다시 만나 1920년 4월 결혼에 성공했다.

'로스트 제너레이션' 대변하며 현대 미국 문학의 지평 열어

부부는 벌어들인 돈으로 호텔을 전전하고 밤마다 파티에 참석하는 등 호화 생활에 빠졌다. 뉴욕의 롱아일랜드에서도 호화 주택을 빌려 파티와 술에 파묻혀 지내는 사치스러운 생활을 했다. 이른바 '재즈 시대'에 두 사람은 재능과 미모, 스캔들을 겸비한 커플로 대중의 관심을 끌었다. 하지만 그럴수록 피츠제럴드의 음주벽과 세이어의 무절제한 소비로 인해 늘 빚의 수렁에서 허우적거렸다. 그러면서도 첫 단편소설집 '말괄량이 아가씨들과 철학자들'(1920.9), 두 번째 장편소설 '저주받은 아름다운 사람들'(1922.3), 두 번째 단편집 '재즈 시대의 이야기들'(1922.9)을 출간해 또다시 큰 성공을 거두었다.

피츠제럴드는 1924년 4월 아내와 함께 프랑스 파리로 건너가 세 번째 장편소설 '위대한 개츠비'를 집필했다. 그 사이 세이어가 프랑스 해군 조종사와 벌인 애정 행각으로 고통스러웠으나 결국 원고를 완성해 1925년 4월 10일 뉴욕에서 출판했다. 판매는 저조했으나 평론가들로부터는 "문학의 천재"라는 찬사를 들으며 오늘날의 할리우드 스타 못지않은 유명 인사가 되었다. 책 출간 후 다시 파리로 건너가 여류작가 거트루드 스타인과 어울리고 1925년 5월 처음 만난 신출내기 소설가 헤밍웨이의 후견인 역할을 하며 파리의 공기를 만끽했다.

'위대한 개츠비'는 1차대전 후 '아메리칸 드림'의 좌절로 인한 미국의 환멸은 물론 부와 지위에 집착하는 허영에 찬 사회의 도덕적 실패를 예리하게 포착했다는 평을 들었으나 피츠제럴드 생존 시에는 호평과 명성에 비해 판매 실적이 저조했다. 하지만 2차대전이 끝난 후 미국의 위대한 소설로 재평가받으며 베스트·스테디셀러가 되었다. 21세기를 앞두고 뉴욕의 랜덤하우스 출판사가 '20세기에 영어로 쓰인 위대한 소설 100권'을 선정할 때 제임스 조이스의 '율리시스'에 이어 2위에 올랐다.

피츠제럴드는 1934년 4월 네 번째 장편소설 '밤은 부드러워'를 출간하는 등 장편소설가로 널리 알려졌지만 사실 단편소설을 160여 편이나 발표할 정도로 단편소설에도 일가견이 있다. 그가 비교적 짧은 생애에 걸쳐 이렇게 많은 단편소설을 집필한 이유는 단편소설에 대한 남다른 관심 때문이기도 하지만 자신과 세이어의 낭비벽을 계속 이어갈 수 있는 돈이 절실했기 때문이다.

허영에 찬 사회의 도덕적 실패 예리하게 포착

그의 재능으로 비교적 쉽게 돈을 벌 수 있는 일은 '새터데이 이브닝 포스트', '레드 북', '에스콰이어' 등 대중잡지에 단편소설을 싣는 것이었다. 단편들은 4권의 단편집으로 발표되었다. 일부 평론가가 피츠제럴드의 단편소설을 '돈벌이를 위한 작품'으로 치부하고 피츠제럴드도 자신의 단편소설을 '쓰레기'라고 비하하는 등 대부분의 단편은 진부하기 짝이 없지만 일부 단편소설은 세계 문학에 내놓아도 손색이 없을 만큼 뛰어나다.

장단편을 막론하고 피츠제럴드의 작품에 나오는 주인공들은 공통된 특징이 있다. 물질적 성공과 젊음과 아름다움을 얻으려고 온갖 수단과 방법을 가리지 않는 것이다. 그의 작품에는 이러한 좌절과 절망에서 비롯하는 삶에 대한 우수와 비애, 비극적 상실감이 짙게 배어 있다. 한 비평가는 피츠제럴드의 주인공에 관한 이미지를 가난한 소년이 대도시의 휘황찬란한 쇼윈도를 바라보고 있는 모습에 빗대기도 했다.

피츠제럴드는 '위대한 개츠비' 출간 후 더 뛰어난 작품을 써야 한다는 강박관념에 늘 시달렸다. 그러나 낭비벽이 심하고 술과 파티를 즐겼기 때문에 점점 늘어나는 술을 이기지 못하고 온갖 기행을 저질러 스스로를 궁지로 몰아넣었다. '영혼의 쌍둥이' 세이어 역시 마찬가지였다. 결국 세이어는 1930년 신경쇠약 증세를 보이다가 급기야 정신분열증을 일으켜 정신병원의 입퇴원을 반복했다.

피츠제럴드도 1935년 심각한 알코올 의존증 증세를 보이다가 급기야 1939년 단주하지 않으면 생명이 위태롭다는 진단을 받았다. 결국 1940년 장편소설 '마지막 거물'을 집필하다가 12월 21일 심장마비로 숨졌다. 세이어는 1948년 병원 화재로 사망했다.

KKK단 첫 전국대회
KKK단은 철저한 위계질서와 엄격한 종교의식으로 조직을 유지하고 관리했다.

미 역사에서는 남북전쟁이 끝난 1865년부터, 전쟁에서 승리한 공화당 정부의 연방군이 남부에서 완전히 철수한 1877년까지를 '재건기'라고 한다. 그 기간 공화당 정부는 남부의 힘을 무력화하고 노예제의 잔재를 청산하기 위해 온갖 노력을 강구했다. 먼저 남부연합의 11개 주가 한동안 자신들을 대표할 연방의원들을 선출하지 못하도록 했으며 연방에 가입하는 것도 한시적으로 제한했다. 남부연합 정부를 위해 일했던 1만 ~2만 명의 공직자와 군 장교의 투표권도 박탈했다.

연방의회는 남부의 각 주의회가 흑인의 직업 선택의 자유와 소유권 등을 제한하는 '흑인단속법'을 1865년 제정한 것을 비판하며 1865년 12월 18일 '수정헌법 제13조'(노예제도 폐지)를 통과시켜 노예제를 완전히 철폐했다. 1866년 3월에는 투표권을 제외한 모든 시민의 자격을 흑인에게 부여하는 '민권법'도 통과시켰다.

흑인들의 권리가 개선되자 이에 불만을 품은 남부 테네시주의 인종차별론자들이 비밀결사 조직인 'KKK(Ku Klux Klan)'단을 결성했다. 당시 남부에는 KKK단 말고도 '붉은 셔츠단'(미시시피주), '흰 동백꽃 기사단'(루이지애나주) 등의 백인 폭력 조직이 있었으나 'KKK단'이 가장 흉포하고 규모가 컸다. 'KKK단'은 1865년 12월 24일 남부의 테네시주 펄래스키에서 결성되었다. 구성원은 주로 재향군인이었고 리더는 네이선 베드퍼드 포러스트였다. 그는 남북전쟁 때 남군 기병대장으로 탁월한 능력을 발휘해 '안장 위의 대마술사'로 불렸다.

KKK단은 철저한 위계질서와 엄격한 종교 의식으로 조직을 유지하고 관리했다. 처음에는 해방 흑인을 상대로 공갈, 협박, 구타를 일삼다가 세력이 커지자 흑인은 물론 흑인 해방에 동조하는 백인들까지 공격했다. 집을 불태우고 폭행과 살인을 하는 등 끔찍한 테러도 서슴지 않았다. 심지어 남부에 주둔 중인 연방 군인들까지 살해했다. 그들의 흰 가운과 뾰족한 두건, 가슴에 부착한 '불타는 십자가' 모양의 심벌은 모든 흑인에게 극도의 공포감을 심어주었다.

그러자 이들의 폭력을 단속하기 위한 연방법이 1870년 제정되었다. 1870년 2월에는 흑인 남성에게도 투표권을 부여한 수정헌법 제15조가 연방의회를 통과하고 1871년에는 KKK단을 단속하는 '큐 클럭스 클랜법'이 도입되었다. 그러나 1876년 10월의 대통령선거를 계기로 남부 흑인들을 보호해주던 각종 장치가 제거되면서 남부 흑인들은 백인들로부터 조직적이고 심각한 차별을 받아야 했다.

8만여 명의 KKK 대원들이 워싱턴 DC에 모여 대규모 행진을 하고 있다.(1925.8)

대통령선거 당시 민주당은 개혁 정치가로 이름이 높은 뉴욕주의 주지사 새뮤얼 틸든을 대통령 후보로 내세웠다. 공화당은 청렴한 정치인으로 널리 알려진 오하이오 주지사 출신의 러더퍼드 헤이스로 이에 맞섰다. 개표 초기 결과는 민주당 틸든의 승리였다. 일반투표에서 25만 표 정도 헤이스를 앞지르고 선거인단 경쟁에서도 과반수에서 한 표 모자라는 184표를 얻어 165표의 헤이스를 크게 눌렀다.

문제가 된 것은 개표 결과가 확정되지 않은 남부의 플로리다(4표), 루이지애나(8표), 사우스 캐롤라이나주(7표) 그리고 북서부 오리건주의 1표 등 4개주의 선거인단 20표였다. 개표 후 양당 모두 이 20표를 자기네가 차지했다고 주장하면서 당선자를 결정하지 못하는 초유의 사태가 벌어졌다. 양당은 서로 자기 당의 승리를 주장하며 각기 다른 수치의 선거인단 개표 결과를 공표했다. 정권 교체를 의심치 않았던 남부의 민주당원들은 곳곳에서 폭동을 일으키며 격렬하게 항의했다.

연방의회는 사태 해결을 위해 1877년 1월, 15명의 특별선거관리위원회를 구성했다. 위원회는 1877년 3월 4일의 대통령 취임식을 이틀 남겨둔 시점에서 공화당의 헤이스가 185표, 민주당의 틸든이 184표를 얻어 헤이스가 1표 차로 승리했다고 선언했다. 그런데도 남부 백인들은 이를 묵인했다. 공화당과 남부 민주당 간에, 남부에서 헤이스의 대통령 당선을 인정하면 연방정부가 남부에 주둔하고 있는 연방군을 모두 철수하고 남부의 일에 연방이 간섭하지 않겠다고 타협했기 때문이다.

방화, 폭행, 살인 등 끔찍한 테러 벌여

이 타협안은 남북 간 화해라는 긍정적 결과도 가져왔지만 다른 한편으로는 남부 흑인들의 생명과 자유와 권리를 인종적 편견에 사로잡힌 백인 우월주의자 단체의 폭력적인 손에 맡긴 꼴이 되고 말았다. 타협안에 따라 헤이스는 대통령 취임 후 연방군을 남부에서 철수했다. 그러자 남부 각 주는 기다렸다는 듯 이른바 '짐 크로법'으로 통칭되는 유색인종 차별법들을 본격적으로 시행하고 흑인들의 투표권을 제한했다. '짐 크로법'은 1876년부터 하나둘 제정된, 학교·기차·버스 등 공공시설에서 흑인을 비롯한 유색인종들을 백인들로부터 분리함으로써 유색인종을 차별하는 남부 각 주의 주법을 일괄해서 지칭하는 명칭이다.

'짐 크로법'이 아무런 방해 없이 시행되자 그동안 비합법적 수단을 동원했던 KKK단도 더 이상 존재할 필요가 없어져 스스로 활동을 중단했다. 유색인종 차별법이 다시 날개를 단 것은 1896년 연방대법원이 '짐 크로법'이 합헌이고 "분리하되 평등하면 된다"는 이른바 '플레시 대 퍼거슨 판결'을 선고하고부터였다. 이로써 남부에서는 각종 공공시설에서 흑백을 분리하는 시설 설치가 합법화되었다.

그런데도 1915년, 한동안 잠잠하던 KKK단이 조지아주 애틀랜타 부근에서 부활했다. 주역은 과거 미국·스페인 전쟁에 참전했던 대령 출신의 윌리엄 시몬스 목사였다. 그는 영화 '국가의 탄생'(1915)에서 영감을 얻은 것으로 알려졌다.

KKK단의 세가 최고조에 이른 것은 1차대전 승리의 여파로 종교적 보수주의가 미 전역을 휩쓸고 유럽에서 이민자들이 대거 유입되던 1920년대였다. KKK단은 인종, 종교, 정치에서 자유주의적 태도를 보이는 인사들에게 방화, 린치, 살인을 일삼았다. 20세기의 KKK단은 19세기의 KKK단과 달리 흑인은 물론 가톨릭교도, 유대교도, 외국 이민자, 조직화된 노동자들에 대해서까지 폭력을 행사했다. KKK단이 배척하는 사람들의 집을 불태우고 습격한 뒤 담벼락에 'KKK'라고 쓰기만 하면 누가 그런 짓을 했든 모든 행위가 용인되었다.

1924년경 회원이 450만 명으로 급성장한 KKK단이 공개적으로 자신의 세를 과시한 것은 워싱턴DC의 펜실베이니아가에서 8만 명의 단원이 대규모 행진을 벌인 1925년 8월 8일이었다. 하지만 1920년대 후반 들어 조직의 내분과 부정이 불거지면서 세력이 급속히 약화되었다. 사실상 KKK단을 전국적으로 지배하고 있고 인디애나주를 대표하는 스티븐슨이 1925년 살인죄로 기소된 것이 결정적 계기였다.

스티븐슨은 그동안 자신이 뒤를 봐준 정치인들이 자신을 구해줄 것으로 기대했으나 그의 바람과는 달리 종신형을 선고받았다. 그러자 스티븐슨은 KKK단 내부의 부정은 물론 정치인들과 KKK단의 유착 관계를 신문에 폭로했다. 이후 KKK단은 세력이 급격히 위축되었고 조직은 서서히 소멸되었다. 1950~1960년대에 흑인 민권운동이 본격화했을 때 그에 대한 반동으로 미국 각지에서 산발적인 움직임이 있었으나 마지막 몸부림일 뿐이었다.

1926년

나석주 의사, 동척에 폭탄 투척 후 자결
6·10 만세운동
가갸날 제정과 훈민정음 해례본
    _ 율리우스력과 그레고리력
나운규 각본·감독·주연 영화 '아리랑' 개봉
한용운 '님의 침묵' 출간
유일한 '유한양행' 설립
윤심덕 '사의 찬미' 취입과 동반 자살
    _ 김우진
이원철 한국인 최초 이학박사 학위 취득
조선총독부 청사 준공
히로히토 제124대 천황 즉위
로버트 고더드, 세계 최초 액체로켓 발사 성공
어니스트 헤밍웨이 '태양은 다시 떠오른다' 출간
    _ 거트루드 스타인과 '잃어버린 세대'
애거서 크리스티 '애크로이드 살인사건' 출판
안토니오 그람시 투옥과 '옥중수고' 집필

나석주 의사, 동척에 폭탄 투척 후 자결

3발 중 2발이 가슴을 관통하고 1발은 폐에 박혀 길바닥에 쓰러졌다.

　　　　　　나석주(1890~1926)가 중국발 여객선을 타고 인천항에 내린 것은 1926년 12월 26일이었다. 실로 5년 만에 조국 땅을 밟은 그의 입국증에는 중국 산동성 출신의 35세 중국인 마중덕으로 기재되어 있었다. 나석주라는 이름이 수년 전부터 일경의 체포 대상이었기 때문에 중국인으로 위장한 것이다.

　황해도 재령에서 태어난 나석주가 일찌감치 민족의식에 눈을 뜬 것은 김구가 황해도 안악에 설립한 양산학교에 다니면서였다. 1910년 나라가 망하자 1913년 만주로 건너가 이동휘가 설립한 나자구 무관학교를 수료했다. 1915년 모친이 위독하다는 소식을 듣고 귀국했다가 1917년 동양척식회사(동척)가 자신의 집안 대대로 대물림해온 왕실 소유의 경작지를 빼앗는 횡포에 심한 분노를 느꼈다. 이후 가족과 함께 인근 겸이포로 이주해 미곡상을 차려 생활의 안정을 찾았지만 1919년 3·1 운동 때 시위를 주도했다가 체포되어 미곡상의 문을 닫아야 했다.

　출옥 후에는 황해도 사리원으로 옮겨 겉으로는 정미소를 운영하고 안으로는 동지를 모아 독립운동을 계획했다. 1920년 1월 김덕영, 최호준, 최세욱, 박정손, 이시태 등과 의열 투쟁 조직을 결성하고, 사리원의 부호들로부터 독립운동 자금을 모았다. 일경 1명과 악질 친일파인 은율군수를 살해하는 과정에서 일부 단원이 체포되거나 살해되었지만 나석주는 포기하지 않고 부호들을 찾아가 거액의 군자금을 끌어모았다.

　나석주가 이처럼 황해도와 평안도 일대에서 신출귀몰하며 군자금을 모으고 일경과 관리를 살해하자 일경이 나석주 검거에 골머리를 앓았다. "1921년 1월 이래 나석주를 잡고자 동원한 경관이 연인원 1만여 명이나 되고, 서류 조회 등이 200여 차례, 수만 통에 달할 것"이라는 동아일보 1927년 1월 13일자 호외로 미루어 볼 때 당시의 나석주는 그야말로 홍길 동 같은 존재였다.

일경이 황해도의 사리원, 재령, 안악, 봉산, 장연, 구월산 등 일대에 무 장 병력을 배치해 수사망을 좁혀오자 나석주는 더 이상 국내 활동이 어 렵다고 판단해 1921년 10월 중국으로 망명했다. 상해에서 만난 임시정부 경무국장 김구는 '백범일지'에서 나석주를 "제자이자 동지"라며 각별하게 대했다.

당시 독립군 간부를 양성하려는 김구의 구상에 따라 나석주는 1923년 중국의 한단 군사강습소에서 사관 훈련을 받고 1924년 중국군 초급장교 로 임관해 중대장으로 복무했다. 1925년 상해로 돌아와 임시정부에서 활 동하는 한편 천진에서 김원봉을 만나 의열단에 가입했다.

"힘이 남으면 시가화전을 하고는 자살하겠다"

나석주가 자신의 목숨을 조국 광복에 바치기로 결심한 것은 1926년 5월 김구의 권고로 독립운동가 김창숙을 만나면서였다. 김창숙은 나석주에게 폭탄과 권총 등을 건네면서 "민족의 고혈을 빨고 있는 식산은행과 동척 이 동지의 손에 폭파되면 잠자고 있는 조선의 민족혼이 불길처럼 다시 타 오를 것"이라며 죽음을 무릅쓴 거사를 제안했다. 동척은 조선인의 토지를 수탈해 우리 농민들의 원성이 자자했던 민족의 한이 서린 곳이었다.

나석주는 1926년 12월 26일 중국인으로 위장해 인천항으로 잠입한 뒤 남대문통 5정목에 있는 중국 여관에 짐을 풀었다. 12월 27일에는 "의열단 의 일원으로 왜정의 기관을 파괴하려고 한다"며 "힘이 남으면 시가화전

(市街火戰)을 하고는 자살하겠다"는 유서 형식
의 편지를 조선일보에 보냈다. 12월 28일 오전
나석주는 신문지로 10연발 권총을 말아 싸고
윗옷 주머니 양쪽에 폭탄을 한 개씩 넣고 복대
에 100발의 실탄을 채우고는 여관을 나섰다.

나석주

오후 2시 5분 나석주는 식산은행 본점(외환은
행 본점 자리)으로 들어가 한 사무실에 폭탄을
던졌다. 하지만 폭탄은 뒷벽 기둥을 맞고 구르
기만 할 뿐 터지지 않았다. 훗날 일경은 나석주가 안전핀을 뽑지 않고 던
져서 불발된 것이라고 발표했지만 그보다는 폭탄을 입수할 때 시험을 하
지 않고 수개월간 보관하다가 뇌관에 녹이 슬었을 가능성에 더 무게를 두
는 의견이 많다.

나석주는 곧바로 식산은행을 빠져나와 인근의 동척(롯데백화점 본점 자
리)으로 기민하게 이동했다. 오후 2시 15분, 동척 입구와 1층에서 2명의
일인에게 권총을 쏘고 곧바로 2층으로 뛰어올라가 권총을 난사했다. 나
머지 폭탄 1개를 던진 뒤 쏜살같이 1층으로 뛰어내려와 다시 일본인들에
게 총격을 가하며 밖으로 뛰쳐나왔으나 이번에도 폭탄은 불발이었다.

나석주는 황금정(을지로) 거리를 내달리다가 마주친 일경을 향해 총으
로 쏴 쓰러뜨렸다. 몰려오는 일경들과 총격전을 벌이며 도주했으나 점점
일경의 포위망이 좁혀오자 황금정 2정목 삼성당약국 앞에서 운집한 군중
을 향해 "나는 조국의 자유를 위해 투쟁했다. 2000만 민중아, 분투하여
쉬지 말라!"고 외치고는 자신의 가슴을 향해 방아쇠를 당겼다. 3발 중 2발
이 가슴을 관통하고 1발은 폐에 박혀 길바닥에 쓰러지는 그의 품에서 66
발의 탄환이 주르르 흘러내렸다.

일경은 아직 숨이 꺼지지 않은 나석주를 급히 병원으로 데려가 취조 끝에

나석주임을 확인했으나 나석주는 오후 4시쯤 숨을 거두었다. 그 사이 일경을 포함해 3명이 죽고 4명이 중상을 입어 황금정 거리는 선혈이 낭자했다.

6·10 만세운동
주체 세력들의 사전 검속과 구속으로 인한 조직 약화로 결국 실패한 모양새가 되었다.

6·10 만세운동은 3·1 운동, 광주학생운동과 더불어 일제하 3대 만세운동 중 하나로 평가받고 있다. 다만 조선공산당이 입안하고 천도교 일부와 조선노농총동맹이 만세운동을 함께 준비하다가 거사 6일 전 모의 사실이 발각되고 다수가 체포되어 일부 학생만 참여했기 때문에 3·1 운동, 광주학생운동처럼 규모가 크지는 않았다.

6·10 만세운동의 추진 세력은 1926년 2월 출범한 제2차 조선공산당이었다. 당시 조선공산당의 주요 당면 과제는 사회주의 진영과 민족주의 진영이 통합한 민족통일전선의 결성이었다. 코민테른의 방침에 부합하고 중국의 제1차 국·공합작의 영향을 받은 노선 변경이었다.

제2차 조선공산당 책임비서 강달영은 1926년 3월 천도교 구파 측을 만나 통일전선을 타진하는 한편 5월 1일 메이데이에 시위를 열자고 의견을 모았다. 천도교 구파만을 상대한 것은 당시 천도교가 신구파로 분열되어 있었기 때문이다. 천도교 신파는 최린·정광조가 주축 세력으로 실력 양성이 우선이라며 일제와의 타협적 노선을 취한 반면 구파는 비타협적 노선을 견지했다. 민족대표 33인에 속하는 권동진·오세창 등이 구파를 심정적으로 지원했지만 적극적으로 활동한 인물은 혁신 세력인 박래원·손재기·이종린 등이었다.

조선공산당 상해부는 김단야를 1926년 4월 중국 안동과 국내 신의주에 파견, 국내 거사를 지원하도록 했다. 그러던 중 순종이 4월 25일 갑자기 승하하고 애도 분위기가 전국적으로 고조되자 3·1 운동 때처럼 전 민족적 만세운동으로 발전할 수 있다고 판단해 순종의 인산(장례)일인 6월 10일로 거사 일자를 변경했다.

순종의 국장일인 6월 10일, 일제는 3·1 만세운동의 전철을 밟지 않겠다며 서울 시내 곳곳을 삼엄하게 경계했다.

여기에 4월 28일 일어난 송학선의 '금호문 의거'도 항일 분위기를 더욱 고조시켰다. '금호문 의거'는 4월 28일 송학선이 창덕궁의 서문인 금호문에서 조선 총독 사이토 마코토를 처단하려다가 체격과 생김새가 비슷한 다른 일본인 관리를 사이토로 착각해 칼로 찔러 즉사케 한 사건이다.

만세운동 국내 총책은 권오설이 맡았다. 당시 권오설은 조선공산당의 중앙집행위원 겸 조선공산당의 산하 조직인 고려공산청년회의 2대 책임비서로 활동하고 있었다. 일제 때 2차례나 구속되고 일제 패망 후 조선공산당 기관지 해방일보 사장을 지내다 월북한 권오직이 그의 동생이다.

권오설은 경북 안동에서 태어나 대구고보(경북고의 전신)와 서울의 중앙고보를 중퇴하고 1919년 광주에서 3·1 운동에 참여했다가 체포되어 6개월간 복역한 가슴 뜨거운 청년이었다. 고향으로 돌아와서는 풍산청년회(1922)와 풍산소작인회(1923) 결성에 주도적으로 참여했다. 1924년 풍산소작인회 주도로 집단적 소작쟁의가 일어났을 때는 풍산소작인회 대표로 이를 보고하기 위해 그해 4월 서울에서 열린 조선노농총동맹의 창립대회에 참가했다가 상무집행위원으로 선출되었다. 이를 계기로 서울을 활동무대로 삼은 그는 1925년 4월 고려공산청년회 중앙집행위원을 맡았다.

권오설, 거사 전 구속되어 복역 중 의문의 죽음사

권오설은 중국 안동에서 김단야를 만나고 돌아와 5월 2일 조선공산당 중앙집행위에서 당의 방침을 협의한 뒤 투쟁 지도부를 결성했다. 지도부는 사회주의, 민족주의, 종교계, 청년계 등을 망라한 민족통일전선체를 결성하고 6월 10일 만세운동을 벌이기로 결정했다. 만세운동에 사용할 격문 인쇄와 지방 배포 임무는 천도교 구파에 부여했다. 권오설은 이 결정을 조선학생과학연구회와 천도교 구파의 박래원에게 전달했다.

박래원은 천도교에 속하면서도 고려공산청년회 회원으로 활동했기 때문에 권오설과는 오랜 동지적 관계였다. 박래원은 5월 말까지 5만 2,000장의 격문을 인쇄한 뒤 천도교당 안에 있는 손재기(손병희 천도교 3세 교주의 종손) 집에 숨겨 두고는 때를 기다렸다. 중국 상해부에서 인쇄해 보내기로 한 5,000여 장의 격문과 자금이 아직은 도착하지 않았지만 준비는 전반적으로 순조로웠다.

그러던 중 예상치 않은 문제가 터졌다. 일본 오사카에서 중국 위조지폐를 만든 범인들이 서울로 잠입한다는 첩보를 입수한 일경이 6월 4일 범인의 집을 수색하던 중 위폐와 함께 만세운동 격문 1장을 발견한 것이다. 일경은 범인을 추궁해 격문의 경로를 밝혀낸 뒤 손재기 집을 급습, 격문 5만여 장을 압수했다. 뒤이어 박래원 등 모두 80여 명을 체포했다. 이후에도 며칠 동안 주요 인사 200여 명을 검속하고 중국 상해에서 보낸 격문 5,000여 장도 서울역에서 압수했다.

권오설까지 6월 7일 체포됨으로써 조선공산당과 천도교 구파는 만세운동에 참여할 수 없었다. 권오설은 5년형을 선고받아 복역 중 출옥 100일을 앞두고 1930년 4월 17일 서대문형무소에서 의문의 죽음을 당했다. 집안 청년인 권오상과 권오운도 6·10 만세운동 때 구속되어 1928년과 1927년 각각 고문 후유증으로 순국했다.

조선공산당과 천도교 측의 계획이 발각되는 바람에 함께 거사를 도모하던 조선학생과학연구회는 독자적으로 거사를 준비했다. 다행히 조선학생과학연구회는 아직 일제의 감시망 밖에 있었다. 조선학생과학연구회는 1925년 9월 창립된 조직으로 사회주의 사상의 연구와 보급을 표방했다. 창립 초기에는 회원이 70~80명이었으나 6·10 만세운동 무렵에는 500여 명으로 불어났다. 서울 소재의 전문대학 및 고보 학생들로 구성되었는데 연희전문과 중앙고보 학생이 많았다. 고려공산청년회 소속이었기 때문에 권오설과도 긴밀했다.

주요 인물들의 사전 구속으로 청년 학생들이 주도해

조선학생과학연구회 소속 각 학교 대표 40여 명은 5월 20일 만나 인산 당일 가두 행렬에서 만세를 선창하고 격문을 살포하기로 결의했다. 이들은 태극기 200장과 '조선독립만세' 깃발 30장을 제작하고 격문도 인쇄했다. 격문을 인쇄한 곳이 사직동이라고 해서 세칭 '사직동계'로 불렸다.

그 무렵 사직동계와 별개로 거사를 준비한 또 다른 학생 집단이 있었다. 서울 통동에서 거사를 계획했다고 해서 '통동계'로 불린 그룹이었다. 통동계는 항일 투쟁을 목적으로 했지 뚜렷한 주의를 표방하지는 않았다. 통동계는 서울의 각급 학교에서 50여 명의 동지를 규합해 거사를 준비했다. 이 과정에서 사직동계의 움직임을 알았으나 시간적 여유가 없고 비밀 유지가 중요하다고 판단해 거사를 따로 준비했다. 다만 거사 장소만은 서로 협의해 안배했다.

1926년 6월 10일 장례 행렬은 오전 8시 창덕궁에서 발인해 종로3가~을지로3가~훈련원(동대문운동장 부근) 영결식~동대문~청량리~유릉(경기도 남양주)으로 향했다. 30만 명이 연도에 운집해 순종의 죽음을 애도하는 가운데 일제는 총검으로 무장한 기마경찰, 헌병, 정사복 경찰 등 수천 명을 연도에 배치해 철통같은 감시망을 폈다.

조선공산당과 천도교 조직이 와해된 상황에서 사직동계와 통동계 학생들은 일제의 삼엄한 경계와 감시에도 불구하고 오전 8시 30분 종로3가의 만세 시위를 신호탄으로 오후 2시 무렵까지 단성사, 관수교, 을지로, 동대문 부근 등 모두 8곳에서 만세 시위를 벌였다. 특히 사직동계는 '대한독립만세'를 외치면서도 '토지 개혁', '8시간 노동' 등의 구호를 내걸어 노동자와 농민의 계급적 이해를 수렴했다.

만세 시위에는 500~600명이 참가했고 이 가운데 현장에서 210여 명이 체포되었다. 일부 지방에서도 만세 시위가 벌어졌다. 일제는 인산 다음 날부터 또다시 대대적인 검거에 나서 6월 말까지 수천 명을 체포했다. 이 과정에서 조선공산당원은 강달영 책임비서를 포함해 150여 명이 붙잡혀 제2차 조선공산당도 와해되었다.

6·10 만세운동은 주체 세력들의 사전 검속과 구속으로 결국 실패한 모양새가 되었지만 1927년 민족주의 진영과 사회주의 진영의 좌우합작 민족운동단체인 신간회가 출범할 수 있는 바탕을 마련하고 1929년의 광주학생운동에도 영향을 미쳤다는 점에서 의미가 작지 않다.

가갸날 제정과 훈민정음 해례본

해례본은 경북 안동에서 발견된 2개의 판본이 존재한다.

조선왕조실록에는 훈민정음 반포와 관련된 두 개의 기록이 나온다. 세종 25년(1443년) 12월 30일조에 '이달에 임금이 친히 언문 28자를 지었는데…이것을 훈민정음이라고 일렀다'는 기록과 세종 28년(1446년) 9월 29일조에 '이달에 훈민정음이 이루어졌다'라는 기록이 그것이다.

두 기록을 놓고 일제 시
대 우리 학자들이 한동안
혼란에 빠졌으나 곧 정리
가 되었다. 학자들은 1443
년 12월에 한글이 만들어
졌으나 문제점이 많아 3년
동안의 수정·보완 작업을
거쳐 1446년 9월에 한글

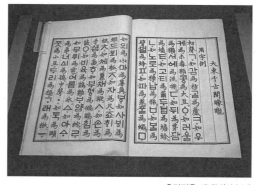

훈민정음 해례본(간송본)

을 반포한 것으로 해석했다. 그래서 1443년 12월보다는 1446년 9월을 한
글이 창제된 시기로 보자고 결론을 내렸다. 그러나 실록에 1446년 9월 며
칠인지가 명시되지 않아 그해 음력 9월의 마지막 날인 9월 29일을 한글의
반포일로 간주했다.

조선어연구회는 훈민정음이 반포되고 8번째 회갑이 되는 1926년의 음
력 9월 29일을 양력으로 환산해 11월 4일 서울 식도원에서 반포 480년을
기념하는 행사를 열었다. 참석자들은 "이날을 경절로 하자"는 지석영의
제안을 받아들여 음력 9월 29일을 '가갸날'로 제정했다.

이듬해부터는 가갸날과 한글날이라는 명칭을 혼용했으나 모든 생활이
양력으로 이뤄지는 것과 달리 한글날만을 음력으로 지내는 것이 불편하
다는 의견이 1931년 제기되어 1446년 9월 29일을 양력(율리우스력)으로
환산한 10월 29일을 훈민정음 반포일로 바꿔 기념했다. 그러다가 1582년
에 율리우스력이 그레고리력으로 바뀐 점을 감안해 1934년부터는 음력 9
월 29일을 그레고리력으로 환산한 10월 28일을 한글날로 기념했다.

날짜에 다시 변경이 가해진 것은 1940년 8월 경북 안동의 한 고택에서
훈민정음 '해례본'이 발견된 후였다. 세종대왕과 집현전 학자들이 창제한
훈민정음에는 '해례본'과 이를 한글로 풀이한 '언해본'이 있다. 언해본은

훈민정음의 요점을 간결하게 밝혀놓은 것으로, 세종 말년부터 세조 때까지 다양한 버전의 판본이 존재한다. 그중 월인석보(1459) 제1권에 실려 있는 것이 가장 완벽하다. 교과서에 실려 누구에게나 익숙한 "우리나라의 말씀이 중국과 달라서 한자로는 서로 잘 통하지 아니한다"로 시작되는 문장은 바로 월인석보에 실린 언해본의 서문이다.

훈민정음은 '해례본'과 '언해본'으로 구성

훈민정음 해례본은 훈민정음에 대한 해설과 예의(例義)가 적혀 있는 한문본이다. 목판본으로 만들어진 1책 33장 중 세종의 서문·예의가 4장 분량이고 집현전 학자 8명의 훈민정음에 대한 설명, 즉 해례가 29장 분량이다. 그중 정인지가 쓴 서문에는 '세종 28년 9월 상한(上澣)'이라는 구절이 있다. 이를 근거로 1945년 해방 후부터는 상한, 즉 상순(上旬)의 끝날인 9월 10일을 양력으로 환산한 10월 9일을 한글날로 바꿔 기념하고 있다.

한글날을 10월 9일로 바꾸기 전 "1446년 9월조의 기록은 문자로서의 한글이 완성된 것이 아니라 해례본이 완성되었다는 뜻으로 해석해야 한다"는 주장이 제기되었으나 소수 의견으로 받아들여졌다. 북한은 세종 25년 (1443) 12월에 한글이 만들어진 것으로 해석해 12월을 양력으로 환산한 1월의 중간인 1월 15일을 한글날로 기념하고 있다. 즉 북한은 세종 25년에 한글이 반포되고 세종 28년에 이것을 정리한 해례본이 나온 것으로 해석한 것이다.

해례본은 경북 안동에서 발견된 2개의 판본이 존재한다. 1940년 처음 발견된 판본은 전형필이 구입해 지금은 간송미술관에 소장되어 있다고 해서 '간송본'으로 불린다. 간송본은 그동안 발견 경로가 경북 안동군 이한걸의 집에서 그의 셋째 아들 이용준이 발견한 것으로 알려져 왔다. 그러나 실제는 같은 안동 지역 광산 김씨 종택인 긍구당 소장본을 이용준이 훔친 것이라는 주장이 2005년 제기되었다. 당시 궁구당을 지키고 있던 김응수가 자신의 사위인 이용준에게 궁구당의 책을 이용하게 했는데 이용준이 해례본과 김매월당집(김시습 문집)을 빼돌려 전형필에게 팔아넘겼다는 것이다. 간송본은 국내 유일의 해례본답게 1962년 국보 제70호로 지정되고 1997년 유네스코 세계기록유산으로 등록되었다.

그런데 간송본과 동일한 진본(상주본)을 경북 상주에서 발견했다는 사실이 2008년 7월 알려져 학계를 발칵 뒤집어놓았다. 그로부터 한 달 뒤 상주시의 한 골동품 가게 주인 조모씨(2012년 사망)가 "해례본은 당초 경북 안동시 광흥사의 나한상의 뱃속에 들어 있던 복장(服藏) 유물로, 1999년 문화재 도굴범이 훔쳐 나에게 팔아넘긴 것인데 배익기가 가게에 있는 해례본을 몰래 훔쳐갔다"고 주장하면서 소유자 논쟁이 벌어졌다. 이에 대해 상주본을 발견했다고 발표한 배익기는 "집에 쌓여 있는 책을 정리하면서 찾은 것"이라고 맞서면서 소유권을 둘러싼 논쟁은 법정으로 비화되었다.

문제는 이 과정에서 상주본이 사라져 학계를 안타깝게 하고 있다는 점이다. 2011년 6월 대법원이 '배씨가 훔친 것이니 골동품 가게 주인에게 돌려주라'고 판결했으나 배익기는 지금까지 해례본의 소재를 밝히지 않고 있다. 검찰과 법원이 수차례 강제집행과 압수 수색을 했지만 찾아내는 데 실패했다. 검찰은 대법원 판결 후인 2011년 9월 배익기를 문화재보호법 위반 혐의로 구속 기소했다.

그러나 배익기는 2012년 2월 1심에서 징역 10년을 선고받았다가 같은 해 9월 항소심과 2014년 5월 최종심에서 무죄를 선고받았다. 배익기는 항소심 선고 당시 해례본 공개를 약속했으나 무죄가 확정된 뒤 해례본 행방에 대해 계속 묵비권을 행사하고 있다가 2015년 10월 1,000억 원을 보상해주면 국가에 헌납할 의사가 있다고 밝혀 논란을 빚고 있다.

율리우스력과 그레고리력 고대 이집트인들은 나일강이 정기적으로 범람해 홍수가 난다는 사실을 경험적으로 알았다. 계산해 보니 다시 홍수가 나기까지는 평균 365일이 걸렸다. 기원 전 6000년경 365일을 세분하려 했으나 계산법이 발달하지 않아 한 달을 30일씩 12달로 나누고 남은 5일은 13번째 달로 만들었다. 당연히 실제 1년은 365일에 4분의 1일을 더해야 한다는 사실은 알지 못했다. 따라서 100년이 지나면 25일, 400년이 지나면 100일의 차이가 난다는 것도 알지 못했다.

결국 고대 이집트인의 달력만으로는 나일강의 범람 시기를 예측할 수 없게 되었다. 하지만 또 다른 천문적 지식이 이를 보완해주었다. 나일강이 범람할 무렵인 7월 중순이 되면 동쪽 새벽 하늘에 시리우스 별(큰개자리에서 가장 밝은 별)이 밝게 빛난다는 사실이었다. 시리우스 별 덕분에 나일강의 범람은 어느 정도 예측할 수 있게 되었으나 문제는 시간이 갈수록 계절의 변화와 동떨어진다는 데 있었다.

결국 기원전 246년 이집트 왕위에 오른 프톨레마이오스 3세가 달력 개혁에 나섰다. 그는 기원전 238년 윤년 제도를 만들어 4년마다 하루씩 날짜를 추가해 달력의 오차를 바로잡으라는 포고를 내렸다. 5일로 이뤄진 13번째 달에 4년마다 한 번씩 6일로 셈하는 방식이었다. 오늘날까지 이어지는 윤년 제도가 시작된 것이다.

그로부터 200년 뒤인 기원전 48년 로마의 율리우스 카이사르가 정적인 폼페이우스를 쫓아 이집트의 알렉산드리아에 상륙했다. 카이사르는 그곳에서 이집트의 윤년 제도를 접하고 돌아와 로마의 달력 개혁에 착수했다. 당시 로마의 달력은 전혀 과학적이지 않았다. 로마의 최초 달력인 '누마력'은 1년을 10달, 304일로 구성했다. 이후 355일→378일→355일→377일로 변하는 4년 주기 달력을 만들었지만 긴 해와 짧은 해가 23일씩 차이가

나 현실을 반영하지 못했다.

　카이사르는 고대 이집트 달력을 도입하려 했지만 실제 계절과 차이가 너무 벌어져 있었다. 결국 그것을 맞추기 위해 90일이나 되는 윤달을 추가했다. 그래서 기원전 46년은 1년이 무려 445일이나 되었다. 카이사르는 기원전 45년 11월 1일을 자신의 이름을 딴 율리우스 달력의 기원으로 삼았다. 뜰쑥날쑥한 1년의 길이를 365.25일로 정하고 4년마다 366일이 되는 윤년 제도를 도입했다. 한 달의 날수도 홀수 달은 31일, 짝수 달은 30일이 되게 하되 2월만은 평년 29일, 윤년 30일로 재배치했다.

　그러나 율리우스 달력에도 허점이 있었다. 율리우스 달력은 1년을 365.25일로 정해 4년마다 하루를 더하는 방식을 따랐지만 실제 지구가 태양을 도는 데는 365.24219879일 정도가 걸리기 때문이다. 매해 11분 14초라는 차이는 점차 오차가 커져 1,300년이 지나니 10일의 오차가 생겼다. 이 오차 때문애 가장 문제가 된 것이 교회의 주요 명절인 부활절이었다.

교황이 율리우스력 대신 새 역법 교서 내린 것은 1582년

　당시 부활절 날짜는 서기 325년 개회된 제1회 니케아 공의회에서 '춘분 후 최초의 만월 다음의 첫 일요일'로 정했는데 율리우스력의 오차로 인해 춘분 날짜에 너무 큰 차이가 생긴 것이다. 1582년을 기준하니 춘분 날짜가 제1회 니케아 공회의 때는 3월 21일이었던 것이 3월 11일로 바뀌었다. 교황 그레고리우스 13세는 이러한 문제점을 바로잡기 위해 1582년 2월 24일 기존 율리우스력 대신 새 역법을 사용하라는 교서를 내렸다. 10일의 오차를 없애기 위해 1582년 10월 4일(목요일)의 다음날을 10일 건너뛴 10월 15일(금요일)로 변경했다.

　또한 앞으로 같은 일이 벌어지지 않도록 몇 가지 원칙을 정했다. ▲그해 연도가 4의 배수가 아니면 2월은 28일만 있다 ▲그해 연도가 4의 배수

이지만 100의 배수가 아니면 2월은 29일(윤일)로 한다 ▲그해 연도가 100
의 배수이지만 400의 배수가 아닐 때는 윤년이 아니라 평년으로 한다 ▲
그해 연도가 400의 배수이면 그해는 윤년으로 한다. 즉 4년 주기의 윤년
은 그대로 두되 1700년, 1800년처럼 100으로 나누어지는 해에는 윤년을
두지 않고 400년으로 나누어지는 1600년과 2000년은 다시 윤년을 둔다는
것이다.

이 원칙을 통해 400년 동안 97일의 윤일을 더하면 1년의 길이는
365.2425일이 되어 율리우스력이 보였던 오차 값을 완벽하지는 않지만
조금이라도 더 근사하게 수정할 수 있게 되었다. 더불어 가장 핵심이 되
는 부활절 계산법도 변경했다. '춘분 후 최초의 만월 다음의 첫 일요일'이
라는 기존 날짜 계산법은 유지하되 항상 3월 22일과 4월 25일 사이의 만
월 후 첫 번째 일요일로 하도록 구체화했다. 오늘날까지 우리가 사용하는
그레고리력이 탄생한 것이다.

그런데 가톨릭 국가들은 교황의 명에 따라 이 새로운 달력을 따랐지만
개신교와 그리스정교 국가들은 이를 거부했다. 하지만 서로 다른 달력으
로 인해 사회적·경제적으로 단절되고 국제 교역이 어려워지는 등의 부작
용이 생겨 결국 그레고리력을 받아들였다. 노르웨이와 덴마크는 1700년,
영국과 미국은 1752년, 일본은 1873년, 러시아는 1918년, 그리스는 1923
년, 중국은 1949년에 이를 공식적으로 받아들였다. 우리나라는 대한제국
시절인 1895년 9월 9일 고종의 명에 따라 그해 음력 11월 17일을 양력 1
월 1일로 삼으며 그레고리력을 따랐다.

그레고리력은 오늘날 전 세계에서 통용되고 있지만 여전히 불완전하다
는 이유로 새로운 달력 개혁을 주장하는 이가 많다. 유엔에 제출된 달력
개혁안만도 100개 이상인 것으로 알려졌다.

나운규 각본·감독·주연 영화 '아리랑' 개봉

그가 빛날 때 한국 영화도 빛이 났고 그가 추락할 때 한국 영화도 함께 주저앉았다.

나운규(1902~1937)는 살아서는 한국 영화계의 스타였고 죽어서는 신화이자 전설로 추앙받는, 초기 한국 영화계의 대명사였다. 그가 영화 일생을 마칠 때까지 영화계에 몸담았던 13년간은 나운규의 시대이자 한국 영화의 새벽이었다. 그가 빛날 때 한국 영화도 빛났고 그가 추락할 때 한국 영화도 함께 주저앉았다. 나운규는 생전에 모두 27편 내외의 작품에 출연하거나 감독을 맡았다. 그중 감독과 주연을 겸한 작품은 15편이다. 그런데도 단 한 편의 영화도 남아 있지 않아 당시의 언급이나 기록이 사실인지 여부를 검증할 수 없다는 한계가 있다.

나운규는 함북 회령에서 태어나 1917년 부모가 정해준 여성과 결혼하고 1918년 중국 간도의 명동중학에 입학했다. 당시 명동중학은 학교 겸 독립군 양성소였다. 나운규는 간도의 애국지사들이 발행한 독립신문을 몸 속에 숨겨 회령까지 배달하는 심부름을 했다. 1919년 서울에서 시작된 3·1 운동의 파고가 간도에까지 미쳤을 때는 독립선언서를 등사하고 살포하는 비밀 작업에 참여했다.

그 후 러시아 연해주 일대를 떠돌며 북간도 광복군의 도판부원으로 활동했다. 도판부는 일종의 전위 특공대 같은 조직이었다. 하지만 부족한 공부를 더 해야겠다는 생각이 들어 1920년 봄 서울의 중동학교(혹은 중동학교 부설 고등예비학교)에 적을 두었다. 그러나 도판부원으로 활동한 사실이 드러나 1921년 봄부터 2년 간 옥고를 치른 후 1923년 3월 석방되었다.

나운규가 고향에서 신극 운동가 겸 영화감독인 안종화를 만난 것은 1923년 12월이었다. 당시 안종화는 회령에서 신극 순회공연을 하고 있었다. 나운규는 안종화를 졸라 신극에 출연했으나 인연은 더 이상 이어지지 않았다. 그러다가 1924년 11월 서울에서 안종화를 우연히 만났고 그 만남은 인생의 중대한 전환점이 되었다. 안종화는 나운규를 자신이 소속된 조선키네마 연구생 배우로 추천했다. 조선키네마는 1924년 6월 일본인 실업가들이 부산에 설립한 영화사였다.

나운규는 조선키네마가 제작하고 윤백남이 각본·감독한 '운영전'(1925.1.14. 단성사 개봉)에 변변한 대사 한 마디 없는 가마꾼으로 출연함으로써 영화와 첫 인연을 맺었다. 하지만 영화는 흥행에 실패했고 이 때문에 윤백남과 조선키네마의 관계가 껄끄러워졌다. 윤백남은 결국 조선키네마의 조감독 이경손과 나운규 등을 데리고 서울로 올라가 '백남 프로덕션'을 설립했다. 나운규는 윤백남이 제작하고 이경손이 각본·감독한 '심청전'(1925.10.13. 광무대 개봉)에서 비중 있는 심봉사 역을 맡아 배우로서의 가능성을 인정받았다. 나운규는 일본인이 설립한 '조선키네마프로덕션'으로 다시 이적해 '농중조'(1926.6.23. 단성사 개봉)에 출연, 비로소 무명 배우에서 벗어났다.

일생이 영화였고 영화가 일생이었던 35년

나운규가 '아리랑' 대본을 완성한 것은 그 무렵이었다. 대본을 본 조선키네마프로덕션이 나운규에게 영화화를 제안했다. 나운규가 각본·감독·주연을 맡은 '아리랑'은 1926년 4월 안암골에서 첫 촬영에 들어갔다. 800여 명의 엑스트라가 동원되고 5개월의 제작 기간이 소요된 당시로서는 대작이었다. '아리랑'은 1926년 10월 1일 단성사에서 개봉했다. 서울은 물론 지방에서도 폭발적인 호응을 불러일으켜 장장 2년 동안 최고 흥행작으로 꼽혔다. 질서 유지를 위해 영화관 앞에 기마 순사가 동원되고 영화가 끝날 즈음 관객이 아리랑 노래를 부르며 울음바다를 이룬 것도 '아리랑'이 처음이었다.

'아리랑'은 농촌 마을을 배경으로 광인 청년 최영진(나운규 분)이 자신의 여동생 최영희(신일선 분)를 성적으로 학대한 일본 순사의 앞잡이 오기호를 낫으로 찔러 죽인다는 내용이다. 특히 영진이 살인 죄목으로 아리랑 고개 너머로 끌려가는 마지막 장면은 조선 민족을 짓누르고 있는 암울한 시대상을 드러낸 명장면으로 호평을 받았다. 다른 영화에서는 찾아볼 수 없는 비

나운규

유와 암시, 상징의 몽타주도 돋보였지만 압권은 나운규의 광인 연기였다.

나운규는 '아리랑'의 성공으로 일약 "조선 영화계의 자랑거리"가 되었고 불세출의 스타로 각광받았다. 언론평도 찬사 일색이었다. 제작사가 일본인 영화사였다는 점에서 순수 100% 한국 영화라고 보기에는 미흡한 점이 있긴 하지만 나운규가 각본·감독·주연을 맡고 영화에 대한 일반 관객의 이미지를 크게 바꿔놓았다는 점에서 한국 영화의 진정한 출발점이라는 평가를 받고 있다. '아리랑'의 성공에 고무되어 1926년 3편에 불과하던 한국 영화 제작 편수는 1927년 무려 14편으로 늘어났다.

조선키네마프로덕션은 자신감을 갖고 차기작 '풍운아'(1926.12.18. 조선극장 개봉)를 제작했다. 이번에도 나운규는 각본·감독·주연을 맡았고 영화 역시 흥행에 성공했다. 나운규의 인기는 수직 상승하고 영화사는 돈을 긁어모았다. 나운규는 '야서'(1927.4.9. 개봉)에도 주연으로 출연했다. 하지만 영화가 불온하다는 이유로 상영 중지 처분을 받았다가 재개봉하는 과정에서 영화사와 불화가 생겼다. 게다가 나운규가 주연을 맡은 '금붕어'(1927.7.6. 단성사 개봉)까지 실패해 영화사와 갈등이 악화하자 1927년 9월 조선키네마프로덕션을 그만두고 당대의 거물급 흥행사인 박승필의 지원을 받아 '나운규 프로덕션'을 설립했다.

나운규는 10일 동안 북간도에서 촬영한 '잘 있거라'(1927.11. 단성사 개봉)를 첫 작품으로 내놓았다. 이 영화에서는 원작·각색·편집·주연을 맡았을 뿐 감독은 하지 않았다. 다행히 선이 굵고 거친 영웅풍의 주인공을 앞세운 구성이 관객의 호응을 얻어 흥행에서는 성공했다. 하지만 뒤이어 제작한 '옥녀'(1928.1), '사랑을 찾아서'(1928.4) 등은 연이어 흥행에 실패했다.

결국 '나운규 프로덕션'의 재정 상태는 악화되었고 나운규가 더 이상 영화계의 절대적 존재가 아니라는 사실을 확인시켜 주었다. 나운규로서는 시련이었고 너무 빨리 찾아온 침몰이었다. 더구나 '사나이'(1928.9)를 통해 데뷔하고 '벙어리 삼룡'(1929.1)에 주연으로 출연한 기생 출신 유신방과 밀애에 빠져 방탕하고 무절제한 생활을 하면서 더욱 파탄으로 내몰렸다. 결국 '나운규 프로덕션'은 문을 닫았다.

이후 나운규는 '아리랑 후편'(1930), '철인도'(1930), '금강한'(1930), '개화당이문'(1932), '강 건너 마을'(1935), '7번통 소사건'(1936), '아리랑 3편'(1936) 등을 제작하거나 감독했다. 1937년에는 '오몽녀'를 감독해 극찬을 받았다. 그러나 당시 나운규는 폐결핵이 악화되어 피를 토하고 있었다. 결국 1937년 8월 9일 새벽 1시, 짧은 생을 마감하고 전설 속으로 사라졌다. 일생이 영화였고 영화가 일생이었던 35년이었다.

'나운규 연출' 진위 둘러싸고 논쟁 중

현재 '아리랑'은 몇 가지 사실을 둘러싸고 논란을 빚고 있다. 첫째는 영화 개봉 당시 감독 이름이 '쓰모리 슈이치'로 표기되었기 때문에 나운규가 연출하지 않았다는 것이다. 물론 대세는 검열을 피하기 위해 나운규가 일본인 감독 이름을 빌렸다는 것이지만, 나운규 연출이 아니라는 주장도 나름대로 근거가 있다.

영화평론가 조희문은 '나운규'(1997) 책에서 신문기사와 광고, 상영 프로그램 등 여러 문헌을 제시하며 쓰모리 슈이치가 진짜 감독일 가능성과 '아리랑'이 항일 영화가 아닐 가능성을 제기해 논쟁에 불을 붙였다. 그는 "영화가 개봉된 1926년부터 10년간 나온 각종 자료를 종합한 결과 감독은 쓰모리 슈이치가 맡고 나운규는 원작·각색·주연을 맡은 것으로 되어 있다"고 주장했다. 한 서지학자는 '아리랑'이 개봉될 당시의 신문광고(조선일보 1926.10.1)와 일본에서 발행된 '키네마순보'에 실린 광고(1926.12.16)를 근거로 '아리랑'의 실제 감독이 쓰모리일 수도 있다고 주장했다.

이에 대해 대부분의 영화사 연구가는 "개봉 당시의 영화광고보다는 영화 개봉 10년 후 나운규가 '조선영화' 1937년 1월호에서 밝힌 글을 더 신뢰해야 한다"고 반박한다. 나운규는 글에서 "경험이 적은 내가 각본·감독·주연을 겸했다는 것이 부끄러워 출연 이외에는 모두 다른 사람의 이름으로 발표했다"고 썼다. 그러면서 '아리랑'이 민족의 저항 의식을 담은 영화였기 때문에 일제의 검열을 피하기 위해 신문광고 등에 쓰모리를 감독으로 내세운 것이라고 주장했다.

또 하나 논쟁 중인 사실은 '아리랑'이 정말 민족영화인가 하는 점이다. 대부분의 평론가는 '아리랑'이 오늘날까지 부각된 이유에 대해 민족적 비애와 불타오르는 민족정신을 형상화한 영화였기 때문이라고 설명한다. 이에 대해서도 반론이 만만치 않다. 민족영화라면 강렬한 민족의식 등이 담겨 있어 일제의 검열을 피할 수 없었을 텐데 제작 당시는 물론 이후에도 일제 당국의 검열이나 제재를 받은 흔적이 없다는 것이다. 영화는 정상적으로 개봉되었고 해방될 때까지 어떤 제한도 받지 않았다. 오히려 1942년 홋카이도 지방에 강제징용으로 끌려간 노무자들을 대상으로 선무공작을 하는 데 '아리랑'이 이용되었다는 기록이 있다.

그런데도 '아리랑'이 항일영화·민족영화로 분류되는 것은 순회 상영을 거듭하는 과정에서 관객의 열망이 투영되어 강력한 항일·민족영화로 '상상'되고 만들어졌기 때문이라는 것이다. 실제로 관객은 착한 누이를 해치려는 권력의 앞잡이를 낫으로 처단하는 주인공 최영진이 끝내 일경의 손에 끌려 아리랑고개를 넘어 멀리 사라지는 처연한 모습에 가슴 아파했다. 그것은 일제하 우리의 암울한 현실과 오버랩되었다. 이런 논쟁에도 불구하고 이 모든 논의에는 맹점이 있다. '아리랑' 필름이 유실되어 아무도 그 내용을 확인할 수 없다는 것이다.

한용운 '님의 침묵' 출간
'님의 침묵'은 남북한을 통틀어 한국문학 연구자들이 가장 많이 연구한 작품

'님의 침묵'(회동서관·168쪽)은 한용운(1879~1944)의 이름을 한국문학사에 굵게 새겨준, 한국 서정시에 길이 빛나는 기념비적 시집이다. "님은 갔습니다. 아아 사랑하는 나의 님은 갔습니다"로 시작하는 표제시를 비롯해 '알 수 없어요', '비밀', '첫 키스', '님의 얼굴' 등 88편의 시가 수록된 '님의 침묵'에서 한용운은 그리운 모든 것을 '님'이라고 했다. 이 때문에 평론가들은 '님'의 뜻을 헤아릴 수 없어 막연히 '사랑하는 사람', '종교적 해탈', '고난에 찬 우리 민족' 등 저마다 다르게 해석하고 있다. '님'을 어떻게 해석하든 놀라운 것은 '님의 침묵'을 내기 전까지 한용운이 우리말을 익히고 또 고운 울림이 있는 서정시를 지은 적이 없다는 것이다.

한용운은 1925년 여름 설악산 백담사에서 쓴 시들을 모아 1926년 5월 20일 '님의 침묵'을 발간했다. 단숨에 지었다는 주장과 오랜 사유 끝에 쓴 것이라는 주장으로 엇갈리는 가운데 평론가들이 주목한 것은 한용운이 읽은 고려대장경이다. 경전들은 문학성이 강해 두루 섭렵하다 보면 아름

다운 비유나 상징이 몸에 배고 심경에 변화가
생겼을 때 이것이 자신도 모르게 감성으로 흘
러나온다는 것이다. 또 하나 놀라운 것은 시에
불교 용어가 전혀 없다는 것이다.

한용운

한 연구 결과에 따르면 20세기 100년간 남북
한을 통틀어 한국문학 연구자들이 가장 많이
연구한 작가는 이광수이고 작품은 '님의 침묵'
이라고 할 정도로 '님의 침묵'은 20세기 내내 우
리 문학계의 화두였다. 한용운은 이처럼 빼어난 서정시를 남긴 탁월한
시인이었지만 그에 앞서 불교 개혁을 외친 불교 사상가였고 독립운동가
였다.

한용운은 충남 홍성의 몰락한 양반 집에서 태어나 신동 소리를 들으며
자랐다. 조혼 풍습에 따라 13살이던 1892년 결혼했으나 어느 날 홀연히
집을 나서 방랑하다가 설악산 오세암으로 들어갔다. 그러나 세상에 대한
호기심을 참지 못해 시베리아와 만주 등지를 둘러본 뒤 1903년 고향으로
돌아갔다. 아들이 태어날 무렵인 1904년 한용운은 26세 나이로 다시 설악
산 백담사로 들어가 1905년 1월 출가했다. 1908년 4월 일본으로 건너가 6
개월 동안 머물며 일본 불교의 최대 종파인 조동종의 대표와 친교를 맺고
일본어와 불교를 수학했다.

귀국 후에는 조선불교의 왜색화에 적극 반대하고 불교의 근대화와 대
중화에 힘썼다. 강원도 건봉사에서 대중공양 중이던 1910년 한일합방 소
식이 전해졌다. 그런데도 승려들이 계속 공양하는 것을 보고 "이 중놈들
아, 밥이 넘어가느냐"며 밥상을 걷어찰 정도로 항일 정신이 투철했다. 한
용운은 1910년 가을 만주로 가 망국의 설움을 달래며 이회영, 김동삼 등
독립운동 지도자들과 교유하고 애국 청년을 격려했다. 그러던 중 일본 정

탐꾼으로 오해를 받아 독립군 청년이 쏜 총을 맞고 사경을 헤매다가 관음
보살을 만나는 경험을 했다.

한국 서정시에 길이 빛나는 기념비적 시집

한용운은 왜색 불교에 적극 반대했다. 1910년 10월 친일 승려 이회광이
자신이 종정으로 있는 조선의 원종을 일본 조동종에 합병하자 전남 송광
사에서 승려대회를 열어 이회광을 종문난적, 법적, 매국매교자로 규탄하
고 박한영, 진진응 등과 함께 1911년 1월 조선불교 임제종을 창종했다.

한용운은 왜색 불교에 반대하면서도 승려의 결혼은 지지했다. 1910년
"승니(僧尼)가 혼인해 순산을 하게 된다면 불교의 교세를 발전시키는 데
크게 유효할 것이다"라는 내용의 건의서를 조선총독부에 냈다. 훗날 발간
할 '조선불교 유신론'에서는 "나에게 '불교를 무슨 방법으로 장차 부흥시
킬 것인가'라고 묻는다면, 나는 이렇게 말하겠다. '승려의 결혼 금지를 푸
는 것도 중요하고 시급한 대책의 하나일 것'"이라고 기록했다. 그러자 당
시 정통 수행승들이 크게 반발했다. 오늘날 비구 승단인 조계종이 한용운
을 높이 평가하지 않는 것은 이런 이유 때문이다.

1913년에는 '조선불교 유신론'을 발간, 불교 근대화라는 명목으로 일본
불교의 영향을 몰주체적으로 받아들이고 부패가 만연한 당시 불교계에
큰 경종을 울려주었다. 200자 원고지 1만 장이 넘는 방대한 분량의 '조선
불교 유신론'은 조선불교의 실상을 비판하고 개혁안을 제기한 실천적 지
침서였다. 한용운으로서는 최초의 인쇄출판물이고 한국 불교사에는 큰
업적으로 기록되고 있다.

1914년 4월에는 통도사의 고려대장경 6,802권을 1912년 여름부터 낱낱
이 살펴본 뒤 이를 현대적으로 정리한 800쪽의 '불교대전'을 범어사에서
펴냈다. '조선불교 유신론'이 불교의 혁신을 불교계에 호소한 것이라면

'불교대전'은 불경을 간소화하고 실용화해 승려의 교육과 불교의 대중화에 보탬이 되도록 한 것이다. 한용운은 1917년 가을 백담사로 들어갔다가 12월 3일 밤 10시, 좌선 중에 깨달음을 얻어 마침내 오도(悟道)에 이르렀다.

1918년 9월에는 우리나라 최초의 불교 교양잡지 '유심'을 창간했다. '유심'은 60여 쪽의 초라한 잡지였지만 불교 관련 글 이외에도 청년들이 갖춰야 할 수양적인 글도 많이 실렸다. 대부분 한용운이 직접 쓴 글로 채워졌지만 박한영, 백용성, 이능화, 최남선, 최린, 현상윤 등 당대의 명사도 다수 참여했다. 하지만 1918년 12월 3호를 끝으로 폐간되었다.

한용운의 열정과 항일 정신은 3·1 운동에도 오롯이 배어있다. 최남선이 기초한 독립선언서에 대해, 항일 저항 정신이 약하다며 좀 더 과감하고 현실적인 내용을 주문하는 과정에서 한바탕 의견 충돌을 벌이다 마지막 행동 강령인 '공약 3장'을 작성하는 것으로 독립선언문 기초에 참여했다. 하지만 공약 3장도 최남선이 작성했다는 반론도 있다.

한용운은 독립선언서 배포 책임을 맡아 2월 28일 밤 중앙학교 학생 10여 명을 자신의 거처로 불러 독립선언서 3,000장을 건네주었다. 거사 직전에는 민족 대표들에게 ▲변호사를 대지 말 것 ▲사식을 취하지 말 것 ▲보석을 요구하지 말 것 등 3대 행동 원칙을 제시하고 3·1 운동 당일 독립선언서를 공표할 때는 식사(式辭)를 하고 만세삼창을 선창했다. 감옥에서 일부 인사가 불안에 떨며 대성통곡할 때는 똥물을 뿌리며 "울기는 왜 우느냐. 목숨이 그토록 아까우냐"며 호통을 쳤다.

"만해 한 사람 아는 것이 다른 사람 만 명을 아는 것보다 낫다"

한용운은 징역 3년을 선고받아 수감 중이던 1919년 7월 53장의 '조선독립 이유서'를 작성했다. 이 선언문은 일제강점기에 발표된 50여 종의 독립선언문 중 신채호의 '조선혁명 선언'(의열단 선언)과 함께 대표적인 선언문으로 인정받고 있다. 한용운은 선언문에서 일제의 조선 침략을 주도한 군국주의를 준열하게 꾸짖고 일본이 장차 1차대전 때의 독일처럼 반드시 패망할 것이라고 확언했다. 선언문은 감옥에서 몰래 빼내져 1919년 11월 4일자 임시정부 기관지 독립신문 제25호 부록에 게재되어 세상에 알려졌다.

한용운은 1921년 12월 출옥 후에도 민족운동을 멈추지 않았다. 훗날 지조를 꺾은 최남선이 길거리에서 그를 보고 반가워할 때 "최남선은 벌써 죽어 장사를 지냈다"며 쌀쌀맞게 외치며 돌아서 버렸다는 일화가 전해질 만큼 친일에 대해서는 추상같았다. 1922년부터 전국적으로 확산된 물산장려운동을 지원하고 1923년 설립한 조선민립대학기성회 상무위원으로 활동했다. 1927년 신간회가 창설되었을 때는 중앙집행위원과 경성지회장이라는 중책을 맡아 신간회 발전에 열성을 보였다.

한용운은 1933년 재혼해 딸을 낳았으나 일제하에서는 결코 호적을 만들지 않겠다고 고집해 딸의 이름도 호적에 올리지 않았고 자신도 배급 대상에서 제외되어 가족 전체가 경제적으로 어려움을 겪었다. 궁핍한 한용운을 음으로 양으로 도와준 사람이 당시 조선일보 사주 방응모였다. 방응모는 한용운을 위해 1933년 성북동 뒷산 자락에 팔작지붕 기와집 '심우장'을 지어주었다. 집을 지을 때 한용운은 마주 보이는 총독부 건물이 보기 싫다며 북향으로 집을 틀었다. 추운 겨울에도 조선 전국이 감옥이라며 심우장 냉방에서 꼿꼿이 앉아 지냈다.

한용운은 조선일보에 소설을 연재하는 것으로 방응모의 고마움에 보답했다. 소설 '흑풍'(1935.4~1936.2)과 '박명'(1938.5.~1939.3)을 연재하고 1939년 11월부터 1940년 8월 조선일보가 폐간될 때까지 '삼국지'를 번역·연재했다. 조선일보가 폐간될 때는 "붓이 꺾이어 모든 일 끝나니"로 시작되는 '신문이 폐간되다'라는 한시를 지어 비통함을 달랬다. 조선중앙일보에 연재하다 신문 폐간으로 중단한 '후회'(1936), '불교'지에 연재하다가 중단한 '철혈미인'(1936) 등 장편소설도 발표했다.

한용운은 그토록 바라던 조국 독립을 결국 보지 못하고 1944년 6월 29일, 65세로 입적했다. 홍명희는 "만해 한 사람 아는 것이 다른 사람 만 명을 아는 것보다 낫다"고 했고 만공 선사는 "이 나라에 사람이 하나 반밖에 없는데 그 하나가 만해"라고 했다.

유일한 '유한양행' 설립
부모 슬하에서 응석을 부릴 9살 때 박장현 대한제국 순회공사를 따라 미국으로 건너갔다.

"정성껏 좋은 상품을 만들어 국가와 동포에 봉사하고, 정직·성실하고 양심적인 인재를 양성·배출한다. 기업은 첫째 회사를 키워 일자리를 만들고, 둘째 정직하게 납세하며, 셋째 남은 것은 기업을 키워 준 사회에 환원한다." 유일한(1895~1971)의 생전 기업 이념이다. 실제로 그는 이 모든 것을 실천했다. 이런 그를 기념해 만든 '유일한로'는 2005년 경기 부천시 유한대학 앞 6km 구간에 조성되었다. 기업인의 공을 기려 길에 이름을 붙인 것은 정주영 현대그룹 창업자의 호에서 딴 울산의 '아산로'에 이어 두 번째다.

유일한은 평남 평양에서 9남매 중 장남으로 태어났다. 부친은 도매상으로 돈을 벌어 자식들을 일찌감치 해외 유학을 보낼 정도로 교육열이 높았다. 장남 유일한은 미국, 차남은 러시아, 3남은 중국, 5남은 일본으로 보냈다. 유일한은 부모 슬하에서 응석을 부릴 나이인 9살 때 박장현 대한제국 순회공사를 따라 미국으로 건너갔다.

유일한

1905년 2월 샌프란시스코에 도착한 유일한이 처음 둥지를 튼 곳은 미국 중부 네브래스카주 커니라는 작은 농촌 도시였다. 당시 박장현의 미국행에는 독립운동가 박용만과 정한경 등 수명의 한국인도 동행했다. 유일한은 박용만이 1909년 네브래스카주 헤이스팅스에 설립한 '한인소년병학교'에서 훈련(1909~1912)을 받았다. 그 때 형성된 민족의식과 자주독립 사상은 이후 유일한이 전개한 독립운동의 원천이 되었다.

유일한은 헤이스팅스고교 시절부터 신문팔이, 구두닦이, 식당 종업원 등 닥치는 대로 일을 하는 주경야독으로 1916년 미시간주립대 상과에 입학했다. 대학 때는 중국에서 수입한 특산물을 보부상처럼 갖고 다니며 팔았다. 1919년 4월, 150여 명의 재미 한인 대표가 필라델피아에 모여 사흘간 한인자유대회를 열었을 때는 결의문을 낭독했다.

유일한은 1920년 대학 졸업 후 뉴욕의 제너럴일렉트릭(GE)에 입사했다. 당시 GE는 중국을 비롯한 동양 시장에 진출할 생각으로 유일한에게 동양 지역의 총지배인을 맡기려고 했으나 유일한은 거절하고 1922년 퇴사해 미국인 대학 동창과 숙주나물을 판매하는 '라초이 식품회사'를 차렸다. 중국인들이 즐겨 먹는 만두에 숙주나물(중국어로 라초이)이 필수적으로 들어간다는 것에 착안한 사업 아이템이었다. 유일한은 미국의 곡창지대인 오하이오주 등에서 원료인 녹두를 대량으로 구입해 숙주나물을 재배하고 통조림을 만들어 큰 성공을 거뒀다.

기업의 사회 환원 실천한 기업인

유일한은 자신감이 생기자 1924년 서재필, 정한경 등과 함께 한국, 중국, 러시아 등의 토산품을 취급하는 '뉴일한(New Il Han) 주식회사'를 설립했다. 사장과 부사장인 서재필과 정한경도 일부 출자했지만 최대주주는 유일한이었다. 1925년 유일한은 중국계 여성 호미리와 결혼했다. 그는 동양 여성 최초로 코넬대에서 소아과 전문의 자격을 취득한 소아과 의사였다.

유일한은 1926년 모든 사업을 접고 귀국선에 몸을 실었다. 서재필은 고국으로 떠나는 유일한에게 딸이 만든, 버드나무가 그려진 목각품을 선물하며 "자네 성이 버들 류(柳)이니 버드나무처럼 무성하게 잘 자라기를 바란다"며 격려했다. 이 버드나무 목각품은 장차 '버들표 유한양행' 로고가 된다.

귀국 후 유일한은 식민지 조선의 열악한 의료 현실을 의식해 1926년 12월 10일 서울 종로2가에 '유한양행'이라는 상호의 가게를 열었다. 아내는 같은 건물 2층에 소아과를 개원해 틈틈이 의료봉사 활동을 펼쳤다. 유한양행은 의약품을 주로 팔았으나 화장지, 생리대, 아이보리 비누, 치약 등 위생용품과 화장품, 껌, 초콜릿 등도 수입해서 팔았다.

국내 제약업체들이 '신비의 명약', '만병통치약'이라고 허위 과대 광고를 일삼고 있을 때 유한양행은 효능을 명시하고 의사 부인 호미리와 책임 약제사의 이름, 회사 전화번호까지 싣는 등 파격적인 광고로 눈길을 끌었다. 다른 제약회사와 달리 소량 판매를 시작한 것도 성장의 디딤돌이 되었다. 1928년에는 영문으로 쓴 '한국에서 내 어린 시절'을 발간해 한국의 의상, 음식, 주택, 결혼, 명절놀이 등을 해외에 소개했다. 1931년 만주사변이 일어나자 만주, 대련, 천진 등 중국으로 시장을 확대하고 1933년 자체 개발상품 1호인 '안티푸라민'을 선보여 유한양행의 성장을 견인했다. 1934년에는 미국 일변도로 되어 있는 거래처 다변화를 위해 유럽 각국을 둘러보았다.

독일에서는 게르하르트 도마크 박사가 1932년 항균효과를 발견한 프론토질을 동양 최초로 도입하기로 계약을 체결했다. 프론토질은 염증 치료제로 효능이 좋아 당시만 해도 기적의 약으로 불렸다. 유한양행은 'GU 사이드'라는 이름으로 1935년부터 팔았다. 약은 불티나게 팔려 유한양행 신화 창조의 일등 공신이 되었다. 유한양행은 여세를 몰아 네오톤 토닉(결핵 치료제), 안도린(피부병 치료제), 헤노톨(구충제) 등도 소량씩 생산·판매했다. 매출액은 급증하고 공장은 경기 부천 등에 증설되었다. 중국, 베트남, 대만 등 해외 출장소 직원까지 모두 합하면 종업원은 1,000여 명이나 되었다.

"한평생 검소하게 살고 남은 재산은 사회에 환원하라"고 유언 남겨

유일한은 1939년 수출 시장 개척차 미국으로 건너가 1941년 남가주대에서 경영학 석사학위를 취득하고 1941년 4월 하와이 호놀룰루에서 열린 '해외한민족대회'를 주도적으로 개최했다. 그가 미국에서 체류하고 있던 1941년 12월 태평양전쟁이 발발했다. 유일한은 1942년 미 정보기관 OSS 한국 담당 고문으로 활동하고 LA 재미 한인들의 맹호군을 창설하는 데 주도적으로 참여했다. 또한 재미 한인동포들로 구성된 특수공작조를 한국에 침투시켜 무장 항일운동을 벌이려던 OSS의 '냅코 작전'에도 가담했다.

당시 OSS의 중국 지역 담당은 소설 '대지'의 작가인 펄 벅이었기 때문에 유일한과 펄 벅은 이것을 인연으로 오래도록 친교를 맺었다. 펄 벅이 1967년 부천 심곡동에 '소사 희망원'을 개원할 때 유일한이 1만여 평의 대지를 무상으로 기증한 것도 이런 인연이 작용했다.

전쟁이 장기화하자 서울의 유한양행이 곤경에 빠졌다. 사장이 미국에서 돌아오지 않고 미국계 회사라는 이유로 일제의 탄압을 받은 것이다. 회사 간부 전원이 경찰서로 연행되기도 하고 표적 세무조사도 받았다.

1943년 8월에는 유한양행의 '양행(洋行)'이 적성적인 표시라는 이유로 회사 이름을 유한제약공업주식회사로 바꿔야 했다.

유일한은 해방 후인 1946년 7월 귀국해 대한상공회의소 초대 회장을 맡았지만 1946년 12월 다시 미국으로 건너갔다. 1948년 8월 초대 대통령 이승만이 상공부 장관을 맡아 달라고 전갈을 보냈으나 거절했다. 일제 때부터 이승만의 정치 노선과 독선적 행태에 찬동하지 않은 데다 기업을 일으켜야 한다는 생각이 강했기 때문이다. 6·25 전쟁 발발로 늦어진 귀국은 1953년 7월에야 이뤄졌다.

유한양행은 1962년 제약업계 최초로 주식을 상장하는 등 전성기를 구가했다. 유일한은 회사가 안정적인 성장세를 유지하자 필생의 목표인 교육 사업을 추진했다. 재단법인 '유한학원'(1963)과 '유한공고'(1964)를 설립했다. 1969년 10월 30일에는 부사장에게 대표회사 회장직을 물려주고 경영 일선에서 물러났다. 50년 가까이 일궈온 자신의 기업을 혈연·인척 관계가 전혀 없는 사람에게 물려준 것이다.

1971년 3월 11일 운명한 뒤 유일한의 유서가 공개되었을 때 세상은 유언장 내용에 다시 한 번 감동했다. 7살짜리 손녀 유일링에게만 대학까지의 학자금으로 1만 달러를 물려주었을 뿐 아들과 딸, 심지어 아내에게도 한 푼 남기지 않았기 때문이다. 아들에게는 "대학까지 졸업시켰으니 자립해서 살아가라"며 한 푼도 남기지 않았고, 딸 유재라에게는 "어린 학생들이 뛰놀게 하라"며 자신의 묘가 있는 유한공전 내 동산 부지 5,000평만 남겼다. 자신의 유한양행 주식 14만941주 전부도 사회에 환원했다. "기업은 나라와 민족의 것이다. 한평생 검소하게 살고 남은 재산은 사회에 환원하라"는 유일한의 뜻이 그대로 실현된 것이다.

윤심덕 '사의 찬미' 취입과 동반 자살

10만 장이 팔려 최초의 베스트셀러 가수로도 이름을 올렸다.

윤심덕(1897~1926)은 한국 최초의 소프라노 성악가다. 한국인 최초로 일본의 도쿄음악학교를 졸업하고 공식 무대에서 첫 독창회를 열었다. 윤심덕은 평양에서 1남 3녀 중 둘째 딸로 태어났다. 독실한 개신교 신자였던 부모의 영향을 받아 4남매 모두 어려서부터 음악과 친숙했다. 큰언니 윤심성은 이화여전을 졸업하고 동생 윤성덕은 이화여전을 거쳐 미 노스웨스턴대에서 음악을 전공한 뒤 돌아와 1928년 이화여전 교수로 부임했다. 막내 남동생 윤기성은 연희전문 문과를 나와 도쿄음악학교와 미국 오하이오대에서 성악을 공부했다.

윤심덕은 성격이 활달한 '왈패'였다. 둘째였지만 4남매의 리더 역할을 하고 언니 동생들과도 우애가 깊었다. 윤심덕은 평양여고보를 다니다 서울의 경성여고보 사범과로 편입·졸업하고 1914년 3월 강원도 원주의 보통학교 교원으로 발령받았다. 하지만 부임 3개월 만에 더 오지인 강원도 횡성으로 전근 명령이 나자 그해 여름방학 때 서울의 경성여고보 동창회에 참석, 내빈으로 초대된 조선총독부 학무국장에게 불만을 토로했다. 응석 섞인 항의가 효과가 있었는지 1914년 10월 근무지가 횡성에서 춘천으로 변경되었다.

1915년에는 총독부 관비 유학생으로 선발되는 행운이 찾아와 일본 아오야마학원에서 3년간 일본어와 음악의 기초를 익히고 1918년 도쿄음악학교 사범과에 입학했다. 쾌활한 성격 덕에 홍난파, 채동선 등 재일 유학생들과 활발하게 교류했다. 그중에는 와세다대 영문학과에 재학 중인 동갑내기 김우진도 있었다. 두 사람이 처음 만난 것은 도쿄 유학생들이 국내 연극 공연을 목적으로 결성한 '동우회 순회극단'에서였다. 동우 극단은

1921년 7~8월 조선 팔도를 순회하는 공연을 펼쳤다. 김우진은 연극 연출자로, 윤심덕과 홍난파는 음악가로 참여했다.

유학 시절 윤심덕은 많은 남성과 스캔들을 일으키며 늘 화제를 몰고 다녔다. 홍난파, 채동선도 스캔들의 상대였고 윤심덕을 짝사랑하다 정신병에 걸린 청년도 있었다. 다만 김우진은 목포에 아내와 딸이 있고 도쿄에서도 일본인 간

윤심덕

호사와 사랑에 빠져 있던 터라 선머슴 같은 윤심덕에게 별 관심을 보이지 않았다. '남자보다 기가 센 여자' 윤심덕 역시 예민하고 신중한 김우진에게 별 매력을 느끼지 않았다. 그러나 만남이 잦아지면서 서서히 연인으로 발전했다.

풍부한 성량과 당당한 외모로 대중 사로잡아

윤심덕은 1922년 여름 도쿄음악학교를 졸업하고 1923년 5월 귀국했다. 모교인 경성여자고등보통학교에 시간강사로 출강하면서 향후 진로를 모색했다. 1923년 6월 26일에는 동아부인상회 창립 3주년 기념 음악회에 초청되어 종로 YMCA에서 독창회를 열었다. 우리나라 최초의 소프라노 성악가가 탄생한 것이다.

성공적인 데뷔로 윤심덕은 조선 성악계의 독보적인 존재가 되었다. 이때부터 경성 시내의 음악회마다 윤심덕의 독창이 빠지지 않았고 풍부한 성량과 당당한 용모 덕에 공연 때마다 대중을 사로잡았다. 당시로서는 상상할 수도 없는 오페라 아리아와 슈베르트의 가곡을 비롯해 외국 노래들을 불러 장안의 화제가 되었다.

윤심덕은 이처럼 조선 최고의 성악가로 이름을 날렸지만 인기만큼 돈

을 벌지는 못했다. 때로는 생계를 걱정해야 할 정도로 돈이 없었다. 그래서였는지 1924년 2월 윤심덕이 당대의 부호 이용문과 부적절한 관계를 맺고 있다는 소문이 파다했다. 사실은 막냇 동생이 미국 유학 장학생으로 뽑혔지만 여비가 없어 유학을 포기해야 할 상황에 이르자 윤심덕이 여비를 마련하기 위해 이용문의 집에 몇 차례 찾아간 것인데 잡지들이 사실 확인조차 없이 소문을 확대 생산한 것이다. 결국 윤심덕은 얼굴을 들고 다닐 수가 없어 소문이 잠잠해질 것을 기대하며 1924년 12월 러시아 하얼빈으로 갔다가 1925년 6월 서울로 돌아왔다.

윤심덕과 이용문의 스캔들이 호사가들의 입에 오르내리고 있을 때, 김우진은 1924년 와세다대를 졸업하고 전남 목포로 돌아와 아버지 회사를 운영했다. 귀국 후 펼치려던 신극 운동을 하지 못해 우울하긴 했지만 희곡과 평론 등을 쓰며 불만의 시기를 버텨냈다. 윤심덕에게는 1925년 말 연극 단체 '토월회'에 가입토록 했다.

윤심덕이 주연한 첫 연극 '동도(東道)'는 1926년 2월 6일 서울 광무대에 올려졌다. '동도'는 D. W. 그리피스의 '동도'를 원작으로 삼아 이경손이 번안·연출했다. 연극은 윤심덕의 출연으로 많은 화제를 뿌렸으나 윤심덕은 몸짓이 둔하고 발음이 부정확해 배우로서는 인정을 받지 못했다. 결국 연극도 실패로 막을 내렸다. 첫 공연에 실패한 토월회는 윤심덕이 성악 실력을 발휘할 수 있는 오페라 '카르멘'을 무대에 올렸다. 윤심덕의 노래는 열정적이었으나 연기는 여전히 서툴렀다. 결국 윤심덕이라는 스타에만 기댄 오페라 역시 실패했다. 연극배우로서의 실패와 세간의 혹평은 그에게 큰 절망감과 충격을 안겨 주었다.

그 무렵 김우진은 목포에서 희곡과 평론을 발표했다. 문단의 높은 평가는 김우진으로 하여금 꿈에 대한 열망을 부추겼고 부친과의 갈등을 증폭시켰다. 결국 김우진은 1926년 6월 집을 나와 도쿄로 건너갔다. 일본에서는 '출가'라는 작품을 완성하고 6월 24일 아내에게 남기는 유서를 작성했다. 김우진의 행방을 몰라 애태우던 윤심덕은 김우진이 일본으로 갔다는 사실을 알고 7월 20일 일본 오사카에 도착, 닛토레코드와 레코드 녹음 계약을 체결했다.

녹음은 동생 윤성덕의 피아노 반주에 맞춰 순조롭게 진행되었다. 윤심덕은 '메기의 추억', '아 그것이 사랑인가', '망향가' 등 26곡을 녹음했다. 그리고 도쿄의 김우진에게 "오사카로 오지 않으면 자살하겠다"라고 전보를 쳤다. 김우진은 친구에게 "내가 가서 말리지 못할 때는 연락할 테니 오사카로 와 달라"는 말을 남기고 오사카로 향했다. 그가 남긴 이 말은 훗날 그가 자살하지 않았다는 소문의 근거가 된다.

배 안과 주변을 수색했으나 흔적 찾지 못해

하지만 두 사람은 오사카에서 만나 각자의 삶을 정리하는 행적을 보였다. 김우진은 마지막 희곡이 될 '산돼지'의 탈고에 집중했고 윤심덕은 예정에 없는 노래를 추가로 녹음하겠다며 직접 가사를 썼다. 8월 1일 동생이 피아노로 반주하고 윤심덕이 부른 노래 제목은 '사의 찬미'였다. 윤심덕은 루마니아 작곡가 요시프 이바노비치가 작곡한 관현악곡 '다뉴브강의 잔 물결' 중에 나오는 선율에 자신이 지은 "광막한 황야를 달리는 인생아/ 너는 무엇을 찾으려 왔느냐…"로 시작하는 가사를 붙였다.

그리고 1926년 8월 3일 밤 11시 시모노세키항에서 관부연락선 '덕수호'에 몸을 실었다. 배가 쓰시마섬 앞바다를 통과하던 8월 4일 새벽 4시쯤, 한 선원이 일등선실 3호실의 문이 열려 있는 것을 보고 안을 들여다보았다. 그런데 있어야 할 사람은 보이지 않고 대신 가방 위에 '뽀이에게'라고 쓴 편지가 놓여 있었다. 편지 안에는 "미안하지만 이 유서를 본적지에 부쳐 달라"는 간단한 메모가 있었다. 곧 선장이 배를 멈추고 배 안과 주변을 수색했으나 아무런 흔적도 찾지 못했다.

시체가 발견되지 않자 "그들이 연인 관계였다는 증거가 없으니 정사(情死)가 아니다", "죽은 것으로 위장해 이탈리아에 가서 살고 있다", "윤심덕이 낳은 아이가 있다"는 등 각종 소문이 난무했다. 언론도 '조선 사람의 연락선 정사는 처음'이라며 앞다퉈 보도했다. '사의 찬미'가 수록된 음반은 1926년 8월 29일 발매되었다. 당시로서는 엄청난 판매량인 10만 장이 팔려 윤심덕은 최초의 베스트셀러 가수로 이름을 올렸다.

김우진 김우진(1897~1926)은 일반인의 머릿속에는 윤심덕과 현해탄에서 동반 자살한 연인으로만 각인되어 있다. 그러나 김우진은 낡은 신파극을 비판하고 연극의 불모지였던 이 땅에 서구 근대극을 처음 이식한 우리 연극의 선구자였다. 근대 연극운동을 주도하고 외국 문학을 본격적으로 연구·소개했다는 점에서도 그의 공로는 크다. 1920년대 초에 외국 문학을 본격적으로 공부한 사람은 김우진뿐이었다.

김우진은 전남 장성군수의 장남으로 태어나 부친이 설립한 '선우의숙'에서 수학하고 1907년 아버지를 따라 장성에서 목포로 이주했다. 1915년 일본의 구마모토농업학교에 입학, 3년간 농업을 공부한 뒤 1918년 와세다대 예과, 1921년 동대학 영문과에 진학했다. 목포에는 부인과 딸이 있었다.

김우진은 1920년 조명희, 홍해성, 고한승 등 20여 명의 재일 유학생과 함께 연극 연구단체인 '극예술협회'를 결성했다. 1921년 여름 재일 조선인 단체 '동우회'로부터 함께 순회연극단을 결성하자는 제안이 들어왔다. 동우회는 1917년 조선인 노동자와 고학생들을 중심으로 결성한 '도쿄노동동우회'가 1921년 박열, 정태성, 김천해 등의 주도로 '재일조선인고학생동우회'로 개칭·확대한 조직이다.

극예술협회는 동우회의 요청을 받아들여 김우진, 마해송, 김기진, 홍해

성, 조명희 등이 참여한 '동우회 순회극단'을 조
직했다. 연극 레퍼토리는 조명희 작 '김영일의
사', 홍난파 작 '최후의 악수'(조명희 각색), 아일
랜드 극작가 로드 던세이니의 '찬란한 문'을 준
비했다. 연출은 김우진이 맡고 마해송, 홍해성
등은 출연진으로 나섰다. 홍난파, 윤심덕, 한기
주 등은 독주와 독창으로 참여했다.

김우진

순회극단은 1921년 7월 9일부터 8월 18일까
지 40일간 부산·김해·경주·대구·목포·서울·평
양·원산 등 전국에서 공연을 펼쳐 큰 관심을 불러일으켰다. 그러나 조선
총독부가 이를 불온시해 광주에서는 선전지를 압수당하고 평양에서는 공
연 중지를 당하는 등 탄압을 받았다. 그래도 전체적으로는 무사히 치러져
오늘날 한국의 신극운동에 도화선이 되었다는 평가를 받고 있다.

이 땅에 서구 근대극을 처음 이식한 우리 연극의 선구자

김우진은 와세다대를 졸업한 뒤 1924년 목포로 돌아와 부친의 강요에
의해 자신의 의지와는 관계없이 영농 사업체인 '상성합명회사'를 떠맡았
다. 그러나 문학에 대한 열망을 어쩌지 못해 평론과 희곡 등을 쓰며 갈증
을 풀었다. 김우진의 문학 활동은 와세다대에 입학한 1921년부터 자살한
1926년까지 5년간 집중적으로 이뤄졌다.

시(50편)와 소설(3편) 등을 쓴 문인이기도 했지만 오늘날 그가 집중적으
로 조명을 받는 분야는 희곡(5편)과 평론(20편)이다. 목포에서 김우진은
1925년 6월 '5월' 동인회를 결성하고 동인지 '5월'을 발간했다. 이 '5월'에
실린 평론이 오늘날까지 주목을 받고 있는 '조선말 없는 조선 문단에 일
언'(1925.6), '곡선의 생활'(1925.6) 등이다.

평론은 김우진이 탄탄한 이론을 과시했던 분야였다. '소위 근대극에 대하여'(학지광 1921년)를 비롯해 '구미 현대 극작가'(시대일보 1926.1~6), '이광수류의 문학을 매장하라'(조선지광 1926.5), '우리 신극운동의 첫길'(조선일보 1926.7~8), '자유극장 이야기'(개벽 1926.5) 등의 평론으로 필명을 날렸다. 미발표 또는 발간 연대 미상인 '아관계급 문학과 비평가'(1925.4), '초야권' 등의 평론 역시 수작이라는 평가를 듣고 있다.

그가 생전에 쓴 '정오', '이영녀', '두더지 시인의 환멸', '난파', '산돼지' 등 5편의 희곡 역시 우리나라 문예사상 표현주의 작품으로 높은 평가를 받고 있다. 특히 문학사상 최초의 본격적인 자연주의 희곡으로 평가받는 '이영녀'(1925)는 2015년 90년 만에 처음 무대에 올려져 화제가 되기도 했다. 이렇게 2년 간 목포에서 지내던 김우진은 1926년 초 부친의 반대를 뒤로 한 채 목포 집을 나와 서울에서 잠시 지내다 6월 9일 일본을 향해 떠났다. 그리고 일본에서 윤심덕을 만나 부산행 배에서 동반 자살함으로써 29세의 짧은 생을 마쳤다.

이원철 한국인 최초 이학박사 학위 취득

척박한 연구 여건에도 불구하고 국내 과학 발전을 위해 기꺼이 귀국을 감행한 것이다.

2006년 4월 16일 국제천문연맹 산하 소행성센터가 임시번호 '2002DB1'로 불리는 한 소행성에 정식 명칭을 승인했다. 이 소행성은 한국천문연구원의 전영범 박사와 박윤호 연구원이 2000년부터 2002년까지 보현산천문대의 광학망원경을 이용해 발견한 별로, 한국천문연구원이 한동안 '2002DB1'로 부르다가 '이원철(Leewonchul)'이라는 이름을 새롭게 부여해 국제천문연맹에 승인을 요청한 것이다. 이로써 이원철은 한국의 현대사 인물로는 최초로, 한국인으로는 9번째로 자신의 이름을 별에 새긴 영광의 주인공이 되었다. 그동안 소행성에 한국인의 이름이 붙은 사례는 최무선, 장영실, 허준, 홍대용, 김정호 등 역사상 널리 알려진 위인들에 국한되었다.

이원철

이원철(1896~1963)은 서울에서 태어나 1910년 보성고보에 입학하고 1915년 선린상고를 졸업한 뒤 그해 막 개교한 조선기독교대학 수물과 (수학물리과) 제1기생으로 입학했다. 조선기독교대학은 1915년 3월 호러스 언더우드가 주축이 되어 서울YMCA 건물에서 개교했다가 1917년 연희전문학교로 정식 발족했다.

이원철은 1919년 연희전문을 졸업한 뒤 모교에서 2년간 강사로 재직하다가 당시 선교사 겸 연희전문 화학과 교수로 활동하던 아서 린 베커와 연희전문의 천문학자 스승인 윌 칼 루퍼스 교수의 추천을 받아 1921년 말 미국 미시간주의 앨비언대로 유학을 떠났다. 이원철이 앨비언대로 편입했을 때 루퍼스는 앨비언대에서 자동차로 2시간 거리에 있는 미시간대에서 교수로 활동하고 있었다.

이원철은 앨비언대로 편입한 지 한 학기 만인 1922년 6월 학부를 졸업하고 스승이 있는 미시간대로 옮겨 1923년 석사학위를 받고 박사과정을 시작했다. 이원철은 루퍼스 교수를 도우며 박사학위 논문을 위해 별을 관측하고 자료를 분석했다. 그가 관찰한 별은 여름철에 은하수 서쪽에서 잘 보이고 견우성과 가까운 독수리자리 에타별이었다.

이원철은 1923년 5월부터 1924년 10월까지 70일 동안 독수리자리 에타별을 관측한 결과를 박사 논문으로 썼다. 논문에서 이원철은 독수리자리 에타별이 7일의 주기로 밝기가 약 3~4등급으로 변하는 맥동변광성이라는 사실을 밝혀냈다. 맥동변광성은 시간에 따라 밝기가 변하는 변광성의 한 유형으로 별 자체가 주기적으로 팽창과 수축을 되풀이하며 밝기가 달라지는 별이다. 이 발견은 장차 미국의 천문학회 회장으로 활동하게 될 할로 새플리가 주요 연구 과제로 삼았던 맥동설을 증명하는 중요한 증거가 되었다.

이원철은 '독수리자리 에타별의 대기운동'이라는 박사학위 논문으로 1926년 5월 천문학 박사학위를 취득했다. 한국인 최초의 이학박사였다. 참고로 과학 분야에서 이원철 다음으로 박사학위를 받은 사람은 1928년 미국 인디애나대에서 물리학 박사학위를 받은 조응천이고 일본에서 최초로 과학 분야 박사학위를 받은 사람은 1931년 화학 분야의 이태규다.

한국의 현대사 인물로는 최초로 자신의 이름을 별에 새겨

이원철은 한국인 최초의 이학박사인데도 이태규 박사에 비해 덜 알려졌는데 이는 일제 총독부가 차별하던 외국 유학파인데다 국내 연구 환경이 너무 열악해 제대로 연구를 할 수 없었기 때문이다. 이원철은 박사학위 취득 후 미국 천문학계에서 업적을 쌓을 수 있었으나 바로 귀국했다. 최초의 이학박사, 연희전문 수물과 1회 졸업생이 모교의 강단에 서는 것을 조선 사람들과 연희전문이 큰 자랑으로 여긴다는 것을 잘 알고 있었기 때문에 척박한 연구 여건에도 불구하고 국내 과학 발전을 위해 기꺼이 귀국을 감행한 것이다.

이원철은 연희전문의 교수로 부임했으나 당시 조선에는 마땅한 천문학 장비가 없어 연구를 계속 이어가진 못했다. 대신 수학, 물리학, 천문학 등의 강좌를 맡아 조선의 과학을 이끌어갈 후학을 지도하는 데 주력했다. 1928년에는 국내 최초로 연희전문 옥상에 15cm 굴절망원경을 설치해 학생들에게 전체 관측을 지도했다. 1935년 안식년 휴가를 얻어 다시 조선을 방문한 루퍼스 교수는 1년 동안 조선에 머물며 이원철의 도움을 받아 한국의 고대 천문학을 조사한 뒤 지금도 귀중한 자료로 평가받고 있는 '한국천문학사'를 남겼다.

이원철은 1938년 수양동우회 사건 등에 연루되어 총독부의 강요로 교수직을 박탈당했다. 1941년 교수가 아닌 직원 신분으로 복직했으나 이듬해 일어난 조선어학회 사건 때 또다시 요주의 인물로 지목되어 그마저 물러나야 했다. 그가 설치했던 현대식 굴절망원경도 1942년 일제의 군수물자 조달을 위해 강제 징발되었다. 이원철은 해방이 될 때까지 서울YMCA 강당에서 일반인을 상대로 과학 강의를 했다.

광복 후에는 연희전문 교수로 복직해 이학원(이공대학)의 초대 원장으로 부임했으나 시대는 그가 교수로 남아 있는 것을 허락하지 않았다. 일본인이 조선총독부 관상대의 귀중한 문건들을 일본으로 빼돌린다는 사실을 알고 미 군정장관인 하지 중장을 찾아가 이 사실을 항의한 것이 인연이 되어 1946년 초대 관상대장 직을 맡았기 때문이다. 이후 이원철은 15년 동안 한국의 기상과 천문 업무를 이끌다가 1961년 물러났다.

6·25 때는 미처 피난을 하지 못한 상태에서 인민군이 집에 들이닥치자 부인과 함께 음독자살을 기도해 납북을 모면하기도 했다. 1954년 이승만 대통령이 인하공대를 설립하는 작업에도 참여해 초대 학장을 맡았다. 중앙관상대장 직을 물러난 1961년부터 연세대 이사장으로 활동하다가 1963년 3월 14일 숨을 거뒀다.

이원철은 자녀가 없어 경기도 양평군 임야 3만 6,000여 평과 가옥 등 전 재산은 서울YMCA에 기증하고 책들은 전부 건국대 도서관에 기증했다. 그중에서도 갈월동 가옥은 서울YMCA가 강남에 지회를 세울 때 기금으로 사용되어 지금 강남지회 회관에는 이원철의 호를 딴 '우남홀'이 그를 기념하고 있다. 2003년 이태규, 우장춘, 최형섭, 이호왕 등과 함께 '과학기술인 명예의 전당'에 최초로 헌정되었다.

조선총독부 청사 준공

공중에서 보면 대일본(大日本)의 형상이 나타난다며 일제의 치밀한 계략을 지적했다.

일제가 조선총독부 청사 건립 계획에 착수한 것은 1912년이
다. 사무공간의 목적도 컸지만 조선의 영구 지배를 꿈꾼 상징물로서도 필
요했다. 그들은 조선왕조 500년 역사의 맥을 끊기 위해 조선 왕실의 정궁
인 경복궁을 허물어 그곳에 조선총독부 건물을 짓는 만행을 서슴지 않았
다. 일제는 영국의 인도 총독부, 네덜란드의 보르네오 총독부, 일본이 대
만에 세운 총독부 건물보다도 더 장대해야 한다고 생각했다.

처음에는 독일 건축가 게오르크 데 랄란데가 1912년 일본 총독부로부
터 신청사 기본설계를 의뢰받아 작업을 진행했으나 기본설계가 마무리될
즈음인 1914년 8월 랄란데의 병사로 대만 총독부 청사를 설계한 노무라
이치로를 비롯해 일본인 건축기사 구니에다 히로시, 그리고 한국인 건축
가 박길룡 등이 세부설계를 맡았다. 기공식은 1916년 6월 25일 데라우치
총독 등이 참석한 가운데 요란하게 펼쳐졌다.

건평이 2,115평(연건평 9,471평)의 매머드였던 만큼 경복궁의 수난도 컸
다. 경복궁의 정문인 광화문 안쪽에 있던 흥례문과 회랑 등 경복궁 전체
면적의 4분의 1이 헐렸다. 게다가 일제는 총독부 건물을 경복궁의 중심축
과 동쪽으로 3.5도 비뚤어지게 지어 경복궁에서 세종로로 이어지는 서울
의 중심축을 어긋나게 했다. 일부 학자들은 일자(日字)형의 총독부 건물이
대자(大字)형인 북악산과 본자(本字)형인 현 서울시청 건물과 연결지어 공
중에서 보면 대일본(大日本)의 형상이 나타난다며 일제의 치밀한 계략을
지적했다.

게다가 당초에는 궁궐 전체를 철거할 계획이었음이 나중에 발견된 '경
복궁 내 부지 및 관저 배치도'에 의해 확인되었다. 배치도에 따르면 근정

전 뒷담장을 경계선으로, 남쪽은 총독부 청사 부지, 북쪽은 공원 부지로 구분되었다. 또한 왕세자 처소인 자선당에는 광장을, 왕실 족보 등이 보관된 선원전에는 야외음악당을, 국왕의 서재인 집경당에는 분수대 등을 조성할 계획이었던 것으로 밝혀졌다. 그러나 3·1 운동 후 거세진 항일운동을 의식해 실행에 옮기지는 않았다.

이 같은 일제의 횡포에 대해 뜻있는 일본의 지성들이 부당함을 지적했지만 모두가 허사였다. 특히 '조선을 위해 울어주마'라는 제목으로 알려진, 1922년 '개조' 잡지에 실린 야나기 무네요시의 '사라지려고 하는 조선 건축을 위하여'라는 글은 광화문 철거에 항의하기 위해 쓰인 것이긴 하지만 경복궁 철거를 아파하는 일본 지성의 심금을 울렸다.

일제강점기에는 가혹한 수탈과 억압의 본산

지상 5층의 석조건물을 짓는 공사에 일본인은 공사 기획자와 감독관으로, 조선인과 중국인은 하급 노동자로 공사에 참여했다. 중국인이 공사에 참여한 것은 조선에 석공이 부족했기 때문이다. 석공으로 왔던 중국의 인부들은 공사 후 지금의 플라자호텔 뒤의 북창동에 눌러앉아 차이나타운을 형성했다.

길이 5~8m, 지름 8인치 정도의 압록강산 낙엽송 9,000여 개가 기초공사를 위해 파일로 쓰였고, 대리석은 전국 14개 산지에서 공급되었다. 모래와 자갈은 한강에서 채취했으며 2층 총독실은 통영 칠기 회사의 나전칠기로 단장했다. 공사비는 쌀 한 가마에 12엔 정도였을 때 총 675만 엔이 소요되었다. 이런 과정을 거쳐 조선총독부 청사가 완공된 것은 1926년 10월 1일이었다. 초대 총독 데라우치 때 삽질을 시작해 3대 총독 사이토 시절에 완공된 것이다.

조선총독부 건물은 일제강점기에는 가혹한 수탈과 억압의 본산이었으나 1945년 해방 후에는 대한민국 건국의 산실이요 우리 정부의 중추 구실을 했다. 1986년부터는 국립중앙박물관으로 개조되어 우리 문화유산을 지켜주는 파수꾼 역할을 했다. 아베 총독이 1945년 9월 9일 미군에게 항복문서를 전달한 곳도, 1946년 12월 남조선과도입법의원이 활동을 시작한 곳도 총독부 건물이었다. 1947년 남조선과도정부가 이곳에서 출범할 즈음 '캐피틀 홀'로 불리던 건물의 이름은 곧 중앙청으로 바뀌어 불렸다. 조선총독부가 대한민국 행정의 중심지 중앙청으로 용도 변경된 것이다.

이후 중앙청에서는 1948년 5월 31일 대한민국 제헌의회의 개원식이 열리고 7월 17일 헌법이 공포되었다. 7월 24일 이승만 초대 대통령이 취임하고 8월 15일 대한민국 정부 수립이 선포되었다. 6·25 전쟁 때는 인민군의 방화와 폭격으로 폐허 더미가 되는 시련을 겪었으나 복구되지 않은 채 12년 동안 방치되어 '유령의 집'으로 불렸다. 그러나 건물의 실용성에 착안한 5·16 쿠데타 세력이 1961년 9월 대대적으로 복구 작업에 착수해 1962년 11월 정부청사 용도의 중앙청으로 개청했다. 박정희 대통령은 중앙청에서 세 차례나 취임식을 열고 장례식까지 치르는 인연을 맺었다.

중앙청이 또 한 차례의 변신을 꾀한 것은 전두환 대통령 시절인 1983년이었다. 5월 28일 중앙청으로의 기능을 마감하고 국립중앙박물관으로의 변신을 위해 3년 3개월간의 개조 공사에 들어간 것이다. 1986년 8월 21일 국립중앙박물관으로 개관해 오욕의 역사는 교훈으로 남기고 민족의 역사교육장으로 탈바꿈했다.

그러나 조선총독부 건물이라는 원죄 탓에 철거 논의가 끊이지 않았다. 반일 성향이 강했던 이승만 대통령은 총독부 건물을 어떻게든 철거하고 싶어했으나 막대한 철거 비용을 마련하지 못해 지켜보기만 했다. 박정희 대통령과 전두환 대통령은 리모델링을 통해 건물을 최대한 활용하는 실용적인 면을 보였다.

그러던 중 노태우 대통령 때 경복궁 복원 사업과 맞물려 철거 논의가 불거지면서 다시 현안으로 부상했다. 김영삼 대통령이 1993년 8월 민족 정기 회복을 위해 조속한 해체를 지시하면서 건물은 철거될 운명에 처했다. 그러자 총독부 건물을 과연 철거해야 하는지, 해야 한다면 시기는 언제가 적절한지를 놓고 치열한 논쟁이 벌어졌다. 하지만 결국에는 일제 청산의 상징물로 여기고 있는 김영삼 대통령의 뜻이 워낙 완강해 철거로 확정되었다.

본격적인 철거에 앞서 1995년 8월 15일 건물 꼭대기에 있던 첨탑이 먼저 잘려나갔다. 건물 본체는 1996년 8월 20일부터 11월 13일 사이에 해체되었다. 이로써 일제하의 모든 악몽과 해방 후 한국의 역사는 낡은 사진과 역사책 속으로만 존재하게 되었다. 70년 동안 경복궁 앞을 떡하니 가로막고 있던 것이 사라졌으니 "후련하다"는 여론이 높았지만 "아쉽다"는 반응도 있었다.

히로히토 제124대 천황 즉위
죽음의 문턱으로까지 내몰렸던 천황이 부활하는 순간이었다.

히로히토(1901~1989) 일본 천황의 생애는 그 자체로 일본의 20세기 역사다. 특히 일제가 1931년 만주사변을 일으키고 1945년 태평양 전쟁에서 패전하기까지의 삶은 일본의 군국주의 팽창사와 궤적을 같이하는 사실상 전범의 삶이었다. 그런데도 그는 패전 후 목숨을 부지하며 88년간이나 장수하는 놀라운 생명력을 과시했다.

히로히토는 어려서부터 군국주의 세례를 받으며 성장했다. 어린 히로히토를 가르친 인물은 러일전쟁의 영웅이자 군국주의자 노기 마레스케였다. 노기는 1912년 메이지 천황이 사망했을 때 천황을 따라 부부가 함께 자살한 골수 천황파였다. 히로히토는 훗날 '타임'지와의 인터뷰에서 노기를 '가장 존경하는 인물'로 꼽을 만큼 노기에게서 많은 영향을 받았다. 히로히토는 11세 때 왕세자에 책봉되고 13세 때부터 제왕학 교육을 받았다.

젊은 시절 히로히토의 학문적 취미는 생물학이었다. 10세 때부터 곤충, 야생초, 나비들을 수집·기록하고 17세 때는 새로운 붉은 새우를 발견해 해양생물학자라는 명예를 얻었다. 천황으로 즉위한 후에는 궁 안에 생물학연구소를 설치할 정도로 생물학에 관심이 많았다. 여자 관계가 복잡했던 조부 메이지 천황과 부친 다이쇼 천황과는 달리 히로히토는 유년 시절부터 청교도적인 삶을 살았으며 즉위 후에도 일부일처를 고집했다.

히로히토는 다이쇼 천황이 건강 악화로 더 이상 직무를 수행할 수 없게 된 1921년 11월 섭정에 취임함으로써 20세 나이에 사실상 천황 역할을 했다. 당시만 해도 천황 자리는 신성하되 상징적인 차원에 머물러 있었다. 일본의 군부 실력자들은 그저 한 젊은이가 권좌에 오른 것으로 생각해 크게 신경 쓰지 않았다. 더욱이 히로히토는 왜소하고 유약해 보이는 데다 말도 없었다. 히로히토는 군부 권력자들과 대립하는 모습을 전혀 보이지 않으며 조용히 섭정 자리를 지켰다.

히로히토가 비로소 자신의 존재감을 드러낸 것은 1923년 9월의 관동대지진 때였다. 구조대를 조직·지휘하고 병원을 방문하고 폐허 지역을 순시하는 그의 모습에, 국민은 비로소 히로히토를 가까운 존재로 느끼기 시작했다. 히로히토는 다이쇼 천황이 죽은 1926년 12월 25일 25세 나이로 제124대 천황에 즉위했다. 연호는 중국 서경 요전에 나오는 '백성소명 만방협화(百姓昭明 萬邦協和)'에서 딴 '쇼와(昭和)'를 사용했다.

즉위 후 일본군의 중국 산동 출병(1927), 제남전쟁(1928), 만주사변

(1931), 중일전쟁(1937), 진주만 기습(1941) 등 아시아 전체를 파멸로 몰고 갈 각종 침략이 숨 가쁘게 전개되고, 한국 역시 일제의 총칼에 의해 질곡으로 빠져들면서 '쇼와'는 단순한 연호가 아니라 일본 군국주의 대명사로, '쇼와 시대'는 그 군국주의가 무한으로 팽창하는 시기로 인식되었다. 일본이 전쟁에 총력을 기울이고 있을 때 히로히토가 말을 타고 궁성 정문 이중

히로히토 천황

교에 나타나면 군중은 열광적으로 "천황 폐하 만세"를 외치며 충성을 다짐했다. 이런 그의 위엄 하에서 조선은 더욱 더 일본에 동화되고 중국은 전쟁터가 되었다.

'쇼와'는 단순한 연호가 아니라 일본 군국주의 대명사

히로히토의 삶에서 빼놓을 수 없는 것이 1936년의 2·26 쿠데타다. 히토히토는 일부 장교에 의해 일어난 이 쿠데타를 단호하게 진압할 것을 지시했다. 전에 볼 수 없었던 히로히토의 결단으로 쿠데타는 분쇄되었고 히로히토의 국정 관여권은 더욱 강력해졌다.

1945년 태평양전쟁 종전을 전후로 한 시기에 미국을 비롯해 연합국의 각국 정부는 히로히토를 전범으로 처리할 것을 강력히 요구했다. 더글러스 맥아더 일본 주둔 연합군 최고사령관 역시 일본에 처음 발을 내디딜때는 본국 정부와 같은 입장이었다. 그러나 일본의 각료들로부터 "천황이 그대로 자리를 지켜야 일본을 통치하는 게 더 쉬워질 것이다", "천황은 일본 내 좌익 혁명 세력을 억제하는 데 20개 사단의 힘을 갖고 있다"는 등의 보고를 받은 후에는 생각에 변화가 나타나기 시작했다.

이런 상황에서 1945년 9월 27일 히로히토가 미 대사관의 맥아더를 방

문했다. 히로히토는 대화 도중 "내가 책임을 모두 지기 위해 이렇게 왔습니다"라며 생전 처음 '짐'이란 호칭 대신 '나'라는 단어를 썼다. 히로히토가 자신을 전쟁 범죄자로 기소하지 말아 달라고 호소할 것으로 예상했던 맥아더는 히로히토 자신이 전쟁 수행에 대한 모든 책임을 지겠다는 말을 듣고 감동을 받았다.

그날의 만남 후 맥아더는 트루먼 미 대통령에게 "천황은 전 일본인을 묶는 구심점이며 천황을 전범으로 몰아 처형한다면 혼란과 무질서를 가져올 것"이라고 보고했다. 10월 30일 미 의회와 트루먼 대통령은 맥아더의 보고를 받아들여 "전범 체포 작업은 지속적으로 진행하지만 천황을 해치는 어떠한 행위도 용납하지 않는다"는 미국의 대일본 정책을 수정·하달했다. 죽음의 문턱으로까지 내몰렸던 천황이 부활하는 순간이었다.

히로히토는 1946년 1월 1일 "짐은 현인신이 아니다"라는 이른바 인간선언으로 허리를 더 낮추는 자세를 취했다. 이후 히로히토는 맥아더에 의해 히틀러나 무솔리니와 달리 '타고난 평화주의자'로 서방에 인식되기 시작했다. 일본의 군부 강경파에 의해 주도된 중일전쟁과 태평양전쟁을 사전에 전혀 알지 못했고 오히려 전쟁을 중단시키는 대결단을 내린 인물로 부각되었다.

1946년 5월 개정한 국제전범재판소의 수석검찰관인 미국의 조지프 키난도 히로히토를 기소하기는커녕 11세 때부터 써온 히로히토의 일기가 증거로 채택되는 것까지 막았다. 이후 히로히토의 삶은 평화와 안정의 이미지로 일관했다. 71세 때인 1972년 6월 24일 재위 1만 6,619일을 넘겨 그동안 메이지 천황이 갖고 있던 일본 황실사상 최장 재위 기간을 경신하고 84세 때인 1985년 7월 13일에는 역대 천황 가운데 최장수를 기록했다. 5년간의 섭정 기간을 포함해 68년 동안 천황 자리를 지켜온 히로히토가 88년의 생애를 마감한 것은 1989년 1월 7일이었다.

로버트 고더드, 세계 최초 액체로켓 발사 성공

"모든 이상은 그것을 처음 이룬 사람이 나타나기 전까지는 농담처럼 들린다"고 담담하게 응수했다.

　　　　　　로버트 고더드(1882~1945)는 러시아의 콘스탄틴 치올콥프스키, 독일의 헤르만 오베르트와 더불어 근·현대 로켓 발달에 기여한 '로켓의 아버지'로 불린다. 치올콥스키는 로켓의 반동력을 이용한 우주 탐험에 관한 논문(1903)으로 현재 대부분의 우주 발사체가 채택하고 있는 다단계 로켓의 개념을 제시했다. 현대 로켓의 추진제로 대표되는 액체산소와 액체수소를 추진제로 검토하다가 연구비 부족으로 이론을 실천하지는 못했으나 그의 이론적 성과는 훗날의 로켓 개발에 크게 기여했다.

　오베르트는 1923년 '행성 공간으로의 로켓'이라는 논문을 발표해 독일 과학계에 큰 충격을 주고 훗날 V2 개발의 산실이 되는 독일우주여행협회를 1927년 결성해 근대 로켓 개발자로 이름을 날렸다. 당시 독일은 1차대전 후 베르사유 조약이 명시한 독일 재무장 금지 조항에 로켓이 빠져 있는 것을 알고 오베르트를 중심으로 로켓 연구에 박차를 가해 2차대전 때 사용된 V2 로켓을 개발할 수 있었다.

　고더드는 미국 매사추세츠주 우스터에서 태어나 어려서 아버지가 선물한 허버트 조지 웰스의 과학소설 '우주 전쟁'을 읽으면서 우주 비행을 꿈꿨다. 우스터공과대를 졸업하고 클라크대에서 물리학 박사학위를 취득해 클라크대 교수로 임용되었다. 1914년 7월 로켓사에서 중요한 이정표로 기록되는 다단계 점화 특허와 가솔린, 액체, 이산화질소로 구성된 액체로켓에 관한 특허를 획득했다.

　로켓은 원리상 외부에서 공기를 흡입하지 않고 자체적으로 필요한 연료와 이를 산화시키는 데 필요한 산화제를 모두 내부에 탑재하고 이것을 연소시켜 추력을 낸다. 이때 사용하는 추진제의 종류에 따라 화약 같

로버트 고더드

은 것을 사용하는 고체연료 로켓과 알코올, 액체수소, 가솔린, 액체산소 등의 산화제를 사용하는 액체연료 로켓으로 나뉜다. 다단계 로켓은 초고도에 이르기 위해서 사용된 로켓의 일부 구조물 등을 버리기 위해서 사용하는 방법이다.

연료와 산화제를 섞은 후 엔진 크기에 맞춰 모양을 만드는 고체연료는 취급이 용이하고 장기 저장성이 좋으며 저비용이 장점이다. 하지만 일단 점화한 후에는 출력을 조절하기 어렵고 폭발의 위험성 때문에 큰 출력을 얻는 게 쉽지 않다는 단점이 있다. 따라서 고체연료는 잘 포장한 형태로 중·저출력이 요구되는 단사정 유도탄에서 많이 사용한다. 발사 시기를 조절할 수 있다는 점에서는 액체연료 로켓보다 자유롭다.

반면 산소를 채워서 발사하는 액체연료는 대량생산과 저장이 용이하지 않다는 것이 단점이나 큰 출력을 낼 때 유리하다. 일반적으로 대륙간 탄도미사일이나 인공위성 등을 쏠 때는 큰 출력을 낼 수 있는 액체연료 로켓을 주원료로 삼고, 순간 가속력을 크게 할 수 있는 고체연료를 보조엔진으로 삼는다.

고더드는 1919년 그동안의 연구 성과를 정리해 '초고도에 도달하는 방법'이란 제목의 논문을 스미스소니언협회지를 통해 발표했다. '엔진의 추진력을 충분히 높여 준다면 로켓이 달까지 갈 수 있다'는 내용의 논문은 훗날 로켓 과학의 선구적인 결과물로 인정받았지만 당시만 해도 언론과 과학자들로부터 이상한 사람으로 취급받았다. "달나라 가는 로켓 일은 잘되냐"고 비아냥거리는 동료도 있었다. 뉴욕타임스는 1920년 1월 13일자 기사에서 "고등학생 수준 이하의 지식으로 논문을 썼다"며 "공기가 없는 곳에선 추진할 수 없기 때문에 로켓의 우주 비행은 불가능하다"고 논문을 혹평했다.

세상이 알아주든 말든 홀로 로켓 개발에 몰두

그래도 고더드는 "모든 이상은 그것을 처음 이룬 사람이 나타나기 전까지는 농담처럼 들린다"고 담담하게 응수하며 연구를 계속해 1925년 12월 최초의 액체로켓인 5.5kg의 로켓을 하늘로 쏘아 올리는 데 성공했다. 그러나 이에 대한 공식적인 자료는 남아 있지 않아 로켓사는 1926년 3월 16일을 우주 여행의 첫걸음으로 기록하고 있다. 이날 미국 매사추세츠주 오번에서 고더드가 발사한 높이 1.2m, 지름 15cm의 '넬'이라 불린 액체연료 로켓은 발사 후 2.5초 만에 최고시속 90km의 속도로 최고높이 12.3m에까지 치솟아 올랐다가 55.2m 떨어진 배추밭에 낙하했다. 이 로켓의 비행 장면은 고더드의 아내가 카메라에 담을 계획이었지만 필름이 떨어져 사진은 남기지 못했다.

역사상 최초로 성공한 이 액체연료 로켓 발사는 인류 역사상 큰 획을 그은 대사건이었지만 고더드는 "계속 진행 중. 발표할 것이 하나도 없음"이라며 실험 결과에 호들갑을 떨지 않았다. 1929년 7월 17일에는 고도계, 온도계, 기록용 카메라를 탑재한 로켓이 18.5초 동안 27m 높이로 치솟은 후 52m를 날아가 떨어졌다. 소음이 컸는지 주민들이 항의하고 경찰과 신문기자가 달려오는 해프닝이 있었다. 이튿날 지역신문은 '고더드 로켓, 달로부터 38만 4,080km(달과 지구 사이 거리에서 52m를 뺀 것) 근처까지 접근하다'라는 제목으로 대서특필하며 조소를 보냈다. 뉴욕타임스는 여전히 진공 중의 로켓 추진 가능성을 부정하며 고더드를 망상가로 취급했다.

세상이 알아주든 말든 고더드는 홀로 로켓 개발에 몰두했다. 1935년 3

월 28일에는 자이로스코프 제어장치를 장착한 로켓을 평균시속 880km의 속도로 1,400m 상공에 올려 보냈고 5월 31일에는 길이 4.6m, 무게 39kg의 로켓을 음속보다 빠르게 2,286m 상공으로 쏘아올렸다. 미국 정부가 여전히 고더드의 로켓 연구에 별다른 관심을 보이지 않고 있을 때 독일은 엄청난 위력을 지닌 V-2 로켓을 개발하는 데 총력을 기울였다.

고더드는 2차대전의 종전을 목전에 둔 1945년 8월 10일 사망해 그 후로는 잊힌 존재가 되었다. 그러나 1959년 미 의회가 고더드의 역할을 재평가한 덕에 NASA 내에 고더드우주비행센터가 설립되고 1966년 미 정부가 고더드의 미망인에게 214개의 특허 사용료로 100만 달러를 지급했다. 이것을 기금으로 설립된 것이 클라크대 고더드기념도서관이다. 1967년에는 고더드가 발사 실험을 하던 뉴멕시코주 로즈웰에 고더드고등학교가 설립되고 1992년에는 고향에 고더드초등학교가 생겼다.

뉴욕타임스는 1969년 7월 17일자 신문에 'A Correction'이라는 제목의 정정 기사를 실었다. 고더드를 조롱한 49년 전의 사설을 뒤늦게 바로잡고 사과한다는 내용이었다. "계속된 조사와 실험이 17세기 뉴턴의 연구 성과를 확인해주었다. 그리고 오늘날 진공상태뿐만 아니라 대기에서도 로켓이 기능할 수 있다는 것이 분명하게 입증되고 있다. 뉴욕타임스는 당시의 잘못을 사과한다." 그날 아폴로 11호가 발사되고 3일 후 달에 착륙했다. 타임지는 1999년 고더드를 '20세기 최고 지성인 20인' 가운데 한 사람으로 선정, 공로를 기렸다.

어니스트 헤밍웨이 '태양은 다시 떠오른다' 출간

작품들을 읽다보면 다른 작가들과 뚜렷이 구분되는 특유의 주인공을 만나게 된다.

어니스트 헤밍웨이(1899~1961)는 자신의 시대를 온몸으로 체험하면서 그 경험을 문학 형식으로 기록한 시대의 대변자였다. 그가 체험한 군인, 사냥꾼, 고기잡이, 투우사, 권투 선수, 신문기자 등은 작품 속 주인공을 통해 생생히 묘사되었다. 모험을 즐기고 때로는 무모한 행동을 해 생애 내내 각종 사고가 끊이질 않았다.

헤밍웨이는 미국 일리노이주 오크파크에서 태어났다. 아버지가 그랬던 것처럼 사격, 낚시, 스키, 권투 등을 즐긴 만능 스포츠맨이었으나 아버지와 달리 문학을 좋아하고 이야기를 꾸며내는 재주가 있었다. 남성적인 외모와 야외 생활을 좋아하는 성격은 의사 아버지에게서, 예민한 감수성과 예술가적 기질은 성악가를 꿈꾸던 어머니에게서 물려받았다. 다만 어머니와는 사이가 좋지 않아 아버지의 권총 자살(1928)이 어머니 때문이라고 믿었고 어머니가 사망(1951)했을 때는 장례식에조차 참석하지 않았다.

1917년 4월 미국이 1차대전 참전을 결정했을 때 고교생인데도 뜨거운 피를 주체하지 못해 입대를 자원했으나 어려서 다친 눈과 부모의 반대 때문에 입대하지 못했다. 결국 고교를 졸업하고 선택한 길은 1917년 10월 입사한 미주리주 '캔자스시티 스타'지 수습기자였다. 기간은 비록 7개월에 불과했지만 짧은 문장을 사용할 것, 첫 단락은 짧게 시작할 것, 힘찬 영어를 사용할 것, 부정 구문을 사용하지 말고 긍정 구문을 사용할 것 등 '스타'지에서 받은 훈련은 훗날 그가 명료하고 간결한 문체를 완성하는 데 밑거름이 되었다.

헤밍웨이는 입대 미련을 버리지 못해 미국 적십자사 구급차 운전사로 자원해 1918년 5월 이탈리아로 건너갔다. 그러던 중 1918년 7월 8일 오

어니스트 헤밍웨이

스트리아군이 쏜 박격포의 파편 200여 개가 몸에 박히는 중상을 입었다. 결국 종전 때까지 병원에서 치료를 받았으나 그 과정에서 한 간호사와 사랑에 빠졌다. 그때의 사랑과 전쟁 이야기를 소재로 삼아 좌절과 절망의 분위기를 섬뜩하면서도 서정적으로 그린 소설이 '무기여 잘 있거라'(1929)다.

헤밍웨이는 1918년 11월 전쟁이 끝난 후 한동안 미국에서 생활하다가 1920년 1월 캐나다 '토론토 스타 위클리'지 기자로 입사했다. 그의 문학적 재능을 발견한 미국 문단의 대부 격인 셔우드 앤더슨을 만난 것은 그 무렵이었다. 1921년 9월, 8살 연상과의 결혼은 모두 네 번으로 이어질 결혼 가운데 첫 번째였다.

1921년 12월 '토론토 스타 위클리'지 특파원 신분으로 프랑스 파리로 건너갔을 때 헤밍웨이 손에는 앤더슨이 써준 2장의 편지가 쥐어져 있었다. 에즈라 파운드와 거트루드 스타인에게 헤밍웨이의 문학적 재능을 칭찬하는 소개장이었다. 헤밍웨이는 당시 파리에서 문학 활동을 하고 있는 미국의 모더니즘 작가 거트루드 스타인을 먼저 찾아가 자신의 멘토로 받아들였다. 스타인은 헤밍웨이에게 저널리스트 생활을 빨리 청산하고 문학에 전념할 것을 권하면서 단순하고 명료한 어휘를 사용하되 그것마저도 최소한으로 사용하라고 일러 주었다.

자신의 경험을 문학으로 기록한 시대의 대변자

헤밍웨이는 스타인이 파리에 연 살롱에서 에즈라 파운드, 스콧 피츠제럴드, 제임스 조이스 등 동시대의 '잃어버린 세대'들과 친교하며 영향을 받았다. 이 가운데 파운드는 되도록 형용사나 부사를 사용하지 말고 명사나 동사를 사용하라고 조언했다. 감정을 최대한 억제해 최소한의 어휘를 사용하고 이미지나 장면은 구체적으로 설명하지 말라고 충고했다. "산문은 실내장식이 아니라 건축이다. 그리고 바로크 건축은 지나갔다"는 헤밍웨이의 유명한 미학적 선언은 이런 파운드의 미학과 맞닿아 있다. 조이스는 의미를 직접 진술하기보다는 넌지시 암시하고 군더더기를 제거하라고 알려 주었다.

1925년 4월 처음 만난 스콧 피츠제럴드는 2주 전 '위대한 개츠비'를 출간한 유명 작가였는데도 헤밍웨이의 문학적 재능을 높게 평가했다. 그러면서 "인위적으로 플롯을 구성하지 말고 작중 인물들에게 모든 것을 맡기라"고 일러 주었고 헤밍웨이의 첫 장편소설 '태양은 다시 떠오른다'(1926) 원고를 읽고 자문에 응했다.

헤밍웨이는 첫 작품집 '세 편의 단편과 열 편의 시'(1923)와 단편집 '우리 시대에'(1924)가 문단의 주목을 끌자 장편소설에 도전, 1926년 10월 '태양은 다시 떠오른다'를 출간했다. 1차대전 후 삶의 방향을 잃어버린 젊은이들의 자유분방한 삶을 다룬 이 소설에는 파리에서 겪은 헤밍웨이의 체험적 요소가 녹아 있다. 미국인 주인공 제이크 반스가 1차대전에 참전했다가 부상하고 파리 특파원으로 일하면서 작가의 길을 모색하는 등 여러모로 헤밍웨이와 닮았다.

'태양은…'는 문학사적으로는 아직 리얼리즘이나 자연주의 전통에서 완전히 벗어나지 못한 미국 소설에 유럽의 모더니즘을 처음 이식한 작품이라는 평가를 받았다. 또한 환멸과 절망으로 얼룩진 '잃어버린 세대'의 바이블로 추앙받으며 베스트셀러가 되었고 헤밍웨이는 스타 작가가 되었다. 헤밍웨이는 파리에서 만난 4살 연상의 저널리스트 여성과 1927년 두 번째 결혼한 뒤 1928년 3월 미국으로 돌아가 플로리다주 최남단 키웨스트 섬에 새로운 삶의 터전을 마련했다.

헤밍웨이의 명성을 세계 문단에 떨치게 한 소설은 '무기여 잘 있거라' 다. 1차대전 때 이탈리아 전선에 의용군으로 참전한 미국인 군의관과 영국의 지원 간호사 두 사람 사이의 이야기를 다룬 것에서 알 수 있듯 '무기여…'는 헤밍웨이의 첫 번째 자전적 소설이기도 하다. '무기여…'는 '스크리브너스 매거진'에 1929년 6월부터 연재되어 선풍적인 인기를 끈 뒤 1929년 9월 단행본으로 출간되어 베스트셀러 반열에 올랐다.

헤밍웨이의 소설이 각광을 받은 것은 흔치않은 소재에 간결하게 압축한 독특한 산문체 때문이다. 기자 출신답게 왜, 언제, 누가 식으로 단도처럼 치고 들어와 '하드보일드'로 불린 그의 문체는 불필요한 수식을 일체 빼고 사실 위주로 글을 전개해 사전적으로는 '감정을 잘 드러내지 않는 비정과 냉혹'의 의미로도 쓰인다. 헤밍웨이가 즐겨 구사하는 주어와 동사로 이뤄진 단문 위주의 혁신적 문체는 어휘, 구, 절, 문장, 단락 등 작품 전반에 걸쳐 드러난다. 어떤 문장은 너무 짧고 압축적이어서 마치 전보문을 읽는 듯한 느낌마저 들게 한다. 중등교육을 받은 사람이라면 누구나 쉽게 이해할 수 있는 필수 기본 어휘를 즐겨 사용했다.

간결하게 압축한 독특한 산문체로 각광받아

헤밍웨이 작품들을 읽다 보면 다른 작가들과 뚜렷이 구분되는 특유의 주인공을 만나게 된다. 첫째, 주인공이 지적인 활동보다는 육체적 활동에 더 큰 관심을 기울이고 주로 집안보다 야외에서 활동한다. 둘째, 남성적이고 야성적인 특성에 어울리지 않게 감수성이 예민하다. 셋째, 남달리 폭력과 죽음의 세계에 깊은 관심을 보인다. 넷째, 추상적이고 이론적인 것을 가급적 배격하고 구체적이고 감각적인 즐거움을 만끽한다. 다섯째, 전통적인 신을 믿지 않는다.

헤밍웨이는 1936년 스페인 내전이 발발하자 파시스트에 맞서는 공화파

정부군을 지지하기 위해 3차례 스페인을 방문했다. '북미 뉴스연합'에 기사를 송고해 내전의 전황을 알리고 선전 영화의 각본을 썼으며 공화파 지원 기금을 마련하는 데 힘을 보탰다. 스페인 내전의 아픔은 1940년 10월 출간한 '누구를 위하여 좋은 울리나'에 담아 전 세계에 알렸다. '누구를…'는 "가장 충만하고 심오하고 진실한 작품"이라는 찬사를 받으며 수개월 만에 50만 부 이상 팔리고 헤밍웨이에게 부와 명성을 안겨 주었다. 1940년 12월과 1946년 3월 세 번째, 네 번째 결혼을 하고 1940년 쿠바의 수도 아바나 근교로 이사해 1960년까지 살았다.

행동하는 작가답게 1939년 2차대전이 일어났을 때는 자신의 사설 기관을 동원해 카리브해 쿠바 해변의 독일 잠수함을 수색하고 1944년 6월 노르망디 상륙작전과 1944년 8월 연합군의 파리 해방에 참여했다. 다만 그의 주장을 곧이곧대로 믿어서는 안 된다는 주장도 있다. 헤밍웨이가 평소 자신의 행동을 과대 포장하고 의식적이든 무의식적이든 거짓말을 자주 했기 때문이라는 것이다. 거짓말 중 상당수는 1차대전의 참전 경험과 관련된 것들이었다.

헤밍웨이의 마지막 작품은 1952년 9월 1일자 미국의 시사주간지 '라이프'지 특별호에 전재되고 일주일 후 단행본으로 출간된 중편소설 '노인과 바다'다. 잡지는 이틀 만에 500만 부가 넘게 팔리고 소설은 세상에서 가장 많이 읽히는 작품의 하나가 되었다. 퓰리처상(1953)과 노벨상(1954)도 안겨 주었다. 1959년 쿠바혁명이 성공하자 피델 카스트로가 이끄는 쿠바 정부와 친밀한 관계를 유지하며 쿠바혁명을 두고 '훌륭한 혁명'이니 '정직한 혁명'이니 하며 치켜세웠다. 미 FBI는 이런 헤밍웨이를 10년 동안 감시했다.

헤밍웨이는 1950년대 말부터 불안과 우울증에 시달렸다. 정신병원에서 치료를 받았으나 발작과 환각, 우울 증세가 더욱 악화되었다. 기억의 일부를 잃고 몸은 쇠약해지고 정신착란과 집착, 환상에 사로잡혔다. 결국 고통을 더 이상 참을 수 없게되자 1961년 7월 2일 자신의 머리를 향해 쌍발식 엽총 방아쇠를 당겨 스스로 삶을 마감했다. 할아버지와 아버지로부터 시작해 남동생과 누이를 거쳐 손녀에 이르는 '자살의 대물림' 한 가운데에 그가 있었다.

거트루드 스타인과 '잃어버린 세대'

미국의 1920년대는 1차대전의 참혹한 경험으로 인해 삶에 대한 낭만적 환상과 전통적 도덕성이 무너져내린 시기이면서도 전쟁 특수에 힘입은 덕에 역사상 유례가 없는 물질적 풍요의 시기이기도 했다. 정신적 황폐화와 물질적 풍요가 공존하던 1920년대에 미국을 떠나 프랑스 파리에 정착한 일군의 젊은 작가들이 있었다.

이들이 파리로 건너간 것은 경제적 측면과 예술적 자유 때문이었다. 유럽의 화폐에 비해 미국의 달러 가치가 매우 높아 유럽에 사는 게 생활비가 적게 든다는 현실적인 이유와 함께 미국보다 폭넓게 허용되어 있는 예술적 자유가 그들을 파리로 끌어들인 것이다. '로스트 제너레이션(잃어버린 세대)'으로 불린 이들 젊은 작가들은 파리에서 활동하며 전통적인 문화 가치에 불만과 환멸을 토로했다. 이들을 '로스트 제너레이션'이라고 처음 지칭한 사람은 여류작가 거트루드 스타인(1874~1946)이었다.

스타인은 미국 펜실베이니아주 앨러게니의 유대인 가정에서 태어났다. 래드클리프 여대를 졸업하고 존스홉킨스 의과대에 재학 중이던 1903년(27세) 오빠를 따라 파리로 이주해 죽는 날까지 파리지엥으로 살았다. 스타인은 오빠와 함께 마티스, 피카소, 브라크 등의 화가와 친교를 맺고 마네, 세잔, 고갱 등의 작품을 수집하며 현대미술의 신봉자 겸 수집가로 활동했다. 특히 피카소는 스타인과 각별한 우정을 나누며 스타인의 초상화를 그림으로 남겼다.

미국의 젊은 작가들에게도 파리는 누구나 순 례하고 싶어하는 성지 같은 곳이기도 했다. 이 들은 서구 문명의 가치관이 1차대전으로 하루 아침에 무너지는 것을 목격하고 환멸을 느끼면 서 파리로 건너가 쾌락적이고 허무한 생활을 보냈다. 어니스트 헤밍웨이, 스콧 피츠제럴드, 윌리엄 포크너, 에즈라 파운드, T.S. 엘리엇 등 이 그런 작가들이었다.

거트루드 스타인

당시 스타인이 살고 있는 파리 플뢰뤼스 거리의 살롱은 이런 작가와 예 술가들의 아지트였다. 그곳에서 토요일마다 열린 파티는 20년이 넘게 파 리 아방가르드 예술가들의 만남의 장소였다. 스타인은 이 젊은 작가들의 실험 정신을 북돋워주는 물질적·정신적 대모 역할을 했다. 헤밍웨이에게 는 기자 일을 접고 소설을 쓸 것, 문장은 단문 위주로 짧고 검약하게 쓸 것, 형용사의 사용을 줄일 것 등의 충고를 했다.

1차대전 전후를 "도덕적으로 타락한 절망적인 사회 속에서 새로운 창작 과 문명의 질서를 이루어내기 위해 분투하는 시기"라고 정의한 스타인이 1925년 어느 날 헤밍웨이에게 "너희는 모두 잃어버린 세대야(You are all a lost generation)"라고 했던 말은 당시의 분위기를 정확하고 압축적으로 정 의한 표현이었다. 헤밍웨이가 1926년 소설 '태양은 다시 떠오른다' 서문 에 '잃어버린 세대'라는 표현을 인용함으로써 이 표현은 세기말에 태어나 1차대전으로 도덕성이 해체된 세계에서 살아가는 세대의 대명사로 널리 알려졌다.

빠른 속도로 발전하는 자본주의, 불안정한 사회 분위기, 전쟁으로 인 한 피폐 속에서 '잃어버린 세대' 작가들이 직면한 것은 불안정하고 황폐한 1920년대였다. 그들은 자신이 살고 있는 그 시간 속에서 무언가 새롭고 현대적인 것을 창조하고 싶어했다. 그리하여 현재 자신들의 삶이 아닌 그들이 열망하던 전쟁 전의 상류 계층의 삶을 작품 속에 그려내려 했다.

헤밍웨이와 피츠제럴드는 소설에서 '잃어버린 세대'의 생각을 드러내기도 했지만 그들 자신의 삶도 소설 속 주인공과 별반 다르지 않았다. 대중의 고통과 개인의 쾌락이 혼합된 그 시대의 특징은 그러나 1930년대 대공황, 스페인 내전, 나치즘의 발호, 2차대전의 발발로 인해 미국 문학사에 짤막한 한 장으로만 기록된 채 소리 소문 없이 자취를 감췄다.

파리에서 활동하는 젊은 작가들의 물질적·정신적 대모

스타인은 '잃어버린 세대'의 구심점 역할을 하면서도 자신만의 독창적인 문학 세계를 일궈나갔다. 처녀작 '세 사람의 생애'(1909)와 '부드러운 소년들'(1914)을 출간해 작가로서의 입지를 굳힌 그가 문학적 영향력과 명성을 발휘하기 시작한 것은 1차대전 후인 1920년대였다. 대표작 '미국인의 형성'(1925)은 극단적으로 추상적이고 반복적인 문장을 사용해 찬사와 비난을 동시에 받았다. 그는 이 소설에서 단어의 끝없는 반복과 우회적 사용으로 문장에 음악성을 부여하고 간단한 어휘로 설명할 수 없는 인간의 복잡한 내면으로의 접근을 시도했다.

스타인은 또한 장면이나 줄거리, 인물 간의 갈등 등 모든 전통적인 연극의 기법을 버리고 단지 반복적인 말에만 의존하는 실험적 희곡을 쓰기도 했다. 이처럼 난해하면서도 반복적이고 실험적인 문장을 많이 써 현대 문학의 특징 중의 하나인 '의식의 흐름' 기법이나 포스트모더니즘적 글쓰기가 그에게서 시작되었다고 주장하는 학자도 있다.

무엇보다 스타인을 유명하게 만든 작품은 '앨리스 B. 토클라스 자서전'(1933)이었다. 토클라스는 1907년 9월 파리에서 스타인을 처음 만나 스타인의 인생에 가장 큰 영향을 미친 여성이다. 두 사람은 비슷한 점이 많았

다. 유럽 유대계의 이민자 집안 출신에 같은 미국에서 태어났고 어머니를
일찍 여의었다는 공통점이 있었다. 하지만 겉모습은 대조적이었다. 스타
인은 짧게 깎은 머리에 살집 좋은 몸집, 큰 목소리에 입담 좋고 카리스마
로 가득 찬 여장부인 반면 토클라스는 전형적인 여성의 모습이었다.

토클라스는 스타인의 비서 겸 가정부, 디자이너 역할을 하다가 곧 동성
애 연인으로 발전해 사실상 부부처럼 살았다. 두 사람은 서로에게 편지로
사랑을 고백하고 상대방을 통해 비로소 완전한 존재가 되었다. 그들의 모
습은 여타 부부와 별반 다르지 않았다. 25년 동안 함께 산 토클라스의 목
소리를 빌려 실제로는 자신의 삶을 기록한 '앨리스 B.토클라스 자서전'은
1920년대 유럽의 문화계를 생생하게 묘사해 호평을 받았다. 평가는 극단
으로 갈린다. "언어 사용에 혁신을 가져온 진정한 포스트모더니스트"라는
찬사가 있는가 하면 "문장들이 단지 어린아이의 말장난에 불과하다"는 비
판의 목소리도 있다.

토클라스의 삶은 스타인이 사망한 후에도 오로지 스타인의 명성에 봉
사하는 일에 국한되었다. 스타인 사후 연인의 유고를 정돈하고 77세 때
인 1954년 풍부한 일화를 담은 '토클라스의 요리책'을 펴냈다. 토클라스
는 죽음 직전에 이렇게 말했다. "스타인은 항상 언어를 통해서 집이 있었
지만 나는 오로지 그를 통해서만 집이 있었다."

애거서 크리스티 '애크로이드 살인사건' 출판
뉴욕타임스는 1면에 '유명한 벨기에인 포와로 별세'라는 부고성 기사를 실어 애도했다.

애거서 크리스티(1890~1976)는 '추리소설의 여왕'으로 불린
다. 생전에 66편의 장편 추리소설, 20편의 단편, 18편의 희곡, 6권의 로

맨스 소설을 썼고 이 작품들은 100여 개 언어로 번역되어 20억 부가 팔린 것으로 추산되고 있다. 1971년에는 남자들의 '기사' 작위에 해당하는 '데임' 작위를 영국 여왕에게서 받았다.

크리스티는 영국 남서부의 토키에서 태어났다. 어머니의 독특한 교육관에 따라 학교에 가지 못한 데다 바로 위 오빠도 나이가 10살이나 많아 주로 혼자 지내며 책을 읽고 상상력을 키웠다. 이런 유년 시절은 장차 작가로 성공을 거두는 데 밑거름이 되었다. 크리스티보다 11살 많은 언니역시 애거서의 상상력을 풍성하게 하는 데 일조했다. 명탐정 셜록 홈스이야기를 처음 전해준 것도 언니였다.

크리스티는 15살이 되어서야 학교에 입학했다가 그해 겨울 성악가를 목표로 프랑스 파리의 기숙학교로 유학을 떠났다. 20살 때인 1910년 고향으로 돌아왔을 때 자질이 부족하다는 전문가의 지적을 받고 꿈을 접었다. 대신에 어려서부터 좋아한 시를 쓰며 미래를 준비했다. 1914년 8월 1차대전이 발발했을 때는 병원의 보조 간호사로 활동하고 1914년 12월 결혼한 육군 장교 남편이 프랑스 전쟁터로 떠나 있는 동안에는 병원의 약국 조제실에서 근무했다. 훗날 그의 추리소설 속에 나오는 독약에 대한 기본 지식은 모두 그때 배운 것이다.

그는 자신의 첫 추리소설을 완성해 여러 출판사에 보냈으나 모두 거부당했다. 그렇게 4년이 흘러 1920년 10월 런던의 한 출판사가 '스타일스 저택의 미스터리 사건들' 제목으로 출간하고 독자들의 예상치 않은 호응덕에 일약 추리소설계의 신예 작가로 떠올랐다. 소설은 크리스티 말고 또한 명의 걸출한 스타를 배출했다. 크리스티 소설의 단골 주인공이 될 벨기에 출신의 사립탐정 에르퀼 포와로였다. 작은 키, 달걀형 머리, 녹색눈, 왁스로 다듬은 콧수염 등의 외모를 지닌 포와로는 벨기에 브뤼셀의 경찰서장으로 근무하다가 퇴직 후 1차대전이 일어나자 영국으로 건너왔

다. 이후 포와로는 30여 편의 장편과 50여 편의
단편 추리소설에 주인공으로 등장했다.

크리스티 작품의 또 한 축을 이루는 할머니
탐정 제인 마플은 1927년 12월 발표된 단편소
설 '화요일 밤의 클럽'에 처음 등장했다. 결혼을
하지 않아 소설 속 사람들로부터 '미스 마플'로
불린 제인 마플은 1930년 10월 출간한 장편소
설 '목사관 살인사건'에 등장한 것을 비롯해 모

애거서 크리스티

두 장편 12편, 단편 20편에 등장했다. 미스 마플은 런던 근교에서 태어난
간호사 출신으로 마을에서 한 발짝도 나가보지 못한 노처녀 탐정이지만
평소 관찰한 현상을 바탕으로 사건을 풀어나가는 새로운 유형의 탐정으
로 등장해 이후 영화와 TV를 통해 여성 탐정의 전형이 되었다.

"기억 상실이 탈출구였어요"

크리스티는 1922년 남편과 함께 남아공, 호주, 뉴질랜드, 미국의 호놀
룰루와 뉴욕, 캐나다 등지를 9개월간 둘러보는 세계 여행을 하고 돌아와
신문에 소설을 연재하는 것으로 생계를 꾸렸다. 그러다가 1926년 6월 6
번째 장편소설 '애크로이드 살인사건'을 발표함으로써 명실상부한 최고의
추리소설 작가로 입지를 굳혔다.

이처럼 유명 소설가인데도 크리스티가 인생 최고의 목표로 삼은 것은
행복한 결혼 생활이었다. 그러나 결혼 생활은 행복하지 않았다. 남편이
골프에 빠져 사실상 골프 과부로 지냈기 때문이다. 1926년 4월 어머니가
눈을 감았을 때도 곁에 있어주기를 바란 남편이 스페인에서 돌아오지 않
아 남편 없이 장례식을 치러야 했다. 남편이 런던으로 돌아와서도 애인과
골프만 즐길 뿐 슬퍼하는 자신을 위로하지 않은 것도 크리스티를 우울하

게 했다.

크리스티는 참다 못해 남편에게 이혼의 뜻을 전달하고 1926년 12월 3일 갑자기 사라졌다. 이후 영국 전역에서 크리스티를 찾기 위한 수색이 대대적으로 펼쳐졌다. 그러나 누구도 행방을 알지 못했다. 500여 명의 경찰과 1,500여 명의 자원봉사자가 동원되었으나 실종 이튿날 집에서 20km 떨어진 호숫가에서 차만 발견되었을 뿐 자살의 흔적은 어디에서도 발견되지 않았다. 차는 브레이크가 풀린 상태였고 언덕 위에서 떨어진 것처럼 보였다.

크리스티의 실종 기사가 매일 신문 1면을 장식하고 영국 전역이 진짜 추리소설 같은 사건에 너도나도 관심을 보인 덕분에 '애크로이드 살인사건'은 불티나게 팔려 나갔다. 그러다가 11일이 지난 12월 14일 요크셔의 한 작은 호텔 연주자의 신고로 행방이 밝혀졌다. 세간의 관심이 쏟아졌으나 크리스티는 한동안 침묵을 지켰다. 그러다가 실종 사건 1년이 지난 1928년 2월 사건의 발단과 경위를 언론에 털어놓았다.

기사에 따르면 크리스티는 어머니의 죽음 후 불면증에 시달렸다. 더구나 남편은 더 이상 외도하지 않겠다고 자신과 약속하고서도 애인을 계속 만나고 있었다. 결국 12월 3일 아침, 이 문제로 남편과 말다툼을 벌인 뒤 목적지 없이 차를 몰고 나갔다. 그러다가 한 채석장에서 핸들을 옆으로 꺾고 그냥 놓아버렸다. 차는 언덕 아래로 굴러 떨어졌고 크리스티는 뭔가에 머리를 부딪혀 잠시 의식을 잃었다.

이후 비몽사몽으로 돌아다니다가 12월 4일 한 호텔에 투숙했다. 숙박계에는 다른 여인의 이름을 기재한 뒤 호텔 내 무도회장에서 춤을 추고 노래를 불렀다. 12월 11일에는 '남아프리카에서 온 테레사 닐의 친구와 가족은 연락 주세요'라는 내용의 광고를 신문에 실었다. 자신이 누군지 몰라 자신을 '남아프리카에서 온 테레사 닐'로 광고한 것이다. 닐은 남편이 외도한 여성의 성(姓)이었다. 크리스티는 자기를 찾는다는 신문기사를 보고도 자신이 그 주인공인 것을 눈치채지 못했다. 12월 14일 경찰이 신고를 받고 달려왔을 때도 마찬가지였다. 의사는 정밀 검사 후 기억상실로 결론을 내렸다.

그러나 실종 자체를 크리스티가 정교하게 꾸민 속임수로 보는 사람들도 있다. 당시 잠적이 남편에 대한 복수극이었는지 아니면 작가적 명성을 더욱 높이기 위한 자작극이었는지는 아직도 미스터리로 남아 있다. 다만 세월이 흐른 후 크리스티가 기자에게 "고통이 너무 심해지면 사람들은 자살을 합니다. 내 경우에는 기억 상실이 탈출구였어요"라고 말한 바 있다.

흉기보다는 독을 살인 수단으로 즐겨 사용

크리스티는 1928년 10월 29일 이혼했다. 그리고 고통을 잊기 위해 여행에 몰두했다. 그러다가 고고학자 친구들의 초대를 받아 메소포타미아 지역으로 여행을 떠났을 때 14세 연하의 유명 고고학자 맥스 맬로원을 만났다. 둘은 오리엔트 특급열차를 타고 영국으로 돌아오는 동안 사랑에 빠져 1930년 9월 11일 결혼했다. 크리스티는 새 남편의 발굴을 따라다니며 고고학의 지식을 넓히고, 여행에서 얻은 영감과 지식으로 '오리엔트 특급 살인'(1934), '메소포타미아 살인 사건'(1936), '나일강 살인 사건'(1937) 등의 추리소설을 썼다.

크리스티의 작품 대부분은 죽음을 다루는 추리물인데도 남녀노소 구분 없이 폭넓은 사랑을 받았다. 기기묘묘한 범죄 수법에 단 한 번도 같은 수법의 범죄가 나오지 않고, 범죄가 미궁에 빠졌다가도 탐정들에 의해 술술 풀려가는 과정이 독자들을 사로잡았기 때문이다. 전통적인 추리소설의 틀 속에 모험, 역사, 로맨스 요소까지 갖춘 것도 다양한 독자층을 끌어들인 요소였다.

크리스티는 폭력과 피를 싫어해 흉기보다는 독을 살인 수단으로 즐겨 사용했다. 한 연구에 따르면 66편의 장편 중에서 독살 장면이 나오는 작품이 34편, 독살 피해자가 62명이나 된다. 그런데도 독자들이 그 소설을 좋아한 것은 피비린내나 시체 썩는 냄새가 나지 않기 때문이다. 크리스티의 소설은 사건이 해결된 후 맥락이 설명되는 코난 도일의 작품과 달리 범죄자의 심리를 처음부터 보여주고 있다는 점에서 차이가 있다. 그런데도 독자들은 식상함을 느끼지 않는다.

영화, TV, 연극을 종횡무진한 크리스티의 작품 가운데 특히 화제가 되고 있는 것은 1952년부터 지금까지 하루도 빠짐없이 영국에서 공연되고 있는 '쥐덫'이다. '쥐덫'은 1947년 BBC 라디오가 팔순을 앞둔 영국 국왕 조지 6세의 모후 메리 왕비에게 "무엇을 원하시나요? 오페라든 셰익스피어든 말씀만 하세요"라고 한 질문에서 시작되었다. 크리스티는 자신의 열렬한 팬으로 알려진 메리 왕비가 "애거서 크리스티의 연극이 좋겠다"고 대답했다는 것을 전해 듣고 1주일 만에 라디오 극본을 완성했다.

드라마는 1947년 5월 3일 '세 마리의 눈먼 생쥐'라는 제목으로 처음 라디오 전파를 탔다. 크리스티는 이것을 5막의 장막극으로 다시 각색해 1952년 10월 6일 노팅엄 로열극장에 올렸다. 같은 해 11월 25일 런던 웨스트엔드의 앰배서더 극장으로 옮겨져 22년 동안 공연되었고 1974년 3월 25일 다시 세인트마틴 극장으로 옮겨져 지금에 이르고 있다. 2015년 현재 63주년을 맞은 '쥐덫'은 연극, 뮤지컬, 오페라뿐 아니라 모든 공연을 통틀어 최장 기록이다. 기네스북에 오른 분야별 기록도 많다. 11년간 같은 배역(4,575회)을 맡아 기네스북에 오른 배우도 있고 벽난로 선반에 소품으로 놓인 빨간 시계는 63년째 그대로 사용되고 있다.

크리스티는 1975년 85살의 나이에 마지막 작품 '커튼'을 발표했다. '커튼'에서는 명탐정 포와로를 죽여 팬들을 안타깝게 했다. 이는 자신이 죽은 뒤 포와로가 다른 작가의 작품에 단역으로 등장하는 것을 막기 위해서였다. 포와로의 죽음이 알려지자 뉴욕타임스는 1975년 8월 6일자 1면에 '유명한 벨기에인 포와로 별세'라는 부고성 기사를 실어 애도했다.

포와로와 달리 미스 마플은 크리스티가 2차대전 중 써두었다가 자신이 죽은 뒤 발표하라고 한 '잠자는 살인'(1976)에 재치가 번뜩이고 현명하며 예리한 모습 그대로 등장해 끝까지 살아남았다. 따라서 '잠자는 살인'은 크리스티의 작품 중 발표 순서로는 제일 마지막 것이 된다. 크리스티는 '잠자는 살인'이 출간되기 전인 1976년 1월 12일 사망했다.

안토니오 그람시 투옥과 '옥중수고' 집필
어려서부터 '반역의 본능'을 배우며 성장했다.

안토니오 그람시(1891~1937)는 동시대의 마르크스주의자들과 달리 자본주의 체제의 강점을 철저히 인식한 거의 유일한 혁명가였다. 오늘날 그는 '옥중수고(手稿)'를 통해 서유럽 네오마르크시즘의 중요한 이론가이자 이탈리아 공산당의 정신적 지주로 평가받고 있다. '옥중수고'는 그람시가 감옥에서 이가 빠지고 위장이 망가지는 고통 속에서도 32권의 노트에 손으로 직접 쓴 방대한 분량(2,848쪽)의 노작이다.

그람시는 이탈리아 본토에서 멀리 떨어진 사르데냐 섬에서 태어났다. 4살 무렵 가정부의 실수로 바닥에 떨어져 척추를 다치는 바람에 평생을 단구의 곱사등이로 살았다. 어머니가 수의로 쓸 흰옷과 관을 준비해놓을 정도로 20대까지 병치레도 잦았다. 더구나 7살 때 하급 공무원 아버지가 공금 횡령 누명을 쓰고 감옥에 갇혀 생활고에 시달리고, 여기에 사르데냐 섬에 만연한 반정부 기운까지 더해져 어려서부터 '반역의 본능'을 배우며 성장했다.

안토니오 그람시

그람시가 마르크스주의에 심취한 것은 1911년 토리노대에 장학생으로 입학하고서였다. 당시 토리노는 이탈리아에서 가장 발전한 공업도시였다. 피아트 자동차공장 등에서 일하는 수만 명의 노동자는 노동운동을 활발하게 펼치고 학생들도 노동운동에 적극 참여했다. 그람시는 1913년 사회당에 입당하고 1915년 사회당 기관지 '전진'의 편집위원으로 활동하며 직업혁명가의 길을 걸었다.

토리노의 1917년은 이탈리아 노동운동의 분수령이었다. 1차대전이 한창이던 1917년 초부터 식량 부족과 물가 급등에 항의하는 시위가 빈발하고 8월에는 노동자들이 대규모 봉기를 일으켰다. 사흘 동안 계속된 가두투쟁과 유혈 진압으로 50여 명이 죽고 1,000여 명이 투옥되거나 전쟁터로 끌려갔다.

그람시는 1919년 5월 동지들과 함께 창간한 사회주의 문화비평 주간지 '신질서'를 통해 공장평의회를 혁명의 토대로 삼아야 한다고 주장했다. 그의 뜻대로 1919년 말 약 15만 명의 토리노 노동자가 공장평의회를 조직하고 이듬해까지 공장 점거와 총파업을 벌였으나 막강한 공권력에 밀려 실패했다. 그람시의 신질서 그룹은 개량주의로 대표되는 사회당 중도파와 갈등을 빚자 1921년 1월 공산당을 창당했다.

1922년 봄에는 이탈리아 대표로 러시아 모스크바의 코민테른에 파견되었고 그곳에서 러시아 여인을 만나 1923년 결혼했다. 그러나 그 시기의 이탈리아는 위태로운 상황의 연속이었다. 그가 모스크바에 체류하고 있던 1922년 10월 베니토 무솔리니가 사병 조직 '검은 셔츠단'을 이끌고 로마로 진군, 권력을 장악했다. 공산주의자들은 체포·투옥·살해되었고 그람시는 국제 미아가 되었다. 그런데도 코민테른과 이탈리아 좌파 지도자들은 파시즘의 등장을 자본주의 최후의 산물로 간주하며 과소평가했다.

하지만 그람시는 파시즘이 일시적인 현상이 아니라 반동적인 자본가 세력, 프티부르주아, 농민들의 지지를 등에 업은 구조적인 현상으로 파악했다. 그람시는 동지들이 자본주의가 얼마나 취약한 체제인가를 열심히 거론하고 있을 때 반대로 자본주의가 얼마나 강인하고 자본주의에서 어떻게 혁명이 가능한지를 면밀히 분석했다.

자본주의 체제의 강점을 철저히 인식한 거의 유일한 혁명가

그람시는 러시아의 모스크바와 오스트리아의 빈을 오가며 2년 남짓 활동하다가 1924년 4월 이탈리아 총선에서 국회의원으로 당선되자 5월 귀국을 감행했다. 그러던 중 1926년 10월 31일, 한 소년이 무솔리니를 암살하려 했다는 뉴스를 신호탄으로 이탈리아 전역에 파시즘의 폭정이 휘몰아쳤다. 동지들은 망명을 권유했으나 그람시는 로마를 떠나기를 거부했다. 훗날 그람시는 옥중에서 당시의 심정을 이렇게 기록했다. "배가 난파했을 때 선장은 배에 승선한 사람들이 무사하게 탈출한 후에 배를 떠나야 한다."

결국 그람시는 1926년 11월 체포되었고 1928년 6월 4일 20년 4개월 5일의 형을 선고받았다. 판결이 있기 전 검사가 논고에서 "20년간 저 자의 두뇌가 활동하지 못하도록 해야 한다"며 목소리를 높였으나 감옥은 그람시의 강철 같은 의지를 꺾지 못했다. 그람시는 1928년 투옥 때부터 병세 악화로 1933년 중단할 때까지 온갖 고통 속에서도 '옥중수고'를 썼다.

그람시는 감옥에서 책이든 신문이든 잡지든 닥치는 대로 읽고 역사, 교육, 문화, 철학, 지식인의 역할, 국가 이론, 여성 지위, 종교 문제에 이르기까지 다양한 주제를 시대 상황에 적용했다. 다만 나중에 체계적으로 정리할 생각을 갖고 쓴 초고이다 보니 서술 체계와 분량이 들쭉날쭉했다. 검열도 피해야 했기에 레닌은 '일리치'로, 트로츠키는 '브론슈타인'으로 표기하고 마르크스주의는 '현대의 이론' 또는 '실천의 철학'으로 기술했다.

평소 그람시는 "마르크스는 가장 발달한 자본주의 국가에서 프롤레타리아 혁명이 일어난다고 했는데 왜 유럽의 후진국 러시아에서 혁명이 성공했을까"에 의문을 품었다. 1917년 10월 볼셰비키 혁명이 성공했을 때도 사회당 기관지 '전진'에 "볼셰비키 혁명은 자본주의를 거치지 않았기 때문에 마르크스에 반(反)하는 혁명"이라고 규정했다.

그람시는 프롤레타리아가 어떻게 부르주아의 지배 질서를 무너뜨리고 새 질서를 세울 수 있는가 하는 문제에 천착하다가 자본주의의 끈질긴 생명력에 주목했다. 동지들이 "자본주의는 공황과 계급 갈등으로 곧 무너질 것"이라며 낙관론을 펼칠 때도 자본주의가 왜 그토록 강인한지, 또 그런 체제 아래서 어떻게 혁명이 가능한지를 파고들었다. 자본주의 국가들은 마르크스가 말한 경제적 토대의 하부구조 위에 정치사회와 시민사회라는 이중의 상부구조를 갖고 있는데, 이 상부구조가 물리적 폭력을 행사하기도 하지만 구성원들의 도덕적 승복을 수반하는 '동의'를 갖추고 있어 자본주의가 유지된다는 게 당시 그람시의 생각이었다.

그람시가 볼 때 근대국가는 이전의 국가들과 달리 무력을 통한 지배만으로는 유지될 수 없고, 사회를 구성하는 광범위한 계급·집단의 동의 아래 지도력을 인정받은 계급에 의해 통치되고 유지된다. 즉 지배계급의 통치 질서가 물리적 폭력만이 아니라 도덕적 승복을 수반하는 동의의 바탕 위에 세워진다는 것이다.

그람시는 이 '동의를 통한 지배'를 '헤게모니'라고 칭했다. 따라서 그에게 프롤레타리아 혁명의 근본 문제는 프롤레타리아 헤게모니의 창조다. 그것은 광범위한 피지배계급의 의식 깊이 스며들어 기존 질서에 대한 동의를 무너뜨리는 것이다. 헤게모니는 어떤 계급이 정치 권력을 장악했다고 해서 자동으로 재생산되는 것은 아니다. 사회를 구성하는 집단의 공통적인 이익을 실현하거나 적어도 그렇게 간주되어야 헤게모니가 유지되고 그렇지 못할 경우 헤게모니에 위기가 발생한다. 위기의 시기는 기존의 헤게모니에 도전하는 계급과 이 헤게모니를 유지하려는 계급 간의 투쟁이 벌어지는 시기다.

그람시는 이탈리아의 경우 프롤레타리아와 지도 세력(사회당·공산당)이 농민을 비롯한 피지배 대중의 이해를 획득하는 데 실패한 반면 부르주아는 파시즘을 통해 다시 한 번 자신의 헤게모니를 쇄신하는 데 성공했다고 분석했다. 그러면서 시민사회의 유산이 없는 러시아 볼셰비키 혁명의 경험을 그대로 유럽 사회에 이식하려는 움직임에 반기를 들었다.

"20년간 저 자의 두뇌가 활동하지 못하도록 해야 한다"

러시아에서는 볼셰비키 혁명이 일어나기 전에 시민사회와 피지배계급의 동의에 반하는 차리즘이 지배하고 있었기 때문에 '기동전'을 통한 혁명이 가능했으나 지적·도덕적 지도를 바탕으로 부르주아가 광범위한 국민적 합의를 얻고 있는 서구 자유주의 사회에는 '진지전'이 필요하다고 보았다. 따라서 부르주아 지배계급의 헤게모니 대신 프롤레타리아의 대항 헤게모니를 형성하려면 진득하고 장기적으로 접근해야 한다고 파악했다.

당시는 러시아혁명의 정신이 타락하고 거의 모든 코민테른 공산당이 스탈린주의화하면서 '서구 마르크스주의'가 현실 정치에서 급속히 후퇴할 때인데도 스탈린의 박해가 두려워 누구도 이런 문제를 지적하지 못하고 있었다. 이런 상황에서 그람시가 시대의 변화를 반영한 다른 목소리를 낼 수 있었던 것은 감옥 덕분이었다. 감옥은 최소한 정신적으로는 자유로운 공간이었다.

그람시는 '옥중수고'와 별개로 틈나는 대로 부인과 두 아들, 어머니, 지인들에게 수백 통의 편지를 썼다. 특히 처형은 신경이 쇠약해져 정상적인 생활을 하지 못한 자신의 동생과 그람시를 연결하는 유일한 고리 역할을 했다. 그람시가 감옥 밖으로 보낸 편지 중 수십 통을 모아 그람시 사후 책으로 펴낸 것이 '감옥에서 보낸 편지'(1947)다. '감옥에서…'는 출간 즉시 전 세계의 찬사를 받았다. 감동적인 시나 소설이 아니라 사적인 편지글이었지만 편지마다 예사롭지 않은 문장들로 가득 찼기 때문이다.

그람시는 날로 악화하는 병으로 인해 1933년 중반 집필을 중단했다. 해외 인사들의 석방 운동 덕에 감옥과 병원을 오가던 중 1937년 4월 27일, 46세의 나이로 눈을 감았다. '옥중수고' 역시 처형의 노력 덕에 1947년 첫권이 발간되었다.

1927년

국내 첫 라디오방송국 '경성방송국' 개국
신간회 결성
독립운동가 김창숙 피체
김교신 '성서조선' 창간
     _ 우치무라 간조
장진홍 의사, 조선은행 대구지점 폭파 기도
찰스 린드버그, 세계 최초 대서양 단독비행 성공
     _ 린드버그 아들 유괴사건
베르너 하이젠베르크 '불확정성 원리' 발표
솔베이 회의와 코펜하겐 해석
세계 최초 유성영화 '재즈 싱어' 개봉
     _ 한국 최초 유성영화 '춘향전'
제롬 컨 작곡 뮤지컬 '쇼 보트' 초연
니콜라 사코와 바르톨로메오 반제티 사형
장개석·송미령의 결혼
     _ 송가수·송애령·송경령
남창·기의와 모택동의 정강산 입산
마르틴 하이데거 '존재와 시간' 출간
버지니아 울프, 소설 '등대로' 출판

국내 첫 라디오방송국 '경성방송국' 개국

라디오를 청취할 수 있는 계약 내용도 까다로워 계약자는 대문 밖에 청취 허가장을 붙여야 했다.

1920년 11월 2일 오후 6시, 세계 최초의 라디오 정시 상업 방송이 미국에서 시작되고 1924년 10월 일본에서 도쿄방송국이 설립되는 등 주요 국가마다 방송국이 속속 개국하면서 우리나라에도 라디오방송 바람이 불었다.

1924년 11월 29일 조선총독부 체신국이 기자들을 상대로 체신국(현 광화문 KT 빌딩) 안에서 방송 실험을 하고, 1924년 12월 10일 일본전보통신 경성지국이 체신국에서 쏘아 올린 방송 전파가 미쓰코시 포목점(현 신세계백화점) 3층에 설치된 나팔형 전기확성기(스피커)를 통해 음악으로 울려 퍼진 것은 이 땅에 도래할 라디오 시대의 개막 팡파르였다.

이것이 우리나라 최초의 라디오방송으로 기록되고 있지만 사실 방송 형식을 갖춘 것을 기준하면 최초 방송은 1924년 12월 17일 민간방송국 설립을 위해 시도한 조선일보의 시험방송이었다. 그날 서울 관철동의 우미관 앞에는 아침부터 몰려온 사람들로 북새통을 이뤘다. 조선일보사가 주최한 우리나라 최초의 민간 무선전화방송 실험을 보고, 듣고, 느껴 보려는 사람들이었다.

1주일 전 일본전보통신 경성지국이 체신국에서 방송 전파를 쏘아 올리고 미쓰코시 포목점 3층에서 이 전파를 받아 음악으로 들려준 바 있어 이날의 조선일보 방송은 '우리나라 최초'라기보다는 '민간 최초'라고 해야 맞다. 그럼에도 순수 한국인이 주관하고 방송 형식을 그런대로 갖췄다는 점을 감안하면 '우리나라 최초'라는 수식어가 과장된 것만은 아니다. 라디오

서울 중구 정동 1번지(현 덕수초등학교)에
세워진 경성방송국

방송이라고 하지 않고 무선전화방송이라고 칭했던 조선일보의 이 방송은 12월 17일부터 19일까지 하루 세 차례씩 이어졌다.

3일간 아나운서 역할을 한 사람은 한국 최초의 여기자 최은희였다. 12월 17일 하루동안 독자(11시), 여성(1시), 일반인(3시)을 상대로 세 차례 방송을 진행한 최은희는 당시를 이렇게 회고했다. "조선일보가 수표동 납작한 기와집에 있을 적이었다.… 사장실이 송신기를 장치한 임시 방송실이었다. 벽과 창에… 광목 휘장을 들여서 방음장치를 하였고… 둥글넓적한 마이크가 방송실 복판에 놓였으며 안테나도 옥상에 세워져 있었다." 당시는 라디오 수신기가 보급되지 않았을 때여서 조선일보는 시내 우미관 극장에 대형 확성기를 설치해놓고 일반인들이 객석에 앉아 방송을 들을 수 있도록 했다. 조선일보 라디오를 들어보려는 인파는 서울은 물론 인천·수원·개성·의정부 등지로부터 수천 명이 몰려왔다.

첫날 1회 행사 때 조선일보 사장실에서 진행된 이상재 사장의 연설과 이동백 씨의 단가가 멀리 우미관에 설치된 스피커를 통해 들려오자 시민들은 신기한 듯 우레와 같은 박수로 첫 방송을 축하해 주었다. 오후 1시에 시작된 2회 행사 때는 윤극영의 동요 '반달', 홍난파의 바이올린 독주, 정악 전습소원의 관현악 합주, 조동석 씨의 단소 독주가 이어져 청중의 흥분을 고조시켰다. 그러나 첫날 2회 행사가 용산에 있던 일본 육군 무선전신국에서 나온 강한 전파로 방해를 받게 되자 18일 저녁부터는 경성공회당(옛 소공동 서울상공회의소 자리)으로 장소를 바꿔 방송했다.

"여기는 경성방송국입니다. JODK"

조선일보는 서울 성공에 이어 인천·수원·개성·영등포 등지에서도 방송 공개 시험을 했다. 1925년 11월 1일부터는 울산·경주·포항 등 영남권 30여 개 지역을 도는 대규모 순회방송도 했다. 조선일보가 이렇게 방송에 열심이었던 것은 어떻게 해서라도 민간방송국을 개국하기 위한 포석이었다. 그러나 일제는 조선일보를 포함해 11개 단체가 신청한 방송국 설립은 허가하지 않고 경성방송국만 허가해 우리나라 최초의 방송국을 꿈꿨던 조선일보의 바람은 물거품이 되고 말았다.

1925년 3월 22일 일본 최초의 도쿄 라디오방송이 개국한 가운데 우리나라 최초의 라디오방송국 '경성방송국'이 발기인 총회를 연 것은 1926년 2월이었다. 조선총독부가 설립을 주도하고 이사장도 일본인이었으나 개국 직원 중에는 몇몇 한국인도 있었다. 그중 대표적인 인물로는 전설적인 무용가 최승희의 오빠 최승일과 마현경 부부, 이옥경과 노창성 부부가 있다.

최승일은 '프로듀서 국내 1호'로, 마현경은 '경성방송국 공채 아나운서 1호'로 한국 방송사에 이름이 올라 있다. 이옥경은 1926년 7월부터 체신국 무선방송소 아나운서로 활동하다가 1927년 1월 특별채용되었다. 이옥경과 경성방송국 기술부 직원 노창성 사이에 태어난 딸이 한국 최초의 여성 패션 디자이너 노라노다.

경성방송국은 1926년 12월 서울 중구 정동 1번지(현 덕수초등학교)에 2층 건물을 준공하고, 2개의 안테나 철탑을 설치한 뒤 1927년 1월부터 틈틈이 시험방송을 내보냈다. 그리고 1927년 2월 16일 오후 1시, 일본어로 "여기는 경성방송국입니다. JODK"로 시작되는 첫 라디오 전파를 쏘아 올리면서 한국 방송사의 첫 페이지를 장식했다.

이옥경은 첫 방송 때 일본인과 나란히 우리말로 방송하는 영예의 주인공이 되었다. 그런 점에서 이옥경은 '조선인 최초 라디오 아나운서'인 셈이다. 호출부호는 일본에 할당된 호출부호 'JO'에 일본의 4번째 방송국(도쿄 AK, 오사카 BK, 나고야 CK)이라는 의미로 'DK'를 붙여 'JODK'가 부여되었다. JODK의 주파수는 690㎑였고 출력은 1㎾였으며 방송 장비는 영국 마르코니사 제품이었다.

방송은 오전 6시부터 오후 11시까지 총 17시간 동안 할 예정이었으나 장비와 인력 부족으로 시간이 불규칙했다. 초기에는 일본어와 조선어를 7 대 3의 비율로 방송하다가 조선인의 불만이 커지자 1927년 7월부터는 일본어와 조선어를 6 대 4로 조정했다. 막상 방송국은 개국했으나 더 큰 문제는 비싼 청취료와 고가의 수신기였다. 쌀 한 가마니 가격이 5원이었을 때 2원의 청취료는 상당히 비싼 편이었다. 혼자 들을 수 있는 미약한 수신기는 10~15원, 한 가족이 들을 수 있는 수신기는 100원, 고급 수신기는 4,000원이나 호가해 웬만한 재력가가 아니면 수신기를 구입하는 것도 쉽지 않았다. 이 때문에 개국 당시의 청취 계약자는 조선인 275명을 포함해 모두 1,440명에 불과했다.

방송 형식을 갖춘 최초 방송은 조선일보의 시험방송

라디오를 청취할 수 있는 계약 내용도 까다로워 계약자는 대문 밖에 청취 허가장을 붙여야 했다. 이처럼 비싼 청취료와 고가의 수신기로 인한 라디오 보급률의 저하, 조선어·일본어 혼합 방송에 따른 청취자 불만 등의 문제로 경성방송국은 급기야 경영난에 빠졌다. 원인이 수신기 보급의 정체에 있다고 진단한 경성방송국과 조선총독부는 조선어와 일본어를 각기 따로 방송하고 지방 방송국을 세우는 것으로 타개책을 세웠다.

조선어 방송은 1932년 12월 경기도 고양군 연희면 서세교리(현 서울시 연희동)에 10kW급 연희송신소가 준공되면서 가능해졌다. 이때 들여온

방송 장비는 일본이 자체 기술로 처음 만든 장비라고 해서 일본에서도 큰 관심을 보였다. 900㎑의 경성 제1방송(일본어)과 610㎑의 경성 제2방송(조선어)으로 분리된 역사적인 2중 방송이 시작된 것은 1933년 4월 26일이었다.

조선어 방송이 독립되고 이후 라디오 수신기 보급까지 활발해지면서 경성방송국은 전성기를 맞았다. 1933년 8월 현재 라디오 청취 허가자는 모두 2만 5,126명이었고, 이 중 조선인은 4,118명이었다. 라디오 청취자가 늘어나자 도청이 극성을 부렸다. 조선일보 1933년 5월 29일자는 "라듸오가 일상생활에 긴밀한 관계를 갖게 됨에 따라 불법 청취자가 늘어가는 경향이 있어… 감시원을 집집마다 조사케 하고 있다"고 전했다. 적발되면 '무선전신법'에 따라 1년 이하의 징역, 1,000원 이상의 벌금에 처해졌다. 당시 라디오의 인기는 하늘을 찔러 악기점에서 틀어주는 라디오의 '짜쓰(재즈)'를 듣기 위해 인파가 몰리자, 경찰이 '교통 방해'를 이유로 틀지 못하게 할 정도였다.(조선일보 1932.2.13). 또 택시와 버스에도 라디오를 설치하려는 움직임이 있자, 경찰은 "그렇지 않아도 교통사고가 많은 이때, 더 많은 교통사고를 낼 염려가 있다"며 불허 방침을 밝혔다.(조선일보 1935.9.10).

경성방송국은 지방에도 라디오방송국을 속속 설립한 후 1935년 경성중앙방송국으로 이름을 바꿨다. 전국 주요 도시에 설립된 지방 방송국은 1945년 해방 당시 총 16개로 늘어났다.

경성중앙방송국은 해방 후 서울중앙방송국으로 이름이 바뀌고 1947년 9월 미국 애틀랜타의 국제무선통신회의가 'HL'을 한국의 호출부호로 할당함에 따라 일본식 'JODK'에서 한국식 'HLKA'로 바뀌었다. 다채널 라디오 시대가 열린 것은 우리나라 최초의 민간방송 기독교방송(CBS)이 개국한 1954년 12월부터다.

신간회 결성

조선일보 간부들은 신간회 간부, 조선일보 기자들은 신간회 회원, 조선일보 지사·지국은 신간회 지회였다.

1920년대 중반 무렵 국내 민족주의 운동은 크게 두 갈래로 나뉘어 펼쳐졌다. 한쪽은 대동단결을 우선한 비타협적 독립운동이고, 다른 한쪽은 현실적으로 독립이 무망하니 일제의 지배 현실과 타협해 그 범위 내에서 자치권을 얻어내자는 이른바 자치운동이다.

두 세력 중 시대의 명분과 당위는 비타협적 세력의 대동단결이었다. 식민 통치를 정면으로 부정한다는 점에서도 그럴듯해 보였다. 다만 일제 통치라는 타협적 공간 안에서 비타협적 투쟁을 전개한다는 점에서는 모순된 노선이었다. 명분과 지조는 있을지 몰라도 일제의 탄압을 불러올 게 뻔해 실효성도 크지 않았다. 비타협적 민족주의 세력은 타협적 자치운동을 저지하고 완전 독립을 추구하기 위해 국내 사회주의 세력과 민족협동전선을 모색했다. 마침 1925년 12월 재건된 제2차 조선공산당에서도 민족진영과 공동전선을 펼치자는 주장이 제기되었다.

민족협동전선의 초기 주도자는 비타협적 민족주의자인 홍명희, 안재홍, 신석우 3인이었다. 이들은 천도교의 권동진, 기독교의 박동완, 불교의 한용운, 유교의 최익환, 북경의 신채호 등 완강한 비타협적 민족주의자들도 끌어들였다. 이런 구도 하에서 비타협적 민족주의자들은 공산·사회주의 세력과 연합한 '민족유일당 민족협동전선'을 구상했다. 신간회는 그 산물이었다.

일제는 공산·사회주의 세력이 신간회라는 합법 공간을 이용해 무산자 정당 운동을 펼치려는 의도를 잘 알고 있으면서도 민족주의·사회주의 두 계열의 동태를 한꺼번에 파악할 수 있다는 계산을 하고 설립을 허가했다. 또한 급속히 성장하는 공산·사회주의자 중심으로 세력이 통합되기 보다

는 민족주의자들 중심으로
통합되는 것이 식민 통치
에 유리하다고 판단했다.

신간회는 1927년 1월 19
일 발기인대회를 열고 '정
치·경제적 각성을 촉진함',
'단결을 공고히 함', '기회
주의를 일체 부인함'이라

신간회 창립 총회 모습(1927.2.15)

는 강령을 채택했다. 여기서 기회주의라는 것은 일제의 자치운동에 동조
한 자치운동파를 지칭한 것이다. 발기인은 안재홍·신석우·장지영·홍명
희·한위건·권동진·이상재·이승훈·한용운·신채호·조만식 등 34명이었는
데 이 가운데 공산주의 계열 인사는 5명 정도였다.

신간회 창립식은 1927년 2월 15일 오후 7시, 전국에서 올라온 200여 명
의 민족주의·사회주의 운동 지도자와 1,000여 명의 시민이 참석한 가운
데 서울YMCA에서 열렸다. 비록 일제의 감시와 통제를 받아야 하는 한
계가 있었으나 국권을 상실한 후 최대 민족운동 단체가 결성되었다는 점
에서 일제하 대표적인 민족운동으로 평가받고 있다.

이상재 조선일보 사장이 회장, 홍명희가 부회장에 선출되었으나 홍명
희의 고사로 권동진이 부회장, 홍명희가 조직부 총무 간사를 맡았다. 회
장을 포함해 기독교계 7명, 조선공산당계 5명, 천도교계 3명 등으로 구
성된 간부·발기인 가운데 신석우·안재홍·장지영 등 조선일보 출신이 10
명이 넘을 정도로 신간회 운동은 발족 때부터 조선일보가 총본산 역할을
했다.

따라서 조선일보 간부들이 신간회 간부였고, 조선일보 기자들이 신간회
회원이었으며, 조선일보 지사·지국이 신간회 지회였다. 조선일보는 신간

회 발족 전부터 신간회 강령을 단독 보도하는 등 신간회 보도에 열심이었다. 결성 후에는 고정란까지 두어 지회 설립과 활동 상황을 상세히 보도해 총독부가 조선일보를 사실상의 신간회 기관지로 생각할 정도였다.

비타협적 민족주의자·좌파 세력, '민족유일당 민족협동전선' 표방

신간회의 당초 이름은 '새로운 한국'을 의미하는 '신한회(新韓會)'였으나 일제가 '한'을 인정하지 않아 '고목신간(古木新幹·오래된 나무의 새 줄기)'이라는 말도 있고 옛날에는 '한'자와 '간'자가 같은 뜻으로 쓰였다는 홍명희의 제안에 따라 '신간회(新幹會)'로 명칭을 바꿨다.

창립 후 신간회가 진력한 것은 지회 설립과 회원 확보였다. 1928년 한때 전국 143곳에 지회가 설치되고 회원 수가 4만여 명에 달할 정도로 초기 활동은 활발했다. 중앙본부에는 비타협적 민족주의자가 다수를 차지했지만 지방 지회에는 젊은 사회주의자가 많이 포진했다. 여성이 주축을 이룬 자매단체 '근우회'도 1927년 5월 27일 창립되었다.

근우회는 역사적으로 누적된 여성의 특수한 문제를 신간회 운동 안에서 충분히 해결할 수 없다는 데 인식을 같이한 여성들이 독자적으로 결성한 신간회의 오누이격 조직이다. 창립총회는 5월 27일 200여 명의 회원이 모여 서울YMCA에서 열었다. 뚜렷한 목적의식과 조직으로 무장한 우리나라 최초 여성운동 단체의 출범이었다.

김활란이 임시 집행부 초대 회장, 유각경이 부회장에 선임된 가운데 중앙집행위원으로는 정칠성·황신덕 등 좌파 인사, 최은희 등 우파 인사, 중도 인사 등으로 구성해 신간회처럼 좌우합작의 틀을 짰다. 여성에 대한 사회적·법률적 일체 차별 철폐, 일체의 봉건적 인습과 미신 타파, 조혼 폐지 및 결혼의 자유, 인신매매 및 공창 폐지, 농촌 부인의 경제적 이익 옹호, 부인 노동의 임금 차별 철폐 및 산전산후 임금 지불, 부인 및 소년

공의 위험 노동과 야간작업 철폐 등을 행동 강령으로 삼았다.

신간회는 전국 각지에서 야학과 연설회를 열어 대중의 의식을 높이고 소작권 보호, 노동조건 향상과 임금 차별 철폐, 동양척식주식회사(동척)의 한국 농민 수탈 및 일본인 동척 이민 폭행 규탄, 전국 순회강연 등 다양한 활동을 펼쳤다. 1920년대 후반에는 폭발적으로 늘어난 노동쟁의에도 관여했다.

일제는 이처럼 신간회의 활동이 적극적으로 전개되는데다 1928년 2월 제3차 조선공산당 사건으로 체포된 공산당원의 약 40%가 신간회 회원이라는 사실을 알고 나서는 신간회 본부의 모든 집회를 금지했다. 1928년 2월 15일로 예정된 창립 1주년 기념 전국대회는 물론 1929년 2월의 2주년 전국대회도 불허했다.

신간회는 이에 맞서 1929년 7월 사회주의자인 허헌을 위원장으로 한 제2기 진용을 새롭게 짰다. 제2기의 특징은 민족주의자들이 대거 이탈하고 공산·사회주의 계열의 진보적인 신진 및 지회 대표가 다수 포진한 것이다. 새 지도부는 1929년 11월 발발한 광주학생독립운동을 지원하기 위해 12월 14일 서울에서 민중대회를 개최할 계획이었다. 그러자 일제는 민중대회 개최 하루 전인 12월 13일 신간회 중앙본부를 급습해 대회 추진을 준비하던 신간회 간부 및 회원 44명과 근우회·조선청년동맹·조선노동총동맹 회원 47명 등 모두 91명을 검거했다. 일제는 이 가운데 6명을 기소해 허헌, 홍명희, 이관용, 조병옥, 이원혁, 김무삼에게 각각 징역 1년 4개월에서 1년 6개월을 선고했다.

신간회가 이처럼 일제의 민중대회 탄압으로 마비 상태에 빠지자 1930년 11월 김병로를 위원장으로 한 제3기 체제를 발족시켰다. 제3기 지도부의 특징은 사회주의자의 대거 이탈과 비타협적 민족주의자의 다수 진출로 요약된다. 이것은 그 무렵 코민테른의 정책이 극좌로 선회해 민족주의자들과의 협동전선을 폐기하도록 요구하고 이에 따라 사회주의자·공산주의자들이 신간회를 공격하기 시작했기 때문이다.

'해체'와 '해소'를 다르게 판단했다가 어이없이 해체돼

코민테른은 신간회를 일제의 자치 약속에 매수당한 반소비에트적 민족개량주의적 단체로 규정해 신간회의 존속은 인정하면서도 분리를 전제로 민족주의자 비판을 강화할 것을 지시했다. 그러자 신간회 내 사회주의자·공산주의자들은 신간회를 계급적 투쟁 목표를 선명히 한 조직으로 탈바꿈시키기 위해 신간회 해소론을 전개했다. 신간회 해소파들은 '해소'와 '해체'를 다른 개념으로 이해했다. 해체는 한 단체나 조직을 그냥 해산시켜 버리고 마는 것인 반면 해소는 변증법적으로 더욱 발전된 상태로 지양되어 해체된다는 뜻이라는 것이다.

좌파가 다수를 차지하는 지방 지회 회원들은 신간회 해소론을 관철하기 위해 1931년 5월 15~16일 서울YMCA에서 전체대회를 열겠다는 집회신청서를 냈다. 그동안 모든 대회를 금지하던 일제가 갑자기 돌변해 지회를 허가한 것은 전체대회에서 지회 대표들이 신간회 해소를 주장할 예정이라는 것을 사전에 알고 있었기 때문이다. 300여 명의 회원이 참석한 전체대회에서 주로 소장파 사회주의자들로 구성된 지회 대표들이 조직적으로 신간회 해소를 주장하는데도 반해소파는 허헌, 홍명희, 조병옥 등이 민중대회 사건으로 수감 중이어서 제대로 대응하지 못했다.

해소파는 강기덕을 중앙집행위원장으로 선출하고 중앙집행부에서도 다수를 차지하게 되자 5월 16일 찬반 토론도 없이 바로 표결에 부쳤다. 투표 결과 찬성 43, 반대3, 기권 31으로 신간회 해소안이 압도적으로 가결되었다. 해소파는 뒤이어 신간회를 자신들이 원하는 방향으로 꾸리기 위해 중앙집행위를 열려고 했다. 하지만 일제는 신간회가 이미 해소되었으니 다른

의안의 토의는 모두 금지한다고 통고하고 해산을 명령했다. 결국 신간회는 이렇게 어이없이 해체되었고 발족 4년 3개월 만에 깃발을 내려야 했다. 이후 일제는 1945년 패망 때까지 어떠한 협동전선 기관도 허가하지 않았다.

학자들이 분석하는 신간회 해소 요인은 신간회 내부의 좌우익 대립, 신간회 본부와 지회의 불협화음, 신간회 본부의 무능, 자치론자의 신간회 침투, 일본 경찰의 교묘한 분열 공작, 코민테른의 영향 등 다양하다. 그중에서도 직접적 요인으로 꼽는 것은 코민테른의 지시와 영향, 신간회 일부 지회의 해소 활동, 일제의 신간회 해체 공작 등이다.

그럼에도 신간회가 갖는 의미는 크다. 국내 민족운동을 고취·고양했으며 노동운동, 농민운동, 여성운동 등을 비롯한 국내의 모든 민족운동과 사회운동을 보호하고 발전시킨 기둥과 버팀목 역할을 했다. 신간회 해산은 근우회에도 그대로 영향을 미쳐 1931년 6월 27~28일로 예정된 근우회 전국대회가 각 지회의 불응으로 한 차례 연기되었다가 끝내 무기 연기되면서 정식 해체 발표도 없이 유야무야 사라지고 말았다.

독립운동가 김창숙 피체
격렬하게 항일 독립 투쟁을 벌이고 치열하게 반독재 민족 통일운동을 벌인 행동하는 유학자였다.

김창숙(1879~1962)은 흔히 "칼을 든 선비", "조선의 기개를 지킨 마지막 선비"로 불린다. 시 쓰는 것을 좋아해 평생 270여 수의 시를 남긴 시인이기도 하다. 일제강점기에는 격렬하게 항일 독립 투쟁을 벌이고 해방 후에는 치열하게 반독재 민족 통일운동을 벌인 행동하는 유학자였다.

그는 경북 성주에서 태어나 한학을 공부하던 중 을사조약이 체결되자

김창숙

1905년 대궐 앞에서 을사5적의 목을 벨 것을 청하는 상소를 올리고 1907년 국채보상운동 때는 담배끊기 운동 등을 벌이며 국채보상기금을 마련하는 데 앞장섰다. 구국 운동의 지름길은 청년운동에 있다는 신념에 따라 1909년 성주에 성명학교를 설립, 청년들에게 신교육을 가르쳤으며 1909년 일진회 등이 한일합방론을 주장할 때는 이를 반대하는 성토문을 중추원에 제출하고 신문지상에 발표했다.

1919년의 3·1 운동은 김창숙 생애의 일대 전환점이 되었다. 3·1 독립선언서에 이름을 올린 민족대표 33인에 천도교, 기독교, 불교 대표만 있고 유림 대표가 없는 것을 치욕으로 여겨 영남 유림의 영수인 곽종석, 호서 유림의 지도자 김복한 등과 함께 전국의 유림 137명의 연명으로 독립을 청원하는 '파리장서' 작성을 주도했다. 2,674자의 한문체로 된 이 독립청원서는 "조선은 오랜 역사를 지닌 문명의 나라로 스스로 정치할 능력이 있으므로 일본의 간섭은 배제되어야 한다. 일본의 포악무도한 통치를 참을 수 없어 독립운동을 벌이고 있는 한국의 처지를 만국에 알린다"는 내용을 담고 있다.

김창숙은 '파리장서'를 파리강화회의에 제출하는 대표로 선출되어 파리장서를 짚신으로 엮어 1919년 3월 27일 상해에 도착했으나 이미 김규식이 대표로 파리에 파견된 것을 알고 영문으로 번역·인쇄해 그중 일부는 파리의 김규식에게 우편으로 송부하고 나머지는 중국 내 각국 외교관, 중국의 정계 요인, 국내 각 학교에 배포했다.

얼마 후 파리장서의 존재가 알려지자 일제는 관련 유학자들을 구금하거나 투옥했다. 파리장서 작성에 관여한 곽종석은 징역 2년형을 선고받고 복역 중 병보석으로 풀려났다가 1919년 10월 눈을 감았고 김복한은 100여 일 동안 구금되었다. 다른 관련자들도 끌려가 각종 고문을 당했다. 이 사건을 한국 독립운동사에서는 '제1차 유림단 사건'이라 부른다. 김창숙의 활약과 유림의 수난이 있었기에 한국의 유림은 역사 앞에 고개를 들수 있게 되었다.

조선의 기개를 지킨 마지막 선비

김창숙은 1919년 4월 대한민국 임시의정원에도 참여해 경상북도 의원으로 대한민국 임시정부를 수립하는 데 공헌했다. 임시정부 활동이 침체기에 접어든 1924년 이회영 등을 만나 만주 동삼성 일대에 재만 한인 동포들의 집단 거주지를 조성해 산업을 육성하고 청장년을 훈련시켜 독립군으로 양성한 뒤 국내로 진공하는 독립전쟁 방략을 구상했다.

김창숙은 먼저 중국의 군벌 풍옥상이 관할하고 있던 만·몽 접경지의 황무지 3만 정보의 사용 허가를 얻었다. 뒤이어 한인들을 이주시키고 무관학교를 설립하는 데 사용할 개간자금 마련을 위해 1925년 8월 6년 만에 국내로 잠입했다. 이후 8개월 동안 전국의 유림들로부터 비밀리에 군자금을 모금했으나 만족할 만한 성과를 거두지 못해 1926년 3월 상해로 돌아갔다. 일경은 그의 잠입 사실을 뒤늦게 알고 40~50명을 검거하는 '2차 유림단 사건'을 일으켰다.

김창숙은 침체된 국내외 독립운동을 진작하기 위해 김구, 이동녕 등을 만나 "청년 결사들에게 무기를 주어 국내에서 왜정 기관을 파괴하고 친일 부호를 박멸해 국민의 의기를 고취하자"는 데 의견의 일치를 보았다. 이때 김구가 추천한 인물이 동양척식회사에 폭탄을 던진 후 자결한 나석주 의사다. 김창숙은 1926년 5월 중국 천진에서 나석주를 만나 폭탄과 권총을 전해 주면서 거사를 제안했다.

1926년 임시의정원 부의장에 선임되었으나 악화된 치질을 치료하기 위해 1926년 12월 상해 내 영국인 병원에서 세 차례 수술과 치료를 받던 중 이 사실을 탐지한 일경에게 1927년 6월 14일 체포되었다. 국내로 압송된 그에게 혹독한 고문이 가해졌다. "나는 대한 사람으로 일본 법률을 부인한다"며 변호사의 변론을 거부하고 본적을 묻는 질문에는 "없다"고 대답하는 등 재판 자체를 인정하지 않고 시종일관 강개한 자세를 흐트리지 않았다.

1928년 12월 징역 14년형을 선고받았으나 항소를 거부해 대전형무소에서 옥중 생활을 시작했다. 그러던 중 일경의 고문과 장기간의 수형 생활로 다리를 못 쓰게 되고 병이 위중해 7년 만인 1934년 9월 형집행정지로 풀려났다. '앉은뱅이 노인'이란 뜻의 자칭 별호 '벽옹'은 이때 생겨난 말이다.

김창숙의 고난은 아들에게까지 이어졌다. 장남 환기는 병이 깊어 국내에 잠입했다가 체포되어 1926년 12월 모진 고문 끝에 18세의 젊은 나이로 숨졌다. 차남 찬기는 항일 시위로 7년간 옥살이를 하다가 결핵으로 풀려난 후 1943년 겨울 아버지의 지시를 받고 임시정부가 있는 중국 중경으로 갔다가 해방 직후 그곳에서 병사했다.

성균관대 초대 총장으로 유학의 근대적 발전과 후진 양성에 힘써

1945년 8월 7일 건국동맹 사건에 연루되어 갇혀 있던 왜관경찰서에서 맞은 해방은 그에게는 또 다른 수난과 투쟁의 시작이었다. 해방 공간에서 신탁통치를 찬성하는 좌익 지도자들에게는 "나라를 팔아먹는다"고 꾸짖었고 남한 단독선거 추진에는 반대의 뜻을 분명히 하며 김구·김규식 등의 남북협상을 지지했다. 정치적으로 바쁜 와중에도 1946년 전국 유림을 결속한 유도회 총본부를 조직해 위원장으로 선임되고 1946년 9월 25일 재건한 성균관대의 초대 학장으로 부임했다. 1953년 2월 성균관대가 종합대로 승격되었을 때도 초대 총장으로 추대되어 유학의 근대적 발전과 후진 양성에 이바지했다.

　대한민국 정부 수립 후에는 이승만 대통령의 독재에 거듭 경고문을 발표했다. 1951년 피란수도 부산에서 '이 대통령 하야 경고문'을 발표했다가 수감되고 1952년 부산 정치파동 때는 초대 부통령 이시영 등과 함께 '반독재 호헌 구국선언'을 하려다가 괴청년들로부터 테러를 당하고 또다시 투옥되었다. 1956년 신익희의 급서로 이승만이 당선되었을 때도 재선거를 요구하는 선언문을 발표하는 등 반이승만 투쟁을 멈추지 않았다. 이런 김창숙에게 정치 보복이 없을 리 없었다. 김창숙 총장이 있는 한 신입생 모집을 허용하지 않는다는 교육부의 압력에 밀려 1956년 2월 총장직에서 물러나고 이듬해에는 성균관장, 유도회 총본부장 등 일체의 공직에서도 추방되었다.

　1960년 4·19 혁명 후 민의원·참의원 양원 합동회의에서 윤보선이 208표로 대통령에 당선될 때, 그는 출마의 뜻을 밝히지 않았는데도 차점인 29표를 얻었다. 4·19 후 '민족자주통일중앙협의회(민자통)' 대표로 추대되어 통일운동에 나섰으나 1961년 5·16 쿠데타를 계기로 좌절을 맛보고 1962년 5월 10일 집 한 칸 없이 83세로 숨졌다.

김교신 '성서조선' 창간
"조선 김치 냄새가 나는 기독교"가 되어야 한다고 주창했다.

　　　　김교신(1901~1945)은 44년의 삶을 신앙인과 교육자로 치열하게 살았다. 특히 무교회주의를 표방한 월간지 '성서조선'을 발간하고 무교회주의를 이 땅에 착근시키는 데 일생을 바쳤다. 김교신은 함경도 함흥에서 태어나 1919년 함흥농업학교를 졸업하고 일본 세이소쿠 영어학교에

김교신

입학했다. 1920년 4월 도쿄에서 접한 한 노방 전도자의 설교를 계기로 기독교에 입교하고 그해 6월 27일 성결교회에서 세례를 받았다. 하지만 그해 11월 교회 목회자가 반대파의 음모와 술책으로 쫓겨나는 것을 보고 큰 충격을 받아 교회에 출석하지 않았다.

그러던 중 1921년 일본 '무교회 신앙운동'의 창시자인 우치무라 간조의 성서 연구 모임에 참석, 무교회주의자로 변신했다. 당시 우치무라에게 무교회 신앙의 가르침을 받은 한국인은 함석헌, 송두용, 류석동 등도 있었다. 우치무라는 천황의 '교육칙어'와 러일전쟁을 반대하고 일본 사회의 부패상을 정면에서 비판한 기독교 사상가였다. 무교회주의는 마르틴 루터가 주창한 '만인 사제론'과 '성서 지상주의'의 종교개혁 정신에 입각해 인간이 만든 조직과 제도를 부정하고 오직 예수와 성서로 돌아가자는 운동이다.

김교신의 무교회주의 역시 제도적 교회나 교단보다는 신앙의 본질에 충실하자는 것이었다. 김교신이 "우리 예배당의 벽은 북한산성이요, 천정은 화성과 목성이 달린 청공(靑空)이요, 좌석은 숲 속의 반석이요…"라고 말한 것은 신앙인이라면 삶의 자리가 바로 예배당이란 뜻이었다. 김교신은 1922년 4월 도쿄고등사범학교 영문과에 입학했다가 이듬해 지리·박물과로 전과해 1927년 3월 졸업했다.

그해 4월 귀국 후에는 함흥의 영생여고보에서 학생들을 가르치면서 함석헌·송두용·류석동·양인성·정상훈과 함께 1927년 7월 '성서조선'을 창간하고 매주 일요일 성서 연구 모임을 열었다. 성서조선은 창간사에서 '성서조선아, 너는 소위 기성 신자의 손을 거치지 말라. 그리스도보다 외국인을 예배하고, 성서보다 회당을 중시하는 자의 집에서는 그 발의 먼지를 털지어다'라고 밝힘으로써 '무교회주의'를 표방했다. 이후 성서조선은 무교회 신앙을 한국에 소개하는 통로 역할을 했다.

성서조선은 1930년 5월호부터 동인지 형식에서 벗어나 김교신 혼자 기사 작성은 물론 편집·교정·발송·경리까지 도맡아 하는 개인 잡지가 되었다. 김교신이 성서조선에 바친 열정은 대단했다. 낮에는 학교에서 학생들을 가르치고 밤에는 지친 몸으로 성서를 연구해 매월 빠짐없이 성서조선을 발간했다. 훗날 '뜻으로 본 한국 역사'라는 제목으로 출간된 함석헌의 '성서적 입장에서 본 조선 역사'도 성서조선 1934년 2월호부터 1935년 12월호까지 22회에 걸쳐 연재했다.

김교신은 성서조선을 통해 특정 공간이 아닌 성경을 읽는 바로 그 자리가 교회이며, 성서는 성직자나 교회가 아닌 신자 각자가 하나님에게 받는 믿음과 은총의 분수에 따라 해석해야 한다고 주장했다. 따라서 목사나 장로 같은 교회 안의 직책은 무의미한 것이고 서양 기독교의 형식과 제도는 중요하지 않기 때문에 "조선 김치 냄새가 나는 기독교"가 되어야 한다고 주창했다. 그러자 기존 기독교 교단이 김교신의 태도를 교회의 안정된 지위에 대한 도전으로 간주하고 김교신의 활동에 훼방을 놓았다. 김교신이 해방 후 오랫동안 조명을 받지 못한 것은 이렇듯 정통 기독교로부터 이단자로 몰린 것이 크게 작용했다.

제도적 교회나 교단보다는 신앙의 본질에 충실하자는 것

김교신은 1928년 3월 서울 양정고보로 전근해 이후 12년 동안 인재들을 길러냈다. 농촌운동가 유달영, 베를린 올림픽의 영웅 손기정, 훗날 조계종 종정이 될 서옹 스님도 그의 가르침을 받은 제자들이었다. 손기정이 1935년 11월 일본에서 열린 베를린 올림픽 최종예선에 출전할 때는 마라톤 코치로 함께 일본으로 건너가 손기정이 올림픽 대표로 선발되는 데 힘을 보탰다.

일본어로만 수업을 해야 했던 그 시절, 김교신은 학생들에게 한국말로 한국 위인들의 얘기를 들려주며 좌절한 식민지 청년들에게 희망의 불씨를 심어주었다. 헤어스타일에 멋을 부리는 학생들에게 본을 보이기 위해 스스로 머리카락을 박박 밀어버려 학생들은 그를 '양(洋)칼 선생'으로 불렀다. 이후 경기고보와 개성의 송도고보로 전근해서도 지리학과 박물학을 가르치며 학생들에게 민족정기를 심어주었다.

그러던 어느 날 일제가 성서조선에 실린 권두언을 트집 잡은 이른바 '성서조선 필화 사건'이 일어났다. 개구리의 죽음을 추도한다는 뜻의 '조와(弔蛙)'란 제목의 권두언이 성서조선에 실린 것은 1942년 3월호였다. '조와'는 김교신이 개성 송악산의 기도터 연못가에서 극심한 겨울 추위에 얼어 죽은 개구리들을 묻어주며 그 추위에서도 살아남은 개구리들에 대한 감회를 토로한 글이다.

일제가 문제 삼은 부분은 "짐작컨대 지난 겨울의 비상한 혹한에 작은 담수의 밑바닥까지 얼어서 이 참사가 생긴 모양이다. 예년에는 얼지 않았던 데까지 얼어붙은 까닭인 듯. 동사(凍死)한 개구리 시체를 모아 매장해 주고 보니 담저(潭底)에 아직 두어 마리가 기어다닌다. 아, 전멸은 면했나 보다!"였다. 물론 이 표현은 역사의 암흑기에서 민족 해방의 꿈을 노래한 김교신의 예언이었다.

김교신은 1942년 3월 30일 출근길에 일본 형사에게 체포되어 서울로 압송되었다. 함석헌, 송두용, 유달영 등도 검거되었다. 성서조선은 폐간되고 전국의 독자 300여 명이 소장하고 있는 성서조선은 모두 불태워졌다. 결국 김교신과 함석헌, 송두용, 유달영 등 13명은 옥고를 치렀다.

김교신은 1년 만인 1943년 3월 29일 풀려난 후 그해 7월 조선인 노무자 5,000여 명이 징용으로 끌려가 있는 흥남 질소비료공장에 들어가 하수도

수리, 변소 청소 등 궂은 일을 하며 위생 계몽에 앞장섰다. 밤에는 야학을 열고 한글을 가르쳤다. 그러다 광복을 불과 넉 달 앞둔 1945년 4월 25일 발진티푸스에 걸려 44세를 일기로 세상을 떠났다.

김교신과 함께 무교회주의의 길을 걸었던 송두용은 해방 후 '성서신애' 잡지를 발간하며 활동을 계속했다. 함석헌은 1930년대 중반 기독교만이 구원에 이르는 유일한 종교라는 시각에 회의를 품고 불경과 노자·장자 등에 탐닉하다 마지막에는 퀘이커교에 기울어 무교회주의와 결별했다. 김교신의 제자 중 한 사람인 노평구는 해방 후인 1946년 11월 스승의 뒤를 이어 무교회주의 월간지인 '성서연구'를 창간했다. 성서연구는 1999년 12월 500호로 종간될 때까지 한국에서 무교회주의 신앙의 보루 역할을 했다.

우치무라 간조 우치무라 간조(1861~1930)는 일본의 대표적인 지성이다. 그는 제도 교회의 독선을 경계하는 '무교회 신앙'을 열었고 전쟁을 일으킨 그의 조국 일본에 대해서는 "하나님이 불벼락을 내릴 것"이라고 경고해 '국적(國賊)'으로 낙인찍혔다. 도쿄의 사무라이 가정에서 태어난 우치무라가 기독교 신앙을 받아들인 것은 삿포로 농업학교에 재학 중일 때였다. 당시 삿포로 농업학교 학생들을 기독교 세계로 이끈 인물은 윌리엄 스미스 클라크 교수로, 그는 미국 매사추세츠주 농업대학 학장으로 있다가 삿포로 농업학교에 근무하고 있었다. 클라크가 귀국할 때 작별 인사로 한 말이 그 유명한 "소년이여, 야망을 가져라(Boys be ambitious)"다.

우치무라는 1878년 삿포로 농업학교의 성서 집회에 참석하면서 무교회주의를 받아들였다. 졸업식에서는 친구들과 함께 평생을 두 'J'에게 바칠 것을 서약하는 의식을 치렀다. 두 'J'는 '예수(Jesus)'와 '일본(Japan)'이었다.

우치무라는 1884년 기독교의 뿌리를 찾기 위해 미국으로 건너가 애머스트대와 하트퍼드 신학교를 졸업하고 1888년 귀국, 도쿄의 제일고등중학교 교사로 근무했다.

우치무라가 일본 열도를 흔들어놓은 것은 1891년 1월 9일이었다. 그날 제일고등중학교 강당에는 교사 60명과 학생 1,000여 명이 모여 있었고, 단상에는 일본인의 신이던 메이지 천황의 초상과 천황이 서명한 교육칙어가 놓여 있었다. 칙어 낭독이 있은 후 한 사람씩 단상에 올라가 허리를 숙여 절을 하는 행사 때 우치무라는 홀로 절을 하지 않았다. "나 외에 다른 신을 섬기지 말라"는 성경의 가르침 때문이었다.

그러나 그가 절을 하지 않은 것은 일본 제국 헌법이 '신성불가침'이라고 규정한 천황의 신성에 대한 부정이었다. 언론은 그의 행동을 "비국민의 행각"이라고 침소봉대하면서 '불경 사건'으로 몰아갔다. 우치무라는 결국 학교에서 쫓겨나고 '국적'으로 낙인찍혔다. 이후 오사카, 구마모토, 나고야 등 지방에서 기독교 학교 등을 전전하다가 그만두고 '만조보'의 영문 저널리스트로 활약했다.

우치무라는 그 무렵 일어난 청일전쟁(1894~1895년)에 대해서는 일본의 파병을 찬성하는 '의전론(義戰論)'을 폈다. 즉 청일전쟁은 정의로운 전쟁, 세계 역사의 진보를 위해 일본이 공헌하는 전쟁이라는 것이다. 그의 논조는 은둔 국가인 조선의 독립을 위해 진보 국가인 일본이 퇴보 국가인 중국을 일깨우기 위한 전쟁이라고 해석한 당시의 일반 저널리즘의 전쟁론과 별 차이가 없었다. 1898년 미국이 쿠바에서 스페인과 전쟁을 벌여 승리하고 같은 해 필리핀을 점령한 것에 대해서는 '문명과 정의의 승리'로 받아들이는 당시의 국민주의와 문명 지상주의에 빠져 있었다.

그러나 청일전쟁 결과 체결된 시모노세키 조약이나 명성황후 시해 사건 등 그 후의 한국의 상황과 역사적 추이를 이해하고부터는 '비전론'이나 '반전론'으로 기울었다. 그래서 러일전쟁 (1904~1905년) 때는 비전론을 펼쳤으며 러일전쟁이 끝나 일본 전역이 승전 분위기에 도취해 있을 때는 "앞으로 일본은 동양평화를 위한다면서 더 큰 전쟁을 할 것"이라며 "그러면 하나님이 일본에 불벼락을 내리게 될 것"이라고 경고했다.

우치무라 간조

우치무라는 1900년 성서연구회를 만들고 '성서연구'지를 창간해 본격적으로 무교회주의를 표방했다. 교회나 세례의 유무는 기독교 신앙과 아무런 관련이 없으며 오로지 성서에 의지하는 무교회주의가 진정한 기독교라고 설파했다. 또한 "서양의 역사 속에서 왜곡·굴절된 기독교 교파는 일본의 토양에 적합하지 못하다"며 "일본 기독교는 일본인 특유의 관점에서 해석된 기독교의 진리여야 한다"고 주장했다.

우치무라가 조선 백성에 대한 동정과 신앙으로 가득 찬 격려를 하고 다소 친한(親韓)적인 발언을 한 것은 사실이지만 그렇다고 한국에 대한 일본의 병합을 직접적으로 부정하거나 거부하는 입장을 표명하지는 않았다. 그는 조선 병합 후 식민 지배의 현실을 비판하기보다는 오히려 기독교 신앙에 의해 한국인과 일본인의 진정한 합동 융화를 어떻게 실현할 것인가를 과제로 삼았다. 즉 천황의 신격화나 조선에서의 폭력적인 식민화에 대해 거부감을 드러내긴 했으나 서구 기독교 문명의 우월성과 아시아에서 '개화의 영도자'가 된 일본의 특별한 역할, 일본 국민으로서의 긍지와 같은 근대주의적 편견은 끝내 버리지 못했다.

장진홍 의사, 조선은행 대구지점 폭파 기도

일본인 경찰 4명과 은행원 1명 등 모두 5명이 부상하고 은행 유리창 70여 장이 깨졌다.

1927년 10월 18일 오전 11시 40분쯤, 대구의 한 여관 종업원이 조선은행 대구지점을 찾아가 "우리 여관에 든 손님이 지점장에게 전해 달라는 벌꿀"이라며 흰 종이로 싼 4개의 상자 중 1개를 은행 창구 직원에게 건넸다. 은행원이 상자에서 화약 냄새가 나는 것을 의심스럽게 생각해 급히 상자를 열어 보았더니 도화선에 불이 붙은 폭탄이 들어 있었다.

은행원은 깜짝 놀라 도화선을 급히 절단한 뒤 종업원이 들고 있는 다른 3개의 상자도 빼앗아 은행 밖으로 내다 놓고 경찰에 신고했다. 황급히 달려온 경찰이 전후 사정을 조사하고 있던 11시 50분쯤 3개의 폭탄이 굉음을 내며 연속적으로 폭발했다. 그와 동시에 일본인 경찰 4명과 은행원 1명 등 모두 5명이 부상하고 은행 유리창 70여 장이 깨졌다. 유리 파편은 산산이 흩어져 대구역까지 날아갔고 은행 주위의 전선은 모두 끊어졌다. 뒤늦게 밝혀지지만 폭탄을 보낸 사람은 경북 칠곡 태생의 장진홍(1895~1930)이었다.

장진홍은 1914년 입대한 조선보병대에서 복무하던 중 일제 치하의 군대 복무가 잘못된 것임을 깨닫고 1916년 제대했다. 곧 서울로 올라와 그해 12월 국내의 대표적 비밀결사 조직인 '광복단'에 가입했다. 그러나 일경의 엄중한 감시로 활동이 어렵게 되자 1918년 만주 봉천(지금의 심양)을 거쳐 러시아의 하바롭스크로 건너갔다. 그곳에서 독립군을 양성할 목적으로 80여 명의 청장년을 규합해 수개월 동안 군사훈련을 실시했으나 당시 러시아혁명에 간섭하려는 일본군의 시베리아 출병으로 훈련이 어렵게 되자 귀국했다.

3·1 운동 때 일제가 저지른 온갖 만행에 격분, 이 사실을 국제사회에 고

발해야겠다며 서적 행상으로 가장해 전국 각지를 돌며 일제가 자행한 학살, 방화, 고문 등을 조사·수집했다. 때마침 1919년 7월 인천항에 입항한 미국의 군함 승무원 중에 조선인이 있는 것을 알고 그 승무원에게 자신이 수집·정리한 조사서를 건네주며 영문으로 번역해 세계 각국에 배포해 줄 것을 요청했다.

장진홍

그 후 장진홍은 부산에서 조선일보 지국을 경영하고 경북 경산에서 매약상으로 생활하며 시기를 기다렸다. 그러다가 일제의 통치 기관에 폭탄을 투척하기로 결심하고 1927년 4월 무정부주의자이면서 폭탄 제조 전문가인 일본인 호리기리 시게사부로(掘切茂三郎)를 통해 다이너마이트와 뇌관을 구입하고 폭탄 제조법을 배웠다. 1927년 8월에는 폭탄을 직접 만들어 천둥이 치고 폭우가 쏟아지던 날 산중 협곡에서 성능 시험도 했다.

장진홍은 조선은행 대구지점, 경북도청, 경북경찰부, 식산은행 대구지점 등을 첫 폭파 대상으로 삼았다. 1927년 10월 18일 오전 9시경, 조선은행 대구지점에서 가까운 여관에 투숙한 뒤 11시 30분쯤 여관 종업원을 불러 폭탄이 들어 있는 4개의 소포 상자를 건네주며 "이것은 벌꿀인데 내가 전날 밤 부상했으니 나 대신 조선은행, 경북도청, 식산은행, 경북경찰부 순서대로 배달해달라"고 부탁했다. 종업원은 친절한 말씨와 자기에게 잘해주는 장진홍의 부탁에 별 의심 없이 소포 상자를 받아 조선은행을 찾아가 은행 직원에게 건네주었다.

폭발이 있은 직후 장진홍은 변장한 모습으로 대구를 빠져나가 경북 선산군 해평면의 동지 집으로 피신했다. 이후 제2, 제3의 거사를 도모했으나 뜻대로 되지 않자 일경의 감시망을 피해 1928년 2월 일본으로 건너가 오사카에서 안경점을 운영하는 막냇동생 장이환(각종 글에는 장인환으로 되어 있으나 일경의 발표를 보도한 당시 조선·동아일보에는 장이환으로 되어 있다)의 집에서 지냈다. 사건 직후 일본 경찰은 범인 색출에 나섰으나 단서를 잡지 못하자 전에 독립운동을 벌였던 이정기와 저항 시인 이육사의 4형제 등 무고한 8명을 붙잡아 모진 고문을 가한 끝에 이들을 진범으로 꾸몄다. 이 때문에 이육사는 애꿎게도 2년 6개월 동안 감옥에 갇혀야 했다.

일경은 계속된 탐문 수사 끝에 장진홍이 범인이고 일본의 동생 집에 있다는 정보를 입수했다. 오사카로 급파된 일경은 현지에 거주하고 있는 조선인 여자 노동자를 포섭해 안경점의 내부 사정을 살피도록 했다. 여자 정탐원이 알아낸 정보에 따르면 장진홍은 동생 집 2층에 숨어 있었다.

사형 집행 수일 전 옥중에서 자결

일경은 1928년 12월 다른 조선인 정탐원을 안경 도매상으로 위장시켜 안경점에 투입했다. 첩자는 조선에 판매할 계획이라며 1만 5,000개의 안경을 주문한 뒤 장진홍의 동생에게 계약금 조로 30원을 건넸다. 그날 밤 동생은 장진홍, 안경 도매상 등과 함께 거래 성사를 축하하는 자축 술자리를 가졌다. 취기가 무르익었을 무렵 일경이 들이닥치자 장진홍은 창문으로 뛰어내렸다가 아래층에서 대기하고 있던 형사들 손에 붙잡혔다.

일본 검찰은 1929년 3월 장진홍을 대구지검에 송치하고 공모자들을 추적·체포한 뒤 1929년 12월 사건 전모를 발표했다. 발표에 따르면 공모자는 15명이었다. 이 중 3명은 거사가 실패한 것을 알고 자살했고 12명이 체포되었다. 일본인도 2명이 관련되었는데 2명 중 호리기리는 거사 4일 뒤인 10월 22일 자살했다.

장진홍은 1930년 2월 대구지방법원과 그해 4월 대구복심법원에서 사형을 선고받고 7월 21일 대구고등법원의 상고 기각으로 사형이 확정되었다.

그러나 사형이 집행되기 수일 전인 1930년 7월 31일 오전 5시 옥중에서 자결함으로써 마지막 순간까지 일제에 저항했다. 이 사실이 형무소에 알려지자 재소자들이 "장진홍 의사 만세", "조선독립 만세"를 외치면서 대성통곡했다. 이튿날에는 1,000여 명의 재소자가 일제히 단식투쟁에 돌입, 1주일 동안 일제에 저항했다.

찰스 린드버그, 세계 최초 대서양 단독비행 성공

단독 비행을 감행한 첫째 이유는 타고난 모험심이지만 그 모험심을 자극한 것은 한 기업인의 현상 공모였다.

찰스 린드버그(1902~1974)가 조종하는 은색 비행기 '스피릿 오브 세인트루이스'가 미국 뉴욕주 롱아일랜드의 루스벨트 비행장을 박차고 날아오른 것은 1927년 5월 20일 오전 7시 52분이었다. 목적지인 프랑스 파리까지 가려면 북미 대륙으로 북상한 뒤 대서양 바다를 건너 자그마치 5,809km나 되는 거리를 날아야 하는 대장정이었다.

린드버그는 그 먼 바다 위를 논스톱으로 그것도 홀로 건널 참이었다. 그것은 그때까지 누구도 시도하지 못한 전혀 새로운 모험이었다. 하루 반나절 동안 폭풍과 구름, 어둠을 헤치고 망망대해 위를 지나가야 하는 죽음의 모험이었다. 다리 사이의 조종간을 잡은 채 지도나 종이를 무릎 위에 펼쳐야 했고 칠흑 같은 밤에는 작은 손전등을 입에 물고 비행을 이어가야 했다.

린드버그가 대서양 횡단 단독 비행을 감행한 첫째 이유는 타고난 모험심이지만 그 모험심을 자극한 것은 한 기업인의 현상 공모였다. 1919년 5월 뉴욕의 호텔 경영자인 레이먼드 오티그가 뉴욕~파리 간을 논스톱으로 비행하는 사람에게 2만 5,000달러의 상금을 주겠다고 발표했다. 첫 번째 도전자가 나온 것은 7년이 지난 1926년 9월 21일이었다. 그러나 도전자는 이륙하기도 전에 비행기 폭발로 실패했다. 가까스로 살아나긴 했지만 다른 2명의 승무원은 목숨을 잃었다. 다른 도전자들도 모험에 뛰어들었으나 그들 역시 비행 중 목숨을 잃거나 시험비행에서 탈락했다. 그렇게 9개월 동안 대서양 횡단을 시도하다 죽은 비행사가 6명이나 되었다.

린드버그가 다음 도전자로 나섰으나 추락하는 비행기에서 낙하산으로 탈출해 생명을 건진 횟수(4회)가 많다는 것 말고는 딱히 내세울 만한 경력이 없었다. 지구본 위의 거리를 줄자로 쟀을 만큼 뉴욕~파리의 최단 직선거리도 알지 못했다. 누구보다 자신이 이런 사실을 잘 알고 있기에 만반의 준비를 했다.

린드버그는 장거리 비행에 성공하려면 충분한 연료와 최소한의 무게가 중요하다는 사실을 잘 알고 있었다. 비행기 무게를 줄이기 위해 먼저 최소화한 것은 식량이었다. 샌드위치 5개와 물 0.95L만 실었을 뿐 라디오 무전기는 물론 생존에 필요한 구조 신호용 조명탄과 낙하산도 싣지 않았다. 비행의 성공을 위해서라면 목숨까지 버릴 수 있다는 비장한 각오였다. 이렇게 늘어난 공간에는 연료가 채워졌다. 린드버그와 함께 대서양을 건널 비행기에는 '스피릿 오브 세인트루이스'라는 이름이 붙여졌다. 물심양면으로 자신을 후원해준 세인트루이스의 사업가 단체와 주민들에 대한 고마움의 표시였다.

美 신문, 25만 건의 관련 기사 쏟아내

린드버그는 미시간주 디트로이트에서 태어났다. 1918년 고교를 졸업하고 위스콘신대에서 기계공학을 전공한 뒤 1922년 링컨비행학교에 입교했다. 그해 4월의 생애 첫 비행은 잊을 수 없는 짜릿한 경험이었다. 1925년 3월 항공 업무 예비부대의 소위가 되었으나 전쟁이 없던 때라 1925년 10월 세인트루이스의 로버트슨 항공회사에서 조종사로 활동했다. 세인트루이스에서 시카고까지 비행기로 우편물을 나르는 게 업무였다. 뉴욕~파리 간 현상 공모 소식을 들은 것은 그 무렵이었다.

찰스 린드버그

린드버그가 마침내 루스벨트 비행장에서 하늘로 솟아오른 것은 1927년 5월 20일 오전이었다. 그날 뉴욕의 한 야구장에서는 4만 명을 헤아리는 군중이 모여 린드버그의 성공을 기원했다. 린드버그는 먼저 캐나다 동부 가장 위쪽에 위치한 뉴펀들랜드까지 북상한 후 프랑스 쪽으로 방향을 틀었다. 사방은 망망대해뿐이었다. 조금만 졸아도 바다로 곤두박질치는 상황에서 주체할 수 없는 졸음이 엄습했다. 이렇게 졸음과 추위와 싸우며 바다 위를 건너 5월 21일 밤이 되자 멀리 에펠탑이 보였다.

그가 공항에 안착하기 전, 파리에서는 7~8만 명의 자동차 소유자들에게 한 장의 호소문이 배포되었다. 린드버그의 착륙 예정지인 파리 르부르제 공항으로 차를 몰고 가 두 줄로 늘어서 헤드라이트를 켜면 린드버그가 활주로를 쉽게 알아볼 수 있으니 도와달라는 내용이었다. 린드버그가 수만 명 인파의 환호를 받으며 르부르제 공항의 풀밭 활주로에 내렸을 때 시계는 정확히 33시간 30분이 지난 밤 10시 22분을 가리켰다.

그 순간 사람들이 비행장을 가로질러 린드버그의 비행기를 향해 뛰었다. 비행장을 둘러싼 2m 넘는 쇠사슬 울타리는 찌그러졌다. 군중 속에는 전설의 무용가인 이사도라 덩컨도 있었다. 군중은 린드버그를 조종석에서 끌어내리더니 약탈한 전리품처럼 떠메고 다녔다. 린드버그는 "마치 사람들 머리로 이루어진 거대한 바다에 빠져 죽는 것 같았다"고 회고했다. 영국 국왕 조지 5세는 린드버그를 초대해 비행 중 소변을 본 방법과 횟수, 버린 장소를 캐물어 영웅을 난처하게 만들었다.

린드버그가 캘빈 쿨리지 미 대통령이 보낸 해군 순양함을 타고 뉴욕으로 돌아오자 무려 400만 명의 뉴욕 시민이 그를 맞아주었다. 언론은 마치 구세주가 재림이라도 한 양 흥분했다. 16개 면을 할애한 뉴욕타임스는 물론 모든 신문과 잡지, 라디오가 온통 현대판 영웅 만들기에 앞장섰다. 미국 신문들은 나흘 동안 25만 건의 기사를 쏟아냈다. 린드버그가 받은 편지만도 350만 통이 넘었다. 뉴욕시 청소국은 6월 13일 환영 행사 때 빌딩 창문에서 뿌려진 오색 색종이를 1,800t이나 회수했다. 할리우드에서는 월트 디즈니라는 젊은 만화가가 영감을 얻어 생쥐가 조종사로 등장하는 단편 만화영화 '플레인 크레이지'를 만들었다. 이 생쥐가 바로 미키 마우스다.

죽음을 각오해야만 시도할 수 있는 대모험

사실 대서양 위를 비행기로 건너간 것은 린드버그가 처음은 아니었다. 1919년 5월 공군 장교 앨버트 리드가 5명의 승무원과 최초로 대서양 횡단 비행에 성공하고 1919년 6월 14~15일 영국의 비행사 존 올콕과 아서 브라운이 논스톱으로 대서양 바다 위를 건넜기 때문이다. 캐나다의 뉴펀들랜드에서 유럽의 아일랜드까지 약 3,030km의 최단 거리를 비행시간 16시간 27분 만에 날아간 그들이야말로 대서양 논스톱 횡단의 첫 주인공이었다.

그런데도 왜 린드버그만 각광을 받은 것일까? 그것은 올콕과 브라운에 비해 훨씬 먼 거리를 그것도 단독으로 비행했기 때문이다. 당시의 비행은 지금보다 훨씬 위험했다. 고도계와 계기판도 없었고 추위나 비 등 악천후에도 속수무책이었다. 이런 위험한 비행을 혼자 33시간도 넘게 감행한다는 것은 죽음을 각오해야만 시도할 수 있는 대모험이었다.

대서양 단독 횡단 비행 성공 후 린드버그는 육군 대령으로 진급하고, 공군 무공십자훈장과 의회 명예훈장을 받았다. 이런 인기 덕에 1929년 5

월 유력 정치인의 딸이자 백만장자 소설가인 앤 모로와 결혼하고 1930년 6월 아들까지 낳아 남부러울 것이 없었다. 그러나 1932년 3월 생후 20개월 된 아들이 유괴되고 2개월 뒤 그 아들이 주검으로 발견되는 아픔을 겪으면서 화려하던 인생에 먹구름이 끼었다. 2년 뒤 범인이 잡히긴 했지만 린드버그는 미국에서의 삶에 염증을 느껴 아내와 둘째 아들을 데리고 영국으로 이주했다.

1930년대 말 린드버그는 미국의 고립주의와 반유대주의를 외치는 전사로 활약했다. 1938년 나치 돌격대 대장 헤르만 괴링으로부터 명예훈장을 받고 미국의 2차대전 참전을 반대하는 고립주의 운동을 전개했다. 미국을 전쟁에 끌어들이려 하는 것은 "유대인 소유의 언론들"이라고 비난했다. 1939년 9월 2차대전이 발발하자 미 정부는 린드버그를 골치 아픈 존재로 인식했다. 미 국무장관은 "미국에서 활동하는 나치 협력자 가운데 넘버원"이라고 공개적으로 낙인을 찍고, 루스벨트 대통령은 "미국 정부를 전복하려는 사악한 세력을 대변하는 자"라고 공개적으로 비난했다.

1954년 아이젠하워 대통령이 공군 준장 계급의 지위를 회복해 주었지만 나치 숭배 경력은 생애 최대 오점으로 남았다. 이후에는 열렬한 환경보호주의자로 활동하며 1970년대의 초음속 여객기 개발을 적극 반대하다가 1974년 8월 26일 하와이에서 눈을 감았다. 그가 죽은 지 30년이 지난 2003년 아내 모르게 3명의 여자와 내연의 관계를 맺어 모두 7명의 자녀를 두었다는 복잡한 사생활이 밝혀지기도 했다.

린드버그 아들 유괴 사건 찰스 린드버그는 국민적 영웅으로 부상한 뒤 1929년 5월 유력 정치인의 딸 앤 모로와 결혼하고 이듬해 아들까지 낳아 모든 게 순탄해 보였다. 그러나 1932년 3월 1일 밤, 생후 20개월 된 아들이 뉴저지주 자택에서 갑자기 사라지면서

화려하던 인생에 먹구름이 드리웠다. 아들이 유괴된 현장에는 맞춤법이 엉망이고 조잡한 글씨의 "5만 달러를 준비하라"라고 적힌 편지와, 창문에 걸쳐 있는 부서진 사다리만 있을 뿐 단서가 될 만한 흔적은 보이지 않았다.

린드버그의 아내가 방송에서 눈물로 호소하자 범인이 쓴 "아이가 무사하다"는 내용의 편지가 도착했다. 경찰의 개입 없이 어떻게든 아들만 무사히 돌아오면 된다는 생각을 갖고 있던 린드버그는 "5만 달러를 지불하겠다"는 광고를 신문에 내고, 70대의 노교육자 존 콘던 박사를 사건 중재자로 고용했다.

콘던이 "요구하는 돈을 다 줄 테니 나와 접촉하라"는 광고를 신문에 내자 범인도 신문광고를 통해 "콘던을 대리인으로 인정하겠다"고 응답했다. 콘던이 다시 "돈이 준비되었다"는 광고를 내자 이번에는 범인으로부터 만나자는 전화가 걸려왔다.

복면을 한 범인과 콘던은 우드론 공동묘지에서 첫 접촉 후 4월 2일에도 성 레이먼드 공동묘지에서 다시 만났다. 범인은 콘던이 건네준 5만 달러를 받은 뒤 "아이가 있는 장소가 적혀 있다"며 쪽지만 건네고는 어둠 속으로 사라졌다. 그러나 범인이 알려준 곳에 아이는 없었다. 아이는 5월 12일 린드버그 집에서 멀지 않은 곳에서 시체로 발견되었다. 사인은 두개골 골절사였다. 린드버그가 아들임을 확인하지 않았으면 좀처럼 알아볼 수 없을 정도로 시체는 심하게 훼손되어 있었다.

이제 경찰이 기댈 것이라고는 콘던이 범인에게 지폐를 건네줄 때 메모했던 지폐 일련번호뿐이었다. 경찰은 전국의 은행, 우체국, 주유소에 지폐 번호를 알려주고 그 지폐를 사용한 사람에 대한 제보를 기다렸다. 그러기를 2년여. 1934년 9월 18일 마침내 용의자가 체포되었다. 롱아일랜드의 한 주유소 직원이 문제의 지폐로 기름 값을 지불한 용의자의 자동차

번호를 적어 경찰에 신고한 것이다.

용의자는 독일 태생의 브루노 하웁트만이라는 목수였다. 그는 미국에 오기 전 독일에서 전과가 있었던 불법 이민자였다. 정황도 하나둘 맞아떨어졌다. 차고에서 문제의 지폐 1만 4,600달러가 발견되었고, 범행 당시 발견된 부서진 사다리도 용의자의 집 지붕 아래 판자가 뜯겨 나간 곳과 정확히 들어맞는 것으로 확인되었다. 그러나 하웁트만은 결백을 주장했다. 1932년 함께 일을 하던 친구가 빚 때문에 독일로 돌아갔다가 몇 달전 독일 라이프치히에서 죽었고, 자신은 뒤늦게 창고에서 그 돈다발을 발견했다는 것이다. 그러나 그의 주장은 받아들여지지 않았고 결국 유괴와 살인죄로 기소되었다.

재판은 첫날부터 3,000여 명의 방청객과 700여 명의 기자가 몰려들 만큼 전 국민의 관심을 끌었다. 재판 과정에서 하웁트만의 목소리가 범인과 비슷하고, 협박 편지의 필체가 그의 것이라는 필적 감정사의 불리한 증언까지 나오면서 하웁트만의 무죄 가능성은 더욱 희박해졌다. 그러나 하웁트만이 유괴·살인했다는 결정적인 물증이 없었기 때문에 유죄를 둘러싼 논란은 더욱 가열되었다. 더구나 경찰은 초기에 공범이 있다는 전제 아래서 수사를 해놓고도 하웁트만 검거 후에는 공범을 찾을 생각을 하지 않았다.

석연치 않은 구석도 많았다. 지붕 아래 판자가 떨어져 나갔다는 것을 발견한 것은 하웁트만의 부인이었고 발견 시점도 체포 후 한참이 지난 뒤였다. 나머지 돈 3만 2,000달러도 발견되지 않았다. 하웁트만은 끝까지 무죄를 주장했으나 배심원들이 1급 살인 유죄평결을 내려 사형이 선고되었다. 돈이 없어 항소하지 못한 하웁트만은 결국 1936년 4월 3일 전기의자에서 최후를 맞았다.

베르너 하이젠베르크 '불확정성 원리' 발표

양자역학이 등장하기 전까지의 세계는 아이작 뉴턴의 파종으로 시작된 결정론의 시대였다.

아인슈타인의 상대성이론과 더불어 현대 물리학의 대혁명으로 꼽히는 양자역학은 1900년 양자가설을 처음 제시한 막스 플랑크를 필두로 닐스 보어, 볼프강 파울리, 루이 드 브로이, 베르너 하이젠베르크, 에어빈 슈뢰딩거 등 당대 천재 물리학자들이 일궈낸 도전과 노력의 산물이었다. 그중에서도 독일의 물리학자 베르너 하이젠베르크(1901~1976)가 발표한 '불확정성 원리'는 닐스 보어의 '상보성 원리'와 함께 양자역학의 대표적 성과로 꼽힌다.

하이젠베르크는 독일 뷔르츠부르크에서 태어나 총명한 아이로 주위의 주목을 받으며 성장했다. 1차대전 패전 후 혼돈으로 가득찬 시기에 독일의 젊은이들이 구세대를 불신하고 자기들끼리 무리를 지어 다니며 독자적인 길을 추구할 때 하이젠베르크 역시 우파 청년운동에 적극 참여했다. 그러면서도 머리가 뛰어나 1920년 뮌헨대와 괴팅겐대에 입학했다.

뮌헨대에서는 고전 양자이론을 세운 아르놀트 조머펠트에게, 괴팅겐대에서는 양자물리학 완성에 중요한 역할을 한 막스 보른에게 물리학을 배웠다. 보른은 1921년 괴팅겐대 이론물리학연구소 소장에 부임한 후 이른바 '괴팅겐 학파'라고 불리는 과학자군을 이끌며 양자역학의 발전과 핵물리학 개척에 공헌한 석학이다. '괴팅겐 학파'에 속하는 대표적인 학자로 로버트 오펜하이머, 아서 콤프턴, 에드워드 텔러, 유진 위그너, 엔리코 페르미 등이 있다. 1924년 '양자역학'이란 용어를 처음 쓴 것도 막스 보른이다.

하이젠베르크는 1922년 6월 괴팅겐대에서 열린 닐스 보어의 양자역학 강연에 참석했다. 후일 '보어 축제'로 불리게 될 이 강연에는 양자역학 형성에 결정적인 영향을 미친 전 세계의 내로라 하는 학자들이 모여 열흘간 진지한 토론을 벌였다. 하이젠베르크는 보어의 강연에서 큰 감명을 받아 보어에게 질문했고 보어는 하이젠베르크에게서 좋은 인상을 받았다. 하이젠베르크는 1923년 뮌헨대에서 박사학위를 받고 1924년 괴팅겐대에서 변칙적인 제이만 효과에 관한 논문으로 연수 과정을 마쳤다.

베르너 하이젠베르크

1924년 9월에는 보어가 덴마크 코펜하겐에 세운 양자론의 본산 덴마크 이론물리학연구소에 합류했다. 이 연구소는 낡은 고전물리학의 껍질을 뚫고 새로운 양자물리학이 태동하던 시기에 '반란'의 중심지였다. 1925년 5월 괴팅겐으로 돌아와 스승 보른과 함께 행렬 양자역학을 완성하기 위한 연구를 시작했다. 그러던 어느 날 건초열로 견디기 어려울 정도가 되어 북해의 헬골란트 섬으로 휴양을 떠났다. 그곳에서도 연구에 매진, 1925년 7월 스펙트럼의 세기를 계산할 수 있는 행렬역학을 완성했다. 그의 행렬역학은 곧 원자물리학계에 양자역학이라는 새로운 역학 체계를 확립하는 돌파구 역할을 했다.

'상보성 원리'와 함께 양자역학의 핵심 뼈대

하이젠베르크는 1927년 봄 양자역학에 대한 철학적 해석인 '불확정성의 원리'를 발표한 후 더욱 유명해졌다. 이 원리는 수개월 뒤인 1927년 9월 국제물리학회 회의에서 발표된 닐스 보어의 '상보성 원리'와 조화를 이루며 양자역학의 핵심 뼈대가 되었다.

'상보성 원리'는 우리가 일상생활에서 경험하는 두 종류의 상반되는 명제가 동시에 성립할 수 있다고 보는 것이다. 예를 들어 거시 세계에서는 상반되어 보이고 고전물리의 개념으로는 상호 배타적이어서 하나의 현상에 적용할 수 없는 빛의 입자와 파동도 미시 세계에서는 상호 보완적인 개념으로 받아들여야 원자 세계의 진실을 파악할 수 있다는 주장이다. 빛의 경우 관측자가 어떻게 보느냐에 따라 입자로도 파동으로도 보일 수 있는 동전의 양면과 같다는 것이다.

'불확정성 원리'는 전자와 같은 소립자의 세계에서는 그 위치와 속도를 동시에 정밀하게 측정하는 것이 불가능하다는, 다시 말해 위치를 결정하면 속도를 알 수 없고 속도를 알면 위치가 불분명해지기 때문에 확률적으로만 설명이 가능하다는 원리다. 이는 사물의 위치와 운동을 관찰하려고 아무리 좋은 도구를 발명해도 넘어설 수 없는 '원리적 한계'라는 것이다.

양자역학이 등장하기 전까지 세계는 아이작 뉴턴의 파종으로 시작된 결정론의 시대였다. 모든 자연현상이 한 치도 어긋남이 없이 움직이기 때문에 현재의 상태를 정확히만 안다면 미래는 저절로 결정된다는 뉴턴의 법칙을 누구도 의심하거나 거부하지 못했다. 신이 창조한 우주의 결정론적 속성, 그리고 수학을 통해 이 우주를 완벽하게 그려낼 수 있다는 뉴턴의 믿음은 그 자체로 불변의 진리이자 근대 서구의 표준적인 세계관이었다. 이런 기계론적 자연관을 근본부터 흔들어놓은 것이 막스 플랑크의 양자가설이지만 사실상 종지부를 찍은 것은 하이젠베르크의 '불확정성 원리'다.

'불확정성 원리', 기계론적 자연관 근본부터 부정

'불확정성 원리'는 이후 자연 세계를 바라보는 관점을 통계적이고 비결정론적인 세계관으로 바꾸고 물리학의 범위를 넘어 철학, 사회학 등 학문 전반에 심대한 영향을 미쳤다. 물론 양자역학이 골격을 갖추기까지 수많은 과학자의 땀과 열정이 들어갔다. 또한 기존의 물리 개념을 송두리째 바꿔야 했기에 좌충우돌을 피할 수 없었다. 1927년 10월 보어와 아인슈타인이 격돌해 유명해진 솔베이 회의와 코펜하겐 해석도 이런 과정 속에서 이뤄졌다. 하이젠베르크는 '불확정성 원리'를 인정받아 1927년 불과 26세의 나이로 라이프치히대 교수가 되고 노벨 물리학상(1932)과 막스 플랑크 메달(1933)을 받았다.

다만 히틀러 등장 후의 삶은 순탄하지 않았다. 나치의 집권으로 아인슈타인 같은 유대계 학자가 하나둘 독일을 떠난 후 나치주의자들이 "아인슈타인이 만든 상대성이론이나 양자역학은 모두 유대인의 학문"이라며 이를 옹호하는 하이젠베르크를 '백색 유대인', '정신적 유대인'이라고 몰아붙였기 때문이다. 그런데도 그는 미국으로 망명하라는 동료 과학자들의 충고를 받아들이지 않고 독일에 머물렀다. 이미 히틀러를 지지하고 조국을 옹호한다고 발표한 적이 있는 하이젠베르크로서는 당연한 선택이었다.

2차대전이 발발했을 때는 독일 병기국 '우라늄 클럽' 실무 책임자로 임명되어 원자력의 군사적 이용에 대해 연구했다. 1940년 2월 원자폭탄 제조법에 대한 보고서를 내고 원자로 건설을 위한 베를린 단지를 조성하는 데 힘을 보탰다. 1942년 7월 카이저 빌헬름 물리학연구소 소장에 임명되고 그해 10월 베를린대 교수로 임용되는 등 나치 하에서 활발한 활동을 펼쳤다. 이 때문에 2차대전 종전 후에는 연합군에 체포되어 영국에 8개월 동안 구금되었다가 풀려났다.

반면 독일이 원자폭탄을 개발하지 못한 것은 하이젠베르크를 비롯한 양심적인 이론물리학자들의 소극적인 연구 덕분이라는 주장도 있다. 하이젠베르크와 동료들이 히틀러의 핵심 참모와 국방 관계자들이 아무리 살펴봐도 알 수 없도록 교묘하게 연구 과정을 조작하거나 지연했다는 증언도 있다. 말년에는 자서전 격인 '부분과 전체'(1969)를 출판했다. 이 책은 딱딱한 물리학의 뒤에 숨어 있는 열정과 고뇌, 열띤 토론, 예술과 철학, 여행과 친교, 정치적 혼란과 전쟁, 대과학자가 부닥쳐야 할 시련과 고뇌를 실감나게 잘 묘사했다는 평가를 받았다.

솔베이 회의와 코펜하겐 해석

양자이론의 위대한 개척자 중의 한 사람인 아인슈타인이 양자이론을 반대했다는 것은 매우 역설적이다.

1927년 10월 닐스 보어, 막스 플랑크, 베르너 하이젠베르크, 에어빈 슈뢰딩거, 루이 드 브로이, 막스 보른, 알베르트 아인슈타인, 마리 퀴리 등 세계적인 물리학자들이 벨기에 브뤼셀의 솔베이 연구소로 모여들었다. 10월 24일부터 29일까지 열릴 예정인 이른바 '솔베이 회의'에 참석하기 위해서였다. 참석자 가운데 노벨상 수상자가 17명이나 될 정도로 면면이 화려했다. 솔베이 회의는 벨기에 화학자 에르네스트 솔베이가 기부한 기금을 토대로 1911년 가을 벨기에 브뤼셀에서 처음 열린 이래 모두 네 차례 열려 양자역학이라는 새로운 물리학이 태동하는 발판을 마련했다는 평가를 받고 있었다.

역대 솔베이 회의 가운데 가장 드라마틱했던 회의는 1927년의 5차 회의였다. 두 거목의 불꽃 튀는 세기적 설전도 그렇거니와 20세기의 거대 과학인 양자역학이 기존의 이론들을 물리치고 자리매김한 회의라는 점에서 그렇다. 토론의 주축 인물은 상대성이론의 아인슈타인과 양자역학의 성립에 크게 기여한 덴마크 출신의 닐스 보어였다. 강연 주제도 다양했다. 영국의 윌리엄 로런스 브래그는 'X선 반사', 미국의 아서 콤프턴은 '복사의 전자기이론과 실제와의 모순', 프랑스의 루이 드 브로이는 '양자의 새로운 역학', 독일의 막스 보른과 베르너 하이젠베르크는 '양자역학', 오스트리아의 에어빈 슈뢰딩거는 '파동역학', 닐스 보어는 '양자조건과 원자론

솔베이 회의에 참석한 세계 물리학계 석학들. 앞줄 왼쪽부터 막스 플랑크(2번째), 마리 퀴리(3번째), 알버트 아인슈타인(5번째), 가운뎃줄 왼쪽부터 루이스 드 브로이(7번째), 막스 보른(8번째), 닐스 보어(9번째), 뒷줄 왼쪽부터 에르빈 슈뢰딩거(6번째), 볼프강 파울리(8번째), 베르너 하이젠베르크(9번째)

의 새로운 발전'이란 주제로 강연했다.

그중에서도 참석자들의 가장 큰 관심을 끈 것은 보어의 강연이었다. 훗날 '코펜하겐 해석'으로 불린 보어의 강연은 그해에 이미 이탈리아의 코모에서 열린 알렉산드로 볼타 서거 100주년 기념 강연에서도 발표되었던 터라 참석자들은 그 내용을 이미 알고 있었다. 따라서 회의는 양자물리학에 대한 코펜하겐 해석의 성공을 확인하고 축하하는 회의가 될 것으로 예상했다.

오늘날 물리학자들은 '코펜하겐 해석'을 이렇게 정리한다. ▲입자 상태는 파동함수에 의해 결정되며 파동함수의 제곱은 측정값에 대한 확률밀도를 나타낸다. ▲모든 물리량은 관측이 가능할 때만 의미를 가진다. 물리적 대상이 가지는 물리량은 관측과 관계없는 객관적인 값이 아니라 관측 작용의 영향을 받는 값이다. ▲서로 관계를 가지는 물리량들은 하이젠베르크가 제안한 불확정성 원리에 따라 동시에 정확하게 측정하는 것이 불가능하다. ▲전자와 같은 입자들은 입자의 성질과 파동의 성질을 상보적으로 가진다. ▲양자 도약이 가능하다. 양자물리학적으로 허용된 상태들은 불연속적인, 특정한 물리량만 가질 수 있다.

양자역학이 기존의 이론들을 물리치고 자리매김한 회의

보어가 이런 내용의 코펜하겐 해석을 발표하자 아인슈타인이 반박했다. 아인슈타인의 예상치 못한 반격으로 회의는 축제에서 토론으로 바뀌었다. 아인슈타인은 "'우주를 지배하는 논리는 우연과 불확정성이며, 미래의 상태는 확률적인 예측만이 가능하다'는 보어의 주장을 인정할 수 없다"며 "자연현상은 확률적인 방법에 의해서가 아니라 엄격한 인과법칙으로 설명되어야 한다"고 주장했다. 하지만 양자역학에 따르면 어떤 관측 결과라도 우연의 영향을 받는다. 특정 물체가 관측되지 않는다는 것은 모든 곳에 존재하거나 어느 곳에서도 존재하지 않는다는 것을 뜻한다. 즉 세상에 확실한 것은 하나도 없다는 말이 된다.

아인슈타인은 우주를 지배하는 기본 법칙에 우연이 끼어들 여지가 없고 미래의 상태를 예측할 수 없는 것은 양자역학 이론이 불완전하기 때문이라고 주장했다. 아침마다 아인슈타인이 양자역학이 부적절하다는 것을 보여주는 문제를 내면 보어는 저녁쯤 어김없이 해결책을 찾아냈다. 아인슈타인은 계속 문제를 냈고 보어는 그때마다 문제를 해결하거나 아인슈타인의 논리적 오류를 지적했다.

회의가 열린 6일 내내 이런 논쟁이 계속되었다고 하이젠베르크는 회고했다. 아인슈타인은 토론 중 "신은 주사위를 던지지 않는다네"라는 유명한 말도 했다. 즉 일정한 법칙 없이 우주를 만든 것이 아니라는 것이다. 그러자 보어가 "신이 주사위 놀이를 하든 말든 당신이 상관할 바 아니다"라는 유명한 말로 응수했다.

사실 양자이론의 위대한 개척자 중의 한 사람인 아인슈타인이 양자이론을 반대했다는 것은 매우 역설적이다. 1921년 아인슈타인이 수상한 노벨상도 '빛이 양자라는 작은 에너지 알갱이'라는 사실을 밝혀낸 광전효과 연구 공로로 받은 것이다.

이것은 파동과 입자의 이중성을 끌어낸 중요한 연구로 양자물리학 발전에 중요한 계기가 되었다. 드 브로이의 물질파 논문이 발표되었을 때도 아인슈타인은 강력하게 그 이론을 지지하고 1926년 5월에는 슈뢰딩거 방정식에 대해서도 좋은 평가를 내렸다. 그러나 이것은 양자역학에 대한 아인슈타인의 마지막 우호적인 표현이었다.

아인슈타인은 우주의 모든 사건은 현재 상황과 물리법칙으로 예측 가능하다고 확신했다. 무작위적인 것처럼 보이는 것들은 우리가 아직 이들 사이의 인과관계를 이해하지 못하기 때문에 그렇게 보이는 것일 뿐이라고 생각했다. 자연의 법칙을 완전히 이해하고 현재 상태를 정확히 알고 있다면 미래에 일어날 모든 사건을 정확하게 예측할 수 있어야 한다는 것이 그의 생각이었다. 따라서 물리학적인 사건들 사이에 확률이 개입할 여지는 없다고 믿었다. 반면 보어는 실험을 통해 확인된 것이면 그것을 사실로 받아들였다.

이렇게 논쟁이 며칠 동안 계속되자 과학자들은 점차 두 사람의 끈질긴 논쟁에 싫증을 내기 시작했다. 특히 아인슈타인의 방식에 지루한 감정을 표현했다. 결국 아인슈타인은 물리학계의 존경받는 지도자로 솔베이 회의에 도착했으나 외로운 사람으로 회의장을 떠났다. 그는 상대성이론을 비롯한 초기 연구로 존경을 받고 있었지만 구시대의 인물로 여겨지기 시작했다. 그러나 아인슈타인은 끝까지 자신의 고집을 꺾지 않았다.

세계 최초 유성영화 '재즈 싱어' 개봉

앨런 크로슬랜드가 감독한 88분짜리 '재즈 싱어'의 스토리는 재미가 있으면서도 감동적이다.

　　"기다려! 기다려! 넌 아무것도 듣지 못했잖아! (Wait a minute! Wait a minute! You ain't heard nothin' yet!)". 19세기 말 탄생 후 오랫동안 침묵하던 영화가 마침내 말문을 튼 것은 1927년 10월 6일이었다. 그날 영화 주인공 알 졸슨(1886~1950)의 목소리가 영화에서 흘러나오자 뉴욕 워너 브러더스 극장에서 영화를 보던 관객들은 자신의 귀를 의심했다. 영화에서 배우 목소리가 들리다니…. 세계 최초의 유성영화 '재즈 싱어(Jazz Singer)'의 첫 대사는 이렇게 세상 밖으로 흘러나왔고, 영화 속 짧은 대사는 세계 영화사를 '무성(無聲)'과 '유성'으로 갈라놓았다.

　　앨런 크로슬랜드가 감독한 88분짜리 '재즈 싱어'의 스토리는 재미가 있으면서도 감동적이다. 한 유대인 소년은 5대째 내려온 칸토르(유대교 예배에서 노래를 부르는 사람)를 물려받아야 한다. 그러나 소년은 재즈 가수가 되겠다며 아버지의 반대를 뿌리치고 집을 뛰쳐나간다. 소년은 뉴욕에서 잭 로빈으로 개명하고 재즈 가수로 성공을 거둬 마침내 브로드웨이의 공연에 캐스팅되어 첫 주연을 맡는다. 하지만 공연 전날 아버지가 위독하다는 소식을 듣고 귀향해 임종을 지킨다. 로빈은 이렇게 첫 공연을 펑크냈지만 그의 노래가 점차 많은 사람의 사랑을 받으면서 브로드웨이의 인기 가수로 성공하게 된다.

　　'재즈 싱어'가 탄생할 무렵 미국의 영화산업은 위기에 몰려 있었다. 변사의 해설이나 생음악 연주 등으로 무성의 한계를 보완했으나 라디오의 등장 후 대중은 조금씩 영화를 외면했다. 그러던 중 영사기에 축음기를 연결한 벨연구소의 '바이터폰'이 등장하면서 화면에 소리를 넣는 유성영화의 기술적 토대가 마련되었다.

워너 브러더스 영화사와 앨런 크로슬랜드
감독은 이 바이터폰을 이용해 1926년 8월 '돈
주앙'이라는 장편 영화를 만들어 세상에 공개
했다. 그러나 '돈 주앙'은 뉴욕필이 연주한 영
화음악과 칼이 부딪치는 음향효과만 들려주
었을 뿐 배우들의 육성까지는 담아내지 못했
다. 그래서 영상과 음악, 대사와 노래를 동시
에 갖춘 '재즈 싱어'에 최초 유성영화의 영예
가 돌아간 것이다. '재즈 싱어'는 1925년 브로
드웨이 뮤지컬로 공연되고 있던 '참회의 날'

'재즈 싱어'에서 열연하는 알 졸슨

을 원작으로 삼았다. 하지만 한동안 주연배우를 구하지 못해 난항을 겪었
다. 그러다가 발견한 인물이 수년 전 브로드웨이에서 '스와니'를 히트시켜
유명해진 알 졸슨이었다.

"기다려! 기다려! 넌 아무것도 듣지 못했잖아"

알 졸슨은 러시아의 유대인 가정에서 태어나 7살 때 미국으로 이주해
워싱턴에서 성장했다. 아버지는 유대인 성가대 지휘자로 활동하며 아들
이 가업을 이어주기를 원했으나 알 졸슨은 '보드빌'(음악을 곁들인 짧은 희
가극)에 빠져 지냈다.

졸슨은 워싱턴의 보드빌 무대에 서고 1910년대 초반부터는 뉴욕의 뮤
지컬 무대에서 활약했다. 뮤지컬 '신밧드'(1918)에도 출연했으나 이름은
그다지 알려지지 않았다. 그러다가 1919년 조지 거슈윈이 작곡한 '스와니'
를 '신밧드'에서 부른 후 선풍적인 인기를 끌었다. 이런 점에서 알 졸슨 개
인의 삶은 영화 '재즈 싱어'와 너무나 흡사했다.

'재즈 싱어'는 재미도 있었지만 알 졸슨의 뛰어난 노래 솜씨가 자랑이

었다. 통상 '최초'는 짜임새가 없고 내용이 빈약하기 마련인데도 알 졸슨의 가창력은 '최초'답지 않게 관객의 혼을 빼놓을 정도로 훌륭했다. 최초의 유성영화라고는 하나 영화의 대사 대부분은 자막으로 처리된 무성이었고, 단 두 장면만 배우의 목소리가 들리는 유성이었다.

그러나 그 '양'은 문제가 되지 않았다. 중요한 건 배우가 '말을 한다'는 것이었고 그것은 경이였고 충격이었다. 또한 '재즈 싱어'에서 알 졸슨이 부른 'My Mammy' 등의 세 곡은 오늘날의 기준으로 본다면 최초의 영화 주제곡이라고 할 수 있다. 알 졸슨이 카메라 앞에서 노래를 부른 것은 최초의 뮤지컬 영화라는 의미도 있다. 대사가 나온다고 해서 영화에 붙은 '토키(Talkie)'는 이후 유성영화를 지칭하는 대명사가 되었다.

알 졸슨은 최고 인기 스타로 부상했다. 워너가의 네 형제가 모여 만든 워너 브러더스는 '재즈 싱어' 상영 전까지만 해도 패러마운트, MGM 등에 비해 사세가 훨씬 못 미쳤으나 영화 덕에 기록적인 흥행 수입을 거둬들여 메이저 영화사들과 어깨를 나란히 하는 거대 스튜디오로 발돋움했다.

그렇다고 '재즈 싱어'가 최대 흥행 실적을 낸 영화는 아니었다. '재즈 싱어'보다 한 주 먼저 개봉된 제1회 아카데미 작품상 수상작 '날개들', 그레타 가르보가 출연한 '러브' 등의 흥행 기록에는 미치지 못했다. 찰리 채플린은 "유성영화가 영화예술의 토대가 되는 팬터마임을 땅속에 파묻어 버린다"는 이유를 들어 오랫동안 비판적이었다. 그러나 그 역시 도도한 시대의 흐름을 거역하지 못해 1936년 '모던 타임스'를 통해 유성영화 시대로 뛰어들었다.

영상과 음악과 목소리가 완벽하게 조화를 이룬, 진정한 의미의 최초의 유성영화는 '재즈 싱어'가 개봉되고 9개월 후인 1928년 7월 6일 개봉된 워너사의 '뉴욕의 등불'이었으나 단 두 마디 대사 덕에 영원한 최초는 '재즈 싱어'에 돌아갔다.

한국 최초 유성영화 '춘향전'

한국 최초의 유성영화는 1935년 10월 4일 서울 단성사에서 개봉한 '춘향전'이다. 우리나라 최초의 영화 '의리적 구토'가 선보인 지 19년 만이었고 세계 최초의 유성영화 '재즈 싱어'가 나온 지 8년 만이었다. 이명우와 김소봉이 공동 감독하고 동명이인의 이명우가 촬영, 이필우가 녹음을 맡았다.

우리 영화사상 처음으로 홍난파가 작곡한 주제가도 삽입되었다. 제작자는 조선영화주식회사 경성촬영소를 설립한 일본인 와케지마 슈지로였는데, 그는 맨손으로 일본에서 건너와 조선에 자리를 잡은 당시 서울 영화계의 대부 같은 인물이었다.

'춘향전'과 비슷한 시기에 제작을 시작한 유성영화도 있었다. '말 못할 사정'이라는 영화였는데 무슨 말 못할 사정이 있었는지 3분의1 정도까지만 촬영한 상태에서 제작이 중단되었다. 나운규 역시 '아리랑 3편'을 유성영화로 만들었으나 기술 문제 등으로 제작이 늦어져 1936년 5월 개봉했다.

'춘향전'의 촬영 초기에는 촬영장의 방음 설비가 되어 있지 않아 멍석 1,600여 장을 사다가 물에 적셔 두 겹으로 막아놓고 촬영을 했다. 촬영 도중 밖에서 들려오는 개 짖는 소리, 새벽 두부 장수 소리 때문에 다시 찍기도 했다. 제작비가 일반 영화의 2배 이상 들다 보니 입장료 역시 1원이나 되었다. 당시 중편 정도의 양화 2편을 보는 데 30~40전이 들고 2년 후 상영된 찰리 채플린의 '모던 타임즈'가 70전을 받은 것과 비교하면 비싼 입장료였다. 대사도 몇 마디 없었으나 변사 대신 영화 속에서 튀쳐나오는 다듬이 소리, 대문 여닫는 소리가 신기해 단성사는 연일 초만원을 이뤘다.

그러나 평론가들의 평은 냉정했다. 클라이맥스가 분명치 않다거나 소년 소녀들의 연애소설 같다거나 하는 등 비판적인 지적도 있었다. 그러면서도 격려를 잊지 않았다. 유성영화가 자리 잡으면서 영화계에는 많은 변화를 가져왔다. 음성 연기가 서툰 무성영화의 스타들이 은막에서 사라진 반면, 연극 출신 연기자가 대거 영화계로 진출했다. '무성영화의 꽃'으로 불리며 높은 인기를 끌던 변사도 서서히 역사 속으로 사라졌다.

제롬 컨 작곡 뮤지컬 '쇼 보트' 초연
'쇼 보트' 후 미국 뮤지컬 음악은 대중화되고 따라 부르기 쉬운 음악으로 바뀌었다.

영국은 유럽 대륙에 비해 상대적으로 오페라의 전통이 취약했다. 오페라보다는 마술, 서커스, 노래, 춤, 합창, 만담, 코미디 등을 '종합선물세트' 식으로 안겨주는 '버라이어티쇼'가 융성했다. 이 버라이어티가 미국의 뉴욕에서 큰 인기를 끈 것은 1840년대였다. 한 무대에 잡다한 볼거리를 마치 코스 요리처럼 올려놓은 버라이어티는 다민족 사회인 뉴욕의 속성과도 잘 맞았다. 백인 남성 중심의 관객들은 버라이어티 공연을 보면서 술을 마시고 춤을 추며 쌓인 스트레스를 해소했다. 공연장에 고용된 여성 접대부들도 흥을 돋우는 데 일조했다.

그 무렵 미국에서 유행한 것 중에는 '민스트럴쇼'도 있다. 백인 배우들이 얼굴에 검댕을 칠하고 나와 흑인 캐릭터를 연기하는 이 쇼의 특징은 흑인을 아무 생각 없고 저분한 동물처럼 묘사한다는 것이다. '민스트럴쇼'는 흑인을 무뇌아로 설정하고 코미디 소재로 삼았기 때문에 1900년대 초반까지도 백인 관객들의 비열한 웃음을 양분삼아 번성했다. 우리에게 익숙한 미국 민요 중 '켄터키의 옛집', '오 수잔나', '스와니 강'들도 민스트럴쇼단의 의뢰를 받아 작곡된 곡들이다. 1860년대에는 저속한 희극과 코러스 걸의 쇼를 합친 '벌레스크'도 등장했다. 선정적이고 외설적인 내용의 벌레스크 역시 미국 남성을 사로잡았다.

19세기 후반 산업화가 진행되면서 미국인들의 생활 패턴에 변화가 생겼다. 농장에서 일하던 시절과는 달리 저녁에 여가 시간이 주어지자 오페라 등의 고급 예술과 버라이어티쇼 사이의 간극을 메워줄 오락거리가 등장한 것이다. '보드빌'로 불린 이 건전한 버라이어티는 노래와 연극을 중심으로 다양한 무대를 선보여 남녀노소, 인종 구분 없이 고른 인기를 얻었다.

제롬 컨

보드빌이 다른 장르의 쇼와 구별되는 결정적인 특징은 음악의 비중이 높다는 점이었다. 보드빌은 수십 년 동안 번성하다가 1920년대 들어 쇠퇴하기 시작했다. 사람들은 1920년대에 늘어나기 시작한 재즈 클럽에서 빅밴드의 재즈 음악에 맞춰 스윙과 폭스트롯 등 격렬한 춤에 몸을 맡겼다. 무성영화의 확산도 보드빌의 쇠퇴를 가속화했다. 보드빌이 퇴조하자 대사가 대본의 절반에 가깝고 탄탄한 스토리에 아름다운 음악이 결합된 '북 뮤지컬'이 무대 뮤지컬의 중심으로 자리를 잡았다.

한편 20세기 들어 미국의 쇼 제작자들이 유럽의 오페라 형식에서 아이디어를 빌려와 코믹 오페라, 보드빌, 레뷔, 오페레타 등으로 끊임없이 변화를 시도했지만 여전히 독자적인 미국식 뮤지컬과는 거리가 있었다. 레뷔는 줄거리만 없을 뿐 뮤지컬과 거의 같은 형식의 공연이고, 오페레타는 상류계급의 오락이었던 오페라의 지루함을 막기 위해 막과 막 사이에 희극적인 가벼운 내용의 '막간극'을 넣어서 서민적이고 가벼운 오락으로 만든 오페라의 대중판이다.

미국 뮤지컬의 역사는 '쇼 보트'를 전후로 해 나뉜다

미국의 작곡가들이 미국식 뮤지컬을 모색하기 시작한 것은 20세기 들어서였다. 그 중심에는 제롬 컨(1885~1945)이 있었다. 그는 뉴욕에서 태어나 뉴욕음악학교를 졸업하고 독일 유학 후 돌아와 극장 보조 작곡가로 일하다가 1912년 뮤지컬 '빨간 페티코트'로 주목을 받았다. 1914년 뮤지컬 '유타에서 온 처녀'에 사용된 '그들은 나를 믿지 않았어'를 히트시켜 브로드웨이의 차세대 작곡가로 단숨에 부상했다. 브로드웨이 '쇼툰'(뮤지컬 음악)의 기초를 다진 것도 제롬 컨이었다. 1960년대 중반 무렵부터 일어난 새로운 뮤지컬의 흐름을 주도한 스티븐 손드하임 등의 작곡가들이 "제롬 컨의 스타일에서 벗어나는 게 음악적인 쇄신"이라고 말할 정도로 그의 쇼툰은 독보적이었다.

구태의연한 방식의 노래에서 탈피해 신선하고 새로운 음악을 추구하는 제롬 컨의 명성은 작사가 오스카 해머스타인 2세(1895~1960)를 만나 더욱 빛을 발했다. 두 사람은 1927년 미국 뮤지컬 역사를 새로 쓰게 한 '쇼 보트'를 탄생시켰다. 한 평론가가 말했듯 미국 뮤지컬의 역사는 '쇼 보트'를 전후로 해 나뉜다. '쇼 보트' 후 미국 뮤지컬 음악은 유럽식 오페라 경향에서 벗어나 대중화되고 따라 부르기 쉬운 음악으로 바뀌었다. 제작자들도 듣기 쉬우면서 여운이 오래가는 미국 특유의 음악에 춤과 미술 등을 적절히 조합해 종합예술로서의 뮤지컬을 만들었다.

'쇼 보트'는 여류작가 에드너 파버의 동명 장편소설(1926)을 원작으로 삼아 19세기 후반 미시시피강을 오르내리며 선객을 상대로 쇼를 공연하던 흥행선(쇼 보트)을 무대로 미국만의 문제인 인종차별, 흑백 간의 통혼과 이혼, 알코올 중독, 도박 등 파격적인 내용들을 뮤지컬 속으로 끌어들였다. 결말이 비극적이었기 때문에 이때부터 '뮤지컬 코미디'라는 용어가 '뮤지컬'로 바뀌어 불렸다.

1927년 12월 27일 뉴욕의 지그펠드 극장에서 초연된 '쇼 보트'는 소재도 특이했지만 오프닝부터가 달랐다. 그때까지의 뮤지컬은 남녀 간의 가벼운 만남을 테마로 삼아 극중 내용과 관계없는 노래를 부르고 춤을 추는 식으로 진행되었다. 그런데 '쇼 보트'에는 뮤지컬 하면 으레 오프닝에 등장했던 코러스 걸이 없었다. 관객이 이 새로운 뮤지컬에 환호를 보낸 덕에 '쇼 보트'는 1년 반 동안 572회나 공연되었다. '쇼 보트'는 드라마적인 완성도가 흥행의 중요한 요인으로 떠올랐음을 증명하는 최초의 뮤지컬이 되었다. 이 작품을 기점으로 미국 뮤지컬 음악은 오페라적 경향에서 벗어나 대중화되면서 따라 부르기 쉬운 음악으로 바뀌었다.

'쇼 보트'가 성공을 거둔 이유도 관객들이 노래를 흥얼거릴 수 있을 만큼 쉬운 음악 때문이었다. 그 대표적인 곡이 '그 남자를 사랑하지 않을 수 없네'와 '올 맨 리버'이다. '쇼 보트'는 1928년 영국 런던에서도 개막되었고 영화로도 4차례 만들어졌다.

니콜라 사코와 바르톨로메오 반제티 사형
두 사람이 범인인지 아닌지는 지금까지도 분명히 밝혀지지 않고 있다.

1917년의 러시아혁명은 주로 유럽의 공산주의자들을 자극했지만 미국의 일부 급진주의 세력도 고무해 일부 미국인을 불안케 했다. 1918년 전 세계를 강타한 스페인독감은 1차대전에 참전한 미군 전사자보다 10배나 많은 목숨을 앗아가 민심이 그 어느 때보다 흉흉했다. 경기도 좋지 않았다.

그런 가운데 1919년 4월 말, 깔끔하게 포장된 30개의 폭탄이 미국 맨해튼 우체국에서 전국 각 지역으로 발송되었다. 수령인 중에는 존 록펠러, J.P. 모건 같은 기업가도 있었고, 공산주의자나 무정부주의자들의 활동을 탄압한 미첼 파머 법무장관도 있었다. 폭탄은 5월 1일 노동절 날 한

니콜라 사코(오른쪽)와 바르톨로메오 반제티

꺼번에 터지도록 만들어졌다. 그러나 다행히 한 우체국 직원이 폭탄을 발견하고 이 사실을 전국의 우체국에 기민하게 알려 폭탄은 터지지 않았다. 체신장관이 "미국 역사에서 이보다 더 악랄한 음모는 없었다"고 말할 만큼 미 역사상 가장 규모가 컸던 폭탄 암살 계획은 이렇게 수포로 돌아갔다.

폭탄 테러 미수 사건으로 미국인들이 불안해하는 가운데 6월 2일 밤 미첼 파머 법무장관 집 문 앞에서 큰 폭발이 일어났다. 공교롭게도 폭발로 죽은 사람은 파머 장관이 아니라 이탈리안으로 추정되는 범인이었다. 그날 밤 몇몇 다른 도시에서도 비슷한 폭발이 일어났다.

폭탄 테러가 연이어 발생하자 반사적으로 애국주의가 확산되고 대대적인 좌익 검거 선풍이 불었다. 공산주의자와 무정부주의자들이 대상이었다. 1920년 1월 2일에는 훗날 '파머의 습격'이라고 불리게 될 최대 규모의 검거가 이뤄졌다. 현장 지휘자는 파머 장관의 보좌관이자 훗날 FBI 국장이 될 에드거 후버였다. 전국 30개 도시에서 수천 명의 외국인이 체포되고 그중 수백 명의 급진주의자가 국외로 추방되었다. 미국은 물론 전 세계의 신문 1면을 한동안 크게 장식할 무장 강도 살인사건이 일어난 것은 이처럼 미국이 혼란스럽던 1920년 4월 15일이었다.

그날 오후, 매사추세츠주 보스턴 근교의 평온한 마을 사우스 브레인트리에서 구두공장의 경리직원과 경비원이 1만 5,766달러가 담긴 500여 개의 봉급 봉투를 갖고 길을 걷고 있을 때 갑자기 총성이 울리더니 한 사람은 현장에서 즉사하고 한 사람은 병원에서 숨지는 사건이 벌어졌다. 돈 가방을 주워든 범인들은 공범의 자동차를 타고 순식간에 사라졌다. 목격자들에 따르면 범인은 모두 5명이었다.

경찰은 목격자의 증언을 토대로 5월 5일 2명의 용의자를 체포했다. 용의자들은 1908년 미국으로 이민 온 이탈리아인이었다. 한 사람은 구두공장 제화공 니콜라 사코였고 다른 한 사람은 생선장수 바르톨로메오 반제티였다. 다른 3명의 범인 중 1명은 이미 추방된 상태였고 2명은 수배자 명단에 이름이 올라 있었다.

범인으로 의심받을 요소도 많아

경찰이 보기에 사코와 반제티는 범인의 조건을 두루 갖추고 있었다. 둘다 당시 미국에서 환영받지 못하는 이탈리아 이민자인데다 열렬한 무정부주의자였기 때문이다. 체포 당시 총과 총탄도 갖고 있었고 1917년 1차대전 참전을 피해 멕시코로 도망친 전력도 있었다.

경찰은 강도 살인사건을 4개월 전 크리스마스 이브에 근처 사우스 브리지워터에서 일어난 강도 미수사건과 동일범의 소행으로 보고 사코와 반제티의 당일 행적을 캐물었다. 사코는 알리바이가 입증되어 기소를 면했지만 반제티는 사건이 일어난 날 장어를 팔러 다녔다고 항변했는데도 기소되었다. 1920년 7월 배심원이 반제티의 강도 미수에 대해 유죄평결을 내려 반제티는 결국 12~15년형을 선고받았다.

한편 검찰은 1920년 4월의 브레인트리 무장 강도 살인사건에 대해서는 두 사람 모두 기소했으나 두 사람은 줄곧 무죄를 주장했다. 사코는 사건이 일어난 4월 15일에 근무했다고 했고 반제티는 생선을 팔러 나갔다고 했다. 그러나 사코의 말은 거짓인 것으로 밝혀졌다. 그날 보스턴에 가서 여권을 찾아오겠다며 결근한 것으로 확인되었기 때문이다. 반제티도 신문과정에서 한 말 중 일부가 거짓말인 것으로 드러났다. 거짓말을 한 사실을 은폐하려다가 또 다른 거짓말을 한 사례도 드러났다. 재판 과정에서 거짓임이 밝혀지자 두 사람은 좌파로 낙인찍히는 것과 추방이 두려워서 거짓말을 했다고 변명했다.

두 사람은 1920년 9월 11일 1급 살인죄로 기소되었다. 그러자 닷새 뒤인 9월 16일 38명이 죽고 300명이 부상하는 대규모 폭발이 월스트리트에서 일어났다. 이탈리아로 도주한 월스트리트 폭파범은 두 사람과도 친한 무정부주의자였다. 1921년 5월 31일 시작된 재판은 증인들의 모호한 진술, 사코와 반제티에 대한 검찰의 유도신문으로 일관했다.

검사는 두 사람이 영어를 잘 구사할 줄 모른다는 점을 이용해 교묘한 반대신문으로 두 사람을 기존 체제를 파괴하려는 반역자로 몰아갔다. 검찰이 제시한 증거들도 허점이 많았지만 167명이나 되는 증인의 증언들도 엇갈릴 때가 많았다. 50명의 목격자 증언들 중에는 두 사람이 범인과 닮았다는 증언도 있었지만 범인이 아니라고 증언한 사람이 더 많았다. 검사가 진술을 확보한 200명이 넘는 참고인도 일부만 "두 사람이 범인이 맞다"고 진술했을 뿐 나머지는 두 사람이 범인이 아니라고 진술했다. 판사는 '무정부주의 놈들'이란 말을 습관처럼 내뱉었다. 이런 과정을 거쳐 1921년 7월 14일 배심원이 두 사람에 대해 1급 살인죄 유죄평결을 발표했다.

그러자 세계 곳곳에서 재판의 불공정성을 규탄하는 시위가 벌어졌다. 이탈리아의 60개 도시에서는 노동자들이 시위 행진을 하고, 유럽에서는 주로 공산주의자들이 주도한 각종 궐기가 이어졌다. 이탈리아 주재 미국 대사관의 집에서는 소포로 배달된 수류탄이 터졌고 파리의 노동자 시위 때는 폭탄이 터져 20명이 죽었다. 미국에서는 공산주의자들이 한밤중에 폭탄을 터뜨려 주택들을 파괴하는 테러가 일어났다.

재판의 불공정성 규탄하는 시위 세계 곳곳에서 벌어져

사코와 반제티는 1심 평결 후 바로 재심을 신청했으나 1921년 12월 24일 기각되었다. 사코는 1923년 2월 15일부터 한 달 간 단식투쟁을 했다. 단식투쟁 소식이 언론을 통해 보도되자 한동안 잊혔던 사코와 반제티가 다시 신문 전면에 등장했다. 사코의 단식이 30일째로 접어들자 사코의 무죄를 주장하는 측이 "절도범이나 살인범이 불의에 저항해 30일이나 단식한다는 말을 들어본 적이 있느냐"라며 "사코의 단식이야말로 무죄의 증거"라고 항변했다.

사코와 반제티가 매사추세츠주 대법원에 상고하고 결과를 기다리고 있던 1925년 11월 어느 날, 살인죄로 사형선고를 받은 한 포르투갈인 죄수가 "내가 강도 살인사건 주모자"라고 자백하는 일이 일어났다. 하지만 판사는 "신빙성이 없어 믿을 수 없다"며 그의 자백을 인정하지 않았다. 결국 1926년 5월 12일 매사추세츠주 대법원이 상고를 기각했고 1927년 4월 9일 두 사람에게 사형선고가 내려졌다. 그러자 세계 각지에서 "미국판 드레퓌스 사건", "20세기 마녀사냥"이라며 항의 시위가 연이어 일어났다. 아인슈타인은 쿨리지 대통령에게 항의 서한을 보내고, 작가 조지 버나드 쇼는 "사건이 조작된 것 같다"고 주장했다.

이처럼 항의가 빗발치자 매사추세츠주 주지사가 1927년 6월 균형 잡힌 시각의 소유자로 알려진 하버드대 총장을 위원장으로 하는 조사위원회를 구성했다. 위원들은 1927년 8월 초 "재판 과정이 대체로 공정했기 때문에 감형은 필요 없다"고 결론을 내렸다. 결국 사코와 반제티는 1927년 8월 23일 밤 전기의자에 앉아 죽었다.

두 사람은 처형 후 20년 동안 세계 각지에서 144편의 시, 6편의 연극, 8편의 소설, 그리고 초상화와 앨범으로 되살아났다. 화가 벤 샨은 23점의 '사코와 반제티의 수난'(1931~1932) 시리즈를 제작했고 소설가 존 더스패

서스는 소설 'USA'의 3부작인 '북위 42도선'(1930), '1919년'(1932), '거금'(1936년) 등을 통해 사코와 반제티 재판의 부당성을 비판했다.

그들의 죽음이 있고 정확히 50년째가 되는 1977년 8월 23일에는 매사추세츠주 주지사 마이클 듀카키스가 "두 사람에게 씌워졌던 모든 혐의는 무효이며 그들의 명예를 되찾아주어야 한다"는 선언문에 서명하고 8월 23일을 '사코과 반제티의 날'로 정했다. 다만 사면은 하지 않았다. 두 사람이 범인인지 아닌지는 지금까지도 분명히 밝혀지지 않고 있다.

장개석·송미령의 결혼
'서안사변'은 송미령의 생애에서 가장 극적인 순간이었다.

장개석(1887~1975)이 사실상 중국 현대사의 주역으로 등장한 시점은 1927년이다. '상해 반공 쿠데타'를 일으켜 국공합작으로 유지되던 국민당의 우파 거두로 부상하고, 중국의 4대 재벌 가운데 하나인 송씨 가문의 셋째 딸 송미령(1897~2003)과 결혼함으로써 든든한 지원군을 얻은 게 1927년이기 때문이다. 1928년에는 북경까지 점령해 북벌을 완성하고 남경 정부의 주석에 취임함으로써 명실상부한 1인자로 우뚝 섰다.

장개석과 송미령의 결혼은 송미령의 집안을 배경으로 삼아 천하를 얻겠다는 장개석의 야망과, 중국의 퍼스트 레이디가 되고 싶어한 송미령의 꿈이 맞아떨어진 결합이었다. 송미령의 언니 송경령은 "그들의 결합은 정치이지 사랑이 아니다"라고 말해 결혼의 성격을 잘 짚어냈다.

장개석은 중국 절강성 봉화현에서 태어났다. 8살 때 아버지가 죽어 집안이 어려웠으나 엄격한 어머니는 장개석을 사숙과 학교로 보내 전통 한학과 신교육을 받게 했다. 장개석은 19살 때인 1906년 보정군사학교에 입

학, 군사 수업을 받다가 일본 육군학교
로 파견하는 장학생으로 선발되어 1907
년 일본의 진무군사학교에서 군사훈련
을 받으며 근대 문명을 익혔다. 일본에
망명 중이던 손문을 만나, 손문이 봉건
청조를 무너뜨려 새로운 공화국을 세우
기 위해 설립한 비밀결사 조직인 '중국
동맹회'에 가입했다.

장개석과 송미령

1909년 5월 진무군사학교를 졸업한
후 일본의 포병부대에서 사병으로 복무
하던 중 1911년 10월 10일 중국에서 신
해혁명이 발발했다는 소식을 듣고 곧바로 중국으로 돌아왔으나 뒤늦게
혁명에 가담한 터라 큰 공을 세우지는 못했다. 1913년 7월 원세개 타도를
기치로 내건 신해혁명 제2혁명 때는 1개 대대를 지휘하며 무기공장을 점
령하는 등 군사적 재능을 보였으나 결국에는 제2혁명이 실패해 일본으로
도주했다. 1915년 12월에도 신해혁명 제3혁명에 동참했다가 또다시 실패
를 맛보았다.

그러던 중 1916년 6월 원세개가 죽고, 크고 작은 군벌들이 발호해 중국
은 이른바 군웅할거 시대로 빠져들었다. 손문은 남쪽의 광동성을 기반으
로 세력을 확장하고 장개석은 손문의 휘하에서 군사 부문을 지원했다. 그
러면서도 장개석은 상해의 기생집을 돌아다니며 방탕한 생활을 했다.

"그들의 결합은 정치이지 사랑이 아니다"(송경령)

장개석이 손문의 두터운 신임을 받게 된 것은 1922년 6월 진형명이 반
란을 일으켜 손문의 목숨이 위태로울 때 손문과 그의 아내 송경령을 구해

내면서였다. 그 덕에 1923년 2월 손문이 비상 총통으로 있는 광동 정부의 참모장에 임명되고, 손문의 뜻에 따라 1923년 7월 소련을 방문해 반 년간 소비에트군을 관찰·연구하고 돌아왔다. 1924년 6월에는 손문이 야심차게 설립한 황포군관학교의 초대 교장이 되었다.

그때까지 장개석은 두 번 결혼하고 한 번 동거하는 등 여성 편력이 심했다. 장개석이 처음 결혼한 것은 14살이던 1901년이었다. 장개석보다 5살이 많은 이 여인은 장개석의 유일한 아들인 장경국(훗날 대만 총통)을 낳았다. 배우지는 못했지만 본부인이고 시어머니의 유일한 손자를 낳았다는 점을 최대한 활용해 장개석에게서 버림받은 후에도 장개석의 고향 집에 눌러살았다. 두 번째 여자는 기생집에서 만났는데 결혼은 하지 않아 첩으로 분류된다.

진결여라는 이름의 세 번째 여자는 장개석과 동거하다가 장개석이 첫 부인과 법적으로 이혼한 1921년 결혼했다. 당시 장개석은 34살이었고 진결여는 15살의 소녀였다. 장개석은 매독에 걸린 상태에서 결혼했기 때문에 결혼 후에도 매독을 치료했다. 어느 날 매독을 치료하는 병원에 찾아갔을 때 한 여성이 장개석의 눈에 들어왔다. 아동노동위원의 일원으로 병원의 실태와 입원 중인 아동노동자들을 살피고 있는 송미령이었다.

당시 송미령은 미국에서 대학을 졸업하고 귀국해 아동노동위원으로 활동 중이었다. 송미령은 오만하고 독선적이었지만 미모, 교양, 외교력 등을 두루 갖춘 서구형 여성이었다. "나에게 동양적인 것은 오직 얼굴뿐"이라며 서구적 사고방식과 생활을 즐겼다. 미인이고 세련되고 교양과 언변까지 갖춰 상해 사교계의 샛별 같은 존재였다. 당시 장개석은 아직 손문의 신임을 받지 않을 때여서 상해의 암흑가 조직인 '청방'과 어울리며 지냈다.

장개석은 송미령을 마음속으로만 품고 있다가 손문의 인정을 받아 요직에 오르자 결혼한 몸인데도 송미령의 형부인 손문에게 중매를 부탁했다. 송미령은 장개석의 존재를 이미 알고는 있었으나 미덥지 않아 보이고 자신도 약혼자가 있어 결정을 하지 못했다. 송미령의 어머니는 극렬 반대했다. 두 번의 결혼에 첩까지 있고 기독교를 믿지 않는다는 이유에서였다.

"장개석과의 결혼이 아니고 중국 황제와의 결혼"(송애령)

그러던 중 1925년 3월 손문이 죽어 장개석의 국민당 내 지위가 더욱 높아졌다. 장개석은 1926년 여름 국민혁명군 최고사령관이 되어 손문의 유지를 받들어 북벌을 단행했다. 북벌군은 장사(8월), 무한(9월), 무창(10월), 남창(11월) 등을 점령하며 파죽지세로 북상했다. 1927년 3월에는 상해와 남경까지 점령, 양자강 이남을 사실상 국민당의 지배 지역으로 만들었다. 장개석은 1927년 4월 12일 '상해 반공 쿠데타'를 일으키고 4월 18일 남경에 국민정부를 정식 발족함으로써 국민당 우파의 대표 주자로 급부상했다. 이로써 중국에는 국민당 좌파와 공산당의 연합 정부인 무한 정부, 장개석이 주도하는 국민당 우파의 남경 정부, 북경의 군벌 정부, 이렇게 세 정권이 대립했다.

그런 가운데 무한 정부와 남경 정부 간의 정통성 시비와 군사적 대치가 일촉즉발의 상황으로 치달았다. 하지만 충돌은 1927년 8월 13일 장개석의 갑작스러운 하야 선언으로 가까스로 모면했다. 장개석은 당주석, 국민혁명군 총사령관직 등 자신이 맡고 있는 모든 직무에서 사임한 뒤 고향으로 돌아갔다.

한가해진 장개석은 송미령 집안을 재기의 발판으로 삼기 위해 더욱 열렬히 애정 공세를 퍼부었다. 송미령의 큰언니 송애령은 "장개석과 결혼하는 것이 아니고 중국을 통치하는 황제와 결혼하는 것"이라며 동생을 꼬드겼다. 송애령은 산서성 최대 금융 재벌 집안의 공상희와 결혼한 사람답게 현실주의자였다. 결국 송미령은 장개석의 끈질긴 구애와 퍼스트 레이디가 되고 싶은 자신의 야망이 복합적으로 작용해 여자 관계가 복잡하고 매독에 걸려 있는 장개석의 구애를 받아들였다. 장개석의 다음 수순은 진결여와의 이혼이었다. 진결여는 장개석의 마음이 이미 떠난 것을 확인하고 장개석의 금전적 지원을 받아 미국으로 건너갔다. 1933년 중국으로 돌아와서도 장개석이 제공한 자금으로 생계를 꾸렸다.

장개석의 마지막 작업은 송미령의 어머니를 설득하는 일이었다. 장개석은 1927년 9월 일본에 있는 미래의 장모를 찾아가 "전 부인과 이미 이혼을 하고 기독교를 믿겠다"며 결혼 허락을 간청했다. 장모는 달갑지 않았지만 그 말을 믿고 결혼을 허락했다. 다만 손문의 부인 송경령은 '상해 반공 쿠데타'를 일으킨 장개석을 극도로 혐오해 결혼을 반대했다. 장개석과 송미령은 1927년 12월 1일 상해에서 결혼식을 올렸다. 이후 중국인들 사이에는 "애령은 돈을, 경령은 중국을, 미령은 권력을 사랑했다"는 말이 유행했다.

송미령은 장개석의 비서, 통역관, 참모, 조언자, 외교 고문

장개석이 하야한 후 남경 정부 내에서는 권력 암투가 치열하게 벌어졌다. 리더는 없고 권력만 다투는 바람에 거의 무정부 상태로 치달았다. 결국 국민당은 장개석을 대신할 인물이 없다는 사실을 인정하고 장개석에게 복직을 요청했다.

장개석은 한 달간의 신혼여행을 다녀온 뒤 1928년 1월 8일 국민혁명군 총사령관에 복직하고 전군 지휘를 맡았다. 또한 중앙상무위원회, 중앙정치회의, 군사위원회 주석까지 꿰참으로써 당권, 정권, 군권을 모두 장악한 최고 실세가 되었다. 장개석은 1928년 4월 2차 북벌을 시작해 6월 8일 북경을 무혈점령하고 1928년 10월에는 남경을 수도로 하는 남경 정부의 주석에 취임했다. 이로써 송미령은 그토록 소망하던 퍼스트 레이디가 되었다.

송미령은 장개석을 그림자처럼 수행하며 개인 비서, 통역관, 참모, 조언자, 외교 고문으로 발군의 능력을 발휘했다. 1936년 장개석이 서안에서 장학량에게 납치·감금되는 이른바 '서안사변'은 송미령의 생애에서 가장 극적인 순간이었다. 송미령은 장개석을 구하기 위해 서안으로 달려가 주은래와의 협상에서 두둑한 배짱과 놀라운 협상력을 발휘했다. 1937년 중일전쟁이 터졌을 때는 공군력의 열세를 만회하기 위해 직접 미국으로 건너가 유창한 영어 실력과 외교력을 발휘해 120대의 비행기 원조와 항공 외국용병대 설치를 얻어냈다. 이런 그를 가리켜 서방은 "중국에서 가장 강하고 아름다운 여성"이라고 극찬했다.

송미령은 1943년 카이로 회담 때도 장개석의 통역으로 활약하고 1943년 외국 여성으로는 최초로 미국 상하양원 합동회의에서 미국의 원조를 요청하는 연설을 해 기립박수를 받았다. 루스벨트는 "선교사가 중국에 예수를 전했듯이 송미령은 미국에 중국을 알렸다"고 극찬했다. '타임'지는 이런 송미령을 두 번이나 표지 인물로 올렸다.

장개석은 1945년 8월 일본의 패망 후 대륙의 주인이 되기 위해 공산군과 대대적인 내전을 벌였다. 하지만 결국에는 패해 1949년 대만으로 쫓겨가 철권통치로 27년을 집권한 후 1975년 4월 5일 영욕의 삶을 마감했다. 송미령은 장개석 사후, 미국에서 살다가 2003년 10월 23일 106세를 일기로 생을 마감했다.

송가수·송애령·송경령 1875년, 중국 광동성 해남도가 고향인 한교 준이라는 14살의 소년이 중국을 떠나 미국 매사추세츠주 보스턴으로 건너갔다. 그에 앞서 소년의 아버지가 먹고살기

송경령, 송애령, 송미령(왼쪽부터)

힘들어 아들을 동생에게 양자로 보냈으나 동생이 미국 보스턴에 살고 있는 송씨 성의 처남을 도우라며 소년을 미국에 보낸 것이다.

소년은 미국에서 매를 맞아가며 일을 하는 것이 싫어 어느 날 집을 뛰쳐나가 항구에 정박 중인 대형 어선에 무작정 올라탔다. 다행히 마음씨 좋은 선장의 배려 덕에 소년은 선원으로 근무하며 서양의 역사와 지리를 배우고 기독교에 귀의해 1880년 11월 세례를 받았다. 소년은 자신의 이름을 찰리 송(영문명)과 송가수(중국명)로 바꿨다.

송가수(1861~1918)는 인쇄공장에서 인쇄 기술을 배우면서 트리니티대의 특별예비생으로 학교에 다녔다. 영어에 익숙해진 뒤에는 밴더빌트대 신학과로 전학·졸업하고 목사 자격증을 취득했다. 그리고 1886년 1월 11년 만에 귀국, 순회 선교사로 활동했다. 1887년에는 부유한 집안의 여성과 결혼함으로써 상류사회에 진입하고 1888년에는 반청(反淸)을 기치로 내건 상해의 비밀결사 '삼합회'에 가담했다. 1889년에는 성서 등 종교관련 서적을 판매하는 사업을 시작해 점차 사업을 확장했다. 이후 서양의 다양한 서적을 인쇄·판매하고 지인 소유의 대형 밀가루공장의 사장으로 활동하며 큰돈을 벌었다. 1894년에는 손문을 알게 되어 혁명에 뛰어들었다. 두 사람 모두 삼합회 회원이었고 같은 광동 사람이었으며 외국에서 교육을 받고 돌아온 기독교 신자였다. 송가수는 백만장자가 되었는데도 혁명당의 요직을 맡아 손문과 밀접한 관계를 유지했다.

송가수는 송애령, 경령, 자문, 미령, 자량, 자안 등 3남 3녀의 6남매를 두었다. 큰 딸 송애령(1888~1973)은 16살 때이던 1904년 미국의 명문 사립여대인 웨슬리언대로 유학을 떠나 1910년 졸업하고 귀국했다. 아버지를 도와 손문의 영문 비서로 활동하던 중 1913년 7월 신해혁명 제2혁명에 실패한 손문과 아버지가 일본으로 망명할 때 따라가 계속 손문의 비서로 활동했다. 그러다가 미국 유학생 출신으로 산서성 최대 금융 재벌 집안의 공상희를 일본에서 만나 1914년 9월 결혼했다. 공상희는 공자의 75대 직계 후손으로 나중에 국민당의 재정부장과 중앙은행 총재를 맡아 막대한 개인 부를 챙겼다.

송애령은 경령·미령 두 여동생과 달리 정치에 관여하지 않고 집안에 틀어박혀 있으면서 직간접적으로 국가 대사에 큰 영향을 미쳤다. 더구나 손문과 동생 경령의 결혼에 관여하고, 장개석과 동생 미령의 결혼을 적극적으로 지지해 사실상 송씨 가문 신화의 설계자 역할을 했다.

송경령(1893~1981)과 송미령(1897~2003)은 각각 14살, 10살 때이던 1907년 송애령이 재학 중인 웨슬리언대로 유학을 떠났다. 송경령은 1913년 대학을 졸업한 뒤 아버지가 있는 일본으로 건너가 1914년 결혼한 언니의 뒤를 이어 손문의 비서 겸 혁명적 동지로 손문의 곁을 지켰다. 손문 저작을 영어로 번역하고 손문이 외국의 정치가들과 만날 때는 통역을 했다. 그 과정에서 불굴의 인내력을 보이는 손문에게 깊은 감명을 받아 손문을 사랑하게 되었다.

그러나 손문에게는 송경령보다 나이가 많은 아들을 비롯해 3명의 자녀와 부인이 있었고, 나이 차이도 27살이나 났기 때문에 아버지는 딸의 결혼을 한사코 반대했다. 송경령을 일본에서 상해로 불러들여 집에 가두기까지 했으나 송경령은 일본으로 몰래 건너가 1915년 10월 요코하마에서 손문과 결혼을 강행했다. 당시 손문의 나이는 49살이었고 송경령은 22살이었다. 아버지가 뒤늦게 알고 일본으로 쫓아갔으나 이미 결혼한 뒤였다. 송가수는 송경령에게 "오늘부터 너 같은 딸이 없는 셈 치겠다"고 선포하고 중국으로 돌아갔다가 3년 후인 1918년 5월 숨졌다. 송경령은 훗날 에드거 스노에게 "그때의 감정은 연애라기보다는 구국 운동을 돕고자 하는 마음이었으며 손문만이 그것을 할 수 있는 유일한 사람이었다"고 말해 자신의 결혼이 혁명 사업과 이상의 결합이었음을 인정했다.

송씨 세 자매, 같은 환경에서 자랐는데도 서로 다른 인생 행로 걸어

송경령은 손문이 1925년 죽은 뒤에도 손문이 지향한 연소용공(聯蘇容共)과 농공부조(農工扶助)의 유지를 지켜나갔다. 그러다가 1927년 4월 장개석이 '상해 반공 쿠데타'를 일으키자 "손문의 뜻을 등지고 민족 분열을 획책한다"고 비난한 뒤 소련으로 사실상 정치적 망명을 떠났다. 1927년 8월 1일 공산당의 남창봉기 때는 혁명위원회 주석단으로 이름을 올려 반장개석의 입장을 분명히 했다. 1927년 12월 소련의 모스크바에서 유럽으로 건너가 로맹 롤랑, 조지 버나드 쇼 등 세계적인 반전·반파시즘 인사들과 교류했다.

유럽에서 열린 국제반제동맹 대회 명예회장으로 선출되고 각종 반제·반파시즘 대회에 참석하다가 1931년 어머니의 죽음을 앞두고 귀국했다. 귀국 후에는 그해 일어난 일본의 만주 침략에 맞서 항일 민족 통일전선 구축에 주력했다.

송미령은 1907년 미국으로 유학을 떠났을 때 나이가 10살에 불과해 대학의 특별생으로 입학했다가 1912년 정식으로 입학했다. 그러던 중 보호자 노릇을 하던 언니 송경령이 대학을 졸업하고 1913년 귀국하자 오빠 송자문(1894~1971)이 재학 중인 하버드대가 있는 매사추세즈주의 웰즐리대로 전학해 1917년 졸업과 함께 귀국했다. 귀국 후에는 YWCA 위원, 영화검열위원, 아동노동위원으로 활동했다.

송자문은 하버드대에서 경제학 학사·석사, 컬럼비아대에서 경제학 박사학위를 받고 1917년 중국으로 돌아왔다. 송자문 역시 매형 공상희의 뒤를 이어 국민당 재정부장과 중앙은행 총재를 역임하면서 장개석 커넥션의 한 축을 이뤘다.

다만 장개석과는 사이가 좋지 않아 겉으로는 협력하면서도 내면적으로는 갈등하는 관계였다. 장개석에게 뺨을 맞을 때도 있었고 장개석에게 연금되기도 했다. 1944년 1월 가족회의 때는 장개석이 던진 찻잔을 이마에 맞아 피가 흐르는 '찻잔 풍파'도 겪었다.

송씨 세 자매는 이렇듯 같은 성장 환경과 교육 여건 속에서 자랐는데도 결국 각기 다른 인생관을 갖고 서로 다른 인생 행로를 걸었다. 특히 송경령과 송미령 사이에는 메워지지 않는 간극이 있었다. 송미령은 송경령이 장개석을 극도로 싫어하고 공산당 쪽에 기울자 언니와 갈등을 빚었다.

세 자매가 처음으로 일치단결한 것은 1937년 중일전쟁기였다. 세 자매는 각국 정부와 국민에게 지원을 호소했다. 그러면서도 미국의 지원을 받을 때는 송애령·공상희 부부, 송미령·장개석 부부, 송자문은 엄청난 축재를 했다. 훗날 미국의 트루먼 대통령은 자신의 회고록에서 이들을 이렇게 비난했다. "국민당을 돕기 위해 우리가 모은 돈은 모조리 바닥났다… 그중 많은 돈이 장개석과 그의 부인, 그리고 송자문 및 공상희 집안 주머니로 흘러 들어갔다."

세 자매는 1949년 대륙이 공산화된 후 세기의 이산 자매가 되어 죽을 때까지 서로 만나지 못했다. 송애령은 1947년 미국으로 건너가 편안한 여생을 보낸 후 1973년 사망했다. 송자문은 1949년 미국으로 건너가 1971

년 뉴욕에서 사망했다. 송경령은 공산화된 중국에서 살다가 1981년 북경에서 눈을 감았다. 송경령이 사망하기 전 중국 정부가 미국의 송미령에게 전보를 쳤으나 오지 않았다.

남창 기의와 모택동의 정강산 입산
남창 기의는 중국공산당이 자체 병력으로 국민당군과 대규모 전투를 벌인 첫 시도였다.

1927년 4월 12일 장개석이 '상해 반공 쿠데타'를 일으키면서 수년간 유지되던 제1차 국공합작이 사실상 무효화되었다. 이후 무한에서도 공산당에 대한 국민당의 테러가 자행되고 호남성 전역에서도 군벌의 좌익 학살로 3만 명이 살해되었다. 살아남은 공산당원들이 지하로 숨어든 가운데 1927년 7월 말 공산당 중앙확대회의에서는 도시와 농촌을 가리지 않는 일제 봉기가 의결되었다.

최초 봉기는 주은래의 지휘로 남창에서 일어났다. 주은래, 하룡, 엽정, 주덕. 유백승 등을 비롯해 3만여 명이 봉기한 '남창 기의'로 공산당군은 8월 1일 남창을 수중에 넣었으나 3일 후 국민당군의 반격으로 처참하게 실패했다. 남창 기의에는 우리나라 독립운동가 김원봉을 비롯해 200여 명의 조선인 투사도 참가했다.

남창 기의는 중국공산당이 자체 병력으로 국민당군과 대규모 전투를 벌인 첫 시도였다는 점에서 중국공산당사는 상당히 비중 있게 다룬다. 남창 기의의 첫 총성을 계기로 중국공산당은 자체 군대 즉 홍군을 조직하기 시작했고 홍군을 기반으로 무장혁명 투쟁 노선을 확고히 했기 때문이다. 오늘날 중국이 인민해방군의 창건일로 기념하고 있는 8월 1일은 이 남창 기의를 기념하는 날이다. 1955년 9월 중국 정부가 이른바 '10대 원수'

를 선정할 때도 '10
대 원수'에 포함된
주덕, 진의, 하룡,
유백승, 임표, 섭영
진, 섭검영 등 7명이
남창 기의에 참가했
을 정도로 중국공산
당에서 남창 기의가

남창 8·1봉기 기념관에 세워진 엽정, 하룡, 주은래, 유백승, 주덕(왼쪽부터) 동상

갖는 역사적 의미는 크다.

남창 기의 실패 후 공산당은 8월 7일 한구에서 긴급회의를 소집해 공산
당 대표 진독수의 우경 기회주의를 강하게 비판했다. 곧 구추백이 당권을
장악한 공산당은 토지혁명과 홍군의 무장 강화를 통해 장개석 정부에 저
항하기로 하고 호남·호북·강서·광동성에서 추수 봉기를 일으키기로 했다.
"권력은 총구에서 나온다"는 모택동의 유명한 말은 이 회의에서 나왔다.

모택동은 당의 결정에 따라 9월 9일 다른 3개 성과 함께 호남성 장사에
서 '추수 봉기'를 일으켰다. 하지만 제대로 군사교육도 받지 못하고 신식
무기도 없는 농민군이 신식 군대를 이긴다는 것은 사실상 불가능해 실패
로 끝나고 말았다. 그런데도 공산당 본부가 재차 장사를 공격하라고 하자
모택동은 얼마 남지 않은 병사를 죽음으로 몰아넣는 것이 어리석은 일이
라고 판단해 따르지 않았다. 그러자 공산당 지도부가 모택동을 중앙위원
회와 호남성 지부 집행부에서 쫓아냈다.

중국공산당, 남창 기의의 첫 총성을 계기로 자체 군대 조직해

모택동은 1,000여 명의 패잔병을 이끌고 1927년 10월 호남·강서·광
동성으로 통하는 전략 요충지 정강산으로 들어갔다. 평균 해발고도가

1,000m인 정강산의 지리적 이점을 최대한 활용해 주변 지역을 유격전으로 조금씩 접수하며 혁명 근거지를 확대했다. 그러나 도시 봉기를 우선시하는 공산당 지도부는 모택동이 농촌에서 토지혁명과 군사작전을 병행하는 것을 인정하지 않았다.

공산당은 1927년 11월 광동성 해풍현과 육풍현에서 봉기해 중국 최초의 해륙풍 소비에트를 구성하고 12월 광주에서도 봉기를 일으켰으나 광주 봉기는 3일 천하로 끝나고 말았다. 무려 1,000여 명이 살해된 광주 봉기에서 조선인도 200~300명 희생되었다. 님 웨일스가 쓴 '아리랑'의 주인공 김산도 김성숙·오성륜과 함께 광주 봉기에 참가했다. 해륙풍 소비에트도 1928년 1월 국민당군의 공격을 받아 와해되었다. 공산당은 이렇게 1930년 전반까지 각지에서 무장봉기를 일으켰으나 모두 실패로 끝나 결국 조직이 산산조각이 났다. 5만 명의 당원은 1만 명으로 급감하고 호남성과 광동성의 지도자는 대부분 죽거나 죽게 될 운명에 놓였다.

모택동이 입산한 정강산은 불모의 땅이지만 훌륭한 소굴이었다. 모택동은 그 지역의 유명한 도적 두목과 협상해 600명의 인원과 소총 120정을 획득하고 유랑자나 떠돌이를 가리지 않고 받아들였다. 2년 후 홍군의 과반수는 노동자나 농민이 아니라 부랑자들이 차지했다. 모택동은 민병대와 적위대를 조직하고 자신의 장기인 교육을 강화했다. 그러던 중 호남성 남부로 이동해 군벌 군대와 싸우라는 당 중앙의 명령을 받고 이동했다가 정강산이 적의 수중에 들어가고 군대가 절반으로 줄어드는 어려움을 겪었다.

정강산은 한 달 뒤 탈환했으나 이번에는 당 중앙이 모택동을 감독하기 위해 1928년 4월 주덕을 정강산으로 파견했다. 그러나 주덕은 모택동을 선책하기는커녕 오히려 동조했다. 두 사람은 각자의 부대를 합쳐 1만 명 규모의 새로운 부대를 편성했다. 주덕의 가세는 유방과 한신, 유비와 제갈공명의 결합에 버금가는 두 영웅의 만남이었다.

모택동은 토지 재분배 등의
방법으로 농촌 속에 혁명 근거
지를 삼으려는 구상을 차근차
근 진행했다. 정강산에서 모택
동이 활용한 전법이 '적이 진공
하면 우리는 퇴각하고(敵進我
退), 적이 주둔하면 우리는 교란
하고(敵駐我擾), 적이 피로하면
우리는 공격하고(敵疲我打), 적
이 퇴각하면 우리는 추격한다
(敵退我追)'는 이른바 '16자 전
법'이다. 모택동은 중국인들이

남창·정강산 위치

익숙해 있는 점령군의 모습과 달리 마치 물속의 물고기처럼 민중과 하나
가 되는 군대의 모습을 실현하고자 했다. 그는 정치와 전투를 동전의 양
면으로 간주했다. 모두가 싸우고 모두가 정치 활동을 하는 것이다. 또한
수천 년 동안 이어져온 구습을 정강산에서 일소했다. 군인들의 물품 강탈
과 부녀자 강간을 금지하고 식량을 가져갈 때는 돈을 지불하도록 했다.

수천 년 동안 이어져온 구습을 정강산에서 일소해

1928년 12월 장차 인민지원군 총사령이 될 팽덕회가 1,000여 명의 군
사를 이끌고 정강산에 도착했다. 모택동과 주덕은 더 나은 근거지를 확보
하기 위해 1929년 1월 주력군을 이끌고 정강산을 떠났다. 모택동과 주덕
은 강서·복건 두 성을 전전하다가 강서성 서금에 근거지를 확보한 뒤 강
서성 남쪽을 차례차례 점령했다.

한편 이립삼 주도의 공산당 지도부는 1930년 6월 상해에서 회의를 열고

도시 점령을 결의했다. 결정에 따라 홍군이 남창·무한·장사 등의 대도시를 공격했으나 국민당군의 압도적인 군사력과 도시 노동계급의 소극적인 호응으로 또다시 실패로 돌아갔다. 다만 이 공격을 통해 중국공산당과 홍군이 건재하다는 사실을 전 세계에 알렸다는 점에서 완전한 실패만은 아니었다. 그래도 실패는 실패였던 터라 공산당 지도부는 1930년 11월 도시 노동자를 중심으로 사회주의 혁명을 이루려 한 이립삼과 스탈린주의자들의 퇴진을 결정했다. 도시 봉기를 우선한 이립삼 노선도 폐기되었다.

1931년 9월 만주사변이 일어나 장개석이 초공전을 미루고 남경으로 돌아간 사이, 중국 역사상 최초의 공산당 정부인 중화소비에트 공화국이 11월 7일 강서성 서금에 수립되었다. 뒤이어 열린 제1차 전국대표대회에는 600여 명의 대표가 참석해, 중화소비에트 공화국 임시정부의 수립을 선포하고, 모택동을 정부 주석, 주덕을 군사위원회 주석 겸 홍군 총사령관으로 선출했다. 하지만 모택동은 정부의 수반일 뿐 실권이 없었다. 1932년 공산당 본부가 모택동을 견제하기 위해 아예 강서로 이전한 뒤에는 더욱 그랬다. 모택동은 정부 수반인데도 정책 수립 과정에서 배제되었다. 훗날 모택동은 "나는 1931년부터 1934년까지 당 중앙에서 아무 소리도 못했다"고 회고했다.

장개석 군대를 격퇴하는 임무는 주은래에게 주어졌다. 홍군이 장개석의 제4차 포위 공격(1933.4)까지 격퇴하면서 모택동의 입지는 더욱 좁아졌다. 게다가 당시 모택동은 병을 앓고 있었다. 결국 1934년 1월 서금에서 열린 중화소비에트 제2차 전국대표대회에서 주석에서 물러났다. 모택동은 말라리아와 장염까지 걸려 대부분을 누워 지내야 했다. 장개석이 1934년 또다시 70만 명의 대군을 동원해 물샐틈없는 포위망을 펼치며 5번째 총공격에 나서자 공산당은 더 이상 견디지 못해 강서성을 포기하고 1934년 10월 대장정을 결정했다.

마르틴 하이데거 '존재와 시간' 출간

그가 20세기 사상에 미친 영향력은 크고 장대하다.

마르틴 하이데거(1889~1976)는 20세기 서양철학을 대표하는 독일의 철학자다. 그의 흔적은 20세기에 등장한 다양한 철학적 사조 모두에서 쉽게 발견된다. 실존철학, 문학, 예술론, 언어학, 인간학, 생태학은 물론 포스트모더니즘에까지 영향을 미쳤고 그의 영향을 받은 철학자들만도 20세기 철학사를 아우를 정도다. 사르트르, 푸코, 데리다는 물론 신좌파의 마르쿠제조차 한때 그의 제자였을 정도로 그가 20세기 사상에 미친 영향력은 넓고 깊다.

하이데거는 독일 바덴주 메스키르흐의 작은 마을에서 태어났다. 프라이부르크대에서 신학과 철학을 공부해 1913년 철학 박사학위를 받고 1915년 하빌리타치온(대학교수 자격)을 취득했다. 1916년 여름 프라이부르크대 교수로 부임한 현상학의 창시자 에드문트 후설의 조교 겸 제자로 그에게서 배우다가 1923년 마르부르크대 교수로 부임했다. 학생들은 강단 철학의 틀을 깨는 그의 새로운 강의 방식에 매료되었다.

그중에는 1924년 입학한 18세의 한나 아렌트(1906~1975)도 있었다. 아렌트는 훗날 '전체주의의 기원'(1951), '인간의 조건'(1958), '예루살렘의 아이히만'(1963) 등의 저서로 20세기의 대표적인 여성 철학자가 된다. 두 사람은 한동안 사제 겸 연인으로 지냈다.

하지만 하이데거가 점차 부담스러워하는 것을 알고 아렌트가 프라이부르크대로 떠나 두 사람은 거리를 두었다. 아렌트는 프라이부르크대에서 스승의 스승인 후설에게 현상학을 배웠다. 1928년 옮긴 하이델베르크대에서는 하이데거의 친구인 실존철학자 카를 야스퍼스의 지도를 받아 1929년 박사학위를 받았다.

마르틴 하이데거

그러는 사이 하이데거는 그의 전기 사상을 대표하는 '존재와 시간'을 1927년 출간함으로써 단번에 세계적인 철학자의 반열에 올랐다. 하이데거는 1928년 후설이 정년 퇴임하자 그의 후임으로 자신의 모교인 프라이부르크대 교수로 부임했다. 하이데거는 인간의 존재 뒤에 완전하고 불변하며 영원한 뭔가가 있다는 서구의 형이상학을 비판하면서 시간과 공간을 관통하는 진리 대신 '지금 여기 있는' 인간 존재 자체에 주목했다.

하이데거의 핵심 사상은 '존재'와 '존재자'의 구별이다. 그는 플라톤 이래로 서양의 형이상학이 인간의 인식 대상인 존재자 즉 신, 인간, 자연 등을 '있는 것'들로만 파악할 뿐 그 존재자가 다른 존재자들과 더불어 존재하는 동사적 의미의 '존재' 즉 '있음'에 대해서는 총체적으로 이해가 부족했다고 비판했다.

그러나 '존재'와 '존재자' 개념은 하이데거를 전공하는 학자들조차 혼란스럽게 할 정도로 난해했다. 언어유희나 선문답처럼 들렸기 때문이다. '존재'와 관련해 사용하는 용어가 너무 많은 것도 혼란을 가중시켰다. '존재', '존재성', '존재자', '존재자의 존재', '현존재', '상(常)존재', '안에 있음(존재함)', '곁에 있음', '더불어 있음', '눈앞에 있음', '손안에 있음' 등 실로 다양했다.

하이데거는 언어를 '존재의 집'으로 규정했다. 하이데거에 따르면 언어란 단지 타인들과 의사소통을 하는 수단이거나 개인의 내면적인 정서를 표현하는 수단이 아니라 존재가 머물고 존재가 세계 및 사물과 만나는 곳이다. 결국 언어는 존재의 근원이자 바탕인 것이다. 여기에서 존재란 단순히 인간을 가리키는 것이 아니라 우주의 삼라만상을 가리키는 것이다.

20세기의 다양한 철학적 사조 모두에서 흔적 쉽게 발견돼

하이데거는 또한 과학과 기술 문명 속에 매몰되어 비인간화하는 현실을 고발하고, 잃어버린 자아의 각성과 회복을 강력히 주장했다. 하이데거에 따르면 현대는 인간을 비롯한 모든 존재자가 자신의 고유한 존재를 상실하고 한낱 계산 가능하고 처분 가능한 에너지 집합체로 전락한 니힐리즘의 시대다. 따라서 현대를 극복하려면 현재의 과학·기술 시대를 포함하는 서구의 전통 전체와 대결해야 한다. 하이데거 철학의 본질은 '기술 문명과의 사상적 대결'이었다.

하이데거는 현대 기술의 본질을 '닦달(Ge-stell)'로 정의했다. 현대 기술이 자연에 에너지와 원자재를 내놓으라고 '닦달'한다는 것이다. 파종하고 기다려온 과거와 달리 현대에 와서는 농약을 뿌리고 식물의 성장 조건을 임의로 조절해서 생산량을 억지로 높이는 '닦달'이 일반화했다는 것이다. 문제는 이 '닦달'의 대상이 자연만이 아니라는 데 있다. 기술 사회에서는 사람들 역시 부품이나 에너지의 출처로 전락하고 만다. 따라서 현대인에게 필요한 태도는 존재가 자신을 드러내는 것을 조용히 바라보고 씨가 자라 열매를 맺는 과정을 돌보는 농부처럼 겸손하게 그 드러냄에 참여하는 것이다.

하이데거의 이런 기술 철학에 대한 평가와 반응은 극명하게 갈린다. "플라톤 이래 2,500년 서양철학의 뿌리를 뒤엎은 최고의 사상가"라고 격찬하는 추종자가 있는가 하면 "기술 문명을 거부하고 소박한 자연으로의 회귀를 요구하는 시대착오적 낭만주의자"로 폄훼하는 비판자들도 있다. 그럼에도 불구하고 분명한 것은 기술의 문제가 '문제'라는 사실을 철학에서 처음 깨닫게 한 사람이 하이데거라는 점이다.

하이데거에게 1933년 나치의 집권은 영욕의 분기점이었다. 하이데거는 1933년 4월 프라이부르크대의 총장으로 임명되고 5월 1일 나치당에 입당했다. 그는 소련의 공산주의나 미국의 자본주의가 모든 자연과 인간을 기계적 부품으로 전락시켜 에너지를 쥐어짜는 기술 중심적 전체주의라고 비판하며 독일 민족이 나치혁명을 통해 근대화 문명의 위협에서 구원자가 되기를 희망했다. 하이데거에게 나치즘은 모든 계층과 신분을 하나 되게 하는 민족공동체이고 독일 민족의 역사적 사명을 실현하는 유일사상이었다.

"히틀러만이 독일의 진정한 현실이자 법"이라고 역설한 1933년 5월 27일의 대학 총장 취임 연설은 그래서 자연스러운 것이겠지만 하이데거를 알고 있거나 그를 추종하는 사람들에게는 충격이었다. 하이데거는 11월 3일 '독일 학생들에게 고함'이라는 연설을 통해 학생들에게 나치 참여를 독려하기도 했다. 다만 대학 내에서는 반유대주의 현수막의 게양은 물론이고 유대인 저자들의 장서를 도서관에서 끄집어내 불태우려는 분서 행위는 총장 권한으로 금지했다. 이런 이유로 나치와 충돌하게 되자 1934년 2월 총장직에서 스스로 물러났다.

1945년 2차대전 종전 후 하이데거는 친나치 행적 때문에 교수직을 박탈당해 강단에 서지 못했다. 1951년 9월 프랑스의 다수 학자들이 탄원한 덕분에 강단에 섰으나 1년 후 스스로 강단에서 내려왔다. 하이데거는 독일에서보다 적국이었던 프랑스에서 헤겔, 후설과 함께 '3H'로 불리며 더 큰 숭배를 받았다. 사르트르 등이 일으킨 유럽의 실존주의 붐조차 사실상 하이데거의 영향이 컸다는 게 일반적인 평가다.

1960년대 들어 프랑스를 비롯해 미국, 일본, 이탈리아에서 하이데거의 철학이 각광을 받자 독일은 그때서야 이 위대한 노대가를 다시 받아들이고 재평가했다. 그런데도 하이데거는 과거사에 대해 아무런 참회나 변명도 하지 않고 침묵을 지켰다. 1966년 독일의 주간지 '슈피겔'과의 대담에서 총장 취임 사건에 대해 나름대로 해명했으나 그의 요구에 따라 사후인 1976년 기사화되어 논란을 불러일으켰다.

버지니아 울프, 소설 '등대로' 출판

형식에 사로잡힌 난해한 모더니스트, 신경증에 걸린 지식인 심미가 등 비판도 적지 않다.

버지니아 울프(1882~1941)의 작품이 문학사적으로 인정받는 이유는 크게 두 가지다. '의식의 흐름 기법'으로 쓴 작품이 많다는 것과 여성적인 관점을 부각하고 여성의 고통에 초점을 맞춘 최초의 페미니즘 문학으로 20세기 영미 문학사에 일정하게 기여했다는 것이다.

울프는 부모 모두 재혼한 영국의 중상류층 집안에서 태어났다. 첫 결혼에서 각각 1명, 3명의 자녀를 둔 아버지와 어머니가 재혼 후 울프를 포함해 4명의 자녀를 더 낳았기 때문에 울프는 친형제는 물론 이복·의붓형제와 함께 자랐다. 집안 분위기는 당대의 저명한 문필가이자 영문학자였던 아버지의 영향을 받아 전반적으로 지적이었다. 여자가 학교에 가지 않는 당시의 관습에 따라 울프도 집에서 아버지에게 교육을 받았다.

울프가 첫 번째 정신 발작증세를 보인 것은 13살이던 1895년 어머니의 죽음을 겪은 뒤였다. 두 번째 정신 발작증세는 22살 때인 1904년 아버지가 세상을 떠났을 때 또다시 찾아왔다. 그가 정신 발작을 일으킨 데는 또 다른 이유도 작용했다. 유전인자를 갖고 태어난 데다 6살 때 의붓오빠에게서 성폭행을 당했기 때문이다. 부모 사후 형제들은 런던의 블룸즈버리 구역을 새 삶의 터전으로 삼았다. 케임브리지대에 재학 중이던 친오빠가 당대의 문화예술가들과 적극적으로 교유한 덕에 울프는 정식 학교를 다닌 적은 없지만 독학으로 쌓은 지성을 바탕으로 당당하게 그룹에 참여했다.

기존의 권위를 조롱하고 파격적인 행동으로 주위의 관심을 끌어 훗날 '블룸즈버리 그룹'으로 불릴 그 젊은 지식인들의 모임에는 예술평론가 로저 프라이와 클라이브 벨, 화가 덩컨 그랜트, 소설가 에드워드 포스터, 역사가 리턴 스트레이치, 경제학자 존 메이너드 케인스, 문예비평가 레너드

버지니아 울프

울프 등이 참여했다. 시 '황무지'로 유명해질 토머스 엘리엇도 나중에 합류했다.

7년째 정신 질환을 앓고 세 번째 발작을 일으켜 요양소에 입원까지 했던 울프가 '블룸즈버리 그룹'의 일원이자 페이비언 사회주의자이던 레너드 울프의 청혼을 받아들여 부부의 연을 맺은 것은 1912년 8월이었다. 울프의 신경쇠약증세는 결혼 후에도 계속되었고 심지어 자살까지 시도하기에 이르렀다. 그런데도 레너드의 이해와 헌신으로 부부 사이는 전반적으로 원만했다.

레너드는 자신의 꿈을 포기하고 울프가 작가 역량을 발휘하도록 정성을 다했다. 문제가 없지는 않았다. 울프의 거부로 신혼 초부터 부부 관계를 갖지 않은 것이다. 1917년 레너드는 생계 수단 겸 아내를 위한 소일거리 마련을 위해 '호가스 출판사'를 설립했다. 울프는 처녀 시절부터 신문에 에세이를 기고하고 결혼 후에도 타임스의 문예면에 서평을 발표할 정도로 문재(文才)가 있었다. 울프가 작가로서 영국 문학사에 이름을 등재한 것은 33살 되던 1915년이었다. 데뷔작 '출항'을 시작으로 '밤과 낮'(1919), '야곱의 방'(1922), '댈러웨이 부인'(1925), '등대로'(1927), '올랜도'(1928), '자기만의 방'(1929) 등을 연이어 발표해 영국 문단의 주목받는 작가가 되었다.

페미니즘 문학으로 20세기 영미 문학사에 기여

그중에서도 '야곱의 방'은 '의식의 흐름 기법'을 본격적으로 실험한 첫 작품이다. '의식의 흐름 기법'이란 특별한 줄거리가 없고 등장인물의 의식 즉 두서없이 떠오르는 여러 가지 생각과 느낌을 고스란히 서술하는 기법이다. '의식의 흐름'을 중시한 최초의 작품은 1913년 첫 권이 출간된 마르셀 프루스트의 '잃어버린 시간을 찾아서'이지만 '의식의 흐름'을 전면에 등장시켜 문학적으로 가장 큰 성과를 거둔 작품은 제임스 조이스의 '젊은 예술가의 초상'(1916)이다. 조이스의 '율리시즈'(1922)는 의식의 흐름 기법을 이용한 대표작으로 평가받고 있다.

1927년 발표한 울프의 '등대로'는 남성성과 여성성이 공존하지 못하고 하나만을 강요하는 가부장적 현실을 '의식의 흐름' 기법으로 그린 소설이다. '등대로'는 '댈러웨이 부인'과 함께 2005년 타임지가 선정한 100대 영문 소설에 뽑혔다.

1928년 작 '올랜도'는 1500년대에 태어난 올랜도라는 인물이 17세기 말 남성에서 여성으로 변신하고 1928년 36살이 되는 해에 이야기가 끝을 맺는 기발한 착상의 소설이다. 울프 자신이 '올랜도'에 대해 '장난'과 '농담'이며, 정신은 풍자적이고 구조는 제멋대로라고 묘사하고, 비평가들 역시 당시에는 그다지 주목하지 않았으나 오늘날에는 페미니스트 비평가들로부터 호평받고 있다. 울프 자신은 "인간 모두가 평등하게 해방되어야 비로소 여성도 해방될 수 있다"는 신념에 따라 페미니즘이란 말 자체를 혐오했다고 하지만 '올랜도'가 페미니즘 문학으로 분류되는 데는 그럴 만한 이유가 있다.

'올랜도'의 실제 모델은 울프와 깊은 애정을 나눴던 비타 색빌웨스트라는 여류 시인이었다. 울프가 10살 아래의 비타를 처음 만난 것은 1922년이었다. 비타는 남편과 2명의 아들까지 둔 귀족으로 힘차고 활동적이며 아름다운 여성이었다. 반면 울프는 섬세하고 내향적이었다. 둘은 곧 자신이 갖지 못한 상대방의 매력에 빠져들었다. 정신적으로, 문우(文友)로 시작된 둘의 관계는 곧 성적으로 서로를 탐닉하는 관계로 발전했다. 울프의 남편은 둘의 동성애 관계를 알면서도 기꺼이 감수했다.

1929년 작 '자기만의 방'은 큰 반향을 불러일으켰고 훗날 페미니즘의 교과서로 추앙받았다. 울프 사후 1953년 남편이 출간한 단행본 '어느 작가의 일기'는 울프가 자신의 어두운 내면을 1915년부터 1941년까지 쓴 26권의 일기를 바탕으로 하고 있다. 울프에 대해 마냥 찬사만 있는 것은 아니다. 형식에 사로잡힌 난해한 모더니스트, 신경증에 걸린 지식인 심미가, 심각한 속물, 마르크스주의 페미니스트 등 비판도 적지 않다. 1941년 2월에는 수년 동안 끌어오던 소설 '세월'을 탈고했다.

그리고 1941년 3월 28일 인근의 우즈 강둑에서 큼직한 돌멩이를 주워 코트 주머니에 집어넣고는 강물 속으로 들어갔다. 시신은 20일 뒤인 4월 18일 발견되었다. 남편에게 남긴 유서는 이랬다. "내가 다시 미쳐가고 있는 게 확실해요… 이제는 더 이상 견딜 힘이 없어요. 나 때문에 당신의 삶이 엉망이 되고 있고, 당신한테는 내가 사라져야 한다는 걸 알아요… 당신의 일생을 더 이상 망치고 싶지 않아요…."

1928년

홍명희 '임꺽정' 조선일보에 연재
오세창 '근역서화징' 출간
국내 첫 시내버스와 여차장 등장
장개석의 북벌(北伐) 완성
 _ 군벌
알렉산더 플레밍, 페니실린 발견
월트 디즈니 제작 '증기선 윌리' 개봉
루이 암스트롱 '웨스트 엔드 블루스' 녹음
블라디미르 호로비츠, 미국 데뷔 공연
데이비드 로런스 '채털리 부인의 연인' 출판
베르톨트 브레히트의 '서푼짜리 오페라' 초연

홍명희 '임꺽정' 조선일보에 연재

무엇보다 큰 충격을 준 것은 그날 저녁 금산군수로 재직 중인 부친 홍범식의 자살이었다.

"자ㅡ. 임꺽정이의 이야기를 붓으로 쓰기 시작하겠습니다.… 각설 명종대왕 시절에 경기도 양주 땅에 백정의 아들 임꺽정이란 장사가 있어…." 1928년 11월 21일부터 조선일보에 연재된 홍명희 (1888~1968)의 대하소설 '임꺽정(林巨正)'의 첫 회는 이렇게 시작된다. 연재소설의 인기에 따라 신문 판매부수가 좌우되던 시절, 경쟁지 동아일보가 이광수의 '마의태자'와 '단종애사' 등으로 성가를 높일 때였다. 조선일보는 연재소설을 쓸 작가 확보에 부심했고 그래서 생각해낸 비장의 카드가 홍명희였다.

홍명희는 충북 괴산의 명문가에서 태어나 12살 때인 1900년 혼인하고 13살 때 상경해 중교의숙을 다니며 신학문을 접했다. 결혼한 지 3년 만인 1903년에 맏아들 홍기문이 태어났는데 그때 홍명희는 15살이었고, 할아버지는 33살이었다. 1906년 일본으로 유학을 떠나 도요상업학교 예과를 거쳐 1907년 다이세이중학교 3학년에 편입했다. 재학 시절 유별나게 공부를 잘했으나 점차 학업에 열의를 잃고 사상적인 번민에 빠져 5학년 2학기 말인 1910년 2월 졸업 시험도 치르지 않고 무작정 귀국했다.

고향에서 칩거하고 있던 1910년 8월 29일 한일합병조약으로 나라가 망해 큰 충격에 빠졌으나 무엇보다 그를 아프게 한 것은 그날 저녁 금산군수로 재직 중인 부친 홍범식의 자살이었다. 부친은 망국의 분통함을 참지못해 10여 통의 유서를 써놓고 객사에서 목을 맸다. 홍명희는 부친이 유서에서 자신에게 당부한 "잃어진 나라를 기어이 찾아야 한다. 죽을지언정

홍명희

친일을 하지 말라"는 말씀을 액자로 만들어 벽에 걸어놓고 평생의 좌우명으로 삼았다.

부친의 순국 이후에는 한동안 은둔하다가 1912년 가을 평생의 벗이자 장차 사돈이 될 정인보와 함께 중국 상해로 건너갔다. 하지만 수입이 일정치 않고 생활이 궁핍해 1914년 11월 몇몇 동지와 함께 남양 지역으로 향했다. 화교들이 동남아에서 큰돈을 벌어 중국 혁명에 자금을 대는 것을 보고 자신도 남양에서 독립운동의 물적 기반을 마련하겠다며 떠난 여정이었다.

홍명희는 보르네오섬을 거쳐 1915년 3월 싱가포르에 정착한 뒤 독립운동의 재원을 확보하기 위해 고무농원과 고무공장을 운영하는 등 다양한 시도를 했으나 별 소득이 없자 1917년 12월 남양 생활을 청산하고 중국으로 돌아갔다. 중국에서 동생 홍성희가 전해준 집안의 쇠락 소식을 듣고 조국을 떠난지 6년 만인 1918년 7월 귀국했다.

홍명희가 고향에 칩거하고 있던 1919년 서울에서 은밀히 3·1 운동이 추진되고 있었으나 홍명희는 서울에 있지 않아 구체적인 사실을 알지 못했다. 그러나 정세가 미묘함을 감지하고 1919년 3월 1일로 예정된 고종의 국장에 참석하기 위해 상경했다가 엄청난 만세 시위 현장을 보고 충격과 감동을 받았다. 그가 고향으로 돌아와 3월 19일 주도한 만세 시위는 충북지역에서 일어난 최초의 만세 함성이었다. 홍명희는 3월 24일 또다시 대규모 만세 시위를 주도했다가 체포되어 징역 1년 6개월을 선고받아 1년 1개월을 복역하고 1920년 4월 출감했다. 그 사이 집안의 가세는 더욱 기울어 대저택은 물론 그 많던 전답도 대부분 남의 손에 넘어갔다. 결국 홍명희는 대가족을 이끌고 서울로 올라와 셋집을 전전했다.

소설은 주인공 임꺽정만큼이나 고달픈 여정 겪어

홍명희가 언론계와 인연을 맺은 것은 1924년 5월이었다. 먼저 동아일보 주필 겸 편집국장으로 입사하고 1년 뒤 시대일보로 옮겨 편집국장, 부사장, 사장으로 활동했으나 시대일보가 재정난을 견디지 못하고 1926년 8월 문을 닫아 그해 10월 정주 오산학교 교장으로 부임했다.

그 무렵 그는 사회주의 단체인 신사상연구회와 정우회에 참여했다. 큰아들 홍기문도 사회주의 운동에 가담했으나 부자는 노선이 달라 미묘한 갈등 관계에 있었다. 그러다보니 아들과 이념 논쟁을 많이 했다. 그런데 한창 논쟁이 무르익을 때면 홍기문이 밖으로 나가는 일이 잦아 논쟁의 맥이 끊어지는 일이 빈번했다. 아들이 왜 밖으로 나가는가를 알아봤더니 논쟁이 과열되어 담배를 피우려고 밖으로 나가는 것을 알았다. 그래서 논쟁할 때는 돌아앉아 담배를 피워도 좋다고 허락해 결국은 그토록 대단한 양반 가문에서 부자가 맞담배를 피웠다고 한다.

1927년 홍명희는 한창 논의 중인 좌우합작 운동에 참여하기 위해 오산학교 교장직을 사임하고 상경해 1927년 2월 15일 출범한 신간회의 총무간사로 활동했다. 당시 신간회는 조선일보가 핵심적 역할을 하고 있었기 때문에 조선일보와 새롭게 인연을 맺게 되었다. 동생과 아들도 머지않아 조선일보 식구가 되었다. 동생 홍성희는 1930년대 초반 판매부장을 지내고, 장남 홍기문은 조사부장·학예부장·논설위원 등을 거쳐 1940년 폐간 때까지 재직했다. 홍기문은 1946년에 서울신문 편집국장직을 수행하면서 '조선문화총화'(1946), '정음발달사'(1947), '조선문법연구'(1947)를 펴내기도 했다.

임꺽정은 이처럼 홍명희가 신간회로 한창 분주할 때이던 1928년 11월 21일 연재를 시작했다. 홍명희의 최초이자 유일한 소설 '임꺽정'에 대한 반응은 가히 폭발적이었다. 그 열풍엔 '흥행'이나 '인기'로만 말할 수 없는 그 무언가가 있었다. 관군에 맞서며 수탈당하는 민중 편에 선 하층민 사내의 이야기가 일본 제국주의의 식민 통치를 겪고 있던 민족 가슴에 불을 지핀 것이다.

그러나 소설은 주인공 임꺽정만큼이나 고달픈 여정을 겪어야 했다. 첫 시련은 1929년 12월 신간회 민중대회 사건으로 조병옥·허헌 등과 함께 홍명희가 구속되면서 시작되었다. 독자의 빗발치는 아우성에 홍명희는 유치장에서까지 연재를 이어갔으나 결국 12월 26일 302회를 마지막으로 연재를 중단했다. 1932년 1월 출옥해 몸을 추스르고 1932년 12월 1일 번호를 1회부터 다시 매겨 541회까지 연재하다가 1934년 9월 4일 두 번째 중단했다.

열흘 뒤인 9월 15일 다시 1회부터 연재를 시작했으나 이번에는 홍명희의 와병이 문제가 되어 1935년 12월 24일 239회를 끝으로 또 중단되었다. 1937년 12월 12일 4번째로 시작된 연재도 1939년 7월 4일 363회로 중단되었다. 이를 모두 합치면 10년 7개월여간 총 1,445회나 되는 방대한 분량이었다. 1940년 8월의 조선일보 폐간으로 연재 기회를 영원히 놓친 임꺽정은 조선일보 자매지 '조광'에서 연재를 시작했으나 이마저도 1941년 10월호를 끝으로 독자들의 곁을 완전히 떠났다. 그래도 광복 전 신문 연재소설로는 최장기 기록이었다.

"한국 리얼리즘 소설의 전형이자 민족문학사에 길이 남을 명작"

연재 기간이 길었던 만큼 일화도 많았다. 특히 소설 속 남녀 간 사랑 묘사가 지나치게 사실적인 것을 두고 젊은 문인들은 '만풍(晩風·늦바람) 선생'이라고 놀렸다. 사실 홍명희는 이광수 등 동시대의 많은 지식인과 문인들이 조혼한 전처를 버리고 신여성과 재혼한 것과 달리 구여성인 조강지처와 해로한 가정적인 사람이었다.

소설에 대한 찬사도 끊이질 않았다. "조선어와 생명을 같이할 천하의 대기서"(이광수), "조선문학의 대유산"(이기영), "미증유의 대걸작"(박영희), "조선어의 일대 어해"(이효석)라는 극찬이 쏟아졌다. 이후에도 평론가들은 "우리말의 방대한 보고", "근대 한국 리얼리즘 소설의 전형이자 민족문학사에 길이 남을 불후의 명작"이라고 평했다.

'임꺽정'은 1939년 10월 조선일보사 출판부에서 전8권 예정으로 제1권이 출간되고 1940년 2월까지 모두 4권이 간행되었으나 나머지 4권은 간행되지 못했다. 1939년 말 홍명희는 지식인을 겨냥한 일제의 협박과 회유를 피해 경기도 양주군 노해면 창동으로 이사했다. 양주군은 임꺽정의 고향이었다.

해방 후에는 서울신문사 고문으로 활동하다가 곧 그만두고 정치 활동에 전념했다. 그 무렵 홍명희는 자신의 의사와는 무관하게 좌우익 정치·사회 단체들의 간부 명단에 이름이 오르내렸다. 다만 1945년 12월 결성된 좌익·중도파의 최대 문인 단체인 조선문학가동맹 중앙집행위원장으로 선임되고 김일성·무정 장군 서울 방문 환영준비회 위원장으로 추대된 것은 자신의 의사였다.

홍명희는 신탁통치 파동을 겪고 난 후 중간파 정당 활동을 통한 민족통일정부 수립운동에 투신했다. 1947년 10월 노동자당도 자본가당도 아닌 중립당을 표방한 민주독립당을 창당해 당 대표가 되었다. 1947년 12월 중간파 정치 세력을 망라한 민족자주연맹(주석 김규식)이 결성되었을 때는 정치위원으로 선임되었다. 그러면서도 북한은 수차례 방북했다.

그 무렵 홍명희가 가장 우려한 것은 남한만의 단독선거(단선)와 단독정부(단정) 수립이었다. 결국 1948년 4월 평양에서 개최된 남북연석회의에 김구·김규식 등과 함께 방북했다가 북한에 그대로 눌러앉았다. 당시 북행한 남측 인사 400여 명 중 홍명희처럼 북에 잔류한 사람은 백남운·이극로 등 70여 명이나 되었다. 4월 23일 홍명희가 '조선 정치 정세에 관한 결정서'를 낭독하고 이극로가 '3,000만 동포에게 호소하는 격문'을 낭독했다. 두 사람이 '결정서'와 '격문'을 읽었다는 것은 그들이 이미 북한에 남기로 작정했음을 뜻하는 것이다.

월북 후 남쪽에서는 소설과 작가 모두 '금기의 영역'

그의 월북에 앞서 아들 홍기문과 딸은 이미 북한에 가 있었고, 아내와 가솔들만이 괴산에 남아 있었다. 홍명희는 가족에게 편지를 써 평양으로 오라고 했다. 20여 명의 대식구가 38선을 넘어 1948년 8월 평양에 도착하자 김일성은 자기가 살던 집을 내주는 등 파격적으로 대우했다.

1948년 9월 9일 조선민주주의인민공화국이 수립되었을 때 박헌영, 김책과 함께 부수상에 임명되었다. 이후 조선최고민민회의 부위원장, 과학원장, 북조선 올림픽위원회 위원장, 조국평화통일위원회 위원장 등을 역임하며 승승장구하다가 1968년 3월 5일 80세로 천수를 누리고 평양에서 세상을 떠났다.

홍기문은 1947년 월북해 국어학 연구와 문화 활동에 전념했다. 최고인민회의 대의원, 김일성종합대 교수, 과학원 어학연구소 소장을 거쳐 최고인민회의 부의장, 조국통일민주주의전선 중앙위원장, 사회과학원 원장, 조국평화통일위원회 부위원장 등을 역임하면서 1992년 죽는 날까지 국어학을 연구했다. '조선왕조실록'의 한글 번역 공로로 '노력 영웅'이라는 칭호와 국기훈장 제1급을 받았다.

홍명희는 왜놈 학교에 보내지 않겠다며 홍기문을 손수 가르쳤다. 그런데도 홍기문은 한국 향가의 최고 대가가 되었다. 양주동이 '조선고가연구'(1942)를 쓴 다음 "내가 죽은 뒤에 100년 안에 이 책을 수정할 내용이 없을 것"이라고 장담했지만 이를 바로잡은 사람이 홍기문이었다.

홍명희의 월북 후 '임꺽정'은 남쪽에서는 '금기의 영역'이 되었다. 을유문화사가 전 10권으로 기획해 1948년 2월부터 11월까지 6권을 발간했으나 나머지 4권은 홍명희의 북행으로 무산되었다. 이후 임꺽정은 남쪽에서 전설 속에 묻혀 지내야 했고 홍명희는 뇌리에서 지워져 '홍모'로 불렸다. 북한에서는 1954년 평양에서 '림꺽정' 6권이 1954~1955년 사이에 간행되었다. 남한에서는 1985년 9월 사계절출판사가 미완의 '임꺽정'을 그대로 인쇄해 문공부에 납본했으나 납본필증이 나오지 않아 10월 5일 자동적으로 판매 금지가 되었다. '임꺽정'은 1988년 해금되고 1991년 사계절출판사에서 전 10권으로 정식 출판되었다.

홍명희는 최남선, 이광수와 더불어 일제 시대 3대 천재로 꼽히지만 최남선과 이광수는 거대한 문학적 업적에도 불구하고 친일 시비에서 자유롭지 못했고 홍명희는 월북 문인으로 한동안 남쪽에서는 잊힌 존재가 되었다.

오세창 '근역서화징' 출간
8대가 역관인 가풍에다 중국어 역관이자 개화사상가인 아버지 오경석의 영향이 컸다.

오세창(1864~1953)의 삶은 크게 개화파 인사, 언론인, 독립운동가, 서화 연구가로 구분된다. 해방 공간에서도 80대의 나이에 김구와 이승만이 각각 주도하는 정치조직의 원로로 추대되고 국가적 중요 행사 때마다 국민을 대표했다. 특히 서화사 연구에서 두각을 나타내고 독보적인 존재로 인정받았다. 그는 서화 감식가와 수집가로서도 유명했지만 서예가와 전각가로도 명성이 높았다. 이런 바탕에는 중국어 역관이자 개화사상가인 아버지 오경석의 선각자적 삶이 크게 작용했다.

오세창

오경석(1831~1879)은 서구 제국주의 침략에 시달리는 청나라의 실상을 현장에서 목격하면서 조선이 자주적으로 개화해야 한다고 깨달았던 개화파의 비조였다. 8대조부터 부친 오응현에까지 7대에 걸쳐 역관을 지낸 집안의 후예답게 그 역시 15세 때 역과에 합격, 8대째 역관이 되었다. 곧 그의 아우들까지 5형제 모두 역관이 되고 4명의 아들도 역관으로 키워 명문 역관 집안의 전통을 이어갔다. 오경석은 어려서부터 한어와 금석·서화를 배우고 실학을 공부했다.

오경석 삶의 분수령이 된 것은 22세 때인 1853년 처음 북경을 방문해 새로운 문물을 접하고 주변 정세를 파악하면서였다. 오경석은 아편전쟁(1840)으로 홍콩이 영국에 할양되고 태평천국의 난(1851)으로 외우내환에 직면한 청국의 실상을 현장에서 목격한 것을 비롯해 모두 13차례나 북경을 왕래하면서 세계 정세에 눈을 뜨고 개화의 필요성을 절감했다.

이런 변화를 조선에 알리기 위해 서양 문물을 소개한 '해국도지', '영환지략' 등 10여 권의 서적을 구입해 가져왔다. '해국도지'는 세계 주요국의 역사·정치·지리·산업·풍습 등을 망라한 아시아 최초의 국제편람이고, '영환지략'은 10권으로 된 세계 각국의 지리서로 나라별 지도와 지지를 상세하게 해설한 책이다.

오경석은 청국에서 구입한 책들을 자신의 친구이자 한의사인 유홍기에게 먼저 읽도록 했다. 다만 자신과 유홍기가 중인 신분이었기 때문에 양반 자제를 기르칠 수 없다는 신분적 한계를 의식해 1869년 평안도 관찰사에서 한성판윤으로 전임된 박규수에게 도움을 요청했다. 박규수는 연암 박지원의 손자로, 1866년 대동강을 거슬러 침입해온 미국 상선 제너럴 셔

민호를 격침시켜 대원군의 신임을 한몸에 받고 있었다.

오경석, 유홍기, 박규수 세 사람은 1870년부터 서울 북촌 재동의 박규수 자택 사랑방에 김윤식·김옥균·박영효·홍영식·유길준·서광범 등 양반 제자들을 불러모아 오경석이 북경에서 가져온 책자를 교재로 삼아 국제 정세의 변화와 근대화 교육을 시작했다. 오경석, 유홍기, 박규수 세 사람을 우리나라 개화파의 비조로 부르는 이유다.

부친 오경석은 우리나라 개화파의 비조

1866년 대원군이 조선에 체류하던 프랑스 신부 9명을 처형한 병인사옥이 일어나자 청국에 주둔하던 프랑스 함대가 조선 침공을 준비했다. 오경석은 중국 상해에 정박 중인 프랑스 전함의 병력 규모, 전함 성능, 화포 위력 등 구체적인 정보를 알아내 조정에 보고했다. 또한 프랑스 함대가 군량을 3개월분밖에 적재하지 못했기 때문에 정면 대결을 하지 말고 지형지물을 이용해 방어하면서 지구전을 전개하면 승산이 있을 것이라는 의견을 대원군에게 건의했다. 프랑스 함대가 강화도를 침범해 시작된 병인양요는 결국 2개월 간의 공방전을 거쳐 프랑스 함대가 물러나는 것으로 끝을 맺었다.

오경석은 삼국시대부터 고려시대까지의 금석문 146종을 수집하고 해설을 붙여 '삼한 금석록'을 편찬했는데 이는 아들 오세창이 금석학과 전각에 눈을 뜨는 계기가 되었다.

오세창은 서울에서 태어나 8살 때 초기 개화파를 대표하는 유홍기(유대치)를 스승으로 모셨다. 15세 때인 1879년 5월 역과에 합격했으나 그해 8월 어머니와 아버지가 잇달아 세상을 떠나 1년 뒤 역관 생활을 시작했다. 1886년 박문국의 주사로 발탁되어 관보인 '한성주보' 기자로 2년간 활동하고 군국기무처, 농상공부, 우정국 등을 거치며 경력을 쌓았다. 1896년

1월 단발령이 내려졌을 때는 누구보다 먼저 단발을 해 시대 변화를 적극 수용했다. 1897년 9월 일본 공사의 초청으로 도쿄외국어학교 조선어과 교사로 부임해 이듬해 9월까지 1년간 지내며 일본의 서양 문물 수용과 근대적 국력 구축의 실상을 체험하고 귀국했다.

하지만 1902년 유길준이 일본 육사 출신 청년 장교들의 결사인 일심회와 함께 모의한 쿠데타에 연루되었다는 혐의를 받아 일본으로 망명했다. 그 무렵 일본에 망명 중인 손병희를 만나 우리 민족이 살아남으려면 일본식 문명개화를 배워야 한다는 데 의기투합했다. 1906년 1월 손병희와 함께 4년 만에 귀국, 합방론을 주장하는 일진회에 맞서 민족종교 동학의 정통성을 지키는 선봉에 섰다.

1906년 6월 손병희가 창간한 '만세보'(1906.6~1907.6) 사장에 임명되었을 때는 만세보 제작에 두 가지 새로운 방법을 도입했다. 하나는 신소설의 연재이고 다른 하나는 기사 한자에 한글로 깨알 같은 글씨 크기의 음을 다는 루비 활자를 채용한 것이다. 우리나라 첫 신문 연재소설이자 최초의 신소설로 인정받는 이인직의 '혈의 누'는 1906년 7월 22일부터 연재되었다. 만세보는 애국 계몽운동을 펼치다가 1907년 6월 29일 293호를 마지막으로 폐간되었다.

만세보 폐간 후에는 1907년 11월 장지연·남궁억·권동진 등 민족주의자들이 결성한 대한협회의 부회장으로 활동하는 한편 1909년 6월 대한협회 기관지로 창간한 '대한민보' 사장에 임명되어 항일 언론 활동을 펼쳤다. 오세창은 화가 이도영이 한국의 정치·사회 현실을 풍자하며 비판하고 통분한 그림을 대한민보에 연재했다. 이 그림은 오늘날 신문만화의 효시로 꼽힌다.

1910년 8월 한일합방으로 대한민보마저 폐간되자 오세창은 언론인의 길을 접고 오래 전부터 관심을 기울여온 역대 서화가들을 조사·정리하고 옛 글씨와 그림을 수집하는 데 몰두했다. 이는 조선왕조가 망하면서 서화 등 우리의 유물들이 헐값으로 일본에 팔려나가거나 불쏘시개로 사라지는 것을 막기 위한 오세창식 애국 활동이었다. 그러면서도 1919년 3·1 운동에 적극적으로 참여해 민족 대표 33인에 이름을 올려 2년 8개월간 옥고를 치렀다.

개화파 인사, 언론인, 독립운동가, 서화 연구가, 사회 원로의 삶 살아

1921년 12월 가출옥한 후에는 더 이상 직접적인 독립 투쟁에는 나서지 않고 각종 서화, 전각, 서첩들을 수집·정리하는 데 매진했다. 그 첫 번째 결실이 장차 우리나라 서화사 연구의 기본 지침서가 될 '근역서화징'이다. '근역'은 무궁화꽃이 피는 지역이라는 의미로 우리나라를 가리키고 '징'은 우리나라 서화가를 징거(고증)하는 책이라는 뜻이다.

순한문으로 쓰인 '근역서화징' 원고는 1917년 완성되었으나 한동안 세상에 공개되지 않다가 4년이 지난 뒤 활자화되기 시작했다. 1921년 10월 서화협회가 발간한 우리나라 최초의 미술잡지 '서화협회회보' 창간호에 '탑원초의'란 필명과 '근역서화사'란 제목으로 게재된 것이다. 서가 열전과 화가 열전으로 구분해 연재를 시작했으나 회보가 1922년 3월 제2호를 내고 중단되는 바람에 2회 연재로 그쳤다. '근역서화사'는 '근역서화징'으로 개제되어 1928년 5월 5일 계명구락부에서 단행본으로 출판되었다.

'근역서화징'은 신라시대 솔거 이후 20세기 초반 작가 나수연에 이르기까지 392명의 화가, 576명의 서가, 149명의 서화가 등 총 1,117명의 작품과 생애를 기록한 것으로 신라, 고려, 조선 초기, 조선 중기, 조선 말기의 다섯 시대로 구분·편집되었다. 먼저 출생 연도순으로 배열한 뒤 각 서화가의 자, 호, 본관, 가세, 수학(사제 관계), 관직, 사망 연도 등을 소개하고 예술에 대한 기록과 논평을 싣고 출전을 밝혔다. '근역서화징'은 한국 미술사 연구의 가장 중요한 업적 중 하나로 평가되고 있다. '한국 미술사의 시작이자 끝', '미술사학도의 성전' 등 온갖 찬사가 넘쳐난다. 70년 만인

1998년 우리말로 완역되었다.

'근역서화징' 편찬의 토대가 된 것은 '근역화휘'와 '근역서휘'다. '근역서휘'는 고려 말에서 대한제국까지 명필 1,100명의 필적을 모은 것이고, '근역화휘'는 고려 조선시대의 화가 191명의 명화 251점을 수록한 것이다. 오세창은 조선 초기부터 근대에 걸치는 850명의 서화가와 명인이 애용한 성명, 아호, 별호, 자, 기타 별칭, 이명 등을 새긴 3,912개의 인영(印影·인장 찍은 것)도 1937년 6월 편집했다. 이것은 1968년 9월 국회도서관에 의해 '근역인수'라는 제목의 영인본으로 출판되었는데 '근역서화징'과 더불어 오세창 필생의 업적으로 기록되고 있다.

아버지의 영향을 받아 돌, 나무, 뿔, 금속, 옥 등에 '전서'로 인장을 새기는 전각에도 눈을 떴는데 그때까지 전각은 단순한 '도장 파기' 정도로만 여겨지고 있었다. 오세창은 10대 말부터 전각을 배우면서 자신을 '조충(새김벌레)'이라 불렀을 정도로 전각에 몰두했다. 전각이 오늘날 중요한 예술 장르로 인정을 받게 된 데는 오세창의 공로가 크다.

'근역서화징'은 '한국 미술사의 시작이자 끝' 찬사 받아

오세창은 '근역서휘'에 들어가지 않은 1,136명의 묵적(墨跡)으로도 1943년 34책의 '근묵'을 편집해 후세에 남겼다. '근묵'은 국왕과 왕후로부터 문무 관료, 재야 학자, 승려, 중인에 이르기까지 주로 조선시대 주요 인물들의 서간과 시 등 글씨를 모아 서첩으로 묶은 것이다. 한국 서예사의 집대성이라 할 수 있는 '근묵'은 행서·초서·해서 등 다양한 서체를 포함하고, 내용도 편지글이 상당수를 차지해 정몽주·정도전·이이·정약용 등의 자연스러운 필치를 엿볼 수 있고 한국의 서예와 당시의 문화·문장들을 연구하는 데 중요한 자료로 쓰이고 있다.

오세창은 고서화 수집과 연구에도 열심이었지만 자신만의 독특한 예술 세계를 완성하는 데도 부지런했다. 1918년 안중식·조석진·이도영 등 조선의 저명한 서예가와 화가들이 결성한 근대적 미술 단체 '서화협회'에도 13명의 발기인으로 참가하고 서화협회전에는 수시로 서예 작품을 출품했다. 조선총독부가 주관한 1922년 6월 제1회 조선미술전람회 서예 부문에서 1등 없는 2등을 차지한 데서 알 수 있듯 그는 당대 최고의 서예가였다.

오세창은 전형필의 한국 고미술 문화재 수집과 오봉빈의 조선미술관 설립·운영에도 큰 영향을 미쳤다. 전형필은 오세창의 고미술품 감식의 지도를 받으며 물려받은 10만 석 재산으로 일본인들의 손에 넘어가는 등 위기에 처한 각종 자기와 골동서화 등을 사들였다. 오봉빈이 1929년 서울에서 신구 서화를 전시하고 판매를 의도한 조선미술관을 서울에 개설하게 된 배경도 오세창의 권고와 직접적인 지도에 힘입은 것이다.

해방 후에는 매일신보 사장으로 추대되어 매일신보의 제호를 서울신문으로 바꾸는 등 중요한 작업을 마치고 19일 뒤 서울신문의 명예사장으로 물러났다. 정치적으로는 여운형이 주도하는 조선건국준비위원회, 뒤이어 건준이 발표한 조선인민공화국의 고문으로 추대되었으나 이 자리는 받아들이지 않고 우익의 민족 세력이 1945년 9월 결성한 한국민주당 영수의 1인으로 이승만·김구·이시영·서재필 등과 함께 이름을 올렸다. 1946년 2월에는 김구와 이승만이 통합·발족한 대한독립촉성국민회 회장으로 추대되었다.

1946년 8월 해방 1주년 기념식 때는 일본에 빼앗겼던 대한제국 황제의 옥새를 전체 국민을 대표해 인수하고 1949년 3월 열린 반민특위 재판정에 태극기와 함께 걸린 '민족정기(民族正氣)' 휘호를 썼다. 김구가 암살당했을 때는 노구를 이끌고 장의위원회 위원장직을 맡는 등 정치·사회 활동을 왕성하게 전개했다. 6·25 발발 후 피란지인 대구에서 1953년 4월 16일 눈을 감았다.

국내 첫 시내버스와 여차장 등장

"바고다 공원입니다" "오라잇! 떠납니다"를 외쳐대는 모습은 당시로서는 진풍경이었다.

1928년 4월 22일, 우리나라에도 시내버스 시대가 열렸다. 경성부청(서울시청)이 일본에서 버스 10대를 들여와 '부영(府營)버스'라는 이름으로 도심을 운행한 것이다. 15분마다 시내 3개 노선을 달린 버스에는 14개의 좌석이 마련되어 있고 8명까지 입석이 가능했다. 노선은 경성역(서울역)을 기점으로 남대문, 광화문, 종로를 거쳐 헌병사령부(필동)에 이르는 길을 포함해 모두 3개였다.

전차와 달리 어디서든 손을 들면 태워주는 시내버스의 등장을 일반 시민은 물론 전차 없는 길을 가기 위해 비싼 인력거와 택시를 타야 했던 부유층까지 반겼다. 반면 인력거 대표들은 경성부청을 방문해 1,000여 명의 인력거 차부가 다른 직업을 얻기까지 3년간 연기하되 여의치 않을 경우 실직자 보조비를 지급하라고 요구하며 항의했다. 요금은 7전을 받아 5전을 받은 전차에 비해 비싼 편이었다. 첫날 60원, 1개월 동안 1,662원이나 되는 수입을 올리자 당시 조선일보는 '버스가 지나친 폭리를 취한다'며 비판했다. 부영버스는 여론에 밀려 이듬해 6월 요금을 5원으로 내렸다.

바늘에 실이 따라가듯 '버스걸'로 불렸던 여차장도 이때 처음 등장했다. 차장이 되려면 보통학교를 졸업한 16~20세에 산술 시험과 면접을 치러야 했다. 체격과 회화(會話) 능력도 중요했다. 12명 모집에 59명이 응시해 높은 경쟁률을 보였다. 당시 동아일보는 직업여성이 거의 없을 때 여성이 생활에 쫓겨 돈벌이에 나서고 또 경쟁시험을 치른 것을 '주목할 만한 현상'이라고 보도했다.

젊은 아가씨들이 무릎을 겨우 덮을 정도의 짧은 플레어스커트에 가죽 허리띠로 졸라맨 양복저고리를 입고 "바고다 공원입니다", "오라잇! 떠납니다"를 외쳐대는 모습은 당시로서는 진풍경이었다. 이쁘장한 차장들에게는 추근대는 남자도 많았다. 늘 남자들이 따라다니는 '뻐스걸'들에겐 곧바로 '연애 대가'란 별명이 따라붙었다.

총각들은 버스에 타고 내리며 쪽지를 건네주었고

일본에서 들여온 시내버스. 서울시청의 당시 명칭은 경성부청이었기 때문에 부영(府營) 버스로 불렸다.

동대문 밖 구한국군 훈련원 자리에 마련된 차장들의 기숙사 돌담 위 가시덤불에는 아침이면 데이트를 청하는 연애편지가 하얀 꽃처럼 피어 있었다고 한다. 한 버스 차장은 조선일보에 투고한 1931년 1월 17일자 '뻐스걸의 분언(憤言)'이란 글에서 "뎀뿌라 학생(껄렁껄렁한 학생), 심지어 점잖다는 신사복 차림까지 야비하기 짝이 없는 '히야까시(성희롱)'를 내부린다…"고 항변하기도 했다.

버스 회사가 큰 수입을 올린 것과 달리 차장은 85전의 일당을 받는 박봉이었다. "조선 여성은 거리로 나와야 합니다. 전차 레루(레일)를 고치는 공부라도 해야 합니다"라고 신문사 인터뷰에서 당차게 말하는 여차장도 있긴 했지만 "나는 조금도 부끄럽게 생각하지 않는다"는 또 다른 인터뷰로 미루어 당시 버스걸에 대한 직업 만족도나 사회적 인식이 낮았던 것으로 추정된다. 삥땅(횡령)이 없을 리 없어 한 운수업자는 "도로는 차를 갉아먹고 조수는 휘발유를 갉아먹고, 차장은 차비를 갉아먹으니 나는 뭐 먹고 살란 말이냐"라고 하소연했다.

이후 버스가 증설되고 노선이 확장되는 등 부영버스는 사세를 키워 나가며 5년 동안 전차와 운행 경쟁을 벌였다. 그러나 1933년 운영권이 전차를 운행하는 경성전기로 넘어가 한동안 전차는 시내, 버스는 주로 교외를 운행하는 이원 체제로 운영되었다.

1960~1970년대에는 삥땅을 막으려는 업주의 지나친 몸수색에 차장이 자살로 항의했다거나 16시간씩의 혹사로 졸다가 버스에서 추락했다는 등의 기사가 사회면의 단골 메뉴로 등장했다. 시내버스는 이처럼 서민들과 애환을 같이했으나 1984년 9월 서울시가 안내양 없는 자율버스를 도입하고 1989년 4월 20일 김포에서 광화문까지 운행하는 김포교통 소속 38명의 안내양을 마지막으로 차장 없는 버스 시대가 막을 열었다.

장개석의 북벌(北伐) 완성
좌우 양파를 넘나들던 장개석이 확실히 우파로 기운 것은 1926년 3월이었다.

1920년 6월, 손문이 오랜 숙원이던 북벌(北伐)을 단행했다. 1916년 원세개 사후 수십 명에서 수백 명에 이르는 군벌이 중국 전역에서 활개를 치고 있어 이 군벌들을 평정하지 않고서는 중국의 통합이 사실상 요원했기 때문이다. 그러나 손문을 도와 북벌을 준비 중이던 광동성장 겸 광동군사령관인 진형명이 북벌로 어수선한 틈을 타 1922년 6월 광동성의 광주에서 쿠데타를 일으켰다.

손문은 북벌은커녕 쿠데타를 진압하는 데 전력을 소진해야 했다. 쿠데타군은 오래지 않아 소탕되었지만 손문은 이 과정에서 강력한 정부와 직할군의 필요성을 통감했다. 그 결과가 1924년 1월의 제1차 국공합작과 1924년 6월의 황포군관학교 설립이다. 국공합작에 따라 국민당은 좌우파가 혼합된 정당으로 재탄생했다. 장개석은 쿠데타를 진압한 공로를 인정받아 황포군관학교 교장 및 광동군 총참모장으로 임명되었다. 이로써 손문은 비로소 자신의 군사력을 갖게 되었다.

진형명은 광주에서 쫓겨나 광동성 동부 지역
에 포진하고 있다가 주변의 군벌을 하나둘 규
합해 1924년 10월 다시 광주로 쳐들어왔다. 장
개석은 황포군관학교 교관과 생도들을 동원해
진형명은 물론 진형명을 도운 군소 군벌들까지
격파했다. 손문은 이렇게 후방을 정비한 후 다
시 북벌을 시작했으나 1925년 3월 갑자기 죽어

장개석

그를 중심으로 조심스럽게 유지되던 국민당의 좌우 양파는 분열의 위기
를 맞았다.

1925년 7월 국민당 전체회의가 광동에서 열려 새로운 국민정부를 수립
했다. 정부 주석과 재정부장은 좌파인 왕조명(왕정위)과 요중개가 차지해
손문의 유지를 관철하려는 좌파가 우위를 차지했다. 그러던 중 요중개가
국민당의 우파에 의해 1925년 8월 살해되었다. 이런 상황에서 국민당은
북벌을 다시 시도하기 위해 1925년 9월 국민혁명군을 창설하고 장개석을
제1군 군단장으로 임명했다.

좌우 양파를 넘나들던 장개석이 확실히 우파로 기운 것은 1926년 3월이
었다. 공산당 소속의 중산함 함장 이지룡(황포군관학교 1기)이 상부의 명령
없이 군함을 광동에서 황포로 회항하자 이를 공산당이 자신을 거세하기
위한 음모로 규정한 장개석이 이지룡은 물론 수십 명의 국민당 내 좌파와
공산당원을 체포한 것이다. 국민당을 대표하는 왕조명(왕정위)까지 홍콩
으로 추방함으로써 장개석은 국민당 내에 자신의 정치적 기반을 확실히
굳히게 되었다.

장개석이 처음 반공 체질을 드러낸 이 중산함 사건의 원인들 두고 이지
룡이 장개석을 붙잡아 중산함에 싣고 소련의 블라디보스토크로 끌고가

억류할 계획이었다는 게 유력한 설이지만 장개석이 의도적으로 일으켰다는 설도 있어 진위가 분명치 않다.

'상해 반공 쿠데타'로 제1차 국공합작 끝나

장개석은 중산함 사건이 매듭지어진 후 국민당 정부에 북벌을 건의했다. 정부가 이를 받아들여 1926년 6월 장개석을 국민혁명군 총사령 겸 군사위원회 주석으로 임명했다. 장개석은 이미 한 달 전 국민당 전당대회에서 중앙집행위원회 상무위원으로 추대된 상태였기 때문에 사실상 당권, 정권, 군권의 핵심 요직을 차지한 주요 지도자로 급부상했다.

장개석이 마침내 북벌을 시작한 것은 북벌군 최고사령관에 취임한 1926년 7월이었다. 당시 중국의 중·북부를 장악하고 있는 주요 군벌 휘하의 병사는 약 100만 명 정도였다. 장개석의 국민혁명군보다 최소 5배가 많은 대병력이었다. 군벌들은 무기와 장비도 충분했다. 이처럼 군사적으로는 국민혁명군이 열세였으나 북방 군벌의 무능과 매국 행위를 비판하는 민중이 중국 통일을 기치로 내건 국민혁명군을 열광적으로 지지해 전체적인 세력 판도는 국민혁명군이 유리했다.

장개석은 본격적인 북벌에 앞서 일부 군벌을 국민혁명군 편으로 끌어들이는 것으로 부족한 군사력을 보충했다. 그의 편으로 가담한 대표적인 군벌은 섬서성의 풍옥상과 호남성의 전 군벌 당생지였다. 남·서부 지역에 해당하는 복건성, 운남성, 귀주성의 일부 남방 군벌도 참여했다. 북벌 과정에서도 많은 군벌 군대가 투항해 국민혁명군에 편입되었다.

장개석의 국민혁명군에 맞서는 북방의 주요 군벌은 하남·호북·호남성을 근거지로 하는 오패부, 원래는 오패부의 부하였다가 강소·절강·안휘·강서성을 장악한 손전방, 만주를 기반으로 삼아 사실상 중국 전토의 거의 절반을 차지한 장작림, 서남 지방에서 세력을 떨치고 있는 당계요, 귀주성을 기반으로 하는 원조명, 산서성의 염석산 등 다양했다.

국민혁명군은 3개조로 나누어 북진했다. 동로군은 강서·절강성으로 북진하고 장개석이 지휘하는 중로군은 상해·남경으로 진격했으며 서로군은 호남성을 향해 북

북벌 이동 경로

상했다. 북벌군은 장사(1926년 8월), 무한(9월), 무창(10월), 남창(11월) 등을 점령하며 파죽지세로 북상했다. 1927년 3월에는 상해와 남경까지 점령, 남중국해의 해남도에서부터 양자강 유역까지 전 지역에서 국민당의 깃발이 펄럭이게 했다. 이로써 국민당의 판도에 들어온 곳은 호남성, 호북성, 강서성, 광동성, 광서성, 귀주성, 복건성 등 모두 7개성이었다. 이 과정에서 국민당 내 좌우 양파의 대립이 재연되었다. 장개석이 정부를 남창으로 이전할 것을 주장한 것과 달리 국민당 좌파가 정부를 무한에 두자고 고집하면서 결국 국민당의 좌우 양파는 무한과 남창으로 분열되었다.

북벌전쟁이 진행되는 동안 양자강 이남의 노동자·농민들은 공산당의 지도하에 치밀한 조직화가 이뤄졌다. 공산당은 노동자·농민의 힘을 결집한 뒤 1927년 3월 10만 명의 노동자가 참가한 파업과 무장봉기로 상해를 공산당 천지로 만들었다. 이른바 '상해 3월혁명'이었다. 그들은 인민정부

수립, 군벌 소탕, 임금 인상, 노동조건 개선 등을 요구하며 상해를 노동조합과 급진주의의 온상으로 만들고 공산당 총본부를 세웠다

장개석의 군대는 3월 중순 남창을 떠나 상해로 진군했다. 아직은 국공합작이 유효한 때여서 상해 입성에는 큰 문제가 없었다. 장개석이 마침내 상해를 피바다로 만든 이른바 '상해 반공 쿠데타'를 감행한 것은 4월 12일 새벽이었다. 파업 중인 노동자를 무장해제하고 폭동으로 맞서는 공산당원에게 기관총을 난사해 상해를 피로 물들게 한 것이다. 이로써 위태롭게 이어가던 제1차 국공합작은 종지부를 찍었다. 노동자들은 총살되거나 참수되었고 소련의 코민테른 고문관들은 모스크바로 도주했다. 목숨을 건진 공산주의자들은 농촌의 외진 은신처로 도피했다. 300여 명이 죽고 5,000여 명이 실종된 이 '상해 쿠데타'를 계기로 장개석은 명실상부한 국민당 내 최고 지도자로 부상했다.

실로 장개석 최고의 날이었다

장개석이 4월 18일 남창을 떠나 남경에 국민정부를 정식 발족함으로써 중국에는 국민당 좌파와 공산당의 연합 정부인 무한 정부, 장개석이 주도하는 국민당 우파의 남경 정부, 북경의 군벌 정부, 이렇게 세 정권이 대립하게 되었다. 장개석은 국민혁명군 총사령관에 이어 1928년 3월 국민당 중앙정치회의와 군사위원회 주석 자리까지 거머쥠으로써 명실상부한 군·정의 최고 실력자가 되었다. 그리고 1928년 4월 7일 2차 북벌을 선포했다. 군벌 군대를 흡수해 100만 명으로 늘어난 국민혁명군은 6월 8일 만주 군벌 장작림이 이미 탈출해 군사 공백지가 된 북경을 무혈점령했다. 국민혁명군이 광주를 출발한 지 거의 2년 만에 수없이 많은 정치적 소용돌이를 겪으면서 주요 군벌을 몰아내고 마침내 국민당의 오랜 소망인 북벌에 성공한 것이다. 실로 장개석 최고의 날이었다.

그러나 북벌이 완성된 후에도 일부 세력은 그들의 지역적 기반 위에서 계속 권력을 보존하고자 했다. 1930년 4월 산서성의 염석산과 서북의 풍옥상, 그리고 광서성의 이종인이 독자적으로 중화민국 육·해·공군 총사령관에 취임하고 전군에 동원령을 내리면서 장개석과 반장개석 세력 간에 건곤일척의 중원대전이 벌어졌다. 이 반란은 장개석과 장학량(장작림의 아들)의 연합으로 진압되었다. 장개석은 1930년 6월 총통으로 지명되고 행정원장(총리) 직책을 겸임했다. 장개석의 다음 순서는 공산당 토벌이었다. 1930년 10월 4만여 명의 병력을 동원해 강서성의 홍군을 상대로 포위 공격작전을 시작했다.

군벌 '군벌'은 20세기 초 중국의 혼란기 속에서 자체 군사력을 보유한 지방 세력을 말한다. 본격적으로 세력을 키운 것은 원세개가 대총통으로 군림할 때였다. 원세개 집권 시 북경의 중앙정부는 광대한 중국 전역에 군대를 파견하고 유지할 능력이 없었다. 군벌은 이런 토양 속에서 태어나 혼란기를 이용해 세력을 키웠다. 군벌은 세력을 확대하는 것이라면 열강과의 결탁도 마다하지 않았다. 자기들끼리도 이해관계에 따라 적과 동지를 넘나들었다.

원세개가 죽은 1916년 6월 당시, 군벌은 크게 북양 군벌과 서남 군벌로 대별되었다. 북양 군벌은 원세개 생존 시 중국의 대부분 지역을 장악했던 원세개의 신식 군대 북양군에 뿌리를 두고 있다. 원세개 사후 북양 군벌을 대표하는 군벌로는 원세개 밑에서 육군총장과 국무총리를 역임한 단기서와 하북성(직례) 지역의 맹주였던 직례도독 풍국장을 들 수 있다. 풍국장은 미국·영국의 지원을 받는 직례파, 단기서는 일본의 지원을 받는 안휘파를 이끌며 군웅할거 시대를 열었다. 북방 지역에는 이들 안휘파와 직례파 말고도 지금의 동북 3성을 근거지로 하는 장작림의 봉천파가 신흥 군벌을 형성하고 있었다. 남쪽의 서남 군벌은 운남성의 당계요, 광서의 육영정 등이 중심을 이루고 있었는데 이들은 광동을 기반으로 한 국민당 정부의 손문과 때로는 동맹 관계, 때로는 불편한 관계를 유지하면서 세력을 확대했다.

원세개 사후 부총통인 여원홍이 총통직을 계승하고 풍국장은 부총통, 단기서는 국무총리 겸 육군총장을 차지했으나 실권은 단기서가 쥐고 있었다. 여원홍은 자체 군사력을 갖고 있지 않아 사실상 단기서의 꼭두각시에 불과했다. 1차대전을 일으킨 독일에 대해 1917년 중국이 선전포고를 할 것이냐 중립을 지킬 것이냐의 문제로 정국이 시끄러웠을 때, 여원홍과 풍국장은 참전에 반대한 반면 단기서는 참전을 지지했다. 단기서는 참전을 미끼로 일본에서 차관과 무기를 들여와 그것으로 자파 세력을 강화해 전국을 장악하려는 야망을 갖고 있었다.

그러나 단기서가 참전을 위해 20여 명의 국회의원에게 뭇매를 가하는 무리수를 두는 바람에 단기서는 여원홍 총통에 의해 국무총리직에서 쫓겨나고 말았다. 그러자 단기서는 자신의 세력을 결집해 여원홍 타도 기치를 세웠고 곤경에 빠진 여원홍은 안휘도독 장훈에게 도움을 요청했다. 장훈은 1917년 6월 북경에 진입한 뒤, 7월 1일 폐위된 청나라 마지막 황제 부의를 옹립하고 청조의 부활(복벽)을 시도했다.

그러나 복벽은 단기서의 북경 탈환으로 불과 12일 만에 실패로 끝나고 말았다. 단기서는 경쟁자인 부총통 풍국장을 총통서리로 추대하고 자신은 총리를 맡았으나 실권은 여전히 그가 쥐고 있었다. 1918년 11월 독일의 항복으로 1차대전이 끝나자 단기서는 일본과 밀실 회담을 펼쳐 중국 내 독일의 모든 이권과 조차지를 일본에 넘기기로 약속했다. 이것이 1919년 베르사유 조약으로 밝혀지자 중국 도처에서 반정부 시위가 폭발했다. 5·4 운동이었다.

북방 지역의 대표 군벌은 안휘파, 직례파, 봉천파

1919년 풍국장이 죽자 조곤이 직례파의 영수가 되었다. 조곤이 다시 단기서와 대립각을 세우면서 1920년 7월 이른바 '안직전쟁'이 벌어졌다. 장작림의 봉천 군벌이 직례파의 조곤을 도운 이 전쟁에서 안휘파는 패배하고 단기서는 총사령관직에서 물러났다. 이로써 안휘 군벌은 붕괴되었다. 북경은 한동안 직례파와 봉천파로 구성된 연합 군벌의 차지가 되었다. 그러나 곧 두 파벌의 대립으로 1922년 4월 제1차 '봉직전쟁'이 전개되었다.

직례파는 양자강 중류의 물자가 풍부하고 인구가 많은 호북성을 기반으로 삼았고 봉천파는 만주 봉천을 근거지로 삼았다. 이 전쟁에선 봉천파가 직례파의 총사령관 오패부에게 패했다. 오패부는 조곤을 대총통으로 추대하고 자신은 직례파의 최대 거두가 되어 북경 정계를 지배했다. 오패부는 유학자 출신으로 학문에 조예가 깊다는 것을 자랑했으나 잔인하기는 다른 군벌과 차이가 없었다.

제1차 '봉직전쟁'에서 패했던 장작림이 본거지인 동북 지역으로 철병했다가 1924년 9월 대규모 병력을 이끌고 또다시 북경을 향해 진군했다. 조곤은 오패부에게 산해관 근처에서 장작림군을 토벌케 했다. 이른바 제2차 '봉직전쟁'이었다. 그러나 조곤 휘하에 있는 풍옥상의 배신으로 조곤은 연금되고 직례 군벌의 천하는 무너졌다. 뒤이어 실각해 있던 단기서가 장작림과 풍옥상의 지지를 얻어 1924년 11월 북경에서 임시집정에 취임했다. 단기서는 풍옥상을 제거해 우환을 없애려는 음모를 꾸몄다가 사전에 누설되어 도피 생활을 하다가 1936년 상해에서 병사했다.

한편 봉천군 휘하의 곽송령은 풍옥상과 밀약을 맺고, 1925년 11월 장작림의 하야를 요구하며 봉천으로 진군했다. 장작림은 직속 부하의 반란으로 한때 곤경에 처했으나, 원수였던 오패부와 손을 잡고 봉천에 주둔하고 있던 일본 관동군의 지원을 받아 곽송령을 패퇴시켰다. 풍옥상도 오패부에게 대패해 서쪽으로 도주했다.

장작림은 북경을 장악하고 세력을 양자강 주변까지 넓히게 되자 1926년 12월 북경에서 대원수에 취임, 북경의 유일한 권력자로 군림했다. 장작림은 일본의 협력을 받아 세력을 급속히 확대했다. 그러나 1928년 4월 장개석이 국민혁명군을 기반으로 북벌을 단행하자 패전을 거듭했다. 일본의 관동군은 1928년 5월 장작림에게 북경에서 빠져나와 동북 3성으로 후퇴하라고 제안했다. 장작림은 분통이 터졌지만 6월 3일 밤 북경발 봉천행 열차를 탔다. 그런데 열차는 6월 4일 새벽 봉천(현재의 심양) 부근 황고둔에 이르렀을 때 갑자기 폭발했다. 장작림은 병원에 실려갔다가 곧 숨을 거뒀다. 폭발은 일본 관동군의 소행이었다. 관동군은 장작림의 폭살로 만주의 치안이 악화하면 그것을 명분 삼아 만주를 중국 본토에서 분리할 계획이었다.

장작림이 북경을 빠져나간 후 장개석의 국민혁명군이 북경에 무혈입성함으로써 북방의 군벌들은 동북 3성의 봉천파를 제외하고 모두 소멸되었다. 뒤이어 봉천 군벌을 계승한 장작림의 아들 장학량도 일본의 행위에 치를 떨며 장개석에게 충성하기로 약속하면서 동북 3성도 사실상 장개석의 통제를 받았다.

알렉산더 플레밍, 페니실린 발견
"내가 남보다 나았던 까닭은 그런 현상을 그냥 지나치지 않고 세균학자로 대상을 추적한 데 있다"

알렉산더 플레밍(1881~1955)이 여름휴가를 마치고 자신이 근무하는 영국의 세인트 메리병원 연구실로 돌아온 것은 1928년 9월 3일이었다. 그런데 그의 눈에 이해할 수 없는 현상이 목격되었다. 실험실 책상 위에 쌓아둔 포도상구균 배양 접시에 휴가를 떠날 때는 없던 푸른곰팡이가 자라고 있었는데 푸른곰팡이 주변의 포도상구균이 말라 죽어 있었던 것이다. 훗날 밝혀지지만 푸른곰팡이는 곰팡이의 알레르기 치료법을 연구하고 있던 바로 아래층 실험실에서 바람을 타고 위층 플레밍의 연구실로 날아온 것이다.

플레밍은 이 불가사의한 곰팡이의 정체 규명에 나섰다. 곰팡이를 배양해 새로운 액체 배지에 옮기고 1주일이 지나 배양액을 희석한 뒤 배양액에 포도상구균을 넣었다. 그러자 포도상구균의 발육이 억제되는 놀라운 현상이 벌어졌다. 이를 통해 곰팡이에서 나오는 어떤 물질이 살아 있는 세균을 파괴하는 강력한 항균 작용을 한다는 것을 알 수 있었다.

플레밍은 그 곰팡이가 페니실륨 속(屬)에 속한다는 것에 착안해 곰팡이가 생산하는 물질을 '페니실린'이라고 명명했다. 그리고 계속된 연구와 실험을 통해 페니실륨 속에 속하는 곰팡이 중 페니실륨 노타툼을 비롯한 몇 종류만이 페니실린을 생산하고 나머지는 페니실린을 만들지 않는다는 사실도 알게 되었다. 또한 페니실린이 폐렴, 매독, 임질, 디프테리아, 성홍열을 일으키는 세균에도 항균 작용을 한다는 사실을 확인했다. 더욱 중요한 것은 사람의 백혈구와 세포에는 아무런 영향을 끼치지 않고 수백 배로 희석해도 효능에 큰 변화가 없다는 사실이었다. 20세기 인간이 만들어낸 약 가운데 으뜸이자 의학사에서 가장 중요한 발견으로 평가받고 있는 페니실린의 존재가 마침내 드러난 것이다.

이 위대한 업적의 주인공인 플레밍은 스코틀랜드에서 태어났다. 13세에 영국의 런던으로 이주해 고교를 졸업하고 런던의 세인트 메리병원 의과대에 입학했다. 1906년 졸업 후에는 세인트 메리병원에서 의사 겸 연구자로 근무하다가 1914년 1차대전이 발발하자 프랑스 부르고뉴 근처 병원에서 감염으로 죽어가는 군인들을 지켜보면서 치료제가 없는 현실을 안타까워했다. 소독법이 민간병원에서는 상당히 효과적이지만 전장에서는 별 소용이 없다는 것도 그때 알게 되었다. 플레밍은 일련의 실험을 통해 죽은 조직을 제거하고 상처를 무균 식염수로 씻어내면 감염을 최소화하고 감염증과 싸우는 백혈구를 대량으로 생성할 수 있다는 것을 확인했다. 이 연구 덕에 많은 장병이 목숨과 팔다리를 구했다.

플레밍은 1918년 전쟁이 끝나고 다시 런던으로 돌아와 세균에 감염된 환자들을 위한 항균 물질을 찾겠다는 열망에 사로잡혔다. 그러던 중 1921년 어느 날 그의 콧물 한 방울이 황색 세균으로 가득찬 배양접시에 떨어졌는데 콧물이 떨어진 부분만 세균이 깨끗이 정리되어 있는 것을 보고 콧물 속 무엇인가가 항균 효과가 있다는 것을 알게 되었다.

20세기 인간이 만들어낸 약 가운데 으뜸

플레밍은 그 분비물 중의 활성 물질이 공기를 매개로 침입하는 세균을 막아주는 인체의 자연 방어 기능의 일부라는 결론을 내리고 콧물에 함유되어 있는 그 물질을 '라이소자임'이라고 명명했다. 그리스어로 녹인다는 의미의 '라이소'와 효소를 의미하는 '엔자임'의 어미를 딴 것이다. 그후 플레밍은 콧물은 물론 눈물, 침, 고름, 달걀 흰자 등에도 라이소자임이 들어 있는 것을 밝혀냈다.

하지만 라이소자임은 인간에게 무해한 박테리아는 죽이면서도 질병을 야기하는 박테리아는 죽이지 못했다. 더구나 플레밍은 병리학자나 생화학자가 아니었기에 라이소자임을 추출하거나 작용 메커니즘을 규명하지 못했다. 그런데도 그로부터 6년 뒤 페니실린의 존재를 밝혀냈으니 행운의 연속이었다. 이 때문에 플레밍의 연구 성과를 두고 "행운과 우연의 모자이크"라며 빈정대는 사람도 있었으나 플레밍은 "나는 페니실린을 발명하지 않았다. 자연이 만들었고 난 단지 우연히 그것을 발견했을 뿐이다. 단

하나 내가 남보다 나았던 까닭은 그런 현상을 그냥 지나치지 않고 세균학자로 대상을 추적한 데 있다"라고 여유 있게 응수했다.

알렉산더 플레밍

플레밍은 페니실린을 발견한 후 농도와 시간에 따른 항균력을 측정했다. 그런데 처음에는 항균력이 강했지만 시간이 흐르면서 약해졌다. 이것은 페니실린의 상업화에 심각한 장애물이었다. 더 큰 문제는 불순물이 없는 페니실린을 좀처럼 정제할 수 없다는 점이었다.

플레밍은 1929년 2월 런던의학 연구모임에서 페니실린에 관한 논문을 발표하고 1929년 5월 영국 실험병리학회지에 페니실린에 관한 논문을 게재했다. 그러나 그의 논문에 관심을 보인 연구자는 없었다. 곰팡이 배양액이 항균력을 나타낸다는 사실이 이미 여러 차례 보고되었기 때문이다. 당시 연구자들이 궁금했던 것은 세균을 죽이기 위해 몸에 다른 세균을 넣어도 되는 건지, 그게 효과가 있는 건지 여부였다. 이 사실을 확신할 수 없는 상황에서 플레밍의 연구에 환호할 수 없었던 것이다. 플레밍 역시 계속된 시도에도 불구하고 페니실린을 정제하는 데 실패했다. 결국 플레밍의 발견은 한동안 잊혔다.

페니실린이 '기적의 약' 반열에 오르게 된 것은 10년도 더 지나서였다. 호주 출신의 옥스퍼드대 병리학자 하워드 플로리와 독일 태생의 유대계 생물학자 언스트 체인이 1940년 3월 불순하긴 하지만 극소량의 페니실린을 분리하는 데 성공한 것이다. 플로리와 체인은 1940년 5월 감염된 쥐를 대상으로 한 실험이 성공하자 1940년 8월 첫 논문을 발표하고 1941년 2월 첫 임상 실험에서 효능을 증명해 보였다. 이런 공로를 인정받아 플로리와 체인은 플레밍과 함께 1945년 노벨 생리의학상을 공동 수상했다.

월트 디즈니 제작 '증기선 윌리' 개봉

언론들은 '유성 애니메이션'을 제작한 디즈니를 만화영화의 개척자이자 선각자로 치켜세웠다.

       월트 디즈니(1901~1966)는 애니메이션에서 가장 혁신적인 변화를 주도하고 이를 문화 상품과 작품으로 승화시킨 '애니메이션의 대명사'다. 연출자, 제작자, 사업가였으며 캐릭터 산업이라는 새로운 사업 영역의 개척자였다. 최초의 장편 애니메이션(백설공주), 최초의 유성 애니메이션(증기선 윌리), 최고의 인기 캐릭터(미키 마우스, 도널드 덕, 구피, 플루토 등)로 시대를 풍미했다.

    디즈니는 미국 시카고에서 태어났다. 고교 시절에는 학원에서 펜화와 풍자화를 배우고 학교 신문의 미술기자로 활동했다. 1920년 입사한 광고회사의 도안사로 활동하면서 애니메이션의 세계에 눈을 뜨고 평생의 친구이자 동지가 될 어브 아이웍스를 만났다. 1922년 5월 아이웍스와 함께 '래프 오 그램'이라는 스튜디오를 설립하고 지역 극장에서 상영할 1~2분짜리 만화 상업광고를 제작했으나 파산하는 바람에 1923년 8월 할리우드로 활동지를 옮겼다. 그곳에는 형 로이 디즈니가 있고 메이저 영화사가 즐비했다.

    디즈니 형제는 1923년 10월 할리우드 최초의 여성 배급자인 마거릿 윈클러를 만나 '앨리스와 만화왕국' 시리즈를 제작하기로 계약을 체결하고 그해 12월 '디즈니 브러더스 스튜디오'를 설립한 뒤 아이웍스를 끌어들였다. 형제가 제작한 실사와 애니메이션이 혼합된 7분짜리 '앨리스와 만화왕국'은 1924년 3월 워너브러더스 배급망을 통해 미국의 몇몇 극장에서 개봉했다. 하지만 제작비를 건지지 못해 재정적으로는 고전을 면치 못했다. 결국 월트 디즈니는 파산 신고를 할 정도로 궁지에 몰렸다. 그러자 윈클러의 남편인 찰스 민츠가 새로운 주인공을 개발하도록 권유하고 디즈니에게 유니버설 영화사를 소개해주었다.

당시 유니버설은 경쟁사인 패러마운트가 최
고의 인기 캐릭터인 '고양이 펠릭스'로 흥행에
성공하자 이에 필적할 캐릭터와 애니메이션을
찾고 있었다. 디즈니는 실사영화와 애니메이션
을 섞어놓은 당시의 만화영화 패턴과 달리 '토
끼 오즈월드'를 100% 순수 애니메이션으로 제
작했다. 오즈월드 캐릭터는 1927년 '토끼 오즈

월트 디즈니

월드'의 첫 시리즈인 '전차 사건'이 공개된 후 서서히 인기를 끌어모았다.
성공이 눈앞에 보였으나 1928년 2월 찰스 민츠에게 '토끼 오즈월드'의 소
유권을 빼앗기는 쓰라린 경험을 맛보았다.

디즈니는 심기일전해 한 편의 짧은 시나리오를 썼다. 제목은 당시 미국
의 영웅이던 찰스 린드버그의 대서양 횡단 비행 성공에서 모티브를 얻어
'미친 비행기'로 정했다. 주인공은 쥐였다. 디즈니는 할리우드로 돌아와
시나리오를 아이웍스에게 보여주고 함께 캐릭터를 구상했다. 두 사람이
새로 그린 캐릭터가 빼앗긴 캐릭터 오즈월드와 유사하다는 지적이 있자
아이웍스가 둥근 눈에 길게 늘어진 귀를 가진 귀여운 모습의 생쥐로 이미
지화했다. 최초의 쥐 캐릭터 이름은 모티머였으나 몇 차례의 회의를 거쳐
'미키 마우스'로 바꿨다. 진정한 의미의 세계 최초 애니메이션 '미키 마우
스'가 탄생한 것이다.

미키 마우스의 데뷔작은 당초 구상한 대로 '미친 비행기'였다. 두 번째
작품 '갤러핀 가우초'도 만들었지만 두 애니메이션 모두 시사용으로만 공
개했을 뿐 제작자의 배급 거부로 개봉되지 못했다. 두 번의 실패를 경험
한 디즈니는 당시 최고의 코미디언인 버스터 키턴의 인기 영화 '증기선
빌'의 인기에 편승하는 전략을 구사했다. 1년 전 최초의 유성(토키) 영화

개봉 당시 '증기선 윌리' 포스터

'재즈 싱어'가 엄청난 센세이션을 불러일으켰던 사실을 떠올리며 미키 마우스에 소리를 입혔다. 그림에 단순히 소리를 입히는 수준이 아니라 그림과 소리가 동시에 움직이도록 정교하게 제작했다.

미키 마우스가 등장하는 최초의 유성 애니메이션 영화 '증기선 윌리'는 1928년 11월 18일 뉴욕 콜로니 극장에서 개봉했다. 디즈니가 제작과 각본을 맡고 아이웍스가 감독한 7분짜리 '증기선 윌리'에서 귀여운 생쥐 한 마리가 휘파람을 불고 염소를 손풍금처럼 연주하고 빨래판, 냄비, 프라이팬, 고양이, 오리, 하마의 이빨 등을 이용한 배경음악이 연주되자 관객도 덩달아 휘파람을 불며 환호했다.

'증기선 윌리'는 영화 '갱들의 전쟁'의 상영에 앞서 오프닝 프로그램으로 선보였으나 본 영화보다 더 큰 인기를 끌었다. 미키 마우스는 하루아침에 스타가 되었다. 이후 100편도 넘는 만화영화에 등장하며 '만화의 찰리 채플린'으로 불렸다. 디즈니도 무명에서 할리우드의 새로운 기대주이자 스타로 부상했다. 언론들은 '유성 애니메이션'을 제작한 디즈니를 만화영화의 개척자이자 선각자로 치켜세웠다.

문제는 단편 애니메이션이 장편 극영화에 비해 수익이 많지 않다는 점이었다. 극장 개봉 수익만으로는 유성영화를 제작하는 데 들어간 제작 비용을 감당하지 못했다. 디즈니는 새로운 비즈니스 계획을 세웠다. 그래서 만들어진 '어리석은 교향악단'(1929~1939)이라는 이름의 시리즈는 가능한 한 대사를 줄여 배경음악이 줄거리를 이끌도록 했다. 오늘날 우리가 보는 월트 디즈니 단편 애니메이션 형식은 여기서 출발한다.

6~7분짜리 단편 만화영화 '어리석은 교향악단' 시리즈의 첫 번째 작품은 생상스의 음악에서 아이디어를 얻어 한밤중에 흥겹게 춤추고 뛰어노는 해골의 이야기를 다룬 '해골의 춤'이었다. 1929년 12월 31일 열린 비공개 시사회는 대성공을 거뒀다. 이후 극장에서 개봉되어 많은 관객을 동원했다. 그러나 배급사의 농간으로 수입은 여전히 신통치 않았다.

문화 상품과 작품으로 승화시킨 '애니메이션의 대명사'

디즈니는 또다시 새로운 혁신을 고민했다. 결론은 천연색의 도입이었다. 디즈니는 1932년 '어리석은 교향악단'의 새로운 시리즈 '꽃과 나무'에 새롭게 컬러를 입혀 큰 화제를 불러일으켰다. 하지만 새로운 기술에 대한 계속적인 투자는 밑 빠진 독에 물을 붓는 식이었다. 안정적인 수익 분배가 이뤄지지 않아 늘 자금난으로 허덕였다. 이런 디즈니를 구해준 것은 뉴욕의 거상 조지 보그펠트였다. 그는 1931년 디즈니에게서 장난감, 책, 옷가지에 미키 마우스를 사용하는 허가를 받아 짭짤한 수익을 창출했다.

이를 본 디즈니는 미키 마우스가 보유한 상업적 잠재력을 알아채고 사업 다각화를 시작했다. 부가 사업이 시작된 1932년 한 해 동안 80여 개 회사가 디즈니와 캐릭터 사용 계약을 맺고 인형에서 칫솔에 이르는 수백 가지 미키 마우스 상품을 시장에 쏟아냈다. 곧 미국은 어딜 가나 미키 마우스 천지가 되었고 디즈니는 캐릭터가 돈이 된다는 사실을 세계 처음 확인시켜 주었다. 디즈니 캐릭터는 '원 소스 멀티 유스'의 전범이었다.

1933년 4월 개봉한 '아기 돼지 삼형제'는 디즈니 애니메이션의 정점이었다. 이야기 속에서 각 캐릭터의 성격을 드러내는 퍼스낼리티 애니메이션의 전범으로 평가받고 있다. 아기 돼지 캐릭터의 각기 다른 성격을 드러내기 위해 내러티브를 활용했다는 점에서도 디자인으로 캐릭터의 성격을 드러낸 이전의 애니메이션과는 달랐다. '아기 돼지 삼형제'는 단지 움직이는 그림에 불과한 애니메이션을 '살아 있는 그림'으로 바꿔놓았다는 점에서도 역사적인 평가를 받고 있다. '아기 돼지 삼형제'의 인기는 마침내 디즈니를 지긋지긋한 재정적 궁핍에서 벗어나게 해주었다.

그렇다고 해도 당시의 애니메이션은 으레 실사영화를 시작하기 전에 시간 채우기로 상영하는 7~8분짜리 보조 장르에 불과했다. 이런 사실을 누구보다 잘 알고 있는 디즈니의 꿈은 사운드와 컬러, 퍼스낼리티를 아우르는 장편 애니메이션의 제작이었다. 디즈니는 그때까지의 모든 성공적 시도를 총망라하는 장편 애니메이션을 기획했다.

첫 대상은 어린 시절 보았던 '백설공주'였다. 백설공주의 동작은 젊은 무희의 춤과 걸음걸이 등을 카메라에 담아 이를 한 프레임씩 분석·제작하는 방식으로 이뤄졌다. 기존 애니메이션이 찰리 채플린이나 버스터 키턴의 무성영화처럼 과장된 동작을 활용한 것과 달리 백설공주는 사람이 춤을 추듯 정교하게 움직이고 우아한 연기를 펼쳐 보였다. 디즈니는 역사상 최초의 장편(80분) 애니메이션 영화 '백설공주와 일곱 난장이'를 완성함으로써 마침내 꿈을 이뤘다. 1937년 12월 21일 개봉한 '백설공주'는 미 영화사상 최다 관객인 2,000만 명을 극장으로 끌어들였다.

디즈니, 노조의 파업이 끝나자 피의 숙청을 단행

디즈니는 '백설공주'의 성공에 고무되어 장편 애니메이션 '피노키오' (1940.2), '판타지아'(1940.11), '덤보'(1941.10), '밤비'(1942.8) 등 애니메이션사에 획을 그을 만한 작품을 연이어 제작·발표했다. 이 가운데 77분짜리 '피노키오'는 입체감과 사운드트랙을 효과적으로 살려 같은 해 개봉한 영화 '바람과 함께 사라지다'에 이어 두 번째 많은 수입을 거둬들였다. 3년의 제작 기간이 투입된 '판타지아'는 스트라빈스키, 차이콥스키 등이 남긴 대표적인 고전음악을 배경곡으로 활용해 애니메이션이 아동들만의 것이라는 편견을 깨뜨렸다. 다만 예술적으로 뛰어나다는 평판에도 불구하고 가장 비참한 상업적 실패를 디즈니에게 안겨주었다.

그 무렵 디즈니에게 새로운 시련을 안겨준 것은 노조와의 갈등이었다. 당시 할리우드에 유행처럼 번지고 있던 노동운동이 디즈니 스튜디오에까지 불어닥친 것이다. 디즈니의 독선과 전횡을 끝장내겠다며 시작한 디즈니 애니메이터들의 파업은 1941년 5월 시작되어 4개월 후 종료되었다. 파업이 끝나자 디즈니는 피의 숙청을 단행했고 해고를 면한 애니메이터들은 다른 회사로 자리를 옮겼다.

그 와중에도 디즈니는 '덤보'를 1941년 10월 개봉했다. 덤보는 상업적으로 성공할 기미를 보였으나 1941년 12월 7일 일본의 진주만 공습과 이에 따른 태평양전쟁 발발이 디즈니에게 새로운 시련을 안겨주었다. 디즈니는 상업용 애니메이션으로는 전쟁 중 승산이 없다고 판단해 주로 정부쪽 일을 맡았다. 1943년 이후 디즈니 스튜디오에서 제작한 작품의 대부분은 정부 발주의 선전영화거나 교육영화였다.

종전 후에는 실사영화에도 매달렸다. 1946년 11월 애니메이션과 실사를 섞어 만든 '남부의 노래'를 내놓았고 1950년 6월 100% 실사영화 '보물섬'을 개봉해 호평을 받았다. 1950년 2월 선보인 장편 애니메이션 '신데렐라'는 엄청난 성공을 거뒀다. 1953년 작 '피터팬'도 흥행과 작품성이라는 두 마리 토끼를 잡으면서 디즈니 애니메이션이 명불허전임을 입증해 보였다.

'디즈니랜드'로 또 한 번 세상 놀라게 해

애니메이션으로 성공 가도를 달리던 디즈니가 또 한 번 세상을 놀라게 한 것은 캘리포니아 남서부 애너하임에 세워질 디즈니랜드의 건설이었다. 디즈니랜드는 1954년 7월 18일 공사를 시작해 정확히 1년 후 완성했다. 그동안 1,700만 달러가 투입되었고 교통 체증에 대비해 2개의 고속도로가 건설되었다. 디즈니랜드는 1955년 7월 17일 개장했다. 이미 ABC 방송 프로그램 '디즈니랜드'를 통해 9개월간 지속적으로 홍보한 덕분에 개장식은 국민적 축제처럼 치러졌다. ABC 방송을 통해 90분간 전국에 생중계된 개장식은 당시 미국 인구의 절반인 7,000만 명이 시청했다.

디즈니랜드 개장은 디즈니가 평생을 바쳐 이룩하고자 했던 가치들이 애니메이션이라는 제한된 매체를 벗어나 거대한 실제 공간 속에서 살아났다는 데 큰 의미가 있었다. 일반인이 입장하기 시작한 7월 18일 상상을 초월하는 입장객이 몰려들었다. 첫 주에만 첫날 방문객 2만 8,154명을 포함해 16만 명이 방문했다. 9월 한 달 동안 100만 번째 방문객을 맞았고 1년 만에 360만 명을 돌파했다. 디즈니에게 디즈니랜드는 단순한 놀이공원이 아니었다. 그는 서부 시대의 미국 역사에서부터 우주개발 같은 미래의 테크놀로지를 어우러지게 함으로써 완전히 새로운 엔터테인먼트를 창출하고자 했다. 이에 따라 디즈니랜드는 각각의 스토리를 가진 환상·모험·개척·미래의 나라로 구획되었다.

애너하임의 '디즈니랜드'를 필두로 1971년 플로리다주 올랜도의 '월트 디즈니 월드', 1983년 일본의 '도쿄 디즈니랜드', 1992년 프랑스의 '유로 디즈니랜드'(현재 디즈니랜드 파리), 2005년 '홍콩 디즈니랜드' 등 전 세계에 디즈니랜드 형제들이 속속 세워지면서 디즈니랜드는 세계인의 놀이공원이 되었다.

디즈니가 디즈니랜드 건설과 함께 관심을 쏟은 것은 TV였다. 1954년 4월, 3년 동안 1시간짜리 프로그램 26편을 매년 제공하기로 ABC 방송과 체결한 계약은 그 신호탄이었다. 디즈니는 ABC TV를 이용해 디즈니 스튜디오가 제작하는 영화와, 이미 공사가 시작된 디즈니랜드를 홍보할 생각이었다. 1954년 10월 27일부터 방송된 TV 프로그램의 제목도 곧 개장할 놀이공원과 같은 이름의 '디즈니랜드 스토리'였다.

디즈니 프로그램은 놀라운 시청률을 기록하며 승승장구했다. 시청률이 치솟자 매주 해설자로 등장하는 월트 디즈니 역시 전 국민의 스타가 되었다. 1954년 12월부터 방송된 '데이비 크로켓' 시리즈는 TV 프로그램 '디즈니랜드'의 절정이었다. 인디언들과 싸웠던 개척 영웅의 활약상은 전국의 어린이들을 TV로 끌어들였다. '디즈니랜드'는 이후 제목을 바꿔가며 미국 TV 시리즈 사상 최장 기간인 29년 동안 방송되었다.

성장 동력은 계속 새로운 걸 시도하는 변화와 혁신의 DNA

디즈니의 영향력은 더욱 막강해지고 미국을 대표하는 살아 있는 아이콘으로 자리매김했다. 1958년 디즈니의 수익이 영화 38%, TV 28%, 놀이공원 21%, 캐릭터 13%일 정도로 수익 구조도 다변화되고 안정화되었다. 1960년대 들어 디즈니는 애니메이션에서 실사영화와 드라마 등으로 콘텐츠의 폭을 넓혀나갔다. 1960년대의 가장 성공적인 작품인 '메리 포핀스'는 1964년 8월 개봉 후 흥행은 물론 비평적 성공도 거둬 13개의 아카데미상 후보에 올라 여우주연상(줄리 앤드루스) 등 5개 부문 트로피를 차지했다. 월트 디즈니는 1966년 12월 15일 세상을 떠났다. "손 닿는 것이면 모두 상업화하려는 속류 상업주의자, 미 문화제국주의의 첨병"이라는 비판이 없진 않았으나 미국인의 꿈을 바꿔놓았다는 점에 대해서는 누구도 부정하지 않는다.

디즈니가 떠난 후 디즈니사는 오랜 침체기를 겪었다. 하지만 디즈니사에는 시대적 트렌드를 놓치지 않고 계속 새로운 걸 시도하는 변화와 혁신의 DNA가 면면히 이어오고 있었다. 그 DNA를 착상시킨 첫 주역은 당연히 월트 디즈니였다. 그는 발명가였고 혁신가였으며 창조자였다. 혁신과 기술이라는 서로 다른 두 부분을 결혼한 부부처럼 한 몸으로 만들어버렸다.

1984년 최고경영자 자리에 오른 마이클 아이스너는 혁신의 경영자로 평가받는다. 그는 영화 사업에 진출했다가 위기를 맞은 디즈니를 다시 애니메이션 왕국으로 돌려놓는 데 성공했다. 하지만 단순한 과거로의 복귀가 아니라 혁신이 가미된 변신이었다. 그는 단순한 아이들 취향의 만화영화 스튜디오였던 디즈니를 종합엔터테인먼트 미디어 그룹으로 탈바꿈시켰다. '인어공주', '미녀와 야수', '라이온 킹' 등의 히트작을 쏟아낸 것은 이러한 청사진이 뒷받침된 결과였다. 아이스너의 뒤를 이어 2005년 최고경영자 자리에 오른 로버트 아이거 역시 디즈니의 혁신 DNA를 물려받은 경영자로 평가받고 있다.

디즈니는 1990년대 들어 미국 3대 지상파 방송사 중 하나인 ABC 등을 잇따라 인수하면서 방송 제국을 건설하기 시작했다. ABC를 비롯해 어린이 전문 방송 '디즈니 채널', 'ABC 패밀리', 'SOAPnet' 등의 채널과 '스테이지9디지널 미디어' 등의 제작사, 그리고 '라디오 디즈니 네트워크' 등을 갖고 있다. ABC가 최대주주인 스포츠 전문방송 ESPN도 디즈니 소유다. 디즈니의 과감한 도전은 1995년 픽사 스튜디오와 손잡고 최초의 컴퓨터 애니메이션 '토이 스토리'를 제작한 데서 잘 드러난다. 창립 이래 줄곧 사람이 그리는 애니메이션만 만들어온 디즈니 스튜디오로서는 쉽지 않은 결정이었지만 결과는 대성공이었다.

루이 암스트롱 '웨스트 엔드 블루스' 녹음

문화적으로 '유럽 콤플렉스'에 시달리던 미국은 유럽에 새 음악 장르를 자랑할 수 있게 되었다.

재즈는 미국 사회가 그렇듯 다인종, 다문화의 혼합물이다. 재즈가 본격적으로 발화하기 전, 재즈의 원초적인 요소들은 미국의 남부

지역 어디에나 있었다. 하지만 중심지는 미시시피강 삼각주에 위치한, 번잡하면서도 국제적인 항구도시 뉴올리언스였다. 이곳에는 그 옛날 노예들이 부르던 아프리카 노래, 서인도제도의 리듬과 민속음악 등 다양한 스타일의 음악이 혼재했다. 스페인령과 프랑스령, 다시 스페인령을 거쳐 1804년 공식적으로 미국의 영토가 되는 과정에서 유럽의 댄스음악, 프랑스 민요, 아일랜드 민요 등 많은 나라의 문화와 음악이 유입되었다. 재즈는 이 다양한 음악이 이렇게 저렇게 섞여 탄생한 새로운 음악 양식이었다.

재즈가 발아하고 싹을 틔운 중심지는 뉴올리언스에서도 홍등가인 '스토리빌'이었다. 스토리빌은 편견과 계급의식에서 비교적 자유로웠기 때문에 뉴올리언스의 모든 요소가 한데 어울릴 수 있는 독특한 공간이었다. 악사들은 스토리빌의 바와 카페, 사창가 등에서 음악을 연주하며 나름대로 연주 방식을 발전시켰다. 젤리 롤 모턴, 알폰소 피코, 시드니 베셰 등이 당시 활동한 재즈의 거장이었으나 그중에서도 발군은 전설적인 트럼펫 연주자 조지프 킹 올리버였다.

장차 재즈의 전설이 될 루이 암스트롱(1900~1971)이 태어난 곳도 뉴올리언스였다. 사후에 밝혀진 암스트롱의 공식적인 생년월일은 1901년 8월 4일이지만 암스트롱은 생전에 자신의 출생일을 1900년 7월 4일로 공언하고 다녔다. 유람선에서의 합법적인 연주를 1년 앞당기고, 독립기념일에 태어났다는 미국인으로서의 소속감과 애국심을 상징적으로 드러내기 위한 계산이었다. 암스트롱은 16살이 채 되지 않은 10대 미혼모와 가난한 흑인 노동자 사이에서 태어났다. 하지만 걸음마를 익히기도 전에 아버지가 가정을 버려 어머니의 매춘으로 연명해야 했다. 암스트롱은 어린 시절 석탄과 폐품을 실어 나르며 가계를 도왔다.

그러던 1913년 마지막 날 밤, 흥분 속에서 장난삼아 하늘을 향해 38구경 권총을 쏜 것이 문제가 되어 흑인소년보호원에 18개월간 구금되었다. 소년원에는 흑인 소년의 운명을 바꿔놓을 밴드가 있었다. 암스트롱은 1914년 6월 밴드 단원으로 뽑혀 기초적인 음악교육을 받고 트럼펫과 코넷 연주법을 배웠다. 소년원에서 출소한 뒤에는 뉴올리언스 재즈의 거목 조지프 킹 올리버에게 코넷을 배우고 그를 따라다니며 뉴올리언스의 술집에서 코넷을 연주했다.

"그의 즉흥연주 능력과 기교적 탁월함이 재즈를 규정했다"

그러던 중 미국이 1차대전에 참전하고 이 때문에 뉴올리언스의 해군들이 이곳을 떠나면서 뉴올리언스에도 불황의 매서운 한파가 몰아쳤다. 결국 재즈 연주자들은 세인트루이스나 뉴욕 등지로 흩어졌고 올리버 역시 1918년 미시시피강을 거슬러 올라가 시카고에 자리를 잡았다. 암스트롱은 올리버의 부름을 받고 1922년 7월 시카고에 둥지를 틀었다. 암스트롱의 시카고행은 시카고를 재즈의 중심지로 만들고 재즈의 역사를 다시 쓰게 했다는 점에서 음악사적 의미가 크다. 남부의 흑인들이 그들의 문화와 함께 북부의 여러 도시로 흩어진 것도 재즈를 부흥시키고 재즈의 미국화를 촉진했다.

암스트롱은 1922년 8월 시카고의 '킹 조 올리버 밴드'에서 연주 활동을 시작했다. 1923년에는 올리버 밴드와 함께 음반을 출반함으로써 대중적으로 처음 인정받은 흑인 연주자 중 한 사람으로 기록되었다. 1925년에는 그룹 '핫 파이브'를 결성하고 점차 음악적 입지를 확고히 다졌다. 당시 코넷을 더 잘 연주하기 위해 자신의 입술을 칼로 찢었다는 일화가 전해질 만큼 암스트롱은 코넷 연주에 열심이었다. 그래서 붙은 애칭이 '새치모(큰 입술)'다.

암스트롱은 재즈를 자유분방한 즉흥연주가 바탕이 되는 독주 음악으로 바꾸었다. 연주 기법도 본래의 박자를 정확하게 따르지 않고 가끔씩 박

자를 약간씩 느리게 하거
나 빠르게 하는 연주 방식
으로 종래의 재즈 전통을
바꿔나갔다. 당시 '핫 파이
브'가 내놓은 수많은 연주
곡은 오늘날까지도 널리
애용되고 있다. 그중에서
도 으뜸 연주는 1927년 5

루이 암스트롱

월 10일 녹음된 연주곡 '포테이토 헤드 블루스'이다. 12곡이 수록된 이 녹
음부터 밴드 이름이 '핫 파이브'에서 '핫 세븐'으로 바뀌었다. 이 레코드는
암스트롱의 재즈 앙상블 가운데 가장 뛰어난 연주로 정평이 나 있다. 암
스트롱의 연주는 점차 '재즈의 표준'으로 인정받았다.

특히 1928년 6월 11일 녹음한 '웨스트 엔드 블루스'는 표준의 표준이었
다. 이 곡은 본래 킹 올리버가 1928년 초 작곡해 자신의 밴드와 함께 연주
했으나 큰 인기를 끌지는 못했다. 그러나 암스트롱의 밴드가 연주함으로
써 20세기를 대표하는 음반으로 격상되었다. '웨스트 엔드 블루스'는 많은
비평가가 "뉴올리언스 시대를 벗어나 본격적인 재즈 역사의 시발점"으로
꼽는 작품이다. 카덴차(악곡이나 악장이 끝나기 전에 독주자가 선보이는 기교
적이고 화려한 부분) 스타일의 짧은 독주로 시작하는 도입부에 이어, 얼 하
인스의 아름다운 피아노 연주, 여기에 암스트롱의 마지막 리드 파트는 재
즈 솔로의 형식과 구조에 새로운 기준을 제시했다는 평가를 듣고 있다.

잔잔하게 전개되는 스윙 리듬, 치밀하게 짜인 솔로 연주, 노래 방식의
새 방향을 제시한 '스캣 창법'에 이르기까지, 암스트롱은 3분도 안되는 연
주 시간에 후대 재즈 뮤지션들에게 귀감이 될 굵고 선명한 족적을 남겼
다. "뚜비두비 두와 두두두…" 식으로 의미 없는 음절을 즉흥적으로 쏟아

내며 리드미컬하게 흥얼거리는 스캣 창법을 구사하게 된 것은 음반 녹음 중 악보를 떨어뜨려 가사 대신에 흥얼거린 데서 시작되었다. 스캣 창법은 인간의 목소리를 하나의 악기로 완벽하게 대체한 혁신적인 발명이었다.

흑인도 재능이 있다면 부와 명성 얻을 수 있다는 사실 입증해

암스트롱은 트럼펫 연주에서 점차 가수와 재담꾼 역할로 영역을 넓혀 나갔고, 관객은 노래를 부르면서도 즉흥적으로 농을 건네는 그의 몸짓과 농짓을 즐거워했다. 귀에 거슬리면서도 매력적인 목소리에 이를 드러내며 활짝 웃는 특유의 웃음까지 더해져 암스트롱의 인기는 절정기를 구가했다. 암스트롱이 유럽에까지 활동 영역을 넓히면서 문화적으로 '유럽 콤플렉스'에 시달리던 미국은 유럽 음악에 당당히 맞설 수 있는 새 음악 장르를 자랑할 수 있게 되었다. 1964년 비틀스가 미국에 상륙해 광풍에 가까운 인기를 누렸을 때도 63세 암스트롱의 '헬로, 달리'는 그들의 열기를 밀쳐내고 빌보트 차트 1위에 오르는 기염을 토했다.

심각한 인종차별 시대에 암스트롱은 이처럼 흑인들도 재능이 있다면 얼마든지 부와 명성을 얻을 수 있다는 사실을 입증해 보였다. 이런 점에서 미국은 그에게도 '아메리칸 드림'의 땅이었다. 하지만 찬사만 있지는 않았다. 흑인 인권주의자들이나 자의식이 강한 뮤지션들은 "백인을 위해 노래하고 연주한 우스꽝스러운 엉클 톰에 불과하다", "백인들이 조성한 허구의 이데올로기에 놀아난 한낱 광대에 불과하다"고 폄훼했다.

암스트롱은 한국도 방문했다. 동양에서 가장 크고 호화롭다는 워커힐 개관을 기념해 1963년 4월 10일부터 2주 동안 매일 밤 두 차례씩 공연을 열었다. 매일 북새통을 이룬 이 무대에서는 그와 공연하는 한 소녀가 눈길을 끌었다. 미 8군 부대에서 암스트롱의 흉내를 내며 사랑을 받고 있던 16살의 윤복희였다. 이것이 인연이 되어 윤복희는 미국으로 건너갔고 한

동안 암스트롱과 함께 음악 활동을 했다.

암스트롱의 명성은 1971년 7월 6일 눈을 감은 후에도 식지 않았다. 1999년 미국의 '타임'지는 20세기를 결산하며 '금세기 가장 중요한 인물 100인'에 그를 선정했고, '라이프'지는 새 천년을 앞두고 선정한 '밀레니엄 을 만들어온 100인'에 그의 이름을 올렸다. '타임'은 "스트라빈스키, 피카소, 조이스와 나란히 언급될 수 있는 극소수 인물 가운데 하나"라고 극찬 했고, '라이프'는 "그의 즉흥연주 능력과 기교적 탁월함이 재즈를 규정했다"고 평했다.

블라디미르 호로비츠, 미국 데뷔 공연
그의 연주는 청중을 매료시킬 수 있는 요소들을 두루 갖추고 있었다.

블라디미르 호로비츠(1903~1989)만큼 인기가 많고 화제를 불러일으킨 피아니스트는 일찍이 없었다. 그래서 붙은 별명이 '피아노의 마술사'요 '피아노 음악의 불사조'다. 미국의 한 음악비평가는 "귀먹은 사람에게 일생에 단 한 시간 들을 수 있는 기회가 주어진다면 호로비츠의 연주를 듣는 것이 최고의 기쁨일 것"이라고 극찬하고, 세계적인 피아니스트 아르투르 루빈스타인은 "나보다 호로비츠가 더 나은 피아니스트"라고 자서전에서 인정했다.

호로비츠는 우크라이나 키예프의 부유한 집안에서 태어나 4살 때 피아니스트인 어머니에게서, 6살 때 전문 음악인에게서 본격적으로 피아노를 배웠다. 11살 때이던 1914년에는 작곡가 알렉산드르 스크랴빈이 "장차 러시아를 대표하는 위대한 피아니스트가 될 것"이라는 찬사로 격려했다. 12살 때이던 1915년 키예프 음악원에 들어가 피아노에 심취하긴 했으

블라디미르 호로비츠

나 그의 꿈은 작곡가였다. 하지만 1917년의 러시아혁명은 그를 작곡가가 아닌 피아니스트로 이끌었다. 부유했던 집안이 혁명으로 완전히 몰락하는 바람에 가족을 부양하기 위해 부득이 피아니스트로 나서야 했던 것이다.

직업적인 피아니스트로서의 활동은 1920년 키예프 음악원을 졸업한 뒤 고향 키예프에서 본격적으로 이뤄졌다. 연주회가 점차 인기를 끌면서 그의 공연은 대도시에서도 펼쳐졌다. 1922~1923년 겨울 시즌에는 레닌그라드에서만 23회나 공연했는데 100곡이 넘는 대곡과 난곡을 닥치는 대로 연주해 각광을 받았다. 당시 공연에서 번 돈은 암시장에서 5,000달러 상당의 파운드화로 바뀌어 2년 뒤 소련을 떠날 때 긴요하게 사용되었다.

고국을 등진 뒤 본래 이름인 고로비츠를 호로비츠로 바꾼 그가 독일 베를린에서 서방세계 첫 연주회를 연 것은 1925년 12월이었다. 이 베를린 연주회의 레퍼토리는 평생 그의 트레이드 마크가 될 차이콥스키의 '피아노 협주곡 1번'이었다. 이후 호로비츠는 유럽의 도시들을 순회하며 연주회를 열었고 공연마다 화제를 불러일으켰다.

1928년 1월 12일에는 미국의 카네기홀에서 영국의 토머스 비첨 지휘로 뉴욕필과 데뷔 무대를 꾸몄다. 청중은 잘생긴 얼굴, 강력한 건반 터치, 명쾌한 연주의 호로비츠에 매료되었다. 언론은 "고삐 풀린 코사크인"이라는 표현으로 충격을 토로하고 한 비평가는 "야성의 울부짖음이 들렸다"고 평했다. 러시아혁명을 피해 미국으로 망명한 위대한 작곡가이자 피아니스트인 세르게이 라흐마니노프는 "나는 그것을 통째로 삼켰다"고 감탄했다.

라흐마니노프는 그 후 호로비츠의 음악 인생이 성공 가도를 달릴 수 있도록 음양으로 도움을 주었다. 이후 호로비츠는 라흐마니노프가 작곡한 '피아노 협주곡 3번'도 주요 레퍼토리로 연주함으로써 라흐마니노프에 대한 무한한 존경심을 표현했다.

호로비츠를 도운 또 한 명의 조력자는 20세기 최고 지휘자 아르투로 토스카니니였다. 호로비츠는 1933년 토스카니니가 지휘하는 뉴욕필과의 협연을 계기로 그해 토스카니니의 사위가 되고 평생 많은 연주회를 그와 함께했다. 곡을 자유롭게 해석하는 연주 방식에 변화가 생기고 악보에 충실하게 된 것도 토스카니니를 만나고서였다. 그 전까지 호로비츠는 속도를 높이거나 늦추는 식으로 개인적인 견해를 음악에 부여했다.

"야성의 울부짖음이 들렸다"

호로비츠는 뉴욕 데뷔 후 각종 공연을 강행했다. 결국 육체와 정신이 쇠약해져 1936년 은퇴했다가 1939년 복귀했다. 은퇴와 복귀는 이후에도 3차례 더 반복되었다. 1944년 미국 시민권을 획득했을 무렵 호로비츠는 명실상부한 거장의 반열에 올라 있었다. 호로비츠는 연주 직전까지도 연주를 취소할 수 있는 권리를 갖는 조건에서만 계약을 할 정도로 명성이 높았다. 외국이라도 자신의 피아노를 직접 갖고 다니며 연주회를 열고 전속 요리사를 늘 대동하고 다녔다. 며칠 동안 묵을 호텔방도 그가 원하는 식으로 완벽하게 리모델링을 해야 했고, 연주회는 언제나 일요일 오후 4시를 고집했다.

놀라운 손가락 기교, 피아노 전체가 진동하는 듯한 음량, 서정적인 부분에서 흘러나오는 티 없이 맑은 소리 등 그의 연주는 청중을 매료시킬 수 있는 요소를 두루 갖췄다. 그러나 그의 음악에 대한 평가는 레퍼토리가 너무 단조로워 대중적 인기만큼 높지는 않았다.

호로비츠는 쇼팽, 슈만, 차이콥스키, 라흐마니노프, 스크랴빈 위주로 레퍼토리를 구성했다. 특히 차이콥스키 작곡 '피아노 협주곡 1번'은 그가 평생 가장 자주, 그리고 가장 잘 연주한 레퍼토리다. 호로비츠가 연주하지 않았다면 작곡가의 이름조차 생소했을 스크랴빈의 음악을 널리 알린 점은 그의 업적 가운데 하나로 인정받고 있다. 다만 거장이라면 거쳐야 할 관문의 하나인 베토벤은 잘 연주하지 않았다.

호로비츠는 누구보다 라이브에 강했다. 현장에서 열광적인 분위기를 끌어내는 능력과 연주 때 뿜어나오는 카리스마는 같은 시대를 살았던 그 어떤 피아니스트보다 탁월했다. 그것이 바로 호로비츠의 음악성에 논란을 제기하고 비판을 가해도 그의 존재를 인정할 수밖에 없는 그만의 매력이었다. 호로비츠는 1953년 미국 데뷔 25주년을 축하하는 연주회를 펼친 후 또 다시 은퇴를 선언, 12년 동안 계속될 동면에 들어갔다. 은퇴했다고 해서 연주를 완전히 중단하고 피아노를 거들떠보지 않은 것은 아니다. 음반 레코딩은 꾸준히 했기 때문에 진정한 의미의 은퇴는 아니지만 어쨌든 청중은 그의 연주를 직접 들을 수는 없었다. 이후에도 두 번의 은퇴를 더했는데, 인기를 확인받기 위한 계산에서 비롯된 신비주의 전략일 수도 있다는 비판이 제기되었다.

호로비츠는 1965년 5월 9일, 12년 만의 공백 끝에 카네기홀에서 역사적인 복귀 무대를 열었다. 연주 당일 카네기홀은 호로비츠의 모습을 보려는 사람들로 인산인해를 이뤘다. 연주는 센세이셔널한 반응을 끌어냈다. 호로비츠가 고국 땅을 다시 찾아 모스크바와 레닌그라드에서 두 차례 연주한 것은 고국을 떠난 지 61년 만인 1986년 4월이었다. 그 후 1989년 11월 5일 스튜디오에서 녹음된 자신의 연주를 편집하던 중 심장 발작으로 사망했다. 유해는 인생의 소중한 동반자이고 스승이고 장인인 토스카니니의 가족묘가 있는 이탈리아 밀라노에 묻혔다.

데이비드 로런스 '채털리 부인의 연인' 출판

현대 문명과 인간의 문제에 대한 본질적 진단과 처방을 제시한 작품이다.

       데이비드 허버트 로런스(1885~1930)는 시대를 앞선 소설을 쓴 탓에 '외설 작가'라는 오명을 벗지 못하고 눈을 감았다. 그러나 오늘날 그의 작품들은 "반문명적 원시주의를 잘 드러내고 있는 걸작", "원초적 생명력의 약동이 돋보이는 수준 높은 예술 작품"이라는 평을 듣고 있다. 장편소설 12편, 중단편 15편, 희곡 4편, 시집 10권, 여행기 15권 등 방대한 작품을 남겼다.

  로런스는 영국의 탄광촌에서 광부의 아들로 태어났다. 고교를 졸업한 후 회사원과 초등학교 임시 교사로 활동하다가 21세인 1906년 노팅엄 소재 유니버시티 칼리지에 진학했다. 1908년 졸업 후에는 초등학교 정식 교사로 활동하며 틈틈이 시와 단편소설을 쓰다가 1911년 출간된 첫 장편소설 '하얀 공작'을 계기로 전업 작가의 길로 들어섰다.

  1912년 3월 어느 날 로런스는 대학 은사를 찾아갔다가 자신보다 6살이 많은 은사의 부인 프리다 위클리를 만났다. 프리다는 독일의 명문가 출신으로 자신보다 14살이 더 많은 위클리 교수와 결혼해 3명의 자녀를 두고 있었다. 로런스와 프리다가 처음 만났을 때 프리다는 결혼 생활의 권태감으로, 로런스는 어머니의 죽음에 따른 허무감으로 정신적인 붕괴 과정을 겪고 있었다. 둘은 곧 사랑에 빠져 독일을 사랑의 도피처로 삼았다. 이후 이탈리아와 오스트리아 등지를 전전하다가 1914년 7월 영국에서 결혼한 후 그곳에 정착했다.

  당시 로런스는 자전적 소설 '아들과 연인'(1913)이 평단과 독자들의 호평을 받아 작가로서의 입지를 굳히고 있었다. 하지만 1915년 출판한 '무지개'가 노골적인 성 묘사를 이유로 발매가 금지되고 로런스는 '외설 작가'

로 몰리는 바람에 이후 수년 동안 소설을 발표하지 못해 경제적으로 쪼들렸다. 1차대전이 한창이던 1917년 10월에는 프리다가 독일인이라는 이유로 간첩 혐의를 받고 거주지에서 추방되는 쓸쓸한 경험도 했다. 1차대전이 끝난 후에는 프리다와 함께 미국, 멕시코, 호주, 스리랑카 등 세계를 떠돌면서도 쉬지 않고 창작에 몰두해 '사랑하는 여인들'(1921), '캥거루'(1923) 등의 소설과 시를 발표했다.

로런스는 오랜 유랑 끝에 1926년 8월 고향을 방문했다가 산업혁명의 여파로 자연이 오염되고 훼손된 고향의 모습을 보고 충격을 받았다. 그 속에서 살아가는 인간들도 개성을 점차 잃고 있다는 것을 깨달았다. 로런스는 곧 소설을 쓰기 시작해 1926년 12월 탈고했다. 그 초고를 다시 손봐 1927년 2월 두 번째 원고를, 1928년 1월 세 번째 원고를 완성했다. 우리에게는 '채털리 부인의 사랑'으로 알려진 '채털리 부인의 연인'이다.

내용은 이렇다. 중상층 계급의 교양 있는 숙녀로 자라난 여자 주인공이 귀족 가문의 후손과 결혼을 하게 된다. 그러나 잘생기고 체격도 좋던 남편은 신혼 한 달여 만에 전쟁터에 나가 하반신마비가 되어 돌아온다. 이후 남편의 육체적 한계와 감정적 무관심으로 두 사람 사이는 벌어지고, 인간과의 접촉을 갈망하던 여인은 사냥터지기와 불륜에 빠져들게 된다. 이상하게도 그에게 마음이 끌린 그녀는 우연히 숲속 오두막에서 그를 만났다가 관계를 맺게 된다. 그리고 이어진 만남으로 임신까지 하게 되자 사냥터지기의 여자로 살기 위해 귀족 남편을 떠난다.

"반문명적 원시주의를 잘 드러내고 있는 걸작"

로런스는 '채털리 부인의 연인' 세 번째 원고를 출판사에 갖고 갔으나 출판사마다 외설 판정을 의식해 성 묘사와 비속어를 삭제하면 책을 내겠다며 난색을 표명했다. 로런스는 삭제 요구를 거절하고 이탈리아 피렌체

로 건너가 영어를 모르는 조판공을 시켜 1928
년 7월 자비로 한정판을 출간, 친구들에게 배포
했다. 그러자 곧 선정적 관심을 불러일으켜 해
적판이 난무했다. 그러나 정식판은 영국과 미
국에서 계속 출판이 금지되었다. 당시로서는
수치스러운 일로 간주될 수 있는, 상류층 여성
과 노동자 계층 남성 사이의 육체적·정신적 관
계를 다루고 성을 노골적으로 묘사했다는 게
이유였다.

데이비드 허버트 로런스

　실제로 소설은 노골적이고 대담한 성행위 장면과 성적 묘사가 많다. 결
국 이런 노골적인 성 묘사 부분이 대중적으로 부각·선전되고 소설의 전
체적 성격이 왜곡되어 음란한 호색문학이나 에로티시즘으로 간주되었다.
그러나 소설은 인간 본연의 모습을 찾기 위해 현대 기계문명의 병폐를 비
판하고 인간성을 무시하는 기존 도덕에 반항해 인간 생명의 근원인 자연
을 원상태로 복구하고 인간다운 삶을 추구하자고 역설하는 작품이다.

　소설은 또한 전쟁을 비판한다. 전쟁에서 부상해 반신불수가 되어 인간
적인 접촉을 잃어버린 클리퍼드, 그와의 불행한 결혼 생활을 이어가야 하
는 코니, 인도와 이집트에서 전쟁을 경험하고 난 후 사냥터지기로서 스스
로 고립된 삶을 선택한 멜러스 모두 전쟁의 희생자로 비극적인 시대를 살
아가는 사람들이다. 노벨상 수상 작가인 도리스 레싱은 이 소설을 가장
강력한 반전 소설 중 하나로 꼽을 정도였다.

　그럼에도 당시는 음란 소설로 판정을 받아 합법적인 출판이 금지되
었다. 그 사이 불법 해적물은 계속 쏟아져 나와 날개 돋친 듯 팔려 나갔
다. 다행히 1929년 5월 파리에서 출간이 가능해지자 로런스는 장문의 글
을 통해 "결혼 제도, 남녀 차별, 계급 대립의 문제가 성적 억압을 통해 유

지된다"며 외설 판정을 통렬하게 비판했다. 이런 논란 속에서 로런스는 1930년 3월 2일 프랑스 방스에서 폐결핵으로 죽었다. 시신은 방스의 공동묘지에 매장되었다가 본인의 유언에 따라 1935년 부부가 행복한 시절을 보냈던 미국 뉴멕시코의 목장에 안장되었다.

'채털리 부인의 연인'은 1932년 영국과 미국에서 일부 외설 장면이 삭제된 후 출판되었을 뿐 무삭제판은 계속 출판 금지로 묶였다. 그렇게 세월이 흘러 1959년 봄 미국의 글로브 출판사가 비삭제판을 출간했다. 출판사는 연방정부 우정장관의 고소로 재판을 받았으나 1959년 7월 승소 판결을 받았다. 영국의 펭귄출판사도 1960년 8월 무삭제 소설을 출판했다가 음란출판물법 위반 혐의로 고소당해 재판을 받았으나 1960년 11월 건전한 문학작품으로 인정받아 공식적으로 판매할 수 있었다.

베르톨트 브레히트의 '서푼짜리 오페라' 초연
브레히트는 생존 시에도 유명 작가였지만 세계적인 스타로 각광받은 것은 사후였다.

베르톨트 브레히트(1898~1956)는 프란츠 카프카, 토마스 만과 더불어 세계적인 명성을 얻은 20세기 독일의 대표 작가다. '서사극'과 '소격 효과'라는 두 개념으로 현대 서구 연극 이론과 연극사에서 확고한 위치를 차지하고 있다. 그를 추종하는 비평가들은 그가 문학과 연극에 남긴 성과를 20세기 문화사의 일대 사건으로 평가하기까지 한다. 브레히트라는 관문을 통하지 않고는 현대 연극을 논할 수 없다고도 말한다.

브레히트는 독일 바이에른주 아우크스부르크에서 태어났다. 1차대전이 한창이던 1917년 뮌헨대 의학부에 입학했다가 1918년 10월 징집되어 잠시 의무병으로 복무한 뒤 자퇴했다. 브레히트는 1차대전의 대량 살육과 패전 후 독일의 정치·경제적 혼란을 겪으면서 "인간 최악의 적은 곧 인간 자신"이라는 사실을 깨닫고 마르크스주의에 경도되었다. 그러나 브레히트는 자신이 마르크스주의자라는 것을 인정하지 않았다. 그가 정식 공산당원인지도 증거가 없어 분명치 않다. 다만 작품과 행적을 통해 그가 공산주의자라는 사실을 추정할 뿐이다.

1922년 9월 뮌헨에서 초연한 희곡 '한밤의 북소리'는 브레히트에게 극작가로서의 첫 명성을 안겨주었다. 그러나 이듬해 5월 뮌헨에서 초연한 '정글 속에서'는 그에게 볼셰비키라는 딱지를 붙여주고 같은 해 발표한 시 '죽은 병사의 전설'은 그의 이름을 나치의 블랙리스트에 오르게 했다.

그는 "연극이 더 이상 부르주아들의 오락물이어서는 안 된다"며 오락적 연극을 거부하고 교훈적 기능을 강조한 '서사극'이라는 새로운 연극 양식을 제시했다. 아리스토텔레스의 시학에 기초한 전통 연극은 감정이입을 통해 관객을 주인공과 동일화하지만 서사극은 관객을 객관적인 관찰자로 만들었다.

이런 효과를 얻기 위해 그가 창안한 기법이 '소격 효과' 즉 낯설게 하기 기법이었다. 관객이 아무런 저항 없이 연극에 몰입하는 것을 지양하고, 객관적·비판적 시선을 유지하도록 하는 것이다. 소격 효과는 익숙한 것을 낯설게 함으로써 호기심을 자극해 새로운 비판적 인식을 촉발하기 위해 고안되었다. 연극에 해설자를 등장시켜 연극 내용을 설명한다든지 클라이맥스 직전에 극이 중단된다든지 하는 식으로 무대와 관객을 격리했다.

그의 서사극 특징은 1928년 8월 31일 베를린에서 초연되어 공전의 대성공을 거둔 '서푼짜리 오페라'에서 본격적으로 드러났다. '서푼짜리 오페라'는 18세기 영국 극작가 존 게이의 '거지 오페라'를 번안해 완성한 음악극이다. 엘리자베스 하웁트만이 번역하고, 브레히트가 번안했으며, 쿠르트 바일이 음악을 맡았다. '서푼짜리 오페라'에서는 설명을 휘장이나 판자

에 적어 관객에게 보여주거나 배우 중 하나가 해설자 역할을 했다. 때로
는 안내방송 형식으로 처리했다. 이런 방식으로 무대에서 진행될 사건 내
용을 알게된 관객은 '무엇'보다도 '어떻게'에 관심을 집중시켜 연극을 관람
했다.

브레히트는 '서푼짜리 오페라'에서 품위, 도덕, 사업, 법률, 종교 등에
나타나는 시민사회의 외형적인 질서가 실제로는 강도의 질서라는 것을
부각했다. 즉 시민이 강도요 강도가 시민이라는 것이다. 히틀러의 등장으
로 중단된 1933년까지 유럽 전역에서 1만 회 이상 무대에 올려져 독일 바
이마르 공화국의 전설적인 연극 공연으로 기록되었다.

현대 서구 연극 이론과 연극사에서 확고한 위치 차지해

브레히트가 왕성하게 활동하던 1930년대는 리얼리즘이 치열하게 논의
되던 때였다. 1932년 소련에서 사회주의 리얼리즘이 공식 창작 기법으로
선포된 후 좌파 예술가들 사이에서 리얼리즘에 대한 논쟁이 뜨겁게 전개
되면서 사회주의 리얼리즘은 그 시대 최고의 화두요 미학으로 평가받았
다. 브레히트는 사회주의 리얼리즘을 옹호했다. 브레히트가 이처럼 민중
성과 계급성 중심의 예술형식을 중시하고 연극을 통해 사회를 신랄하게
비판하자 나치가 브레히트를 퇴폐적이라고 비난하고 공연을 방해했다.
나치가 1933년 2월 제국의회 방화 사건을 구실로 공산당에 대한 탄압을
본격화하자 브레히트는 방화 이튿날 가족을 이끌고 망명길에 올랐다. 그
가 독일에 없는 사이 시민권은 박탈되었고 공연은 금지되었다.

브레히트는 체코, 오스트리아, 프랑스를 거쳐 1933년 6월 덴마크에 정
주했다. 1939년 4월부터는 스웨덴과 핀란드에서 생활하다가 2차대전 발
발 후 독일군이 노르웨이로 진격하자 1941년 7월 미국으로 망명했다. 망
명 중에도 '갈릴레이의 생애'(1939.11), '억척 어멈과 그 자식들'(1939.11)

'사천의 선인'(1941.1) 등 대표작을 집필하고 세
작품 모두 스위스 취리히 무대에 올렸다.

베르톨트 브레히트

완벽한 자본주의 국가인 미국은 그를 의기
소침하게 만들었다. 금전적으로 힘든 데다 관
심을 보였던 영화 산업에서도 별 성과를 거두
지 못했기 때문이다. 더구나 독일 출신이라는
이유로 1942년 2월 적대적 외국인으로 등록되
어 1943년 4월까지 FBI의 감시를 받고 도청을
당했다. 2차대전 종전 후에는 1947년 10월 30일 미 하원 비미행위조사위
원회의 출석 요구를 받았다. 그 자리에서 "공산당원이냐"는 질문을 받고
"아니요"라고 대답한 후 이튿날 파리행 비행기에 올라탔다.

그 무렵은 막 냉전이 시작될 때였다. 그러다 보니 스위스에서는 그가
소련의 공산주의 요원이라며 감시하고, 서독을 점령하고 있는 서방 국가
들은 서독의 입국 허가를 내주지 않았다. 결국 브레히트는 1948년 10월
동독의 동베를린으로 이주했다. 1949년 1월 베를린 무대에 오른 '억척 어
멈과 그 자식들'은 놀랄 만한 성과를 거둬 1954년까지 200회나 공연되었
다. 곧 독일극장 총감독을 맡고 베를린앙상블 극단을 만들어 동독 예술의
상징처럼 살았다.

그러던 중 1953년 서방 신문의 머릿기사를 부정적으로 장식한 두 가
지 사건이 일어났다. 스탈린 사망(3.5)과 수만 명의 동베를린 노동자 봉기
(6.17)였다. 브레히트는 동독 신문에 "스탈린은 대륙의 억압된 사람들에
게 희망의 귀신"이라는 추도문을 실으면서도 노동자 봉기에는 침묵했다.
1953년 6월 17일 소련 탱크들이 동독 노동자들의 봉기를 무참하게 짓밟
을 때도 동독의 국가원수 올브리히트에게 충성 편지를 발표하고 '해결'이
라는 시로 공산당의 이기주의를 빈정거렸을 뿐 계속 침묵했다. 동독군이

서독으로 탈출하는 사람들에게 기관총을 난사할 때도, 동독 정권이 프롤
레타리아 독재를 위해 언론의 자유를 옭아맬 때도 "대의를 위한 것"이라
며 옹호했다.

서독 신문은 이런 브레히트를 "가장 악덕한 공산주의의 동조자이며 독
일 문화를 이념적으로 배반하고 있다"고 비판했다. "브레히트의 선전극
을 공연하지 말라"는 격문이 서독에 뿌려지고 서독의 시인 명단에서 제명
되었다. 그러던 중 1954년 그가 창단한 베를린앙상블이 파리에서 공연한
'억척 어멈과 그 자식들'이 대대적인 찬사를 받으면서 서방에서 재평가가
시작되었다. 롤랑 바르트, 장 폴 사르트르, 베르나르 도르 등이 서사극을
극찬한 덕분에 외국이라는 우회로를 통해 독일인들에게 20세기 독일의
가장 중요한 작가로 부각되었다.

브레히트는 1954년 토마스 만이 거절한 스탈린 평화상을 받을 때도 "모
스크바의 하인"이라는 비난을 샀다. 상금 16만 루블을 동독의 계좌에 입
금하지 않고 스위스로 송금한 것을 두고도 "자본주의적인 재보험자임이
드러났다"는 비판이 쏟아졌다. 브레히트는 1956년 8월 14일 동베를린에
서 '갈릴레이 생애' 공연을 준비하던 중 사망했다.

"노동자처럼 보이기 위해 매일 몇 시간씩 허비한다"

브레히트는 생존 시에도 유명 작가였지만 세계적인 스타로 각광받은
것은 사후였다. "현대의 셰익스피어", "현대 문명의 날카로운 비판자"라
는 찬사를 받으며 세계에서 가장 영향력 있는 작가로 인정받았다. 하지만
비판도 적지 않았다. 프랑크푸르트학파 작가들은 "천박한 마르크스주의
자"라고 경멸했는데 특히 아도르노는 "노동자처럼 보이기 위해 손톱 밑에
때를 끼게 만드는 데 매일 몇 시간씩 허비한다"고 비아냥거렸다. 스위스
은행 계좌에 예금한 인세로 호의호식하면서 연극으로 자본주의를 비판한

공산주의의 "선전용 개"라고 혹평하는 사람들도 있었다.

브레히트는 다작의 작가였다. 희곡은 37편을 쓴 셰익스피어보다 많은 48편의 장편과 50편 정도의 단편을 남겼다. 장편소설은 2편의 미완성을 포함해 3편을 썼고, 200여 편의 중단편소설은 양적으로 카프카를 능가했다. 알려진 시와 노래를 합친 서정시도 2,300편이 넘었다. 6권이나 되는 논설문 주제는 연극, 문학, 스포츠, 시사, 철학, 역사, 자연과학, 환경오염 등 다양했다. 사진, 신문 스크랩 등을 활용해 꾸민 일기는 기록물이라기 보다는 사진과 언어로 된 새로운 형태의 장르로 평가받고 있다.

한국에서는 공산주의적이라는 이유로 공식적으로 금지되었다가 1988년 서울 올림픽을 기해 해제되었다. 첫 공연작은 '서푼짜리 오페라'로, 정진수가 연출하고 민중극단이 1988년 12월 10일 서울 호암아트홀에서 개막했다.

1929년

'문자보급 운동', '브나로드 운동'
조선어사전편찬회 결성
　_ 이극로
광주학생운동 발발
원산 총파업
조선박람회 개막
임방울, '쑥대머리'로 청중 사로잡아
채동선 첫 바이올린 독주회
주가 대폭락… 대공황의 시작
에드윈 파월 허블, 우주팽창론 증명
살바도르 달리와 갈라의 운명적 만남
프리다 칼로와 디에고 리베라 결혼
에리히 레마르크 '서부전선 이상 없다' 출간
교황청과 무솔리니, 라테란 조약 체결
알 카포네와 '성 밸런타인데이 대학살'
제1회 아카데미상 시상식

'문자보급 운동', '브나로드 운동'

이광수의 '흙', 심훈의 '상록수'는 문자보급 운동과 브나로드 운동을 반영한 대표적인 문학작품이다.

문맹을 없애고 민족정신을 일깨우는 항일 독립운동의 일환으로 추진된 문자보급 운동의 개막을 알린 것은 "아는 것이 힘! 배워야 산다", "가르치자! 나 아는 대로"를 캐치프레이즈로 내건 1929년 7월 14일자 조선일보 사고(社告)였다. 조선일보는 '제1회 귀향 남녀 학생 문자보급반'이라는 제목의 사고를 통해 귀향 학생들이 각 고장에서 문자를 가르칠 것을 제안하면서 실적이 우수한 학생에게는 1,000원의 장학금을 지급하겠다고 약속했다. 당시는 2,000만 인구 중 85%에 달하는 약 1,700만 명이 문맹이어서 문자보급 운동이 절실할 때였다.

사고가 나가고 방학이 되자 귀향하는 학생들의 신청이 쇄도했다. 선발된 409명의 귀향 학생 손에는 1쪽짜리 한글 교재 '한글원본'이 쥐어졌다. 조선일보는 '귀향 학생 문자 보급반 통신란'을 신설해 7월 29일부터 8월 31일까지 이들의 활동 상황을 22회에 걸쳐 대대적으로 보도했다. 당초 약속대로 1등부터 5등까지를 가려내 장학금도 지급했다.

귀향 학생들의 도움을 받아 한글을 깨우치고 자필 증명서를 쓴 사람은 1929년에만 2,849명에 달했다. 엄밀히 말하면 2,849명은 활동 보고서를 보내온 91명의 학생에게서 배운 문맹자만 집계한 것이기 때문에 실제는 이보다 훨씬 많았다. 1930년에는 참가 학생이 46개교 900여 명으로 불어났고 이들에게서 문자를 깨우친 사람은 1만 567명에 달했다. 조선일보는 더욱 충실해진 16쪽짜리 '한글원본'을 제작해 9만 부를 배포했다.

조선일보는 1931년 춘계 문자보급반 강좌를 개설하기로 하고 이를 관

조선일보가 발간·배포한 '문자보급반 한글원본', '문자보급교재'

장할 기구로 편집국 내에 문화부를 신설했다. 오늘날의 조선일보 문화부는 문자보급 운동의 산물인 셈이다. 1931년의 제3회 문자보급 운동에는 1,800명의 학생이 참가하고 '한글원본'은 30만 부가 배포되었다. 한글을 깨우친 사람은 1931년 2만 8,000여 명으로 집계되었다. 당시 참가 학생 중에는 평양 숭실중학에 다니던 장준하도 있었다.

16쪽짜리 '한글원본'을 만든 사람은 한글학자이자 조선일보 지방부장인 장지영이었다. 그는 국어학의 선구자인 주시경의 제자로 1921년 설립된 조선어연구회의 창설 멤버였다. 1929년 문자보급 운동의 총책임을 맡아 1931년 신설된 문화부장으로 임명되었다. 1930년 3월 18일부터 6월 17일까지 55회에 걸쳐 한글철자법 강좌를 연재하며 문자보급에 불을 지핀 것도 장지영이었다. 한글 철자법 강좌를 연재한 것은 총독부가 주관하는 '표음주의 철자법'에 반대하고 조선어학회의 한글맞춤법 통일안을 보급한다는 취지였다.

그러나 문자보급 운동은 조선일보의 경영난이 가중되고 판권이 고리대금업자 임경래에게 넘어가면서 1932년과 1933년 2년 동안은 중단되었다. 다행히 방응모가 조선일보를 인수해 1934년 재개되었고 규모는 더욱 확대되었다. 92개 중학교와 33개 전문학교 및 대학에서 총 5,078명이 참가하고 '한글원본'은 100여 만 부가 배포되었다. 당시 조선일보 발행부수가 3만 8,000부였음을 감안하면 엄청난 규모였다. 1934년의 문자보급 교재는 총 32쪽 중 18쪽까지는 '한글원본', 19~32쪽은 '산술 교재'로 꾸며졌다.

"아는 것이 힘! 배워야 산다"

조선일보가 이처럼 활발하게 운동을 펼치자 동아일보도 1931년 7월부터 '브나로드 운동'을 전개하며 조선일보와 선의의 경쟁을 펼쳤다. 러시아 말로 '민중 속으로'라는 뜻의 '브나로드 운동' 역시 농촌의 폐해를 시정하고 농민 의식을 고양시키기 위한 민족교육 운동의 일환이었다.

사실 동아일보는 브나로드 운동을 본격적으로 펼치기 3년 전인 1928년 3월 16일자 사고를 통해 '글 장님 없애기'를 공표했었다. 당시 동아일보는 3월 25일부터 4일 동안 '문맹퇴치 선전일 순서'란 제목으로 행사 계획을 지면에 자세히 소개했다. 계획에 따르면 창간 8주년 기념일인 4월 1일을 기해 본사와 전국의 지국을 총동원해 포스터를 내걸고 안재홍, 방정환, 최현배, 최남선, 조병옥, 윤치호, 홍명희 등 명사 32명을 초청해 4월 2일 강연회를 열며 소년군이 시가행진을 할 예정이었다.

그러나 조선총독부가 행사 사흘 전인 3월 28일 갑자기 문맹 퇴치 운동을 금지하는 통첩을 동아일보에 보내고 3월 29일 운동 교재인 '우리글 원본'과 전단지 등을 압수하면서 중단되었다. '브나로드'라는 표어의 출처가 소련에서 나온 것이고, 포스터에 붉은색 근육의 노동자를 그려 넣은 것이 불온하며, 소년군의 시가행진이 청소년들에게 악영향을 준다는 게 이유였다. 동아일보는 '만반 준비가 완성된 금일. 문맹 퇴치 선전 돌연 금지'(3월 29일) 제목의 기사로 총독부의 중지령에 불만을 표시했다.

그로부터 3년이 지난 후, 동아일보는 1931년 7월 16일 '제1회 학생 하기 브나로드 운동—남녀 학생 총동원, 휴가는 봉사적으로'라는 기사를 게재하면서 브나로드 운동을 점화했다. 운동의 핵심은 조선일보의 문자보급 운동과 같은 취지로 구상된 문맹 퇴치와 한글 보급이었다. 첫해에는 423명의 학생이 전국 127곳을 돌며 한글 강습과 학술 강연을 펼쳤다.

참가 학생들 손에는 '한글공부' 교재와 '일용계수법' 등이 쥐어졌다. 이윤재가 지은 '한글공부' 끝에는 한국의 지리와 역사의 가장 기초가 되는 내용이 실리고, '일용계수법'에는 수 읽기, 사칙연산, 단위 읽는 법 등 일상생활에 필요한 산수 지식을 담았다. 동아일보는 1931년에는 '한글공부'와 '일용계수법'을 30만 부 배포하고 1932~1934년에는 매년 60만 부씩 간행·배포했다. 1933년 10월 29일 한글날에는 훈민정음 창제 487돌을 기념해 조선어학회가 제정한 '한글맞춤법 통일안'을 20만 부 배포했다. 동아일보는 이렇게 4년의 운동 기간에 5,751명의 참가자가 9만 7,598명을 대상으로 강습을 실시하고 교재는 총 210만 부를 배포하는 큰 성과를 거뒀다. 조선일보의 문자보급 운동에는 8,187명이 참가하고 3만 4216명이 수강했다.

두 신문사의 문맹 퇴치 운동은 이렇게 전국적으로 성황을 이뤘으나 이를 못마땅하게 여긴 총독부가 1935년 강제적으로 중단시켜 더 이상은 진행하지 못했다. 1930년대 최대 민중 계몽운동이자 우리 민족 고유의 정신을 지키고 이어가던 문화 독립운동은 이렇게 막을 내렸다. 이광수의 '흙'(1932), 심훈의 '상록수'(1935) 등은 문자보급 운동과 브나로드 운동이 반영된 대표적인 문학작품이다.

조선어사전편찬회 결성

어휘 수집 및 주해와 편집 등은 편찬회가, 맞춤법 통일과 표준어 사정은 조선어연구회가 맡았다.

한글사전이 나오기 전, 사전의 길잡이 역할을 한 것은 외국어 어휘를 우리말 어휘와 대응해 놓은 대역(對譯)사전이었다. 프랑스 선교사가 파리에서 출판한 '한불자전'(1880), 미국 선교사 언더우드가 일본에서 펴낸 '한영자전'(1890), 영국 선교사 게일이 일본에서 출판한 '한영자전'

(1897) 등이 초창기의 대표
적인 대역사전이다.

구한말 근대 교육이 시
작되었어도 순수 조선어사
전이 없는 상황에서 대역
사전은 유일한 한글사전
역할을 했다. 그러나 대역
사전은 외국인이 조선어를

조선어사전편찬회 창립식(1929.10.31)

공부하거나 조선인이 외국어를 공부할 목적으로 만들었기 때문에 궁극적
으로 조선인을 위한 조선어사전이 될 수 없었다. 일제 침탈 후 조선총독
부가 통치의 편리를 위해 '조선어사전'(1920)을 출판했으나 표제어만 한글
로 제시하고 일본어로 뜻을 풀이했다는 점에서 이 사전 역시 대역사전의
범주를 벗어나지 못했다.

일제 초기, 순수 조선어사전을 편찬하려는 움직임이 없었던 것은 아니
다. 주시경이 김두봉, 권덕규, 이규영 등의 제자와 함께 수년간에 걸친 노
력 끝에 우리나라 최초의 국어사전 '말모이'의 원고를 만들었으나 1914년
주시경이 38세의 젊은 나이로 세상을 떠나고 1919년 수제자 격인 김두봉
마저 상해로 망명해 결국 빛을 보지 못한 채 사장되었다. 1925년 보통학교
교사 심의린이 6,106개의 표제어로 된 '보통학교 조선어사전'을 편찬했으
나 자습용 사전이었기 때문에 '최초'라는 영예의 주인공이 되지는 못했다.

제대로 된 조선어사전을 편찬하기 위한 '조선어사전편찬회'가 결성된
것은 1929년 10월 31일이었다. 편찬회 결성에 주요 역할을 한 인물은 독
일에서 철학박사 학위를 받고 귀국한 이극로(1897~1982)였다. 그는 물불
을 가리지 않고 사전 편찬을 추진해 별명이 '물불'일 만큼 일에 대한 열정
이 대단했다. 조선어사전편찬회 발기인으로 이름을 올린 108명의 유력

인사 대부분도 이극로가 그러모은 사람이었다. 이극로는 위원장 격인 간사장을 맡았다. 발기인들은 어느 정도 사회경제적 기반을 갖춘 명망가들로 이를테면 부르주아 민족주의자였다. 그러다 보니 사전 편찬에 직접적이고 실무적으로 관여한 사람들은 주로 조선어연구회 회원이었다.

무에서 유를 창조하는 사전 편찬은 난관의 연속

조선어연구회는 1921년 12월 3일 휘문고등보통학교에서 순수 한글 연구단체로 발족했다. 최두선(중앙학교 교장), 임경재(휘문학교 교장), 장지영(조선일보 기자), 권덕규(휘문학교 교사), 이승규(보성학교 교사), 이규방(보성학교 교두), 신명균(한성사범 졸업생) 등 발족 당시 멤버 대부분은 "말과 글을 잃으면 민족도 망한다"고 가르친 주시경의 제자들이었다.

초기에는 회원 수가 많지 않아 회원들끼리 발표회를 여는 것이 고작이었다. 그러나 훈민정음 반포 480년을 기념해 1926년 11월 4일을 지금의 한글날인 '가갸날'로 제정하고 1927년 2월 10일 동인지 형식으로 '한글'을 발간하면서 조선어연구회의 존재를 널리 알리게 되었다. 조선어연구회의 활동이 비로소 활기를 띠게 된 것도 이극로의 합류가 있은 뒤였다. 이극로는 한글에 대한 폭넓은 사랑과 지식 못지않게 연구회 운영 자금을 융통하는 데도 탁월했다.

조선어연구회와 조선어사전편찬회는 1930년 1월 역할을 분담했다. 사전 편찬을 위한 어휘 수집 및 주해와 편집 등은 편찬회가 담당하고 맞춤법 통일과 표준어 사정 등은 조선어연구회가 맡기로 했다. 사전 편찬 집필위원들은 다양한 어휘 수집을 위해 조선총독부가 만든 '조선어사전'과 게일의 '한영자전'에 수록되어 있는 어휘들을 전부 수용하는 외에 신문, 잡지, 소설, 시집 등에서 어휘를 캐내고 조선어연구회 기관지 '한글'의 독자들과 방학 때 시골로 가는 학생들에게 지방 말들을 모아오도록 요청했다.

마침 개성의 송도고보 교사 이상춘이 10여 년에 걸쳐 개인적으로 수집한 9만여 개의 어휘를 편찬회에 제공해 큰 힘이 되었다. 이 원고는 상당 부분 정리가 마무리된 상태였기 때문에 출판하려고 마음만 먹으면 얼마든지 출판이 가능했으나 그래도 편찬위는 다수 전문가가 참여한 제대로 된 조선어사전을 만든다는 생각을 고수했다.

무에서 유를 창조하는 사전 편찬은 난관의 연속이었다. 가장 큰 문제는 어휘 기술 원칙이었다. 수집된 어휘가 아무리 많아도 원칙이 서지 않으면 사전이 불구가 되기 때문이다. 원칙을 정하기 위한 맞춤법 통일은 조선어학회가 담당했다. 조선어학회는 조선어연구회가 1931년 1월 확대·개편한 조직이다.

'서울에 사는 중류층이 사용하는 조선어를 표준어로 한다'

조선어학회가 맞춤법의 제1원칙으로 삼은 것은 '서울에 사는 중류층이 사용하는 조선어를 표준어로 한다'였다. 이 원칙에 맞춰 '맞춤법 통일안'이 제정(1933.10)되고 '조선 표준말 사정'이 완료(1936.10)되었다. 사전편찬에 앞서 가장 중요한 일이 마무리되자 조선어사전편찬회는 1936년 조선어학회에 귀속되었고 사전편찬 작업도 조선어학회로 넘어갔다.

사전 편찬 실무 작업은 1936년 4월 1일 서울 화동 129번지 2층의 조선어학회 사무실에서 시작되었다. 그러나 곧 조선어학회에 큰 타격을·가하는 사건이 일어나 차질이 빚어졌다. 수양동우회 사건(1937)과 흥업구락부 사건(1938)으로 조선어학회 간부 중 이윤재·김윤경(수양동우회)과 이만규·최현배(흥업구락부) 등이 일본 경찰에 검거된 것이다.

이런 와중에 1938년 10월 문세영의 '조선어사전'이 조선어사전간행회에서 출간되었다. 수록 어휘가 10만여 개에 이르는 이 사전은 1933년 10월 확정·발표된 조선어학회의 '한글맞춤법 통일안'의 철자법에 따라 단어 형태를 결정하고, 뜻풀이 용어도 조선어학회의 '표준어 사정' 원칙에 따랐기 때문에 우리나라 최초의 한글사전이라는 영예를 안았다. 그런데 문세영의 사전 원고는 이윤재의 원고를 도용했다는 의혹을 받고 있다. 문세영의 사전이 나왔을 때 이윤재는 수양동우회 사건으로 수감 중이었다.

어쨌든 온갖 우여곡절 끝에 사전 원고를 완성한 조선어학회는 조선총독부에 사전 출판 허가를 신청했고 총독부는 1940년 3월 13일 본문 중 많은 삭제와 정정을 조건으로 사전 출판을 허가했다. 당시만 해도 조선총독부가 조선어사전의 출판 자체를 무조건 금지하지는 않았다. 당시 총독부에 중요한 것은 사전이 민족의식을 고취하는 내용이냐 아니냐였지 조선어의 사용 여부가 아니었다. 조선일보와 동아일보가 폐간되지 않은 것도 같은 맥락이었다. 물론 사전에 문제가 될 만한 내용들은 삭제되거나 수정되었다.

그러나 1940년 시작된 창씨개명, 신사참배, 한국어 교육 폐지, 조선어 서적 출판 금지, 신문 폐간 등으로 이어지는 민족 말살 정책은 조선어사전을 비껴가지 않았다. 일제가 기회를 엿보다 1942년 10월 조선어학회 사건을 터뜨려 관련자 대부분을 구속하고 사전 원고를 압수함으로써 조선어학회의 13년에 걸친 노력도 수포로 돌아갔다. 결국 조선어 사전 편찬은 1945년 해방 때까지 중단되었다가 해방 후 다시 작업을 시작해 1957년 10월 전 6권의 '큰사전'을 완간하고서야 1929년 시작된 28년간의 숙제를 마칠 수 있었다.

이극로　이극로(1893-1978)는 경남 의령의 빈농에서 태어났다. 3살 때 어머니를 여의고 어려서부터 집안일을 도와야 했기에 공부할 기회가 주어지진 않았지만 서당을 기웃거리며 글을 깨쳤다. 마을에 가끔 배달되는 대한매일신보를 보면서 세계를 상상하고 방랑을 꿈꿨다. 이극로가 무작정 집을 떠나 마산의 창신학교에 입학한 것은 1910년 4월

이었다. 고학으로 2년 과정을 마치고 서간도를
목적지로 삼아 1912년 4월 집을 떠났다. 서간
도로 가는 농촌에서 한 주민에게 고추장이 먹
고 싶다고 말했으나 알아듣지 못하는 것을 알
고 우리말 정리가 왜 필요한지를 깨달았다.

이극로

이극로는 서간도에서 민족 지도자들이 세운
동창학교와 노학당 등에서 학생들을 가르치면
서 역사학자 박은식과 대종교 지도자인 윤세복

을 알게 되어 대종교를 받아들였다. 주시경의 제자이자 김두봉의 벗인 김
진을 통해 주시경의 존재를 알게 되었을 때도 우리말 연구에 대한 필요성
을 다시 한 번 절감했다.

이극로는 1913년 겨울 군사학을 공부하기 위해 러시아 페테르스부르
크(현 상트페테르부르크)로 떠났으나 여비 부족으로 1914년 2월 중간 지점
인 바이칼주의 소도시인 치타에 발이 묶였다. 어떻게든 페테르스부르크
로 가기 위해 머슴살이를 하며 여비를 마련했으나 1914년 여름 1차대전
이 발발해 만주로 되돌아왔다.

이극로는 1916년 4월 독일인이 경영하는 상해의 동제대 예과에 입학했
다. 당시 조선 유학생들은 조선인 티를 내지 않으려고 중국인 국적으로
입학하는 일이 적지 않았다. 이극로 역시 만주 봉천 호적을 갖고 입학했
다. 이후에도 이극로의 베를린대 학적과 박사 논문의 이력서에는 만주 환
인현 출생에 아버지는 만주인 의사라고 적혀 있다. 상해의 동제대 시절
그는 상해 임정 요인을 비롯해 박은식, 신채호, 이광수, 안창호, 김동삼,
이범석, 김원봉, 김두봉 등 많은 독립운동가와 교유했다.

동제대 예과를 졸업하고 본과 공대 1년을 중퇴한 뒤 독일 유학을 준비
하고 있던 1921년 봄 이동휘가 유럽행에 동행해줄 것을 요청했다. 임무는

1922년 1월 모스크바에서 개최 예정인 제1차 극동인민대표자회의에 참석하기 위해 모스크바로 가는 이동휘의 통역 겸 경호원이었다. 1921년 6월 배편으로 상해를 출항한 일행은 홍콩, 베트남, 인도, 이집트, 이탈리아, 스위스, 독일 등을 거쳐 1921년 9월 모스크바에 도착했다. 이후 3개월간 그곳에 체류하면서 레닌을 접견하고 트로츠키의 연설을 들었다.

이극로는 모스크바를 떠나 1922년 4월 입학한 독일의 베를린대에서 정치경제학, 철학, 인류학, 언어학 등을 전공했다. 1923년 10월에는 베를린대에 조선어 강좌를 개설해 3년 동안 유럽인을 상대로 한글을 가르치면서 학비를 감면받았다. 당시 조선어 강의에 참석한 수강생들이 "당신네 말은 어째서 철자법도 통일되지 않고 사전도 없느냐"고 한 힐난은 이극로로 하여금 민족어 운동에 뛰어들게 한 강력한 동기를 부여했다.

물불을 가리지 않고 일을 한다고 해서 붙여진 별명이 '물불'

이극로는 독일에서 상해의 김두봉이 보내온 한글 자모 활자 한 벌을 받았다. 이것으로 이광수의 '허생전' 몇 장을 독일 국립인쇄소에서 시험 인쇄해 '동방어학부 연감'에 발표했다. 또한 이 자모 활자를 본떠 만든 활자로 32쪽자리 '조선의 독립운동과 일본의 침략 정책'이라는 소책자를 1924년 2월 발간했다. 이 소책자는 독일을 비롯한 유럽의 각 도서관에 배포되었다. 1927년 2월에는 벨기에의 브뤼셀에서 열린 세계 약소민족 대회에 참가해 3개 국어로 된 '한국 문제'라는 책자도 펴내 각국 대표단과 기자단에 배포했다.

1927년 5월에는 중국의 견사공업을 주제로 한 박사논문 '중국의 생사공업'을 완성해 박사학위를 취득했다. 학위 논문은 자기 돈으로 수백 부 인쇄해 대학에 제출해야 했으나 당시 논문이 우수하다는 교수의 추천 덕에 빌헬름 크리스티안 출판사에서 수백 부를 인쇄해주어 경제적으로 큰 도움이 되었다. 이후에도 영국의 런던대와 파리대 등에서 언어학과 음성학을 연구하거나 한글 음성을 실험했다. 1928년 5월부터는 영국과 아일랜드를 거쳐 미국의 여러 지역을 둘러보고 1928년 10월부터는 일본의 상공업과 교육기관을 시찰했다.

이극로가 귀국한 것은 고국을 떠난 지 17년 만인 1929년 1월이었다. 귀국하면 한글사전 편찬과 보급에 한평생을 바치기로 한 그간의 결심에 따라 1929년 4월 조선어연구회에 가입하고, 1929년 10월 이승훈, 홍명희, 이윤재 등과 함께 조직한 조선어사전편찬회 간사장을 맡았다. 편찬회 발기인으로 이름을 올린 108명의 유력 인사 대부분도 이극로가 그러모은 사람이었다. 조선어연구회가 1931년 1월 조선어학회로 명칭이 바뀔 때 이극로는 상무간사로 뽑혀 조선어학회도 실질적으로 이끌었다.

이극로를 비롯해 이중화, 한징, 정인승, 권덕규, 정태진, 권승욱, 이석린 등 8명의 사전 편찬 정리위원은 밤낮을 가리지 않고 사전 편찬을 준비했다. 특히 이극로가 물불을 가리지 않고 일을 한다고 해 동료들은 그에게 '물불'이라는 별명을 붙여주었다. 기자들은 '소', '조선의 돈키호테'라며 혀를 내둘렀다. 사전편찬회는 10년간의 각고 끝에 '한글맞춤법 통일안'(1933), '사정한 조선표준말 모음'(1936), '외래어표기법 통일안'(1941)을 발표했다.

조선어학회 사건에 연루된 사람들 중 가장 무거운 6년형 선고받아

이극로는 1942년 9월 5일 오래전부터 알고 지내던, 만주의 윤세복 대종교 제3대 교주에게 편지를 보냈다. 검열을 통해 편지를 손에 쥔 일제는 편지 내용 중 '널리 펴는 말'을 '조선독립 선언서'로, '일어나라, 움직이라'는 구절을 '봉기하자, 폭동하자'로 날조한 뒤 이를 구실로 민족종교인 대종교를 뿌리째 말살하는 '임오교변'을 자행했다.

결국 1942년 11월 윤세복 교주를 비롯해 20여 명의 국내외 대종교 지도자가 일제히 검거되었고 그 중 안희제, 권상익 등 10명은 모진 고문과 취조를 받고 옥사했다. 윤세복은 무기형을, 다른 대종교 간부들은 징역 15년에서 5년을 선고받고 복역하다 해방 후 출옥했다. 윤세복이 체포되었을 때 이극로는 1942년 10월 1일 시작된 '조선어학회 사건'으로 이미 감옥에 갇혀 있었다. 일제는 이극로를 주모자로 지목해 고문을 가하고 독방에 가두었다. 이극로는 조선어학회 사건에 연루된 사람 중 가장 무거운 6년형을 선고받고 투옥 중 해방 후인 1945년 8월 17일 풀려났다.

이극로는 해방 후에도 사전 편찬에 계속 관여해 1947년 10월 '조선말큰사전' 첫 권을 발간했다. 그러나 1948년 4월 김구 등과 함께 남북 제정당 사회단체 연석회의에 참석하기 위해 평양으로 올라갔다가 돌아오지 않았다. 학창 시절에 이미 공산주의에 매력을 잃고 해방 후에도 오히려 우파에 가까웠던 이극로가 무슨 까닭으로 북행을 선택했는지는 지금도 의문이다. 다만 학자들은 평소 이극로가 친일파를 정권 수립에서 배제해야 한다고 주장했기 때문에 친일파를 영입한 남쪽보다는 이를 배제한 북쪽이 자신의 정치철학에 더 맞다고 생각해 북행을 선택했을 것으로 추정하고 있다.

북한에서는 김두봉과 함께 북한의 언어정책을 주도하고 조선어사전을 발간하는 데 진력했다. 조선어문연구회를 재건하고 조선어 및 조선문학연구소 소장 등 언어정책의 요직은 물론 조국평화통일위원회 위원장 등 정치적 감투까지 쓰며 승승장구하다가 1978년 9월 13일 사망했다. 애국열사릉에 묻혔다. 흔히 이극로의 아호 '고루'를 '골고루'의 '고루'에서 따온 것으로 알고 있으나 사실은 '극로(克魯)'의 중국음이며, '골고루'라는 의미는 결과적으로 붙인 해석이다. 이극로가 독일 유학에서 사용한 이름은 중국어 발음으로 된 'KOLU LI'였다.

광주학생운동 발발
학생들 간의 감정적 충돌을 민족운동으로 승화하자는 각오였다.

광주학생운동은 3·1 운동, 6·10 만세운동과 더불어 일제시대 국내에서 일어난 3대 민족운동으로 꼽힌다. 일부 학생들 간의 우발적인 충돌이 전국적으로 확산되어 광주학생운동으로까지 승화된 데는 일제의 폭압 통치에 대한 응어리가 그만큼 컸기 때문이다.

1929년 10월 30일 광주를 출발한 통학 열차가 오후 5시 30분 전남 나주역에 정차했다. 이윽고 광주로 통학하는 학생들이 역에서 나오고 있을 때 광주중학에 다니는 몇몇 일본인 학생이 광주여고보 학생인 박기옥과 이광춘 등의 댕기머리를 잡아당기며 희롱했다. 이 광경을 목격한 박기옥의 사촌동생 박준채(광주고보)가 일본인 학생들에게 따졌다. 그러나 일본인 학생들은 사과는커녕 "센징"이라고 되레 비아냥거렸다.

그 순간 박준채의 주먹이 일본인 학생의 얼굴을 강타했다. 그렇게 시작된 난투극은 급기야 역 광장에 있던 한국인·일본인 학생 간의 패싸움으로 번졌다. 일본인 순사가 달려와 박준채의 따귀를 때리는 등 강압적으로 해산시키고서야 충돌은 끝이 났다. 하지만 10월 31일 오후 5시 광주를 떠나 송정리로 가던 통학 열차 안에서 광주고보와 광주중학 학생들 사이에 또다시 패싸움이 벌어졌다. 11월 1일 오후 4시 30분경에는 수십 명의 일본인 학생이 야구방망이, 죽창, 죽검 등을 들고 나가 복수하겠다며 광주역으로 몰려왔다. 수십 명의 한국인 학생이 이들과 대치하는 과정에서 충돌 직전까지 갔으나 이번에도 경찰의 제지로 가까스로 수습되었다. 11월 2일은 별 충돌 없이 그냥 넘어가고 역사적인 11월 3일이 밝았다.

11월 3일은 일본 메이지 천황의 탄생일로 일본의 4대 명절 가운데 하나였다. 그런데 그날은 단군의 개국기념일(음력 10월 3일)이라는 점에서 우리 민족에도 뜻깊은 날이었다. 일제는 이날이 일요일인데도 각 학교에서 강제로 기념식을 열도록 했다. 광주고보 학생들은 일본 국가인 '기미가요'를 부르지 않고 침묵으로 저항했다. 그러자 학교 측은 낌새가 이상하다고 생각해 신사참배를 개별 의사에 맡기고 귀가하도록 조치했다. 학생들은 신사참배도 거부했다. 그중 일부 학생은 당시 일제의 기관지 역할을 하고 있는 광주일보사로 몰려가 편파 보도를 규탄했다.

비슷한 시각, 광주중학 일본인 학생들이 광주고보 한 학생의 얼굴을 단검으로 찔렀다는 소식이 순식간에 퍼졌다. 결국 오전 11시경 광주고보와 광주중학 학생들이 시내 일부에서 충돌했다. 급기야 광주역에서는 양측에서 각각 200여 명의 학생이 몽둥이와 죽검(일본), 농기구(한국인) 등을 휘두르고 돌을 던지며 난투극을 벌여 광주역 일대는 아수라장이 되었다. 곧 몰려온 기마경찰대의 개입으로 강제 해산된 광주고보 학생들이 학교로 돌아온 것은 정오 무렵이었다.

3·1 운동 후 최대 항일 민족운동

그 시각 광주고보 안에서는 장재성 등이 긴급회의를 열고 몇 가지 사항을 결의해 놓고 있었다. 투쟁 대상은 광주중학의 일본인 학생들이 아니라 일본 제국주의이니 투쟁 방향을 일제로 돌려야 한다는 결의였다. 학생들 간의 감정적 충돌을 민족운동으로 승화하자는 각오였다.

오후 2시경 300여 명의 광주고보 학생이 스크럼을 짜고 교문 밖으로 나섰다. 학교 밖의 광주농고·광주사범 학생들과 시민들까지 가세해 기세가 하늘을 찌를 듯했다. 1,000여 명으로 불어난 시위대는 시내를 돌며 시위를 벌였으나 일본도를 빼 들고 길을 막은 일경에 강제 해산되었다. 11월 3일은 그렇게 지나갔고 광주고보와 광주중학에는 11월 4일부터 6일 동안 휴교령이 내려졌다. 시내 요소요소에는 무장경찰이 배치되어 계엄령을 방불케 했다.

그러나 그것으로 끝이 아니었다. 휴교령이 끝나 11월 12일 9시 첫 수업을 알리는 종이 울리자 광주고보 전교생이 농기구와 운동기구 등을 들고 일제히 교문을 박차고 나와 시내로 진출했다. 이번에도 광주농고와 시민들이 합세했다. 다시 광주의 모든 중등학교에는 휴교령이 내려지고 무차별 검거가 시작되었다. 구속자 취조 과정에서 각 학교의 비밀결사 그룹의 존재가 드러나 그동안 광주 지역의 학생운동을 주도해온 '성진회'와 '독서회' 소속 학생들에게도 검거령이 떨어졌다. 그런데도 언론은 총독부의 보도 통제로 11월 13일부터 12월 27일까지 거의 2개월 가까이 광주학생독립운동을 보도하지 못했다.

항거의 불길은 11월 하순 목포와 나주 등 인근 전남 지역으로 번져갔다. 서울에서도 12월 초 대규모의 동맹휴학과 항의 집회, 시험 거부, 가두시위 등이 펼쳐졌다. 개성·인천·원산·평양·함흥·공주 등 전국의 주요 도시는 물론 멀리 간도로까지 확산되었다. 무기 휴교에 들어갔던 광주 지역의 학교들은 1930년 1월 8일 개학하고 이튿날부터 전년도에 치지 못한 2학기 시험을 실시했으나 학생들은 시험 거부로 일제에 맞섰다.

광주고보에서는 세 번째 시위운동을 계획하다 발각되어 1월 16일 또다시 무더기 퇴학 사태가 벌어졌다. 당시 광주고보 2~5학년 전체 학생 400명 중 250여 명이 투옥되거나 퇴학을 당했다. 1930년 3월까지 전국적으로 전개된 이 운동에는 모두 194개 학교(전문학교 4곳, 중등학교 136곳, 보통학교 54곳)에서 학생 5만 4000여 명이 참가했다. 이 사건으로 광주에서만 260여 명이 구속되고 이 가운데 170여 명이 재판에 회부되어 최고 5년형의 실형을 선고받았다. 전국적으로는 퇴학 582명, 무기정학 2,330명, 검거된 사람이 1,462명이나 되었다. 3·1 운동 후 최대 항일 민족운동이었다. 11월 3일이 '학생의 날'로 제정된 것은 1953년이었다. 그러나 1973년 유신 정권에 의해 법정 기념일에서 제외되었다가 1984년 '학생의 날' 부활을 거쳐 2006년부터 '학생독립운동기념일'로 기념되고 있다.

원산 총파업

함남 원산은 1921년 원산노동회가 결성되었을 만큼 일찍부터 노동자의 의식이 높은 곳이었다.

조선총독부 통계에 따르면 1927년 전국적으로 94건(1만 523명)의 노동쟁의가 일어났다. 1920년대 10년 중 참가자는 최대였고 발생 건수는 3번째로 많았다. 그중 가장 많은 노동쟁의가 일어난 곳은 함경남도로 21건이 일어나고 2,560명이 참가했다. 함남에서도 특히 원산은 1921년 원산노동회가 결성되었을 만큼 일찍부터 노동자의 의식이 높은 곳이었다.

원산노동회는 1925년 11월 원산노동연합회(원산노련)로 확대 발전한 후 원산 지역 노동운동의 구심점 역할을 했다. 원산노련은 모든 직종을 포괄하며 명실상부한 직업별 노조의 지역연합체로 발전했지만 주력은 단결력을 자랑하는 부두 노동자였다. 투쟁력도 갖춰 여러 차례 파업을 승리로 이끌었으며 파업기금을 적립하고, 소비조합과 자체 노동병원을 운영할 정도로 막강한 힘을 갖춰나갔다. 1927년 6월의 원산부두 노동자 총파업 때는 단체교섭권과 단체협약권을 손에 넣는 성과를 거두기도 했다.

이처럼 투쟁의 열기가 뜨거운 원산에서 마침내 용암이 분출한 것은 1928년이었다. 9월 7일 원산시 교외의 덕원군 문평리에 소재한 영국인 소유의 문평라이징선 석유회사 공장에서 일본인 현장 감독이 조선인 노동자를 구타한 것이 발단이었다. 그 일본인은 평소에도 툭하면 조선인 노동자들을 구타해 노동자들의 원성을 사던 자였다.

이튿날인 9월 8일 100여 명의 노동자가 현장감독 해고와 처우 개선 등을 요구하며 파업을 벌였다. 상부 기관인 원산노련은 파업 노동자들을 문평제

파업에 참여한 원산노련 노동자들

유 노조로 조직하고 산하단체로 끌어들였다. 원산노련의 개입으로 파업이 장기화할 조짐을 보이자 회사 측은 노동자들의 요구를 받아들이겠다고 약속했다. 그러면서 단체계약과 관련된 사항은 3개월 뒤로 논의를 미뤘다.

노조는 회사 측의 약속을 믿고 9월 28일 파업을 일단락한 뒤 3개월을 기다렸다. 그러나 약속 기한이 지났는데도 회사가 약속을 지키지 않자 원산노련이 12월 28일 최고장을 보냈다. 회사 측은 그제서야 본색을 드러냈다. 즉 노동단체를 승인하지 않고 노동조건은 회사 취업규칙에 의한 직공 대우조례에 따라 노동자와 직접 해결하겠다며 노조를 기만한 것이다.

문평제유 노조는 1929년 1월 14일 파업을 단행했다. 작업 시간 8시간, 취업규칙을 정하되 조합과 협정, 목욕탕 신설 및 직공 무료 이용, 파업 기간 일급 전액 지급, 지배인 사직 등을 요구 조건으로 내걸었다. 원산노련이 산하 조직의 총파업을 결정하고 우차부조합, 인쇄직공조합, 양복직조합 등 다른 노조까지 파업에 가담하면서 원산노련 산하 24개 노조의 노동자 2,200여 명이 총파업에 참여했다. 곧 부두 하역과 화물 운송 등이 올스톱되어 원산 부두에는 석유제품이 산더미같이 쌓였다.

총파업에 대응하는 자본가들의 선봉대 역할은 원산 지역 일본인 자본가 모임인 원산상공회의소가 맡았다. 원산상공회의소는 1929년 1월 21일

원산노련 소속 부두 노동자 450명을 해고하고 원산노련에 소속된 노동자들을 고용하지 않겠다고 결정한 뒤 전국 각지에서 대체 노동력을 모집했다. 중국인과 일본인 노동자들도 동원했다. 하지만 파업 규찰대의 방해에 가로막혀 대체 노동력을 모집하는 데 실패했다. 그러자 원산상공회의소는 함남노동회라는 어용 노동단체를 조직했다.

한반도 북부 지역에 중화학 군수공업을 이식하고 있던 일제로서도 대륙 침략을 위한 안정적 병참기지를 확보하려면 막강한 원산노련을 그대로 둘 수 없었다. 1월 24일 인근의 19사단 일부 병력과 재향군인이 완전 무장한 채 시가를 행진토록 해 공포 분위기를 조성했다.

일제하 한국 노동운동과 민족해방운동의 분수령

원산노련은 식량과 기금을 아끼기 위해 하루 두 끼만 식사를 하면서 '한 잔의 술, 한 개비의 담배, 한 푼의 낭비도 반동'이라는 단호한 구호를 내걸었다. 노동자들은 매일 5전씩 저축했다. 전국에서는 지지 격문이 쏟아지고 연대 기금이 전해졌다. 원산과 일본을 오가는 화물선의 일본인 노동자들은 물론 중국, 프랑스, 러시아 노동자들까지 지지를 보냈다. 재일·재만동포들로부터도 위문과 격려와 동정금이 답지했다. 조선변호사협회는 2월 4일 이인 변호사를 원산에 파견해 진상 조사와 격려를 하고 조선일보와 동아일보 등 신문들은 특파원을 보내 사건을 연일 크게 보도했다.

이런 상황에서 일제는 2월 8일 김경식 원산노련 위원장을 포함해 간부 20여 명을 체포했다. 그러자 이탈자가 점차 늘어났다. 원산노련은 위기 상황을 타개하기 위해 진상 조사차 원산으로 온 김태영 변호사를 위원장 대리로 추대하고 간부들을 새롭게 보충했다. 이런 가운데 2월 중순부터 파업단의 식량이 떨어지고 엄동설한에 일자리를 잃은 노동자들의 생활이 말할 수 없이 곤란해졌다. 쟁의기금도 점점 바닥을 드러냈다. 이런 틈을 타 일제는 2월 하순부터 300여 명의 경찰을 동원해 원산노련 노조원들의 집을 일일이 돌아다니며 식량과 가옥 상태 등을 조사했다.

새 지도부는 불리해진 국면 전환을 위해 타협을 선택했다. 김태영 위원 장은 노동자계급의 해방을 기치로 내건 기존 원산노련 강령을 폐기하고 '생활 향상을 위한 노동자의 수양을 본위로 한다'는 강령을 채택했다. 결국 흔들리던 파업 투쟁의 대열은 더욱 흔들리고 내부 분열은 더욱 확대되어 파업 투쟁력이 약화되었다. 하나둘씩 작업장으로 돌아가는 노동자도 눈에 띄게 많아졌다.

일부 노동자는 지도부에 대한 신뢰가 사라지고 승리에 대한 확신이 서지 않자 어용 노동단체인 함남노동회를 4월 1일과 3일 공격하는 것으로 분풀이를 했다. 일본 경찰은 기다렸다는 듯 40여 명을 잡아갔다. 결국 투쟁 의욕을 상실한 원산노련이 4월 6일 단체협약권 포기와 조합원들의 자유의사에 따른 작업장 복귀를 결정하면서 78일간 지속된 대파업은 끝이 났다.

원산 총파업은 이렇듯 실패로 막을 내렸지만 우리나라 최초로 한 개 도시를 완전히 마비 상태에 빠뜨려 일제와 자본가들에게 큰 타격을 안겨주고 일제하 한국 노동운동과 민족해방운동의 분수령을 이뤘다는 점에서 그 의미는 적지 않다. 또한 3·1 운동, 광주학생운동, 6·10 만세운동과 더불어 일제하 대표적인 민족해방운동으로 기록되고 있다. 원산총파업의 파업 열기는 이후 전국적으로 번져나갔다. 1929년 4월 대전의 제사공장 450여 명 파업 등 투쟁은 계속 확대되었고 5월에는 부산, 인천, 성진, 마산 등 전국 각지에서도 시위가 전개되었다. 일제의 축소 조작된 통계 수치에 따르더라도 1929년 1년 동안 102건 이상의 파업을 벌여 8,293명의 노동자가 참여했다.

조선박람회 개막

관공서나 학교에 '박람회 구경 가라. 구경 못한 사람은 수치다'라는 공문을 보내 참여를 독려했다.

    일제강점기 때 열린 크고 작은 박람회나 공진회는 모두 173 개였다. 이 가운데 일제가 식민 통치의 위업을 대내외적으로 과시하기 위해 대규모로 개최한 박람회는 세 차례였다.

1915년 개최한 '조선물산공진회'는 조선총독부가 시정 5주년을 자축하기 위해 기획한 첫 대규모 박람회였다. 식민통치의 성과가 가시적으로 드러나기에는 시간이 짧았지만 데라우치 마사타케 총독은 박람회를 강행했다. 일제는 박람회 개막에 앞서 호남선(1914.1)과 경원선(1914.8)을 서둘러 개통하고 조선호텔(1914.10)을 준공했다.

일제는 경복궁 안 7만 2,000여 평 부지를 공진회 장소로 마련하면서 경복궁의 정전, 편전, 침전 일부를 제외한 여러 건물을 헐어내는 만행을 저질렀다. 당초에는 근정전의 동쪽 부지만을 사용하려다가 교태전 남쪽 구역도 포함해 사실상 근정전을 둘러싼 모든 구역을 공진회장으로 사용했다. 광화문과 뒤편의 근정전을 잇는 중심축 선상에 가장 중심적인 건물인 제1호관을 배치하고 축선의 동쪽에는 주요 전시관을, 축선의 서쪽에는 부속 시설들을 배치했다.

산업, 교육, 위생, 토목, 교통, 경제 등에 관한 시설 및 물품을 망라한다는 전시 원칙에 따라 전시관은 제1호관, 제2호관, 심세관, 미술관, 기계관, 박애관, 농업본관, 수산관, 참고관, 철도관, 동양척식회사 특설관, 연예관 등으로 구분했다. 제1호관 자리에는 후일 조선총독부 청사가 들어섰다.

조선물산공진회는 2만 명의 인파가 몰린 가운데 1915년 9월 11일 개막했다. 데라우치는 오만방자하게 조선 임금의 자리였던 근정전 용상에 앉

아 경과보고와 개회사를
한 것만으로는 성에 차
지 않아 5년 전 자신이
초대 총독으로 임명된
날을 기념한다며 10월 1
일 한 번 더 개막식을 열
었다. 관람객 상당수가
전국에서 동원되긴 했지
만 공진회장을 찾은 사

조선박람회가 열리고 있을 때의
광화문(현재의 국립민속박물관 정문 앞 자리) 모습

람은 10월 31일 폐막 때까지 116만 명이나 되었다. 조선인 72만 명, 일본
인 21만 명, 중국인 4,600여 명, 외국인 2,800여 명 등이었는데 그중에는
만주 동북 3성의 군벌 장작림도 있었다.

두 번째 대규모 박람회는 1929년 9월 12일부터 10월 31일까지 경복궁에
서 열린 '조선박람회'다. 일제는 조선 고유의 문화유산과 일제 통치 이후
발전된 조선의 모습을 내외에 알리자는 취지를 내세웠다.

조선총독부는 개막 1년 전 조선인 유지를 불러모아 박람회 개최를 결의
하도록 하고 뒤이어 전국적으로 조직한 박람회협찬회를 통해 거액의 자금
을 끌어모았다.

경복궁 담장 허물고 가축을 궁 안으로 들여놓는 만행 저질러

총독부는 박람회장 출입에 방해가 된다며 경복궁의 담장을 허물고, 가
축을 궁 안으로 들여놓는 등 이번 박람회에서도 만행을 서슴지 않았다.
근정전의 남측 공간에는 이미 조선총독부가 들어서 있고 광화문은 1927
년 건춘문의 북쪽으로 옮겨놓은 상태였다. 박람회장은 동쪽으로 이축된
광화문을 정문으로 삼고 광화문에서 경회루에 이르는 근정전의 북측 공

간을 동서로 가로지르는 축을 따라 형성되었다. 출구는 북쪽의 신무문이었다.

일제는 박람회가 개막되기 전부터 경계를 강화했다. 1단계는 독립운동을 벌이는 해외 단체의 이동 상황과 단원들의 행동을 사찰하고, 2단계는 기차와 기선이 발착하는 국경 각지의 항구와 정거장을 엄중 경계했으며 3단계는 경성으로 모여드는 각지의 주요 인물을 미행하고 감시하며 그들의 동정을 경계했다. 근대적 빈민인 토막도 철거하고 걸인, 부랑자, 주정꾼, 불량배 등을 대대적으로 단속했다. 박람회 기간에는 여관, 하숙집, 기생집, 요릿집, 가택 등을 수시로 수색하고 각종 집회와 강연회를 금지했다.

교통 문제도 각별히 신경을 썼다. 전차는 종로에서 안국동까지의 구간을 단선에서 복선으로 확장하고 총독부 앞에서 안국동까지는 복선궤도를 신설했으며 신용산 종점을 한강 인도교 중앙선까지 연장했다. 시내버스(부영버스)도 10대를 새로 구입해 1928년 4월 운행을 개시하고 경성역과 박람회장을 오가는 버스 노선을 개설했다.

박람회 규모는 엄청났다. 경복궁 후원에 마련한 전시장은 10만여 평, 건평은 1만 7,000여 평에 달했다. 전시장은 사회경제관, 각도 심세관, 교육·미술·공예관, 교통·토목·건축관, 사법·경무·위생관, 연예관 등으로 구분했다. 만몽관, 대만관, 사할린관 등을 별도 설치해 식민지 통치의 판도를 보여주었다.

당시 경성 인구는 30만 명 정도였다. 따라서 지방 손님을 끌어들이지 않고서는 목표 달성이 불가능했다. 총독부는 관람객 유치를 위해 대대적으로 신문광고를 내고, 관공서나 학교에 '박람회 구경 가라. 구경 못한 사람은 수치다'라는 공문을 보내 참여를 독려했다. 이 때문에 빚을 지거나 부모 돈을 훔쳐 상경하는 사람도 적지 않았다.

입장료는 소인 15전, 대인 30전을 받았으나 연예관 등 구경거리가 될 만한 전시관은 따로 돈을 받아 박람회장을 모두 구경하려면 족히 3~4원이 들었다. 박람회장에서 특히 인기를 끈 곳은 외국 문물을 소개하는 만몽관, 도쿄관, 대만관 등이었다. 관람객이 가장 많이 몰린 곳은 기생들의 가무가 펼쳐진 연예관이었다.

열기가 달아오르면서 전국은 박람회 구경으로 몸살 앓아

열기가 점차 달아오르면서 전국은 박람회 구경으로 몸살을 앓았다. 50일간 진행된 박람회 기간에 지방 관람객이 57만 명이나 몰려 가히 '민족의 대이동'을 방불케 했다. 관람객이 대거 경성으로 몰리다보니 전차, 우마차, 자동차, 인력거 등에 치인 사상자가 137명(사망 3명)이나 발생했다. 미아도 460명이나 되었다. 소매치기도 극성이어서 143명이 피해를 보았다.

경성으로 원정 온 화류계도 때아닌 호황으로 목돈을 챙겼다. 문제는 이들이 전파한 화류병(성병)이었다. 당시 신문이 "화류병을 고향으로 가지고 가지 말라"며 자제를 호소하기도 했다. 박람회는 일본인 6만여 명을 포함해 총 110만 명의 유료 관람객을 끌어들여 성공적이었다. 그러나 문제도 적지 않았다. 박람회가 끝난 후 일자리를 잃어 길거리로 내몰린 3,000여 명의 실업자가 사회문제로 비화한 것이다.

일제강점기 마지막 대규모 박람회는 1940년 9월 1일부터 10월 24일까지 열린 '조선대박람회'였다. 이번 박람회는 조선총독부가 주최했던 과거와 달리 총독부 기관지인 경성일보사가 주최하고 조선총독부가 후원했다. 그러나 조선총독부가 금전적으로 지원했기 때문에 사실상 총독부 주최나 다름없었다. 박람회장은 경복궁이 아닌 동대문 밖 마장정(마장동)의 동경성역(현 청량리역) 일대에 철도국이 보유한 3만 5,000여 평의 부지를 활용했다.

내선일체의 정치적 목적과 성전 독려의 군사적 목적을 결합한 제국주의적 성격을 전면에 내세웠는데도 관람객이 기대 이상 몰렸다. 경성 인구가 100만 명일 때 53일 동안 총 133만 명이 박람회장을 찾았으니 엄청난 규모였다. 물론 다수 관객은 동원된 학생이었다. 그래도 일제는 이에 고무되어 기간을 3일 더 연장했다. 내선일체와 황국신민화 지원이라는 정치적 목적은 박람회장 배치에 노골적으로 드러났다. 시정기념관, 황국역사관, 성전관, 무훈관, 야외 무기 전시장 등에서 이런 점을 부각했다. 폐막일에는 독일에서 '히틀러 유겐트'(독일 청년단) 단원 6명이 단복을 입고 박람회장을 찾아 눈길을 끌었다.

윤치호는 자신의 일기에 이렇게 썼다. "비상시국임에도 불구하고 큰 행사를 마련한 경성일보 사장의 노고에 찬사를 보낸다. 하지만 거금을 들여 이런 행사를 벌이는 게 과연 현명한 건지 의문이 들지 않을 수 없다. 그러지 않아도 가난에 찌들어 있는 전 조선인의 호주머니에서 푼돈을 모조리 우려낼 것이다."

임방울, '쑥대머리'로 청중 사로잡아
한 번 노래하면 떠나갈 듯한 박수 때문에 칠창 팔창이 다반사였다.

1929년 9월 어느 날 동아일보사 주최로 '조선명창대회'가 서울에서 열렸다. 김창환을 비롯해 송만갑, 이동백, 정정렬 등 당대 최고의 명창들이 출연한다는 소식에 극장 안은 몰려든 관객으로 후끈 달아올랐다. 대회가 끝날 무렵, 땅딸막한 키에 초라한 행색의 20대 청년이 무대에 올랐으나 눈여겨보는 사람은 아무도 없었다. 이윽고 청년이 "쑥대머리 귀신형용 적막옥방 찬 자리에…"로 시작하는 '쑥대머리'를 불렀다. 쑥대머리

는 새로 부임한 원님의 수청 들기를 거부한 춘
향이 모진 매 끝에 옥방에 갇힌 채 멀리 떠난
낭군을 그리는 여인의 그리움과 정한을 아름답
게 형상화한 절창이다.

임방울

가슴을 쥐어짜는 통성에 쉰 목소리처럼 껄껄
하게 우러나오는 수리성을 섞은 시골뜨기 무명
소리꾼의 소리에 청중은 열렬한 박수로 화답했
다. 당대 최고의 국창 임방울(1905~1961)이 탄
생하는 순간이었다.

그런데 여기서 짚고 넘어갈 것이 있다. 즉 임방울이 서울 무대에 처음
등장한 조선명창대회의 주최사가 동아일보인지 분명치 않다는 것이다.
임방울이 훗날 조선일보에 투고한 글에서 "25세에 서울에서 박람회가 있
어 상경했다가 박람회에 참가하고 동아일보에서 주최한 전국명창대회에
참석했다"(1956.5.28)고 했지만 당시 동아일보 기사에는 전국명창대회를
주최했다는 기록이 전혀 없기 때문이다. 그러다보니 사단법인 임방울국
악진흥회조차 홈페이지에 '매일신보사 주최 조선명창연주회'로 기록하고
있다. 국악 전문가 전지영은 저서 '임방울, 우리 시대의 소리 광대'에서
임방울이 참석한 전국명창대회는 9월 15일과 16일 매일신보사 사옥에서
열렸다고 썼다.

임방울은 전국명창대회 후 콜럼비아 레코드사에서 1930년 첫 '쑥대머
리' 음반을 냈다. 이후 빅타레코드와 오케레코드로 전속을 옮겨 다니면서
도 '쑥대머리' 음반을 냈는데 해방 때까지 조선과 일본, 만주에서 팔려나
간 음반이 120만 장 이상(임방울 주장)이나 되었다. 1931년 전남 여수 공연
에 관객이 운집해 입추의 여지가 없는 대성황을 이뤘다는 동아일보 기사
(1931.3.18)로 미뤄 임방울은 그 무렵 최고 소리꾼으로 각광을 받은 것을

알 수 있다. 다만 임방울이 활동한 1930년~1940년대 신문에 그와 관련된 단편적인 기사만 아주 드물게 보일 뿐 전체적인 면모를 알 수 있는 기록이 없다는 점에서 오늘날 임방울에 대한 극찬의 상당 부분이 설화적 각색으로 가득 찼다는 주장도 있다.

나라 잃은 민족의 설움과 한을 노래한 음유시인

임방울은 전남 광산에서 태어났다. 본명이 임승근인 그가 임방울로 불리게 된 이유로, 어려서 울지도 않고 혼자 방울을 가지고 잘 논다고 부친이 방울이라는 아명을 붙여주었다는 설과, 그의 소리를 듣고 탄복한 어느 선생이 "너야말로 은방울"이라고 해서 임방울로 불렸다는 설이 전해진다.

외숙이 당대의 국창 김창환인 판소리 집안에서 성장한 임방울이 본격적으로 소리 공부를 시작한 것은 10대 초반이었다. 전남 나주의 명창 박재실 문하에서 '춘향가'와 '흥보가'를 전수받고 전남 화순의 공창식 명창에게는 '서편제'를 익혔으며 동편제의 대가 유성준 명창에게는 '적벽가'와 '수궁가'를 배우며 10대 시절을 보냈다.

그 과정에서 변성기로 소리가 시원하게 나오지 않을 때는 골방에 틀어박혀 문을 걸어 잠그고 몇 개월 동안 소리 공부에 매진했다. 때로는 지리산 토굴로 들어가 자기만의 소리를 만드는 독공에 힘을 쏟았다. 명성이 점차 알려진 뒤 협률사나 포장걸립을 따라 전국 순회공연을 나설 때면 가는 곳마다 그의 소리를 들으려는 사람들로 성황을 이뤘다.

임방울은 1922년 결혼했으나 전국 순회공연을 하며 만난 숱한 여인과 염문을 뿌린 것으로도 유명하다. 그는 여성 편력에 관한 한 두 가지 원칙에 철저했다. 가는 사람 붙잡지 않고 헤어진 사람과 두 번 다시 정을 맺지 않는다는 것이었다.

염문 중 전설처럼 전해오는 유명한 일화가 있다. 임방울은 어려서 부잣집 딸인 산호주를 사랑했다. 그러나 산호주는 임방울의 사랑을 뿌리치고 어느 부잣집 아들에게 시집을 갔다. 그렇게 세월이 흐르고 어느 날 임방울은 광주에서 요리집을 하는 산호주를 다시 만나게 되자 전속 계약을 했던 레코드사에도 알리지 않고 그의 요리집 내실로 잠적했다.

그곳에서 2년을 보내다가 소리꾼의 생명인 목을 상하게 되자 산호주에게 떠난다는 말 한마디 없이 홀연히 지리산 토굴 속으로 들어가 독공을 했다. 임방울이 그렇게 소리 없이 떠나자 산호주는 시름시름 앓다가 세상을 떠났다. 임방울이 토굴에서 나왔을 때 산호주는 이미 이 세상 사람이 아니었다. 임방울은 곧 애틋한 사랑을 담은 판소리 가락의 단가 한 편을 만들어 녹음했다. 가신 임을 그리는 처절한 가사와 애절한 곡조로 이뤄진 '추억'이었다. 진양조로 시작해 중모리로 끝나는 이 단가는 쑥대머리와 같은 음반에 수록되어 많은 사람의 사랑을 받았다.

극찬의 상당 부분이 설화적 각색으로 가득 찼다는 주장도 있어

판소리의 계보를 따진다면 임방울은 동편제에 속한다. 그러나 기교가 넘치는 그의 창조에는 애원처절한 서편제적 요소도 짙게 나타난다. 그래서 그의 소리를 가리켜 '임방울제'라고도 한다. 판소리는 명창의 출신지나 창법 등 음악적 특징에 따라 크게 동편제, 서편제, 중고제로 구분된다. 흔히 동편제는 소백산맥 기슭의 호남 내륙 지역을 중심으로 하는 유파로 남원, 구례, 순창, 곡성 등이 포함된다. 서편제는 호남 서부 평야 지역을 중심으로 하는 유파로 나주, 보성, 고창, 화순 등이 주무대다. 충청과 경기지역 유파는 중고제로 지칭한다.

동편제는 송흥록의 음악을 이어받은 유파로 19세기 중엽 형성되었다. 창법은 대체로 기교가 없이 단순 소박하나 씩씩하고 웅장 호방하다. 처음 소리를 낼 때 신중히 내고, 구절의 끝맺음이 명확해 쇠망치로 내려치는 것 같은 느낌을 준다. 박만순·김세종·정춘풍·김창록·김찬업·박기홍 등의 명창이 이에 속한다.

서편제는 박유전에서 비롯된 유파로 19세기 말에 형성되었다. 창법은 부드럽고 애절하며 슬픈 계면음을 많이 쓰고 기교가 다양하다. 이날치·정창업·김창환·김채만 등의 명창이 서편제의 맥을 이었다. 중고제는 김성옥의 음악을 이어받은 유파로, 창법은 동편과 서편의 중간이고 상하성(上下聲)이 분명하다. 고수관·김제철·한송학·김석창·김정근·김창룡 등을 들 수 있다.

임방울은 슬픈 계면조 소리의 대가였다. 계면조는 꿋꿋하고 엄격하고 강한 공력을 요구하는 우조와 달리 강렬한 애조와 호소력 강한 표현력을 강점으로 한다. 비통한 분위기를 짙게 표출하는 계면조에 식민지 백성의 원망이 더해지면서 계면조는 절망적인 시대를 표현해내는 예술이 되었다. 그의 계면조 가락은 조국의 슬픔을 직설적으로 표출하는 데 적절하게 조응하면서 민중의 소리로 인식되었다.

임방울은 우조로 불러야 하는 대목을 계면조로 바꿔 부르는 경우가 많았다. 과도한 계면조를 구사하는 그의 소리를 대중적인 얄팍한 귀에 영합하는 소리로 매도하는 것도 이 때문이다. 그렇다고 계면조가 부르기 쉬운 것은 아니고 우조보다 예술성이 떨어지는 것도 아니어서 소리의 격이 낮다거나 대중적 귀에 영합하는 얄팍한 소리라고 폄훼하는 것은 타당하지 않다는 주장에 힘이 실린다.

슬픈 계면조 소리의 대가

임방울은 후천적으로도 엄청나게 노력했지만 선천적으로도 천재적인 성음을 타고난 가객이었다. 그의 성음은 천구성에 수리성을 더하고 있다. 천구성은 높은 소리, 낮은 소리를 두루 구사할 수 있는 힘차고 성량이 풍부한 성음을 말한다. 수리성은 약간 갈린 듯하면서도 구수하게 곰삭은 맛을 풍기는 성음을 말한다. 게다가 뱃속에서 뽑아 올리는 통성, 쇠망치 소리 같은 철성, 가느다란 세성, 구부러진 항성, 콧소리 비성, 징소리처럼 부서져 올리는 파성, 떨리는 발발성, 귀신 울음 같은 귀곡성 등까지 여러 음을 자유롭게 희롱하며 관객을 웃기고 울렸다.

임방울은 즉흥적 변개에 능하고 무대 장악력이 뛰어났다. 판소리와 같은 공연 예술에서 가장 중요한 것이 이른바 '현장의 즉흥성'인데 임방울은 이 분야에서 독보적인 존재였다. 임방울은 이처럼 하늘이 내린 목을 타고 났지만 교육을 제대로 받지 못해 어려운 한자말로 가득한 판소리 사설을 제대로 이해하지 못했다. 이 때문에 제자를 길러내지 못해 오늘날 임방울의 맥을 잇는 제자는 없다. 제자가 없으니 그의 소리를 계승하는 명창도 없다. 그저 당대에만 숱한 민중을 울렸을 뿐이다.

판소리는 일제강점기를 거치면서도 꾸준히 대중에게 사랑을 받아왔지만 역설적이게도 해방 후 급속히 위축되었다. 이것은 일제가 판소리를 잘 보존해서가 아니라 남북 분단과 이념 대립 그리고 6·25 전쟁이라는 극도의 혼란기를 겪었기 때문이다. 더구나 일본의 음반회사가 철수하고 우리의 자체적 하드웨어 제작 기술이 아직 초보적인 수준에 머물렀기 때문에 판소리 음반을 내는 것도 쉽지 않았다.

여기에 송만갑·정정렬·이동백 등 유명 명창들이 잇달아 타계하고 박동실·안기옥·공기남·조상선 등 명인 명창이 대거 월북한 것도 전통음악 전반의 내적 기반을 심각하게 위축시킨 이유였다. 그래도 임방울은 해방 후 '임방울과 그 일행'이라는 창극 단체를 운영하며 전국의 가설무대에서 공연하고 6·25 전쟁 후에는 공연과 함께 적벽가·수궁가의 완창 녹음을 이어갔다.

임방울은 50대가 되자 공연 중에 피를 토하며 무대에서 쓰러지는 일이 많았다. 그런데도 "소리하는 사람이 소리를 안 하면 죽은 목숨"이라며 공연을 강행하곤 했다. 1960년 가을에는 쇠약해진 몸을 걱정하는 주위 사람들의 만류를 뿌리치고 전북 김제의 장터 가설무대에서 소리를 하다가 목구멍에서 피를 흘리며 쓰러졌다. 서울 집으로 옮겨졌으나 끝내 일어나지 못하고 1961년 3월 8일 숨을 거두었다.

살아서 이미 신화적 명성을 얻은 그였지만 죽어서도 화제를 뿌렸다. 국악예술인장으로 치러진 장례식에는 수백 장의 만장이 앞서고 소복을 입고 상여를 멘 200여 명의 여류 소리꾼이 뒤를 이었다. 이렇게 그의 꽃상여를 따르는 장례 행렬이 2km나 되었다.

채동선 첫 바이올린 독주회
채동선과 정지용이 합작한 다른 가곡 역시 모두 같은 운명을 걸었다.

채동선(1901~1953)은 음악으로 민족혼을 불사른 선각자였다. 일제하에서는 토속적 시들을 가곡으로 작곡해 조국을 잃은 고통을 우회적으로 표출하고 해방 후에는 음악으로 국민을 계몽하고 조국을 재건하는 데 힘을 보탰다. 그런데도 업적에 비해 크게 평가받지 못하는 것은 제자를 양성하지 않았기 때문이라는 게 전문가들의 설명이다.

채동선은 전남 보성군 벌교의 부잣집에서 태어났다. 1915년 순천보통학교를 졸업하고 서울로 올라와 경성고보(경기고)에 입학했다. 음악에 관심을 갖게 된 것은 고교 시절 홍난파의 바이올린 독주에 감명을 받고서였다. 이후 홍난파에게서 잠깐이지만 바이올린을 배우면서 음악을 향한 꿈을 키웠다. 여동생 채선엽이 훗날 이화여대 교수이자 성악가가 되는 것으로 미루어 채동선의 피에도 음악적 재능이 충만함을 알 수 있다.

채동선은 1919년의 3·1 만세운동에 가담한
후 경성고보를 그만두고 일본으로 건너가 와세
다대 영문과에 입학했다. 전공은 영문학이었으
나 음악을 향한 열정을 어쩌지 못해 틈틈이 바
이올린을 배워 1923년 8월 전남 함평과 목포에
서 열린 음악연주회에서 윤심덕과 함께 연주하
기도 했다. 채동선은 1924년 3월 와세다대를 졸
업한 뒤 본격적으로 바이올린을 공부하기 위해

채동선

1924년 5월 독일로 유학을 떠나 베를린의 음악학교에서 바이올린과 작곡
을 배우고 1929년 9월 2일 귀국했다.

귀국 후의 음악 활동은 크게 세 갈래로 나뉜다. 먼저 꽃을 피운 것은 연
주 활동이었다. 동아일보가 주최한 첫 귀국 연주회는 1929년 11월 28일
서울 장곡천정(소공동) 공회당에서 열렸다. 그 후 1939년까지 모두 4차례
독주회를 열었다. 1931년 5월에는 조선음악가협회 주최 제1회 대연주회
에 홍난파, 현제명, 채선엽 등과 함께 참가했다. 실내악 운동에도 적극 참
여해 바이올린 2중주 연주회를 열고 이혜구, 나운영 등과 현악4중주단을
조직했다. 두 번째 활동은 작곡이었는데 대표작 '고향'(1933)을 비롯해 '내
마음은' 등 일련의 가곡을 발표했다.

세 번째 음악 활동은 전통음악을 양악 악보로 바꾸는 채보 작업이었다.
'육자배기'와 판소리 '춘향가' 12마당을 채보하고 '뱃노래'는 독창곡과 합
창곡으로 편곡해서 관현악 반주까지 붙였다. 특히 동학농민혁명 때 민초
들이 불렀던 '새야 새야 파랑새야'를 채보해 합창곡으로 편곡하고 가사
도 완전하게 복원함으로써 오늘날 우리가 그 처연하고 비장한 노래를 부
를 수 있게 했다. 일제 말기에는 서울 수유리로 이사해 낮에는 채소와 묘
목을 기르고 밤에는 작곡과 채보를 하는 것으로 일제의 관심을 피해갔다.

그 무렵 채동선은 주로 한복만 입고 다니고 창씨개명도 하지 않았다.

음악으로 민족혼을 불사른 선각자

그렇게 초야에 묻혀 지내다가 1945년 해방이 되자 서정적이고 낭만적인 가곡의 틀에서 벗어나 해방된 조국의 재건을 바라는 열망을 반영해 '조국', '한강', '독립축전가' 등의 애국적인 교성곡을 작곡했다. 국경일에 부를 노래가 없는 것을 알고 이를 안타깝게 여겨 '선열추모가', '한글날', '3·1절', '개천절' 등도 작곡해 각급 학교에 보급했다. 또한 그 동안의 은거에서 벗어나 '고려음악협회'(1945.8), '고려작곡가협회'(1947.4), '고려합창단'(1948.8) 등 다양한 음악 단체를 조직해 일제하에서 낙후된 우리 음악을 발전시키기 위한 희망의 싹을 틔웠다.

채동선의 작품은 비록 그 수는 많지 않지만 곡에 붙이는 시를 선택할 때 안목이 뛰어나다는 평가를 받고 있다. 이는 그가 영문학 전공자였다는 사실과 무관하지 않다. 채동선이 작곡한 곡은 모두 12곡으로, 이 중 대표곡인 '고향'을 비롯해 9곡이 정지용의 시에 곡을 붙인 것이다. 특히 "고향에 고향에 돌아와도 그리던 고향은 아니러뇨"로 시작하는 '고향'은 6·25 후 정지용의 납북으로 인해 정지용의 시가 이 땅에서 금지되면서 수난을 겪었다. 곡은 채동선의 곡 그대로였지만 가사는 정지용의 시 '고향' 대신 박화목의 시 '망향'을 붙여 노래 제목 자체가 '망향'으로 바뀌었다. '망향'도 채동선 가족의 뜻에 따라 이은상의 시 '그리워'를 붙여 다시 '그리워'로 바뀌었다.

채동선과 정지용이 합작한 다른 가곡 역시 모두 같은 운명을 걸었다. '압천'은 '동백꽃'(이은상 시), '향수'는 '추억'(이은상), '다른 하늘'은 '그 창가에'(모윤숙), '바다'는 '갈매기'(이은상)로 개사되어 정지용의 흔적이 지워졌다. 또한 '서울 아리랑'을 비롯해 '진도 아리랑', '도라지 타령', '흥타령' 등 많은 민요를 합창곡으로 편곡함으로써 민요가 대중적으로 불리도록 했다.

채동선은 1950년 6·25가 발발하자 부산으로 피난하기 전에 모든 작품을 서울 성북동 집 마당에 묻었다. 땅을 깊이 파고 그 속에 모래와 숯을 넣어 배수가 잘되게 처리해 독을 묻고 다시 철판으로 싼 다음 파묻었다. 그러나 피란지에서 복막염에 걸려 1953년 2월 2일 세상과 하직하는 바람에 묻어놓은 작품을 다시는 보지 못했다.

주가 대폭락… 대공황의 시작
미 역사상 처음으로 근검절약이 경시되고 지출과 과시적인 소비가 미덕인 것처럼 인식되었다.

1920년대 미국의 번영은 눈부셨다. 1921~1929년 GNP는 59%나 성장하고 1인당 소득은 38% 증가했다. 1929년 도로 위를 누빈 자동차는 2,310만 대나 되었고, 6명당 1명꼴로 마이카 시대를 구가했다. 자동차 산업과 함께 호황을 이끈 또 다른 동력은 라디오 산업이었다. 라디오의 보급은 1922년 6,000만 대에서 6년 뒤인 1928년에는 8억 4,300만 대로 급증했다.

증권시장도 돈을 좇는 사람들로 대호황을 누렸다. 1929년 기준 증권계좌 155만 개 중 60만 개는 신용거래로 대박을 꿈꿨다. 미 역사상 처음으로 근검절약이 경시되고 지출과 과시적인 소비가 미덕인 것처럼 인식되었다. 하지만 이면에는 불길한 징후들이 서서히 꿈틀거렸다. 기업들은 호황만 믿고 수요가 생산을 따르지 못할 정도로 생산량을 과도하게 늘려나갔다. 더구나 공장의 기계화로 노동자들이 하나둘 해고되기 시작해 실업률은 높아지고 구매력은 떨어졌다. 건설과 산업 생산이 감소하고 자동차 판매가 줄어들었으며 도매 물가가 하락했다. 농촌은 만성적인 과잉 공급

'일자리를 찾는다'는 팻말을 목에 걸고 있는 미국의 실업자들

으로 소득이 하락했다. 결국 사람들이 체감하지 못했을 뿐 1929년 6월 성장은 사실상 정체되어 있었다.

오르기만 하던 다우존스 지수도 9월 5일부터 하락과 상승을 반복해 막연한 불안감을 사람들에게 심어주었다. 그래도 여전히 낙관론이 팽배한 가운데 1929년 10월 24일의 거래는 개장과 함께 정상적으로 이뤄졌다. 그런데 1시간이나 지났을까. 주가가 갑자기 곤두박질치면서 객장 분위기가 공포로 돌변했다. 너도나도 주식을 팔아 치우려고 아우성이었다. 다행히 오후 들어 금융계의 큰손들이 방어에 나서 폐장 무렵에는 전날의 주가 수준을 거의 회복해 불안했던 목요일은 안도 속에 지나갔다. 금요일과 토요일에도 더 이상의 하락은 없었다.

그러나 주말이 지난 10월 28일 월요일, 주가가 대폭 하락하는 대재앙의 쓰나미가 몰려왔다. '비극의 화요일'인 10월 29일에는 주가가 23%나 하락했다. 투매 현상은 지난 10년간 지속된 밝고 낙관적인 경기 전망을 한 순간에 잿빛으로 만들었다. 10월 1일 870억 달러이던 뉴욕 증권거래소 상장주식 가치는 거품 붕괴와 함께 11월 1일 550억 달러로 곤두박질쳤다. 해가 바뀐 1930년 3월의 주가 총액은 190억 달러로 내려앉았다.

그동안 지속된 밝고 낙관적인 경기 전망을 한 순간에 잿빛으로 만들어

재앙은 역사상 최악·최장의 불황으로 이어졌다. 1929년부터 1932년 사이 8만 5,000여 개 기업이 도산했다. 은행도 같은 기간 6,000여 곳이 파산하고 이로 인해 900만 개의 저금통장이 휴지 조각으로 변했다. 너도나도 주식을 사들인 노동자들이 주가 하락으로 파산하자 생산이 수요를 초과하는 만성적인 생산 과잉 현상이 나타났다. 제조업체들은 속속 공장 문을 닫았다. 1930년부터 1933년까지 매주 평균 6만 4,000명씩 실업자가 쏟아져 나왔다. 1930년 400만 명이던 실업자는 800만 명(1931), 1,200만 명(1932), 1,300만 명(1933)으로 급증하고 1932년 한 해 동안 뉴욕에서만 95명이 굶어 죽었다.

비공식적으로는 3,400만 명의 실업자가 하루하루의 생계를 위해 거리를 배회했다. '일자리를 찾는다'고 적은 팻말을 목에 걸고 서 있는 남자들, 굶주림에 지쳐 쓰레기통을 뒤지는 주부들, 실업자들의 시위·행진 등은 어느덧 도시의 일상이 되었다. 농촌의 농부들은 팔면 팔수록 더 손해인 곡물을 들판에서 태워 버렸다. 그래도 영화 산업만은 주당 8,500만 명의 영화 팬이 현실도피를 위해 극장을 찾은 덕에 유일하게 번창했다.

1차대전 후 차관, 대미 수출, 관광 수입 등의 형태로 미국의 달러화에 크게 의존해온 서유럽도 휘청거렸다. 그중에서도 가장 타격이 큰 나라는 막대한 전쟁 배상금 지불 부담, 통화 불안정, 전쟁 후유증에 시달리던 독일과 오스트리아였다. 1931년 5월 오스트리아의 대형 은행 파산을 시작으로 독일의 수많은 은행도 다투어 파산의 길로 들어섰다. 결국 독일은 1931년 7월 금본위제를 폐지하고 외국인 자산을 동결했다.

독일이 외환을 통제하자 영국의 파운드가 압박을 받았다. 금본위제를 고수하던 영국은 화폐가치가 과대평가되면서 수출이 위축되고 자본의 취약성이 드러났다. 결국 영국도 1931년 9월 금본위제를 포기했다. 금본위제가 해체되자 자유무역이 퇴조하고 보호무역주의가 고개를 내밀었다. 각국은 배타적인 경제 블록을 형성, 다른 통화권에 대해 높은 관세를 부과했다. 제국주의 국가들의 배타적인 경제 블록의 형성은 제2차 세계대전을 야기하는 주요 원인 가운데 하나였다.

유럽의 금융 위기는 다시 미국으로 전파되어 연쇄적으로 은행 공황을 일으켰다. 미국의 연방준비제도이사회는 연방준비은행의 보유금이 대거 유출되자 달러를 방어하기 위해 이자율을 대폭 인상하고 시중에 풀린 자금을 회수했다. 전 세계가 유례없는 불황에 시달리는 심각한 상황에서 통화 긴축정책이라는 악수를 둔 것이다.

또 다른 문제는 허버트 후버 대통령의 오판이었다. 후버는 1930년 3월 이미 300만 명이 일자리를 잃었는데도 "두 달이 지나면 증시 폭락에 따른 고용 불안이 사라질 것"이라며 공황 종료를 선언했다. 1930년 6월에는 공공 구제 정책을 촉구하려고 백악관을 방문한 성직자들에게 "공황은 끝났습니다. 여러분께서는 60일 늦게 왔습니다"라고 말하며 돌려보냈다. 사실 근거가 전혀 없지는 않았다. 1930년 3월과 4월 다우존스지수가 대폭락 이전 수준을 향해 완만하게 상승하고 실업률은 9%로 1920~1921년의 실업률 11.9%에 비해 낮은 수치였기 때문이다.

그러나 한번 내리막길을 걷기 시작한 경제는 좀처럼 회복되지 않았다. 1930년 11월과 12월 600개의 은행이 연쇄 파산하면서 미국 경제는 빠르게 추락했다.

배타적인 경제 블록 형성은 2차대전을 야기한 원인 중 하나

1931년에는 그 이전에도, 이후에도 경험하지 못한 위기가 닥쳐왔다. 2,293개의 은행이 도산하고 GNP가 20%나 떨어졌다. 농가가 벌어들인 1년 순소득은 1929년 평균 945달러에서 1932년 304달러로 급감했다. 당시 미국민의 절반가량이 농촌 인구였기 때문에 농가 수입의 감소는 사회 전체의 구매력 감소에 직접적으로 영향을 미쳤다. 1932년 GNP는 580억 달러로 3년 전에 비해 56%에 불과했으며, 실업률은 전례 없는 수준인

23.6%였다.

게다가 1930년 6월 후버 대통령과 공화당 의원들이 "농산물 수입관세를 올려 농가를 보호한다"는 이유로 역사상 최악의 법으로 알려진 '스무트-홀리 관세법'을 통과시켜 영국·캐나다·프랑스·이탈리아·스페인·호주 등 전 세계 국가들의 보복적인 관세 인상을 촉발했다. 2년 후 미국에 대해 보복관세를 부과한 나라는 20여 개국이나 되었다. 그로 인해 미국의 수출은 1929년 52억 달러에서 1932년 16억 달러로 줄어들었다. 세계 무역량 또한 대폭 감소했다. 1929년 총 360억 달러이던 세계 무역액은 1930년 139억 달러, 1931년 97억 달러, 1932년 65억 달러, 1933년 54억 달러로 급감했다. 4년 동안 무려 70% 가까이 줄어든 것이다.

은행 공황, 무역 감소, 통화량 위축의 결과는 물가하락으로 나타났다. 통화량이 감소하고 물가가 폭락하면 자산 가치는 떨어지고 실질적 부채가 증가하게 된다. 채무자가 이 부담을 견디지 못해 자산 매각에 나서게 되면 물가는 더욱 하락하고 금융 불안은 더욱 가중되는 부채 디플레이션 순환이 발생한다. 기업은 과도한 부담을 견디지 못해 잇달아 파산했다. 실업은 전 세계로 번져갔다. 독일에서는 히틀러가 등장하기 바로 전 해인 1932년 실업자가 600만 명으로 늘어났고 영국에서도 300만 명의 실업자가 생겨 노동당 정권을 무너뜨렸다. 1930~1938년 미국 제조업 평균 실업률은 26.1%, 영국은 15.4%, 독일은 21.8%에 달했다.

대공황은 자본주의 경제의 회복 기능을 마비시켜 만성적인 불황을 야기했다. 미국은 1933년 뉴딜 정책을 펴면서 불황 극복에 총력을 기울였다. 독일은 1933년 1월 히틀러 집권 이후 도로 건설과 자동차 생산을 장려하는 정책을 펴면서 경기회복을 꾀했다. 히틀러는 재무장을 위한 항공·조선·엔지니어링·철광·제강·중공업 투자도 병행했다. 실업 감소를 위해 노조를 탄압하고 정부가 직접 임금 교섭을 담당했으며 병역의무와 강제노동 제도를 도입했다. 그 결과 1932년 43.5%에 달했던 실업률이 1938년 3%로 줄어드는 놀라운 결과가 나타났다. 후버는 1932년의 대통령선거에서 루스벨트에게 정권을 넘겨주고 물러났다. 경기회복이 임박했다는 그의 예측은 조소의 대상이 되었고 그는 모든 일을 그르친 장본인으로 역사에 기록되었다.

에드윈 파월 허블, 우주팽창론 증명

밤하늘의 모든 것이 우리 은하 안에 속해 있다고 믿고 있던 인류에게 청천벽력과도 같은 것이었다.

에드윈 파월 허블(1889~1953)은 우리 은하계가 우주의 전부가 아니라 단지 수십억 개의 이름 모를 은하의 하나라는 사실을 밝혀낸 20세기의 대표 천문학자다. 또한 150억 년 전 엄청난 대폭발로 우주가 탄생했다는 이른바 '대폭발 이론'의 출발점이 된 '우주 팽창론'의 과학적 근거를 제시한 인물이기도 하다.

허블은 미국 미주리주 마시필드에서 태어났다. 1906년 입학한 시카고대와 1910년 유학한 영국 옥스퍼드대에서 법학을 공부한 뒤 귀국해 변호사로 활동했다. 그러나 내면에 잠자고 있던 천문학을 향한 열정을 주체하지 못해 1914년 천문학에 입문했다. 당시 천문학계에서는 성운(흐릿한 구름 모습을 하고 위치나 모양이 변하지 않는 천체) 연구가 활기를 띠고 있었다. 허블은 1915년 여키스천문대에서 지름 61㎝의 반사망원경으로 밤하늘을 관측했다. 그는 자신이 '희미한 성운'이라고 명명한 흐릿한 물체를 사진으로 찍고 이를 분석한 끝에 1917년 시카고대에서 천문학 박사학위를 받았다.

허블의 인생에 중요한 전기가 된 것은 1919년 9월 캘리포니아 패서디나

부근에 있는 윌슨산 천문대의 연구원이 되면서
였다. 그곳에 있는 세계 최대 크기의 후커 반사
망원경(지름 2.5m)으로 수많은 성운을 관찰했으
나 성운이 우리 은하계의 일부인지, 은하 밖의
독립된 은하인지는 알지 못했다. 그것은 다른
천문학자도 마찬가지였다.

에드윈 파월 허블

이 문제를 논의하기 위한 토론회가 1920년 4
월 26일 스미스소니언 자연사박물관에서 열렸
다. 우리 은하가 성운을 비롯한 전 우주를 포함하고 있다고 생각한 윌슨
산 천문대는 할로 섀플리를 토론자로 내세웠다. 반대로 성운이 우리 은하
밖에 있는 독립된 은하라고 생각한 측은 히버 커티스를 보냈다. 양측은
천문학의 대논쟁으로 불린 토론회에서 M31로 불리는 안드로메다 성운이
우리 은하 밖에 있는지 안에 있는지를 두고 공방을 벌였으나 결론을 내지
못했다.

허블은 대논쟁을 지켜본 후 안드로메다 성운(M31)을 집중적으로 관측
했다. 그가 특히 주목한 것은 세페이드 변광성이었다. 이 변광성은 밝기
가 일정하지 않고 주기적으로 변하는 독특한 별로, 지구에서 특정한 별까
지의 거리를 재는 데 이정표 역할을 했다. 이것이 가능하도록 한 선구자
는 청각 장애가 있는 헨리에타 스완 레빗이라는 여성이었다.

우리 은하, '안드로메다 은하' 발견 후 우주의 중심에서 끌어내려져

레빗은 1892년 래드클리프대를 졸업한 후 하버드대 천문대에서 근무했
다. 업무는 천체를 찍은 사진 건판을 비교·분석하는 일이었다. 레빗은 상
당히 많은 세페이드 변광성을 발견했는데, 이 별들의 사진을 살피던 중
놀라운 사실을 알게 되었다. 변광성의 고유 밝기와 광도 변화 주기 사이

의 상관관계를 발견한 것이다. 결론은 별의 고유 밝기가 밝을수록 광도 변화 주기가 길어진다는 사실이었다. 레빗은 연구 결과를 1908년 하버드 대 천문대 천문학연감에 발표했다. 레빗이 발견한 세페이드 변광성의 광도-주기 관계는 천문학 사상 최초의 '표준 촛불'이 되었고, 머지않아 인류로 하여금 심우주 은하들까지의 거리를 알 수 있게 해주었다.

그러나 한 과학 저술가가 말했듯 레빗의 발견이 "천문학을 송두리째 바꿔버릴 대발견"이 되려면 넘어야 할 2개의 산이 있었다. 첫 번째 산은 별의 고유 밝기를 계산하는 것이다. 그때까지 레빗은 변광성들의 상대적인 밝기는 알아도 절대적인 고유 밝기는 알지 못했다. 이 문제는 1913년 덴마크의 천문학자 에즈나 헤르츠스프룽이 해결했다. 그는 레빗의 주기-광도 법칙을 적용해 고유 밝기를 구했다.

두 번째 산은 별까지의 거리를 구하는 것이다. 레빗의 발견으로 어떤 변광성이 다른 변광성보다 멀거나 가까이 있다는 것은 증명할 수 있지만 특정한 변광성까지의 실제 거리는 알 수 없었다. 따라서 단 한 개라도 변광성까지의 거리를 알 수만 있다면 레빗의 측정 방법을 적용해 모든 세페이드 변광성까지의 거리를 측정할 수 있게 된다. 다행히 섀플리 등 몇몇 천문학자가 특정한 세페이드 변광성까지의 실제 거리를 측정하는 데 성공했다. 그들의 연구에 따르면 우리의 은하수는 지름이 30만 광년이었다. 1광년은 빛이 초속 30만km의 속도로 1년 동안 나아가는 거리로 대략 9조 4,670억km이다.

바야흐로 2개의 산을 넘었으니 레빗이 밝힌 표준 촛불이 위력을 발휘할 수 있게 되었다. 허블이 안드로메다 성운을 관측하다가 새로운 세페이드 변광성을 발견한 것은 1923년 10월이었다. 허블은 그 세페이드 변광성의 밝기 변화를 수십 번 측정한 뒤 레빗의 연구 결과를 토대로 고유 밝기와 겉보기 밝기를 비교한 후 거리를 추정했다. 결과는 놀라웠다. 세페이드 변광성을 포함하고 있는 안드로메다 성운까지의 거리가 지구에서 약 93만 광년이나 된 것이다. 그런데 93만 광년의 거리는 섀플리가 추정한 은하계 최대 범위(30만 광년)의 3배나 되었다. 이것은 그 변광성이 우리 은하계가 아닌 다른 은하에 있다는 것을 의미했다.

우리 은하 밖에 존재하는 새로운 은하 즉 '안드로메다 은하'가 발견됨으로써 우리 은하는 우주의 중심에서 끌어내려지고, 우리 은하가 우주의 전부인 줄 알고 있던 인류는 은하 뒤에 또 무수한 은하가 줄지어 있는 대우주에 직면하게 되었다. 나중에 우리 은하는 수십 억 개의 은하 중 하나라는 것과 각각의 은하는 수십 억 개의 별을 포함하고 있다는 것도 밝혀져 우주의 크기는 우리가 상상하는 것 이상으로 확대되었다. 최근의 연구 결과에 따르면 안드로메다 성운까지의 정확한 거리는 230만 광년이다.

허블의 발견은 밤하늘에서 빛나는 모든 것이 우리 은하 안에 속해 있다고 믿고 있던 인류에게 청천벽력과도 같은 것이었다. 갑자기 우리 태양계는 작은 웅덩이로 축소되고, 지구상에 살아 있는 모든 것에 빛을 주는 태양은 우주라는 드넓은 바닷가의 모래 한 알갱이에 지나지 않은 것이 되었다.

"은하가 우리로부터 멀어지는 속도는 그 은하까지의 거리에 비례한다"

허블은 다음 단계로 우리 은하계 바깥에 있는 여러 은하의 움직이는 속도와 거리를 집요하게 측정했다. 그때까지 알려진 사실은 미국 로웰천문대의 베스토 슬라이퍼가 1910년대에 '적색 편이'(빛 스펙트럼의 중심이 붉은 파장 쪽으로 이동하는 현상)를 이용해 은하들이 멀어지는 속도를 측정한 정도였다. 당시 슬라이퍼는 빛을 내는 광원이 자신에게 가까워질 때 빛의 스펙트럼이 청색 쪽으로 이동하는 청색 편이가 나타나고 멀어지면 빛의 스펙트럼이 적색 쪽으로 이동하는 적색 편이가 나타난다는 이른바 '도플러 효과'에 근거해 속도를 측정했다. 즉 빛의 색깔이 얼마나 변했는지를 통해 천체의 속도를 구한 것이다.

슬라이퍼는 1912년 하늘 전체에 고루 분포하는 나선은하들의 속도를 측정했는데, 그중 대부분의 은하가 우리 은하로부터 초속 수백~수천km 의 속도로 멀어지고 있는 것을 확인했다. 1920년대 초까지 슬라이퍼는 40 개 성운의 속도를 측정했고 동일한 결과를 얻었다. 다만 자신의 발견이 어떤 의미가 있는지를 알지 못해 우주팽창으로 연결시키지는 못했다.

허블은 자신이 그 미스터리를 풀어야 한다는 사명감을 느꼈다. 허블은 수십 개 은하의 속도와 거리를 측정했다. 그 결과 은하가 멀어지는 속도 가 지구에서의 거리에 비례한다는 것을 확인했다. 즉 어떤 은하가 다른 은하보다 2배 멀리 떨어져 있다면 이 은하는 대략 2배의 속도로 멀어졌 다. 허블은 1929년 "은하가 우리로부터 멀어지는 속도는 그 은하까지의 거리에 비례한다"는 그 유명한 '허블의 법칙'을 끌어냈다.

멀리 있는 은하일수록 빠른 속도로 멀어진다는 '허블의 법칙'은 우주가 팽창한다는 것을 의미했다. 우주의 어느 지점에서 보더라도 멀리 떨어진 천체일수록 더 빨리 멀어지는 것처럼 보인다는 이 법칙 내용은 간단해 보 이지만 법칙이 내포하는 의미는 심대했다. 우주가 팽창하고 있다면 우주 는 한 점에서 출발했을 것이고, 약 150억 년 전 '무'의 상태에서 엄청난 대 폭발로 우주가 탄생했다는 '빅뱅론'의 출발점이 되기 때문이다.

1931년 2월 4일 윌슨산 천문대의 작은 도서관에 기자들이 잔뜩 모여 있 었다. 이 자리에서 아인슈타인은 1917년 우주는 팽창하지도 수축하지도 않는다고 자신이 발표했던 '정적 우주론'이 더 이상 유효하지 않다고 선언 했다. 아인슈타인은 우주 팽창설은 우리가 과거를 향해 시간을 거슬러 올 라갈수록 은하들이 지금보다 가깝게 모여 있었음을 뜻하고 결국 우주가 무한히 작고 밀도가 높았던 '빅뱅'이라는 시기가 있었음을 시사했다. 하지 만 빅뱅 연구의 과제는 다른 학자들이 몫이었다. 조지 가모, 아노 펜지어스, 로버트 윌슨이 그 주인공들이다.

허블은 1948년 '타임'지의 표지를 장식하면서 대중적 인물로 떠올랐고, 천문학자들보다는 영화배우나 작가들과의 교분을 즐겼다. 64살에 심장마비로 세상을 떠날 때까지 팔로마산의 세계 최대인 508㎝ 망원경에서 연구하는 행운도 누렸다. 명예는 사후에도 주어졌다. 1990년에 발사된 거대한 우주 망원경에 허블이란 이름이 붙은 것이다.

살바도르 달리와 갈라의 운명적 만남

갈라는 여성에 대한 달리의 고질적인 두려움에서 해방시켜 주고 성적인 신경쇠약을 치료해 주었다.

살바도르 달리(1904~1989)는 광기와도 같은 자유분방한 상상력과 과감한 표현력으로 자신의 미술적 재능을 유감없이 발휘한 초현실주의 화가다. 다른 초현실주의 예술가들이 작품에서만 초현실주의 세계를 펼쳐 보일 뿐 실제 삶은 여느 일반인과 별반 차이가 없는 것과 달리, 그는 삶과 작품 모두에서 현실과 초현실 세계를 넘나든 진짜 초현실주의 화가였다.

달리를 상징하는 것은 독특한 용모와 기상천외한 행동이었다. 특히 양끝을 말아 올려 밀랍으로 고정시킨 갈고리 모양의 콧수염은 달리의 트레이드 마크였다. 엽기라는 표현이 딱 들어맞을 정도로 사고와 행각은 상상을 초월했다. 머리에 꽃을 달고 다니거나 여자 옷같이 화려하고 괴상한 의상을 입기도 했으며 밍크 털로 만든 망토를 걸치기도 했다. 한 전시회에서는 잠재의식 속으로 침잠한다며 머리에 잠수용 헬멧을 쓰는가 하면, 뉴욕타임스와 인터뷰를 할 때는 두껍게 자른 양고기 한 점을 머리에 얹고 나타나기도 했다.

살바도르 달리

달리는 스페인 카탈루냐 북동부의 작은 상업 도시 피게레스에서 태어났다. 어려서부터 괴팍스럽고 못된 짓을 많이 해 부모의 속을 썩였다. 조숙하고 과시욕이 강해 6살 때는 요리사를 꿈꾸고 7살 때는 나폴레옹을 열망했다. 일찍이 자신을 천재라고 생각해 볼테르, 칸트, 니체 등의 철학서들을 탐독했다.

달리는 18살 때인 1922년 마드리드에 소재한 산 페르난도 미술학교에 들어갔다. 긴 머리와 구레나룻, 펄럭이는 코트와 짧은 바지를 한 괴짜 외모와 큐비즘(입체파)의 화풍으로 학교 내에서 크게 주목을 끌었다. 주관이 뚜렷하고 반항심이 강해 1923년 신임 교수의 임용을 거부하는 학생들의 집단행동 주모자로 지목되어 1년간 정학 처분을 받았고 1924년 반독재 시위에 가담해 한 달간 복역했다. 1925년 11월 바르셀로나에서 첫 개인전을 열어 평단의 호평을 받았으나 1926년 시험 답안지 제출을 거부하고 여기에 학칙 위반까지 더해져 결국 미술학교에서 퇴학을 당했다.

그래도 달리는 1926년 12월 바르셀로나에서 연 두 번째 개인전이 호평을 받아 카탈루냐 지방에서는 제법 유명해졌다. 1928년 프랑스 파리로 가 앙드레 브르통이 이끄는 초현실주의 화가·시인들과 어울리며 초현실주의 운동에 가담했다.

삶과 작품 모두 초현실주의 세계를 넘나든 진짜 초현실주의 화가

달리가 장차 자신의 삶에 결정적인 영향을 미칠 갈라(1894~1982)를 만난 것은 그 무렵이었다. 당시 갈라는 프랑스의 대표적인 초현실주의 시인 폴 엘뤼아르의 부인이었다. 그는 '엘레나'라는 이름으로 러시아에서 태어나 스위스 요양소에서 엘뤼아르를 만나 1917년 결혼했다. 결혼 후 이름을 '갈라'로 바꾼 그는 비록 예술가는 아니었지만 초현실주의 예술가들과 어울리면서 초현실주의 그룹의 뮤즈로 각광받았다.

그러던 1929년 8월 어느 날 엘뤼아르·갈라 부부가 스페인의 달리 집을 방문하면서 달리와 갈라의 삶에 소용돌이가 쳤다. 이미 파리에서 갈라를 한 차례 만난 적이 있는 달리는 자신보다 10살 연상인 갈라를 다시 만나자 사랑에 빠졌다. 당시 달리의 정신 상태는 극도로 불안정했다. 상상 속에서 떠오른 기괴한 장면에 자극을 받거나 아무 이유도 없이 폭소를 터뜨리곤 했다. 그런데도 갈라는 달리의 이런 광대 짓에 흥미를 보였고, 달리는 갈라가 자신의 유일한 치료사가 될 것이라고 확신했다.

두 사람은 몇 달 뒤 스페인의 바르셀로나로 사랑의 도피여행을 떠났다. 이 때문에 달리는 자신의 첫 파리 개인전(1929.11) 자리를 지키지 못했다. 브르통은 달리의 첫 파리 개인전 도록 서문에 "수재와 천재, 악덕과 미덕의 두 갈래 길 사이에서 줄타기 놀음을 하고 있다"고 썼다. 이 서문을 계기로 달리는 초현실주의 그룹의 정식 회원으로 인정받았다.

달리는 1930년 1월 갈라와 함께 마르세유 근처의 한 호텔에 들어가 창문의 셔터도 열지 않은 채 방에 틀어박혀 2개월 동안 지냈다. 달리의 부친은 유부녀와 사랑에 빠진 아들이 못마땅해 아들과 절연하고 재산도 주지 않겠다는 유언장을 남겼다. 달리는 갈라가 1932년 엘뤼아르와 이혼하자 1934년 양 겨드랑이에 썩은 양파를 끼고 무릎뼈를 면도칼로 난도질한 후 발가벗은 몸으로 갈라에게 청혼했다.

"나는 초현실주의 자체이니까 아무도 나를 쫓아내지 못한다"

결혼 후 갈라는 여성에 대한 달리의 고질적인 두려움에서 해방시켜 주고 성적인 신경쇠약을 치료해주었다. 달리의 내면에 도사리고 있는 불안감을 안정시켜 주고 용기를 북돋아 주었으며 창작에 필요한 에로스적 자극을 주었다. 사실 달리는 갈라를 만나기 전까지 여성과 한 번도 성관계를 갖지 못했다. 갈라는 달리의 모델이자 매니저로, 때로는 친구, 어머니, 애인 역할을 했다. 달리는 갈라가 사업과 관련된 일을 모두 처리해준 덕에 평화롭게 그림에만 매진할 수 있었다. 달리는 갈라를 그림으로 신격화했다. 1931년 갈라를 그린 첫 초상화가 우편엽서 형태로 나온 후, 달리의 그림에는 갈라가 거의 빠지지 않았다. 자신과 갈라의 이름을 합친 다양한 형태의 서명도 작품 속에 넣었다.

갈라에 대한 세간의 평가는 양극단으로 갈렸다. 무명 예술가의 열정을 예술로 승화하도록 이끈 뮤즈라는 평가가 있는가 하면 탐욕의 화신이라는 평가도 있다. 오랜 친구인 부뉴엘은 "달리에 대한 갈라의 영향력이 해롭고 파괴적"이라고 했다. 그럴 때마다 달리는 "나는 갈라를 아버지보다도 어머니보다도 피카소보다도 심지어 돈보다도 더 사랑한다"며 갈라를 감쌌다.

달리는 수년간 초현실주의자 그룹에서 자기 역할을 충실히 수행했다. 그룹의 모임 활동과 간행물 제작에도 열성적으로 참여했다. 1930년에는 '보이는 여자'를 써서 초현실주의 운동에 대한 나름의 이론적 견해를 제시했다. 초현실주의 그림을 그리면서 달리가 채택한 개념적 용어는 '편집증적 비평 방식'이었다. 달리는 이것을 '정신착란 현상을 연상케 하는 비이성적인 인식의 즉흥적인 방법'이라고 정의했다. 정신분석학에 근거한 이 용어는 인간의 이성을 지배하는 잠재의식의 '위대한 실체'를 파헤친다는 의미에서 붙여졌다. 그는 인간 내면에 존재하는 깊고도 강렬한 정신분열증적인 증세에서 한층 심오하고 서정적인 정신 상태를 포착할 수 있다고 믿었다. '편집증적 비평 방식'을 잘 표현한 대표작은, 기분 나쁠 정도로 고요한 분위기에 시계의 문자판이 흐물흐물 녹아내리는 환상적인 내용이 정교하게 묘사된 '기억의 영속'(1931)이다.

달리가 초현실주의자 그룹에서 배척을 받기 시작한 것은 1930년대 중반이었다. 그들과 멀어진 데는 1933년 작 '윌리엄 텔의 수수께끼'가 한몫했다. 초현실주의자들은 겨우 알몸을 면한 채 무릎을 꿇고 있고 엉덩이 한쪽이 괴상하게 그려진 레닌의 모습을 그림에서 보고 혁명 지도자를 혐오스럽게 표현했다며 달리를 비난했다. 1934년 초에는 히틀러의 파시즘을 찬양했다는 이유로 또다시 달리를 비난했다. 급기야 달리가 1939년 2월 "오늘날 세계가 직면한 기본 문제는 인종 문제이며 이 문제의 해결책은 백인종이 단결해서 유색인종 모두를 노예로 만들어버리는 것"이라는 인종차별 발언을 하자 달리를 제명했다. 이에 대해 달리는 "나는 초현실주의 자체이니까 아무도 나를 쫓아내지 못한다"는 유명한 말로 축출 자체를 인정하지 않았다.

자신을 상업적으로 파는 데도 뛰어나 엄청난 부 쌓아

달리는 영화에도 재능이 있었다. 특히 오랜 친구 루이스 부뉴엘과 공동 연출한 단편영화 '안달루시아의 개'(1929.6 개봉)와 '황금시대'(1930.11)는 대표적인 초현실주의 영화로 평가되고 있다. 면도칼로 가르는 젊은 여인의 눈동자, 개미들을 움켜쥔 손, 피아노 위의 썩은 당나귀 등이 화면에 등장하는 '안달루시아의 개'는 "기존의 영화 기법을 완전히 뒤엎은 영화사의 전환점이 된 작품"이라는 극찬을 들었다.

'황금시대'는 초현실주의적이고 정치 전복적인 성격의 영화였다. 게다가 예수를 모욕하는 장면까지 등장하자 1930년 12월 3일 우익 집단과 애국자연맹 등이 상영 중인 영화 스크린에 잉크를 뿌리고 극장 로비에 진열되어 있는 초현실주의 그림들을 마구 부쉈다. 결국 '황금시대'는 상영 금지 처분을 받았다.

달리는 미술학교 시절 '꿈의 해석'을 읽고 줄곧 프로이트를 숭배하며 그를 만나려고 했다. 그러다가 1938년 영국 런던에 거주하는 80대의 프로이트를 찾아가 자신의 논문 한 편을 읽어줄 것을 요청했다. 프로이트는 달리와 헤어진 다음날 만남을 주선한 작가 슈테판 츠바이크에게 감사 편지를 썼다. "나는 지금까지 나를 보호자 겸 성자로 모시는 초현실주의자들을 얼간이로 보았네. 그런데 어제 본 그 스페인 청년은 솔직하고 열광적이며 뛰어난 솜씨를 지녔네. 내 판단에 오류가 있었음을 깨달았네."

1939년 9월 2차대전이 발발하고 1940년 프랑스가 함락되자 달리는 미국으로 건너가 뉴욕에 둥지를 틀었다. 1941년 11월부터 이듬해 1월까지 뉴욕현대미술관에서 전시회를 연 것을 비롯해 1943년 5월까지 미국의 8개 도시 순회전을 통해 명성을 얻었다. 달리가 미국에서 각광을 받은 것은 달리에 대한 미국인들의 관심과 갈라의 치밀한 계산이 어우러진 결과였다.

달리는 1942년 "모든 사람과 반대로 가는 나는 회고록을 먼저 쓰고 그다음에 회고록 내용대로 사는 것이 더 지적인 것으로 보인다"고 선언한 자서전 '살바도르 달리의 비밀스런 삶'을 뉴욕에서 출간했다. 자서전은 선풍적인 인기를 끌었으나 부정적으로 보는 시각도 있었다. 특히 소설가 조지 오웰은 "인간의 품위를 느낄 수 없고 반애국주의 입장에 깊은 충격을 받았다"며 "벼룩과 다름없는 반사회적인 존재"라고 혹평했다. 달리는 자신의 천재성을 확신하는 데 그치지 않고 갈라의 도움을 받아 자신을 상업적으로 파는 데도 뛰어나 미국에서 엄청난 부를 쌓았다. 명사들의 초상화나 유명 도서들의 삽화를 그리고, 수시로 글을 썼으며 광고와 의상을 디자인하고 발레와 연극 무대를 제작했다.

종전 후인 1948년 스페인의 카탈루냐로 돌아왔을 때 달리는 초현실주의자들과 완전히 결별한 상태였다. 우익 인사들과 친분을 나누고 "프란시스코 프랑코가 스페인의 부정을 일소하고 진실과 질서를 가져왔다"며 열렬히 지지했다. 갈라는 1982년 6월, 달리는 1989년 1월 23일 자신의 고향 피게레스에서 눈을 감았다.

프리다 칼로와 디에고 리베라 결혼
자신보다 21살이나 많고 네 아이의 아버지인 것을 알면서도 기꺼이 세 번째 아내가 될 것을 결심했다.

멕시코의 벽화운동은 20세기 세계 미술사에 한 획을 그은 문화운동이자 사회운동이었다. 출발점은 유럽의 미술을 무조건 추종하던 데서 벗어나 민중과 호흡을 함께하는 민족적 미술을 일으키자는 자각이었다. 문맹의 민중에게 멕시코혁명의 성과와 민족의 정체성을 가르치자는 취지로 벽화운동을 처음 구상한 것은 1920년에 출범한 오브레곤 정부였다. 그에 맞춰 벽화운동을 선도한 주역은 디에고 리베라(1886~1957), 호세 오로스코, 다비드 시케이로스 3인이었다. 그중에서도 으뜸은 국제적 명성과 영향력에서 앞선 리베라였다.

리베라는 멕시코의 산 카를로 아카데미 미술과를 졸업하고 1908년 국가 장학금을 받아 스페인으로 유학을 떠났다. 그가 일시적으로 귀국했을 때 멕시코에서는 1910년 10월 디아스 독재정권에 항거하는 멕시코혁명이 한창이었다. 그러나 리베라는 혁명에 동참하지 않고 1911년 프랑스 파리로 건너갔다. 파리에서는 궁핍한 삶을 살면서도 자유분방한 소용돌이에 몸을 맡겨 이런저런 여성들과 어울리며 그림에 심취했다. 주로 입체파(큐비즘)의 영향을 받았으나 이탈리아 르네상스의 프레스코 벽화에서도 깊은 감명을 받았다.

한편 그의 조국 멕시코에서는 알바로 오브레곤이 1920년 대통령에 취

디에고 리베라(오른쪽)와 프리다 칼로

임함으로써 10년에 걸친 혁명의 혼란을 잠재웠다. 그는 취임 후 교육부 장관에게 혁명의 에너지를 계속 이어가고 국민에게 민족주의를 고취하는 방안을 모색하라고 지시했다. 교육부 장관은 벽화에 주목했다. 리베라는 정부의 이런 뜻을 알고 1921년 멕시코로 돌아와 국립예비학교의 벽화 작업을 시작했다. 1922년 9월 시작해 수년간 계속된 교육부 청사 내부 벽화 프로젝트에도 참여했다.

리베라는 벽화를 통해 멕시코 민중의 진솔한 생활상과 멕시코혁명 등을 풍부하고 다양한 색채로 그려냈다. 민중은 지지와 애정으로 화답했다. 멕시코 공산당에 입당한 그에게 공산주의는 그림을 그려야 할 이념적 토대였고 때로는 무기였다. 다만 집단적인 것보다는 개인적인 것을, 정치보다는 예술을 우선시했기 때문에 공산당의 지시를 곧이곧대로 따르지는 않았다. 1927년, 8개월간 소련을 방문했을 때도 소련 미술의 관료적 획일성을 거침없이 비난했다. 이후에도 스탈린의 정책을 반대하는 일이 잦자 1929년 멕시코 공산당이 그를 당에서 축출했다.

명성에서나 영향력에서나 벽화운동의 으뜸은 리베라

리베라가 프리다 칼로(1907~1954)를 처음 만난 것은 멕시코의 최고 명문인 국립예비학교에서 벽화를 그리던 1923년이었다. 당시 칼로는 독일 출신인 유대인 아버지와 혼혈 메스티소 어머니 사이에서 태어나 국립예비학교를 다니던 16살의 꿈 많은 소녀였다. 하지만 그 만남은 일회적이어서 지속되지는 않았다.

칼로는 6살 때 소아마비를 앓아 왼쪽 다리를 절었다. 그래서 1922년 국립예비학교에 진학해 의사를 꿈꿨다. 그러나 그 꿈은 18살 때인 1925년 9월 17일 하교길에 타고 있던 버스가 전차에 들이받히면서 산산이 부서졌다. 칼로는 옆구리 한복판을 뚫고 들어온 철제 난간이 척추와 골반을 관통해 허벅지로 빠져나오는 중상을 당했다. 척추는 허리 부분에서 세 군데가 부러지고 대퇴골 경부는 끊어졌다. 왼쪽 다리에는 골절이 11군데나 있었고 오른쪽 발은 탈구되고 으스러졌다. 왼쪽 어깨는 빠지고 골반뼈는 세 동강이 났다. 살아 있다는 게 기적이었다.

수술 후에도 칼로는 온몸에 깁스를 한 채 수개월을 병원과 집의 침대에 묶여 지내야 했다. 운명 앞에서 칼로는 의사의 꿈을 접고 붓을 들었다. 칼로는 침대에 누운 채 부모가 머리맡에 붙여놓은 거울을 들여다보며 자화상을 그렸다. 훗날 "나는 병이 난 것이 아니라 부서졌다. 그러나 그림을 그리는 동안만은 행복했다"고 술회했다. 그림은 모르핀으로도 사라지지 않는 고통을 잊게 해주었다. 칼로가 이렇게 병상에 누워 있을 때 리베라는 왕성하게 벽화운동을 펼쳤다.

두 사람이 다시 만난 것은 첫 만남 후 5년이 지난 1928년이었다. 그때도 칼로의 예비학교에서 벽화 작업을 하고 있던 리베라에게 칼로가 먼저 말을 걸면서 운명의 소용돌이가 쳤다. 자신의 그림에 대한 재능과 열정을 평가받으려는 칼로에게 리베라는 자신감을 심어주었다. 이 과정에서 사랑이 싹텄다. 당시 리베라는 40대였는데도 여전히 매력이 넘쳐흘렀다.

칼로는 리베라가 자신보다 21살이나 많고 네 아이의 아버지인 것을 알면서도 기꺼이 세 번째 아내가 될 것을 결심했다. 칼로의 부모는 리베라가 공산주의자이고 여성 편력이 심하고 두 번이나 결혼했다는 이유로 반대했지만 칼로의 의지를 꺾을 수는 없었다. 결국 두 사람은 "코끼리와 비둘기의 결혼"이라며 반대하는 부모의 반대를 무릅쓰고 1929년 8월 21일 결혼을 강행했다.

리베라는 1930년 11월 미국 샌프란시스코 증권거래소와 캘리포니아 미술학교의 벽화를 제작하기 위해 미국으로 갔다. 1931년 12월에는 뉴욕현대미술관 전시회에 143점의 그림을 출품해 호평을 받았고 1932년 헨리 포드의 주문으로 디트로이트 미술학교에 자동차 공장의 노동자들을 그렸다. 1933년 3월부터는 자신의 벽화 활동에서 가장 큰 논란을 불러일으키게 될 벽화 작업에 참여했다. 그것은 록펠러가 뉴욕 심장부에 건설하고 있는 라디오시티(현재의 록펠러센터)의 대형 홀을 장식할 거대한 벽화였다.

리베라가 벽화 '교차로에 선 사람'을 그리기 시작할 때만 해도 작업은 순조로워 보였다. 그러나 벽화 중심부에 그려진 노동 지도자의 모습이 레닌을 닮아가면서 5월부터 건물주와 불화했다. 그러지 않아도 공산당원을 지원한다는 비난에 예민해 있던 록펠러가는 레닌의 초상을 익명의 얼굴로 대체해달라고 요청했다. 리베라가 거절하자 록펠러가는 5월 9일 미완성 벽화를 천으로 가리고 6개월 뒤에는 벽화를 없애버렸다. 리베라는 1934년 록펠러센터가 파괴한 그림을 재현해 창녀와 성병 세균에 둘러싸인 존 록펠러 주니어의 초상화를 집어넣는 것으로 복수했다.

칼로를 가장 괴롭힌 것은 남편의 바람기

리베라가 이렇게 활발히 활동하는 동안 칼로의 신체적 고통은 멈추지 않았다. 무엇보다 사고로 인한 자궁 손상으로 그토록 원하던 아이를 세 번이나 임신하고도 그때마다 지워야 하는 현실은 그의 영혼을 갈가리 찢어놓았다. 각종 후유증 때문에 수십 차례나 수술을 받아야 하는 고통 속에서도 그를 가장 괴롭힌 것은 리베라의 바람기였다. 결혼 전부터 수많은 여성 편력을 보였던 리베라는 결혼 후에도 외도를 멈추지 않았다. 칼로는 인내했으나 자신의 한 살 어린 여동생과 바람을 피운 사실만은 참을 수 없었다. 동생의 배신이 드러난 건 1934년 여름이었다. 그는 당시의 심정을 "내 평생에 겪은 두 차례의 대형 사고는 전차가 나를 들이받은 것과 리베라를 만난 것"이라고 언급했다.

절망감에 빠진 칼로는 남편을 떠나 자유롭게 여행하며 이성과 동성을 가리지 않고 사랑을 나눴다. 1937년 1월 트로츠키 부부가 멕시코로 망명했을 때는 자신의 친정집을 피난처로 제공하고 트로츠키와 밀회를 나누었다. 멕시코를 방문한 초현실주의 대가 앙드레 브르통과의 관계도 각별했고, 사진작가와도 사랑에 빠져 뉴욕에서 행복한 몇 달을 보낸다. 그러면서도 리베라를 떠나지는 못했다. 칼로는 1939년 파리의 대규모 전시회에 참가했다. 그때 전시된 그림은 20세기의 멕시코 화가로서는 최초로 루브르 미술관에 소장되었다.

파리에서 귀국했을 때 그를 기다린 것은 리베라의 이혼 요구였다. 외도와 배신을 참아냈던 그에게 막상 닥친 이혼 요구는 분노와 상실감을 안겨주었다. 두 사람은 결국 1939년 11월 6일 이혼했다. 하지만 1년 후 칼로의 건강이 악화해 비극적 결말을 가져올지 모른다는 의사의 충고를 받아들여 리베라가 재결합을 요청했다. 칼로는 성관계를 갖지 않고 생활비는 각자 해결한다는 조건을 내걸고 재혼을 받아들였다. 두 사람은 1940년 12월 8일 다시 부부가 되었다.

리베라와 재혼 후 몇 년간은 칼로에게 가장 평온한 시기였다. 시립미술학교 교수로 초빙되고 그림에도 더욱 몰입해 리베라의 아내가 아닌 화가 칼로로 이름을 알렸다. 문제는 계속 악화하는 건강이었다. 진통제와 알코올 없이는 견딜 수 없는 통증이 계속되었다. 결국 1946년 뉴욕에서 척추 수술을 받고 1950년 오른쪽 발가락을 잘라냈다.

1953년 리베라는 칼로의 상태가 심각하다는 것을 알고 칼로의 회고전 준비를 서둘렀다. 그것은 그의 마지막 파티였다. 칼로의 침대가 화랑으로 옮겨지고 밖에는 앰뷸런스가 대기했다. 칼로는 1953년 4월 13일 개막한 전시회에서 침대에 누운 채 사람들과 얘기를 나누고 노래하고 즐거워했다. 파티 이후는 끔찍했다. 몇 달 뒤 오른쪽 다리에 괴저가 도져서 다리를 잘랐으나 결국 1954년 7월 13일 47년의 생을 마감했다. 칼로 사후인 1955년 6월 리베라는 자신의 조수이자 매니저 여성과 몰래 결혼했다. 사실 이 결혼은 칼로가 죽기 전, 매니저에게 자신이 죽으면 리베라와 결혼해서 그를 돌봐 달라고 부탁해 이뤄진 것이다. 리베라는 2년 뒤 1957년 11월 24일 심장마비로 사망했다.

에리히 레마르크 '서부전선 이상 없다' 출간
참혹한 현실을 지극히 건조한 문체로 낱낱이 고발했다.

에리히 레마르크(1898~1970)의 소설 '서부전선 이상 없다'는 전쟁문학사의 금자탑으로 불린다. 레마르크 자신이 전쟁터에서 경험한 현장성과 감각을 생생하게 살려 어니스트 헤밍웨이의 '무기여 잘 있거라'와 함께 전쟁문학의 쌍벽을 이룬다.

레마르크는 독일 오스나브뤼크에서 태어나 사범학교에 재학 중이던 1916년 11월 18살의 나이로 1차대전에 징집되었다. 1917년 6월 서부전선에 배속되었다가 6주 만인 7월 31일 팔다리와 목에 포탄 파편을 맞는 큰 부상을 겪었다. 헤밍웨이도 1차대전에 참전했다가 포탄을 맞고 병원으로 실려 갔다는 점에서 두 사람의 경험은 유사했다.

레마르크는 1918년 10월 병원 치료를 끝내고 부대로 복귀했으나 다음 달 전쟁이 끝나 고향으로 돌아갔다. 하지만 전쟁이 남긴 트라우마는 좀처럼 사라지지 않았고 전쟁터에서 겪은 고통과 공포는 훗날 작품 속에 그대로 투영되었다. 레마르크는 사범학교를 졸업한 뒤 초등학교 교사로 근무하다 1920년 11월 교단을 떠났다. 이후 세일즈맨, 지방지 연극평론가, 스포츠 화보잡지 기자로 활동하면서 틈틈이 소설을 썼다. 그렇게 완성된 소설이 1929년 1월 29일 출간한 첫 장편소설 '서부전선 이상 없다'다.

에리히 레마르크

소설 속 화자인 파울 보이머와 고교 급우들은 허황된 애국심에 들뜬 담임교사의 선동에 끌려 전쟁이 뭔지도 모른 채 1916년 특별지원병으로 전쟁에 뛰어들었다. 그들은 포화가 쏟아지는 와중에도 물리학을 공부할 만큼 전쟁이 곧 끝나 일상으로 돌아가리라는 환상에 사로잡혀 있었다. 하지만 현실은 그들의 기대 대로 되지 않았다. 총성이 끊이지 않고 포화가 빗발치는 속에서 전우들은 하나둘 시체가 되었다. 야전병원은 고통을 참지 못해 고래고래 고함지르는 부상병들로 가득했다.

보이머는 친구들이 죽어가자 그때서야 젊은이들을 전쟁터로 내몬 기성세대의 허위의식과 전쟁의 무의미함에 눈을 떴다. 그리고 자신이 죽지 않으려면 적을 죽여야 하는 자기방어 심리, 동료의 죽음에 대한 광기 어린 복수심, 죽음에 직면했을 때의 불안과 공포 등이 뒤섞여 결국 잔혹한 살인자로 변해갔다.

보이머가 전장에서 2년을 보냈을 때 급우들 중 살아남은 사람은 보이머뿐이었다. 하지만 보이머도 종전을 바로 앞둔 1918년 10월 어느 날 유탄을 맞고 전사하고 만다. 그날은 모든 전선이 극히 평온하고 조용해 전선사령부는 본국 정부에 판에 박힌 전문을 보냈다. '서부전선에 이상 없다'

레마르크는 전쟁으로 인한 참혹한 현실을 낱낱이 고발하면서도 격정적인 문장이 아니라 지극히 건조한 문체로 전쟁의 무의미와 공허를 담담하게 고발했다. 그가 소설을 쓸 때 사용한 기법은 자아의 주장이나 감정의 표현을 억제하고 사실 자체로 하여금 말하게 하는 신즉물주의적 기법이다. '서부전선…'는 출간 후 1년 만에 독일에서만 50만 부가 넘게 팔리고 2년도 되지 않아 25개국 언어로 번역되어 350만 부 이상이 팔려 나갔다. 무명의 레마르크도 일약 세계적인 작가 반열에 올랐다.

헤밍웨이의 '무기여 잘 있거라'와 함께 전쟁 문학의 쌍벽

'서부전선…'는 러시아 태생의 영화감독 루이스 마일스톤에 의해 영화로도 제작되어 1930년 4월 21일 미국에서 개봉되었다. 독일에서는 8개월 후인 1930년 12월 5일 개봉되었다. '서부전선…'는 레마르크 자신의 참전 경험을 소재로 삼아 전쟁 자체를 혐오할 뿐 어느 편이 옳다거나 그르다는 것을 말하지 않았다. 권력자들의 이해관계 때문에 일어난 전쟁의 참상, 그 때문에 보통 사람들이 겪는 고통을 사실적으로 그려 반독일적이거나 반나치적인 색채도 없었다. 그런데도 '서부전선…'는 나치의 박해를 받았다.

첫 박해는 영화가 개봉된 날 일어났다. 2층 발코니석에 앉아 있던 한 남자의 신호를 시작으로 갈색 셔츠 젊은이들이 영화관 곳곳에서 난동을 부린 것이다. 신호를 보낸 자는 나치의 선전 책임자 요제프 괴벨스였다. 그들이 영화관에 풀어놓은 생쥐들은 영화 상영을 중단시켰다. 더구나 12월 11일 베를린시 영화심의위원회가 상영 금지 처분을 내려 영화를 본 사람은 소수에 불과했다. 이런 소란과 방해에도 불구하고 영화는 1931년 아카데미 작품상과 감독상에 선정되었다.

레마르크는 1931년 4월 '서부전선…'의 속편 격인 '귀로'를 발표했다. 종전 후 고향으로 돌아온 귀환병들의 실의와 좌절을 그린 '귀로' 역시 호평을 받았다. 하지만 히틀러의 나치당이 점차 세력을 확대하자 1932년 스위스로 망명해 2차대전이 발발하기 전까지 프랑스와 스페인 등지를 전전했다. 결국 후속작인 '세 전우'는 1936년 12월 덴마크 코펜하겐에서 출판했다. 나치당은 1933년 5월 10일 레마르크의 소설을 비롯해 통치에 방해가 되는 모든 서적을 불에 태웠다. 1938년 7월에는 레마르크의 국적마저 박탈했다.

레마르크는 2차대전이 임박한 1939년 3월 미국으로 건너갔다. 그가 미국에 체류하고 있던 1943년 12월 레마르크의 여동생 엘프리데 숄츠가 독일에서 사형선고를 받아 참수형을 당했다. 레마르크는 전쟁이 끝날 때까지 이 사실을 알지 못했다. 오스나브뤼크시는 1968년 '엘프리데 숄츠 거리'를 조성, 이 비극적 죽음을 추모했다.

레마르크는 이후에도 여러 소설을 발표했다. '너의 이웃을 사랑하라'(1941), '개선문'(1945) '사랑할 때와 죽을 때'(1954), '하늘은 아무도 특별히 사랑하지 않는다'(1961) 등을 출간했는데 작품마다 명작으로 인정받았다. 이 중에서도 '개선문'은 200만 부나 판매되는 세계적인 베스트셀러가 되었다.

레마르크의 소설이 전 세계 독자들의 사랑을 받은 것은 동시대인들에게 가장 절실하고도 고통스러운 체험을 다루고 누구나 쉽게 이해할 수 있는 명쾌한 문체로 다뤘기 때문이다. 레마르크의 대표작들은 대부분 영화로 제작되었다. 레마르크는 1958년 2월 할리우드 출신 여배우 파울레트 고더드와 세 번째 결혼했다. 고더드는 찰리 채플린의 세 번째 아내로 채플린의 영화 '모던 타임즈', '독재자' 등에 출연한 유명 배우였다.

1970년 9월 25일 스위스의 로카르노에서 사망한 그를 기려 1991년 6월 오스나브뤼크시가 '에리히 레마르크 평화상'을 제정했다. 뉴욕타임스와 타임지는 20세기 말 '서부전선…'를 20세기 최고의 책 100선으로 선정, 레마르크의 업적을 기렸다.

교황청과 무솔리니, 라테란 조약 체결

이로써 이탈리아는 전 국토가 1400년 만에 하나가 되는 감격을 누렸다.

476년 서로마제국이 게르만의 용병대장 오도아케르에게 멸망한 이래 이탈리아는 분열과 대립을 반복했다. 신성로마제국(962~1806) 말기에 이르러서는 프랑스, 오스트리아, 스페인의 각축장이 되었다. 이처럼 지리멸렬하던 이탈리아에 통일의 의지를 불어넣어 준 것은 프랑스혁명이었다. 프랑스혁명 후 공화제를 목표로 한 운동이 유럽 각지에서 일어나자 이탈리아에서도 혁명운동이 발화하고 무장봉기가 일어났다. 그러나 오스트리아의 군사력과 나폴레옹 3세의 무력 간섭으로 번번이 좌절되었다.

다행히 사르데냐 왕국만은 꿋꿋하게 버텨냈다. 원래 이 왕국은 프랑스, 스페인, 오스트리아 등 열강의 틈바구니에 낀, 자원도 빈약하고 영토도 협소한 일개 공국에 불과했다. 그러나 꾸준히 실리를 챙기고 영토를 확장하면서 북서부 피에몬테 지역에 단단히 뿌리를 내렸다. 특히 비토리오 아메데오 2세는 18세기 초 스페인 왕위계승 전쟁에서 승리해 사르데냐 섬을 얻은 뒤 국명을 사르데냐 왕국으로 정했다. 이후 사르데냐 왕국은 폴란드 왕위계승 전쟁과 오스트리아 왕위계승 전쟁 등을 거치며 국제사회에서 독립국 지위를 인정받고 서서히 강국으로 발돋움했다. 그러다가 마침내 이탈리아 전역이 하나가 된 것은 비토리오 에마누엘레 2세 치세 때였다.

특히 그 무렵 각기 다른 분야에서 활동하던 주세페 마치니, 콘테 디 카보우르, 주세페 가리발디의 활약이 눈부셨다. 그들은 훗날 '이탈리아 통일의 3걸'로 불렸다. 청년 이탈리아당을 이끈 마치니는 옛 로마제국의 영광을 되살리자는 '리소르지멘토(부흥) 운동'을 전개하며 독립의 바람을 불러일으켰다. 오스트리아의 지배에서 벗어나 9개로 찢겨진 소국들을 통합하는 과제는 사르데냐 총리 카보우르에게 주어졌다. 카보우르는 열강의 대립을 이용한 외교와 오스트리아와의 전쟁에서 승리해 중·북부의 롬바르디아와 토스카나 등 소국들을 합병했다. 여기에 1860년 1,000여 명의 '붉은 셔츠대'를 이끌고 시칠리

무솔리니(오른쪽)와 교황청 국무장관 피에트로 가스피리 추기경이 라테란 궁전에서 조약에 서명하고 있다. (1929.2.11)

아 섬과 나폴리 등 남부 이탈리아를 점령한 가리발디가 점령지를 사르데냐 왕국에 헌납함으로써 이탈리아는 통일국가에 한 걸음 더 다가갔다.

북동부는 여전히 오스트리아가 점령하고 있고 로마는 교황이 지배하고 있었지만 샤르데냐 왕국은 대체로 통일이 달성되었다고 보고 1861년 3월 17일 비토리오 에마누엘레 2세를 국왕으로 하는 이탈리아 왕국을 선포했다.

"이탈리아는 하느님에게 돌아왔고 하느님도 이탈리아에 돌아왔다"

그 무렵 교황의 세속적인 지배권이 미치는 교황령은 사실상 프랑스가 점령하고 있었다. 교황이 거주하는 로마 역시 마찬가지였다. 이탈리아 왕국은 1861년 왕국을 선포하기 전 교황령 중 로마냐와 움브리아 등을 빼앗았다. 왕국을 선포한 후에는 두 차례 로마를 침공했으나 프랑스군에 가로막혀 점령하지는 못했다.

그러던 중 1870년 프로이센(독일)이 프랑스를 공격하는 보불전쟁이 일어나 프랑스군이 로마에서 철수했다. 이탈리아 왕국은 그 틈을 타 로마로 진군했다. 당시 로마에는 국제 지원병과 용병으로 구성된 교황군이 있기는 했지만 이탈리아 정규군을 당해내진 못했다. 결국 로마는 1870년 9월 20일 이탈리아 왕국에 병합되었다. 이로써 이탈리아는 전 국토가 1400년

만에 하나가 되는 감격을 누렸다.

하지만 교황 비오 9세에게 그날은 치욕의 날이었다. 교황은 바티칸궁으로 들어가 비토리오 에마누엘레 2세를 비난하고 파문했으나 국왕은 아랑곳하지 않고 1871년 6월 수도를 로마로 옮겨 통치를 강화했다. 이로써 교황은 세속적인 지배권을 상실하고 교회국가도 소멸했다. 교황이 자신의 왕국 없이 오로지 종교적·도덕적인 권위에만 의존해야 한다는 사실은 전세계의 가톨릭 신자들을 충격에 빠뜨렸다. 이를 무마하기 위해 이탈리아 정부는 교황에게 연금 지급, 일신상의 불가침성 및 주권 인정, 모든 영적 기능의 자유로운 행사를 보장했다. 하지만 교황 비오 9세는 로마에 포위된 '바티칸의 수인'을 자처하며 이탈리아 정부와 비타협적인 자세를 견지했다. 그것은 후임 교황도 마찬가지였다.

이렇게 50여 년이 흘러 1922년 2월 6일 비오 11세가 새 교황에 등극했다. 그는 바티칸의 갑갑함을 토로하며 바티칸이 법적이고 실제적인 독립성을 확보해야 한다고 강조했다. 그가 정부와 협상할 뜻이 있음을 내비쳤을 때 이탈리아 총리는 1922년 10월 30일 로마에 무혈 입성하고 이튿날 39세 나이로 역대 최연소 총리가 된 베니토 무솔리니였다.

무솔리니는 당시만 해도 아직 분명하게 정의되지 않은 새로운 종류의 파시즘 운동을 시도했다. 그는 자신의 파시즘 실험이 국제적으로 인정받기를 원했다. 그러려면 이탈리아 내부에 만연한 친교황파와 친왕파 사이의 분열을 종식해야 했다. 그의 정치적 실험은 분명 사회주의적이고 반교회적이었는데도 그는 교황을 부정하지 않았다. 로마제국의 새로운 실현이라는 자신의 야심만만한 목표를 이루려면 이탈리아 내부의 화해가 반드시 필요했던 것이다.

무솔리니는 교황을 자기 편으로 끌어들이기 위해 먼저 반교회적 법률을 철회했다. 학교, 재판소, 병원 안에 십자가를 달게 하고 밀라노 가톨릭대를 인가했다. 군목 제도를 도입하고 신학생들에게 병역면제의 특혜를 부여했다. 국유화된 교회와 수도원을 돌려주고 교회력을 승인했다. 이러한 조치는 점차 파시즘에 대한 가톨릭 측의 호의적인 공감을 끌어냈다. 이제 교황에게 중요한 것은 1870년 교회국가가 빼앗긴 로마를 어떤 조건으로 다시 찾아오는가였다. 또한 이탈리아 정부가 과거 토지를 불법으로 점유한 데 대해 어떻게 보상을 받고 교황의 독립성을 어떻게 보증받아야 하는지가 관건이었다.

라테란 조약은 무솔리니와 교황의 이해관계 산물

양측은 1926년 여름 첫 회담을 열었다. 협상은 난관을 거듭하면서도 2년 반 동안 비밀리에 진행되었다. 다행히 교황청의 정치적 지원이 필요한 무솔리니 정권과, 세계 가톨릭교회의 상징으로서 신권을 회복해야 할 교황청의 이해관계가 맞아떨어져 합의안을 도출할 수 있었다.

협상 결과 교황청은 이탈리아를 국가로 승인했다. 이탈리아 정부는 가톨릭 교회가 국가의 유일한 종교임을 인정하고 교황의 절대적 주권과 독립을 보장했다. 교황 비오 11세는 로마제국 시대의 장대한 영토 대신 바티칸 궁전, 12개 성당, 베네치아궁 등이 포함된 0.44㎢ 크기의 바티칸시국을 선택했다. 또한 옛 교회국가의 엄청난 재산을 포기하는 대신 17억 5,000만 리라의 거금을 보상받고 연간 5%의 이자부 채권인 이탈리아 정부 발행의 장기공채 10억 리라를 받았다.

이런 내용을 담은 조약은 1929년 2월 11일 라테란 궁전에서 무솔리니와 교황청 국무장관 피에트로 가스피리 추기경이 서명함으로써 완결되었다. 교황 비오 11세는 "이탈리아는 하느님에게 돌아왔고 하느님도 이탈리아에 돌아왔다"며 만족감을 표시했다. 라테란 협정은 국민의 압도적 지지(유효 투표의 98.4%)로 통과되었고 무솔리니는 6월 7일 바티칸을 찾아가

가스피리 추기경과 비준서를 교환했다.

비오 11세는 무솔리니를 가리켜 "아마도 이런 인간이 필요했던 모양이다. 하느님의 섭리가 우리에게 그와의 만남을 허락한 것"이라고 언급함으로써 파시스트에 힘을 실어주었다. 이 말은 파시즘의 선전 문구로 왜곡되었다. 결과적으로 교황과 무솔리니의 상호 인정은 외교 무대에서 파시즘이 진지하게 받아들여질 수 있는 멍석을 깔아준 셈이 되었다.

교황이 무솔리니의 의중을 알아채는 데는 그리 오래 걸리지 않았다. 이탈리아 국회의 비준동의과정에서 무솔리니의 본색이 드러났기 때문이다. 교황은 무솔리니가 "우리는 그들(교황)에게 그들의 시체를 매장하기 위해 필요한 정도의 영토만을 넘겨주었다"라고 조롱하듯 말했다는 사실을 알았지만 교황 역시 얻은 게 많아 아무것도 달라지지 않았다. 비오 11세 말년에는 무솔리니의 인종법 제정을 둘러싸고 갈등이 있었지만 교황은 인종법을 반대하면서도 무솔리니와의 관계는 끊지 않았다.

비오 11세는 비록 성공을 거두지는 못했지만 종교와 신을 부정하는 소련과도 협상했다. 당시 교황은 소련 정부와의 접촉을 정당화하면서 주목할 만한 문장을 남겼다. "단 하나의 영혼이라도 구원하고 영혼의 더 큰 해악을 막는 일이 중요하다면 우리는 악마와도 개인적으로 협상할 용기를 가져야 한다."

알 카포네와 '성 밸런타인데이 대학살'
거대한 인맥을 가동하고 알리바이를 완벽하게 꾸며 놓아 유유자적하며 거리를 활보했다.

1929년 2월 14일 밸런타인데이였던 그날, 아일랜드계 갱 7명이 미국 시카고 북쪽 링컨공원 근처에서 누군가를 기다렸다. 믿을만한 사람으로부터 "하이재킹한 트럭의 위스키를 싼 값에 사지 않겠느냐"는 전화를 받고 위스키를 인수하기 위해 그곳을 찾아간 것이다. 그때 갑자기 나타난 경찰차에서 2명의 경찰이 내리더니 "손을 들고 벽을 향해 서라!"고 그들을 향해 큰소리로 외쳤다.

알 카포네

갑작스러운 사태 전개에 놀란 7명의 갱이 경찰의 지시에 따라 벽을 향해 서자 경찰차 뒷좌석에 있던 3명의 괴한이 차에서 내려 톰슨 기관총을 난사했다. 미국 암흑가 역사에 가장 충격적인 사건으로 기록된 '성 밸런타인데이 대학살'이었다.

누가 보아도 가장 유력한 용의자는 미국 암흑가의 황제 알 카포네 (1899~1947)였다. 하지만 카포네는 그동안 쌓아놓은 거대한 인맥을 가동하고 알리바이를 완벽하게 꾸며 놓아 유유자적하며 거리를 활보했다. 당시 시카고의 경찰과 검찰은 물론 시장까지 카포네와 커넥션을 맺고 있던 터라 검거된 용의자들도 증거 불충분 등의 이유로 모두 풀려났다.

'성 밸런타인데이 대학살' 후, 다른 조직들은 경찰을 사칭한 범인들의 대담성과 최신 무기인 톰슨 기관총까지 사용하는 잔인함에 놀라 하나둘 카포네 조직에 손을 들었다. 카포네는 점차 시실리 출신의 제나 형제까지 제거하고 1930년 라이벌이던 조지프 아이엘로까지 살해함으로써 시카고의 지하 세계를 평정했다.

카포네는 뉴욕의 브루클린에서 이탈리아 이민자의 아들로 태어나 유년기를 뉴욕 빈민가에서 보냈다. 14살 때 담임교사와 교장을 폭행해 퇴학을 당하고 조니 토리오가 이끄는 소년 갱단에 가입해 두둑한 배짱과 타고난 주먹으로 조니 토리오의 신임을 받으며 조직 내에서 두각을 나타냈다.

뒷골목 싸움에서 칼에 얼굴을 찔려 왼쪽 귀에서 입술까지 큰 상처를 입은 후에는 '스카 페이스'(칼집 난 얼굴)란 별명을 얻었다. 카포네를 다룬 브라이언 드 팔마 감독의 영화 '스카페이스'(1983)는 여기서 따온 제목이다.

조니 토리오는 1909년 시카고에서 매춘 사업을 하는 삼촌이 그를 불러들여 시카고로 거점을 옮겼다. 토리오의 가세로 삼촌의 시카고 사업이 번창하자 토리오가 카포네를 불러들였다. 카포네는 1919년 뉴욕에서 시카고로 거점을 옮겼다. 토리오는 삼촌과 알력을 빚다가 1920년 카포네를 시켜 삼촌을 살해한 후 삼촌 조직의 보스가 되었다. 이후 시카고의 지하 세계는 토리오 조직, 시실리안 마피아, 아일랜드 갱 이렇게 세 그룹이 각축전을 벌였다. 그중 토리오의 조직이 가장 우세했다.

'밤의 대통령', '암흑가의 황제'로 군림

1920년 미 전역에서 술의 제조, 판매, 유통을 금지한 금주법이 발효되었다. 토리오는 금주법을 이용해 엄청난 부를 쌓았다. 그러나 1925년 1월 아일랜드 갱의 총격에 쓰러지면서 전성시대는 5년 만에 막을 내렸다. 병상의 토리오는 카포네가 자신을 해칠지도 모른다는 두려움 때문에 카포네에게 조직 전체를 넘기고 시카고를 떠났다.

보스가 된 카포네는 시카고의 시실리안 마피아와 아일랜드 갱을 차례로 제압하며 세력을 키웠다. 카포네는 이탈리아인이긴 했어도 이탈리아 마피아의 수원지 역할을 하는 시실리 출신이 아니었기 때문에 그의 조직에는 비시실리인, 유대계, 러시아계, 영국계 등 여러 인종이 포진했다. 이런 이유로 카포네 조직은 '마피아'로 불리지 않고 팀이나 그룹을 뜻하는 '아웃핏(Outfit)'으로 불렀다. 카포네 스스로도 이탈리아계 출신임을 꺼려 자신의 이름을 WASP(White, Anglo-Saxon, Protestant) 풍으로 앤터니 브라운으로 부르게 했다.

카포네는 도박, 매춘, 암시장 등을 지배하며 '밤의 대통령', '암흑가의 황제'로 군림했다. '뉴요커'지가 "시카고는 갱 세계의 수도이고 뉴욕은 외딴 시골"이라고 썼을 정도로 시카고에서는 모든 것이 돈으로 해결되었다. 카포네는 돈으로 경찰과 법원, 노조를 주물렀고 정치인들을 당선시키고 몰락시켰다. 기자들에게는 천연덕스럽게 "나는 단지 사람들이 원하는 것을 가져다주는 사업가일 뿐"이라며 자본주의 사회에서 돈을 받고 필요한 물건을 파는 데 뭐가 문제냐는 논리를 폈다.

이미지 관리에도 뛰어나 효자나 자상한 아버지로 포장했다. 가난한 사람들에게는 무료로 음식을 나눠주거나, 돈이 없어 수술을 받지 못하는 사람들의 병원비를 대신 내주기도 했다. 덕분에 시민들은 카포네를 친근한 존재로 인식했다. 시민들은 카포네가 야구장을 찾을 때면 박수로 맞았고 경찰과 행인들 앞에서 야구방망이로 살인을 저질러도 그를 두둔했다. 시카고의 한 대학에서는 아인슈타인, 간디, 포드 등과 함께 '세계에서 가장 걸출한 10인'으로 카포네를 뽑기까지 했다. 일부 사람들은 '현대판 로빈후드'로 여기기까지 했다.

이미지 관리에 뛰어나 효자나 자상한 아버지로 포장

돈을 이용해 거미줄처럼 도처에 깔아놓은 인맥으로 카포네는 좀처럼 기소되지 않았다. '성 밸런타인데이 대학살'을 저질러도 마찬가지였다. 그러던 중 "시카고의 문제를 해결하라"는 후버 대통령의 지시가 떨어지면서 상황이 돌변했다. 이번에는 경찰·검찰이 아니라 국세청이 카포네를 겨냥했다.

국세청이 꺼내 든 칼은 1927년 5월 미 연방대법원이 "불법 밀주 사업을 통해 번 돈에 대해서도 소득세를 내야 한다"고 한 판결이었다. 마피아 등 밀주 업자들을 곤혹스럽게 한 것은 이 판결을 기초로 만들어진 '설리번법'

이었다. 법에 따르면, 밀주 사업 자체는 불법이지만 그렇더라도 밀주 사업으로 벌어들인 돈은 소득세를 내야 했다. 결국 갱들은 세금을 내지 않으면 설리번법을 위반하는 것이 되고 세금을 내면 불법을 자인하는 꼴이 되었다.

국세청은 설리번법을 근거로 세금을 포탈했을 것이 뻔한 카포네를 잡아들일 궁리를 했다. 집요한 추적 끝에 한 압수 문서에서 세금 포탈의 단서가 될 경리장부를 발견했다. 카포네는 결국 1931년 6월 연방소득세 위반으로 기소되었다. 첫 재판이 열리기 전까지 카포네는 호언장담하며 여유작작했다. 배심원이 될 가능성이 있는 사람들을 뇌물과 협박으로 이미 구슬려 놓고 수사관들과도 협상을 마친 상태였다. 하지만 재판 첫날, 판사가 이미 소집된 배심원들을 갑자기 다른 재판의 배심원들로 바꿔 카포네 측을 당혹케 했다.

배심원단이 1931년 10월 25일 판사에게 '유죄' 의견을 전달하자 판사는 5만 달러의 벌금, 3만 달러의 법정 비용 지불과 함께 11년의 징역형을 선고했다. 카포네 치세 6년의 종언이었다. 흥미로운 사실은 카포네가 구속된 1931년에만 전년의 두 배가 넘는 체납 세금이 들어왔다는 것이다. 탈세범에 대한 강력한 처벌에 놀란 범죄자와 시민이 체납된 세금을 납부한 것인데, 이를 가리켜 '알 카포네 효과'라고 한다.

카포네는 1932년 5월 수감되어 1934년 8월 도저히 탈옥이 불가능하다는 샌프란시스코 앨커트래즈 섬의 교도소로 이송되었으나 젊은 날 앓았던 매독의 악화로 수감 7년 만인 1939년 11월 병보석으로 풀려나 플로리다주에 있는 자신의 농장에서 은둔 생활을 했다. 하지만 과거와 같은 영화는 더 이상 없었다. 암살 공포에 시달리면서도 균이 뇌까지 퍼져 거의 식물인간 상태로 시름시름 앓다가 1947년 1월 25일 숨을 거뒀다. 48세였지만 그들 세계에서는 장수한 축에 속한다.

제1회 아카데미상 시상식

주연상은 배우가 출연한 여러 편을 종합적으로 반영해 수상자를 선정했다.

　　　　　미국의 영화 산업은 데이비드 워크 그리피스가 감독한 '국가의 탄생'(1915)이 등장한 후 빠르게 성장했다. 이후 관련 종사자가 급증하고 노조가 결성되고 노사분규가 이어졌다. 그러자 영화 제작자를 비롯해 분야별 영화인들이 영화계의 분쟁을 막고 영화인의 결속을 다지기 위해 단체 결성을 모색했다. MGM 영화사의 루이스 메이어 사장의 주도로 출범한 '영화예술과학아카데미'는 그 첫 결실이었다. 1927년 여름, 36명이 참석한 첫 모임에서 영화배우 겸 영화 제작자 더글러스 페어뱅크스가 초대 회장으로 뽑히고 '영화예술과학아카데미상'(아카데미상)이 제정되었다.

　제1회 아카데미상은 1927년 8월부터 1928년 7월까지 1년 동안 미국 내 극장에서 상영된 영화를 대상으로 했다. 심사는 배우, 작가, 감독, 제작자, 기술자 등 아카데미 5개 위원회의 심사위원 20명이 12개 부문 후보작 3편씩을 최종 선정하는 방식으로 진행했다. 최종 수상자와 수상작은 1929년 2월 말에 발표되고 시상식은 그로부터 3개월이 지난 5월 16일에 열렸다.

　여우주연상은 '일곱 번째 천국'의 재닛 게이너가, 남우주연상은 '최후의 명령'의 에밀 야닝스가 차지했다. 당시는 어느 한 편의 영화를 기준하지 않고 배우가 출연한 여러 편을 종합적으로 반영해 수상자를 선정했다. 독일 배우 야닝스는 시상식과 독일 스케줄이 겹쳐 시상식 전 남우주연상을 미리 받았다. 덕분에 그는 아카데미상 최초의 수상자로 기록되었다.

　2개 부문으로 나뉜 감독상은 코미디 부문에선 '두 명의 아라비안 기사'를 감독한 루이스 마일스톤에게, 극영화 부문에선 '일곱 번째 천국'을 감독한 프랭크 보제이즈에게 돌아갔다. 작품상에는 윌리엄 웰먼 감독의 '윙

제1회 아카데미상 시상식 (1929.5.16)

스(날개)'가 뽑혔으며, 예술작품상에는 프리드리히 무르나우 감독의 '선라이즈(일출)'가 선정되었다. 토키(발성영화)가 아직 발을 떼지 못해 첫해에는 무성영화만을 심사 대상으로 삼았기 때문에 자막상도 있었다. 특별상은 최초의 토키 '재즈 싱어'와 찰리 채플린에게 돌아갔는데 채플린은 "소수의 인간이 결정한 것이므로 명예가 아니다"라며 애써 초연한 태도를 보였다.

높이 34.5cm, 무게 3.4kg의 트로피는 MGM의 미술감독인 세드릭 기본스가 디자인하고 조각가 조지 스탠리가 조각했다. 이 트로피를 '오스카'라고 부르게 된 데는 몇 가지 설이 있으나 그중 가장 유력한 설은 아카데미의 한 사무국 직원이 처음 그 트로피를 보고 마치 자신의 삼촌 '오스카'를 닮았다고 말한 것을 우연히 한 기자가 듣고 이튿날 칼럼에 언급하면서 오스카라는 명칭이 굳어졌다는 설이다.

우리로 치면 부산국제영화제가 아니라 대종상 시상식인 셈

아카데미상은 칸이나 베니스와는 달리 국제영화제가 아닌 미국 내 시상이다. 우리로 치면 부산국제영화제가 아니라 대종상 시상식인 셈이다. 1회 때 12개 부문으로 발표된 수상작은 2회 때 7개 부문으로 축소되었고 이후 다소의 변화를 겪었다. 다큐멘터리 부문과 외국어영화상 부문은 각각 1941년과 1947년 추가되었다. TV로 처음 중계된 생방송은 1953년 3월 19일로 사회는 코미디언 밥 호프가 맡았다.

2015년 현재까지 가장 많은 상을 받은 영화는 11개 부문을 수상한 '벤

허'(1959), '타이타닉'(1997), '반지의 제왕−왕의 귀환'(2003) 세 편이다. '분노의 포도'(1940)를 감독한 존 포드는 4번의 감독상을 수상하고 '모닝 글로리'(1933)로 첫 여우주연상의 영예를 안은 캐서린 햅번은 4번이나 여주주연상을 거머쥐어 좀처럼 깨지지 않을 대기록의 소유자가 되었다. 오스카상을 가장 많이 받은 사람은 월트 디즈니로 64번 후보에 올라 26개의 트로피를 가져갔다.

작품상, 감독상, 남녀 주연상, 각본상을 흔히 '빅5'라고 하는데 각본상을 제외한 나머지 4개를 차지할 때는 '그랜드슬램'이라고 한다. 아카데미 역사에서 그랜드슬램을 달성한 영화는 '어느 날 밤에 생긴일'(1935), '뻐꾸기 둥지 위로 날아간 새'(1979), '크레이머 대 크레이머'(1980), '양들의 침묵'(1992) 등 단 4편뿐이고, 이 가운데 '어느 날 밤에 생긴 일'만 각본상을 받지 못했고 다른 3편은 각본상까지 휩쓸어 빅5를 모두 받은 영화로 기록되었다.

오스카상은 예나 지금이나 늘 화제가 되고 있지만 지나치게 대중적이라는 비판이 적지 않다. 세계 영화사가 기억하고 있는 최고의 감독 앨프리드 히치콕이나 역대 최고의 영화로 평가받고 있는 '시민 케인'의 오슨 웰스 감독 등이 감독상을 받지 못한 것도 아카데미상이 자주 받는 비판 가운데 하나다.

찾아보기

뉴턴, 아이작 1900년
님의 침묵(시) 1926년

ㄷ

다윈, 찰스 1900년
다트, 레이먼드 1924년
단성사 1907년
달리, 살바도르 1929년
당뇨병 1922년
대공황 1929년
대서양횡단 비행 1927년(린드버그), 1937년(에어하트)
대한독립군 1920년(봉오동전투)
대한민국 임시정부 1919년, 1923년, 1940년
대한민국 정부수립 1948년
대한민국 헌법 1948년
덩컨, 이사도라 1921년
데리다, 자크 1967년
동아일보 1920년, 1936년, 1940년, 1974년
동양척식주식회사 1908년, 1926년
동요 1924년
동편제 1929년(임방울)
뒤부아, 외젠 1924년(타웅 아이)
등대로(소설) 1927년
디즈니, 월트 1928년
디즈니랜드 1928년(월트 디즈니)

ㄹ

라디오 1906년, 1920년, 1927년(국내), 1933년, 1959년(국내)
라이소자임 1928년(알렉산더 플레밍)
라이프지 1936년
라테란 조약 1929년
라흐마니노프, 세르게이 1901년
랩소디 인 블루(음악) 1924년
러셀, 버트란드 1910년
러시아혁명 1917년
러일전쟁 1904년
레닌, 블라디미르 1917년, 1924년
레마르크, 에리히 1929년
레빗, 헨리에타 스완 1929년(에드윈 파월 허블)

로런스, 데이비드 허버트 1928년
로스트 제너레이션 1925년(스콧 피츠제럴드), 1926년
로켓 1926년, 1944년
루스벨트, 프랭클린 1933년
루시(화석) 1974년
루카치, 게오르크 1923년
리베라, 디에고 1929년
린드버그, 찰스 1927년

ㅁ

마르쿠제, 헤르베르트 1964년
마르크스, 칼 1917년
마이크로소프트 1975년
마플, 제인 1926년(애거서 크리스티)
만, 토마스 1903년
만세보 1906년
만주사변 1931년
만화 1924년, 1952년, 1955년, 1963년, 1972년, 1983년,
    1987년
매일신보 1904년
매카시, 조지프 1950년
맥아더, 더글러스 1945년, 1951년
맨해튼 프로젝트 1941년
멍텅구리(신문만화) 1924년
멕시코 혁명 1910년
모던 타임즈(영화) 1913년(찰리 채플린)
모택동 1927년, 1934년(대장정), 1958년,
    1966년(문화대혁명), 1976년, 1981년
몬드리안, 피터르 1920년
무교회주의 1927년(김교신), 1962년(함석헌)
무기여 잘 있거라(소설) 1926년(어니스트 헤밍웨이)
무솔리니, 베니토 1922년
무정(소설) 1922년(이광수)
문자보급 운동 1929년
문재철 1924년(암태도 소작 쟁의)
미드웨이 해전 1942년
미쓰야 협정(만주) 1925년(참의부)
미쓰코시 백화점 1932년
미키 마우스 1928년(월트 디즈니)
민갑완 1920년(영친왕)
민립대학 설립 운동 1923년

민족개조론(이광수) 1922년
민족자결 14개조 1918년

ㅂ

바티칸시국 1929년(라테란 조약)
박승필 1919년, 1924년(박정현)
박승희(영화) 1923년
박에스더 1922년(허영숙)
박열 1923년
박용만 1914년
박은식 1915년
박정현(영화) 1924년
박정희 1948년, 1963년, 1971년, 1972년, 1979년
박헌영 1956년
반달(동요) 1924년
반민특위 1949년
반제티, 바르톨로메오 1927년
반진화론법 논쟁 1925년
발렌티노, 루돌프 1921년
발칸동맹 1923년(무스타파 케말)
방응모 1933년
방정환 1923년
백남운 1933년
백범일지 1940년
백설공주 1928년(월트 디즈니)
백정 1923년
밴팅, 프레더릭 1922년
밸런타인데이 대학살 1929년
버스차장 1928년
벅, 펄 1931년
베르사유 조약 1919년
베버, 막스 1904년
베어드, 존 1925년
벽화운동 1929년(디에고 리베라)
변관식 1937년
변광성(천문학) 1929년(에드윈 파월 허블)
보어, 닐스 1913년
봉선화 1920년(홍난파)
봉오동전투 1920년
부기우기 미술 1920년(피터르 몬드리안)
부산국제영화제 1996년

부산정치파동 1952년
부영버스 1928년(시내버스)
부활절 봉기 1922년(아일랜드)
북경원인 1924년(타웅 아이)
북벌(중국) 1928년
북송(재일동포) 1959년
북아일랜드 1922년, 1998년
북종화 1922년(허백련)
불확정성 원리 1927년
브나로드 운동 1929년
브레히트, 베르톨트 1928년
브로드웨이의 부기우기(미술) 1920년(피터르 몬드리안)
브르통, 앙드레 1924년
비트겐슈타인, 루트비히 1921년
비틀스 1964년

ㅅ

사르트르, 장폴 1945년, 1949년, 1952년
사의 찬미(노래) 1926년
사코, 니콜라 1927년
사코와 반제티 사건 1927년
삼둔자전투 1920년(봉오동전투)
삼학소주 1924년
상해 반공 쿠데타 1927년(장개석), 1928년(북벌)
상해임시정부 1919년, 1923년
섀플리, 할로(천문학) 1929년(에드윈 파월 허블)
서부전선 이상 없다(소설) 1929년
서사극 1928년(베르톨트 브레히트)
서태석 1924년(암태도 소작 쟁의)
서편제(판소리) 1929년(임방울)
서푼짜리 오페라(희곡) 1928년
서화협회 1922년
선전(조선미술전람회) 1922년
성서조선(잡지) 1927년
세니커폴스 집회 1920년(앤서니, 수전), 1970년(밀레트)
세브르 조약 1923년(무스타파 케말)
세페이드 변광성 1929년(에드윈 파월 허블)
소격 효과 1928년(베르톨트 브레히트)
소주 1924년
손문 1905년, 1911년, 1924년(국공합작), 1927년(장개석)
손병희 1905년

조선어학회 사건 1942년
조선은행 대구지점 폭파 1927년
조선일보 1920년, 1933년, 1940년, 2000년
조선일보 방송 1927년(경성방송국)
조선총독부 1910년
조선총독부 청사 1926년
조선학생과학연구회 1926년(6·10 만세운동)
조선형평사 1923년
조와(평론) 1927년(김교신)
조이스, 제임스 1922년
존재와 시간(저서) 1927년
졸슨, 알 1927년(재즈 싱어)
종의 기원(저서) 1900년
주가 대폭락 1929년
주시경 1911년
주은래 1949년, 1972년, 1976년(1차 천안문 사건)
중고제(판소리) 1929년(임방울)
중국공산당 창당 1924년
중산함 사건(중국) 1924년(국공합작)
중일전쟁 1937년
쥐덫(연극) 1926년(애거서 크리스티)
증기선 윌리 1928년
지멜, 게오르크 1900년
지청천 1933년
진달래꽃(시집) 1925년
진로소주 1924년
진지전 1926년(그람시 안토니오)
진화론 1900년, 1925년
짐 크로법 1954년(공립학교 흑인차별 위헌 판결)

ㅊ

참의부(독립운동) 1925년
창씨개명 1940년
창조파 1923년(상해 임시정부 분열)
채동선 1929년
채털리 부인의 연인(소설) 1928년
채플린, 찰리 1913년
천도교 1905년, 1926년(6·10 만세운동)
청산리전투 1920년
체인, 언스트 1940년
초현실주의 1924년, 1929년(달리)

최남선 1908년
최현배 1937년
추수 봉기(중국) 1927년
춘향전(영화) 1927년, 1957년(김지미)

ㅋ

카포네, 알 1929년
카프카, 프란츠 1915년
칼로, 프리다 1929년
캔토스(시) 1922년(에즈라 파운드)
컨, 제롬(뮤지컬) 1927년
케네디, 존 F 1960년, 1963년
케말, 무스타파 1923년
케인스, 존 메이너드 1936년, 1942년(조지프 슘페터)
코민테른 1924년
코펜하겐 해석(물리학) 1927년
콜린스, 마이클 1922년(아일랜드)
크론시타트 반란 1921년
크리스티, 애거서 1926년
킹, 마틴 루터 1955년(버스 보이콧), 1968년

ㅌ

타웅 아이(화석) 1924년
태양은 다시 떠오른다(소설) 1926년
태평양전쟁 1941년
토스카니니, 아르투로 1908년
토월회 1923년
토키(영화) 1927년
투마이(화석) 1974년
트로츠키, 레온 1924년(스탈린), 1940년

ㅍ

파리강화회의 1919년(베르사유 조약)
파리의 아메리카인(음악) 1924년(조지 거슈윈)
파시즘 1922년
파운드, 에즈라 1922년
판소리 1929년(임방울), 1932년(김소희), 1932년(송만갑),
　　　 1968년(박동진)